외사경찰론

신상철

박영사

머리말

저자는 일선 치안현장에서 30여 년을 봉직해 온 경찰관이다. 순경 시절 대한민국 최고의 국제범죄전문가가 되겠다는 일념으로 외국어를 열심히 배워 부산 해운대경찰서에서 외사업무를 시작으로 오랜 시간을 국제범죄와 관련된 일을 해왔다.

우리나라는 1996년 국제협력개발기구(OECD)에 가입하여 국제적 위상이 한층 높아졌고, 세계화·개방화 추세에 따라 지속적인 국제교역량 및 인적교류가 해마다 증가하여 우리나라 총 출입국자가 8천만 명을 넘었고 국내 체류 외국인 또한 230만 명이 넘었다. 이와 같이 체류하는 외국인이 빠르게 증가함에 따라 외국인 범죄도 증가하고 있다. 따라서 외국, 외국인, 재외동포, 외국과 관련된 기관이나 단체 등 외사대상을 상대로 하며, 대한민국의 안전과 사회공공의 안녕 및 질서보호를 목적으로 이들의 동정을 관찰하고 이들과 관련된 범죄를 예방·단속하는 것을 주된 임무로 하는 경찰인 '외사경찰'의 중요성이 다시 한 번 강조되고 있다.

저자는 현 추세에 걸맞은 외사경찰론 강의를 준비하던 중 개정된 외사관련 법령과 통계 자료들을 총괄적으로 정리할 필요성을 느끼게 되었다. 그리고 일선 동료경찰관들이 외사실무와 관련된 지침서가 필요하다는 의견을 주어 저자가 몸 담았던 외사경찰 업무들 중 관련된 분야의 실무를 학문적으로 정립하여 교재를 집필하였다. 그리하여 저자의 수업을 듣는 대상인 경찰대학 재학생들과 간부후보생들에게 더욱 상세히 배울 수 있도록 내용면에 충실을 기했고, 경찰청 외사관련 매뉴얼을 참고한 다수의 자료들을 바탕으로 현직 경찰관들의 경찰 승진시험에 대비한 수험서로도 활용될 수 있도록 하였으며, 외사특채를 준비하는 수험생들도 이 교재가 많은 도움이 되도록 관련 자료들을 모두 구분하여 정리하였다. 또한 경찰의 뜻을 품고 입교한 중앙경찰학교 신임순경 과정과 국내 일반대학 경찰행정학과 학생들도 읽으면 쉽게 이해할 수 있도록 책을 구성하였다. 하지만 나름대로 최선을 다해 준비한 교재라도 누락된 부분도 없지 않으리라 짐작되기에 다소 미흡한 부분은 개정판을 통해 보완하기로 하겠다.

먼저 본 교재는 외사총론과 외사각론으로 구분했다. 제1편 외사총론 1장에서 세계화와 외사경찰을 시작으로, 제2장에서 외사경찰의 개념과 법적근거를 논하면서 경찰주재관제도 중 특히 최근 자주 발생하고 있는 해외여행자들의 안전사고와 관련한 사건별 대응요령을 구체적으로 기술하였다. 그리고 제3장에서 외사경찰의 대상을, 제4장에서 국제공조 가운데 범죄인 인도, 국제형사사법공조, 국제형사경찰기구(INTERPOL)를 논하면서 저자가 학회지를 통해 발표한 논문 내용들을 자세하게 설명하였다.

　　제2편 외사각론 제1장에서 외사정보 활동을, 제2장에서는 외사사범 수사를 다루었다. 외사사범 수사는 최근 들어 가장 왕성한 활동을 보이는 각 지방청 국제범죄수사대에서 취급한 사건들을 중심으로 출입국관리법위반 사범 수사, 마약 사범 수사, 외국환거래위반(환치기) 사범 수사, 보이스피싱 사범 수사, 산업기술유출 사범 수사, 해외 성매매 사범 수사, 위장국제결혼 관련사범 수사 등 관련 사례를 더해 구체적으로 설명하였다. 그리고 제3장에서는 현재 뜨겁게 논의되고 있는 주한미주둔군지위협정(SOFA) 사건처리 과정에서 발생하는 경찰의 초동수사와 SOFA협정문 쟁점사항도 검토해 보았고, 제4장에서는 외사보안활동과 대테러를 설명하면서 국제테러 보안활동과 공·항만 보안검색도 자세히 서술하였다. 그리고 마지막 제5장 국제교류와 경찰협력에서는 다문화사회와 외국인공동체를 논하면서 치안협력 MOU 체결과정을 다루었고, 더 나아가 치안한류와 유엔경찰활동에 대해서도 상세하게 설명하였다.

　　이 책을 출간하면서 많은 사람들이 저자를 도와주었다. 항상 남편을 믿고 지지해준 아내와 가족들에게 가장 먼저 감사를 드리고, 본 저서가 출판되기까지 편집과정에서 많은 수고를 아끼지 않으신 박영사 우석진 선생님에게도 감사의 말씀을 전하며, 그 외 본 교재를 위해 많은 사례와 자료를 제공해 주고 격려해 주신 동료경찰관 여러분들께 진심으로 감사의 말씀을 전한다.

　　마지막으로 저자는 이 세상이 다하는 그날까지 나를 기억하는 모든 사람들로부터 외사를 사랑한 경찰관으로 기억되고 싶다.

2019년 2월
경찰대학 연구강의동 510호에서
신상철 씀

차 례

PART 1 외사경찰 총론

CHAPTER 03 외사경찰의 대상 / 57

CHAPTER 04 **국제공조** / 107

PART 2 외사경찰 각론

CHAPTER 01 **외사정보 활동** / 173

CHAPTER 02 외사사범 수사 / 199

CHAPTER 03 주한미주둔군지위협정(SOFA) / 305

CHAPTER 04 외사보안활동과 대테러 / 377

CHAPTER 05 국제교류와 경찰협력 / 420

PART 1

외사경찰 총론

CHAPTER 01

세계화와 외사경찰

제1절 국제치안환경의 변화

1. 국제화시대의 치안환경 변화

(1) 국제적 치안수요의 증가

21세기에 들어 급격한 글로벌화의 진행으로 외국인의 입·출국 및 수출입 물동량이 큰 폭으로 증가하고, 다국적 기업과 같은 외국의 상사단체들도 상당수 국내에 진출하였다. 이와 같이 정보통신의 발달과 국가 간 인적·물적 교류의 확대 등 국제사회의 변화는 정치·경제적인 면에서 많은 유익한 영향을 주기도 하지만 외국인 범죄, 산업정보 유출, 불법 입·출국 사범 등 외사치안 수요의 증가와 사회 안정에 부정적인 영향을 주기도 한다. 또한 최근에는 4차 산업혁명 시대가 도래하면서 IT 기술을 이용한 신종 범죄들의 위협이 증대되고, 재외국민 및 해외여행자가 증가하면서 해외에서의 범죄 등 사건사고 발생으로 우리 국민들의 피해가 늘어나고 있다. 그리고 범죄의 물리적·공간적 제약의 붕괴, 범죄수법의 공유 등 범죄의 탈국경화 경향이 두드러지고, 국민들의 높은 범죄의 두려움과 안전욕구는 날로 증가하고 있으나 기존 경찰인력 중심의 치안활동은 이러한 수요를 충족시키기에는 한계가 있어 경찰은 치안환경 변화에 따른 새로운 대안책을 요구받고 있다.

(2) 경찰국제화의 개념정의

국제화의 개념에 관해서는 여러 가지가 있을 수 있으나 '경찰의 국제화'란 '경찰조직이 국제치안환경의 변화를 올바로 인식하고 이에 수반하는 상황변화에 능동적으로 대응할 수 있는 거시적인 시각과 안목을 가지고 국제치안환경의 흐름에 맞도록 조직과 기능을 변화시키는 것'이라 하겠다. 즉 경찰활동을 중심으로 경찰관들의 사고방식 및 행동양식의 선진화, 경찰장비의 현대화, 치안서비스의 전문화, 경찰문화의 개방화, 국제공조수사 능력의 제고 등에 걸맞는 체제를 갖추는 것이 외형적인 경찰의 국제화라고 말할 수 있다.

경찰조직의 국제화 판단 척도는,

① 외국인이나 외국기업 또는 단체가 국내에서 체류·활동하더라도 내국인과 동등한 대우를 보장받을 수 있는가,

② 다른 특정국가의 국민에 비해 차별을 받을 우려는 없는가,

③ 자국 국민이나 기업이 외국에 나가서 받는 대우에 상응하는 대우를 하는가,

④ 국내제도와 법의 적용이 투명하고 공정하게 운영되는 법치주의가 잘 적용되고 있는가

등을 들 수 있다. 이와 같은 네 가지 척도가 충족되는 경찰행정이 이루어지고 있다면 경찰의 국제화는 어느 정도 이루어졌다고 판단할 수 있다.

(3) 국제질서에 대한 사상의 변천[1]

1) 이상주의

18세기 이상주의자들이 주장한 것으로, 국가도 이성적인 존재로서 합리적인 선에서 최대다수의 최대행복을 구현할 수 있으며, 국제관계의 이익에 봉사함으로써 자국의 이익을 추구할 수 있다는 이익의 조화를 주장했다.

2) 자유방임주의

19세기 아담 스미스(Adam Smith)를 선두로 한 자유방임사상으로, 국제관계도 보이지 않은 손의 원리에 의해 세계적 이익에 기여하게 된다는 논리로 전 세계적 자유무역을 정당

---

1) 국제질서에 관해 Hobbrs는 자연 상태의 인간은 '만인 대 만인의 투쟁 상태'에 있다는 사상을 국제질서에 대한 해석에 적용하면서 모든 국가는 생존을 위해 투쟁하고 있으며, 전쟁은 생존을 위한 대외 전략의 하나로서 아무런 도덕적 또는 법적 구속을 받을 필요가 없다고 주장했다. 이에 비해 Kant는 Hobbrs와 반대 입장으로, 국제정치의 본질은 국가 간의 분쟁이 아니라 국가 내부에 존재하는 초국가적 유대감에 있다고 해석하고, 국제정치의 요체는 도덕성, 즉 국가의 행동을 제약하는 규범으로써 국가 간 공존이나 협력 요구를 바탕으로 국가라는 제도를 종식시키고 인류 공동체를 이룩하기 위하여 노력하는 것이라고 주장했다. 그리고 Grotius는 국가 간 관계는 항시 투쟁에만 몰두하는 것이 아니라 공동의 규율과 국제기구에 의한 제한을 받게 된다는 홉스의 견해를 비판하면서, 국제정치의 본질은 모든 국가가 인류공동체를 실현하기 위해 노력하는 것이라는 칸트의 견해도 비판했다. 그리하여 국가 간의 관계는 항상 투쟁에만 몰두하는 것이 아니라 공동의 규율과 국제기구에 의한 제한을 받게 되며, 국제정치는 한 국가가 다른 국가와 가지는 조화로운 경제·사회적 관계의 정립이라 하면서 국제정치의 요체는 주어진 국제질서 속에서 상호공존과 협력을 위하여 노력하는 것이라고 주장했다.

화했고, 모든 국가가 민족주의를 발전시킬 때 제국주의가 태동될 것이라고 믿었으며, 윌슨(Wilson)의 민족자결주의적 이념을 세계평화의 지름길이라고 보았다.

3) 제국주의

19세기 말부터 자유주의가 퇴조하면서 보호무역주의가 대두되고, 국가 간 무역경쟁이 극도에 달하였으며, 민족주의는 제국주의로 변질되고, 적자생존의 논리로 약소국의 희생이 강요되면서 이익의 조화라는 교리는 사라지고 이익의 충돌시대가 도래하여 제1차, 제2차 세계대전을 초래하게 되었다.

4) 이데올로기적 패권주의

제2차 세계대전 후 미국을 중심으로 한 자유주의 진영과 구소련을 중심으로 한 공산주의 진영이 이데올로기적으로 대립하였고, 1970년대 말까지 약소국가들은 정치적 및 경제적으로 미·소 양대 패권국가에 국가의 존립을 의지하는 종속적 관계를 유지하였다.

5) 경제 패권주의

1980년 이후 독일통일과 공산진영의 몰락으로 냉전이 종식되고, WTO체제와 더불어 전 세계는 자유시장 경제화가 되었고, 모든 국가가 이념보다는 자국의 경제적 이익추구를 최우선으로 하는 무한경쟁시대가 도래하면서 강대국은 경제적 우위를 영속화하고자 노력하고 개발도상국은 경쟁에서 생존하기 위하여 국제화 전략을 추진하게 되었다.

이상에서 설명한 국제질서에 대한 사상의 변천순서를 보면, 18세기에는 국가도 국제 관계의 이익에 봉사한다(이익의 조화)는 이상주의를 주장하였고, 19세기에 들어 전 유럽 열강들이 중심이 되어 세계적으로 자유무역을 주장(자유방임주의)하였으며, 19세기 말에는 보호무역과 열강들의 식민지 쟁탈전이 전개(제국주의)되었다. 그 후 제2차 세계대전이 종료되면서 자유주의(미국)와 공산주의(舊 소련) 이념이 대립되면서 이데올로기적 패권주의가 나타나고, 1980년대 이후 냉전종식과 함께 WTO체제가 성립되면서 자국의 경제적 이익을 추구하는 경제패권주의로 나아가게 되었다.

2. 국제치안환경 변화요인

경제적 선진국이라 할 수 있는 OECD 가입 이후 대한민국의 국제적 위상이 높아지고, 지속적인 국제교역량 또한 해마다 증가하였음은 물론 최근의 국제화·개방화 추세는 필연적으로 인적교류의 급속한 증가를 가져와 국내 체류 외국인 또한 증가하게 되었다.

국내 체류 외국인의 증가 원인은 다양하다. 그 중 한류에 따른 유학과 취업을 중심으로 중국 및 동남아 체류자의 증가, 중국동포들의 취업, 결혼을 통한 이민자의 증가, 외국인 유학생의 증가 등이 주요 원인으로 꼽힌다.[2]

(1) 국내 체류 외국인 거주 현황

국내 체류 외국인의 수는 2018년 9월말 기준 2,321,820명으로 2017년 9월말 기준 2,080,071명에서 약 11.6% 급속히 증가하는 추세에 있다. 체류 외국인의 비율(4.21%)이 OECD 평균인 5.7%에는 못 미치지만, 2012년부터 2017년까지 체류 외국인이 연평균 8.5%씩 증가하였다. 이러한 추세라면 2021년에는 국내 체류 외국인 수는 300만 명을 넘어 서고, 통계청 추계 2021년 전체 인구 대비 외국인의 비중이 5.8%를 차지하게 될 것으로 전망하고 있다.

국내 인구 대비 체류 외국인 비율 및 현황(단위 명)

구분/연도	2013	2014	2015	2016	2017
체류 외국인	1,576,034	1,797,618	1,899,519	2,049,441	2,180,498
인구	51,141,463	51,327,916	51,529,338	51,696,216	51,778,544
인구대비 체류 외국인비율	3.08%	3.50%	3.69%	3.69%	4.21%

출처: 법무부 출입국·외국인정책본부(2018).

2018년 9월 기준, 체류 외국인 중 외국인등록자는 1,220,626명, 외국국적동포 국내거 소신고자는 434,101명, 단기체류자는 667,093명으로 2017년 9월 대비 단기체류자의 비중 이 29.9% 증가한 것으로 나타나고 있다.

체류 외국인의 국적별 비중을 살펴보면, 중국 45.9%(1,066,659명), 태국 8.3%(192,163 명), 베트남 8.2%(191,567명), 미국 6.7%(155,132명), 우즈베키스탄 2.9%(68,480명) 등의 순 이다. 특히 태국의 경우 사증면제 입국자가 급격히 증가하여 2017년 12월 최초로 미국을 제치고 체류 외국인 수가 중국, 베트남에 이어 세 번째로 많은 국가가 되었다.[3]

---

2) 경찰청의 외국인 밀집지역은 다음과 같이 구분된다.
  '가'급 밀집지역, 경찰서 내 등록외국인 7,000명 이상 또는 외국인 비율 4% 이상인 지역, 전국 53개 경찰서
  '나'급 밀집지역, 경찰서 내 등록외국인 3,500명 이상 또는 외국인 비율 2% 이상인 지역 전국 72개 경찰서
3) 출입국 외국인정책 통계월보 2018년 9월호(한국계 포함).

체류 외국인 연도별·주요 국적별 현황(단위. 명)

구 분	2014	2015	2016	2017	2018.9
총계	1,797,618	1,899,519	2,049,441	2,180,498	2,321,820
중국(한국계포함)	898,654	955,871	1,016,607	1,018,074	1,066,659
한국계	590,856	626,655	627,004	679,729	704,653
베트남	129,973	136,758	149,384	169,738	191,567
태국	94,314	93,348	100,860	153,259	192,163
미국	136,663	138,660	140,222	143,568	155,132
우즈베키스탄	43,852	47,103	54,490	62,870	68,480
필리핀	53,538	54,977	56,980	58,480	56,485
캄보디아	38,395	43,209	45,832	47,105	47,379
몽골	24,561	30,527	35,206	45,744	46,923
러시아	14,425	19,384	32,372	44,851	53,879
일본	49,152	47,909	51,297	53,670	45,531

출처 : 법무부 출입국·외국인정책본부, 통계월보(2018. 9).

특히, 체류 자격별 중 유학 및 일반연수 자격은 2016년 대비 큰 폭으로 증가하는 추세에 있다. 한국어 연수를 위한 일반연수(3만 명)의 경우, 학위를 위한 일반유학(28,000명)을 처음으로 넘어섰다. 또한 외국국적 국내동포의 방문취업 자격은 소폭 감소하고, 재외동포 자격은 10% 이상 증가하였다.[4] 2017년 이후, 전 세계에서 일어난 케이팝(K-Pop) 등 한류 열풍으로 2019년 한국어를 배우기 위해 입국하는 외국인은 더욱 증가할 것으로 예상된다.[5]

행정안전부와 통계청이 조사한 2018년 1월 당시 국내 거주 장기체류 외국인·귀화자·외국인주민 자녀는 1,861,084명으로 총인구의 3.6%를 차지해 2017년 1월 기준 1,764,664명과 비교해 96,420명 증가(5.5%)하였다. 이는 국내 상주하는 내·외국인 51,422,507명 가운데 3.6%에 해당하는 수치로 전국 17개 시·도 인구와 비교하면 충청남도와 전라북도 사이 규모의 9번째에 해당한다.

외국인주민의 유형별 구분을 보면, 외국인근로자와 외국국적동포, 결혼이민자 등 장기체류 외국인이 1,479,247명(79.5%)으로 대다수를 차지하고, 이어 외국인주민 자녀(출생)

---

4) 2017년 출입국·외국인정책 통계연보.
5) 경찰대학 치안정책연구소, "2019 치안전망", p.217.

212,302명(11.4%), 귀화자 169,535명(9.1%) 순이다. 지역별로는 경기도가 603,609명(32.4%), 서울 413,943명(22.2%) 등 수도권에 외국인주민 60.3%가 살고 있으며, 수도권 외 지역으로 경남 116,379명(6.3%), 충남 104,854명(5.6%) 등에 많이 거주하며, 특히 경기와 서울, 충남에서는 외국인주민이 인구 대비 4% 이상을 차지하고 있다. 시·군·구별로는 경기 안산 (82,242명)에 가장 많은 외국인주민이 살고 있으며, 경기 수원(58,302명), 서울 영등포구 (54,145명), 경기 화성(51,928명) 순이다. 외국인주민이 1만 명 이상 또는 인구 대비 5% 이상 거주하는 시·군·구는 경기 22곳, 서울 16곳, 인천·충남·경남 각 5곳 등 총 69곳이며, 경기 안산과 시흥, 서울 영등포구·구로구·금천구는 인구 대비 외국인주민의 비율이 10% 이상으로 나타났다. 또한 전체 외국인주민 중 한국국적이 아닌 순수외국인은 1,479,247명으로, 이 중 중국인이 47.9%(709,728명)를 차지했고 이어 베트남, 태국, 우즈베키스탄, 필리핀, 캄보디아, 미국 등 순이다.[6]

체류 외국인 지역별 범죄 발생 증감 추이(치안정책연구, 2018)

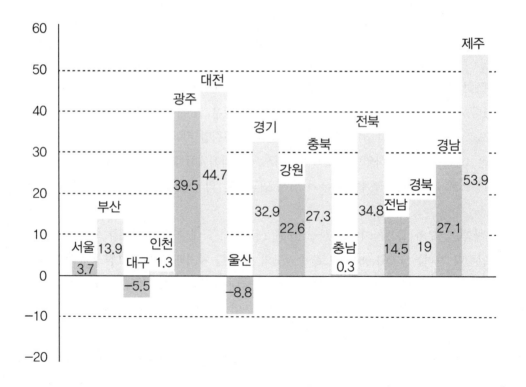

6) '2017년 지방자치단체 외국인주민 현황', 행정안전부·통계청 인구주택 총 조사 자료(2018.11.1.자)

외국인주민의 유형별 현황(행정안전부, 2018)

구분	인구 대비 4% 이상	인구 대비 3% 이상	인구 대비 2% 이상	인구 대비 2% 미만
외국인주민수 10만명 이상	경기 서울 충남	경남 인천		
외국인주민수 5만명 이상		경북 충북 전남	전북 광주 강원	부산
외국인주민수 3만명 이상		울산	세종	대구
외국인주민수 3만명 미만	제주			대전

(2) 외국인 체류와 국내 치안환경

1) 출·입국자 및 출입국 사범의 증가

2017년 우리나라 총 출입국자가 80,407,702명으로 2016년 대비 0.5% 증가하는 등 국내·외 외사 치안수요는 지속적으로 증가해 향후 대부분의 선진 국가와 사증면제협정(査證免除協定) 체결을 통해 VISA 없이 자유로운 출·입국이 가능할 것으로 예상된다.

출·입국자의 증가에 비례하여 출입국사범도 증가하고 있는데 특히 취업을 목적으로 중국을 포함한 동남아 지역출신 외국인 출입국사범의 증가가 현저하다. 출입국사범에는 여권위조·변조사범 및 밀입국사범도 포함되는데, 여권 위·변조 유형은 위조여권, 위조사증,

내·외국인 출입국 현황('16년 12월)　　　　　　　　　(단위: 명)

연도	출입국자 합계	입국			출국		
		소계	국민	외국인	소계	국민	외국인
11년	45,422,910	22,811,231	13,045,329	9,765,902	22,611,679	13,019,134	9,592,545
12년	50,322,102	25,200,757	14,071,452	11,129,305	25,121,345	14,065,176	11,056,169
13년	54,966,229	27,397,116	15,196,643	12,200,473	27,569,113	15,155,660	12,413,453
14년	61,652,158	30,614,046	16,349,538	14,264,508	31,038,112	16,372,830	14,665,282
15년	66,372,908	32,891,119	19,531,418	13,359,701	33,481,789	19,580,398	13,901,391
16년	79,987,974	40,072,565	22,654,258	17,418,307	39,915,409	22,659,640	17,255,769
전년 대비	20.5%	21.8%	16.0%	30.4%	19.2%	15.7%	24.1%

출처: 법무부(출입국·외국인정책본부) 통계연보 자료.

기재사항변조, 사증변조, 심사인(審査印) 위조 및 변조, 타인명의 여권사용 등 다양한 형태로 나타나고 있다.

2) 재외국민 사건사고 증가

정부, 기업, 교육기관, 연구소 등에서 파견하는 해외시찰, 연수, 견학, 교육, 출장이 증가하고, 특히 소득수준 향상과 원화강세의 여파로 해외여행 선호경향이 나타나면서 관광객이 급격히 증가하였다. 또한 체류 외국인과 해외여행객의 증가로 국제 테러리즘과 인종 혐오범죄로 인한 피해도 증가하고 있다. 재외국민 사건사고의 경우 2013년 9,100명에서 2017년 18,410여 건으로 100% 이상 증가하였다.

2017년도 재외국민의 사건·사고별 유형 및 발생건수

총계	살인	강도	절도	강간 등	납치 강금	폭력	사기 등	사망 사고	행방 불명	교통 사고	기타
12,529	7	185	9,813	118	106	349	408	114	502	389	538

출처: 경찰청 경찰백서(2018).

3) 국내 외국인범죄 발생현황

2012년부터 2016년까지 외국인범죄율은 체류 외국인 증가율과 비례관계에 있는 것으로 나타났다. 즉, 외국인범죄 발생현황은 2012년 24,379명, 2013년 26,663명, 2014년 30,684명, 2015년 38,355명, 2016년 43,764명으로 계속 증가하다가, 2017년 36,069명으로 감소하였다. 2017년부터 2018년 9월까지 체류 외국인은 증가한 반면 외국인범죄자는 줄어들고 있다. 외국인범죄자의 감소 추세에 대해서 다양한 요인들이 있으나, 경찰청이 7월 16일부터 실시한 100일 집중 단속 및 주요 외국인 밀집지역에 대한 특별치안활동, 각급 경찰서에서 실시한 맞춤형 외국인 범죄예방 노력이 그 효과를 거두고 있는 것으로 판단된다.

체류 외국인·외국인범죄자 증감 추이(단위, 명)

연도	2012	2013	2014	2015	2016	2017	2018.9
체류 외국인	1,445,103	1,576,034	1,797,618	1,899,519	2,049,441	2,180,498	2,321,820
외국인범죄	24,379	26,663	30,684	38,355	43,764	36,069	25,442

출처 : 법무부 출입국·외국인정책본부(2018), 안전행정부(2018), 경찰청(2018).

2018년 외국인 범죄 동향은 살인 및 강도, 폭력을 비롯한 마약, 도박, 교통범죄는 줄어든 반면 강간 및 지능범죄가 증가하는 추세를 보이고 있다. 특히, 마약류 범죄의 경우 전년 대비 10% 가까이 감소하였다. 그러나 국내 체류 중인 외국인이 국내 밀반입하는 사례는 2016년 대비 25.6%가 늘었고, 앞으로 외국인 마약사범 가운데 밀수가 차지하는 비율이 꾸준히 증가할 것으로 예상된다.

죄종별 외국인 피의자 현황(단위, 명)

연도/구분	계(명)	살인	강도	강간	절도	폭력	마약	지능	도박	교통	기타
2014	30,684	78	87	535	1,918	9,013	349	4,045	791	7,175	6,693
2015	38,335	87	139	618	2,458	10,162	420	5,465	961	9,882	8,163
2016	43,764	107	98	646	3,026	10,098	708	5,093	645	11,698	11,645
2017	36,069	106	74	745	3,075	9,304	620	4,571	540	8,590	8,444
2017.9	27,859	81	59	557	2,323	7,136	509	3,472	440	6,754	6,528
2018.9	25,442	64	44	592	2,331	6,604	454	3,686	355	5,244	6,068
전년 대비	−8.7	−21.0	−25.4	6.3	0.3	−7.5	−10.8	6.2	−19.3	−22.4	−7.0

출처 : 경찰청(2018).

국적별 외국인 범죄비율의 변화를 살펴보면, 중국 국적의 외국인 피의자는 2017년 9월 15,400명에서 2018년 9월 13,789명으로 전년 대비 10.5% 감소했으며, 파키스탄(33.5%) 및 베트남(18.0%), 필리핀(27.5%) 국적의 피의자 비율도 큰 폭으로 감소하였다. 러시아 국적의 피의자는 2017년 9월 841명에서 2018년 9월 831명으로 1.2% 소폭 감소하였다. 그러나 2016년을 기점으로 전체 외국인 피의자 중 러시아 국적의 피의자가 차지하는 비중이 늘어나는 추세이다.

국적별 외국인 피의자 현황(단위, 명)

연도/구분	계(명)	중국	미국	일본	러시아	필리핀	태국	파키스탄	베트남	기타
2013	26,663	15,121	1,947	211	257	387	656	249	1,908	5,927
2014	30,684	17,870	1,916	208	387	461	1,362	243	1,943	6,294
2015	38,355	22,898	1,884	279	470	520	1,869	279	2,267	7,889
2016	43,764	23,879	2,033	215	851	721	3,349	400	2,623	9,693
2017	36,069	19,927	1,906	251	1,072	400	2,285	274	1,877	8,077
2017.9	27,859	15,400	1,413	196	841	313	1,822	215	1,469	6,190
2018.9	25,442	13,789	1,353	168	831	227	1,829	143	1,205	5,897
전년 대비(%)	−8.7	−10.5	−4.2	−14.3	−1.2	−27.5	0.4	−33.5	−18.0	−4.7

출처: 경찰청(2018).

4) 외사치안수요 증가요인과 전망

최근 국제화와 개방화, 급격한 인구변화, 경제적 불확실성 등에 따라 인적·물적 교류 등 국제 이주의 규모도 커지고 이를 반영하듯 우리나라를 출·입국하는 인구가 급증하였으며, 국내에 장기 체류하는 외국인도 지속적으로 증가하고 있다. 이러한 국내 체류 외국인의 증가는 재외동포 자격 및 영주자격부여 대상 확대에 따른 중국동포의 유입, 산업연수로 인한 입국 및 결혼이민자, 유학생 증가 등 다양하지만 특히, 정부의 세계화와 경제활성화 지원과 인재유치 정책도 어느 정도 일조했다고 볼 수 있다. 국내 체류 외국인의 자격은 주로 관광객 및 단순 노동 근로자에 한정되었던 과거와는 달리 취업자격으로 체류하는 외국인 중 전문분야에 종사하는 외국인의 비중도 늘고 있으며, 또한 사증면제협정으로 인한 외국인 관광객의 증가와 더불어 유학생으로 인한 체류 외국인은 매년 증가하는 추세를 보이고 있다. 이러한 국내 체류 외국인의 증가는 외국관광객을 유치함으로써 내수활성화에 기여하고, 국가와 기업이 필요한 해외 인적자원을 확보할 수 있으며, 외국인투자를 통하여 지역 균형발전을 촉진하는 등 긍정적 측면이 있는 반면, 체류 외국인들의 한국 사회의 부적응 등으로 인하여 외국인 범죄 발생 증가로 이어져 사회불안 요소로 작용될 수 있다.

특히 유학생 수 증가는 '한류'의 영향과 더불어 교육부가 유학생 교육여건 관리차원에서 2011년부터 인증제를 시행한 것도 영향을 미쳤다고 볼 수 있다. 그러나 외국인 유학생들 중 일부는 취업을 목적으로 브로커에게 수백만 원을 주고 국내 대학에 입학하여 학교에 교적만 두고 불법취업을 하고 있는 경우도 있다. 이들은 비교적 취업과 돈을 벌기 쉬운 유흥업소로 흘러들고 있어 이로 인한 외국인 성범죄와 인권침해 문제 등 국가 간의 외교문제로 비화될 가능성이 높고, 이 과정에서 폭력조직과 연계된 제2, 3의 범죄로 확산될 가능성도 보여진다.

(3) 물적 교류의 확대와 외사경찰의 임무

1) 산업정보의 유출

냉전시대가 막을 내리고 세계 각국은 과거에 군사정보·정치정보에 치중했던 정보기관의 기능을 경제정보·산업정보 쪽으로 방향을 선회하고 있다. 특히 WTO 자유무역체제가 출범하면서 '경제력이 국력의 척도이고, 경제력의 기초는 기술력'이라는 차원에서 자국이 보유하고 있는 첨단산업기술의 보호에 노력하고 있다. 우리나라도 경찰을 비롯한 각급 국가정보기관이 산업정보 유출과 관련한 대책마련에 부심하고 있다. 그러나 국내 기업의 외국인고용, 내국인의 외국기업체 취업, 기업의 해외진출 등으로 산업정보의 보호기반은 날로 취약해져 가고 있으며, 전산화(Computerization)가 확대되면서 국내에서도 국가전산망에 대한 외부로부터의 무단침입, 이른바 해킹(Hacking)에 대한 대책마련이 시급한 과제로 떠오르고 있다. 해킹의 피해는 심한 경우 정부, 기업, 교육, 금융 등 국가의 주요 기간전산망을 전면 마비시킬 수 있다는 점에서 중대한 범죄가 아닐 수 없으며, 이를 단속하기 위해 경찰청은 사이버범죄수사대를 사이버 테러대응센터로 확대·개편하였다.

산업기술 유출사범 검거실적 현황

구분	계	'10년	'11년	'12년	'13년	'14년	'15년	'16년	'17년
검거건수(건)	824	40	84	140	97	111	98	114	140

출처: 경찰청 경찰백서(2018).

경찰청의 산업기술유출사범 검거실적을 보면 2012년 이후 매년 100여 건 내외를 유지하다가 2017년에 들어 총 140건의 산업기술 유출사건을 적발하였다. 그 중 중소기업 피해사건이 91%(128건), 해외 유출사건이 9%(13건)이었으며, 유출국가로는 중국이 가장 많고 기타 미국·일본 등 순이다. 그리하여 2016년 6월부터 경찰서 접수 산업기술 유출사건을 각 지방청 산업기술 유출 수사팀으로 이관·수사하고 있으며, 디지털포렌식 등 첨단수사기법을 활용하여 중소기업 등 피해기업 구제 및 산업기술 보호에 주력하고 있다.

2) 외사사범의 증가

시장개방에 따른 수출·입 확대와 해외여행객 유치를 위해 불필요한 검색절차를 줄이는 등 출·입국 및 통관절차가 대폭 간소화되면서 이에 대한 부작용으로 각종 외사사범이 늘어나고 있다. 특히 마약류·총기·밀입국 등에는 국내·외 범죄조직이 연계되어 있어 우리나라도 더 이상 국제범죄조직으로부터 안전지대가 되지 못하고 있다.

연도별 마약류사범 종류별 검거 현황

구분	'10년	'11년	'12년	'13년	'14년	'15년	'16년	'17년
계	5,882	5,477	5,105	5,459	5,699	7,302	8,853	8,887
마약	907	660	501	596	578	1,023	1,332	1,316
대마	1306	819	673	665	700	723	913	1,044
향정	3,669	3,998	3,931	4,198	4,421	5,556	6,608	6,527

출처: 경찰청 경찰백서(2018).

3) 외사관찰대상자의 증가

외국인 출·입국자의 증가로 인해 관광객을 가장한 국제범죄조직원, 테러분자, 산업스파이 등과 다문화사회로 진입함에 따라 범죄목적 외국인의 입국 등 외사관찰대상자의 입국 가능성이 증가하였다. 테러의 경우 국내 체류 외국인들이 ISIS 등 테러단체를 추종하거나 테러자금 지원 등의 혐의로 적발되는 사례도 계속 발생하여 2017년에는 17명이 강제 추방되는 등 2010년 이후 유사한 혐의로 조치된 인원이 70명을 넘어섰다.[7]

최근 10년간 세계 테러 피해현황

구분	'08년	'09년	'10년	'11년	'12년	'13년	'14년	'15년	'16년	'17년	'18년
건수	3,211	3,376	2,937	3,377	3,928	4,096	3,736	2,255	1,533	1,978	1,209
사망	11,438	9,577	10,198	8,265	9,843	11,889	15,909	17,329	8,356	8,229	4,586

출처: 국가정보원 테러정보통합센터(2018).

(4) 범죄의 탈 국경화

외국과의 인적·물적 교류의 확대는 필연적으로 초국가범죄조직의 국내진출, 국내범죄조직의 해외진출, 국내·외 범죄조직의 연계 등 범죄의 탈국경화 현상을 낳고 있다.

1) 초국가범죄조직의 침투

초국가범죄조직은 마약·총기밀매, 통화·여권 위조, 외화밀반출, 도박, 매춘, 청부폭력 등 각종 범죄에 관여하고 있으며, 최근 이들 조직이 국내에도 진출하여 활동하고 있는 사례가 자주 발생하고 있다. 중국본토 및 중화권의 흑사회, 일본 야쿠자, 러시아 마피야, 베트남 범죄조직 등 한반도 주변 국제범죄조직들이 마약·총기밀매·도박 등의 분야에 걸쳐 한국 범죄조직과 연계를 시도하고 있다. 우리나라의 범죄조직들 역시 국제화 바람을 타고 해외를 수시로 드나들면서 외국의 범죄조직과 연계를 도모하거나 중국, 일본, 동남아, 미국 등 해외교포 밀집거주 지역에 세력을 확장하려는 움직임까지 보이고 있다.

2) 외화 불법유출 및 금융범죄

외환거래에 관한 규제가 대폭 완화되고 국내에 유통되는 외화가 늘어나면서 위조화폐, 그 중에서도 위조달러사범이 해마다 증가하고 있다. 최근에는 인쇄방법이 발달하면서 비교적 고성능의 컴퓨터와 스캐너만 사용하여도 육안으로는 식별이 어려울 정도의 위조화폐를

---

7) 2018 경찰백서(경찰청).

간단하게 제작할 수 있게 되었고, 특히 국제적으로 문제가 된 이른바 슈퍼노트(Super Note)도 이미 국내에 유통되고 있는 것으로 드러나 위조화폐에 대한 대책마련이 시급하다.

3) 내국인의 국외범

내국인의 해외여행이 늘어나면서 외국에서 범죄를 저지르거나 반대로 범죄의 피해자가 되는 사례가 늘고 있고, 일부 몰지각한 내국인 해외여행자들의 무분별한 요인으로 인해 국가의 위신을 추락시켜 외교문제로 비화되는 사례까지 발생하고 있다.

4) 국외도피사범의 증가

해외여행이 용이해지면서 국내에서 각종 범죄를 저지른 후 외국으로 도피하는 국외도피사범이 해마다 증가하고 있어 더 많은 국가와 형사사법공조조약 및 범죄인인도조약 등 국제조약체결을 적극적으로 추진하고, 인터폴 등 국제형사사법기구 또는 각국 경찰기관과의 국제경찰공조 강화 등 대책이 요구된다.

제2절 글로벌시대 외사경찰 기능의 문제점 및 대책

국제범죄와 외국인범죄에 대처하고 있는 외사경찰의 문제점으로 먼저, 조직구조와 인력관리 측면에서는 해외 경찰주재관 및 인터폴 협력관 부족 등이 있고, 법제도 측면에서는 외국인 출입국 관리상의 문제와 국제공조수사의 확대를 그리고 국제성 범죄 수사 측면에서는 언어장벽, 전담수사기구의 미비와 전문수사요원의 부족 문제 등을 들 수 있다.

1. 외사경찰의 조직정비

(1) 조직구조 및 인력 재배치

외사경찰의 조직과 인원구조는 경찰청 및 지방경찰청 등 상급 기획부서로 갈수록 인원이 증가하는 역(逆)피라미드 구조로 되어 있다. 이는 국제경찰공조, 국제성 범죄수사, 대테러업무, 공관 관련업무 등 경찰서 단위에서 담당하기 곤란한 외사경찰대상이 더 많기 때문으로, 이제는 국제화에 따른 치안여건의 변화와 지방화 추세를 맞추어 일선 외사기능을 강화해야 할 필요성이 커지고 있다. 특히 외국인 노동자나 불법체류자가 집중적으로 거류하고 있어 외국인형사범·출입국관리법 위반사범이 많이 발생하는 공단지역, 주한미군부대나 국제공항을 관할하고 있는 지역 등 관할의 특성을 감안하여 경찰서별로 외사요원의 정원을 신축적으로 운영함으로써 외사치안 수요에 맞는 외사경찰인력 재배치가 이루어져야 하며, 국제성 범죄의 증가로 인터폴 본부 파견경찰관, 해외 주재관 및 코리안데스크 요원들을 꾸준히 확대하여야 한다. 또한 전국 1급지 경찰서 단위에는 '외국인범죄 수사전담반'을 설치하고, 본청과 각 지방청에 설치된 국제범죄수사대의 기능을 확대하여 수사 인력을 확충하고, 「국제범죄수사과정」 등 직무교육과정을 확대하여 외사수사요원들의 전문성 강화가 요구된다.

(2) 경찰주재관 증설과 인원 확충

경찰주재관은 현지 공관장의 지휘를 받아 현지 교민이나 내국인 관광객에 대한 형사상 권익을 보호하고 우리나라와 관계된 국제성 범죄, 국제테러·조직범죄·불순세력에 의한 위해행위 및 국내침투 저지를 위한 주재국 경찰과의 공조업무를 수행한다. 국제화 시대에 따른 내국인 여행자의 급증과 해외이민 증가에 따라 경찰 해외주재관의 역할은 더욱 중요성을 더해가고 있다. 이에 해외교포 밀집지역이나 여행자 증가지역에는 해외주재관 수를 늘리는 방안을 검토해야 하며, 또한 베트남, 필리핀 등 국가에 각종 범죄수사와 관련하여 파견되어 있는 코리안데스크 실무진을 보강하여 현지 경찰과의 공조체제를 더욱 강화하여야 한다. 그리고 지난 '15년부터 KOICA와 협력하여 퇴직경찰관들에게 해외에서 치안분야 자문 및 봉사단으로 근무할 수 있는 국제치안전문가 기회도 마련되어 있기에 이를 활성화할 수 있는 방안도 적극 강구되어야 한다.

(3) 외사전문요원 양성 및 체류 외국인 범죄수사 기능강화

1) 외사전문화 강화

향후 외사경찰에서 특히 기능강화가 필요할 것으로 예상되는 분야는 다음과 같다.
① 국제성 범죄수사
② 국제공항·항구에서의 검색 업무 지도·감독
③ 외사관찰대상자 동향파악
④ 국제경찰공조

이러한 수요에 부응하기 위해 유능한 외사요원을 조기에 발굴·충원하고, 효과적인 교육과 적절한 인사배치 등을 통해 외사전문가를 양성해야 한다. 그리고 합법·비합법으로 체류 중인 외국인에 대한 단속기능을 강화해야 하며, 이를 위해 외사대상에 대한 정기적인 실태파악은 물론 외사관련 법규에 대한 수시교양을 통해 단속요령을 숙지하도록 하고 외국어 교육을 강화하는 등 외사요원의 전문성을 제고하는 방안을 강구하여야 한다.

2) 출입국관리 기능강화

출입국관리 기능강화를 위해 국제공항, 항만을 통과하는 사람 및 물품의 검색을 위해 공항 및 항만의 각 분실 기능강화가 요구된다. 현재 출입국사범이나 밀수사범 그리고 전염병 환자 및 유해식품의 입국이나 통관 등과 관련한 단속업무는 법무부·관세청 등 관계기관에서 담당하고 있다. 외사경찰은 이러한 대상 외에 해외도피사범, 국제범죄조직원 입출국 동향, 테러분자, 산업스파이 등 국제성 범죄 관련자에 대한 감시 및 단속에 치중하는 방향으로 역할을 강화해야 한다.

3) 통역체제 정비

외국인 범죄자에 대한 수사에서 가장 어려운 점의 하나는 언어장벽이다. 그 동안 경찰에서는 언어장벽 해소를 위해 외국어 능력자를 특채하고 온라인 동영상 외국어 교육(경찰청 사이버 외국어 학원)을 실시하였으며, 외국어 검증시험을 통해 높은 점수를 받은 경우 인사고과에 반영하는 등 많은 노력을 기울여 왔다. 또한 최근에는 경찰관과 민간인 중에서 선발된 통역요원들이 3인 통화기능을 이용한 통역전화기를 활용하여 통역서비스를 제공하고 있다. 따라서 외사경찰관의 통역능력을 향상시키기 위해 유능한 외국어능력자를 조기에 발굴·선발하여 국내·외 교육·파견 등을 통해 전문통역관으로 육성하고, 외국인 범죄자를 수사할 때 언어에 따른 거부감과 혼선을 최소화하기 위해 외국인 범죄유형별·언어별로 피의자나 참고인 진술서 등의 항목을 표준화하여 컴퓨터에 입력 해두는 등의 방법을 통해 통역체제를 보완하는 것도 바람직하다.

4) 외사경찰관의 국제화

범죄의 국제화에 제대로 대응하기 위해서는 외사경찰관의 국제화가 선행되어야 한다. 이를 위해 외사요원의 장·단기 해외연수 확대, 각국 경찰과의 교류협력, 인터폴 총회 등 각종 경찰관련 국제회의 및 세미나참석 등 각국 경찰기관과의 교류를 확대하여 외사요원들로 하여금 국제 감각을 익힐 수 있는 기회를 늘리는 것도 중요한 요소이다. 특히 인터폴(ICPO), UN국제마약위원회(United Nations Commission on Narcotic Drugs), 국제경찰장회의(國際警察長會議, International Association of Chiefs of Police)[8] 등 국제성 범죄에 공동으로

---

8) 우리나라는 2015년 10월 18일부터 23일까지 서울에서 국제경찰장협력회의를 개최하여 세계 16개 치안한류 주요 협력국 대표단 70여 명(경찰청장 9개국, 차장 5개국, 기타 국장급 3국 등)이 참석했다. 이들 치안총수들은 서울경찰의 112센터, 교통정보센터를 방문하여 한국경찰의 우수성을 직접 확인할 수 있었고, 치안한류 설명회를 통해 우리 경찰과의 협력방안을 구체적으로 알 수 있는 계기가 되었다는 의견이다.

대응하기 위한 국가 간 경찰협력이 강화되는 추세에 있어 우리나라도 이들 국제경찰협력기구에 적극적으로 참가하여 정보를 교환하고 국제무대에서 한국경찰의 위상과 발언권을 높일 수 있도록 해야 한다. 이를 위해 경찰협력기구 관련 업무를 전담할 수 있는 국제회의 전문가의 발굴·양성이 필요하다.

2. 국제경찰공조 강화

(1) 범죄정보와 수사기법의 공조

국제성 범죄에 능동적으로 대응하기 위해서는 다음과 같은 것이 있다.
1) 사건수사에 필요한 각종 조회나 증거자료의 수집의뢰 또는 범죄정보 교환 등을 위한 형사사법공조
2) 해외도피사범의 검거에 필요한 수사요청 및 범죄인 인도를 위한 협력
3) 인터폴을 통한 국제범죄정보 교환 및 수사협조 등 국제경찰 공조체제의 강화

국제성 범죄수사에 있어서 국제공조가 중요한 이유는 국제범죄조직에 의한 계획적 범죄의 경우 어느 한 국가에서 범행수법을 특정 지을 수 있는 수사자료를 입수하는 것이 어려운 실정이므로, 여러 국가, 여러 장소에서 수집한 범죄정보의 집약과 분석 그리고 각국 경찰기관과의 유기적인 협력을 통해 해결하는 것이 훨씬 효율적이기 때문이다. 또한 국제성 범죄에 효율적으로 대처하기 위해 경찰기구 및 기관과의 공조뿐만 아니라 국내·외 각종 정보기관과의 업무협조 및 정보교환도 요구된다. 특히 국제적인 마약·총기·희귀 동·식물 등 국제간 거래금지 품목의 밀매행위나 위조화폐의 유통, 산업스파이 행위 등은 수사기관뿐만 아니라 정보기관들도 촉각을 세워 탐지하는 사항이므로 이들 기관과의 범죄정보 교환도 필수적이다.

(2) 인터폴 연계 국제공조 활동

1) 국외도피사범 검거 위한 인터폴 공조 회의

경찰청에서는 2017년 5월 '인터폴 아시아태평양 지역 국외도피사범 단속 프로젝트(INFRAASP)'에 참석하여 한국인 국외도피사범 37명에 대해 회원국 간 공유 및 합동 추적 작전을 전개하였고, 같은 해 10월 서울에서 인터폴 14개 회원국 국제공조수사 담당자 등 50여 명이 참석한 국제회의를 개최하여 공조수사 필요성이 높은 국가와 공조 네트워크를 강화하고 사법체계 등 수사구조에 대해 상호 이해하는 등 실제 공조사례를 공유하여 향후

공조수사 활성화 방안에 대해 논의한 바 있다.

2) 국내 유관부처 인터폴 D/B 제공

인터폴 적색수배자 정보를 법무부 출입국·외국인정책본부에 제공하여 외국인 적색수배자 등 국내 치안에 위협이 되는 인물들의 입국을 원천적으로 차단하며, 도난분실여권 정보를 외교부와 공유하여 문제성 여권의 범죄악용을 예방하는 등 국가정보원 및 법무부 등과 중요 테러정보와 중요 범죄자에 대한 정보를 공유하여 범죄자의 추적과 검거에 활용하고 있다.

3. 외국인 범죄 근절을 위한 추진정책

(1) 긴급출국정지제도의 도입

2015년 9월 25일 경기 여주시에서 우즈베키스탄 국적의 불법체류자 2명이 버섯 농장주를 납치·살해한 후 피해자의 시신을 은닉한 후 본국으로 도주한 사건이 발생하였다. 위 사례처럼 체류 외국인이 국내에서 범죄행위를 저지른 후 경찰에 의해 검거되기 전 또는 불구속 재판 계류 중에 형사처벌을 면탈하기 위해 피의자가 본국으로 출국 및 도주하는 사례들이 지속적으로 발생하고 있으나 이를 신속하게 막을 수 있는 방법이 없었다. 이 같은 미비점을 보완하기 위해 '긴급출국정지제도'를 골자로 하는 출입국관리법 개정안이 국회를 통과하여 사형·무기 또는 장기 3년 이상의 징역이나 금고에 해당하는 죄를 범했다고 의심할 만한 상당한 이유가 있고 도망할 우려가 있는 외국인에 대해 긴급한 필요가 있는 경우 수사기관이 직접 출입국관리공무원에게 해당 외국인의 긴급출국정지를 요청할 수 있게 했다.9)

(2) 비자면제협정을 이용한 외국인 범죄

1) 제주도 무비자 입국정책의 문제점

제주도의 경우 무비자 입국정책을 적용하고 있는 것이 외국인 범죄 증가요인으로 볼 수 있다. 제주도는 2002년부터 관광활성화 차원에서 테러지원국으로 지정된 11개국을 제

---

9) 출입국관리법 제29조의2(외국인 긴급출국정지) ① 수사기관은 범죄 피의자인 외국인이 제4조의6 제1항에 해당하는 경우에는 제29조 제2항에도 불구하고 출국심사를 하는 출입국관리공무원에게 출국정지를 요청할 수 있다.
② 제1항에 따른 외국인의 출국정지에 관하여는 제4조의6 제2항부터 제6항까지의 규정을 준용한다. 이 경우 "출국금지"는 "출국정지"로, "긴급출국금지"는 "긴급출국정지"로 본다(본조신설 2018.3.20.).

외한 모든 국적의 외국인은 관광 및 통관 등의 목적으로 제주지역으로 직접 도착하는 항공기 또는 선박 등을 이용하는 경우 사증을 가지지 않고 30일의 체류기간 동안 제주도에 무비자로 체류가 가능하다.

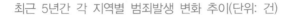

최근 5년간 각 지역별 범죄발생 변화 추이(단위: 건)

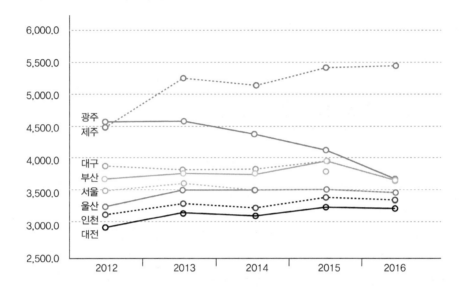

2015년 제주도 무비자 입국자는 629,724명으로, 중국인이 623,521명(99.0%)에 달했다. 제주도에서 발생하는 외국인 범죄 중 상당수가 교통위반 등의 경범죄에 해당하고 있으나, 점차 살인 등 강력범죄와 지능범죄의 발생도 증가하고 있다. 2016년 7월까지 제주도에 들어온 무비자 외국인은 548,205명으로 이 중 544,775명(99.4%)이 중국인이었다.

지난 5년간의 지역별 범죄발생 현황을 보면 대체로 지역 인구수 및 인구의 변화에 따라서 범죄발생 수준에서도 차이가 있는 것으로 나타난다. 범죄의 발생 수준은 절대적인 발생건수보다는 지역 인구 대비 범죄발생 건수를 의미하는 발생비율을 비교하면 대체로 정확하게 파악할 수 있다. 2016년의 경우 전년도(2015년)와 비교해 보면 3개 지역에서 그 경향이 뚜렷하게 나타난다. 3개 지역은 서울특별시를 비롯한 광역시 지역, 이들 지역 이외의 시도 그리고 제주도로 구분할 수 있다. 특히 제주도의 경우 해당 지역의 거주 인구만을 고려하고 유동인구를 고려하지 않는 범죄발생 비율 계산상의 특성은 지역주민 대비 유동인구가 상대적으로 매우 높게 나타나 월등히 높은 범죄발생 비율을 보이고 있다.

2) 무비자 입국자 범죄추이

최근 들어 체류 외국인범죄 국적별 증감 추이를 살펴보면 한국과 비자(사증)면제 협정을 맺은 태국 및 러시아 국적의 범죄자가 급격히 늘어나고 있다는 점이다. 태국 국적의 범죄자는 2014년 1,362명에서 2015년 8월 1,199명으로 약간 줄었다가 2016년 8월 2,151명으로 1년 사이에 79.4%의 증가를 보였다. 특히, 2014년 1월 1일부터 한국과 비자(사증)면제 협정을 맺은 러시아 국적의 범죄자가 늘어나고 있다. 러시아 국적 체류 외국인이 2013년 12,804명에서 사증면제협정 이후 2017년 10월 47,451명으로 약 35,000명 증가하였고, 피의자도 2013년 257명, 2015년 8월 303명, 2016년 8월 544명으로 79.5% 증가했고 2017년 9월에는 841명으로 급격한 증가세를 나타내고 있다.

이와 같이 태국과 러시아 국적의 범죄자 증가원인은 비자면제협정 체결에 있다. 2014년 1월 1일부터 한국과 러시아 간 무비자 제도가 도입되어 일반 관광객들이 180일 중 90일을 무비자로 한국에 체류할 수 있게 되면서 2015년 11월까지는 크게 문제가 없는 것처럼 보였으나, 러시아의 루블화 가치가 급락함과 동시에 국민소득 감소로 인하여 무비자제도를 악용해 불법체류하는 사람이 급속하게 늘어났다. 또한 태국 역시 비자면제협정을 맺은 국가로, 양국 간 협정에 따라 한국에 온 태국인들은 90일 동안 비자 없이 체류할 수 있어 관광 목적으로 입국한 태국인들이 불법체류자로 취업을 하고 있다.

2017년 8월 기준, 무비자나 관광객으로 국내에 입국해 불법체류한 외국인은 모두 95,718명으로, 전체 불법체류자(251,041명)의 약 40%를 차지하고 있다. 이는 외국인 관광객의 무비자 관광 허용이 증가했기 때문이다.

무비자 입국 불법체류 외국인 현황(단위, 명)

구분	2013	2014	2015	2016	2017.8
사증면제 (B-1)	22,241	46,117	56,307	63,319	77,130
일반무사증 (B-2-1)	13,669	13,745	14,745	11,250	10,847
제주무사증 (B-2-2)	1,285	2,154	4,913	7,788	7,741
총 계	37,225	62,016	75,965	82,357	95,718

출처: 법무부(2017).

(3) 불법체류 외국인범죄 대응 강화

외국인 근로자에 대한 고용허가제 도입, 제주무사증 관광객 증가 등 정부의 개방화 정책에 따라 취업 등 목적으로 국내에 입국한 후 불법체류하는 외국인들이 증가하고 있다. 외국인 불법체류자는 2012년 이후 고용허가제 만기 도래자의 불법체류자화 등으로 증가세로 전환된 이후 2017년에는 불법체류자가 251,041명에 이르러 이에 대한 대응강화가 요구된다.

불법체류 외국인 현황(2018년 1월)

구분	'14년	'15년	'16년	'17년
불법체류자	208,778	214,168	208,971	251,041

출처: 경찰청 경찰백서(2018).

(4) 외국인 권익보호

외사경찰은 내국인에 의한 외국인 피해사례에 대해서도 관심을 기울이고 그들을 내국인과 동일한 방법으로 친절·공정하게 대우함은 물론 권리구제에 노력해야 한다. 특히 외국인이 불법체류자 신분임을 악용한 고의적인 인권유린 행위 등은 상호주의 차원에서 강력히 대응함으로써 한국경찰이 누구에게나 공정하다는 인식을 갖도록 해야 한다.

CHAPTER 02

외사경찰의 개념과 법적근거

제1절 외사경찰의 개념과 법적근거

1. 외사경찰의 개념

(1) 외사경찰의 개념 및 임무

외사경찰이란 외국, 외국인, 재외동포, 외국과 관련된 기관이나 단체 등 외사대상을 상대로 대한민국의 안전과 사회공공의 안녕 및 질서보호를 목적으로 이들의 동정을 관찰하고 이들과 관련된 범죄를 예방·단속하는 것을 주된 임무로 하는 경찰이다. 따라서 주한 외국인 또는 외국기관·단체가 대한민국 내에서 저지른 범죄는 물론 내국인 또는 해외교포가 외국에서 저지른 범죄, 내국인이 외국인 또는 외국기관·단체 등과 연계하여 저지른 범죄 그리고 외국인이 외국에서 대한민국 또는 대한민국 국민을 대상으로 저지른 범죄 및 내국인이 국내에서 외국·외국인을 대상으로 저지른 범죄도 모두 외사경찰의 대상이 된다. 또한 간첩·불순분자 등의 제3국을 통한 우회침투를 방지·색출하고, 무장·과격분자 또는 국제범죄조직 등에 의한 마약밀매, 밀입국, 총기밀매, 인신매매, 테러와 납치 등 국제성 범죄에 대처하는 것도 외사경찰의 활동영역에 속한다.

(2) 외사경찰의 중요성

외사경찰의 중요성은 국제간 교류의 증가와 밀접한 관계를 가지고 있다. 1980년대 말부터 본격화되기 시작한 국제화·정보화의 물결은 세계를 지구촌이라는 하나의 공동체로 만들어 가는데 결정적인 전기를 마련하였다. 또한 독일의 통일과 구소련 붕괴를 거쳐 냉전이 종식된 후 이데올로기를 중심으로 형성되었던 국제질서가 붕괴되고 미국과 유럽 주도로 창설된 세계무역기구(WTO)의 자유시장 경제체제라는 새로운 경쟁적 국제질서 틀 안에서 세계 각국이 자국의 경제적 이익을 극대화하고자 무한 생존경쟁을 벌이게 되었다. 이러한 변화의 물결 속에서 대한민국도 결코 예외일 수 없어 필연적으로 세계 각국과의 교류가 확대되어 러시아·중국 등 주변 강대국과의 교류가 급속히 증가하였고, 근래에는 동남아시아 각국으로부터 노동자 및 결혼이민자의 유입도 크게 증가하였다. 이처럼 세계화와 자유시장 경제체제라는 새로운 국제질서 속에서 새로운 국가와의 교류확대를 통해 대외무역 및 해외여행자의 증가, 외국인 노동자 및 결혼이민자를 비롯한 국내 체류 외국인의 증가로 인해 외사경찰의 중요성이 강조되고 있다.

(3) 외사경찰의 특성

1) 대상의 특성

외사경찰은 국내에 체류하고 있는 외국인, 외국기관·단체 또는 해외교포를 주요 대상으로 하고 있다. 그리하여 일반 내국인과 관련된 범죄의 예방과 단속을 주 업무로 하는 일반경찰 활동과 구별되며, 국내치안질서 유지와 반국가적 행위의 예방단속에 관해서도 그 대상이 외국인 또는 해외교포라는 점에서 일반 정보·보안활동과 구별된다. 뿐만 아니라 대상 법률도 일반 형법위반사건보다는 출입국관리법, 여권법, 외환관리법, 대외무역법, 국제형사사법공조법, 외국인의 토지취득 및 관리에 관한 법률, 한미행정협정(SOFA) 위반사범 등 주로 외국인과 관련 있는 범법행위와, 내국인의 외국관련 범죄를 주 단속대상으로 한다는 점에서 그 특성을 찾을 수 있다. 또한 외사경찰은 외교사절도 그 대상으로 하고 있는데, 외교사절은 일반 체류 외국인과는 달리 특별한 지위를 누리고 있으므로 업무취급상 특별한 주의를 요한다.

2) 활동범위의 특성

① 외사정보 및 보안활동

외국인, 외국기관·단체, 해외교포 등에 대한 동향이나, 이들과 직·간접으로 관계 있는 내국인 등을 대상으로 사회공공의 안녕과 질서, 또는 국가안보상 위해요소 등 국익의 보호와 관련된 첩보를 수집·판단·분석하여 정책수립에 반영함으로써 국내 치안질서 유지 및 안보상 장애요인을 예방·제거하는 자료로 제공하는 활동을 한다. 또한 각국의 주요 도시에 파견되어 있는 해외주재관들은 해외교포 관련 업무, 정보수집, 경찰공조업무 등 현지에서 직접 외사경찰업무를 수행하고 있다.

② 외사수사 활동

외사경찰은 국제조약 등에 규정하고 있는 범죄와, 국내에서 발생한 범죄가 인적·장소적으로 2개국 이상 관련되거나 조직화하여 행해지는 국제성 범죄 등 일반외사사범 수사 활동을 수행한다. 외사수사의 활동범위는 국내에 그치지 않고 해외교포 집중거주 지역까지 포함한다. 그리하여 내국인 관광객이 많이 왕래하는 국가에 대해 주재관을 파견하고, 해외도피 피의자의 강제송환을 위한 국가 간 경찰공조와 인터폴을 통한 각국 수배 등 업무의 특성으로 인해 전 세계를 활동범위로 하고 있다.

③ 국가 간 경찰공조활동

외사경찰은 외사수사 분야에 그치지 않고 외국경찰과 이해증진을 위한 상호 교육파견, 국제회의참석, 외국정보기관과의 범죄정보 교환, 외국경찰 고위직 초청, 경찰관의 공무국외여행, 외국경찰과의 자매결연 사업 등 국제공조업무를 수행하고 있다. 경찰업무에 관한 전반적인 지식과 외국어 능력은 물론, 외교용어, 의전, 국제회의 진행요령, 서신 등 외국어 서식 작성요령, 국제예절 등도 잘 숙지하여야만 이와 같은 업무를 효과적으로 수행할 수 있으므로 외사경찰은 다른 어느 경찰분야 보다도 고도의 전문성이 요구된다.

2. 외사경찰의 활동 근거

(1) 법적근거

외사경찰의 업무에 관한 근거법규[1]로 가장 명확한 것은 경찰청과 그 소속기관 등 직제에 관한 제12조의2에 규정된 외사국장의 업무사항에 관한 조항이다. 이에 따르면 외사국

---

1) 법적근거
  (1) 직접적 근거, 경찰청과 그 소속기관 직제 일부개정 2017. 11. 28.(대통령령 제28448호, 시행 2017.11.28.) 제15조의2(외사국)
    ① 국장은 치안감 또는 경무관으로 보한다.
    ② 국장은 다음 사항을 분장한다.
      ○ 외사경찰업무에 관한 기획·지도 및 조정
      ○ 재외국민 및 외국인에 관련된 신원조사
      ○ 외국경찰기관과의 교류·협력
      ○ 국제형사경찰기구에 관련되는 업무
      ○ 외사정보의 수집·분석 및 관리
      ○ 외국인 또는 외국인과 관련된 간첩의 검거 및 범죄의 수사지도
      ○ 외사보안업무의 지도·조정
      ○ 국제공항 및 국제해항의 보안활동에 관한 계획 및 지도 등 경찰청과 그 소속기관 직제 시행규칙(일부개정 2017.12.21. 행정안전부령 제22호, 시행 2017.12.21)이 있다.
  (2) 간접적 근거, 헌법 제6조, 경찰법 제3조, 경찰관 직무집행법 제2조
  (3) 기타 외사경찰활동 관련 법률과 조약, 즉 주한미군지위협정(SOFA), 범죄인인도조약, 형사사법공조조약, 외교 및 영사관계에 관한 비엔나 협약 등이 있다.

장의 업무사항은 다음과 같다.

1) 외사국에 외사기획과·외사정보과·외사수사과 및 국제협력과를 둔다(개정 2017.2.28.).

2) 각 과장은 총경으로 보한다.

3) 외사기획과장은 다음 사항을 분장한다(개정 2017.2.28.).

    ① 외사경찰업무에 관한 기획 및 지도

    ② 재외국민 및 외국인과 관련된 신원조사

    ③ 해외 파견 경찰관의 선발·교육 및 관리

    ④ 기타 국내 다른 과의 주관에 속하지 아니하는 사항

4) 외사정보과장은 다음 사항을 분장한다(개정 2007.3.30.).

    ① 외사 치안정보 업무에 관한 기획·지도 및 조정

    ② 외사 치안정보의 수집·종합·분석 및 관리

    ③ 외국인 또는 외국인과 관련된 간첩의 검거 및 수사지도

    ④ 외사보안업무의 지도 및 조정

    ⑤ 국제공항 및 국제해항 보안활동에 관한 계획 및 지도

5) 외사수사과장은 다음 사항을 분장한다(개정 2011.5.9.).

    ① 국제형사경찰기구에 관련되는 업무

    ② 외국인 또는 외국인과 관련된 범죄수사에 대한 기획 및 지도

    ③ 외국인 또는 외국인과 관련된 중요 범죄 수사지도

6) 국제협력과장은 다음 사항을 분장한다(신설 2017.2.28.).

    ① 외국경찰기관과의 교류 및 협력

    ② 국제 치안협력 사업에 대한 기획 및 지도[2]

이외에도 경찰관직무집행법을 그 근거법률로 볼 수 있겠으나 동 법은 외사경찰에 국한된 것이 아니라 전반적인 경찰활동에 관한 규정이라는 점에서 직접적인 근거법률로 볼 수는 없다.

(2) 이론적 근거

1) 국제화의 능동적 대처

국제화·정보화의 물결 속에 대한민국의 국제적 위상이 날로 높아지고, 세계 각국과의 교류가 확대되면서 내·외국인의 출·입국이 크게 늘어나는 등 외국과의 적극적인 무역과

---

2) 경찰청과 그 소속기관 직제 일부개정(2017. 11. 28.).

교류관계 확대는 국가생존의 필수적 요소가 되었다. 이와 같은 국제화의 물결은 필연적으로 기존의 경찰업무에 새로운 과제를 던져주고 있는데 이는 바로 외국인관련 범죄의 급격한 증가이다. 이러한 외국인관련 범죄는 단순히 양적 증가에 그치지 않고 컴퓨터범죄, 인터넷사기, 국제범죄조직과 연계한 무기·마약밀매나 돈 세탁, 통화위조, 외국인 성매매 등 과거에는 발견하기 어려웠던 새로운 종류의 범죄들이 다수 발생하고 있고 또 매년 늘어나는 추세에 있다. 이와 같이 국제화로 인한 외국인관련 범죄의 양적·질적 증가에 능동적으로 대비하기 위해 전문적으로 외국인 범죄만을 전담할 수 있는 경찰부서와 인력의 확보가 필수적인 것으로 여기에 외사경찰의 논리적 활동근거가 있다.

2) 국가이익의 확보

최근의 국제정세는 정치·경제·군사 등 모든 분야에 걸쳐 국가 간에 첨예한 이해관계의 대립 양상을 보이고 있고, 각국의 정보기관 또한 자국의 이익을 추구하기 위해 치열한 정보활동을 전개하고 있다. 이와 같은 국제정세 속에서 우리 경찰도 적극적이고 전문적인 외사경찰활동을 통해 대외 통상관계에 대한 외교 정책을 수립하는 데 필요한 정보를 수집하고, 외국인관련 경제범죄에 효과적으로 대처함으로써 국가이익을 확보하는데 기여하여야 한다.

제2절   외사경찰의 활동유형과 조직현황

외사요원 관리규칙[3]에 따르면 다음과 같은 업무를 취급하는 경찰공무원을 외사요원이라고 규정하고 있다. ① 외사기획업무, ② 외사정보업무, ③ 외사수사업무, ④ 해외주재업무 등이며, 이 밖에 외사경찰의 활동 임무는 경찰청과 그 소속기관 직제(행정안전부령 제22호) 제12조의 2에 규정된 바와 같으나, 여기에서는 이를 크게 외사정보 업무, 외사수사업무, 외사보안업무, 국제협력업무 등의 네 가지로 나누어 살펴보자.[4]

---

3) 외사요원 관리규칙(경찰청훈령 제638호, 2011.9.28.)
4) 외사포털시스템(FAPS) 구축
   경찰청은 급증하는 외사업무에 효과적으로 대처하기 위해 외사업무 전산화 시스템(Foreign Affairs Portal System: FAPS)을 구축하였다. 이 시스템은 기존 외사업무 전산화 수준이 낮고 전산시스템이 노후화돼 급증하는 외사수요에 대응할 수 있는 효율적 외사업무처리 시스템 구축 필요에 의한 것으로, 국제공조수사 및 외사정보수집 기능에 한정되었던 기존 외사업무관리시스템(FOMS)을 외사업무 전반을 전산화한 '외사포털시스템'으로 개편 추진했다. 이를 통해 외사포털시스템에 신원조사관련 시스템(주민, 범죄경력, 국제수배조회 등) 연계 통합로그인 기능을 추가해 업무편의성을 제고했다. 또한 통역요원, 주재관, 교류협력 외국경찰자료 등 외사관련 인력현황을 DB로

1. 외사경찰의 활동유형

(1) 외사정보 활동

외사정보 활동이란 주한 외국인, 외교사절, 해외교포, 외국인 상사단체 등 각종 외사 활동의 객체를 대상으로 대한민국의 안전과 이익, 사회공공의 안녕과 질서유지를 위해 외사첩보를 수집하고 이를 판단·분석한 결과를 정책수립 자료로 제공하여 경찰상 또는 국가 안보상의 위해 요인을 사전제거하고 그 대책을 마련하는 외사경찰의 활동을 말한다.

(2) 외사수사 활동

외사수사 활동이란 대한민국의 안전과 이익, 사회공공의 안녕과 질서유지를 목적으로 외국인 또는 외국과 관련된 테러, 마약밀매, 총기밀매, 인신매매, 밀입국, 외국인에 의한 강도·절도 등 범죄 및 범죄자에 대해 공소를 제기하고, 이를 유지하기 위한 준비절차로서 범죄사실을 탐지하고, 범인을 검거 조사하며, 증거를 수집·보전하는 외사경찰의 활동을 말한다. 일반 경찰수사 활동과의 차이점은, 첫째 그 대상이 외국인 또는 외국과 관련된 것이라는 점, 둘째 활동범위가 국내에 그치는 것이 아니라 외국 또는 국제기구와의 경찰공조 등 국외에 걸쳐 있다는 점 등이 있다. 외사수사 활동의 대상이 되는 범죄유형은 크게 국제성 범죄와 일반외사사범의 두 가지로 나누어 볼 수 있다.

1) 국제성 범죄

국제협약에서 규정하고 있는 범죄와 인적·장소적으로 2개 국가 이상이 관련되어 있는 범죄로서, ① 마약·총기 밀매나 인신매매, 밀입국 등 인간의 존엄성과 건강을 위협하는 국제적·조직적인 범죄, ② 국제테러범죄, ③ 국제통화위조·국제상거래범죄·돈 세탁 등 신용을 해치는 범죄 등을 말한다.

2) 일반외사범죄

주로 국내 체류 외국인 또는 국내인의 외국관련 범죄를 말하며 성질상 국제성 범죄에 속하지 않는 단순범죄를 말한다. 외국인의 국내형법 위반사범을 비롯하여 한미행정협정 위반사범, 출입국관리법, 여권법, 밀항단속법 등 각종 단행법규나 국제협정위반 사범이 이에 속한다.

관리할 수 있는 외사인력 관리시스템도 구축되었다.

(3) 외사보안 활동

외사보안 활동이란 대한민국의 안전과 사회공공의 안녕·질서유지를 목적으로 외국인, 외국기관·상사·단체원, 외국인과 관계있는 내국인, 해외교포, 출입국자 등을 대상으로 산업스파이 등 기타 반국가적 행위의 여부를 파악하고 동향을 관찰하는 외사경찰의 활동을 말하며, 여기에는 국제테러단체와 그 조직원의 동향을 파악하고 대책을 수립하는 활동을 포함해 공·해항 검색 등이 포함된다.

(4) 국제협력업무

국제협력업무란 외국 및 국제경찰 관련기구와의 경찰공조·상호방문·교육파견·자매결연·국제회의 및 세미나 참석 등을 통하여 외국경찰이나 인터폴 등 국제 경찰관련 기구와의 협력관계를 증진하고, 정보를 상호 교환하며, 국제성 범죄에 보다 효과적으로 대처하기 위한 업무를 말한다.

2. 외사경찰의 조직현황

(1) 경찰청 외사국 조직구조(4과 8계)

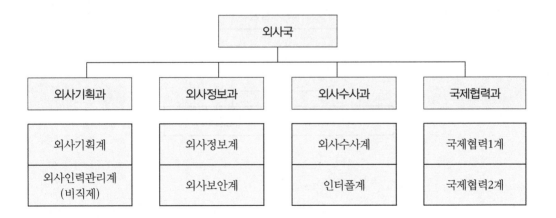

(2) 지방청 외사과 조직구조

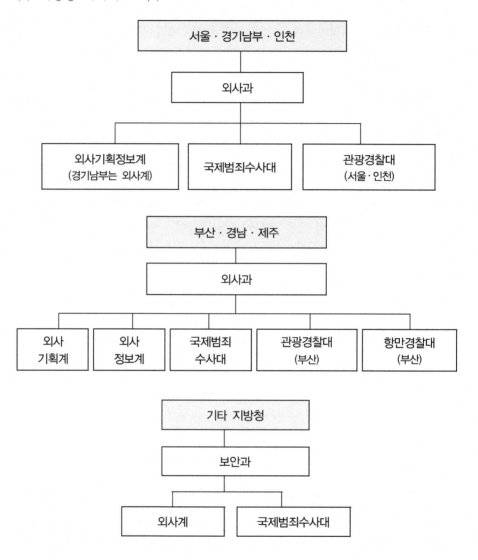

(3) 일선 경찰서 외사계(미편제 포함)

경찰서	외사계 (106개, 42%)		외사계 미편제 (148개, 58%)			
	정보보안과 소속	보안과 소속	보안계 소속	정보경비계 소속	정보보안계 소속	보안외사계 소속
254개 (100%)	74개 (29%)	32개 (13%)	90개 (35%)	47개 (19%)	7개 (2.5%)	4개 (1.5%)

3. 사무분장

(1) 경찰청

1) 경찰청 외사국장으로 보한다. 해외주재관은 32개국 51개 공관에 57명이 파견되어 근무하고 있다.
2) 외사국장 밑에는 외사기획과장, 외사정보과장, 외사수사과장, 국제협력과장을 두고 과장은 총경으로 보한다.
3) 외사기획과에는 외사기획계 해외인력관리계, 외사정보과에는 외사정보계 외사보안계, 외사수사과에는 외사수사계 인터폴계, 국제협력과에는 국제협력1계, 국제협력2계가 있으며 각 계장은 경정으로 보한다.
4) 해외 주재관과는 별도로 인터폴 사무총국(프랑스 리옹)에 경감1명, 아시아지역사무소(태국 방콕·싱가폴)에 총경1명·경정1명, 글로벌혁신센터(싱가폴)에 경감1명을 파견하고 있다.

(2) 각 과별 사무분장

1) 외사기획과

① **외사기획(계)**
   ○ 외사경찰 제도·운영에 관한 기획 및 복무·인사·교육·예산관리
   ○ 통역요원 관리 및 통역지원
   ○ 관광경찰 운영에 관한 기획·교육·예산관리
   ○ 재외국민·외국인 관련 신원조사

② **외사인력관리(계)**
   ○ 해외주재관 등 국외파견 외사경찰의 선발·교육 및 관리
   ○ 국외파견 관련 제도개선 및 법령 제·개정

2) 외사정보과

① **외사정보(계)**
   ○ 외사치안정보의 수집·평가·분석·전파 및 관리
   ○ 외사관련 치안정책 자료 수집·분석·전파 및 관리
   ○ 사이버 외사정보의 수집·분석·전파 및 관리
   ○ 중요 외사정보 상황 유지 및 전파
   ○ 상주외국공관·외신기관·외국 상사단체 및 국내 주요 외국인 등에 대한 치안정

보수집

② **외사보안(계)**

○ 국제보안 및 테러관련 정보수집·분석 및 전파

○ 국제공항만 및 외빈방한·국제행사 보안활동 지도·조정

○ 신원특이 외국인 동향 관리

3) 외사수사과

① **외사수사(계)**

○ 외사범죄에 대한 대책 수립 및 자료 수집·분석·관리

○ 외국인 또는 외국인과 관련된 범죄의 수사지도 및 조정

○ 산업기술 유출사건 수사지도 및 조정

○ 국내 체류 외국인 인권보호

② **인터폴(계)**

○ 인터폴 국가중앙사무국 운영 및 사무총국·회원국과의 협력

○ 인터폴 통신망 관리 및 운영

○ 해외도피사범에 대한 공조수사업무

4) 국제협력과

① **국제협력1(계)**

○ 외국 경찰기관 등과의 국제 협력

○ 외국경찰 자료 등 외사자료 수집 및 관리

○ 경찰관 해외교육 및 공무국외여행 관리

○ 외사교류협력 관련 파견 경찰관 선발·교육 및 관리

② **국제협력2(계)**

○ 치안한류사업 기획 및 관리

○ UN 협력사업, ODA 사업 기획 및 관리

○ 치안전문가 단기 파견인력 기획 및 관리

○ 외국경찰 초청연수 사업 기획 및 관리

(3) 지방청

1) 서울·경기남부·인천지방경찰청

외사과 산하에 외사기획정보계(경기 남부청은 외사계) 및 국제범죄수사대, 관광경찰대

(경기남부는 제외)로 구성한다.

      ○ 외사경찰에 관한 기획 및 지도

      ○ 재외국민·외국인 및 이에 관련되는 신원조사

      ○ 외국경찰기관과의 협력 및 교류

      ○ 외사정보의 수집·분석 및 관리

      ○ 외국인 또는 외국인과 관련된 범죄수사

      ○ 국제 공·해항 보안활동에 관한 계획, 정보수집 및 지도 등

2) 부산·경남·제주지방경찰청

외사과 산하에 외사기획계, 외사정보계, 국제범죄수사대, 관광경찰대(부산청)로 구성

3) 기타 지방경찰청

보안과 산하 외사계로 조직, 운영

4) 일선 경찰서

1급지 경찰서 및 2급지 일부 경찰서는 외사계로 그 외 경찰서는 보안계 외사담당으로 조직이 운영되고 있다.

4. 외사조직 개편

외국 정상들이 참석하는 각종 국제행사(G20정상회의 등) 개최와 더불어 외국인 범죄의 지능화, 조직화 등 외사 치안환경의 변화에 효율적으로 대응하기 위해 외사수사의 전문역량 강화와 인력확대가 필요하게 되었다. 이에 외국인 치안수요가 늘고 있는 각 지방청에 국제범죄수사대를 설치하여 현장 대응능력 및 수사력을 강화하였다. 또한 해마다 늘어나는 산업기술유출 수사업무를 체계적으로 관리 지원하기 위해 경찰청에 산업기술유출 수사지원센터를 신설하였고, 국가핵심기술 유출방지 등 산업기술보호 수사를 위해 17개 지방청 (서울, 부산, 대구, 인천, 울산, 경기, 충남, 충북, 전북, 경남)에 산업기술유출 전담 수사대를 편성하였다.[5]

주요 전문수사팀 현황

(1) 국제범죄수사팀(17개청)

경기청·서울청 국제범죄수사대 설치 이후, '17년 2월 전국으로 수사체계 구축

---

5) 국제범죄수사대 17개청(경기2청 포함) 20대 설치 296명 활동(2018년 현재)

△ 불법 입출국·밀입국 △ 해외성매매 △불법 외환거래 △국제금괴밀수 등 전담 수사

(2) 강력범죄수사팀(6개청)

'12년 2월 '조직성범죄수사팀'으로 신설(6개청 10개팀), 외국인 집단폭력 등에 대응하기 위해 '14년 12월 '강력범죄수사팀'으로 운영

△ 살인·강도 등 해외에서 우리국민 피해사건 △외국인 집단폭력 등 강력범죄
△ 조직성 폭력·마약사범 등

(3) 산업기술유출수사팀(17개청)

'10년 7월 국가핵심기술 및 주요 산업기술 보호를 통한 국가 경제 활성화를 위해 서울·경기 등 6개청에 최초 설치, '17년 2월 전국지방청으로 수사팀 확대

△ 국가핵심기술 및 산업기술 유출·침해 사건 △ 방위산업기술 유출·침해 사건 등

(4) 인터폴 추적수사팀(2개청)

'12년 6월 도피사범 연고선 추적·소재파악 등을 통한 중요 국외도피사범 및 국내체류 외국인 적색수배자 검거를 위해 전담팀(서울5개팀·경기 남부3팀) 운영

제3절 경찰주재관제도

1. 주재관의 개념과 의의

(1) 주재관의 개념

재외공관 주재관이란 외교통상부가 실시하는 주재관 공모에 선발되어 재외공관에서 근무하는 공무원을 의미한다. 재외공관 주재관으로 선발되면 외교통상부로 전입 후 주재관 재임기간(3년) 동안 외교통상부 소속 공무원으로 대한민국을 대표하여 외교, 통상, 영사 등과 관련된 전문적인 업무를 수행하며 주재관의 임기를 마친 후 원래 소속 부처로 복귀한다. 재외공관에는 외무공무원, 주재관 이외에 무관, 직무파견자 등도 근무한다. 직무 파견자는 각 부처의 업무수행을 위해서 해당 부처가 직접 파견한 공무원을 말한다.

(2) 경찰주재관의 의의

경찰주재관은 외교통상부 소속의 외교관 신분으로 재외공관에 파견되어 재외국민의 권익보호와 국제성 범죄자를 검거하기 위한 수사공조, 국제성 범죄관련 첩보수집과 각종 경찰관련 자료수집 등의 임무를 수행하는 경찰공무원을 말한다. 국제적으로 치안문제 등과 관계가 깊은 국가에는 외교공관에 경찰주재관을 파견하고 있다. 경찰주재관은 파견국의 치안상태나 범죄조직의 동향과 사회 안전시스템 등을 파악하고, 관련 법령의 제정과 운영 등에 대하여 정보를 입수하여 보고하고 있다. 또한 당해 국가에 체류 중인 우리나라의 주요 도피사범의 체류동향이나 강제송환을 위한 현지 경찰과의 실제적인 협력 등을 도모하고 있다.

경찰주재관은 외교관으로 활동하는 만큼 대외직명도 외교관의 대외직명을 부여받게 된다. 구체적인 대외직명은 주재관을 선발할 때 담당지역과 업무에 따라 정해지는데 대사관에 파견된 경찰주재관의 경우에는 경무관은 참사관으로 파견되고 경정은 보통 2등 서기관으로 배치된다. 한편 총영사관에 배치된 경찰주재관은 영사, 부영사의 직을 수행하는 등 경찰의 직급에 따라 정하여진다. 영사로서의 자격을 가지고 있는 경찰주재관은 범죄피의자인 재외국민에 대한 사법적 지원활동을 실시한다. 자국민에 대한 영사 접견권 및 조력권을 행사하고 당해 국가에 대하여 적법절차를 준수하도록 요구하는 것이 대표적이다.

2. 경찰주재관의 법적근거

(1) 재외국민보호를 위한 영사업무 지침 제3조(재외국민보호 업무수행의 기본원칙) 제1항

재외공관은 헌법상 규정된 국가의 기본의무인 재외국민보호를 위하여 최선의 노력을 기울여야 하며, 이 지침 해석상 재외공관이 보호 조치를 취해야 하는지 여부가 불명확한 상황이 발생하는 경우에는 가급적 이에 해당하는 것으로 판단하여 적극적으로 재외국민보호 업무를 수행하여야 한다.

(2) 재외국민보호를 위한 영사업무 지침 제3조 제2항

재외공관은 다음 각 호의 원칙에 입각하여 재외국민보호 업무를 수행하여야 한다.
1) 영사관계에 관한 비엔나 협약 등 관련 조약, 일반적으로 승인된 국제법규 및 주재국 법령을 준수하여야 한다.
2) 재외공관은 현재 또는 미래의 다수 국민의 안전 또는 공공의 이익을 저해하지 않

는 방향으로 재외국민보호 업무를 수행한다.

3) 이 지침에 근거하여 재외국민보호의 세부 범위와 수준을 정함에 있어서는 사건사고 등 발생국가(이하 '주재국'이라 한다)의 제도 및 문화 등 특수한 상황을 고려하여야 한다.

4) 재외공관은 재외국민이 스스로 또는 연고자의 지원을 받아 문제를 해결할 수 있다고 판단되는 경우에는 지원하지 아니한다.

5) 국내에서 발생하는 유사 사례시 정부가 제공하는 보호의 수준을 초과하지 않음을 원칙으로 한다.

3. 주재관 현황: 32개국 51개 공관 57명(2019년 1월 현재)[6]

중 국 (9개 공관, 13명)	북 미 (7개 공관, 7명)	중남미 (5개 공관, 5명)	구 주 (7개 공관, 7명)
중국(3), 상하이(2), 선양(2), 칭다오, 광저우, 청뚜, 시안, 우한, 홍콩	미국, L.A, 뉴욕, 시카고, 애틀랜타, 밴쿠버, 토론토	멕시코, 과테말라, 상파울루, 파라과이,아르헨티나	영국, 프랑스, 이탈리아, 스페인, 프랑크푸르트, 러시아, 블라디보스톡
일 본 (3개 공관, 4명)	동남·중앙아시아 (13개 공관, 14명)	태평양 (2개 공관, 2명)	아프리카 중동 (5개 공관, 5명)
도쿄(2), 나고야, 후쿠오카	필리핀, 세부, 베트남, 호치민(2), 캄보디아, 태국, 인도, 뭄바이, 인도네시아, 말레이시아, 싱가포르, 라오스, 몽골	시드니, 오클랜드	케냐, 남아공, 이집트, 나이지리아, 두바이

---

6) 주재관 증원 예상지: 외교부·행안부 등 관계부처와 협의 중으로, 사건사고·체류교민 등 치안수요가 급증하는 공관에 경찰주재관 신규파견을 추진 중에 있다. 외교부에서 재외국민 보호를 위해 요청한 6개 공관 추가파견 협의 대상지는 다음과 같다.

구분	駐시엠립(분)	駐대만(표)	駐다렌(출)	駐미얀마(대)	駐니가타(총)	駐터키(대)
사건사고	36건	281건	107건	71건	41건	11건
체류교민	8,445명	9,309명	44,400명	3,106명	7,739명	1,485명
여행객	38만 명	80만 명	148만 명	6.5만 명	3,000명	23만 명

4. 경찰주재관의 자격요건과 선발절차

(1) 경찰주재관의 자격요건

1) 경찰주재관 외국어 요건

외무공무원임용령시행규칙 「외국어능력검정 결과 대비표」 "50점 이상" 어학성적을 취득하거나 외국어 성적 제출 면제대상인 자를 원칙으로 한다.

2) 외국어 성적 제출 면제 대상

「재외공관주재관 임용령 시행세칙」 제14조의2 각 호 1에 해당하는 자[7]

(2) 경찰주재관 정원

경찰주재관 제도의 자격요건[8]에 나타난 정원은 '경찰분야의 특정직 정원 63명 중 4명은 경무관, 17명은 총경, 42명은 경정 또는 경감으로 보한다.'라고 명시(경위 이하 지원 불가)되어 있다. 또한 고시(변호사 특채), 외사 등 경력경쟁채용자는 의무복무 기간을 마친 후 지원이 가능하며, 선발인원은 매년 상·하반기(4월·10월 공고) 두 차례 걸쳐 정기적으로 공개모집하고 있다.[9] 또한 지원자는 일정 수준의 어학성적(영어 또는 해당국 언어)이 구비되어야 하며 일부요건 해당자에 대해 면제하기도 한다.

파견자의 직위는 사건사고 업무를 담당하는 경찰주재관 직위가 63개(경찰청 57명, 해경 8명, 경찰청 직무파견 2명)로 총 65명이 근무하고 있으며, 주재관 임기는 재외공관에서 3년간 근무를 원칙으로 하나 업무수행 위해 1년 범위 내에서 근무기간 연장이 가능하다.

---

7) 외교부장관은 다음 각 호의 1에 해당하는 자에 대하여 제3조 제7호에 의한 어학성적 제출을 면제할 수 있다.
   1. 검정외국어와 동일한 언어사용지역에서 재외공관 주재관(직무파견자 등 기타 재외공무원을 포함한다. 이하 같다.)으로 근무한 경력이 있거나 현재 재외공관 주재관으로 근무 중인 자
   2. 1년 6개월 이상 국외에서 검정대상 어학연수를 받거나 학사학위 이상을 취득한 자 또는 검정외국어와 동일한 언어사용지역에서 학사학위 이상을 취득한 자
   3. 외교부 소속 공무원으로 근무한 경력이 있는 자로서, 원서접수 마감일을 기준으로 최근 10년 이내에 별표 1 또는 별표 1의2에 규정한 외국어등급대비표상 검정외국어로 50점 이상의 성적을 보유하고 있는 자
   4. 검정외국어를 사용하는 국제기구 또는 외국기관에 1년 6개월 이상 파견된 경험이 있는 자
      ② 제1항의 규정에 불구하고 외교부장관이 당해 직위 업무수행상 특별히 필요하다고 인정하는 경우에는 제1항의 면제대상자에 대해 어학성적을 제출하도록 할 수 있다.
8) 외교부와 그 소속기관 직제 52조 2항(주재관 정원표)
9) 다만, 외교부의 "주재관 임기연장 신청에 대한 심사결과"에 따라 모집인원이 일부 변경될 수 있으며, 향후 선발규모는 '19년도 11개(상반기8, 하반기3) 직위, '20년도 22개(상반기12, 하반기10) 직위이다.

주재관은 외교관으로서 면책특권이 부여되며 각종 재외근무수당, 주택임차료, 자녀학비보조수당 및 의료비 등이 지급(공무원수당 등에 관한 규정 및 재외공무원 수당 지급 규칙)되며 경찰공무원인사운영규칙 제32조의4 ②항에 의해 임기만료 후 복귀는 파견 해제 시 원소속청(해당 계급 승진 지방청) 복귀를 기본원칙으로 한다.

(3) 선발절차

경찰주재관의 선발절차는 먼저 파견주체인 외교부에서 해당 공관에 대하여 직위공모하면 경찰청에서는 해당 계급과 어학 등 일정한 기준을 정하여 전 경찰관을 대상으로 공고하고 희망자의 지원신청을 받는다. 이렇게 지원한 신청자에 대하여 경찰청 차장을 위원장으로 한 자체 심사위원회에서 경찰주재관으로서의 업무수행능력 등을 심사하여 2배수를 원칙으로 선정한다. 이후 선정된 대상자를 기관장인 경찰청장 명의로 외교부장관에게 추천하면 외교부에서는 재차 어학면접과 외교부 자체위원과 관련 학계의 교수 등을 외부위원으로 구성, 주재관선발심사위원회를 개최하여 최종 선발한다. 선발된 자원들은 국립외교원 및 소속기관에서 소정의 소양교육을 이수한 후 해당 공관의 일정에 맞춰 현지 부임하여 업무를 개시한다.

5. 경찰주재관 직무범위와 운영 관리

(1) 직무범위

해외에 파견된 경찰주재관의 직무범위는 먼저, 공관장의 지휘감독을 받아 교민에 대한 형사상 권익을 보호하며 아국 관계 국제성 범죄에 대한 주재국 법집행 기관과의 수사공조를 한다. 그리고 국제 테러조직 등 불순세력에 의한 위해행위를 방지하고 그들의 잠입저지를 위한 주재국 경찰과의 정보협력 등의 임무를 수행하는 등 주재국에서 경찰관계 외교관으로서 우리 국민의 권익보호를 위해 일한다. 또한 국내 경찰업무 경력을 바탕으로 아국인과 아국인 관련한 사건 및 사고에 적절한 대응조치를 수행하기도 하며, 한국경찰의 선진화된 치안시스템을 홍보하고 전수하는 등 국가위상 제고에도 기여하고 있다.

경찰주재관은 일반적인 외교통상부 영사업무와 구별하여 고유기능인 경찰로서의 임무도 함께 수행한다. 구체적인 내용을 살펴보면 재외국민 권익보호를 위한 활동, 마약, 테러 등 국제성 범죄와 관련한 자료수집, 국제성 범죄자 검거를 위한 수사공조 활동, 주재국 경찰기관과의 협력업무, 기타 경찰업무와 관련한 하명사항의 처리 등이다.

(2) 경찰주재관의 운영관리

경찰주재관의 업무와 근태에 대하여는 외교부에서 전적으로 관리한다. 하지만 경찰주재관 근무에 대해 일부 경찰청장이 귀국의 제한 등 필요한 조치를 통하여 관리하기도 한다.

경찰주재관의 근무기간은 원칙적으로 계속하여 3년이다. 다만 경찰청장은 재외공관장이 요청하는 경우 외교통상부장관의 동의를 얻어 1년의 범위 내에서 연장근무가 가능하다. 그리고 공무 외로 본국에 일시 귀국할 수 있는데 이에는 여러 가지의 요건을 갖추어야 한다. 허가권자는 총경급 이상은 경찰청장이며 경정 이하는 차장이 허가권자이다. 요건으로는 배우자, 본인 또는 배우자의 직계 존비속이 사망하거나 위독한 때, 본인이 본국에서 치료를 받거나 휴양이 필요한 때, 본인 또는 자녀가 본국에서 결혼할 때, 기타 경찰청장이 특히 필요하다고 인정한 때 등이다.

경찰주재관이 다음과 같은 사유에 해당하는 경우 적절한 조치를 취하도록 규정되어 있다.[10] 첫째, 국위를 손상하거나 국가이익에 위반하는 행위를 한 때, 둘째, 정당한 사유 없이 중요한 업무수행을 태만히 하거나 경찰관으로서의 복무상 의무를 위반한 때, 셋째, 외교통상부장관 또는 해당 공관장으로부터 소환요청이 있을 때와 해당 직무수행에 부적합하다고 인정된 때 등이다.

(3) 범죄인인도시 담당영사 업무

1) 범죄인인도청구서를 주재국 정부에 전달하고, 주재국의 인도결정 여부를 외교부 및 법무부에 통보(범죄인인도청구에서부터 범죄인 송환에 이르기까지 모든 절차를 법무부에서 주관)
2) 우리 법무부의 요청에 따라 호송관의 선고국과의 절차 협의지원 및 계호(戒護)장비 공항 반입 지원 등 호송관이 원활하게 수형자를 이송할 수 있도록 지원한다.

(4) 수형자 이송시 담당영사 업무

우리 법무부의 요청에 따라 수형자 여행증명서 발급, 호송관의 선고국과의 절차 협의지원 및 계호(戒護)장비 공항 반입 지원 등 호송관이 원활하게 수형자를 이송할 수 있도록 지원한다.

---

10) 해외주재관 운영에 관한 규칙 제5조, 제6조, 제7조.

6. 영사서비스 조력 대상 및 범위

(1) 조력 대상(주재국 거주 또는 여행 중인 대한민국 재외국민)

1) 재외국민은 해외 체류 중인 우리 국적자와 시민권을 획득한 교민을 포함하는 의미로 통상 교민은 우리국적, 시민권을 통칭한다.
2) 주재국은 영주권, 영구영주권, 시민권으로 구분되며 일반적으로 영주권 소지자 이상은 자국민으로 대우한다.
3) 우리국민 여부는 본인소지 여권 및 민원실 여권조회시스템을 통해 확인하고 증명서류 없이 우리국민 주장 시 일단 우리국민으로 간주하여 대응한다.

(2) 조력 범위

1) 긴급상황 발생 시 우리국민의 안전 확인 및 피해자보호 지원
2) 우리국민 체포·구금 시 현지 국민에 비해 차별적이거나 불합리한 대우를 받지 않도록 현지 당국에 요청
3) 사건·사고 발생 시 현지 경찰에 신고하는 방법 안내
4) 현지 사법체계나 재판기관, 변호사 및 의료기관 등에 대한 전반적인 정보 제공
5) 여권을 분실한 여행객의 여권재발급 및 여행증명서 발행
6) 여행자의 국내 연고자에게 연락 및 필요시 긴급여권발급 지원 등

(3) 조력 불가범위

1) 재외공관 근무시간 이후 시간대(심야·휴일 등)에 무리한 일반민원 영사서비스 제공 요구
2) 범죄수사 및 범인체포 등 경찰업무
3) 구금자의 석방 또는 감형을 위한 외교적 협상
4) 범죄 징후가 없는 단순 연락두절자에 대한 소재 파악
5) 사건·사고 관련 상대 및 보험사와의 보상 교섭
6) 한국 수사관 또는 재판관 파견
7) 현지 수감자보다 더 나은 처우를 받도록 주재국에 압력 행사
8) 금전 대부, 지불보증, 벌금 대납, 의료비·변호사비 등 각종 비용 지불
9) 각종 신고서 발급 및 제출 대행
10) 병원과 의료비 교섭

11) 숙소·항공권 등 예약 대행

12) 통·번역 업무 수행

7. 경찰주재관 근무수칙

(1) 평시 근무 및 대외 활동 시

1) 영사관계에 관한 비엔나 협약 및 각국의 업무상 필요한 법령 숙지

2) 평시 유관단체 한인회 연락망을 구축, 야간이나 원거리사건 등 즉시 대응이 곤란한 사안에 대한 대응책 마련

3) 주재국 경찰기관 구성 등 치안 인프라와 현지 문화적 특성 등을 충분히 이해할 것, 즉 공식적인 절차를 통한 업무처리와 병행하여 같은 경찰이라는 동료의식을 조성, 사건을 보다 원만하게 해결토록 노력

(2) 민원인 응대시

1) 해외 우리국민의 고충을 헤아려 친절히 응대

2) 사건발생 시 현장 진출, 피해상황 파악 및 우리국민이 주재국 경찰기관으로부터 부당한 대우를 받고 있는지 확인

3) 민원인에게 주기적 진행상황 통보로 지속적 관심 표명(기록 유지)

4) 특히, 사망사건의 경우 통상적인 행정처리 외 같은 국민으로서 유가족에 대한 인도적 지원

5) 근무시간 외 민원전화라도 친절히 응대하여 당직영사 혹은 담당영사에게 인계할 것

(3) 경찰주재관 배치의 특성

확장일로에 있는 경찰주재관의 배치와 관련한 특성을 보면 다음과 같다.

1) 일반적으로 경찰주재관들은 외교부 파견 형식이 원칙이나 멕시코, 아르헨티나, 블라디보스톡 등 3개 공관에 대하여는 직무파견 형식을 띠고 있다는 점

2) 2012년 기존의 상트페테르부르크 총영사관의 주재관이 이탈리아 대사관으로 재배치 조정

3) 경찰직위에 해경 또는 검찰직이 경찰영사에 선발되어 임무를 수행하는 경우가 종종 있다는 점

8. 재외국민보호 신속대응팀

(1) 운영 배경

　　신속대응팀은 해외에서 사건·사고가 발생했을 때 신속히 현장에 파견되어 우리 국민을 보호하는데 필요한 조치를 빠르게 추진하는 외교부의 최정예 조직을 말한다. 2005년 4월 창설된 외교부 신속대응팀은 같은 해 9월 미국 허리케인 카트리나 피해에 대응하기 위해 파견되기 시작했으며, 현재까지 총 23회에 걸쳐 해외 사건·사고에 파견되어 대응 활동을 펼쳐 왔으며, 해외 테러 재난 등 중대한 사건·사고 발생으로 우리국민의 피해가 발생한 경우, 즉각 우리경찰관을 파견하여 재외국민보호 업무 지원을 하고 있다.

1) 관련 근거
　　① 국민보호와 공공안전을 위한 테러방지법 시행령 제15조(현장지휘본부)
　　② 재난 및 안전관리 기본법 제14조의2(수습지원단 파견 등)

2) 인력풀 현황
　　① 감식 협상 대테러 등 총 16개 분야 45명 운영 중

3) 담당영사 업무
　　① 현장 및 사상자이송 병원에 급파하여 사건 발생경위, 사상자 인적사항 등 파악 전파
　　② 신속대응팀 및 피해가족의 의사를 주재국 정부에 전달 협의
　　③ 주재국 정부에 사건에 대한 철저한 수사와 수사결과 통보 요청

(2) 신속대응팀의 역할

　　신속대응팀은 해외에서 사건·사고를 당하거나 피해발생이 예상되는 경우 우리 국민에게 필요한 사항들을 현장에서 판단하여 모든 것을 신속하게 판단해서 처리하게 된다. 그 역할로는 다음과 같다.

1) 생존자와 부상자에 대한 의료지원 안전정보, 비상용품 제공 등 필요한 대처
2) 생존자, 사망자의 신속한 귀국을 위한 교통, 숙소 등 조치
3) 필요시 유관 부처의 추가 파견 요청, 현지 상황의 정확한 파악과 정부 보고
4) 사망자 시신 운구 및 한국 가족 연락
5) 희생자 가족의 현지 도착 시 가능한 지원 제공
6) 추가 위험 소지를 줄이는 예방 조치 추진
7) 신속·정확한 언론 보도를 위한 지원

8) 피해 현장에서 해당국과의 협조선 구축

(3) 신속대응팀 구성

외교부는 매년 2회에 걸쳐 해외 사건·사고 발생 시 효율적인 업무 진행이 가능한 직원 80여 명을 신속대응팀 예비자로 구성한다. 신속대응팀은 사건 발생국이나 인근 국가 재외공관 근무 경력자로 현지어 구사가 가능한 사람을 우선 선발하며, 유사한 사건을 처리해 본 경험이 있거나, 임무 수행 상 필요한 최적의 인원이 신속대응팀으로 파견되기도 한다.

(4) 신속대응팀 모의훈련

신속대응팀 예비대상자 및 신속대응 관련 업무자들은 실제 파견에 대비해 연 1회 모의훈련을 실시하고 있는데, 2005년 이후 현재까지 매년 1회씩 모의훈련을 실시하며 다양한 상황에 대비하기 위해 특별한 상황조치별 맞춤형 훈련을 실시한다.

9. 해외파견 경찰주재관의 근무환경과 갈등요인

주재관의 파견 역사가 길수록 주재국 법집행기관 들과의 국제공조 및 협조관계가 비교적 원활하며 특히 미주나 유럽과 같이 사회시스템이 잘 갖춰진 선진국 일수록 깔끔한 편이다. 하지만 해당 지역 경찰주재관이 오로지 사건·사고 업무를 담당하는 치안영사의 역할만을 수행하고 있는 것은 아니라 비자발급 업무관련 인터뷰나 주재국 출장자들에 대한 영접 업무 등 치안영사 업무 이외의 것에 자주 동원되어 기본업무에 지장을 초래하는 경우도 있다.

해외파견 경찰주재관의 근무환경과 주된 갈등요인을 보면 다음과 같다.[11]
1) 새로이 주재국 치안관계자들과 안면을 익히고 협조관계를 구축하는 데 많은 어려움이 있었고 공관 내 외교부 직원들과의 사무분장 등으로 인한 갈등 요소가 많은 점
2) 해외공관에서 발생하는 각종 골칫거리들은 의례 경찰주재관이 처리해야 할 사안으로 치부하는 경우, 공관장의 업무지시를 잘 이행키 위해 고위 경찰간부보다는 비교적 일을 쉽게 시킬 수 있도록 상대적으로 계급이 낮은 경찰간부를 선호
3) 외교적인 문서와 국제적인 협조관계에 의하여 표면적으로 공조가 되는 듯하지만, 검거된 국외도피사범이 뇌물을 주고 석방된다던지 심지어는 탈옥을 방조하는 사례도 있으며, 업무처리 단계마다 직접 관계자들을 대면하고 식사하고 수고비를 전달

---

11) 정현우, "경찰 해외파견 제도의 효율적 운용 방안", 연세대학교 행정대학원 석사논문, 2016.

해야 하는 등 국내에서는 도저히 이해하기 힘든 상황도 발생하는 점

4) 법집행권한이 없는 외국에서 교민사회를 통한 정보수집으로 중대사건을 처리하는 과정이 주재관 개인으로서는 엄청난 압박과 스트레스를 받는 점

그리고 파견 국가별 정원 중 경찰대 출신 비율이 월등히 많은 것도 문제점으로 지적된다.

미국은 정원 5명 중 5명(100%), 일본 4명 중 3명(75%), 중국 13명 중 11명(84.6%)이 경찰대학 출신으로, 미국의 경우 2014년부터 5년 동안 경찰대 출신이 독점하고 있으며, 동남아·오세아니아 16명 중 13명, 유럽 8명 중 5명, 북·중남미 6명 중 4명이 경찰대학 출신이다.

해외주재관 입직경로 비율(2018년 8월 현재)

구분	경찰대	간부후보	고시특채	순경공채	계
파견인원	43	8	4	2	57
비율	75.4%	14%	7.1%	3.5%	100%

출처: 더불어민주당 홍익표 의원 국감자료(2018).

제4절 관광경찰대 운영

1. 설립목적과 기능별 임무

(1) 설립목적

관광경찰대는 관광산업 발전을 지원하고자 관광 현장의 불법행위 계도·단속 및 외국인 관광객 대상 치안서비스 제공 등을 전담하기 위해 설립되었다.[12]

주요 임무는 관광지 등 외국인 관광객 밀집지역 범죄예방 순찰 및 질서유지, 외국인 관광객 대상 지리안내 등 관광정보 제공, 미신고 숙박업, 택시(콜밴) 불법행위 등 관광관련 불법행위 단속·수사, 관광관련 치안정보의 수집·분석 등이다.[13]

---

12) '13년 7월, '제1차 관광 진흥 확대회의'에서 관광경찰대 도입 결정, 서울('13년 10월), 부산·인천('14년 7월)순 발대

13) 경찰청 관광경찰 업무 매뉴얼(2017)

(2) 기능별 임무

관광경찰대장

1) 관광경찰대 관리 및 중점 추진업무 설정 등 총괄
2) 관광경찰대 운영·개선 계획 등 수립·시행
3) 근무기강 확립 및 자체사고 방지 교육
4) 문체부, 지방자치단체 등 유관기관 협력체제 유지

행정팀

1) 공문서 접수 및 처리, 근무일지 정리 등 문서 관리
2) 관광공사, 지방자치단체 등 유관기관 합동단속 계획 수립
3) 인사, 예산, 장비 등 관광경찰대 운영 관련 행정업무 처리

순찰팀

1) 관광지 등 외국인 관광객 밀집지역 범죄예방 순찰
2) 외국인 관광객 대상 불법행위 지도·단속
3) 외국인 관광객 지리안내, 불편사항 해소 등 치안서비스 제공
4) 관광 관련 치안정보 수집·분석

수사팀

1) 순찰팀 등 관광관련 단속 사안에 대한 사건 조사 및 처리
2) 관광관련 범죄첩보 수집 등을 통한 기획·인지 수사

2. 기타 관광경찰 활동

(1) 국제행사 지원

관광경찰대 발대 이후, 인천 아시안게임('14년) 등 주요 국제행사의 성공적 개최를 위하여 관광경찰대 경력을 지원했다. 주요 임무는 다음과 같다.

- 경기장 인근 주요 관광지 범죄예방 순찰 및 기초질서 유지
- 외국인 관광객 및 선수단에 대한 통역 지원 및 안내
- 바가지요금 등 외국인 관광객 대상 관광관련 불법행위 단속 및 외국인 관광객의 기초질서

(2) 위반행위 지도·단속

순찰 중 외국인 관광객과 접촉하여 관광객을 상대로 이루어지는 관광불법행위(상표법 위반, 바가지요금 등) 유형 등 파악과, 문체부, 지방자치단체 등 유관기관과 평시 협조체제를 구축하여 관광 동향 및 정책 등 수집·분석하여 개선방안 등 관계기관 통보한다.

(3) 직제 및 인원현황과 근무 장소

1) 직제

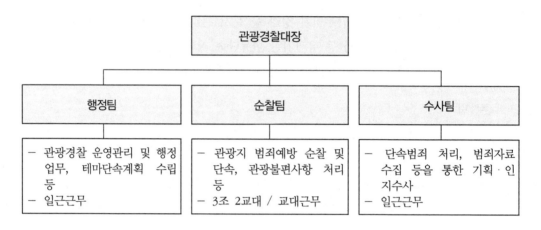

2) 인원 현황

구 분	합 계	서울	부산	인천
총 인원	163명	104명	35명	24명
순찰팀	127명	85명	24명	18명
수사팀	19명	8명	8명	3명
행정팀	17명	11명	3명	3명

3) 근무장소(외국인 관광객 밀집지역 중심으로 근무장소 선정)

서울(7개소)	부산(3개소)	인천(3개소)
명동, 동대문, 홍대, 시청·덕수궁, 이태원, 인사동, 종로·청계천 ※ 명동('14.6.30), 홍대('14.12.9), 이태원('15.2.4), 동대문('15.3.6) 센터 개소	해운대, 광복동, 광안리 ※ 남포센터('14.12.31) 개소 ※ 국제크루즈 입출항 시 근무	인천공항, 차이나타운, 송도국제도시 ※ 인천국제공항('15.4.24) 센터 개소

CHAPTER 03

외사경찰의 대상

제1절 외국인의 개념과 외국인 등록

1. 외국인의 의의

(1) 외국인의 개념

우리나라의 출입국관리법은 대한민국에 입국하거나 대한민국에서 출국하는 모든 국민 및 외국인의 출입국관리를 통한 안전한 국경관리, 대한민국에 체류하는 외국인의 체류관리와 사회통합 등에 관한 사항을 규정함을 목적으로 한다.[1]

출입국관리법에서 규정한 '외국인'이란 '대한민국의 국적을 가지지 아니한 사람'을 말한다. '외국인'의 사전적 의미는 '다른 나라 사람', 즉 '우리나라 국적을 가지지 않은 사람'이다. 재한외국인 처우 기본법에서도 외국인에 대한 정의가 있다. 이 법에서 말하는 재한외국인이란 대한민국의 국적을 가지지 아니한 자로서 대한민국에 거주할 목적을 가지고 합법적으로 체류하고 있는 자를 말하며, '결혼이민자'란 대한민국 국민과 혼인한 적이 있거나 혼인관계에 있는 재한외국인을 말한다고 규정[2]하는 등 '외국인'에 대한 개념은 여러 가지로 해석되고 있다.

외국인은 다음과 같이 최광의, 광의, 협의로 분류할 수 있다.

1) 최광의의 외국인은 자국의 국적을 갖지 않은 모든 사람[3]을 가리키며 따라서 무국

---

1) 출입국관리법 제1조(목적, 2018. 3. 20 개정)
2) 재한외국인 처우 기본법(정의, 2017. 10. 31 제정)
3) 한국 국적을 가지지 않은 자라 함은 90일 이하 단기체류자 제외한 외국인근로자(체류자격이 기술연수, D-3), 교수 등 취업분야(E-1~E7, E9~E10), 방문취업(H-2)인 자와, 결혼이민자(체류자격이 거주, F-2) 중 '국민의 배우자(F-2-1)', 영주(F-5) 중 '국민의 배우자(F-5-2)',

적자와 외국국적을 가진 자가 포함된다.

2) 광의의 외국인은 무국적자와 외국의 국적을 갖고 있는 자중에서 사인(私人)만을 말하며, 이에는 공적 기관의 지위에 있는 자, 예를 들면 국가의 원수, 외국사절 및 군대의 구성원은 포함되지 않는다.

3) 협의의 외국인은 외국의 국적을 갖고 있는 모든 사람이다. 이에는 무국적자는 포함되지 않는다. 일반적으로 외국인의 국제법상 지위를 논할 때 외국인은 광의의 외국인을 말하는 것이 보통이다.

(2) 복수국적자, 적국인, 난민과의 구별

1) 복수국적(複數國籍者)

한 사람이 합법적인 국적 또는 시민권을 2개 이상 가지고 있는 것을 복수국적이라 하며, 한국인의 경우 한국인의 지위와 외국인의 지위를 동시에 가진 사람을 말한다. 보통 출생지주의 국가에서 출생 또는 국제결혼으로 부모의 국적이 다른 상태에서 태어난 자녀가 복수국적을 갖게 되며 편의상 이중국적(二重國籍)이라는 표현을 더 많이 사용한다. 이와 같이 자국의 국적과 외국의 국적을 갖고 있는 자와, 한 외국국적과 다른 외국국적을 갖고 있는 자를 복수국적(이중국적)자라 하며, 전자의 경우는 자국민이며 외국인으로 취급되지 않는다. 전자의 복수국적(이중국적)자는 자국에 있는 한 그가 국적을 가진 다른 외국의 외교적 보호를 받을 수 없다.

우리나라도 국제결혼과 국민들 간의 국제교류가 급증하면서 2010년 '국적법'을 개정하였다. 그 주요 내용은 첫째, 일정한 외국인이 한국 국적을 취득했을 때 복수국적을 유지할 수 있는 방안이 도입되었다.[4] 둘째, 출생에 의한 복수국적자 또는 후천적 복수국적자들은 원칙적으로 일정한 연령에 도달하면 국적선택을 해야 하나, 이들이 국내에서 외국국적을

결혼이민자(F-6-1~3) 및 유학생(체류자격이 유학, D-2), 일반연수(D-4) 중 '대학부설 어학원 연수(D-4-1), 외국어연수생(D-4-7)'인 자, 그리고 외국국적동포(체류자격이 '재외동포, F-4') 중 국내 거소 신고자, 기타 기업투자, 취재 등 체류자격이 외국인근로자, 결혼이민자, 유학생, 외국국적 동포 이외인 자를 말한다. 한국국적을 취득한 자란 혼인귀화자(외국인 중 한국인과의 '혼인'으로 국적을 취득한 자) 및 기타사유(외국인 중 한국인과의 '혼인' 외의 사유, 즉 일반귀화, 입양 등)로 국적을 취득한 자를 말하며, 한국인이 국적상실 후 회복한 경우 및 북한이탈주민은 제외한다.

4) 즉, 자신의 의사와 관계없이 미성년 시 해외로 입양되어 한국 국적을 상실한 자, 대한민국에 특별한 공로가 있거나 우수한 능력의 보유자로 대한민국의 국익에 기여한 자, 한국인과 혼인을 위해 이주해 온 외국인 배우자, 외국에 거주하던 고령의 영주귀국 동포 등은 한국 국적을 취득(회복)한 경우에도 국내에서 외국국적을 행사하지 않겠다는 서약만 하면 기존 외국국적을 유지하도록 했다.

행사하지 않겠다는 서약만 하면 한국 국적을 유지하도록 했다. 셋째, 종래에는 복수국적자가 법정기간 내에 한국 국적을 선택하지 않으면 자동적으로 한국 국적을 상실했으나, 개정법은 이 경우에도 우선 법무부장관이 국적선택을 명령하고, 그럼에도 불구하고 이에 응하지 않으면 한국국적이 상실되도록 절차를 강화했다. 복수국적을 유지하는 자는 국내에서 법적으로 내국인만으로 처우된다. 이들이 한국 공항으로 출·입국하는 경우 반드시 한국 여권만을 사용해야 한다.

2) 적국인(敵國人)

적국이란 자기나라와 맞서 전쟁을 벌이고 있는 나라를 가리키며, 적국인은 적국의 국적을 가진 외국인으로서 그 지위에 있어 통상의 외국인과 구별된다. 외국과 교전상태에 있게 되면 외국인은 적국인으로 되는 것이나 외국인의 국제법상 지위를 논할 때는 일반적으로 평시를 전제로 한 외국인을 말하며 적국인은 이에 포함되지 않는다.

3) 난민(難民)

'난민'이란 인종, 종교, 국적, 특정 사회집단의 구성원인 신분 또는 정치적 견해를 이유로 박해를 받을 수 있다고 인정할 충분한 근거가 있는 공포로 인하여 국적국의 보호를 받을 수 없거나 보호받기를 원하지 아니하는 외국인 또는 그러한 공포로 인하여 대한민국에 입국하기 전에 거주한 국가(이하 '상주국'이라 한다)로 돌아갈 수 없거나 돌아가기를 원하지 아니하는 무국적자인 외국인을 말하며 일반 외국인과 구별된다. 또한 난민의 보호에 관해서는 많은 조약이 체결되어 있으며 이들은 특별한 보호를 받는다.[5]

우리나라도 난민문제에 있어 예외는 아니다. 2015년 예멘에서 수니파 정부군과 시아파후티 반군 사이 내전이 일어 28만여 명이 예멘을 떠나 그 중 일부 난민은 무사증 입국이 가능한 말레이시아로 갔지만 현지 체류기간 연장이 막히자 무사증 입국이 가능한 제주도로 밀려오게 되면서 2018년 6월 예멘인 561명이 제주도에 입국했고, 이 가운데 519명이 난민신청을 하면서 우리나라의 난민 문제가 본격적으로 거론되기 시작했다. 2018년 4월 현재

---

5) 대법원 2017. 7. 11. 선고 2016두56080 판결(난민불인정, 이집트 출신의 원고가 자신이 동성애자여서 출신국에서 박해받을 우려가 있다고 주장한 사례, 공2017하,1646)
【판결요지】
고등법원은 난민법 제1조, 제2조 제1호, 「난민의 지위에 관한 1951년 협약」(이하 '난민협약'이라 한다) 제1조, 「난민의 지위에 관한 1967년 의정서」 제1조의 규정에서 법무부장관은 인종, 종교, 국적, 특정 사회집단의 구성원 신분 또는 정치적 의견을 이유로 박해를 받을 충분한 근거 있는 공포로 인해 국적국의 보호를 받을 수 없거나 국적국의 보호를 원하지 않는 외국인 또는 그러한 공포로 인하여 대한민국에 입국하기 전에 거주한 국가로 돌아갈 수 없거나 돌아가기를 원하지 아니하는 무국적자인 외국인에 대하여 신청이 있는 경우 난민협약이 정하는 난민으로 인정하여야 한다고 했다. 하지만 대법원은 난민 불인정으로 파기환송 한 사례이다.

국내 난민신청자는 5,436명으로 2017년 난민신청자(9,942명)의 55%에 해당한다.[6] 지난 2014년 난민신청자는 2,896명인데 비해, 2015년 5,711명, 2016년 7,541명, 2017년 9,942명으로 해마다 2,000여 명 이상이 늘고 있다.

국내 난민신청자 현황(연도별, 성별, 국적별)

구분		2009	2010	2011	2012	2013	2014	2015	2016	2017
계		324	423	1011	1143	1574	2896	5711	7542	9942
남		263	359	909	1039	1366	2403	4814	6147	7825
여		61	64	102	104	208	493	897	1395	2117
국적	중국	19	7	8	3	45	360	401	1061	1413
	이집트	2	0	4	7	97	568	812	1002	741
	파키스탄	96	129	434	242	275	396	1143	809	667
	시리아	0	0	2	146	295	204	404	171	103
	나이지리아	16	19	39	102	207	201	264	324	486
	기타	191	268	524	643	655	1167	2687	4175	6532

출처: 법무부 출입국외국인정책 통계연보(2018).

(3) 국적 취득 사유

1) 선천적 취득 사유

출생(부모 양계혈통주의,[7] 속인주의, 예외적 출생지주의)

2) 후천적 취득 사유

인지, 귀화(일반, 간이,[8] 특별), 수반취득, 국적회복에 의한 국적취득, 국적의 재취득 등

---

6) 출입국외국인정책 통계월보(2018년 4월)
7) 우리나라도 1998년부터 부모양계혈통주의로 전환하였다.
8) 제6조(간이귀화 요건) ① 다음에 해당하는 외국인으로서 대한민국에 3년 이상 계속하여 주소가 있는 사람은 제5조 제1호 및 제1호의2의 요건을 갖추지 아니하여도 귀화허가를 받을 수 있다. (개정 2017. 12. 19.) 즉, 부 또는 모가 대한민국의 국민이었던 사람, 대한민국에서 출생한 사람으로서 부 또는 모가 대한민국에서 출생한 사람, 대한민국 국민의 양자(養子)로서 입양 당시 대한민국의 「민법」상 성년이었던 사람, ② 배우자가 대한민국의 국민인 외국인으로서 어느 하나에 해당하는 사람은 제5조 제1호 및 제1호의2의 요건을 갖추지 아니하여도 귀화허가를 받을 수 있다.(개정 2017. 12. 19.) 즉, 그 배우자와 혼인한 상태로 대한민국에 2년 이상 계속하여 주소가 있는 사람, 그 배우자와 혼인한 후 3년이 지나고 혼인한 상태로 대한민국에 1년 이상 계속하여 주소가 있는 사람, 기간을 채우지 못하였으나 그 배우자와 혼인한 상태로 대한민국에 주소를 두고 있던 중 그 배우자의 사망이나 실종 또는 그 밖에 자신에게 책임이 없는 사유로 정상적인 혼인 생활을 할 수 없었던 사람으로서 잔여기간을 채웠고 법무부장관이 상당(相當)하다고 인정

이 있다.

(4) 외국인의 입국과 출국

1) 입국

외국인의 입국이란 외국인이 국가에 체류하거나 통과하기 위하여 당해 국가의 영역으로 들어오는 것을 말한다. 영미의 학설에 의하면 일반적으로 외국인의 입국은 원칙적으로 금지할 수 있다고 하는데 이는 외국인의 입국문제는 본질적으로 국내문제라고 보는 데 기인한다. 이에 반해 대륙의 학설은 외국인의 입국은 원칙적으로 금지할 수 없고 예외적으로 금지할 수 있다고 하는데 이는 외국인의 입국문제가 국가의 교통권이라는 기본적 권리를 인정하는 데 기인한다. 통설은 영미설의 입장에서 국가는 일반 국제법상으로 외국인의 입국을 허가할 의무는 없으며, 입국을 허가하는 경우에도 그 조건은 각 국가가 자유로이 이를 결정할 수 있다고 한다.[9]

그리고 외국인의 입국을 허가할 경우 여러 가지 조건을 붙이는 것이 보통이다. 예컨대, 외국인에게 등록을 요구할 수도 있고, 일정한 직업에 제한을 가할 수 있으며, 재산의 한도액을 정할 수도 있고 체제기간을 한정할 수도 있다. 입국의 근거나 목적을 불문하고 일반적으로 입국을 허락하는 것이 원칙적인 관행이나 입국금지 사유가 있는 경우에는 예외적으로 입국을 불허할 수도 있다. 정치적·사회적·경제적 기타 여러 가지 사유가 입국금지 사유로 될 수 있으며 범죄인의 입국도 금지하는 것이 보통이다. 입국의 허가를 국가에 따라 차별하는 것은 입국을 허가하는 국가의 국내문제이며 국제법상 위배되는 것이라고는 할 수 없다. 그러나 정치적으로는 비난을 받을 수 있는 비우호적 행위로 국제관행에 반하는 것이라고 볼 수 있으며, 정도가 지나치면 권리 남용이 되어 상대국의 보복적 조치를 불러올 수도 있다.

2) 입국의 절차

외국인이 타국에 입국하기 위해서는 그의 소속국가로부터 여권[10]을 발급받아야 한다.

하는 사람.

    4. 제1호나 제2호의 요건을 충족하지 못하였으나, 그 배우자와의 혼인에 따라 출생한 미성년의 자(子)를 양육하고 있거나 양육하여야 할 사람으로서 제1호나 제2호의 기간을 채웠고 법무부장관이 상당하다고 인정하는 사람(전문개정 2008. 3. 14, 시행일: 2018. 12. 20.)

 9) 대법원 2005. 1. 28. 선고 2004도7401 판결(출입국관리법위반, 공2005.3.15.(222),451)

    【판결요지】 피고인들이 불법 입국시킨 외국인들이 대한민국의 영해 안으로 들어와 검거된 사안에서, 외국인들이 출·입국 항에서 출입국관리공무원의 입국심사 없이 입국하였을 때에 비로소 출입국관리법 제93조의2 제1호 위반의 기수에 이른다는 이유로 피고인들을 위 규정 위반의 미수죄에 처벌한 원심판결을 위 규정 위반의 기수 죄로 처벌하여야 한다는 취지로 파기한 사례.

여권은 외국인의 신분을 국제적으로 확인하는 증서이고 또한 외교적 보호권을 갖는 국가가 누구인지를 국제적으로 확정하는 수단이 된다. 외국인이 여권으로 입국하려면 해당국가의 당국(통상 외국인의 본국에 주재하는 외교사절)에 제출하여 입국허가를 받아야 한다. 이 입국 허가는 통상 입국사증(Visa)[11]의 형태로 발급되며 제출된 여권에 표시한다. 우호국간에는 협정에 의하여 이 절차를 상호 포기하는 경우도 있는데 이를 사증면제 협정이라 한다.[12]

10) 여권(PASSPORT)이란 해당 정부 또는 권한 있는 국제기구에서 발급한 출국을 허가·증명하는 문서를 말하는데, 국내·외 여행을 인정하는 당국의 일방적 증명서의 성격을 가지며, 난민여행증 명서·여행증명서도 여권에 갈음하는 문서에 포함된다. 종류는 사용자의 신분과 여행목적에 의해 분류되는데 외교관여권, 관용여권, 일반여권과, 사용가능한 횟수에 따라 단수여권(Type: Single, 1회 사용), 복수여권(Type: Plural, 유효기간 내 계속 사용)이 있다. 여권의 내용도 국가마다 조 금씩 다르지만 여권정보가 기록되는 인적사항 란에 여권의 종류, 국적, 여권번호, 성명(자국어와 영어 병기), 성별, 생년월일, 유효기간은 공통으로 포함되어 누구나 판독이 가능하도록 되어 있다.

11) 사증(VISA)이란 외국을 여행하고자 하는 사람에게 목적지 국가에서 발급하는 입국 허가서로 해 당국에서 입국해도 좋다고 확인하는 행위이다. 사증은 여권과 함께 외국여행에 필수적인 것으로 여권이 있어도 사증을 받지 못하면 그 나라에 입국할 수 없다. 사증발급을 입국 추천행위로 볼 것인가 입국 허가행위로 볼 것인가에 따라 입국심사가 실질심사인가 형식심사인가의 차이가 있 다. 우리나라는 추천행위로 보기 때문에 해외 한국공관에서 사증을 받은 외국인이라도 당연 입 국이 허가되는 것이 아니라 입국 시 실질심사를 받으므로 경우에 따라서는 사증이 있더라도 입 국이 거부될 수 있다.

　　사증의 종류로 사용횟수에 의한 단수사증(1회만 입국이 유효한 사증이며 발급일로부터 3개월 간 유효)과 복수사증(2회 이상 입국가능 사증으로 외교, 공무, 협정에 해당하는 자는 발급일로 부터 3년간 유효), 사용목적에 의한 관광(체류기간은 통상 30일), 통과(통상 15일간 유효한 사 증), 방문, 요양, 시찰, 회의참석, 상담, 단기연수, 친선, 교환경기, 문화예술 사증 등으로 구분한 다. 사증 발급권자는 법무부장관(단, 사증발급 권한을 재외 공관장에게 위임할 수 있음)으로, 재 외 공관장이 사증을 발급하고자 할 때에는 신청서류를 외교통상부장관을 거쳐 법무부장관의 사 전심사를 받아야 한다.(다만, 기타 긴급을 요할 때는 전문으로 심사를 요청할 수 있다). 사증은 여권 등에 스티커 형태의 사증(査證)을 붙이고 체류자격·체류기간, 근무처 등을 기재한다. 사증 은 통상 제출된 여권에 표시한다. 재외 공관장은 특별한 경우 법무부장관의 사전 심사 없이 현 지에서 사증을 발급할 수 있다.

12) 2018. 11월 현재 우리나라는 사증면제 협정에 의거 일방주의 및 상호주의에 따라 147개 국가 (지역)들에 대해 사증 없이 입국할 수 있다.

　　출입국시 여권을 대신하는 증명서로 여행증명서와 국제연합 통행증이 있다. 여행증명서는 긴 급하거나 부득이 필요한 경우에 외교통상부장관이 여권에 대신하여 발급하는 증명서로, 발급 대 상자는 출국하는 무국적자(無國籍者), 국외에 체류하거나 거주하고 있는 사람으로서 여권을 잃어 버리거나 유효기간이 만료되는 등의 경우에 여권발급을 기다릴 시간적 여유가 없이 긴급히 귀국 하거나 제3국에 여행할 필요가 있는 사람, 국외에 거주하고 있는 사람으로서 일시 귀국한 후 여 권을 잃어버리거나 유효기간이 만료되는 등 여권발급을 기다릴 시간적 여유가 없이 긴급히 거주 지국가로 출국하여야 할 필요가 있는 사람, 해외입양자, 대한민국 밖으로 강제 퇴거되는 외국인 으로서 해당 국가의 여권 또는 여권을 갈음하는 증명서를 발급받을 수 없는 사람, 그 밖에 외교 통상부장관이 인정하는 사람 등이다. 국제연합 통행증은 국제연합이 그 직원들에게 발급하는 증 명서로서 접수국에서 통상적으로 여권으로 취급한다.

3) 무사증 입국 사유

① 재입국허가를 받고 재입국 허가 기간이 만료되기 전에 입국하는 자

② 대한민국과 사증면제협정을 체결한 국가의 국민

③ 국제친선, 관광 또는 대한민국의 이익 등을 위하여 입국하는 자로서 대통령령으로
   정하는 바에 따라 입국허가를 받은 자

④ 난민여행증명서를 발급받고 출국하여 그 유효기간이 만료되기 전에 입국하는 자
   등은 무사증 입국 대상자들이다.

4) 상륙과 구별

'외국인의 상륙'이란 외국인이 대한민국 영토내로 들어오는 것으로, 입국과 구별되는
개념이다. 외국인의 입국은 사증면제협정이 체결되어 있는 국가의 국민을 제외하고는 반드
시 사전에 입국사증(入國査證, VISA)을 받아야만 입국할 수 있지만, 상륙은 부득이한 사유로
인하여 사증 없이 출입국 공항이나 항만에서 해당국 출입국관리소장의 허가를 받아 일시
상륙하는 것을 말한다. 상륙에 필요한 부득이한 사유에는 다음과 같은 것들이 있다.

① 승무원 상륙

출·입국 항에 정박 중인 선박 등의 외국인 승무원(대한민국 안에서 새로이 승무원이 되는
자를 포함)이 다른 선박에 옮겨 타거나 휴양 등의 목적으로 상륙하는 것을 말하며, 선박 등
의 장(長) 또는 운수업자나 본인의 신청에 의하여 15일 한도 내에서 그 상륙을 허가할 수
있다.13) 다만, 출입국관리법 제11조(입국의 금지)에 규정된 전염병환자, 마약류중독자, 총
포·도검 등 소지우려자, 정신장애자·방랑자·빈곤자 기타 사유에 해당되는 외국인에 대해
서는 상륙을 금지할 수 있다.

② 관광상륙(觀光上陸)

출입국관리공무원은 관광을 목적으로 대한민국과 외국해상을 국제적으로 순회(巡廻)하
여 운항하는 여객운송선박 중 법무부령으로 정하는 선박에 승선한 외국인승객에 대하여 그
선박의 장 또는 운수업자가 상륙허가를 신청하면 3일의 범위에서 승객의 관광상륙을 허가
할 수 있다.14)

③ 긴급상륙(緊急上陸)

출입국관리공무원은 선박 등에 타고 있는 외국인(승무원을 포함한다)이 질병이나 그 밖
의 사고로 긴급히 상륙할 필요가 있다고 인정되면 그 선박 등의 장이나 운수업자의 신청을

---

13) 출입국관리법 제14조(전문개정 2010.5.14).
14) 출입국관리법 제14조2(본조신설 2012.1.26).

받아 30일의 범위에서 긴급상륙을 허가할 수 있다.[15]

④ 재난상륙(災難上陸)

지방출입국·외국인관서의 장은 조난을 당한 선박 등에 타고 있는 외국인(승무원을 포함한다)을 긴급히 구조할 필요가 있다고 인정하면 그 선박 등의 장, 운수업자, 「수상에서의 수색·구조 등에 관한 법률」에 따른 구호업무 집행자 또는 그 외국인을 구조한 선박 등의 장의 신청에 의하여 30일의 범위에서 재난상륙허가를 할 수 있다.[16]

⑤ 난민임시상륙(難民臨時上陸)

지방출입국·외국인관서의 장은 선박 등에 타고 있는 외국인이 「난민법」 제2조 제1호에 규정된 이유나 그 밖에 이에 준하는 이유로 그 생명·신체 또는 신체의 자유를 침해받을 공포가 있는 영역에서 도피하여 곧바로 대한민국에 비호(庇護)를 신청하는 경우 그 외국인을 상륙시킬 만한 상당한 이유가 있다고 인정되면 법무부장관의 승인을 받아 90일의 범위에서 난민 임시상륙허가를 할 수 있다. 이 경우 법무부장관은 외교부장관과 협의하여야 한다.[17]

5) 출국

외국인의 출국이라 함은 외국인이 체류하는 국가의 영역 밖으로 퇴거하거나 여행하는 것을 말한다. 외국인이 자발적 의사에 의해 체류국으로부터 출국하는 것은 원칙적으로 자유이며 체류국은 외국인의 출국을 금지할 수 없는 것이 원칙이다. 다만 다음의 경우에는 예외적으로 체류국이 외국인의 출국을 금지시킬 수 있다.[18]

① 외국인이 체류 중 벌금·세금·수수료 등의 납부의 의무를 이행하지 않았을 경우.

② 외국인에게 형의 집행, 심문 등을 받아야 할 귀책사유가 있는 경우.

③ 이 밖에 전시(戰時)에 있어 전쟁수행의 필요상 교전국의 국민에 대하여 일정기간 출국을 금지해야 할 필요가 있는 경우 등이며, 출국을 허용하는 경우에도 퇴거(退去)의 경로를 지정할 수 있다.

---

15) 출입국관리법 제15조(개정 2010. 5. 14)
16) 출입국관리법 제16조(개정 2014. 3. 18, 2015. 7. 24.)
17) 출입국관리법 제16조2(개정 2012. 2. 10, 2013. 3. 23, 2014. 3. 18)
18) 출입국관리법 제29조의2(외국인 긴급출국정지) ① 수사기관은 범죄 피의자인 외국인이 제4조의6 제1항에 해당하는 경우에는 제29조 제2항에도 불구하고 출국심사를 하는 출입국관리공무원에게 출국정지를 요청할 수 있다. ② 제1항에 따른 외국인의 출국정지에 관하여는 제4조의6 제2항부터 제6항까지의 규정을 준용한다. 이 경우 '출국금지'는 '출국정지'로, '긴급출국금지'는 '긴급출국정지'로 본다.(본조신설 2018. 3. 20.)

2. 외국인의 체류

(1) 의의

외국인의 체류라 함은 외국인이 대한민국에 입국하여 머무르는 것을 말하며 외국인은 입국사증에 기재된 체류자격과 체류기간의 범위 내에서 대한민국에 체류할 수 있다.[19]

(2) 체류 중 활동범위의 제한

외국인의 체류 중 활동범위는 체류자격에 명시된 것에 한한다. 따라서 체류자격에 명시된 활동 이외의 활동을 하고자 할 때에는 사전에 법무부장관의 허가를 받아야 한다. 다만 특별한 경우를 제외하고는 정치활동은 원칙적으로 금지된다. 법무부장관은 외국인의 활동을 제한하는 것이 공공의 안녕·질서 또는 대한민국의 중요한 이익을 위하여 필요하다고 인정하는 때에는 거소(居所) 또는 활동범위를 제한하거나 기타 필요한 준수사항을 정할 수 있다.[20]

(3) 체류자격의 부여와 상실

대한민국의 국적을 상실하거나 대한민국에서 출생 또는 기타 사유로 인하여 체류자격을 가지지 못하고 체류하게 되는 외국인은 그 사유가 발생한 날로부터 30일 이내에 체류자격을 받아야 하며 이를 받지 못하면 강제퇴거시킬 수 있다. 대한민국에 체류하는 외국인으로서 그의 체류자격을 변경하고자 하는 자는 법무부장관의 체류자격 변경허가를 받아야 한다.[21]

---

19) 체류 외국인이라 함은 한국에 거주하고 있으나 대한민국 국적을 갖고 있지 않은 외국인 국적자(불법체류자 포함)를 말하며, 등록외국인(90일 이상) + 단기체류(90일 이하) + 거소신고자(재외국민·동포) + 등록예외자(공관직원, 주한미군, 정부초청 등) 등 전체를 일컫는다. 대한민국에 90일을 초과하여 체류하고자 하는 외국인은 입국일부터 90일 내에 관할 출입국관리사무소에 외국인 등록을 해야 한다. 거소신고란 「재외동포의 출입국과 법적지위에 관한 법률」에 따라 재외동포의 대한민국 내에서의 출입국과 법적지위 보장, 체류기간 동안 각종 편의제공 및 효과적인 체류관리 등을 위한 제도로, 재외동포에게 주민등록증 또는 외국인등록증에 갈음하는 증표로서의 효력을 부여한다.
20) 제22조(활동범위의 제한)
   제20조(체류자격 외 활동) 대한민국에 체류하는 외국인이 그 체류자격에 해당하는 활동과 함께 다른 체류자격에 해당하는 활동을 하려면 미리 법무부장관의 체류자격 외 활동허가를 받아야 한다.
21) 제23조(체류자격 부여)
   제21조(근무처의 변경·추가)
   제24조(체류자격 변경허가) ① 대한민국에 체류하는 외국인이 그 체류자격과 다른 체류자격에 해당하는 활동을 하려면 미리 법무부장관의 체류자격 변경허가를 받아야 한다. ② 제31조 제1

(4) 체류 중 여권 등의 휴대 및 제시의무

대한민국에 입국 또는 상륙하여 체류 중인 외국인은 항상 여권·선원수첩·입국허가서·상륙허가증 등을 휴대하여야 한다. 다만 17세 미만의 외국인은 무방하며 체류 중인 외국인은 출입국관리 공무원 또는 경찰 등 권한 있는 공무원이 그 직무를 수행함에 있어 여권 등의 제시를 요구하는 때에는 이에 응하여야 하며, 이를 거부하는 외국인은 강제퇴거 시킬 수 있다.[22]

(5) 결혼이민자, 성폭력 피해자에 대한 특칙 및 허위서류 제출금지 등

결혼이민자에 대한 특칙으로, 「가정폭력범죄의 처벌 등에 관한 특례법」 제2조 제1호의 가정폭력을 이유로 법원의 재판, 수사기관의 수사 또는 그 밖의 법률에 따른 권리구제 절차가 진행 중인 대한민국 국민의 배우자인 외국인이 체류기간 연장허가를 신청한 경우에는 그 권리구제 절차가 종료할 때까지 체류기간 연장을 허가할 수 있고, 제1항에 따른 체류 연장기간 만료 이후에도 피해 회복 등을 위하여 필요하다고 인정하는 경우 체류기간 연장허가를 할 수 있다.[23]

또한 「성폭력범죄의 처벌 등에 관한 특례법」 제2조 제1항에 따라 성폭력범죄를 이유로 법원의 재판, 수사기관의 수사 또는 그 밖의 법률에 따른 권리구제 절차가 진행 중인 외국인이 체류기간 연장허가를 신청한 경우에는 그 권리구제 절차가 종료할 때까지 체류기간 연장을 허가할 수 있고, 제1항에 따른 체류 연장기간 만료 이후에도 피해 회복 등을 위하여 필요하다고 인정하는 경우 체류기간 연장을 허가할 수 있다.[24]

그리고 누구든지 체류자격외 활동 및 근무지변경 등에 따른 허가 신청과 관련하여 위조·변조된 문서 등을 입증자료로 제출하거나 거짓 사실이 적힌 신청서 등을 제출하는 등 부정한 방법으로 신청하는 행위를 알선·권유하는 행위를 해서는 아니 된다.[25]

항 각 호의 어느 하나에 해당하는 사람으로서 그 신분이 변경되어 체류자격을 변경하려는 사람은 신분이 변경된 날부터 30일 이내에 법무부장관의 체류자격 변경허가를 받아야 한다.
제25조(체류기간 연장허가)
[22] 제27조(여권 등의 휴대 및 제시)
[23] 출입국관리법, 제25조의2(결혼이민자에 대한 특칙, 본조신설 2011. 4. 5.)
[24] 출입국관리법, 제25조의3(성폭력피해자에 대한 특칙, 본조신설 2014. 12. 30.)
[25] 출입국관리법, 제26조(허위서류 제출 등의 금지, 본조신설 2016. 3. 29.)

체류자격 및 기간(출입국관리법 시행령)

기호	체류자격	기간	대상(요약)
A-1	외교	재임기간	외국정부의 외교사절단, 영사기관 구성원 및 가족
A-2	공무	공무수행기간	외국정부 또는 국제기구의 공무수행자
A-3	협정	협정기간	협정에 의하여 외국인등록이 면제되는 자와 가족
B-1	사증면제	협정기간	사증면제협정을 체결한 국가의 국민
B-2	관광통과	법무부장관	관광·통과 등의 목적으로 사증 없이 입국하려는 자
C-1	일시취재	90일	일시적인 취재 도는 보도활동을 하려는 사람
C-3	단기방문	90일	90일을 넘지 않는 기간 동안 체류하려는 자
C-4	단기취업	90일	단기간 취업활동을 하려는 자
D-1	문화예술	2년	수익을 목적으로 하지 않는 학술 또는 예술 활동
D-2	유학	2년	전문대학 이상의 교육기관 등 정규과정의 교육
D-3	산업연수	2년	법무부장관이 정하는 연수조건을 갖추고 연수 받으려는 자
D-4	일반연수	2년	교육기관이나 기업체에서 연수 받으려는 자
D-5	취재	2년	보도기관으로의 파견 또는 주재하면서 보도활동을 하는 자
D-6	종교	2년	법무부장관이 인정하는 특정종교 활동 종사자
D-7	주재	2년	외국의 공공기관·단체 또는 회사의 본사 등 1년 이상 종사자
D-8	기업투자	2~5년	외국인투자기업에 종사하는 필수 전문인력
D-9	무역경영	2년	대한민국에 회사 설립하여 경영, 무역 활동하는 자
D-10	구직	6개월	E-1~E-5, E-7 체류자격자의 구직활동
E-1	교수	5년	전문대학 이상의 교육기관 등 종사자
E-2	회화지도	2년	외국어 전문 학원, 초등학교 이상 교육기관 종사자
E-3	연구	5년	대한민국 내 공·사 기관으로부터 초청받은 기술개발 종사자
E-4	기술지도	5년	기술제공을 위해 대한민국 내 공·기관에서 초청받은 자
E-5	전문 직업	5년	법률, 회계, 의료 등 전문 업무에 종사하려는 자
E-6	예술흥행	2년	수익이 따르는 예술 활동을 하려는 자
E-7	특정 활동	3년	법무부장관이 특별히 지정하는 활동에 종사하려는 자
E-9	비전문취업	3년(최장 4년 10월)	외국인근로자의고용등에 관한 법률에 따른 취업요건을 갖춘 자
E-10	선원취업	1년	수산업법에 따른 사업경영자 및 종사자, 선원
F-1	방문동거	2년	친척방문, 가족동거 등 및 유사한 목적 체류자

F-2	거주(국제결혼)	3년	국민의 미성년 외국인자녀 또는 배우자 및 그의 자녀 등
F-3	동반	정해진 기간	D-1~E-7 체류자격에 해당하는 자의 배우자 및 20세 미만 자녀
F-4	재외동포	3년	재외동포의출입국과법적지위에 관한법률 제2조 제2호 해당자
F-5	영주(화교)	상한 없음	강제퇴거 대상이 아닌 사람으로 자격요건을 갖춘 자
F-6	결혼이민	3년	국민의 배우자
G-1	기타	1년	A-1~F-5, H-1~2의 체류자격에 해당되지 않는 자
H-1	관광취업	협정기간	협정에 따라 관광과 취업활동을 하려는 자
H-2	방문취업	3년(최장 4년 10월)	재외동포출입국과법적지위에 관한법률에 해당되는 25세 이상자

3. 외국인의 등록

(1) 외국인등록의 의의

우리나라에 90일을 초과하여 체류하는 외국인에 대해서는 해당 기관에 등록하게 함으로써 장기 체류하는 외국인의 체류현황 및 신분 관계를 정확히 파악하고, 이를 행정시책에 반영하여 국제법상 외국인에게 부여한 권리를 보호하는 한편, 우리나라의 국익을 침해하는 외국인을 규제하기 위하여 출입국관리법에 외국인의 등록제도를 마련하고 있다.[26]

(2) 등록대상

1) 외국인이 입국한 날부터 90일을 초과하여 대한민국에 체류하려면 입국한 날부터 90일 이내에 그의 체류지를 관할하는 출입국관리 사무소장이나 출장소장에게 외국인등록을 하여야 한다.[27]

---

26) 외국인등록과 관련 출입국관리법 제31조 이하 참조
  외국인 지문관리등록 대상은 외국인등록을 하여야 하는 사람으로서 17세 이상인 사람이다. 지난 2004년부터 등록외국인의 지문채취는 폐지되었으나 출입국관리법의 개정으로 2010년 9월부터 입국외국인의 일부와 등록외국인에 대한 지문채취가 시작되었으며, 2012년 1월 1일부터 모든 최초 입국외국인(17세 미만인 사람 등 일부 제외)에 대하여 지문채취를 실시하고 있다. 지문등록 구체적 대상은 출입국관리법을 위반하여 조사를 받거나 그 밖에 다른 법률을 위반하여 수사를 받고 있는 사람, 신원이 확실하지 아니한 사람, 기타 법무부장관이 대한민국의 안전이나 이익 또는 해당 외국인의 안전이나 이익을 위하여 특히 필요하다고 인정하는 사람이며, 각 수사기관에서 채취한 외국인 지문자료는 경찰청으로 통보되며, 법무부(출입국)에서도 2014년 6월 23일부터 등록외국인의 지문자료와 인적정보를 매월 1회 자동으로 경찰청으로 전송하고 있다.
27) 법무부(출입국·외국인 정책본부)는 전국 22개 공항·항만 입국심사장에 지문인식기와 안면인식

2) 대한민국에서 출생하여 체류자격을 가지지 못하고 체류하게 되는 외국인은 그가 출생한 날부터 90일 이내에, 대한민국에서 체류 중 대한민국의 국적을 상실하거나 이탈하는 등 그 밖의 사유로 체류자격을 가지지 못하고 체류하게 되는 외국인은 그 사유가 발생한 날부터 30일 이내에 대통령령으로 정하는 바에 따라 체류자격을 받아 외국인등록을 하여야 한다.

3) 체류자격을 받는 사람으로서 입국한 날부터 90일을 초과하여 체류하게 되는 외국인은 체류자격 변경 허가를 받아 외국인등록을 하여야 한다.

4) 외국인등록증을 발급받지 아니한 외국인이 17세가 된 때에는 90일 이내에 외국인등록증 발급 신청을 하여야 하므로 외국인이 17세가 된 때에는 외국인등록 대상이 된다.[28]

(3) 등록 제외 대상

1) 주한외국공관(대사관과 영사관 포함)과 국제기구의 직원 및 그의 가족
2) 대한민국 정부와의 협정에 따라 외교관 또는 영사와 유사한 특권 및 면제를 누리는 사람과 그의 가족(예, 주한미군과 그 가족 등)
3) 대한민국 정부가 초청한 사람 등으로서 법무부령으로 정하는 사람[29]

(4) 외국인 등록사항

1) 성명·성별·생년월일 및 국적
2) 여권번호·발급일자 및 유효기간
3) 근무처와 직위 또는 담당업무
4) 본국의 주소와 국내 체류지
5) 체류자격과 체류기간
6) 기타 법무부령으로 정하는 사항

기를 설치하여, 입국외국인 등의 양손 집게손가락 및 대상자의 얼굴 정보를 확인하여 데이터베이스 검색을 함으로써 우범외국인의 입국을 사전에 차단할 수 있게 하였다.

28) 지역경찰은 체류 외국인 사건과 관련하여 인적사항 조회 시 KICS 「정보검색」 내 「외국인신원정보조회(지역경찰)」 또는 「사건접수 시 대상자 정보 입력·조회」 메뉴에서 외국인의 성명, 국적, 여권번호 등 기본적인 정보 이외 체류정보(현 체류/과거체류 구분, 체류자격, 체류만료일), 체류자격 변경·기간연장 등 민원신청 중인 사항 등은 조회가 가능하다.

29) 외교관은 외교부에 등록하여 외교관신분증을 발급받고, 주한미군은 주한미군당국이 자체 발급하는 신분증을 발급받는다.

(5) 사회통합 프로그램30)

우리나라가 다문화사회로 진입함에 따라 사회통합을 위한 외국인 및 고용주 등의 법 준수와 홍보활동 및 외국인이 한국 사회의 건전한 사회구성원으로 정착하기 위한 체류 지원과 영주자격 및 국적을 취득하려는 자에 대한 지원의 일환으로, 대한민국 국적, 영주자격 등을 취득하려는 외국인의 사회적응을 지원하기 위해 교육, 정보 제공, 상담 등의 사회통합 프로그램을 시행할 수 있게 되었다.31) 사회통합 프로그램을 효과적으로 시행하기 위하여 필요한 전문 인력 및 시설 등을 갖춘 기관, 법인 또는 단체를 사회통합 프로그램 운영기관으로 지정할 수 있고, 대통령령으로 정하는 바에 따라 사회통합 프로그램의 시행에 필요한 전문 인력을 양성할 수 있다. 또한 국가와 지방자치단체는 경비의 전부 또는 일부를 예산의 범위에서 지원할 수 있다. 그리하여 사증 발급, 체류관련 각종 허가 등을 할 때에 이 법 또는 관계 법령에서 정하는 바에 따라 사회통합 프로그램 이수자를 우대할 수 있다.32)

4. 조사 및 처벌

(1) 조사

출입국관리 공무원은 외국인등록에 관한 규정을 위반한 외국인에 대해서는 사실 여부를 조사하기 위하여 용의외국인·참고인 등을 출석시켜 신문할 수 있으며, 필요한 때에는 용의외국인의 동의를 얻어 그의 주거·소유물건을 검사하거나 서류 또는 물건의 제출을 요구할 수 있다.

(2) 처벌

외국인등록에 관한 규정을 위반하거나 등록사항 변경신고나 체류지 변경신고를 하지 않은 외국인은 과태료 또는 벌금의 처벌을 과할 수 있다.

---

30) 출입국관리법 제39조 사회통합 프로그램(신설 2012. 1. 26.)
31) 출입국관리법 제39조 사회통합 프로그램(개정 2018. 3. 20.)
32) 출입국관리법 제40조(본조신설 2012. 1. 26.)

5. 외국인의 강제퇴거

(1) 의의

강제퇴거란 사인(私人) 자격으로 체류 외국인이 국내법 질서를 위반한 경우 체류국 정부가 합법적으로 체류 중인 외국인을 체류국 영역 밖으로 퇴거를 명하는 행정행위로 추방이라고도 한다.

(2) 강제퇴거와 구별되는 개념

1) 출국

출국이란 외국인이 출입국 항(공항, 항구 등)에서 자의로 소정의 절차를 밟아 대한민국 영역 외로 벗어나는 것을 말하며 강제로 국외로 추방하는 강제퇴거와는 구별된다.

2) 축출

축출은 처음부터 불법적으로 입국한 외국인을 국경 외로 추방시키는 강제 조치이며 최초입국은 합법적이었으나 체류 중 불법행위 등으로 인해 체류권이 강제로 종료되어 추방되는 강제퇴거와는 구별된다.

3) 강제송환

자국민이 외국에 불법입국 하였거나 범법행위로 인하여 해당국 정부로부터 강제퇴거 명령을 받고, 집단적 또는 개별적으로 송환·귀국되는 것을 말하며 이는 국내 체류 외국인을 국외로 추방하는 강제퇴거와는 구별된다.

(3) 대상

출입국관리 사무소장·출장소장 또는 외국인 보호소장은 다음에 해당하는 외국인을 대한민국 밖으로 강제퇴거시킬 수 있다.

1) 유효한 여권과 사증 없이 입국한 사람
2) 허위초청 등의 행위로 입국한 외국인
3) 입국금지 해당 사유가 입국 후에 발견되거나 발생한 사람
4) 입·출국심사 규정에 위반한 사람
5) 조건부 입국허가 규정에 의하여 출입국관리 사무소장이나 출장소장이 붙인 허가조건을 위반한 사람
6) 상륙허가(승무원·관광·긴급·재난·난민 임시 상륙)를 받지 아니하고 상륙한 사람

7) 상륙허가 조건을 위반하였거나 상륙허가를 받지 아니하고 상륙한 사람

8) 체류자격 외의 활동을 하거나 체류기간이 경과한 사람

9) 거소 또는 활동범위의 제한 그 밖의 준수사항을 위반한 사람

10) 출국심사 규정에 위반하여 출국하려고 한 사람

11) 외국인등록 의무를 위반한 사람

12) 금고 이상의 형을 선고받고 석방된 사람[33]

(4) 절차

1) 조사

출입국관리 공무원은 강제퇴거 대상자에 해당된다고 의심되는 외국인(용의자)에 대하여는 그 사실을 조사할 수 있다.

2) 보호

① 출입국관리 공무원은 강제퇴거 대상자에 해당된다고 의심할 만한 상당한 이유가 있고 도주하거나 도주할 염려가 있으면 출입국관리 사무소장·출장소장 또는 외국인 보호소장으로부터 보호명령서를 발급 받아 그 외국인을 보호할 수 있다.

② 보호기간은 10일 이내로 한다(10일을 초과하지 아니하는 범위에서 1차에 한하여 연장 가능).

③ 보호할 수 있는 장소는 외국인 보호실·외국인 보호소 또는 그 밖에 법무부장관이 지정하는 장소로 한다.[34]

3) 보호의 통지

출입국관리 공무원은 용의자를 보호한 때에는 국내에 있는 그의 법정 대리인·배우자·직계친족·형제자매·가족·변호인 또는 용의자가 지정하는 사람에게 3일 이내에 보호의 일시·장소 및 이유를 서면을 통지하여야 한다.[35]

4) 피보호자 인권의 존중 등

피보호자의 인권은 최대한 존중하여야 하며, 국적, 성별, 종교, 사회적 신분 등을 이유로 피보호자를 차별하여서는 아니 된다. 또한 남성과 여성은 분리하여 보호하여야 한다. 다만, 어린이의 부양 등 특별한 사정이 있는 경우에는 그러하지 아니하다.[36] 그리고 지방출

---

33) (1), (8), (9), (11)은 외근경찰관이 주로 접하게 되는 외국인의 불법적인 체류 형태라고 할 수 있다.

34) 출입국관리법 제51조(보호), 제52조(보호기간 및 보호장소)

35) 출입국관리법 제54조(보호의 통지)

입국·외국인관서의 장은 피보호자가 환자, 임산부, 노약자, 19세 미만인 사람, 지방출입국·외국인관서의 장이 특별히 보호할 필요가 있다고 인정하는 사람에 해당하는 외국인인 경우에는 특별히 보호하여야 한다.[37]

5) 보호의 일시해제

강제출국을 앞두고 외국인보호소에 있는 외국인이 임금체불, 소송, 전세금 등의 문제가 있는 경우 이를 해결하고 출국할 수 있도록 일정기간 보호조치를 유예한다.[38]

6) 심사 및 집행

① 보호된 외국인은 출입국관리 사무소장의 심사에 의해 강제퇴거 대상자로 인정된 때에는 강제퇴거 명령서를 발급하여야 한다.

② 강제퇴거 처분사유가 동시에 형사처분 대상이 되는 경우, 강제퇴거 명령서가 발부되기 전에는 형사절차와 행정절차를 병행하게 되지만 강제퇴거 명령서가 발부된 때에는 형사절차가 끝난 다음에 강제퇴거의 집행이 행하여진다.

③ 강제퇴거 명령서는 출입국관리 공무원이 이를 집행 하지만 출입국관리 사무소장·출장소장 또는 외국인 보호소장의 보호에 의하여 사법경찰 관리도 집행할 수 있다.

④ 강제퇴거 명령서를 집행할 때에는 그 명령을 받은 사람에게 강제퇴거 명령서를 내보이고 지체 없이 그를 송환국으로 송환하여야 한다. 다만, 선박 등의 장이나 운수업자가 송환하게 되는 경우에는 출입국관리 공무원은 그 선박 등의 장이나 운수업자에게 그를 인도할 수 있다.[39]

7) 송환국

강제퇴거 명령을 받은 사람은 국적이나 시민권을 가진 국가로 송환되는 것이 원칙이지만 그것이 불가능할 때에는,

① 대한민국에 입국하기 전에 거주한 국가

② 출생지가 있는 국가

③ 대한민국에 입국하기 위하여 선박 등에 탔던 항이 속하는 국가

④ 기타 본인이 송환되기를 희망하는 국가 등으로 송환할 수 있다.[40]

---

36) 출입국관리법 제56조의3(피보호자 인권의 존중 등, 신설 2016. 3. 29.)
37) 출입국관리법 제56조의3(피보호자 인권의 존중 등, 신설 2014. 12. 30, 2016. 3. 29.)
38) 출입국관리법 제65조(보호의 일시해제), 지방출입국·외국인관서의 장은 직권으로 또는 피보호자(그의 보증인 또는 법정대리인 등을 포함한다)의 청구에 따라 피보호자의 정상(情狀), 해제요청 사유, 자산, 그 밖의 사항을 고려하여 2천만 원 이하의 보증금을 예치시키고 주거의 제한이나 그 밖에 필요한 조건을 붙여 보호를 일시 해제할 수 있다.(본조신설 2018. 3. 20.)
39) 출입국관리법 제62조(강제퇴거의 집행, 개정 2017. 12. 12.)

난민에 대하여는 추방 또는 송환이 금지되는 영역이 속하는 국가로 송환하지 아니한다. 다만 법무부장관이 대한민국의 이익이나 안전을 해친다고 인정하는 경우에는 그러하지 아니하다.

8) 영주자격의 취소 특례

우리나라는 영주자격을 가진 외국인에 대해 영주자격을 취소할 수 있는 제도를 도입 운용하고 있다. 그에 해당하는 사유는, 거짓이나 그 밖의 부정한 방법으로 영주자격을 취득한 경우, 「형법」, 「성폭력범죄의 처벌 등에 관한 특례법」 등 법무부령으로 정하는 법률에 규정된 죄를 범하여 2년 이상의 징역 또는 금고의 형이 확정된 경우, 최근 5년 이내에 이 법 또는 다른 법률을 위반하여 징역 또는 금고의 형을 선고받고 확정된 형기의 합산기간이 3년 이상인 경우, 대한민국에 일정금액 이상 투자 상태를 유지할 것 등을 조건으로 영주자격을 취득한 사람 등 대통령령으로 정하는 사람이 해당 조건을 위반한 경우, 국가안보, 외교관계 및 국민경제 등에 있어서 대한민국의 국익에 반하는 행위를 한 경우 등이다.[41]

6. 외국인의 지위

(1) 외국인의 일반적 지위

국가의 통치권은 자국민과 자국에 체류하는 외국인에게도 그가 치외법권을 향유하는 자가 아닌 이상 미치게 되므로 외국인은 체류국의 통치권에 복종해야 한다. 동시에 국가의 통치권은 자국의 영역뿐만 아니라 외국에 체류하는 자국민에게도 미치게 되므로 외국에 거주하는 자국민은 자국의 통치권에도 복종해야 하는 이중적인 복종의 지위에 있다.

또한 체류국은 외국인에게 통치권을 행사할 수 있지만 그것은 무제한적인 것이 아니라 자국민에 대한 것과 차별을 두어서는 안 된다. 하지만 외국인을 자국민과 평등하게 대우하여야 한다는 국제법상의 원칙에 관하여는 상호주의와 평등주의의 대립이 있다.

1) 상호주의(相互主義)는 외국이 그 외국에 있는 자국민에게 인정하는 것과 동일한 정도의 권리·의무를 자국에 있는 외국인에게 인정하는 주의이다.
2) 평등주의(平等主義)는 자국에 있는 외국인에게 자국민과 동일한 정도의 권리·의무를 인정하는 주의이다. 평등주의에 의할 때만 외국인은 내국인에 비해 차별대우를 받지 않을 지위에 있게 된다.

---

40) 출입국관리법 제64조.
41) 출입국관리법 제89조의2(영주자격의 취소 특례, 본조신설 2018. 3. 20.).

(2) 외국인의 권리와 의무

1) 외국인의 권리

사법(私法)상 권리에 있어 원칙적으로 외국인의 인격권(人格權)인 생명권·성명권·정조권, 재산권인 물권·채권·무체재산권(저작권·특허권·상표권), 신분권인 상속권 등은 내국인과 동일하게 인정·보호됨이 원칙이다. 예외적으로 일정한 재산권 및 직업에 대하여는 체류국의 안전 또는 국민의 중대 이익보호를 위해 인정하지 아니하거나 제한하는 경우가 있다. 예컨대 선박·항공기의 소유권, 광업권, 어업권, 부동산 소유권, 공증인·변호사·주주(株主, 국책은행, 특수회사)가 되는 권리 등은 인정하지 않거나 제한을 받는 경우가 있다.

공법(公法)상 권리에 있어 원칙적으로 참정권인 선거권·피선거권·공무담임권 등과, 생활권인 근로의 권리,[42] 교육을 받을 권리 등은 인정되지 않는다. 예외적으로 자유권인 신체의 자유, 종교의 자유, 언론·출판의 자유, 통신의 자유, 학문의 자유 등과, 재판청구권인 민사재판청구권·형사재판청구권·행정재판청구권 등은 인정된다. 특히 외국인의 소송을 수리하지 않는 경우(협의의 재판의 거부), 심리 또는 재판의 부당한 지연이나 재판상 보호절차를 거부하는 경우(재판절차의 불공정), 명백히 불공평한 재판을 하는 경우(재판내용의 불공정), 재판을 이행하지 않거나 집행의 부당한 연기·특사를 하는 경우(재판집행의 불공정) 등 재판의 거부는 국제법상 국가책임을 성립시킨다.

2) 외국인의 의무

외국인은 전술한 사법상의 권리에 대응하는 사법상의 의무를 내국인과 동일하게 부담한다. 공법상 의무에 있어서는 원칙적으로 내국인과 동일하게 체류국의 통치권에 복종할 의무를 지므로 체류국의 재판권·경찰권·납세권에 복종하여야 한다. 예외적으로 외국인은 내국인이 부담하는 병역의 의무, 교육의 의무, 사회보장가입의무 등은 부담하지 아니한다. 내국인과는 별도로 외국인만이 부담하는 의무에는 다음과 같은 것들이 있다.

---

42) 대법원 2015.6.25. 선고 2007두4995 전원합의체 판결(노동조합설립신고서반려처분취소, 공2015
   하,1080).
   【판결요지】 출입국관리 법령에서 외국인고용제한규정을 두고 있는 것은 취업활동을 할 수 있
   는 체류자격(이하 '취업자격'이라고 한다) 없는 외국인의 고용이라는 사실적 행위 자체를 금지하
   고자 하는 것뿐이지, 나아가 취업자격 없는 외국인이 사실상 제공한 근로에 따른 권리나 이미
   형성된 근로관계에서 근로자로서의 신분에 따른 노동관계법상의 제반 권리 등의 법률효과까지
   금지하려는 것으로 보기는 어렵다. 따라서 타인과의 사용종속관계하에서 근로를 제공하고 그 대
   가로 임금 등을 받아 생활하는 사람은 노동조합법상 근로자에 해당하고, 노동조합법상의 근로자
   성이 인정되는 한, 그러한 근로자가 외국인인지 여부나 취업자격의 유무에 따라 노동조합법상
   근로자의 범위에 포함되지 아니한다고 볼 수는 없다.

① 지방적 구제(地方的 救濟)의 원칙에 대한 의무

외국인은 그가 체류국의 행위에 의해 입은 손해에 대해 자국의 외교적 보호권에 의한 보호를 호소하기 전에 먼저 체류국의 국내법 절차에 따른 국내적 구제를 다하여야 할 의무를 진다.

② 추방(追放)의 원인이 되는 행위를 하지 않을 의무

외국인은 체류국에서 체류국의 질서를 위태롭게 하는 행위, 체류국을 모독하는 행위, 체류국에게 경제적으로 손해를 주는 행위 등 추방의 원인이 되는 행위를 하지 않을 의무를 진다.

③ 외국인등록(外國人登錄)을 할 의무

외국인은 체류국의 국내법 규정에 따라 외국인등록을 해야 할 의무를 지는 경우가 있다.

(3) 외국인의 보호

1) 일반적인 경우

국가는 그의 영역 내에 체류하는 외국인의 사법상·공법상 권리와 이익을 보호하기 위한 조치를 취할 국제법상 의무가 있다. 즉, 체류국은 외국인에게 그의 권리·이익이 침해되지 않도록 사전적·예방적 행정조치를 취하고, 권리·이익이 침해된 경우에 침해의 복구를 위해 사후적·구제적 사법조치를 취해야 할 작위 의무가 있다.

2) 보호의 정도(程度)

문제가 되는 것은 보호의 정도이다. 국가가 그의 영역 내에 체류하는 외국인의 사법상·공법상 권리와 이익을 보호하기 위해 어느 정도의 보호조치를 취해야 할 것인가에 관해서 내국인에 대한 것과 동일한 정도의 보호조치로 충분하다는 '국내적 표준주의(national standard)'와, 일반 문명국가의 국민과 동일한 정도의 보호조치를 취해야할 의무가 있다는 '최저표준주의(intertional minimum standard)'가 대립하고 있다. 하지만 어느 주장을 취하더라도 문제가 되지 않으나 일반적으로 전자는 후진국에 의해, 후자는 선진국에 의해 각각 주장되고 있는 것이 보통이다. 현행법 하에서는 국가가 최소한 자국민에 대한 것과 동일한 정도의 보호를 부여하지 않으면 안 된다.

3) 기타 관련 사항

① 외국인에 대한 비호권(庇護權)

외국에서 범죄를 범해 외국의 추방(訴追)을 면하기 위하여 자국에 도망하여 입국하려는 경우, 그 허용 여부는 국가의 자유이며 반드시 거절해야 할 의무는 없다. 입국을 허용한 경우에는 인도를 요구하더라도 특히 인도조약이 없는 한 이에 응할 법적 의무는 없으므로 이를 거절하고 비호를 제공할 수 있다. 외국인에게 입국을 허용하고 비호를 하느냐의 여부는 국가의 자유이며 외국인이 권리로 주장할 수 있는 것은 아니다.

② **망명권(亡命權)**

망명권 부여란 보통 정치범에 대하여 급박한 위험을 면해주기 위하여 그 본국의 추적이 미치지 못하는 외국의 영토, 외교공관, 군함, 군용항공기 내에 망명처를 제공하여 주고, 그 본국에 대하여 인도를 거절하는 것을 말한다. 외국 영토상의 정치범 망명권 보호는 그 실행이 복잡하여 아직 일정한 법규범이 확립되었다고 말하기는 어렵다. 특히 외교공관의 망명권 부여는 인정되지 않는다. 다만 외국의 공관이나 군함 등은 불가침이기 때문에 도망쳐 들어온 범인의 인도를 거부하고 망명권이 부여된 경우라도 영토국의 관헌은 들어갈 수 없으며, 외교관원의 국외퇴거나 군함의 영역 외 퇴거를 요구하는 등의 대항조치를 취할 수 있을 뿐이다. 이와 같이 영토 외 망명은 국제법에 의하여 일반적으로 인정된 것은 아니다.

제2절 외교사절

1. 외교사절의 파견과 접수

(1) 외교사절의 파견

모든 국가는 상호 합의 하에 외교관계를 수립하고 상주공관을 설치 할 수 있다. 상대국에 대한 승인은 국가의 일방적 행위이나, 외교관계의 수립에는 합의를 필요로 한다. 승인은 외교관계 수립의 전제조건이나 보통승인과 외교관계의 수립은 동시에 이루어지는 경우가 많다. 외교관계의 수립에 합의하면 상주공관의 설치 여부를 협의한다. 외교공관은 관례적으로 수도에 설치하나, 합의만 성립되면 다른 도시에 추가 사무소도 설치할 수 있다. 외교관계를 수립하고 있는 모든 국가에 상주공관이 설치되지는 않으며, 제3국 거주 외교사절을 겸임사절로 임명할 수 있다. 외교직원은 원칙적으로 파견국 국민이어야 하나 접수국이 동의하면 제3국인 또는 접수국 국민을 외교직원으로 임명할 수도 있다.

상대국이 호감을 갖지 않는 자를 외교사절로 임명하면 원활한 업무수행에 차질을 빚을 것이다. 이에 외교사절의 장을 파견하기 전에 통상적으로 상대국의 수락 여부를 문의하고 동의가 있어야 외교사절을 공식적으로 임명한다. 이 사전 동의를 앙그레망(agrement)이라고 한다. 앙그레망의 거부는 국가 사이의 비우호적 행위가 아니며, 거부의 이유를 제시할 의무도 없다. 사절단의 장이 아닌 공관직원은 자유로이 임명할 수 있지만, 국가에 따라서는 주재 무관(武官)의 경우 사전에 승인을 위한 명단제출을 요구하기도 한다.

(2) 외교사절의 계급 구분

외교사절의 장은 다음 세 가지 계급으로 구분된다.
① 국가를 상대로 파견되는 대사(Ambassador)
② 역시 국가원수를 상대로 파견되는 공사(minister)
③ 외교부장관을 상대로 파견되는 대리공사(charges d'affaires)

어떠한 계급의 공관장을 파견할지는 양국 합의에 따른다. 과거에는 제한된 국가에 대하여만 대사가 파견되고, 기타 국가에 대하여는 그 이하 계급의 외교사절이 파견되었다. 오늘날에는 아무리 소규모 공관이라도 대사를 장으로 임명함이 통례이다.

공관장의 계급은 서열 및 의례에만 관계되고 직무수행과 특권·면제에 있어서는 차이가 없다. 외교사절 간의 서열은 1차적으로 계급에 의해 결정되고, 동일 계급 간에는 직무개시일 순으로 정해진다. 일반적으로 신임장을 제정한 날을 공식적인 직무개시일로 삼는다.

외교공관의 공관원은 공관장, 외교직원, 행정 및 기능직원, 노무직원 등으로 구성된다. 그 중 공관장과 외교직원을 외교관(diplomatic agent)이라고 한다. 공관의 규모에 관해 특별한 합의가 없을 경우 접수국은 여러 사정을 고려하여 합리적이고 정상적이라고 인정되는 범위 내에서 공관의 규모를 유지하도록 요구할 수 있다.

공관장을 포함한 외교관에 대해 접수국은 언제든지 불만을 표시하고 그를 받아들일 수 없는 인물(persona non grata)이라고 파견국에 통고할 수 있다. 그 이유를 제시할 필요는 없다. 반드시 당사자에 대한 개인적 불만이 아니라 파견국에 대한 불만을 이유로 persona non grata가 선언되기도 한다. 접수국이 persona non grata를 선언하면 대개 제한된 시간 내에 출국을 요구한다. 이 기한 내에 출국을 하지 않으면 접수국은 그에게 더 이상 외교관으로서의 특권과 면제를 인정하지 않을 수 있다.

(3) 외교사절의 직무

비엔나협약은 외교사절의 직무를 다음과 같이 열거하고 있다.
① 접수국에서 파견국을 외교적으로 대표한다. 유사한 직책이라고 할 수 있는 영사에 대하여는 자국을 외교적으로 대표하는 기능이 원칙적으로 인정되지 않는다.
② 접수국에서 파견국과 파견국 국민의 이익을 보호한다. 이는 외교사절의 외교적 보

호기능이다.

③ 접수국 정부와 교섭한다. 이는 외교사절의 가장 일상적인 기능 중 하나이다. 접수국과의 공적 사무는 그 나라 외교부 또는 합의되는 기타 부처를 통해 수행한다.

④ 합법적 수단에 의해 접수국의 사정과 발전을 확인하고, 이를 본국 정부에 보고한다. 이는 종종 접수국 국내문제 불간섭의무와 마찰을 빚거나, 간첩활동의 혐의를 받을 수 있다.

⑤ 접수국과 파견국 간의 우호관계 증진 및 양국 간 경제, 문화 및 과학관계의 발전을 도모한다.

필요에 따라서 외교공관이 영사업무를 수행할 수도 있다. 실제로는 외교업무와 영사업무가 잘 구별되지 않으며, 경제성과 효율성을 이유로 외교직원과 영사는 공관 내 보직 개념으로 운영되는 경우가 대부분이다. 보통은 외교관 자격으로 파견한 후 필요하면 영사기능을 추가로 등록하여 영사업무를 보도록 한다. 파견국의 입장에서는 특권·면제의 범위가 넓은 외교관으로 파견하는 방안이 편리하다.

접수국은 외교공관의 직무수행을 위한 충분한 편의를 제공해야 한다. 외교관 역시 접수국의 법령을 존중해야 하며, 현지 내정에 개입하지 말아야 한다. 또한 외교관은 접수국에서 개인적 영리를 위한 직업 활동이나 상업적 활동을 할 수 없다.[43]

2. 외교특권

(1) 개념

외교사절은 종류와 계급을 불문하고 일반 외국인과 달리 특권적 지위를 향유하는데 이러한 외교사절의 특권을 외교특권(外交特權, diplomatic privilege)이라 한다. 외교특권을 '치외법권(治外法權, extraterritoriality)', 또는 '특권(特權)과 면제(免除)' 등의 용어로 사용하기도 하나 '외교관계에 관한 비엔나 협약'은 외교특권을 '특권과 면제'로 표시하고 있다.[44]

외교특권은 전통적으로 인정되어온 제도이나 각국은 그 실제적 적용에 있어 관례상 그 적용의 범위와 내용을 달리하고 있기 때문에 실제로 외교특권의 범위와 내용이 무엇인지를 일률적으로 설명하기는 어렵다. 그러나 이 같은 외교특권에 대한 각국의 다양한 내용이 어느 정도 통일되는 방향으로 나아가고 있어 여기에서는 비엔나 협약을 중심으로 중요한 국제관행을 살펴보기로 하겠다.

---

43) 정인섭, 『신국제법강의』, 박영사, 2018, pp.480 – 484,
44) 동 협약 전문.

(2) 근거

외교특권을 인정하는 이론적 근거가 무엇인가에 관해서는

1) 외교사절은 접수국의 영토 외에 존재하는 것이기 때문에 특권을 인정한다는 '영토 외적 성질설(extraterritoriality theory)',
2) 외교사절은 국제법상 국가라는 법인을 대표하는 국가의 기관이므로 특권을 갖는다는 '국가대표자격설(representative character theory)',
3) 외교사절이 그의 기능을 능률적으로 수행할 필요가 있기 때문에 특권을 인정한다는 '기능설(functional necessity theory)'

등이 있으나 어느 설에 의하든 외교특권을 인정하는 본질적인 근거는 상호주의의 원칙 (principle of reciprocity)이라 할 수 있다. 외교사절의 특권에 관한 실정법적 근거로서는 1961년의 '외교관계에 관한 비엔나 협약' 등이 있다.

(3) 내용

외교특권의 내용은 크게 불가침권(不可侵權)과 치외법권(治外法權)으로 나누어 볼 수 있다.

1) 공관의 불가침권(不可侵權, 동 협약 제22조 제1항, 제2항, 제30조 제1항 등)

공관지역은 불가침이다. 공관뿐만 아니라 외교관의 개인주택도 불가침이다. 공관지역이라 함은 공관장의 주거를 포함하여 공관의 목적으로 사용되는 건물과 부속 토지를 말한다. 접수국은 외교사절의 요구나 동의가 없는 한 직무수행을 위해서도 여기에 들어갈 수 없는 것이 원칙이다. 그러므로 공관과 공관 내의 시설·비품·운반수단은 수색·징발·압류·강제집행을 할 수 없다. 접수국 정부의 관사보호 의무에는 관사주위에서 외교사절의 본국 또는 공관에 대하여 적대적인 시위를 행하는 폭도 또는 군중으로부터 관사를 보호할 의무를 포함하며, 공관의 안녕을 방해하거나 그 위엄에 대한 침해를 방지하기 위하여 적절한 조치를 취해야 할 특별한 의무를 부담한다. 그러나 관사라고 할지라도 범죄인의 비호권(庇護權, Right of Asylum)은 원칙적으로 인정되지 않는다. 관사의 불가침은 원래 외교사절의 정당한 업무수행을 위하여 인정되는 것이므로 형사상의 범죄인이나 정치적 도망자를 비호하는 것은 그 본래의 취지에 반한다. 접수국과의 조약상 특별한 규정이 없는 한 접수국이 요구하면 도망자 또는 범죄인을 인도하거나 관사 밖으로 추방하지 않으면 안 된다. 다만 정치범에 한하여 무질서한 폭도의 위해로부터 일시 비호하는 것은 허용된다. 그러나 외교사절이 자국의 범죄인을 본국에 송환하기 위하여 일시 유치할 목적으로 관사 내에 감금하는 것은 허용되지 않는다. 관사에 대한 불가침에 준하여 외교사절의 승용차, 보트, 비행기 등 교통수단도 불가침의 특권을 갖는다. 다만 예외적으로 화재나 전염병의 발생 등과 같이 공안을 유지하기 위하여 긴급을 요하는 경우에는 사절의 동의 없이 공관에 들어갈 수 있는데 이는 국제적 관습으로 인정되고 있다.

2) 서류문서·통신의 불가침(동 협약 제24조)

외교공관의 문서와 서류는 언제, 어디서나 불가침이며 수색·검열·압수되거나 그 제시가 요구되지 아니한다. 외교관의 개인서류, 통신문서 및 그의 개인재산도 또한 불가침이며 문서가 어느 장소에 있든지, 심지어 외교단절의 경우에도 접수국은 문서의 불가침권을 존중하고 보호해야 한다. 다만, 관사에 속한 문서가 간첩행위의 서증(書證)이 되는 경우, 또는 사절과 동일한 국적의 간첩이 주재국에서 절취 또는 복사한 문서로서 그것을 접수국이 입수한 경우에는 그 문서는 불가침성을 상실한다.[45]

3) 신체의 불가침

외교관의 신체는 불가침이다. 외교관은 어떠한 형태의 체포 또는 구금도 당하지 아니한다. 접수국은 상당한 경의를 가지고 외교관을 대우해야 하며 그 신체의 자유 및 존엄성에 대한 침해를 방지하기 위하여 적절한 조치를 취하여야 한다(동 협약 제29조). 그러므로 접수국은 외교관에 대한 가해행위를 방지하기 위하여 모든 적절한 경찰조치를 취하여야 하며, 가해가 행하여진 경우에는 이를 구제하기 위한 조치도 취하여야 한다. 따라서 여러 나라들은 외교사절의 불가침권을 보장하기 위하여 행정상 및 입법상으로 특별한 조치를 취하고 있는데 우리나라도 형법 제107조 및 제108조에 대한민국에 체재하는 외국사절에 대한 폭행이나 협박 등의 죄에 대하여 일반범죄보다 가중하여 처벌하는 규정을 두고 있다.

4) 사저, 개인서류, 개인재산의 불가침(제30조)

외교관의 개인주거는 공관과 동일한 불가침과 보호를 받는다. 이때 주거란 호텔과 같은 일시 체류지도 포함된다. 외교관이 휴가나 출장으로 개인주거지를 일시 떠난 상태에도 계속 불가침권은 향유한다.

외교관의 개인적 서류, 통신문, 개인재산도 동일한 불가침권을 향유한다. 외교관의 개인적 서류와 통신문의 불가침에 관하여는 예외가 없기 때문에 외교관이 상업적 활동으로 인해 접수국의 재판관할권에 복종해야 하는 경우에도 재판에 필수적인 관련 개인서류의 제출을 강제할 수 없다. 비엔나협약의 채택과정에서 이에 대한 제한을 설정하자는 개정안은 수용되지 않았다.

---

45) 정인섭, 『신국제법강의』, 박영사, 2018, pp.491–494.

5) 재판관할권의 면제

① 사법권으로부터의 면제

외교사절은 먼저 접수국의 형사재판관할권으로부터 면제된다. 외교관은 어떠한 경우에도 체포·구금·소추 또는 처벌되지 않는데(동 협약 제31조 제1항), 이는 공무수행 중에 행하여진 행위에 대해서 뿐만 아니라 개인자격으로 행한 행위에 대해서도 그러하다. 재판 관할권으로 부터의 면제는 행위에 대한 책임으로부터의 면제를 의미하는 것은 아니므로 접수국정부는 외교관을 형사범으로 소추할 수 없지만 사건이 중대할 경우 소환을 요구하거나 추방조치를 취하거나 또는 긴급한 필요가 있을 경우 일시적으로 신체의 자유를 구속할 수 있다. 접수국정부가 외교관의 접수국 내 범법사실을 파견국정부에 공식으로 통고하게 되면 비록 정식으로 소환을 요구하지 않는 경우에도 파견국에서는 그 외교관을 스스로 소환하는 것이 보통이다. 그러나 중대한 사건이 아닌 한 보통 주의를 제기하는 정도로 그치는 것이 관례이다.[46)]

② 민사재판권의 면제

외교사절은 원칙적으로 접수국의 민사재판으로부터 면제된다. 외교사절에 대한 민사소송을 접수국의 법원에 제기할 수 없고 또 접수국의 법원은 이를 수리할 수 없다(동 협약 제31조 제1항). 그러나 그 면제의 범위는 형사재판권에 비하여 매우 제한적이다. 예외적인 경우 외교관이 접수국 내에서 개인적으로 관계하고 있는 상속재산에 관한 소송, 개인자격으로 운영하는 영업체에 관한 소송 등의 경우가 있다. 그리고 본국 정부의 허가를 얻어 면제권을 포기하고 소송당사자로서 민사재판정에 자진 출석하여 응소(應訴)하는 경우도 예외가 된다. 외교관이 민사소송에 관련되는 경우란 채무 또는 미불금(未拂金)에 대한 청구소송, 자동차사고로 인한 손해배상청구소송 등이 대표적인 것이라 할 수 있는데, 이런 경우 피해자로서는 원칙상 사법적 구제를 기대할 수 없으므로 자국 외무부(自國外務部)에 진정서를 제출하여 구제책을 마련하는 수밖에 없다. 이때 피해자의 국적국 외무부(國籍國外務部)는 진정내용에 이유가 있다고 인정되면 해당 공관장에게 연락하여 문제를 해결토록 노력하는 것이 보통이며, 극단적인 경우 접수국정부가 파견국정부에 대하여 당사자의 소환을 요구하기도 한다.

---

46) 일반 형사범의 경우, 외교관은 '강제연행이 불가'하나(비엔나협약 제29조) 사건의 진상을 밝히기 위해 필요하다는 점을 설득, 경찰관서 임의동행 요구, 동행 거부 시 현장주변에서 문답 등 방법으로 사실관계 청취, 파견국에서 재판권 면제를 포기하지 않는 한 사실관계 확인 후, 불기소(공소권없음) 의견으로 송치.

③ 증언의무로부터 면제

외교사절은 접수국 내에서 형사·민사 또는 행정재판과 관련하여 재판정에 출석하여 증언할 의무가 없다. 재판정뿐만 아니라 공관에서 증언할 의무도 없다. 그러나 자발적인 의사에 따라 자진출석 또는 증언하는 것은 상관이 없으며 접수국과의 관계를 고려하여 증언 요청에 의하는 경우도 있다.

④ 경찰권의 면제

외교사절은 접수국의 경찰권으로부터 면제된다는 것이 통설이다. 경찰의 명령이나 규칙은 외교사절을 구속하지 않는다. 그렇다고 해서 외교사절에게 경찰권으로부터 자유로이 마음대로 행동할 특권을 부여하는 것은 아니므로 교통경찰관의 수신호(手信號) 등 사절의 직무수행을 방해하지 않는 경찰상의 명령이나 규칙으로서 사회의 안전과 질서유지에 필요한 것은 자진해서 이를 준수할 것이 기대된다.[47] 외교사절이 접수국의 경찰규칙에 위반하는 경우 접수국은 파견국에 대하여 소환을 요구하거나 외교사절에 대하여 퇴거를 요구할 수 있으며 긴급한 필요가 있을 경우 일시적으로 신체의 자유를 구속할 수 있다.[48]

⑤ 과세권의 면제

외교사절은 원칙적으로 접수국의 과세권으로부터 면제되므로 인적·물적 또는 국세·지방세를 불문하고 조세로부터 면제된다. 그러나 예외적으로 간접세, 사유부동산에 대한 조세, 상속세 및 개인영업상의 투자에 관한 등록세, 법원의 수수료 등은 면제되지 않는다. 그리고 전기, 가스, 수도 등 공공요금 또는 특별한 수수료 등은 원칙적으로 면제되지 않으나 실제로는 국제예의상 면제되는 경우가 많다.

---

47) 외교차량은 외교통상부 의전외빈담당관실에 등록을 하는데 경찰전산망으로는 차량조회가 되지 않으며 외교통상부가 발급하는 별도의 외교차량 번호판을 부착하고 있어 차량 확인시에는 의전외빈담당관실이나 경찰청 외사국에 문의하면 알 수 있다. 그리고 번호판 판독 외교차량 번호판은 남색 바탕에 흰 글씨로, '외교'는 외교특권을 갖는 차량임을 의미하며, 앞 세 자리 수는 공관 번호(수교순서에 따름)이고 뒤의 세 자리는 공관 내 차량번호인데 뒤 세 자리 중 맨 앞자리가 0으로 시작하면 관용차, 1이면 외교관 개인이 사적 용도로 등록한 외교관 개인차량이다. 관용차이든 개인차이든 동일한 외교특권을 갖는다.
48) 사례) 2006년 12월 주한남아공대사관 참사관의 미성년 아들이 음주의심 상태에서 무면허 오토바이운전 중, 강남역 인근에서 야기한 뺑소니 접촉사고에서 외교특권이 인정됨. 당시 피해 운전자에게 붙잡혀 용산경찰서에 인계된 가해자는 외교관인 부친에 의해 신분이 확인되었는데, 외교특권을 주장한 외교관 부친에 의해 현행범 체포나 음주측정이 거부되어 귀가조치 되었고, 수일 후 용산경찰서에 출두하여 조사에 응하여 피해를 배상한 사안으로, 외교관례상 당연한 조치로 받아들여진 바 있다.

6) 기타의 특권
① 여행의 자유

모든 공관원은 접수국 영역 내에서 거주이전 및 여행의 자유를 접수국으로부터 보장받는다. 그러나 아무리 외교관이라 하더라도 국가안보상의 이유에서 그 출입이 금지되거나 규제되고 있는 지역에 대하여는 그 지역에 관한 법령에 따라야 한다.

② 통신의 자유

외교관은 본국정부 또는 타국 주재(他國駐在) 자국공관과 자유로이 그리고 비밀리에 모든 공용통신(公用通信)을 행할 권리를 가지며 접수국 관헌은 이를 압수·수색하지 못한다. 통신의 방법은 외교신서사(外交信書使),[49] 기호 또는 전신암호(電信暗號), 외교행랑(外交行囊) 등을 포함하며 외교신서사는 신체의 불가침권을 향유하여 체포 또는 구금되지 아니한다. 한편, 외교공관이 접수국 내에 무선통신시설을 설치하고자 할 때에는 미리 접수국정부의 허가를 받아야 한다.

③ 종교의 자유

외교사절은 종교의 자유를 가지며 공관 내에서 자유롭게 종교상의 예배를 행할 수 있다.

④ 사회보장규정으로부터의 자유

외교사절은 의료보험 등 접수국의 사회보장규정의 적용으로부터 면제된다. 단 접수국의 법령에 의하여 허용되는 경우에 자발적으로 가입하는 것은 무방하다.

⑤ 국기(國旗)·기장(紀章) 등 사용의 자유

외교사절은 공관·주거·수송수단[50]에 파견국의 국기·기장을 사용할 권리가 있다.

(4) 특권향유의 범위

1) 시기(始期)와 종기(終期)

외교특권의 시기(始期)는 외교사절이 부임하기 위하여 접수국의 영역에 입국하였을 때부터이다. 외교사절이 접수국 내에 있을 경우 그 임명의 사실이 접수국의 외무부에 통고되었을 때부터 시작된다. 그리고 외교특권의 종기(終期)는 동 사절이 접수국의 영토를 출국할 때까지이다. 그러나 외교사절이 접수국의 영역을 떠나는데 소요되는 상당한 기간이 경과한

---

49) 외교신서사(外交信書使, Diplomatic Courier)는 외교사절과 본국정부 간의 신서(信書)를 전달하는 사자(使者)로서 사절단의 직원인 경우도 있고 그렇지 않은 경우도 있다.
50) 공관과 공관장은 주거를 포함한 공관지역 및 공관장의 수송수단(자동차 등)에 파견국의 국기 및 문장을 사용할 권리를 가진다.

후에도 떠나지 않고 계속 접수국의 영역에 남아있을 경우 그 기간이 종료되었을 때에 특권이 상실된다.

2) 공간적 범위

외교특권이 인정되는 접수국의 공간은 접수국의 배타적 통치권이 미치는 일체의 영역이다. 따라서 영토·영해·조차지(租借地)·신탁통치권·공해(公海) 또는 공공(公空)에 있는 접수국의 선박 및 항공기가 포함된다. 외교사절이 부임(赴任)·귀임(歸任)·전임(轉任) 또는 국제회의 참석 등과 같은 공적인 목적으로 제3국에 체류하는 경우 외교사절은 무해통행권(無害通行權)을 가진다. 제3국은 외교사절의 통과 또는 상당한 이유가 있는 체재의 경우 불가침권과 기타 필요한 특권을 인정해야 한다. 외교사절이 사적 목적을 위하여 여행하는 경우에 외교사절은 통상의 외국인과 동일한 지위를 갖게 되나 제3국이 사절의 신분을 알게 된 경우 예의상 호의적인 대우를 하는 것이 보통이다.

3) 인적 범위

외교특권이 인정되는 인적범위는 공관 내에서 그의 신분과 국적여하에 따라 결정된다. 먼저 공관장은 파견국이 그러한 자격으로 활동할 의무를 부여한 사람을 말하며 공관직원은 편의상 외교직원, 본국파견 비(非)외교직원, 현지고용직원, 개인사용인 등 네 종류로 나눌 수 있으며, 이 중 본국파견 비(非)외교직원과 현지고용원을 다시 그 기능별로 행정 및 기술직원과 업무직원으로 나누어진다. 전자에는 부기사(簿記士), 타자수, 암호기사, 등록보관사, 교정사(矯正士) 등이 포함되며 후자에는 사환, 운전기사, 하인 등이 포함된다.

① 외교직원(外交職員)

외교직원은 그가 접수국 국민이 아닌 한 원칙적으로 공관장에 대한 것과 같은 특권과 면제를 향유한다. 외교직원은 공사, 참사관, 각급 서기관, 각종 주재관(무관, 상무관, 공보관, 노무관 등) 등 본국정부가 임명하는 대사관직원으로서 외교관신분이 부여되고 또 접수국에서 그 신분이 인정된 자를 말한다. 외교직원의 성명은 부임과 함께 접수국 외무부에 통보되어 외교관 명단(Diplomatic List)에 실린다.

② 외교직원의 가족

외교직원의 특권과 면제는 그들의 가족에게도 미친다. 그러나 이는 직원의 가족이 접수국의 국민이 아닐 때에만 해당된다.

③ 행정 및 기술직원

행정 및 기술직원은 그들의 가족과 더불어 접수국의 국민이나 영주자가 아닌 경우 민사 및 행정재판 관할면제는 공무집행 중의 행위에 한하고, 관세면제는 부임시의 수입물품에 한한다는 제한 외에는 외교직원과 같은 특권을 향유한다.

④ 업무직원

접수국의 국민이나 영주자가 아닌 개인 사용인의 경우, 그들이 받는 보수에 대한 세금은 면제되나 그 밖의 것에 대하여는 각종 재량으로 정하도록 여지를 남겨두고 있다.

⑤ 외교신서사(外交信書使)

외교신서사에 대하여는 외교상 안전과 비밀유지를 위하여 민사나 형사재판권이 면제될 뿐만 아니라 그의 임무수행에 대하여 특별한 보호가 부여된다. 또한 제3국의 무해통행권(無害通行權)이 부여되는데, 그가 휴대하는 수하물 중 외교문서를 넣고 봉인한 것은 개봉검사해서는 안 된다.

(5) 특별의무

1) 외교사절의 특별의무

외교사절은 외교특권을 누리는 반면 접수국에 대하여 다음과 같은 특별한 의무를 부담한다.

① 내정불간섭의 의무(동 협약 제4조)

외교사절은 접수국의 법령을 준수해야 하고 접수국의 내정에 간섭해서는 안 되며, 접수국과의 모든 공적 사무는 접수국의 외무부 또는 기타 관계 부처를 통해서 수행해야 한다.

② 공관지역남용금지(公館地域濫用禁止)의 의무(동 협약 제42조)

공관지역은 외교관계에 관한 비엔나 협약 및 일반 국제법, 파견국과 접수국간의 특별협정에 규정된 공관의 직무와 양립할 수 없는 방법으로 사용해서는 안 된다.

③ 영업활동 금지(營業活動禁止)의 의무(동 협약 제42조)

외교사절은 접수국에서 개인적 영리를 위한 어떠한 직업적 또는 상업적 활동도 해서는 안 된다.

2) 접수국의 특별의무

접수국은 외교사절에 대하여 공관지역 및 소요시설을 용이하게 취득할 수 있도록 협조해야 하며 외교사절의 임무수행을 위하여 충분한 편의를 제공해야 한다. 특히 파견국과의 무력충돌이 발생한 경우에도 사절 및 그 수행원, 가족 등에게 퇴거의 편의를 제공해야 한다. 또한 접수국은 외교사절의 조항을 적용함에 있어 국가 간에 차별을 두어서는 안 된다.

(6) 기타 관련사항

1) 외교관에 대한 범죄예방

1971년 UN 총회의 국제법위원회는 외교관을 포함하여 국제적으로 보호됨을 요하는 사람에 대한 협정체결의 문제를 검토할 것을 요구하는 결의를 채택, 이 결과에 따라 1972년 동 위원회는 협약초안을 작성하였고, 1973년 UN 총회에서 '외교관을 포함한 국제적으로 보호되는 사람에 대한 범죄예방 및 처벌에 관한 협약(Convention on the Prevention and Punishment of Crimes Against Internationally Protected Persons, Including Diplomatic Agents)'을 채택하였다. 동 협약은 당사국에 대하여 범죄 예방을 위하여 필요한 모든 조치를 취하고, 범죄에 대한 정보교환, 행정조치의 상호 조정 등 국제협력을 도모하도록 규정하고, 범죄에 대한 국제형사 관할권 및 처벌을 규정하고 있다.

2) 공관의 비호권(庇護權)

공관의 불가침권과 관련하여 특히 공관이 비호권(Right of Asylum)을 갖느냐에 대해 종래에는 이를 광범위하게 인정하였고, 특히 정쟁(政爭)이 빈발하는 중남미 국가에서는 거의 일반화되었다. 그러나 오늘날의 국제관행은 공관의 비호권을 인정하지 않는 추세로 변화하고 있는데 이는 공관의 불가침은 외교사절의 능률적 직무수행을 위해 인정된 것이지 범죄인 또는 정치적 망명자를 비호하기 위한 것이 아니라는 논리에 근거한다.

3) 외교특권의 포기(抛棄)

치외법권은 구체적인 경우에 포기할 수 있다. 외교특권을 외교사절 개인의 권리가 아니라 국가의 권리라는 견해에 의하면 치외법권의 포기는 그의 파견국에 의해서만 가능하다.[51]

그리고 주한 외국공관원 범죄발생 시 대상자 신원 확인을 거쳐 외교부 등을 통해 특권·면제 대상자 여부를 확인한다. 주한 외국공관원은 신체 및 주거의 불가침, 형사재판 관할권 면제 등 특권 및 면제를 향유하고 있어 신원확인 거부 시 특권 및 면제를 인정할 수 없음을 고지하며, 특권을 인정할 근거가 없는 경우 일반 외국인범죄와 동일하게 처리한다.

(7) 주한 외국 공관원 범죄 발생 시 경찰의 초동조치

1) 발생보고(지방청·본청 상황보고)
○ 유형별 처리절차에 따라 조사

---

51) 경찰청 "국제교류협력 매뉴얼", 2017.

○ 신속하게 외교부 통보

2) 일반 형사사건 처리

○ 대상자에게 사실관계 확인을 위해 필요하다는 점을 설득하여 임의동행 등 수사협조를 요청(임의수사)

○ 대상자가 동의하는 경우 진술 청취, 신문조서 작성, 지문채취 등 사실관계 파악을 위한 조사를 진행(대상자가 거부하는 경우 사건경위 등 청취, 퇴거하는 경우 제지 불가)

○ 예외적으로 긴급한 경우 일시적 신체의 자유 제한이 가능하다. 즉, 살인·강도·성폭행 등 타인의 생명·신체·재산에 대한 현재의 급박한 위해 발생을 막기 위한 경우

○ 파견국에서 재판권면제를 포기하지 않는 한 사실관계 확인 후 불기소 의견(공소권 없음) 송치

3) 음주운전 처리

○ 신원확인 거부 시 대상자가 차량 이동 또는 하차하여 현장 이탈하는 경우 제지 가능(일반인과 동일하게 처리)

○ 신원 확인은 되었으나 음주측정 거부 시, 임의동행 등 수사협조를 요청하고, 거부 시 '측정거부'에 대한 주취운전자 적발보고서 작성(현행범 체포 불가, 음주측정 강제실시 불가)

○ 음주운전 판명 시 대상자가 차량을 운전하려는 경우 차량에 대해 일시적 제지하고, 공관 등을 통해 대리운전 귀가 요청

○ 대상자가 차량에서 내려 이탈하는 경우 제지 불가

○ 대상자가 동의하는 경우, 진술 청취, 신문 조서 작성 등 사실관계 파악을 위한 조사 진행

○ 대상자가 임의동행 등 수사협조 거부 시 주취운전자 적발보고서 작성(임의수사)

4) 사건종결

○ 파견국에서 재판권면제를 포기하지 않는 한, 사실관계 확인 후 불기소 의견(공소권 없음) 송치

○ 교통사고 처리(공소권 유·무 확인) 시 주요 법규위반 등 공소권 있을 경우, 특권·면제 대상자가 가해차량인 경우 발생보고 및 임의수사 진행(대상자가 거부하는 경우 강제수사 불가)

○ 단순 물피 및 공소권 없을 경우, 통상 교통사고 처리절차에 따라 처리

3. 영사(領事)

(1) 제도적 의의

영사는 외교적으로 본국을 대표하지 않는다. 그의 임무는 자국의 경제적 이익을 보호하고, 자국민을 보호하고, 여권과 입국사증을 처리하고, 혼인·상속 등 사법상의 문제를 처리하는 등 비정치적·상업적 업무가 중심이다. 그러나 파견국의 공무원이라는 점에서 국가기관으로서의 성격을 지니며, 사실상 외교채널의 역할을 하기도 한다.

(2) 종류와 파견

영사관계는 국가 간 상호 합의함으로써 수립된다. 외교관계 수립에 합의했다면 달리 의사표시가 없는 한 영사관계의 수립도 동의한 것으로 된다. 반면 외교관계의 단절이 자동적으로 영사관계의 단절을 의미하지 않는다.

외교공관은 상대국 수도에 1개소만 설치됨이 원칙이나 영사관은 지방에 추가로 설치되는 경우도 많다. 한국에도 8개의 외국 영사관이 부산, 광주, 제주 등 지방에 개설되어 있다.

영사는 본국에서 파견되는 본무영사와 주로 현지인사 중에서 임명되는 명예영사가 있다. 통상적으로 영사라 함은 전자를 가리킨다. 명예영사는 대개 별도의 개인적 직업을 갖고, 임명국의 홍보나 사증 발급 등 최소한의 공적 임무만 수행한다.

영사기관장의 계급에는 총영사, 영사, 부영사, 영사대리의 4종이 있다. 영사 간의 석차는 1차적으로 계급 순이며, 동일 계급 내에서는 영사인가장을 발급받은 순서에 따른다. 명예영사는 본무영사보다 후순위이다.

파견국은 영사위임장을 발급하여 영사기관장의 자격을 증명하고, 접수국은 영사인가장을 발급해 그의 직무 개시를 공식 인정한다. 외교사절의 장과 달리 아그레망 절차는 적용되지 아니하나, 접수국은 필요시 영사인가장 부여를 거부할 수 있다. 이때 그 이유를 설명할 의무는 없다. 접수국은 영사관원에 대해 언제나 persona non grata임을 선언하고 본국 소환을 요구할 수 있다.

(3) 영사의 직무

영사의 직무는 비정치적이고 주로 사법적 이해관계와 관련된 지원업무다. 비엔나협약 제5조는 영사의 임무를 다음과 같이 규정하고 있다.

1) 자국민 보호
접수국에서 국제법상 인정되는 범위 내에서 자국민의 이익을 보호한다. 이를 위하여 영사는 필요한 경우 자국의 외교사절을 통하여 접수국의 정부와 교섭할 수 있다.

2) 우호관계 촉진

접수국의 통상·경제·문화 및 과학상의 관계를 발전시키고 양국 간의 우호관계를 촉진시킨다.

3) 정보수집

접수국의 통상·경제·문화 및 과학의 모든 사정을 적법한 수단에 의하여 관찰하고 이를 파견국 정부에 보고한다.

4) 여권 및 사증발급

접수국에 체류하는 파견국의 국민에 대하여 여권을 발급하고 파견국에 여행을 희망하는 자에 대하여 사증 및 필요증서를 발급한다.

5) 자국민 원조

자국민에 대한 원조를 행한다.

6) 제반 공증사무

접수국의 법령이 허용하는 한도 내에서 공증사무, 호적사무 및 소송서류송달 등 행정·사법사무를 행한다.

7) 상속업무 처리

자국민이 관련된 상속업무를 처리한다.

8) 후견

미성년자인 자국민에 대한 후견

9) 대리행위

자국민을 위한 대리행위

10) 사법적 업무수행

자국법원을 위한 사법적 업무수행(송달, 증거조사 등)

11) 선박·항공기·승무원 감독

자국 선박과 항공기 및 승무원을 자국 법령에 의해 감독·관찰하고 필요한 원조를 제공하며 선박서류의 검사·인증 및 항행중의 사건에 대한 조사와 선원 간 또는 승객간의 분쟁을 처리한다.

그 외 접수국에 파견국 외교공관이 없는 경우 영사관원은 접수국의 동의를 얻어 외교활동을 수행할 수 있다. 단 이러한 활동이 그에게 외교사절에 해당하는 특권과 면제를 요구할 근거는 되지 않는다.

영사의 직무와 관련하여 최근 자주 문제가 발생하는 분야는 현지에서 체포·구금된 자국민과의 통신 및 접촉이다. 즉 영사관원은 접수국 내의 자국민과 자유로이 통신하고·접촉할 수 있으며, 개인 역시 자국의 영사관원을 자유로이 통신·접촉할 수 있어야 한다. 특히 외국인을 체포·구금한 국가는 그가 자국 영사를 접견할 권리가 있음을 지체 없이 고지해야 한다.[52] 체포·구금된 자가 그 사실을 자국 영사기관에 알려주기를 요청하면 현지당국은 또한 이를 지체 없이 통보해야 한다. 영사관원은 구금된 자국민을 면담하고 그를 위한 법적 조치를 주선할 수 있다.

(4) 특권과 면제

영사는 외교사절이 아니므로 외교관과 같은 특권과 면제는 향유하지 않으며, 또 본국을 대표하여 접수국과 직접 교섭을 행할 자격도 부여되어 있지 않다. 그리고 영사는 제한된 일정범위의 임무를 지방적으로 행할 수 있는데 불과하므로 접수국의 지방관헌과의 직접 교섭만이 허용될 뿐 중앙정부와의 교섭은 외교사절을 경유하지 않으면 행할 수 없다. 그러나 영사는 접수국에 있어서 공적성격이 승인된 외국관리로서 일반 체류 외국인과는 그 지위를 달리한다. 따라서 영사도 외교사절에 비하여 제한적이기는 하지만 일정한 면제를 하는데 그 내용은 대체로 '영사관계에 관한 비엔나협약'을 준용하지만 자세한 특권의 내용은 각국마다 조금씩 다르다.

1) 불가침권(不可侵權)

① 영사관의 불가침(영사관계에 관한 비엔나협약 제31조)

영사에게는 일반적으로 불가침이 인정되지 않으나 전적으로 영사기관의 활동을 위하여 사용되는 영사관은 비엔나 협약과 국제관례상 불법적 침입으로부터 보호된다. 이때 영사의 주택의 불가침은 인정되지 않으며 범인의 비호권도 물론 인정되지 아니한다.

② 문서의 불가침(동 협약 제33조, 제35조)

영사관의 서류는 언제 어디서나 불가침이다. 따라서 접수국의 관헌은 영사문서와 서류를 수색·검열·압수 또는 그 제시를 요구할 수 없다. 그러나 영사기관원[53]의 사문서는 불가침의 대상이 아니다.

③ 영사관원의 보호와 신체의 불가침(동 협약 제40조)

접수국은 상당한 경의를 갖고 영사관원[54]을 대우해야 하며, 영사관원의 신체·자유 또는 위엄에 대한 침해를 방지하기 위한 적절한 모든 조치를 취해야 한다. 영사관원의 중대

---

52) 단, 비엔나협약 상 외국인이 자신의 체포사실을 본국 영사기관에 통보할 것을 요청하지 않는 한 접수국이 먼저 통보할 의무는 없다.
53) 영사기관원에는 영사관원, 사무직원 및 업무직원을 포함한다.
54) 영사기관장을 포함하여 그러한 자격으로 영사직무의 수행을 위임받은 자를 말한다.

한 범죄의 경우 권한 있는 사법당국에 의한 결정에 따르는 것을 제외하고는 재판에 회부되기 전에 체포되거나 구속되지 아니하며, 구금되거나 신체의 자유를 제한받지 않는다.[55] 그러나 영사관원이라도 그에 대하여 형사소송절차가 개시된 경우에는 권한 있는 당국에 출두해야 한다.

2) 면제
① 사법권의 면제(동 협약 제43조, 제49조, 제50조 등)

영사는 영사직무 수행 중의 행위 또는 경미한 범죄에 대해 접수국의 사법 또는 행정당국의 관할권에 복종할 의무가 없다. 그러나 영사라 하더라도 그가 파견국의 대리인으로서 체결하지 아니한 계약으로부터 제기된 민사소송이나 접수국 내의 차량, 선박 또는 항공기에 의한 사고로부터 발생한 손해에 대하여 제3자가 제기한 민사소송에 관해서는 접수국의 관할권에 복종해야 한다. 영사는 공무집행상의 행위에 관하여 증언하거나, 공문서 또는 공적인 통신문을 증거로서 제출할 의무가 없다. 또한 사법·행정소송에 있어서 증인으로 출정할 것과 증언이 요구되는 경우는 있으나 강제되지 않는다.

② 행정권의 면제

영사는 원칙적으로 경찰권의 면제를 받지 않는다. 그러나 다수의 조약은 전임영사의 경찰권의 면제를 규정하고 있다. 영사는 원칙적으로 과세권으로부터도 면제된다. 면제의 인정범위는 외교사절의 경우와 동일하다. 명예영사에 관한 과세권의 면제는 인정되지 않는다.

3) 기타의 특권

이외에도 영사는 각종 편의의 공여(동 협약 제28조, 제30조), 국기 및 국장의 사용권(제29조), 여행의 자유(제26조), 사회보장가입의 면제(제58조), 인적역무(人的役務)의 면제(제52조) 등의 특권을 향유한다.

(5) 명예영사

명예영사는 대체로 현지의 유력인사 중에서 선임되며 정식의 보수 없이 제한된 업무만 수행하고, 본래의 개인적 직업활동은 계속함이 보통이다. 명예영사의 경우 공적활동과 관련된 부분에 대하여는 특권과 면제가 인정되며, 직무수행에 관하여 증언의 의무가 없다. 접수국은 명예영사의 공관을 침입이나 손괴로부터 보호해야 한다. 명예영사관의 공문서는 언제 어디서나 불가침이다. 다만 명예영사의 사적활동에 대해서는 특권과 면제가 인정되지 않으며, 그의 가족에 대해서도 별다른 특권과 면제가 인정되지 아니한다.

---

55) 다만 확정적 효력을 가진 사법상의 결정을 집행하는 경우는 예외이다.

4. 외국공관(外國公館)

(1) 개념

외사경찰의 대상인 외국공관이라 함은 외교사절이 상주하면서 업무를 수행하는 건물 또는 장소(사무실 포함)를 말한다.

(2) 종류

외사경찰의 대상인 외국공관에는 대사관·총영사관·영사관 등이 있다. 한편 대사관저를 비롯한 외교사절의 개인주택은 외국공관은 아니지만 경찰로서는 외국공관에 준(準)하는 보호의 대상이 된다.

(3) 취급

외국공관은 외교사절에 대한 불가침권이 적용되는 곳으로서 치외법권 지역이다. 그러므로 경찰을 비롯한 대한민국의 관헌은 외교사절의 불가침권을 보호하기 위해 필요한 모든 조치를 취하여야 한다. 외국공관은 소유 또는 임차를 불문하고 보호해야 하며, 외교사절의 동의나 요구가 없는 한 접수국의 관헌은 직무집행을 위해서도 여기에 들어갈 수 없는 것이 원칙이다. 한편 외국공관이라 할지라도 범죄인의 비호권은 원칙적으로 인정되지 않는다.

5. 기타

(1) 외국상사(外國商社, Foreign Companies)

외국상사라 함은 대한민국 국내 또는 국외를 대상으로 상거래를 할 목적으로 국내에 사무소 기타 영업장·공장·전시장 등을 마련하여 활동하고 있는 외국의 기업을 말한다.

(2) 외국문화원(外國文化院, Foreign Cultural Centers)

자국의 문화를 전파하고 주재국과의 문화교류를 증진시킬 목적으로 설치된 비(非)정부기관이다.

(3) 외신(外信, Foreign Correspondents)

외국에 본사를 두고 한국에서 활동하고 있는 외국의 언론매체를 말하며, 직접 특파원을 파견하고 있는 외신이 있는가 하면 한국에서 현지 언론인을 고용하여 운영하고 있는 외신도 있다.

제3절 외국군대

1. 외국군대

(1) 의의와 주둔 근거

1) 외국군대의 의의

군대라 함은 국가의 독립·권위·안전을 유지하기 위하여 존재하는 국가기관이며 국제법상 군대는 법인인 국가의 기능을 담당하는 기관이다. 따라서 군대의 행위는 국가의 행위로 그 효과가 귀속된다. '외국군대의 구성원'이라 함은 현역군인·군속 및 이들의 부양가족을 포함한다. 그러나 외교사절의 보조기관으로 파견되는 무관(military attache)은 외교관으로서의 특권을 향유하는 자이므로 일반적인 외국군대의 대상에서 제외된다.

2) 외국군대의 주둔

외국군대의 주둔이라 함은 파견국과 접수국 간의 우호관계에 기하여 파견국의 군대가 접수국의 영토 내에 주류(駐留)하는 것을 말한다. 외국군대의 주둔에는 의례적·일시적 방문을 목적으로 하는 '비상주 주둔(非常 駐屯)'과 공동방위 또는 집단방위를 목적으로 일정기간 장기간 주둔하는 '상주 주둔(常駐 駐屯)'이 있다. 현재 우리나라에 주둔하고 있는 미군은 한미상호방위조약 및 주한미군지위협정에 의한 상주 주둔의 형태로 주둔하고 있다. 외국군대의 주둔은 일국의 군대가 타국의 영역에 존재한다는 점에서 '점령(占領, military occupation)'과 유사하나 다음과 같은 점에서 양자는 구별된다.

① 주둔은 파견국과 접수국 간의 합의에 의한 것이나, 점령은 일방적 행위에 의한 것이다.
② 주둔의 경우 파견국과 접수국 간의 상태가 평시이나, 점령의 경우는 점령국과 피점령국 간의 상태는 전시이다.
③ 주둔군의 법적 지위는 파견국과 접수국의 조약으로 정해지는 것이 일반적이나 점

령군의 법적 지위는 전시 국제법에 의해 정해진다.

④ 주둔은 파견국과 접수국 간의 우호관계에 기한 것으로 주둔지역의 영유권 귀속과 무관한 것이지만, 점령은 점령국과 피점령국 간의 적대관계에 기한 것으로 점령지 역의 영유권은 장차 평화조약에 의해 그 귀속관계가 정해진다.

3) 주둔의 근거

평시에 군대가 타국의 영역에 주둔하려면 원칙적으로 조약상의 근거나 타국의 승낙이 있어야 한다.

(2) 외국군대의 지위

외국군대의 법적 지위에 관해서는 여러 가지 다양한 관련 조약이 있으나 1951년 NATO 당사국들 간에 체결된 런던(London)협정이 가장 대표적이다. 어느 나라가 평화 시 에 군대를 외국 영토상에 주둔하려면 반드시 주둔국 정부의 승낙을 받아야 하며, 이러한 경우 외국군대의 구성원은 이른바 국가사면(State Immunity)의 혜택을 받지 못한다는 것이 국제법상의 원칙이다. 외국군대의 지위에 관한 국제법상 일반원칙은 다음과 같다.

1) 접수국가 법령 준수의 의무

외국군대나 그 구성원은 영토국인 접수국의 법률질서를 존중해야 하며, 특히 접수국가 의 정치활동에 개입하는 것은 엄격히 금지된다.

2) 출입국 관리

외국군대는 접수국가에서 특수한 목적을 수행하기 위하여 출입하게 되므로 통상 접수 국가에서는 이들에 대한 출입국관리 절차를 간소화 해주는 것이 보통이다.

3) 통관 및 관세

외국군대의 구성원은 원칙적으로 영토국인 접수국의 관세법의 적용을 받는다. 다만 그 들이 공용 및 사용으로 직접 사용하기 위하여 외국군대 당국의 공인된 기관을 통하여 수입 되는 물건에는 관세를 면제하는 것이 일반적이다.

4) 형사재판관할권

외국군대의 지위를 다룰 때 가장 문제가 되는 것이 바로 형사재판의 관할 문제이다. 이에 관한 국제법상의 원칙을 보면 외국군대의 구성원은 국가면제를 누리지 못하며 원칙적 으로 영토국인 접수국의 관할권에 속하게 된다. 다만 파견국과 접수국의 공동방위를 위하 여 외국군대가 주둔한다는 점과 군대 내의 지휘조직과 규율을 고려하여 파견국과 접수국

정부 간의 협정을 통하여 형사재판 관할권의 일정한 배분과 협력을 규정하는 경우가 많다.[56]

5) 민사재판관할권

외국군대 및 그 구성원과 고용원의 행위로 발생한 손해배상의 책임에 대한 관할권이 어디에 속하는가 하는 것은 일정하지 않다. 1951년의 London 협정이나 1960년의 미·일 협정 등 서방 국가들 간에 체결된 조약들은 대체로 접수국가의 민사관할권을 인정하고 있다. 외국군대 구성원의 행위에 국가면제가 적용되지 않기 때문에 영토관할권이 적용되는 것은 당연한 결과라고 할 수 있다. 그러나 미국·필리핀 간의 미군기지 협정 등 미국이 일부 약소국과 체결한 협정에는 파견국의 법령에 의하여 해결하도록 하고 있는 경우도 있는데 이 경우 가해자의 입장에 서있는 자에 의하여 절차가 진행된다는 점에서 피해자의 보호에 문제가 있다고 볼 수 있다.[57] 우리나라의 경우 1952년 '대한민국과 통합사령부간의 경제 조정에 관한 협정(이른바 마이어 협정)'에 의하여 사실상 주한미군과 군속은 대한민국의 민사재판권으로부터 면제되어 왔으나 1967년 '대한민국과 아메리카 합중국 간의 상호방위조약 제4조에 의한 시설과 구역 및 대한민국에서의 합중국 군대의 지위에 관한 협정의 시행에 관한 민사특례법'이 법률 제1902호로 제정·공포되면서 한국법원의 민사관할권이 인정되고 있다.

2. 외국군함

(1) 의의

군함(warship)은 해군에 복종하는 승무원이 승선하고 있고 해군장교의 지휘 하에 있는

---

56) 외국군대와 관련한 주한미주둔군지위협정(SOFA)에 대해서는 '경찰의 SOFA사건 처리요령'에서 자세히 다룰 것이다.

57) 미국과 필리핀이 1951년 맺은 상호방위조약은 미군의 필리핀 주둔 반대 운동이 필리핀 내에서 확산되면서 1992년 11월 필리핀 주둔 미군이 철수하였다. 그 후 1999년 방문군지위협정(VFA)을 맺으면서 미국-필리핀은 합동훈련을 할 수 있게 됐고, 2014년 4월 양국 국방장관이 방위협력확대협정(EDCA)을 체결, 군사 동맹이 더욱 굳건해졌다. 방위협력확대협정이란 필리핀이 미국에 10년간 필리핀의 군사기지 이용을 허용하고 미군이 배치되는 곳에 별도 시설물을 설치할 수 있는 권한을 주는 것이 주 내용으로, 미군은 1992년 철수 이후 다시 필리핀에 중장기 주둔이 가능해졌고, 남중국해를 마주보는 팔라완 섬의 안토니오 바티스타 공군기지를 비롯해 5개 군사기지를 제공받았다. 필리핀의 전직 의원들과 시민운동가들이 위헌 소송을 제기했으나 2016년 1월 필리핀 대법원이 방위협력확대협정에 대해 합헌 판결을 내리면서 다시 미군 주력부대가 주둔하게 되었다.

선박으로 군대의 일부이다. 1982년 4월 30일에 채택된 'UN 해양법 협약'은 군함을 "일 국가의 군대에 속하여 그 국가의 국적을 가지는 군함임을 나타내는 외부 표지를 달고, 그 국가의 정부에 의해 정식으로 임명되고 그 성명이 군적(軍籍) 또는 이와 동등한 명부(appropriate service list or equivalent)에 기재되어 있는 장교의 지휘 하에 있으며, 정규의 군대기율(軍隊紀律, armed forces discipline)에 따르는 승무원이 배치된 선박"이라고 정의하고 있다. 군함은 국제법상 그 군함이 소속되어 있는 국가의 기관이다. 따라서 국제법상 군함의 법률상·사실상의 행위의 효과는 그가 소속되어 있는 국가로 귀속된다.[58]

(2) 군함의 지위

군함 자체의 지위란 군함이 외국의 영해 내에 있는 경우의 지위를 말한다.

1) 불가침권

연안국의 관헌은 함장의 동의 없이 군함 내에 들어갈 수 없다. 범인이 군함 내로 도피한 경우 함장의 동의를 얻어 들어가거나 인도를 요청하여야 하며, 함장이 인도를 거부할 때에는 외교경로를 통하여 인도를 요구해야 한다.

2) 비호권

군함은 범죄자에 대한 비호권을 갖지 못한다. 범죄자가 연안국에서 범죄를 저지르고 군함으로 도주해 왔을 때 군함은 이를 연안국에 인도해야 할 의무가 있다. 인도요청에 응하지 않는 군함에 대하여 연안국은 자국의 영해에서 퇴거할 것을 요구할 수 있다.

3) 치외법권

군함은 군함 내에서 발생한 민사 또는 형사사건, 군함 자체에 관한 사건에 대해서 연안국의 재판 관할권으로부터 면제된다.[59] 군함은 항해·위생·경찰에 관한 연안국의 행정규칙을 준수해야 한다. 그러나 이에 관한 위반행위가 있다 하더라도 연안국은 군함 또는 함장에게 제재를 가할 수 없으며 군함의 퇴거를 요구할 수 있을 뿐이다.

(3) 군함승무원의 지위

1) 공무상 외국의 영토에 상륙한 승무원의 지위

공무상 상륙한 승무원의 육상에서 공무집행 중 행하여진 범죄행위는 연안국의 관할권이 면제된다. 연안국은 일시적으로 그 신체를 구속할 수 있으나 처벌할 수는 없으며 함장

---

58) 1982년 4월 30일 「UN해양법 협약」(군함의 요건)
59) 해양법 협약 제32조.

으로부터 인도의 요구가 있으면 이에 응하여야 한다.

2) 공무상 외국의 영토에 상륙한 승무원의 지위

상륙한 승무원의 사무 또는 단순한 휴양 중에 육상에서 행하여진 범죄에 대해서는 치외법권을 갖지 못한다. 그러나 이러한 경우에도 관례상 연안국이 재판권을 행사하지 않고 범인을 군함에 인도하는 것이 보통이다.

3) 탈주 승무원의 지위

군함승무원이 탈주한 경우에 지휘관은 그를 육상에서 체포하려고 해서는 안 되며 본국의 영사를 통해 연안국 관계기관에 체포를 요청하여야 한다. 이 같은 문제는 보통 양국 간에 협정을 통해 규정되지만 협정이 없는 경우라도 탈주자는 군함의 관할 하에 있다고 간주하여 군함의 지휘관에게 인도하는 것이 일반적인 관행이다.[60]

제4절 국제기구

1. 국제연합(國際聯合)

유엔(United Nations)이라는 명칭은 프랭클린 루스벨트 미국 대통령이 고안하였으며, 제2차 세계대전 중 26개국 대표가 모여 추축국에 대항하여 계속 싸울 것을 서약하였던 1942년 1월 1일 '연합국 선언'에서 처음으로 사용되었다. 1945년 4월 25일부터 6월 26일 간 샌프란시스코에서 개최된 '국제기구에 관한 연합국 회의'에 참석 한 50개국 대표는 1944년 8월부터 10월 간 미국 덤버어튼 오크스에서 회합하였던 미국, 영국, 중국, 소련 등 4개국 대표들이 합의한 초안을 기초로 유엔헌장을 작성하였다. 50개국 대표들은 1945년 6월 26일 유엔헌장에 서명하였으며 회의에 참석하지 않았던 폴란드가 추후 서명함으로써 51번째 서명국이 되었다. 유엔은 미국, 영국, 프랑스, 중국, 소련(현 러시아)과 여타 서명국 과반수가 유엔 헌장을 비준한 1945년 10월 24일 공식 출범하였으며, 이후 매년 10월 24일을 유엔의 날로 기념하고 있다.

(1) 설립목적

유엔의 설립목적은 국제평화와 안전을 유지하며, 민족들의 평등권 및 자결 원칙에 기

---

60) 조규철, 외사경찰론, 진영사, 2015. p152.

초하여 국가 간의 우호관계를 발전시키며, 경제적·사회적·문화적 또는 인도적 성격의 국제문제를 해결하고, 모든 사람의 인권 및 기본적 자유에 대한 존중을 촉진하기 위한 국제적 협력을 달성하며, 이러한 공동의 목적을 달성함에 있어서 각국의 활동을 조화시키는 중심이 된다는 목적으로 설립되었다.

(2) 회원국 지위

유엔은 유엔헌장상의 의무를 수락하고, 이러한 의무를 이행할 능력과 의사가 있다고 판단되는 모든 평화애호국에 개방되어 있다. 유엔가입은 안전보장이사회(이하 안보리)의 권고에 따라 총회의 결정에 의하여 이루어진다. 유엔헌장은 또한 헌장상의 원칙을 위반하는 회원국에 대한 권리 및 특권행사 정지와 제명에 관한 규정을 두고 있으나 이 규정이 실제로 적용된 예는 아직 없다.

(3) 공용어

유엔헌장에는 영어, 불어, 중국어, 스페인어, 러시아어가 유엔 공식 언어로 규정되어 있으나 그 뒤 아랍어가 총회, 안보리 및 경제사회이사회 공용어로 추가되었다.

2. UN 조직과 구조

유엔헌장에 규정된 6개의 주요 기관은 다음과 같다

(1) 총회(General Assembly: GA)

총회는 중추 심의기관이다. 총회는 모든 회원국으로 구성되며, 각 회원국은 1개의 투표권을 가진다. 국제평화 및 안전, 신규 회원국 가입, 예산 문제 등 중요 문제에 관한 총회의 결정은 3분의 2의 찬성으로 하며, 여타 문제에 대해서는 단순 과반수로 한다.

1) 기능과 권한

유엔헌장에 규정된 총회의 기능과 권한은 다음과 같다. 군축 및 군비통제에 관한 원칙 등 국제평화 및 안전유지를 위한 협력방안을 심의하는 한편 회원국이나 안보리 또는 양자에 대하여 권고한다. 그리고 국제평화와 안전에 관련된 어떠한 문제도 토의할 수 있으며, 안보리에서 이미 다루고 있는 경우를 제외하고는 그러한 문제에 대해 회원국이나 안보리 또는 양측에 대하여 권고한다. 상기 경우를 제외하고 유엔헌장 범위 내의 모든 문제에 관하여 또는 유엔 산하기관의 권한과 기능에 영향을 미치는 어떠한 문제에 대해서도 토의하거나 권고하며, 국제정치, 경제, 사회, 문화, 교육 및 보건 분야에 있어서 국제협력을 촉진하며, 국제법의 발전 및 성문화(成文化)를 장려하고 인권 및 기본적 자유를 실현하기 위한 연구를 발의하거나 권고한다. 또한 국가 간의 우호관계를 해칠 수 있는 어떠한 사태에 대해서도 그 평화적 해결을 위해 권고하고, 안보리 및 여타 유엔 산하기관의 보고서를 접수하고 심의하며, 유엔 예산을 심의, 승인하며, 회원국의 예산분담률을 결정한다. 그리고 안보리 비상임이사국, 경제사회이사회 이사국 및 신탁통치이사회 이사국을 선출하고, 안보리와 합동으로 국제사법재판소 판사를 선출하며, 안보리의 추천에 따라 사무총장을 임명한다.

(2) 안전보장이사회(Security Council: SC)

안보리는 유엔헌장에 따라 국제평화와 안전유지에 일차적 책임을 진다. 안보리는 미국, 영국, 프랑스, 중국, 러시아의 5개 상임이사국과 총회에 의해 선출되는 2년 임기의 10개 비상임이사국으로 구성되며 안보리이사국은 1개의 투표권을 가진다. 절차문제에 대한 결정은 9개 이사국의 찬성에 의해 이뤄지나, 실질문제는 5개 상임 이사국이 포함된 9개 이사국의 찬성에 의해 결정된다. 이러한 '강대국 만장일치'(Great Power Unanimity) 원칙은 '거부권'(Veto Power)이라 불리기도 하며, 5개 안보리 상임이사국 모두 과거 거부권을 행사한 바 있다. 상임이사국이 어느 특정한 결정을 지지하지는 않으나 그렇다고 저지할 의도 역시 없을 때 그 상임이사국은 기권을 하면 된다. 유엔헌장에 따라 모든 회원국은 안보리의 결정을 수락하고 이행하는데 동의하였다. 여타 유엔기관도 회원국 정부에 대해 권고를 할 수 있으나 안보리만이 회원국에 대해 이행의무를 지우는 결정을 내릴 권한이 있다.

헌장에 규정된 안보리의 기능과 권한은 다음과 같다. 유엔헌장의 원칙과 목적에 따라 국제평화와 안전을 유지, 국제마찰을 야기할 수 있는 분쟁 또는 사태에 대해 조사하며 분쟁의 조정 방법 또는 해결조건을 권고, 군비통제체제 확립계획을 수립, 평화에 대한 위협과 평화의 파괴 또는 침략행위의 존재 여부를 결정하고 어떠한 조치를 취할 것인지를 권고, 침략행위 방지 또는 저지를 위해 회원국들에게 경제제재 및 무력사용을 수반하지 않는 여타조치 시행을 요청, 침략자에 대한 군사적 조치, 신규회원국 가입 권고 및 국제사법재판소 가입 조건을 권고, '전략지역'(strategic areas)에서의 유엔신탁통치 임무수행, 총회에서 사무총장 임명을 권고, 총회와 합동으로 국제사법재판소 판사를 선출한다.

(3) 경제사회이사회(Economic and Social Council: ECOSOC)

경제사회이사회는 경제, 사회분야에 있어서 소위 '유엔가족'(UN Family)을 구성하는 유엔 전문기구 및 여타 기구간의 업무조정을 담당하는 주요 기관이다. 경제사회이사회는 54개국으로 구성되며 이사국의 임기는 3년으로서 매년 18개국씩 개선된다. 경제사회이사회는 각국은 1개 투표권을 가지며 결정은 단순 과반수에 의한다.

경제사회이사회의 기능과 권한은 다음과 같다. 범세계적 차원의 경제 및 사회현안에 대한 토의의 중심무대로서 정책적 권고사항을 유엔회원 및 유엔체제에 제공, 경제·사회·문화·교육·보건 및 관련사항에 관한 연구 및 보고를 하거나 권고, 인권 및 기본적 자유에 대한 존중과 준수를 촉진, 그 권한에 속하는 사항에 관하여 국제회의를 소집하고 총회에 제출하기 위한 협약 안을 작성, 전문기구와 유엔과의 관계협정을 교섭, 전문기구와의 협의, 전문기구에 대한 권고 및 총회와 회원국에 대한 권고를 통하여 전문기구의 활동을 조정, 회원국과 전문기구의 요청이 있을 때에는 총회의 승인을 얻어 서비스를 제공, 경제사회이사회가 다루고 있는 문제와 관련된 비정부 간 기구와 협의를 실시한다.

(4) 신탁통치이사회(Trusteeship Council)

신탁통치이사회는 유엔 주요 기관의 하나로서 신탁통치 제도 하에 있는 신탁통치 지역 행정을 감독한다. 신탁통치 제도의 주요 목적은 유엔 출범당시 11개 신탁통치 지역 주민의 복지를 증진시키고 자치 또는 독립으로의 점진적 발전을 도모하는데 있다.

신탁통치이사회의 헌장 상 권한은 신탁통치지역 주민의 정치, 경제, 사회 및 교육 발전에 대한 시정권자의 보고서 심의, 신탁통치지역 주민 청원심사 및 신탁통치지역 방문 등이 있다.

신탁통치이사회는 안보리가 94년 미국의 신탁통치 지역이었던 팔라우(Palau)에 대한 신탁통치를 종식시키는 결의(956호)를 채택하면서 1994년 1월 1일부터 활동이 종료되었다.

(5) 국제사법재판소(International Court of Justice: ICJ)

헤이그에 소재한 국제사법재판소는 국제연합의 주요한 사법기관이다. 국제사법재판소 규정은 유엔헌장의 일부를 구성한다. 국제사법재판소는 규정 당사국에 개방되어 있으며, 유엔회원국은 자동적으로 국제사법재판소 규정의 당사국이 된다. 유엔회원국이 아닌 국가도 안보리의 권고에 따른 총회의 결정으로 국제사법재판소 규정의 당사국이 될 수 있으며 스위스와 나우루가 이에 해당된다. 국제사법재판소 규정의 모든 당사국은 재판소에 제소를 할 수 있으며, 비당사국이라도 안보리가 정한 조건에 따라 재판소에 제소할 수 있다. 안보리는 법적 분쟁에 대해서는 국제사법재판소를 통한 해결을 권고할 수 있다. 총회와 안보리는 어떠한 법적문제에 대해서도 국제사법재판소에 권고적 의견을 요청할 수 있으며, 여타 유엔 산하 기관 및 전문기구도 총회의 승인을 받을 경우 각자의 활동 범위 내에서 발생하는 법적문제에 대해 권고적 의견을 요청할 수 있다.

(6) 사무국(Secretariat)

사무국은 유엔본부 또는 현지에서 근무하는 국제공무원으로 구성되며 유엔의 일상 업무를 처리한다. 사무국은 유엔의 여타기관에 대해서도 서비스를 제공하며, 또한 그들의 제반 프로그램을 실시 운영한다. 사무국 최고 책임자는 사무총장(Secretary-General)으로서 안보리의 권고에 의해 총회가 선출하며 임기는 5년으로서 연임 가능하다.

유엔 사무국의 임무는 평화유지활동부터 국제분쟁 중재에 이르기까지 유엔이 다루고 있는 문제만큼이나 다양하다. 사무국 직원들은 경제·사회의 변화추세와 제반문제에 대해 연구도 하고 또한 인권이나 지속가능한 개발과 같은 주제에 대한 보고서도 작성한다.

이외에도 각종 국제회의 준비 및 개최, 유엔의 제반결정 이행 감독, 회의 시 각 대표단 발언 통역, 유엔공식 언어로 문서 번역, 언론에 대한 유엔활동 설명 역시 사무국의 몫이다.

사무국 직원은 국제공무원으로서 사무총장과 함께 유엔에 대해서만 책임을 지며 외부기관이나 회원국 정부로부터는 어떠한 지시도 받지 않는다. 유엔헌장 100조에 따라 유엔회원국은 사무총장과 사무국 직원들이 가지는 책임의 국제적 성격을 존중해야 하며 이들이 임무를 수행하는데 있어 부적절한 방법으로 영향력을 행사해서는 안 된다.

3. 전문기관(專門機關)

유엔의 전문기관은 다음과 같다.

유엔 및 유엔 산하기구	유엔 안전보장이사회(Security Council) ○ 평화구축위원회(PBC) 위원국 유엔 경제사회이사회(ECOSOC) ○ 마약위원회(CND), ○ 인구개발위원회(CPD), ○ 여성지위위원회(CSW) ○ 통계위원회(Statistical Commission), ○ 사회개발위원회(CSocD) ○ 범죄예방및형사사법위원회(CCPCJ), ○ 아태통계연구소 집행이사국 유엔 인권이사회(HRC), 장애인권리위원회(CRPD), 인종차별철폐위원회(CERD), 유엔 개발계획(UNDP), 유엔 인구활동기금(UNFPA), 유엔 난민최고대표(사무소)(UNHCR), 유엔 아동기금(UNICEF), 유엔 여성기구(UN Women), 유엔 인간정주계획(Habitat), 유엔 사업조정위원회(CPC), 유엔 공보위원회(UNCI), 대륙붕 한계위원회(CLCS), 국제무역법위원회(UNCITRAL), 분담금위원회(COC), 국제형사재판소(ICTY), 국제해양법재판소(ITLOS)

전문기구	식량농업기구(FAO), 유엔교육과학문화기구(UNESCO), 세계보건기구(WHO), 만국우편연합(UPU), 국제전기통신연합(ITU), 국제노동기구(ILO), 세계기상기구(WMO), 국제해사기구(IMO), 유엔공업개발기구(UNIDO), 국제민간항공기구(ICAO), 세계지적재산기구(WIPO), 세계관광기구(UNWTO)
독립기구	국제원자력기구(IAEA)
정부 간 기구	국제형사재판소(ICC), 국제해저기구(ISA), 화학무기금지기구(OPCW), 국제전기통신위성기구(INTELSAT)

국제연합 전문기관은 경제적·사회적 국제협력의 목적을 달성하기 위해서 국제연합과 제휴관계(relationship)를 가진 국제조직을 말한다. 전문기관은 독자적인 법인격을 가지며, 국제연합 외부에 존재하는 국제조직으로서 국제연합의 하부기관인 보조기관과는 구별된다. 주요 국제연합 전문기관에는 다음과 같은 것들이 있다.

(1) 경제협력분야

1) **국제통화기금(國際通貨基金, IMF: International Monetary Fund)**
외환상의 무역장애를 제거하고 가입국의 출자로서 국제수지의 불균형을 조절할 것을 목적으로 1944년 설립되었으며 본부는 미국의 워싱턴에 있다.

2) **국제부흥개발은행(國際復興開發銀行, IBRD : International Bank for Reconstruction and Development)**
경제부흥과 후진국의 산업개발을 위한 보증, 또는 자금공급을 통한 투자촉진을 목적으로 한다.

3) **국제식량농업기구(國際食糧農業機構, FAO : Food and Agriculture Organization)**
식량 및 농산물의 생산 및 분배의 능률을 개선하여 세계경제에 기여할 것을 그 목적으로 하며 1945년 설립되었다.

(2) 문화협력 분야(文化協力分野)

1) **국제연합 교육과학문화기구(國際聯合 敎育科學文化機構, UNESCO : United NationsEducational Scientific and Cultural Organizations)**
여러 나라 국민들 간 상호이해를 증진하고, 교육문화의 보급에 노력하며, 세계적 문화유산의 보호에도 그 목적을 두고 있다.

2) **세계기상기구(世界氣象機構, WMO : World Meteorological Organization)**

세계 기상관측망의 확립, 기상정보의 교환, 기상관측의 표준화 및 관측결과의 공표, 기상학의 연구, 개발 등에 목적을 두고 있다.

3) 세계지적소유권기구(世界知的所有權機構, WIPO : World Property Organization)

국제협력을 통해 대학, 산업, 과학, 예술에 관한 지적소유권을 보호하는 것을 목적으로 1970년 설립되었다.

(3) 사회협력 분야(社會協力分野)

1) 국제노동기구(國際勞動機構, ILO : International Labour Organization)

다수의 인류에 대한 곤경, 궁핍을 수반하는 노동조건의 개선, 노동자의 이익보호, 생활수준의 향상, 완전고용, 단체교섭권의 승인, 노사의 협조, 사회보장과 복지입법의 실현, 직업교육의 기회균등 촉진 등을 목적으로 1919년 설립되었다.

2) 세계보건기구(世界保健機構, WHO : World Health Organization)

모든 인류가 가능한 최고의 건강수준에 도달하도록 노력한다는데 설립 목적을 두고 있다.

(4) 교통·통신 분야 협력(交通·通信分野 協力)

1) 국제민간항공기구(國際民間航空機構, ICAO : International Civil Aviation Organization)

국제민간항공이 안전하고 질서있게 발달하도록 노력하고, 국제항공 운송업이 기회균등의 원칙에 의거하여 안전하고 경제성 있게 운영되도록 각국의 협력을 도모하는 데 그 목적을 두고 1947년 설립되었다.

2) 국제해사기구(國際海事機構, IMO : International Maritime Organization)

국제무역에 종사하는 나라의 정부에 대하여 해운의 운용에 관한 기술적인 사항이나 관행, 규칙 등을 국제해상무역에 가장 유효한 방향으로 채용하도록 권고하는 것과, 자유로운 해운통상을 확보하기 위하여 각국 정부에 대하여 차별적인 조치나 불필요한 제한의 제거를 장려하는 데 목적을 두고 있다.

(5) 특수협력 분야(特殊協力分野)

1) 국제원자력기구(國際原子力機構, IAEA : International Atomic Energy Agency)

1959년 '국제원자력기구헌장'에 의해 설립되었으며 원자력의 평화적 이용을 장려하고 핵무기의 감축 유도 및 확산 방지 등에 설립목적을 두고 있다. IAEA는 '핵확산금지조약

(NPT : Non−Proliferation Treaty)'의 규정에 의해 핵무기 비 보유국(Non Nuclear Weapons States)에 대한 조약상 의무 이행에 관한 검증업무를 대행하는 기능을 아울러 수행하고 있다.[61]

2) 세계무역기구(世界貿易機構, WTO : World Trade Organization)

기존의 세계무역에 관한 국제기구였던 '관세와무역에관한일반협정(GATT)'을 대신하여 1995년 설립되었으며 자유 시장경제를 기반으로 한 회원국 간의 국제무역의 증대, 각종 관세장벽 및 수출입 제한의 철폐, 불공정 무역행위의 시정권고 및 무역제재, 불공정 무역행위 제소에 관한 심판, 고용과 생활수준의 안정 등의 기능을 수행하고 있다.

4. 비정부간 국제기구(非政府間 國際機構)

(1) 개념

비정부간 국제기구(Non−Governmental Organizations: NGO)란 정부 간의 조약이 아니라 여러 나라의 국적을 가진 사적·공적 인물 또는 단체로 구성되어 국제사회에서 활동하는 비정부 간 국제조직체를 말한다. 정부 간 조직과 비정부 간 조직의 차이점은 다음과 같다.

1) 전자는 국가 또는 정부가 회원국이나 후자는 그렇지 않다.
2) 전자는 국제법에 의해 규율되나 후자는 주로 사법에 의해 규율된다.
3) 전자는 국제법의 주체이나 후자는 제한적으로 국제법의 주체로 인정되는 경우는 있으나 원칙적으로는 주체가 될 수 없다.

(2) 지위

NGO는 국제사회에서 정부 간 국제조직에 못지 않는 국제 사회적 교섭기능(intersocial

---

61) 우리나라는 1956년에, 북한은 1974년에 각각 IAEA에 가입하였다. 북한은 1985년 NPT에 가입하였는데, NPT 규정에 의하면 조약가입 후 18개월 이내에 IAEA와 원자력의 평화적 이용의무를 내용으로 하는 핵안전협정을 체결해야 함에도 북한은 이를 6년 동안 미루어 오다가 1992년에야 핵안전협정을 체결하였다. IAEA는 협정체결 후 규정에 따라 1992~1993년에 걸쳐 북한이 신고한 원자력관련 시설에 대해 6회에 걸쳐 핵사찰을 실시하였고 이 기간 중 영변지역의 핵관련시설에 대해 사찰을 받을 것을 요구하였는데 북한은 이것이 '신고된 시설'이 아니라는 이유로 이를 거부하고 1993년 3월 일방적으로 NPT를 탈퇴한다고 선언하였다. 이에 대해 IAEA는 북한의 핵사찰문제를 UN안보리에 회부하였으며 1993년 5월 UN안보리가 북한에 대해 NPT탈퇴를 철회하고 IAEA의 특별핵사찰을 수용할 것을 촉구하는 결의를 채택하게 되었고 북한이 UN안보리 결의마저 수용하기를 거부함에 따라 북한에 대한 경제제재 등의 조치가 취해졌는데 이것이 '북한 핵문제'의 시발이 되었다.

intercourse function)을 담당하고 그 수도 점차 증가되어가고 있는 추세이다. 국제법상의 주체가 아니므로 국제회의에 회원국으로 참가할 권리는 없지만 옵저버로 참가하여 의견을 발표할 수는 있으며 실제로도 NGO의 의견이 국제회의에서 차지하는 비중은 날로 커지고 있다.

⑶ 종류

국제사회가 발달함에 따라 NGO의 활동영역·필요성 등은 증대되고 있으며 그 수도 매년 증가하고 있다. 대표적인 NGO에는 국제농산물생산자연합(International Federation of Agricultural Producers), 국제적십자위원회(International Committee of the Red Cross), 국제적십자사연맹(International Federation of Red Cross and Red Crescent Societies), 국제법학회(Institute of Law Association), 국제자유노동연맹(International Confederation of Free Trade Union), 국제상공회의소(International Chamber of Commerce), 국제사면위원회(Amnesty International), 여성위원회(Women's Council) 등이 있다. 오늘날 비정부 기구의 수는 대단히 많은데, 이들 비정부 기구는 정치, 경제, 교통, 환경, 의료사업 등 모든 분야에 걸쳐 활동하고 있다. 그 외 국제적으로 인지도 있는 비정부 기구로는 국경없는 의사회, 그린피스, 옥스팜, 월드비전, 굿네이버스 등을 꼽을 수 있다.

CHAPTER 04

국제공조

국제화·개방화에 따른 범죄의 탈 국경화 현상으로 범죄정보 교환이나 해외도피사범의 강제송환 등 형사사법 분야 전반에 대한 국제공조의 필요성이 크게 증가하고 있다. 이 장에서 다루고자 하는 것은 국제공조이다. 국외도피사범이란 국내에서 각종 범법행위와 관련되어 형사처분을 면할 목적으로 범죄 직후, 수사 단계 또는 형 집행 중에 국외로 도피한 내·외국인을 말한다. 국외도피사범의 유형은 내사 중 그 사실을 미리알고 국외로 도피하거나, 입건 조사 중 국외로 도피, 불구속기소 재판 중 국외로 도피, 금보석이나 병보석 등 구속정지 기간 중 국외로 도피, 가석방 중 국외로 도피, 교도소에서 탈출하여 국외로 도피하는 등의 유형이 있다. 국외도피사범의 송환 방식에는 범죄인인도(犯罪人引渡)와 인터폴에 의한 송환이 있다. 범죄인인도는 원칙적으로 국가 간 조약에 따라 행해지며, 조약에 따른 인도의무는 국내법상의 절차 규정에 따라 이행된다. 그리고 인터폴에 의한 송환의 경우, 해외로 도피한 범죄자에 대하여 정부 간 국제기구인 국제형사경찰기구(International Criminal Police Organization: ICPO), 즉 인터폴(Interpol)을 활용해 해당국 경찰기관 및 경찰주재관을 통한 공조로 강제추방이나 강제퇴거 등 해당국의 출입국관리법, 이민법 등을 적용하여 국내 송환이 이루어질 수 있도록 체제가 구축되어 있다. 따라서 본 장에서는 범죄인인도법과 국제형사사법공조법 그리고 인터폴 송환에 대해 설명하고자 한다.

제1절 범죄인인도(犯罪人引渡)

1. 범죄인인도의 제도적 의의 및 주요 원칙

(1) 범죄인인도의 제도적 의의

범죄인인도란 해외에서 죄를 범한 피의자, 피고인 또는 유죄판결을 받은 자가 자국영역으로 도피해 온 경우, 그의 재판이나 수감을 원하는 외국의 청구에 응해 해당자를 청구국으로 인도하는 제도이다. 근대에 들어 국제 교통수단의 발달로 범죄인이 해외로 도피하는 사례가 늘어나자 각국은 관할권행사의 영토적 한계를 넘어 범죄를 진압하는 방법의 하나로 범죄인인도 제도를 발전시켰다.

(2) 범죄인인도의 연혁

범죄인인도 제도의 기원은 기원전 13세기 이집트의 람세스 2세와 힛타이트의 하투실리 2세 간의 평화조약에도 범죄인 인도에 관한 조항이 포함될 정도로 이 제도는 오랜 역사를 지녔다. 근대적 범죄인인도는 국가의 중앙집권이 강화되고 국경이 명확해지기 시작하면서부터 본격적으로 발달했다. 13세기 말 북부 이탈리아 도시국가 사이에서 특정인의 인도가 아닌 일반적인 제도로서 범죄인인도를 규정한 조약이 체결되기 시작했다.

우리나라는 1988년 범죄인인도법을 제정하였고 2011년 12월 29일부터 '범죄인인도에 관한 유럽협약'의 역외 당사국이 되었으며, 2018년 현재 호주, 미국, 일본, 중국, 프랑스 등 77개국과 범죄인인도조약을 발효시켜 운영하고 있다.

(3) 주요 개념(主要槪念)

1) 인도조약(引渡條約)

대한민국과 외국 간에 체결된 범죄인의 인도에 관한 조약·협정 등 합의를 인도조약이라 한다.[1] 대한민국에 의하여 승인되지 않은 국가 및 미수교국도 외국에 해당되기는 하나

---

[1] 범죄인인도법 제2조 제1호, 이하 인도법이라 함.
　범죄인인도법 제6조(인도범죄) 대한민국과 청구국의 법률에 따라 인도범죄가 사형, 무기징역, 무기금고, 장기(長期) 1년 이상의 징역 또는 금고에 해당하는 경우에만 범죄인을 인도할 수 있다. 그리고 외국의 인도청구(외국에 범죄인을 인도할 때) 시 상대국에서 국외 도피사범의 인도를 구하는 청구가 있는 경우, 외교부에서 서울고등검찰청을 거쳐 서울고등법원에서 심리한다. 범인이 대한민국 국적인 경우는 미국을 제외하고는 넘기지 않도록 되어 있으며, 정치범의 경우 예외를

국제법상 범죄인의 인도청구는 일반적으로 외교경로를 통하여 행하여지는 것이 보통이므로 미수교국가에서 범죄인인도청구를 하는 경우는 거의 없다. 만일 미수교국가로부터 범죄인인도청구를 받은 때에는 인도청구가 조약에 의하지 아니한 경우로서 범죄인인도를 거절하게 된다.[2)] 우리나라는 1988년 8월 5일 범죄인인도법을 제정 공포하면서 범죄인인도(引渡)에 관하여 그 범위와 절차 등을 정함으로써 범죄 진압과정에서 국제적인 협력의 증진을 목적으로 한다고 규정하였다. 우리나라는 1990년 호주와의 범죄인인도조약 체결을 시작으로 2018년 1월 현재 미국,[3)] 중국, 일본, 캐나다, 유럽평의회[4)] 등과 범죄인인도조약을 체결했고(양자조약이 28개국, 유럽협약 포함한 다자조약 49개국), 카자흐스탄(2012년 9월), 쿠웨이트(2013년 8월), 남아프리카공화국(2014년 6월), 말레이시아(2015년 4월), 아랍에미리트(2017년 5월)등 77개 국가와 동 조약이 발효 중에 있다.

2) 청구국(請求國)

청구국이라 함은 대한민국에 대하여 범죄인의 인도를 청구한 국가를 말한다(인도법 제2조 제2호).

3) 인도범죄(引渡犯罪)

인도범죄라 함은 범죄인의 인도청구에 있어서 그 대상이 되는 범죄를 말한다. 여기에서 인도범죄란 범죄인이 저지른 여러 가지 범죄 중에서 인도청구절차상 문제가 되는 대상 범죄로, 이러한 인도범죄의 정의를 규정하고 있는 이유는 인도범죄의 성격과 내용정도에 따라 범죄인을 인도할 것인지를 결정하여야하기 때문이다.

제외하고는 원칙적으로 넘기지 않는 것으로 되어 있다(현재 프랑스는 96개국, 영국은 115개국, 미국은 69개국과 범죄인인도조약을 체결하고 있다).
2) 인도법 제12조 제1항 단서 참조.
3) 미국은 우리나라와의 범죄인인도조약 체결 당시 한국의 국가보안법이 인권 탄압의 소지가 있기 때문에 국가보안법 위반 사범을 인도 대상에서 제외하는 것을 골자로 한 별도의 합의를 요구해 최종 합의가 늦어졌다. 또 미국이 조약 서명을 미룬 데에는 양국 간 범죄인인도조약이 미국으로서는 실익이 없는 조약이라는 측면도 있다. 이는 미국에서 한국으로 도피할 범죄자는 한국계 미국인일 뿐으로 범죄자의 해외 도피처를 없애겠다는 한국 측의 필요에 의해 체결된 조약이었다. 따라서 우리나라로서는 해외 도피자들이 몰려 있는 미국과 범죄인인도를 위한 실질적 토대를 마련했다는 점에서 사법적의의가 크다고 볼 수 있다.
4) 유럽평의회(Council of Europe)의 구성은 회원국(47개국) 및 비회원(2개국, 이스라엘과 남아공)으로 되어 있다. 회원국(47개) : 그리스, 네덜란드, 노르웨이, 덴마크, 독일, 라트비아, 룩셈부르크, 러시아, 리투아니아, 루마니아, 몰타, 모나코, 몰도바, 보스니아, 불가리아, 벨기에, 산마리오, 스페인, 스웨덴, 스위스, 슬로바키아, 세르비아, 알바니아, 안도라, 아르메니아, 아이슬란드, 아일랜드, 아제르바이잔, 에스토니아, 오스트리아, 우크라이나, 유고슬라비아, 이탈리아, 영국, 체코, 크로아티아, 터키, 폴란드, 핀란드, 포르투갈, 프랑스, 헝가리 등이다.

4) 범죄인(犯罪人)

범죄인이라 함은 인도범죄에 관하여 청구국에서 수사 또는 재판을 받고 있는 자, 또는 유죄의 재판을 받은 자를 말한다(인도법 제2조 제4호). 다시 말하면 인도대상으로서의 객체인 자를 의미하며, 대한민국에서 외국에 인도를 청구하는 대상에 대하여는 같은 범죄인이기는 하나 위 개념의 범위에서 제외하고 있다. 따라서 외국에 대한 인도청구의 객체인 범인에 대하여는 범죄인이라는 용어 대신에 대한민국 법률을 위반하여 대한민국에서 수사 또는 재판을 받고 있는 자 또는 유죄의 재판을 받은 자라고 풀어서 기술하고 있다.

5) 국민(國民)

인도법 제9조 제1호에 '범죄인이 대한민국 국민인 경우에는 인도하지 아니할 수 있다'라고 규정하고 있어 법에 국민의 정의를 둘 필요가 있지 않은가 하는 문제가 있으나 대한민국 국민의 요건과 범위는 국적법에서 상세히 규정하고 있으므로 특별히 인도법에 이를 다시 둘 필요는 없다고 본다.

(4) 인도의 제한(引渡의 制限)

1) 인도의 원칙(引渡의 原則)

인도법 제5조에서는 '대한민국 영역 안에 있는 범죄인은 범죄인인도법이 정하는 바에 따라 소추, 재판 또는 형의 집행을 위하여 청구국에 인도할 수 있다'고 규정하고 있다. 본조는 범죄인인도에 관한 기본원칙으로서 영역이라 함은 국가가 국제법의 제한 내에서 자유로이 통치할 수 있는 지역을 의미하며, 인도대상 범죄인은 인도 청구시 대한민국 영역 안에 있으면 충분하고 거류, 체류, 불법체류 등 사유는 불문한다. 인도대상이 되는 범죄인은 대한민국 국민도 포함하지만 우리나라 국민에 관한 인도청구는 인도법 제9조 제1호의 규정에 따라 임의적 인도거절사유가 된다. 수사를 위한 인도와 재판을 위한 인도의 경우 인도범죄가 사형, 무기 또는 장기 1년 이상의 징역 또는 금고형에 해당하여야 한다(인도법 제6조).

2) 인도범죄(引渡犯罪)

인도범죄란 범죄인의 인도청구에 있어서 그 대상이 되는 범죄를 말하는데, 인도법은 국제간 인적교류의 증가에 따른 범죄인의 국외도피가 급증하고 있는 현실에 대비하여 중대한 범죄에 한하지 아니하고 비교적 가벼운 위반에 대하여도 인도범죄로 규정하는 경향을 보이고 있다.

3) 상호주의(相互主義)

인도조약이 체결되어 있지 않은 경우에도 범죄인의 인도를 청구하는 국가가 동종(同種)의 인도범죄에 대한 범죄인인도 청구에 응한다는 보증이 있는 경우 범죄인인도법을 적용한다(인도법 제4조)는 원칙을 상호주의(Principle of Reciprocity)라 한다. 인도법은 상호주의를 명문으로 규정함으로써 범죄 진압을 위한 국제협력증진의 이념에 적극적으로 부응하고 있다.

4) 쌍방가벌성의 원칙(雙方可罰性의 原則)

인도청구가 있는 범죄가 청구국과 피청구국 쌍방의 법률에 의하여 범죄를 구성하지 않는 경우 그 범죄에 관하여 범죄인을 인도하지 않는다는 원칙을 쌍방가벌성(Principle of Double Criminality)의 원칙이라 한다. 인도법 제6조에서 '대한민국과 청구국의 법률에 의하여 인도범죄가 사형·무기·장기 1년 이상의 징역 또는 금고에 해당하는 경우에 한하여 범죄인을 인도한다'고 동 원칙을 선언하고 있다. 이 원칙은 범죄인인도 제도가 피인도자(被引渡者)의 인권을 제약하고 중대한 불이익을 미친다는 점에 비추어 피청구국에서 범죄로 처벌되지 않는 것과 같은 종류의 사건에 대해서까지 인도하는 것은 국가의 사회적 양심(Social Conscience of a State)에 비추어 타당하지 않다는 데서 나온다. 쌍방가벌성의 원칙은 인도 청구시 표시되는 죄명이 동일할 것을 요구하는 것은 아니며, 그 행위의 전체를 놓고 볼 때 동일성이 있는 것으로 족하다.

5) 특정성의 원칙(特定性의 原則)

인도법 제10조에서는 '인도된 범죄인이 인도가 허용된 범죄 외의 범죄로 처벌받지 아니하고 제3국에 인도되지 아니한다는 청구국의 보증이 없는 경우에는 범죄인을 인도하여서는 안 된다'는 특정성의 원칙을 규정하고 있다. 이 원칙은 청구국의 형벌권남용을 방지하기 위하여 채용된 것으로, 범죄인의 인권을 중시하고 인도받는 청구국이 일반범죄로 인도받은 범죄인을 정치적인 범죄로 처벌하는 사례를 방지하려는 의도에서 인정되었다. 그러나 이 원칙은 자칫 범죄인에 대하여 인도범죄 이외의 범죄에 대하여 면죄부를 부여하는 역효과를 가져올 수도 있어 동조 각항에서는 특정성을 배제하는 경우를 명시하고 있다.

6) 자국민불인도의 원칙(自國民不引渡의 原則)

일반적으로 대륙법계 국가들은 대다수 국가가 형벌법규의 적용에 있어서 속인주의(屬人主義)를 채택하여 내국인의 국외범을 처벌하고 있고, 자국민은 외국의 형사소송절차에서 자신의 이익을 충분히 옹호할 수 없으며, 국가의 배타적인 속지권한이 침해된다는 등의 논거에 의해 범죄인인도조약에서 자국민을 인도하지 않는다는 원칙을 채택하고 있다. 이에 반해 영미법계 국가들은 속지주의를 채택하여 자국민의 국외범을 처벌하기 위해서는 범죄 지국가에 이를 인도하는 방법 외에 다른 방도가 없다는 점에서 동 원칙을 규정하지 않고 있다. 우리나라는 속인주의를 취하고 있어 내국인의 국외범을 처벌할 수 있으므로 인도법 제9조에 자국민불인도의 원칙을 규정하고 있다. 다만 외교상 구체적인 경우에 있어서 인도 의 필요성이 있을 수 있으므로 내국인의 인도를 절대적 거절사유로 정하지 아니하고 임의 적 거절사유로 규정하고 있다.[5]

7) 형사소송절차와 관련된 사유에 의한 제한

인도법 제7조는 형사소송절차상 사유와 관련하여

① 대한민국 또는 청구국의 법률에 의하여 인도범죄에 관한 공소시효 또는 형의 시효 가 완성된 경우

② 인도범죄에 관한 사건으로 인하여 대한민국 법원에서 재판 계속 중이거나 확정재 판이 있는 경우

③ 범죄인이 인도범죄를 행하였다고 의심할만한 상당한 이유가 없는 경우

등에 해당할 때에는 절대로 인도하여서 안 된다는 절대적 인도거절사유로 규정하고 있다.

(5) 범죄의 성질에 따른 인도의 제한

1) 정치범불인도의 원칙(政治犯不引渡의 原則)[6]

인도법 제8조는 '인도범죄가 정치적 성격을 지닌 범죄이거나 이와 관련된 범죄인 경우 에는 범죄인을 인도하여서는 아니 된다'는 정치범불인도의 원칙을 선언하고 있다. 그러나 정치범죄는 국제법상 불확정적인 개념으로서 정치범죄의 해당 여부는 전적으로 피청구국 의 판단에 의존하는 것이기 때문에 인도법에서 정치범죄에 대한 명확한 개념정의를 하는 경우 외국과의 정치적 분쟁상황에 탄력성 있게 대처하기가 어려울 것이므로 개념정의를 하 지 않고, 다만 동조(同條) 단서 각호에 해당하는 경우에는 인도할 수 있다고 규정하고 있다.

---

5) 신상철·임영호, '국외도피사범 국내송환 문제에 관한 연구', 한국경찰학회, 2016.
6) 서울고법 2013.1.3. 자 2012토1 결정 인도심사 청구 확정(야스쿠니 방화 범죄인인도 청구 사건, 각공2013상,173)
   【판시사항】 일본 정부의 역사적 사실에 대한 인식에 항의하고 그와 관련된 대내·외 정책에 영향을 줄 목적으로 일본 소재 야스쿠니 신사(정국신사)에 방화하여 일부를 소훼함으로써 공공의 위험을 발생하게 하였다는 범죄사실로 국내에 구금 중인 중국 국적의 범죄인 갑에 대하여, 일본 이 '대한민국과 일본국 간의 범죄인인도조약'에 따라 인도를 청구한 사안에서, 인도 대상 범죄는 이른바 상대적 정치범죄로서 위 조약 제3조 (다)목 본문에서 정한 '정치적 범죄'에 해당하고, 달리 범죄인을 인도하여야 할 예외사유가 존재하지 아니한다는 이유로 인도거절 결정을 한 사례.

국제법 위반범죄는 비록 정치적인 관련성을 갖는다 하더라도 성질상 국제형법을 위반하는 범죄로서 정치범죄의 예외가 되어 일반적으로 인도의 대상이 된다. 이와 같은 국제범죄의 유형에는 다음과 같다.

　① UN헌장에서 규정하고 있는 침략행위

　② UN총회에서 결의한 뉘렌베르그(Nuremberg)원칙에 포함된 인류에 반하는 죄

　③ 집단살해

　④ 전쟁범죄

　⑤ 해적행위

　⑥ 항공기납치

　⑦ 노예, 인신매매, 기타 부녀자·아동 거래

　⑧ 국제적 보호대상 인물과 민간인의 납치

　⑨ 위조

　⑩ 마약거래

　⑪ 인종차별

　⑫ 고문

2) 군사범불인도의 원칙(軍事犯不引渡의 原則)

군사범죄란 군사적 의무관계에 기인하는 범죄행위를 말하며 탈영(脫營), 항명(抗命) 등이 대표적이다. 그러나 군대 내에서의 범죄라 하더라도 일반범죄로서의 성격도 동시에 갖고 있는 직권남용, 가혹행위, 절도와 같은 범죄는 인도대상이 된다. 우리나라의 인도법은 남북한이 첨예하게 대치하고 있는 상황 등으로 인해 탄력성 있는 대처를 위해 군사범불인도의 원칙은 명문으로 규정하고 있지 않다.

(6) 형벌의 종류에 따른 인도의 제한

1) 사형범죄(死刑犯罪)

사형제도를 가진 국가와 가지지 않은 국가 간의 조약에는 사형범에 대한 인도를 어떻게 할 것인가를 조정하기가 어려운 문제가 된다. 국제법상 일반적인 관행은 사형범인 범죄인의 인도에 관하여 사형을 집행하지 않는다는 보증을 받고 청구국의 인도에 응하고 있다. 실제상 외국에서 사형을 집행하지 않는다는 보증을 받고 인도된 범죄인에게 법원이 사형을 선고할 경우 국가의 대외적인 의사표시를 무시하는 결과가 될 것이므로 이를 선고하지 않을 것이다.

2) 비인도적(非人道的) 형벌

잔인하거나 비정상적인 처벌을 받게 될 것으로 예상되는 경우에도 이를 인도하는데 어려움이 있을 것이다. 이를 감안하여 인도법 제9조 제5호에서 인도범죄의 성격과 범죄인의 환경에 비추어 범죄인을 인도함이 비인도적이라고 인정되는 경우에는 임의적인 거절사유로 하고 있다.

2. 외국에서 우리나라에 범죄인인도 청구 시 절차

> **범죄인인도 절차(외국 → 아국 청구 시)**
>
> 외교부장관, 외교경로 통해 범죄인인도 청구서 접수
> → 외교부장관, 조약 유무 등 형식적 사항 확인 후 법무부장관에 청구서 송부
> → 법무부장관, 상당성 여부 판단 후 청구서 서울고검 검사장에 송부
> → 서울고검 검사, 서울고법에 인도심사 청구(형사소송절차 준용)
> → 긴급 범죄인 인도구속 필요 시 '긴급인도구속영장' 구속
> → 서울고법, 2개월 내(훈시규정) 인도심사 여부 결정(각하, 거절, 허가)
> → 인도허가 결정시, 법무부장관 범죄인인도 명령, 인도장 발부 검사장에 송부
> → 검사, 교도소장 지휘, 기한 내 지정된 장소 청구국 호송관에 범죄인인도

(1) 인도절차

1) 인도청구서 접수(引渡請求書 接受)

조약체결국가 외교경로 통해 범죄인인도 청구서 보냄(조약 없을 시 '상호보증서' 첨부)

2) 외교통상부장관 조치(外交通商部長官 措置)

인도청구서(인도청구 증명 관계서류 첨부) 법무부장관에 송부(범죄인인도조약 존재 여부, 상호보증 유무, 인도대상 범죄(引渡對象犯罪) 여부 확인)

3) 법무부장관 조치(法務部長官 措置)

① 인도청구 서류 서울고검 검사장에 송부, 소속검사 서울고등법원에 범죄인인도 허가 여부 심사 청구
② 인도의 상당성 판단(인도대상 범죄 여부, 상당한 이유 유무, 절대적 및 임의적 거절사유 해당 여부, 국익 등)을 종합적으로 고려해 판단한다.

4) 검사의 인도심사청구

① 심사결정, 서울고등검찰청 서울고등법원 전속관할, ② 서울고검 검사, 서울고등법원에 인도심사 청구(범죄자 소재 미확인 시 인도심사청구중지결정)

5) 범죄인 인도구속(서울고등법원 판사)

① 통상인도구속(通常引渡拘束), 범죄인 주거 일정, 도주 우려 없을 시 구속
② 긴급인도구속(緊急引渡拘束), 도주 우려, 피청구국의 긴급인도 청구요청

6) 인도심사(引渡審査)

① 인도거절사유 및 인도청구 대상범죄 여부, 구속 2개월 내 심사, 변호인(국선변호인 조력 보장)
② 심사결정, 각하(절차상 하자), 거절, 허가, 물건 양도.

7) 인도(引渡)

① 서울고검 검사, 법원 심사결정 즉시 결정문 및 관계서류 첨부 법무부장관에 보고
② 서울고등검찰청 검사, 교도소장 인도지휘(불인도 통보시 범죄인 즉시 석방)
③ 인도 명령 후 30일 이내 인도(범죄인 청구국으로 호송)

(2) 세부사항

1) 인도청구서 접수(引渡請求書 接受)

범죄인인도는 원칙적으로 조약이 체결되어 있는 국가가 외교경로를 통하여 범죄인인도 청구서를 보냄으로써 청구하고, 조약이 없을 때에는 상호보증서를 첨부하여 청구한다. 인도청구는 외교경로를 통하는 것이 원칙이지만 조약에 별도의 규정이 있는 경우 외교경로를 통하지 않고 법무부로 긴급인도구속 청구도 가능하다.

2) 외교통상부장관 조치(外交通商部長官 措置)

외교통상부장관이 청구국으로부터 범죄인인도 청구를 받은 때에는 인도청구서 또는 인도청구가 있었음을 증명하는 서류에 관계서류를 첨부하여 법무부장관에게 송부한다. 송부할 때에는 범죄인인도조약의 존재 여부, 상호보증의 유무, 인도대상 범죄(引渡對象犯罪)인가의 여부, 적절한 서류가 첨부되었는가의 여부 등 형식적 사항을 확인하여 송부한다.

3) 법무부장관 조치(法務部長官 措置)

① 법무부장관은 송부받은 인도청구에 관한 서류를 서울고등검찰청 검사장에게 송부

하고 소속검사로 하여금 서울고등법원에 범죄인의 인도허가 여부에 관한 심사를 청구하도록 명하여야 한다.

② 인도조약 또는 범죄인인도법의 규정에 의하여 범죄인을 인도할 수 없거나, 인도하지 아니하는 것이 상당하다고 인정되는 때에는 인도심사청구명령을 하지 않고 그 사실을 외교통상부장관에게 통지한다.

③ 인도의 상당성 여부는 다음의 기준에 따라 구체적 사안 별로 신중히 판단해야 한다.

    ㉠ 인도청구된 범죄가 인도조약 또는 인도법에 의한 인도대상 범죄에 해당되는가 여부

    ㉡ 해당 범죄가 피청구인에 의해 범하여졌다고 의심할 만한 상당한 이유(probable cause)의 유무

    ㉢ 인도의 절대적 거절사유 또는 임의적 거절사유 해당 여부

    ㉣ 청구국과의 우호관계, 도망범죄인 인도에 관한 국제협력, 대한민국의 국익, 피청구인의 인권보호 등

4) 검사의 인도심사청구

인도심사청구와 심사결정은 서울고등검찰청과 서울고등법원의 전속관할 사항이며, 서울고검 검사는 법무부장관의 인도심사청구명령이 있을 때에는 지체 없이 서울고등법원에 인도심사를 청구하여야 한다.[7] 단, 범죄자의 소재를 알 수 없을 때에는 인도심사청구를 하지 않고 검사가 인도심사청구중지결정을 한 후 검찰총장을 경유하여 법무부장관에게 보고한다. 인도심사에 관련된 절차는 형사소송절차에 준하며, 청구는 관계자료를 첨부하여 서면으로 하고, 청구서 부본을 범죄인에게 송부하여야 한다.

범죄인인도대상 범죄는 대한민국과 청구국의 법률에 의하여 인도범죄가 사형·무기·장기 1년 이상의 징역 또는 금고에 해당하는 경우에 한하여 범죄인을 인도할 수 있다. 그러나 다음 사항에 대해서는 절대적 인도거절사유가 된다.

① 대한민국 또는 청구국의 법률에 의하여 인도범죄에 관한 공소시효 또는 형의 시효가 완성된 경우

② 인도범죄에 관하여 대한민국 법원에서 계속(係屬) 재판 중이거나 재판이 확정된 경우

③ 범죄인이 인도범죄를 행하였다고 의심할만한 상당한 이유가 없는 경우(다만 인도범죄에 관하여 청구국에서 유죄의 재판이 있는 때에는 그러하지 아니한다)

④ 범죄인이 인종·종교·국적·성별·정치적 신념 또는 특정 사회단체에 속함 등을 이

---

7) 범죄인이 인도구속영장에 의하여 구속된 경우에는 구속된 날로부터 3일 이내에 인도심사청구.

유로 처벌되거나 그 밖의 불이익한 처분을 받을 염려가 있다고 인정되는 경우

우리나라에서 외국으로 범죄인인도 청구를 할 경우, 경찰이나 검찰 등 수사기관이 법무부, 외교통상부 등 정부기관을 통해 출입국조회 등 관련 자료를 파악하여 도피 국가를 확인한 후 법무부가 외교통상부를 통하여 해당 국가에게 범죄인인도 요청을 하고 있다. 법무부가 주된 역할을 하고 외교통상부는 자료전달 및 대외 창구역할을 하기에 양 부처 간 공조업무의 신속성과 효율성이 떨어지고 있다. 또한 양자조약이나 다자조약(지역적 협력을 목적, 유럽 협약 등)을 통해 협력하고 있어 조약을 체결한 국가 간에는 구속력이 있으나 동 조약을 체결하지 아니한 국가에서는 해당국의 국내법인 범죄인인도법에 의한 상호주의를 근거로 협력하고 있다.

5) 범죄인의 인도구속

인도구속은 조약이 체결되어 있는 경우 외교상의 부담의무인 인도의 확실성보장을 위해 범죄인을 구속하는 것이며, 인권보장의 견지에서 서울고등법원 판사가 발부한 영장에 의해 구속한다. 인도구속은 통상인도구속과 긴급인도구속의 두 가지가 있다.

① 통상인도구속(通常引渡拘束)

법무부장관의 인도심사청구명령이 있을 때는 범죄인의 주거가 일정하고 도주의 우려가 없다고 인정되는 경우를 제외하고는 원칙적으로 범죄인을 인도구속한다.

② 긴급인도구속(緊急引渡拘束)

범죄인이 도주할 우려가 있다고 판단될 때 피청구국에 긴급히 인도청구할 것을 보증하고 구속을 요청하는 것으로, 긴급인도구속도 외교경로를 통하여야 하나 개별조약에서 법집행기관 간(법무부 간)의 직접 접촉을 통한 요청도 가능하도록 규정하고 있다.

6) 인도심사(引渡審査)

① 인도심사대상 및 범위

㉠ 심사대상

청구에 관계된 범죄가 인도거절사유에 해당되는지 여부가 심사대상이며, 임의적 거절사유에 해당될 경우 상당성에 대한 판단은 법무부장관이 한다.

㉡ 심사범위

인도조약에 의한 청구일 경우에는 인도범죄가 조약의 인도청구 대상범죄인지 여부가 법원의 심사범위이다. 이에 반해 인도조약에 의한 청구가 아닌 경우에는 인도청구가 인도제한사유에 해당되지 않는지 여부만 법원이 심사하고 상당성이나 상호주의 보증에 대한 판단은 각각 법무부장관과 외교통상부장관이 이를 행한다.

② 심사기간(審査期間)

가급적 신속히 심사를 종결하되 구금되어 있는 경우에는 구속된 날로부터 2개월 이내에 심사하도록 규정되어 있으나 이는 훈시규정으로 간주하여 2개월이 넘어도 심사청구의 효력은 소멸되지 아니한다.

③ 변호인의 조력(辯護人의 助力)

심사결정은 범죄인의 인권과 중대한 관계가 있으므로 변호인의 조력을 받을 권리를 인정하고 국선변호인제도도 보장한다.

④ 심사결정 내용(審査決定 內容)

㉠ 각하결정(却下決定)

절차상의 하자를 이유로 청구를 각하하는 것으로 다시 하자를 보완하여 심사청구를 할 수 있다.

㉡ 거절결정과 허가결정(拒絶決定 許可決定)

인도청구가 인도조약 및 국내법의 규정에 의하여 인도하는 경우에 해당하는지 여부를 확인하는 재판으로, 거절결정이 있는 경우 법무부장관은 인도의 당부(當否)에 대해 재심사할 수 있다.

⑤ 물건의 양도결정(物件 讓渡決定)

인도범죄로 인하여 생겼거나 그로 인하여 취득한 물건 또는 인도범죄에 관한 증거로 사용될 수 있는 물건이 우리나라 영역 내에서 발견되었을 경우 검사의 청구에 의하여 청구국에 이를 양도할 것인가를 허가하는 결정으로, 양도결정은 범죄인이 사망 또는 도망으로 인하여 범죄인인도가 불가능한 경우에도 물건양도에 대한 결정만을 할 수 있다.

⑥ 불복신청(不服申請)

범죄인인도에 관한 고등법원의 결정에 대한 불복신청은 인정되지 않는다.

⑦ 인도(引渡)

㉠ 법무부장관에 통지

서울고등검찰청 검사는 법원의 심사결정이 있는 경우 즉시 결정문 등본에 관계서류를 첨부하여 법무부장관에게 보고하고, 결정문을 받은 법무부장관은 인도여부에 관해 최종 결정한다.

㉡ 인도를 위한 조치

서울고등검찰청 검사는 법무부장관으로부터 인도장을 받은 때에는 즉시 교도소장에게 인도지휘를 하여야 하며, 불인도 통보를 받은 때에는 범죄인을 즉시 석방하도록 지휘하여야 한다.

ⓒ 범죄인인도(犯罪人引渡)

교도소장은 인수허가증을 가진 청구국 호송공무원에게 범죄인의 신병을 인도하고, 인도 장소는 범죄인이 구속되어 있는 교도소, 구치소 기타 법무부장관이 지정하는 장소에서 행한다. 범죄인이 인도명령 당시 구속되어 있는 경우에는 인도명령 후 30일 이내에 인도를 행하고, 구속되어 있지 아니한 경우에는 인도집행장에 의하여 구속되었거나 구속의 집행정지취소에 의하여 구속된 날로부터 30일 이내에 인도를 행한다.

ⓔ 범죄인 송환(犯罪人送還)

범죄인을 인도받은 청구국의 공무원은 지체 없이 범죄인을 청구국으로 호송하여야 한다.

⑧ **인도심사청구의 취소(引渡審査請求 取消)**

외교통상부장관이 청구국으로부터 범죄인의 인도청구를 철회한다는 통지를 받아 법무부장관에게 그 사실을 통지한 때나, 법무부장관이 인도심사청구명령을 한 후에 인도조약이나 인도법의 규정에 의해 범죄인을 인도할 수 없거나 인도하지 않는 것이 상당하다고 인정되는 때에는 인도심사청구명령을 취소할 수 있다.

3. 우리나라가 외국에 범죄인인도 청구 시 절차

수사 또는 재판을 받고 있는 자나 유죄의 판결을 받은 자가 외국에 소재하여 사법정의를 실현하는 것이 곤란한 경우, 수사를 담당 또는 재판에 관여하는 검사나 형 집행을 하여야 할 검사는 법무부장관에게 범죄인의 인도를 신청하고, 범죄인의 인도를 청구할 것인지 여부는 법무부장관이 결정한다.

범죄인인도 절차(아국 → 외국 청구 시)

검사, 범죄인인도 청구서 작성, 대검찰청 경유 법무부장관에 보고
　→ 법무부장관, 청구 여부 결정 후 외교통상부장관에 송부
　→ 외교통상부장관, 피청구국 주재 한국대사관 통보
　→ 한국대사관, 피청구국 외교부장관에 송부
　→ 피청구국 외교부장관, 자국 법무부장관에 통보
　→ 피청구국 법무부장관, 자국 법집행기관(검찰, 경찰) 통해 청구대상자 검거
　→ 검거 후 피청구국 법원에 인도재판 신청
　→ 인도 결정 후 청구국에 신병 인도

---

(1) 인도절차

1) 인도요청(引渡要請)

수사 담당검사 법무부장관에 범죄인 인도 신청(법무부장관 결정)

2) 인도청구자료 수집(引渡請求資料蒐集)

① 범죄인 소재 국적확인, 범죄사실 특정, 인도가능성 여부 협의(법무부)

② 범죄인 도주우려 시, 긴급인도구속청구(緊急引渡拘束請求)

3) 인도청구자료 작성

검사, 인도청구서(자료첨부) 외교문서로 작성, 피청구국 언어 번역문 첨부, 지방검찰청 검사장에 송부한다.

4) 송부절차(送付節次)

① 지방검찰청 검사장, 검찰총장 경유 법무부에 인도청구자료 송부(대검은 법무부장관에 송부)

② 법무부 → 외교통상부 → 피청구국(통상 피청구국 외무부 → 법무부) 전달

5) 송환(送還)

피청구국, 한국대사관 통보, 법무부 검사에 통보, 해당 호송관 임명 송환

6) 고려사항(考慮事項)

검사, 특정성 원칙 근거, 인도 허용된 범죄에 대해 범죄인 소추 처벌

(2) 인도청구자료 수집(引渡請求資料蒐集)

1) 인도가능성 검토시 고려사항

인도신청을 하고자 하는 검사는 인도신청을 하기 전

① 범죄인의 소재확인,

② 범죄인의 국적확인,

③ 범죄사실의 특정,

④ 사건의 진행사항을 파악한 후 법무부와 인도가능성 여부에 관하여 협의한다.

2) 긴급인도구속청구(緊急引渡拘束請求)

긴급인도구속은 공식적 인도청구서를 작성하는데 시간이 소요되어 그 사이에 범죄인

이 도주할 것이 우려되는 경우 범죄인을 긴급구속하여 줄 것을 요청하는 것으로, 조약이나 피청구국 국내법에 긴급인도구속이 허용되는 경우에 청구한다.

3) 인도청구자료의 작성

외교통상부는 검사가 작성한 인도청구자료에 인도청구서를 첨부하여 외교문서로 작성하고 인도청구서 보충자료를 확인한 후, 인도청구에 관계된 모든 자료를 피청구국 언어로 번역문을 첨부하여 지방검찰청 검사장에게 송부한다.

4) 송부절차(送付節次)

지방검찰청 검사장이 검찰총장을 경유하여 법무부에 인도청구자료를 송부하고, 대검은 법무부장관에게 송부한다. 인도청구서는 법무부 → 외교통상부 → 피청구국(통상 피청구국 외무부 → 법무부)의 경로를 통하여 전달되며, 조약이나 피청구국의 국내법에 다른 규정이 있으면 법무부에서 해당 기관에 직접 전달할 수 있다.

5) 송환(送還)

외국기관이 인도할 준비가 되면 한국대사관을 통하여 통보하게 되고, 법무부는 검사에게 통보하여 해당 호송관을 임명하여 송환한다.

6) 인도 이후 고려사항(考慮事項)

검사는 특정성의 원칙에 근거하여 인도 이후 범한 범죄를 제외하고는 인도 허용된 범죄에 대해서만 범죄인을 소추, 처벌해야 한다.

7) 인도청구의 대체수단(對替手段)

① 인터폴 수배를 통한 송환

경찰청 인터폴 국가중앙사무국에서 인터폴 국제통신망을 통하여 가입국에 수배자 관련 자료를 보낸 뒤, 소재 확인된 범죄인의 소재지 해당국 인터폴에 추방 요청을 하여 송환해 오는 방법으로, 절차가 간편하고 신속하며 효율적이다.

② 추방요구(追放要求)

피청구국의 국민 또는 법률상의 거주자가 아닌 경우 피청구국에 대하여 외교경로를 통하여 추방요구를 할 수 있다.

③ 제3국으로부터의 인도(引渡)

범죄인의 인도가 불가능한 나라에서 인도가능한 제3국으로 여행할 경우 인도가능한 제3국에 대하여 인도요청을 할 수 있다.

④ **여권무효화(旅券無效化)**

외국에서 우리나라의 여권무효화 조치를 인정하는 경우, 여권 없이 입국한 불법체류자가 되어 강제추방을 유도할 수 있다.

⑤ **외국에서의 기소(起訴)**

자국민이라는 이유로 인도를 거절할 경우 우리나라에서 범한 범죄에 대해 외교경로를 통해 기소를 요구할 수 있다.

8) 범죄인인도협정에 의한 송환 사례

폭력조직 양은이파 두목 조○○은 허위 담보서류로 저축은행에서 44억 원을 불법 대출받아 중국으로 출국하여 도피생활하던 중 여권을 무효화하고 체포영장이 발부되어 필리핀 특별경제지구 카지노에서 검거하여 송환한 사례

3,900억 원대 금융사기 혐의로 기소되어 항소심 재판진행 중 중국으로 도주한 피의자를 형 시효를 중단시킨 후 한—중 간 임시인도 방식으로 송환한 사례[8]

한국인 10여 명을 마약 운반책으로 포섭해 한국, 영국, 네덜란드, 일본 등으로 코카인 30kg과 대마 60kg을 밀수하는 등 한국 여성들을 통해 세계 각국으로 마약을 유통시킨 국제마약조직 프랭크파 두목 O.C.프랭크(나이지리아)를 중국에서 검거하여 범죄인인도조약에 따라 송환한 사례[9]

여고생과 성관계를 갖고 이를 촬영한 동영상을 인터넷으로 유포한 후 도주한 미국인 영어강사(일명 흑퀸시)가 중국으로 도피하자 인터폴 수배를 통해 아르메니아에서 검거하여 송환한 사례[10]

---

8) 금융사기범 변○○의 사례다. 그는 병원에서 도주하여 여권 브로커를 통해 '스티브'라는 명의의 위조여권을 만들어 미국으로 도피한 후 한국계 미국인으로 행세하며 중국에서 생활하다 검거되어 임시송환되었다. 임시인도는 한·중 양국 모두 전례가 없을 뿐 아니라 중국 정부 내에서도 외교부, 검찰, 공안부 등 여러 기관의 동의가 선행되어야 하는 등 성사 전망이 불투명 하였으나 우리 법무부, 외교부 및 駐중국 대사관 등이 긴밀하게 공조해 중국 정부를 설득하여 송환을 성사시켰다. 변○○는 중국과 사전 협의된 기간(7일) 동안 국내에서 형 집행을 받은 후 중국으로 재송환되었고 중국에서의 형 집행이 종료된 후 2018년 4월 다시 국내로 송환되어 현재 잔형을 집행중이다.

9) 한국어에 능통한 프랭크는 서울 이태원동에 유령회사를 차리고 미국인 사업가 행세를 하며 한국 여성들에게 '공짜 해외여행을 보내주겠다'고 접근한 뒤 마약운반책으로 이용했다. 국가정보원과 검찰은 2000년부터 프랭크에 대한 수사에 착수해 프랭크과 조직원 6명을 구속하고 2명을 추방했으나 당시 프랭크 검거에는 실패했었다. 프랭크는 2003년 10월 독일 프랑크푸르트 공항에서 인터폴에 의해 1차 체포돼 덴마크 교도소에 수감되기도 했으나 이듬해 5월 교도소를 탈출, 중국 선양으로 도피해 또 다시 마약을 팔다가 2009년 2월 중국 공안당국에 검거됐다. 법무부는 프랭크 체포 사실이 알려진 직후 범죄인인도조약에 따라 중국 정부에 신병 인도를 요청했으며 1년 7개월만에 신병을 인도받았다.

2007년 발생한 안양환전소 살인사건 공범 김○○을 필리핀 정부의 협조 하에 범죄인 인도조약에 의해 2015년 5월 범행 8년만에 신병을 인도받아 송환한 사례

제2절 국제형사사법공조(國際刑事司法共助)

1. 개념 및 기본원칙

(1) 연혁(沿革) 및 개념

국제화에 따른 국가 간 상호의존성 증대에 따라 범죄의 탈 국경화가 심화되면서 범죄의 진압을 위한 공조의 필요성이 국제적인 과제로 부상하게 되었다. 이에 따라 각국은 관련 국내법을 정비하는 한편 외국과의 양자 또는 다자간 조약을 통하여 범죄의 국제화현상에 대처하고자 노력하여 왔으며 우리나라도 1988년 범죄인인도법을 제정한데 이어, 1991년 국제형사사법공조법(國際刑事司法共助法)을 제정(국제형사사법 공조법 타법개정 2017. 7. 26. 법률 제14839호)하였고 외국과의 형사사법공조조약체결을 적극 추진하고 있다.[11]

국제형사사법공조(Mutual Legal Assistance in Criminal Matters)란 형사사건에 있어 수사·기소·재판절차와 관련하여 어느 한 국가의 요청에 의하여 다른 국가가 행하는 형사사법상 협조를 말하는데, 협조의 구체적인 내용은 국가마다 조금씩 다르게 운용하고 있어 한마디로 정의하기 어렵다. 국제형사사법공조는 중세기 초부터 시작되었고, 19세기에 국제법상 제도로 정립된 범죄인인도(犯罪人引渡)의 부수적 절차로 이루어 졌다. 범죄인인도와 구별되는 독자적인 국제법 영역으로 등장한 것은 제2차 세계대전 이후로 각국의 조약체결상 관행과 국내입법 등을 통해 확립되었다.

(2) 범죄인인도와의 구별과 기본원칙

범죄인인도는 피의자나 피고인 또는 유죄의 확정판결을 받은 자의 강제적 신병인도를 목적으로 하는 제도임에 대하여, 형사사법공조는 신병확보가 주목적이 아니고 형사사건과 관련한 국제협력을 통하여 범죄 진압을 위한 제(諸)조건의 개선을 목적으로 하며, 대부분의 경우 강제조치가 수반되지 아니한다. 따라서 각국은 형사사법공조분야에 있어 공조의 범위

---

10) 이는 우리나라가 2011년 12월 가입한 '범죄인인도 유럽협약'에 따라 범죄자를 송환하는 첫 사례로, 이 협약에는 유럽 47개국과 이스라엘·남아공 등 50개 나라가 가입해 있다.

11) 우리나라는 2018년 12월 현재 77개국과 범죄인인도조약, 74개국과 형사사법공조조약, 70개국과 수형자이송 조약을 체결해 국제형사사법 분야에서 협력 중이다.

를 범죄인인도에 비하여 넓게 인정하려는 추세이다. 또한 범죄인인도와 마찬가지로 국제형
사사법공조 분야에서도 국가의 형사사법권 실현과 국제협력을 통한 범죄 진압을 위한 국가
형사사법권의 제한이라는 두 가지 목표를 적절히 조화시키기 위한 목적에서 몇 가지 기본
원칙을 두고 있다.

1) 상호주의(相互主義, Principle of Reciprocity)로, 외국이 사법공조를 해 주는 만큼 자
국도 동일하거나 유사한 범위 내에서 공조요청에 응한다는 원칙이다.

2) 쌍방가벌성의 원칙(雙方可罰性 原則, Principle of Double Criminality)이다. 즉 형사사
법공조의 대상이 되는 범죄는 피요청국과 요청국 모두에서 처벌가능한 범죄여야
한다는 원칙이다.

3) 특정성(特定性)의 원칙(Principle of Speciality)이다. 이는 요청국이 공조에 따라 취득
한 증거를 공조요청의 대상이 된 범죄 이외의 수사나 재판에 사용하여서는 안 된
다는 의미와, 피요청국의 증인 등이 공조요청에 따라 요청국에 출두한 경우 피요
청국을 출발하기 이전의 행위로 인해 구금·소추를 비롯한 어떠한 자유도 제한받지
않는다는 의미를 포함하는 원칙이다.

(3) 국제형사사법공조법(國際刑事司法共助法)과 형사사법공조조약(刑事司法共助 條約)과의 관계

1) 공조법(共助法)

1991. 3. 8. 제정·공포된 이 법은 형사사건의 수사 또는 재판과 관련하여 외국과 협조
하는 범위와 절차 등을 정함으로써 범죄의 진압 및 예방에 있어 국제적 협력증진을 목적으
로 하고 있다.

2) 공조조약(共助條約)의 효력(效力)

공조법 제3조는 '공조에 관하여 공조조약에 이 법과 다른 규정이 있는 경우에는 그 규
정에 따른다'고 규정하여 조약의 우선적 효력을 인정하고 있다. 공조조약을 체결하는 주된
이유는 가능한 넓은 범위의 공조를 보다 신속하고 효율적으로 실시하기 위함으로, 공조조
약은 다음과 같은 장점을 가진다.[12]

① 조약미체결국가 간의 사법공조는 원칙적으로 피요청국의 재량적 판단에 따라 이루
어지는 우호적 협조에 불과하지만, 조약이 체결된 경우에는 공조를 제공하여야 할

---

12) 국경을 넘는 글로벌 범죄가 증가하고 있으며 최근의 폭스바겐 배출가스 조직사건 및 가습기 살
균제피해사건 등은 형사사법공조요청이 필요한 사건으로 볼 수 있다. 지난 2016년의 경우 외국
으로부터 요청받은 사건은 111건, 우리나라가 요청한 사건은 236건으로 절대적 우위를 차지했다.

국제법상의 의무를 부담하게 되므로 국제적 협력이 강화된다.

② 공조조약의 체결은 신속하고 효율적인 공조를 가능하게 한다.

③ 공조조약은 공조법의 공조범위에 포함되지 않은 사항까지 공조대상으로 규정하고 있어 공조범위를 확대한다.

최근 5년 간 국제사법공조현황(검찰청)

구분	2008	2009	2010	2011	2012	2013	2014.6
외국에 대한 요청	65	70	87	99	103	109	75
외국의 요청 접수	57	57	78	78	113	80	32

출처: 법무부 2014 국정감사 제출 자료집.

2. 공조의 범위 및 제한

(1) 공조의 범위

1) 사람·물건의 소재수사(所在搜査, locating or identifying persons or items)

사람 또는 물건에 대한 소재수사는 다른 형사사법공조 및 범죄인인도청구의 전제로 중요한 의미를 가진다.

2) 서류·기록의 제공(providing documents and records)

외국으로부터 서류를 입수하는 것은 진술청취나 증인신문에 비해 일반적으로 용이하지만, 국가에 따라서는 은행거래자료 등과 같은 특정서류에 대해 공개의 제한을 두는 경우가 있다.

3) 서류 등의 송달(serving documents)

형사절차와 관계있는 모든 문서의 송달을 의미하며, 여기서 서류라 함은 소송서류나 재판서류 등을 말한다.

4) 증거수집·압수·수색·검증(search and seizure, etc.)

공조요청이 있는 경우 수사기관은 공조에 필요한 자료를 수집하기 위해 관계인의 출석을 요구하여 진술을 청취할 수 있고, 감정·통역 또는 번역을 촉탁할 수 있으며, 서류 기타 물건의 소유자·소지자 또는 보관자에게 그 제출을 요구하거나, 공무소 기타 공사(公私) 단체에 그 사실을 조회하거나 기타 필요한 사항의 보고를 요구할 수 있다. 외국수사기관의 국내 증거수집활동을 어느 범위까지 인정하여야 하는지는 중요한 문제이지만 공조법은 이에 대해 명백히 규정하고 있지 않아 해석에 의존한다.

5) 증거물 등 물건의 인도(providing items including evidence)

국제형사공조 상 물건의 인도는 형사소송의 수행에 도움이 되는 물적 증거를 확보하기 위해 특정물건을 피요청국으로부터 요청국에 인도하는 절차를 말하며, 공조법 제8조에 '공조범죄에 제공하였거나 제공하려고 한 물건이나 공조범죄로 인하여 생겼거나 취득한 물건 또는 그 대가로 취득한 물건은 요청국에 인도할 수 있다'고 되어있다. '다만, 그 물건에 대한 제3자의 권리를 해하지 못 한다'고 규정하였기에 물건을 인도함에 있어 대한민국이 그 물건에 대한 권리를 포기하지 않는 한 그 반환에 대한 보증이 있어야 하고, 또한 물건의 인도가 수사 또는 재판에 반드시 필요하다는 요청국의 소명이 있어야 한다.

6) 진술청취 및 기타 요청국에서 증언하게 하거나 수사에 협조하게 하는 조치(taking statements of persons and any other form of assistance not prohibited by the laws of the Requested State)

가장 바람직한 증인신문은 요청국의 사법당국 앞에서 직접 진술하거나 증언하는 것이므로 공조법 제9조는 ① 당사자가 서면으로 동의하고, ② 협조요청의 당사자에 대하여 그 이전에 행한 행위로 요청국에서 기소되거나 처벌받거나 기타 자유를 제한받지 않는다는 보증이 있는 경우 요청국에 가서 수사절차에서 진술하거나 재판절차에서 증언이 가능하도록 규정하고 있다. 증인신문이나 요청국에서의 증언은 그것이 수사 또는 재판에 반드시 필요하다는 요청국의 소명(疎明)이 있어야만 공조가 가능하며, 본인이 동의하지 않거나 질병 등으로 인하여 해외여행이 곤란한 경우 피요청국에 진술의 청취, 증인신문 등을 촉탁할 수밖에 없다.

(2) 공조의 제한

1) 공조법상 공조거절사유

국제형사사법공조는 기본적으로 피요청국의 주권일부를 침해하는 것이므로, 공조법 제6조에 '대한민국의 주권, 국가안전보장, 안녕·질서 또는 미풍양속을 해할 경우(동조 제1호)' 등 다섯 가지의 임의적 거절사유를 규정하여 공조의 제한을 두고 있다. 또한 공조법 제7조에서 외국의 공조요청이 대한민국에서 수사진행 중이거나 재판에 계속된 범죄에 대하여 행하여진 경우 그 수사 또는 재판절차가 종료될 때까지 공조를 연기할 수 있다고 규정하고 있다.

2) 공조조약 규정상 공조거절사유

공조법상 공조제한사유 이외 각국과의 개별 공조조약상에 공조거절 사유를 따로 규정하는 경우가 있다. 즉 한·호(濠), 한·미(美) 형사사법공조조약은 범죄의 성질에 의한 제한으로 정치범죄 이외 순수한 군사범죄를 거절사유로 하고 있고, 한·호(濠) 공조조약은 일사부재리(一事不再理)의 원칙에 의한 제한을 인정하여 요청국 또는 피요청국에서 이미 무죄확정, 사면 또는 형의 집행을 받은 경우 공조를 거절할 수 있도록 규정하고 있다.

또한 각 공조조약에서 임의적 공조거절사유만을 규정하고 있다. 즉 한·가(加) 공조조약과 한·미 공조조약은 쌍방가벌성의 원칙과 관련하여 공조요청 대상행위가 피요청국의 법에 의해 범죄를 구성하지 않는 경우만을 임의적 공조거절사유로 규정함으로써 추상적 쌍방가벌성의 입장을 채택하고 있는 반면, 한·호(濠) 공조조약은 공조대상 행위가 피요청국에서 행해졌다면 시효 등의 사유로 소추할 수 없는 경우에도 공조를 거절할 수 있도록 규정하고 있다. 한·미 공조조약은 쌍방가벌성의 일반원칙에도 불구하고 부속서(附屬書)에 규정된 26개의 범죄에 대해 피요청국의 법에 범죄를 구성하는지 여부에 상관없이 공조를 제공하도록 규정하고 있는데, 26개의 범죄에는 마약범죄, 테러범죄, 해외부패방지사범(海外汚職事犯),[13] 환경범죄, 미국 RICO법[14]상의 조직범죄 등이 포함되어 있다.

3. 공조절차

(1) 공조요청

1) 공조담당부서

우리나라의 공조법과 인도법은 법무부장관을 형사사법공조와 범죄인인도에 관한 중요사항 결정기관으로 규정하고 있으며, 실무는 법무부 국제형사과에서 담당하고 있다.

---

13) 汚職(부패)은 부패와 뇌물 수수와 같은 뜻으로, 주로 기업 관계자가 현지국 공무원(현지 민간기업 관계자)에게 사업상 편의를 도모해 달라는 목적으로 금전 기타의 뇌물을 지불하거나 그 신청, 약속 등을 행하는 것을 의미한다. 이는 1990년대 말부터 OECD의 '국제 상거래상 외국 공무원에 대한 뇌물방지 협약'에 따라 미국의 주도하의 회원국에서 해외 부패방지 법안이 입법화되어 각 국에서 입법화되고 있다. 우리나라도 1999년 동 협약에 서명했다.

14) RICO(Racketeer Influenced and Corrupt Organization)법은 조직범죄로 취득한 재산이나 조직범죄에 의해 운영되고 있는 것으로 인정되는 부패기관(腐敗機關, 기업체 등)의 재산을 몰수하기 위해 제정한 법률이며, 조직범죄의 자금이 기업체에 침투하여 합법화하는 현상을 방지하기 위하여 조직범죄의 활동을 유형화하고 예시된 활동이 기업체를 운영하고 지배하는 수단으로 사용되는 경우에 범죄가 성립하며, 여기에 관련된 것으로 인정되는 재산은 전액 몰수할 수 있게 하고 있다.

2) 공조의 경로(經路)

공조법 제11조는 외국에 대한 공조요청, 외국으로부터의 공조요청접수, 수집한 공조자료의 송부 내지 접수 등은 원칙적으로 외교경로를 통하도록 하고 있으며, 긴급하거나 특별한 사정이 있는 경우에는 법무부장관이 외교통상부장관의 동의를 얻어 이를 행할 수 있도록 규정하고 있다. 한-호(濠), 한-미(美), 한-가(加) 공조조약에는 신속한 공조를 위하여 법무부장관 또는 법무부장관이 지명한 공무원이 중앙기관으로서 공조요청서를 발송·접수하고, 외교경로를 통하거나 외국수사기관과 직접 접촉할 수 있도록 규정하고 있다.

3) 공조요청서(共助要請書)

① 작성주체(作成主體)

공조요청서의 작성주체는 검사이며, 외국에 대하여 수사에 관한 공조요청을 하는 검사는 공조요청서를 작성하여 소속 지방검찰청 검사장의 결재를 받아 대검찰청을 경유하여 법무부장관에게 이를 송부하여야 한다. 사법경찰관이 수사과정에서 외국에 공조를 요청하고자 하는 경우 검사에게 신청하여 법무부장관에게 공조요청서를 송부하여야 한다(공조법 제29조).

② 기재사항(記載事項)

공조법 제12조는 공조요청서에

㉠ 공조요청과 관련된 수사 또는 재판을 담당하는 기관,

㉡ 공조요청사건의 요지,

㉢ 공조요청의 목적과 내용,

㉣ 기타 공조를 실시하는 데 필요한 사항을 기재한다고 규정하고 있다. 일반적으로 기재되어야 할 사항은 다음과 같다.

- 공조요청과 관련된 수사 또는 재판을 담당하는 기관
- 구체적 공조요청사실 및 형벌 등 관련법규
- 공조요청의 필요성
- 요청대상자의 신원과 소재
- 공조요청을 이행함에 있어 피요청국에서 준수하기를 바라는 특정절차 또는 특정요건에 관한 상세한 설명 및 그 이유
- 수색 및 압수요청인 경우 대상물이 피요청국의 재판관할권 내에서 발견될 수 있을 것이라고 믿는 근거
- 관계자의 증언을 요청하는 경우, 선서(宣誓) 또는 확인된 진술이 필요한지에 대

한 설명과 당해 증인에 대한 신문사항

○ 비밀에 관한 요구사항 및 그 이유

○ 공조요청이 이행되어야 할 시간제한 등

이 밖에 해당국 공용어로 된 번역문의 첨부가 필요하고, 공조요청자의 서명 및 관인(官印) 등이 필요하다.

(2) 외국의 공조요청

1) 수사에 대한 공조

요청국으로부터 수사공조요청을 받으면 외교통상부장관은 법무부장관에게 공조요청서를 송부하고 법무부장관은 공조 여부를 결정한 뒤, 공조를 시행할 경우 관할 지방검찰청 검사장에게 이를 명령하고, 지방검찰청 소속 검사가 요청에 따른 공조자료를 수집한 뒤 역순(逆順)으로 외교경로를 따라 요청국에 송부한다.

2) 재판에 관한 공조

재판에 관한 공조절차의 기본구조는 수사공조절차와 유사하나, 법무부장관이 법원행정처장에게 공조요청서를 송부하면 법원행정처장이 관할지방법원장에게 송부하고 이에 따라 법원장이 공조요청자료를 수집하여 역순으로 송부한다.

3) 공조의 방식

외국의 공조요청에 따른 공조실시는 원칙적으로 우리나라의 법률이 정하는 방식에 의하되, 요청국이 요청한 공조방식이 우리나라 법률에 저촉되지 아니하는 경우 그 방식에 의할 수 있다. 한-미(美) 공조조약은 조약에서 달리 규정하는 경우 공조요청은 조약규정에 따라 실시한다고 규정하여 조약규정이 피요청국의 법률에 우선하도록 하고 있다.

4) 인증(認證)

강제력이 수반된 공조요청과 같이 중요한 내용의 공조요청의 경우 공조요청서의 인증이 요구되는 경우가 있으며, 공조로 취득한 증거서류 등 증거물이 요청국의 사법당국에 증거로 인정되기 위해서 일정한 형식에 의한 인증이 요구되는 경우도 있다.

(3) 외국에 대한 공조요청

1) 수사에 관한 공조요청

검사(사법경찰관은 검사에게 신청)는 외국과의 공조가 필요한 경우 대검찰청을 경유하여 법무부장관에게 공조요청서를 송부하고, 법무부장관은 공조요청 여부를 결정한 뒤 요청이 상당하다고 인정되면 외교통상부장관에게 이를 송부하고, 외교통상부장관은 피요청국에 공조요청을 실시한다. 조약체결국에 대한 공조요청의 경우 원칙적으로 조약규정에 따른다.

2) 재판에 관한 공조요청

법원이 형사재판에 관하여 외국에 공조요청을 할 경우 법원행정처장에게 공조요청서를 송부하고 그 사실을 검사에게 통지하여야 한다. 법원행정처장은 공조요청서를 송부받아 법무부장관에게 송부하며 이 후의 절차는 수사공조요청 시와 동일하다.

(4) 공조절차상 유의사항(留意事項)

1) 외국에 대한 공조요청 시(共助要請 時)

① 공조요청에 활용할 절차결정(외교경로를 거칠 것인지 인터폴을 활용할 것인지의 여부)
② 상대국과 조약체결 여부 확인(조약체결이 되지 않은 경우 상호보증하에 공조요청을 실시)
③ 공조요청서의 작성과 번역문 작성(원문과의 동일 증명을 첨부)
④ 공조요청 경로 검토
⑤ 공조요청자료의 서명과 관인
⑥ 공조요청서의 송부

2) 외국의 공조요청

① 요청국과 조약체결 여부 확인
② 번역문 첨부 여부
③ 공조요청서의 접수경로 확인
④ 공조요청이 공조법 제6조의 공조제한사유에 해당하는지 여부
⑤ 공조법 제12조(공조요청서의 기재사항)에 규정된 사항의 기재 여부
⑥ 공조법 제12조 제2호의 요청국의 소명 여부
⑦ 공조법상 필요한 동의의 유무
⑧ 공조법상 필요한 보증의 구비 여부
⑨ 공조자료 송부에 대한 조건의 부과 여부 등

제3절 국제형사경찰기구(ICPO-INTERPOL)

1. 인터폴의 개념

　　세계화에 따라 교통, 통신, 전산시스템 등이 발달하면서 범죄자들이 범행 장소 및 대상의 선정에서 국경을 초월하고, 범행 후에도 쉽게 범행지를 벗어나 세계 곳곳으로 도주할 수 있게 되었다. 이처럼 범죄의 주체, 객체, 행위, 법익, 결과발생 등의 요소가 2개 이상의 국가에 관련되어 있는 범죄를 '국제성 범죄(International Crime)'라고 하며, 이를 해결하기 위해서는 경찰 간의 국제협력이 필수 불가결한 요소가 되었다. 각국 경찰이 서로 다른 형사사법절차, 수사구조, 문화와 언어 등의 문제를 극복하고 범죄정보 교환, 신원확인, 수사공조, 범죄인 인도 등과 관련하여 상호 유기적인 협력의 필요성이 제기됨에 따라 국제사회는 1923년 국제형사경찰위원회(International Criminal Police Commission)를 창설하였고, 이는 1956년 국제형사경찰기구(International Criminal Police Organization : ICPO) 즉, 인터폴로 명칭이 변경되어 오늘에 이르고 있다.

　　인터폴의 공식명칭은 국제형사경찰기구(International Criminal Police Organization: ICPO-INTERPOL)로 194개 회원국으로 구성된 세계 최대의 국제경찰조직이며 우리나라는 1964년(제33차 총회, 베네수엘라)에 가입하였다. 인터폴 회원국들은 국제범죄의 예방과 진압을 위해 인터폴 헌장과 자국의 국내법이 허용하는 한도 내에서 국제범죄에 관한 각종 정보를 교환하고 범죄자 체포·인도에 대해 상호 협력하는 것을 주요 활동으로 하고 있다.[15]

2. 인터폴 역사

(1) 연혁

○ 1901년 Edbury Henry가 Scotland Yard(구 런던 경찰청)에 중앙지문본부를 설치하고, 국제적 경찰제도의 채택을 각국에 호소[16]

---

15) 인터폴은 국경을 초월하는 범죄수사권을 가진 '국제경찰'을 의미하는 것은 아니다. 인터폴 헌장 제2조는 각국은 현행 법률의 범위 내에서, 그리고 '세계인권선언'의 정신에 입각하여 모든 형사 경찰 당국 간에 최대한 협조를 보장하고 증진하는 것을 목적으로 하고 있으며, 인터폴 헌장 제3조에 정치적·군사적·종교적·인종적 성격을 띤 어떠한 개입이나 활동을 금지하고 있다.

16) 20세기 초 모나코의 왕자 Albert I세가 국가의 부를 카지노 운영에 의존하고 있는 조국의 명예를 선양하기 위해 바쁜 하루하루를 보내다가 모나코를 가끔 방문해서 카지노를 즐기던 아름다운

○ 1905년 부녀자 인신매매의 수사에 관한 Paris 협정체결

○ 1914년 모나코에서 제1차 국제형사경찰회의가 개최되어 모나코, 프랑스, 이탈리아, 러시아, 오스트리아, 영국, 독일의 경찰간부, 치안형사, 법률학자들이 모여 도망범 인인도법의 표준화, 국제수배, 중앙국제범죄기록 기관의 설치, 범인 체포의 합리화 등을 논의

○ 1923년 제2차 국제형사경찰위원회의가 19개국 대표가 참석한 가운데 오스트리아의 Vienna에서 개최되어 국제형사경찰위원회를 설립하고, 사무국을 Vienna에 두기로 합의

○ 1926년 제3차 국제형사경찰위원회 회의 개최

○ 1941년 국제형사경찰위원회 사무국을 독일의 Berlin으로 이전

○ 1946년 제2차 세계대전 전의 회원국 17개국이 Brussels에서 제15차 회의를 개최하고 동 기구를 개편한 뒤 사무총국을 Paris로 이전

○ 1956년 제25차 총회가 Vienna에서 개최되어 국제형사경찰기구(International Criminal Police Organization: ICPO)가 발족되었으며 회원국수는 55개국에 달하고 사무총국은 계속 Paris에 둠

○ 1967년 회원국 수 100개국 돌파

○ 1971년 UN과 인터폴 간 특별협정 체결로 인터폴은 정부간 기구로 승인

○ 1984년 인터폴에 면책특권을 부여하기 위하여 인터폴과 프랑스 정부 간에 협정서[17] 체결

○ 1989년 프랑스 Lyon市에 인터폴 본부건물을 신축하고 사무총국 이전

○ 1996년 10월 UN총회에서 옵저버 지위 부여

○ 1999년 11월 서울에서 제68차 인터폴 총회 개최

○ 2018년 11월 21일 김종양 전 경기지방경찰청장 인터폴 총재 당선

○ 2018년 회원국 수 194개국

금발의 독일여성과 사랑에 빠지게 되었다. 비밀 통로를 통해 왕궁 내 왕자 처소를 자유로이 왕래할 수 있었던 그녀가 어느날 밤 왕자를 유인하여 즐기고 있는 동안 공모한 그녀의 남자친구가 왕실 내 귀중품을 모조리 훔쳐 이탈리아로 도망간 사건이 발생했다. 모나코 경찰은 이탈리아로 도망간 범인들을 검거하려고 시도하였지만 국제법적인 문제로 인해 모나코 경찰이 모나코의 영토 밖에서 활동할 수 있는 법적 근거가 마련되어 있지 않았을 뿐만 아니라, 타국의 경찰들로부터 협조를 구할 수 있는 통로도 개설되어 있지 않았다. 이 사건의 영향인지는 알 수 없지만, 그 후 Albert I세는 1914년 세계 각국의 법학자, 경찰책임자 등을 모나코로 초청하여 '제1회 국제형사경찰회의(The First International Criminal Police Congress)'를 개최하였고, 이 회의는 제1차 세계대전 후인 1923년 인터폴의 전신인 '국제형사경찰위원회'로 탄생하였다.

17) 'Headquarters Agreement of the ICPO – Interpol'

(2) 변천과정

1914년, 최초로 '국제형사경찰의회'가 모나코에서 개최되었으며, 당시 24개국 경찰관, 변호사 및 치안판사들이 참여하여 범죄인 체포절차, 범인 특정기술, 범죄인인도 절차 등을 논의하였는데 이를 '인터폴'의 기원으로 본다. 이어서 1923년 오스트리아 비엔나에서 비엔나 경찰 수장이었던 요하네스 쇼버(Johannes Schober) 박사의 주도로 '국제형사경찰위원회(International Criminal PoliceCommission)'가 창립되었으며, 당시 발간한 국제공공안전저널에 '수배서(Notices)'가 최초로 게재되는 등 현대적인 인터폴 체계를 갖추기 시작하였다. 이후 1946년, 제2차 세계대전 종료 후 인터폴은 프랑스 파리에 본부를 새로 건축하고 기구의 전신약호로 'INTERPOL'이라는 용어를 사용하기 시작하였다. 또한, 현재의 색상별로 분류된 인터폴수배 시스템이 도입되었으며 이와 함께 '인터폴 적색수배서(INTERPOL Red Notices)'가 최초로 발부되었다. 1956년에는 현대화된 인터폴 헌장을 채택하였고, '국제형사경찰위원회(ICPC)'에서 '국제형사경찰기구(ICPO−INTERPOL)'로 공식명칭을 변경하였다. 1971년에 들어 국제연합(UN)에서 인터폴을 '정부 간 기구'로 공식 인정하였으며, 1989년 프랑스 파리에 소재하던 인터폴 사무총국 본부를 현재의 프랑스 리용으로 이전하였고, 2015년 싱가포르에 '인터폴 글로벌혁신단지(INTERPOL Global Complex For Innovation)'를 개소하여 아시아·태평양 지역의 국제공조 거점이자 사이버수사 분야의 국제적 허브로 발돋움하였다.

(3) 기본원칙과 조직구조

1) 기구의 목적

인터폴 헌장 제2조에 '각국 현행 법률의 범위 내에서 세계인권선언의 정신에 입각하여 모든 형사경찰 당국 간의 협조를 최대한 보장·증진하고, 일반범죄의 예방과 진압에 효과적으로 기여할 수 있는 모든 기관을 설립하고 발전시키는 데 있다'고 인터폴 설립 목적을 규정하고 있다. 또한 인터폴은 정치적·종교적·군사적 또는 인종적 성격을 띤 사항에 대해 간섭하거나 활동하는 것은 엄격히 금지된다고 규정하고 있다.[18]

2) 가입

인터폴의 활동범위에 합치되는 국가의 공식경찰기관은 회원으로 가입할 수 있으며, 가입신청서는 관계 정부당국이 인터폴 사무총장에게 제출하고, 총회에서 출석회원 2/3 이상의 찬성을 얻어야 한다.[19]

---

18) 인터폴 헌장 제3조.

3) 인터폴 조직구조

① 총회(General Assembly): 전 회원국이 참가하는 최고 의결기관

인터폴 총회는 인터폴의 전반적인 시책과 원칙을 결정하는 최고 의결기관으로서, 매년 하반기 전 회원국의 참석하에 개최되며 사무총국에서 작성한 차 년도 사업계획 검토·승인, 결의안 채택, 재정정책 결정 등을 실시하고, 필요 시 각 회원국에 특정 임무나 사항을 권고하기도 한다.

② 집행위원회(Executive Committee): 총회 결정사항 집행·감독

인터폴 집행위원회(13명)는 총재 1명, 부총재 4명, 집행위원 8명으로 구성되며 총재를 제외한 부총재와 집행위원은 각 대륙별(아시아·아프리카·유럽·미주) 3명씩 균등하게 배정하고 있다. 총재를 포함하여 집행위원 전원은 비상근직이며 집행위원회 회의는 연 3회(2회는 사무총국, 나머지 1회는 총회 개최지) 개최된다. 집행위원회의 주요 임무는 총회 결정사항의 집행 및 감독, 총회 의제 작성, 필요 업무·사업계획서 총회 제출, 사무총국의 행정 및 업무 감독이다.[20]

③ 사무총국(General Secretariat): 인터폴의 상설 행정기관

인터폴 사무총국은 국제범죄 예방과 진압을 위해 각 회원국 등과 긴밀한 협조관계를 유지하는 총본부이자 추진체이다. 사무총장의 지휘 아래 각국에서 파견된 현직 경찰관과 현지에서 채용된 기술·행정요원으로 구성되어 있다. 사무총국의 주요 임무는 총회 및 집행위원회 결정사항의 집행, 각 회원국 및 국제기구와의 협력, 인터폴 수배서 및 각종 간행물 발간, 국제범죄 예방과 진압을 위한 기술 및 정보 센터로서의 역할 등이다.

④ 국가중앙사무국(National Central Bureau: NCB)

인터폴 국가중앙사무국(NCB)은 인터폴 사무총국 및 회원국들과의 신속한 협력을 위하여 각 국가 중앙경찰 산하에 설치되어 있는 상설기구를 말하며, 대한민국에는 경찰청 외사국에 '인터폴 대한민국 국가중앙사무국(NCB)'이 설치되어 있고 외사국장이 NCB 국장

---

19) 인터폴 헌장 제4조.
20) 한국 경찰이 배출한 인터폴 집행위원을 보면,
  2000년 그리스에서 열린 제69차 인터폴 총회에서 김중겸 전 충남지방경찰청장(당시 서울청 정보관리부장, 경무관)이 우리 경찰 중 최초로 아시아 지역 인터폴 부총재로 선출되었고, 2006년 브라질에서 열린 제75차 인터폴 총회에서 박기륜 전 충북지방경찰청장(당시 외사국장, 경무관)이 아시아 지역 집행위원으로 선출되었다. 그러다가 2012년 11월 이탈리아 로마에서 열린 제81차 인터폴 총회에서 아시아 지역 집행위원으로 선출된 김종양 전 경기지방경찰청장이 제84차 르완다 인터폴 총회에서 아시아 지역 부총재로 다시 당선되어 활동해 오다 중국 출신의 멍훙웨이 총재가 부정부패 혐의로 중국 정부에 체포됨에 따라 2018년 11월 21일 아랍에미리트 두바이에서 열린 제87차 인터폴 총회에서 새 인터폴 총재로 선출되어 2020년까지 전임자의 잔여임기를 수행 중이다.

(Head of NCB)의 임무를 수행하고 있다. 국가중앙사무국은 총회 결의사항을 자국 내에서 시행하며 필요한 조치를 강구하고 사무총국 및 타 회원국 국가중앙사무국과의 연락을 유지하는 역할을 한다. 또한, 자국 내 경찰기관 및 법집행기관과의 국제공조수사 협력 업무와 사무총국 및 타회원국 국가중앙사무국이 요청하는 공조사항을 처리하고, 자국 경찰을 대표하여 총회에 참석하고 표결에 참여한다.

(4) 인터폴의 지위

1) 국제기구로서의 지위

국제기구는 여러 가지 기준에 의해 분류할 수 있으나 구성원의 성격에 따라 각국 정부 간 공식적인 합의에 의해 설립되는 정부간 국제기구(Inter−Governmental Organization)와, 개인 또는 민간단체 간에 형성되는 비정부간 국제기구(Non−Governmental Organization)로 대별된다. 정부간 국제기구는 주권국가의 합의에 의한 기능적인 조직을 의미하며 통상 국제법상의 조약에 의해 성립된다. 인터폴은 창설 초기 각국 경찰기관의 정례적 협의체에 불과한 비정부간 기구로 인식 되었으나, 국제범죄에 대한 활동과 역할이 급증하면서 인터폴은 국제경찰협력의 주체인 정부간 기구로서의 지위를 인정받기 시작하였다. 1971년 5월 20일 UN 경제사회이사회는 결의안 제1579L호를 통해 인터폴을 정부간 국제기구로 공식 인정한 후 인터폴과 '상호 협력을 위한 특별약정'을 체결할 데 이어 1996년 10월 22일 UN 은 인터폴에 옵서버 자격으로 UN총회 회기와 업무에 참여할 수 있는 권한을 부여하였다. 또한 UN 교육, 과학, 문화기구(UNESCO)도 1999년 10월 인터폴과 체결한 양해각서를 통하여 인터폴을 정부간 기구로 인정하였다.

인터폴 본부가 소재한 프랑스 및 지역사무소가 소재한 태국 등 5개 국가는 인터폴 직원 및 시설물에 대하여 일정한 면책특권을 부여하고 있다는 점 역시 인터폴이 정부간 국제기구라는 사실을 뒷받침하고 있다. 또한 우리나라도 인터폴 총회에 참석할 때 '정부대표 및 특별사절의 임명권과 권한에 대한 법률'에 의거 대표단을 구성하고, 정부 훈령에 따라 총회 활동을 하도록 되어 있는데, 이는 우리 정부가 인터폴을 국제기구로 인정하고 있다는 근거라 할 수 있다.

2) 법적지위(法的地位)

인터폴은 인터폴헌장(Constitution), 일반규정(General Regulations) 및 각 회원국의 국내법에 의거하여 국제간 경찰협력을 위해 활동하는 정부간 기구로서, 기구 자체가 범죄수사권을 가진 '국제경찰(International Police)'을 의미하는 것은 아니다. 인터폴은 정부간 활동을 하지만 국제조약, 협약 또는 유사한 법적 근거에 기준을 두는 것이 아니며, 그 헌장은 외교적 서명을 요하는 것도 아니고 정부의 비준이 필요한 것도 아니다. 이러한 특성으로 인해 인터폴은 체포, 압수, 수색 등 범죄수사권을 행사할 수 없으며, 단지 그러한 권한은 인터폴 사무총국이나 국가중앙사무국으로부터 공조수사 의뢰를 받은 회원국이 자국 법령이 인정하는 한도 내에서 행사할 수 있을 뿐이다.

'범죄인 인도에 관한 UN 모델조약'[21]은 효과적인 범죄 진압을 위해 긴급한 경우 범죄인 인도청구서 송부 전에 범죄인에 대한 긴급인도구속을 인터폴의 송신 수단에 의해 할 수 있음을 명시함으로써 범죄인인도에 관한 인터폴의 법적지위를 인정하고 있다. 대표적인 다자간(多者間) 조약인 '범죄인인도에 관한 유럽협약'에서도 인터폴을 통하여 긴급인도구속청구를 할 수 있도록 규정하고 있다. 또한 1998년 7월 17일 로마에서 채택된 국제형사재판소(International Criminal Court: ICC) 규정에도 ICC가 당사국에 대한 협력요청을 인터폴을 통하여 전달할 수 있다고 명시되어 있는 등 여러 국제조약에서 인터폴의 법적 주체성을 인정하고 있다. 우리나라도 국내법인 '범죄인인도법'으로 범죄인인도에 관한 범위와 절차를 규정하고, 이를 근거로 외국과 개별적인 범죄인인도조약을 체결해 오고 있다. 국제형사공조법 제38조에는 신속한 자료송부 및 정보교환을 위하여 필요한 경우 외교경로를 거치지 않고 직접 인터폴을 통하여 협조할 수 있는 근거를 마련하고 있으며 그 범위를,

    ○ 국제범죄의 정보 및 자료교환

    ○ 국제범죄의 동일증명 및 전과조회

    ○ 국제범죄에 관한 사실 확인 및 그 조사

    ○ 기타 국제형사사법공조법에 정한 공조에 관한 조치로 하고 있다.

3. 인터폴 기본원칙과 협력방식

(1) 기본 원칙

인터폴의 국제경찰협력은 다음과 같은 원칙들에 의거하여 수행된다.

1) 주권의 존중

경찰협력은 각 회원국 경찰기관들이 자국의 영토 내에서 국내법에 따라 행하는 통상적인 업무수행의 범위 내에서만 협조함을 원칙으로 한다.

2) 일반형법의 집행

인터폴의 활동범위는 일반범죄와 관련된 범죄의 예방과 진압에 국한하고, 정치·군

---

21) UN General Assembly Resolution N0.45~116, 1990.12.14.

사·종교·인종적 사항에 관해서는 어떠한 관여나 활동도 배제한다.

3) 보편성(普遍性)

모든 회원국은 타회원국과 협력할 수 있으며, 그러한 협력은 지리적 또는 언어적 요소에 의해 방해받아서는 안 된다.

4) 평등성(平等性)

모든 회원국은 재정 분담금의 규모와 관계없이 동일한 혜택과 지원을 받을 수 있다.

5) 타기관과의 협력

각 회원국은 국가중앙사무국을 통해 일반범죄의 예방과 진압에 관여하고 있는 타국가 기관과도 협조할 수 있다.

6) 협력방법의 융통성

협조방식은 규칙성·계속성이 있어야 하나 회원국의 국내실정을 충분히 고려하여 협조방식을 변경할 수 있다.

(2) 협력의 종류 및 방식

1) 범죄수사의 협력

① 다음과 같은 범죄행위 등에 대해 조사요청을 받을 시에는 피요청국이 이를 조사·통보한다.
- 범죄행위 또는 그 결과가 자국과 외국에 걸쳐 행하여진 경우
- 예비음모와 범죄 실행이 자국과 외국에서 분리 실행된 경우
- 자국인의 외국에서의 범죄행위
- 자국 내 사건의 참고인 또는 증거물 등이 외국에 있는 경우

② 도피 범인의 체포 또는 신병확보
- 범죄인인도조약이 체결된 국가인 경우, 범죄인인도를 전제로 한 체포요청서에 의거하여 범인의 현재지 국가에서 조약상의 절차에 따라 체포·인도한다.
- 범죄인인도조약이 체결되지 않은 국가인 경우, 대부분 회원 국가는 인터폴의 권고에 따라 체포영장에 의한 범인체포 요청이 있을 경우 자국 내에 소재하는 외국의 도망범인을 체포·인도 할 수 있다는 내용의 법적 근거를 마련하고 이에 의거하여 범인을 체포한 후 외교경로를 통해 인도하는 것이 관례이다.

③ 협력수단(協力手段)
- ○ 긴급한 경우 인터폴 무선망을 이용하여 24시간 내에 수배 또는 체포 등 협조요청
- ○ 긴급하지 않을 때는 서신에 의한 정식 수배 또는 체포요청

2) 범죄예방을 위한 협조

회원국 간 범죄예방을 위한 협조 활동에는 다음과 같은 것들이 있다.

① 국제성 범죄관련 우범자 등 발생 시 사전 통보
② 새로운 범죄사건 발생 시 각국에 참고 통보
③ 범죄정보 회람서(각종 범죄형태 및 범죄에 관한 정보, 또는 범죄예방을 위한 각국의 제도, 새로운 기법 등을 서면 또는 정기간행물을 통해 수시로 통보)
④ 기술협조(인터폴 사무총국은 각 회원국 실무요원으로 하여금 일상업무에 효율적으로 대처하기 위한 교육을 실시하고 있으며, 회원국 상호 간 여러 분야에 대해 정보와 의견 또는 각종 경험에서 얻은 유익한 자료를 교환하기 위해 총회·지역회의·국제세미나 및 심포지움·전문가 회의 등을 수시로 개최)

4. 인터폴 국제수배(國際手配)와 국제공조

(1) 인터폴 주요 기능

1) I-24/7 통신망 운영

I-24/7 통신망이란 인터폴 회원국들이 인터넷을 통하여 24시간 7일 항상 연결되어 있다는 의미를 갖는 인터폴의 전용 통신망으로, 이를 통해 각국의 중앙사무국들은 인터폴 시스템의 주요 기능 및 서비스에 접속할 수 있으며 인터폴 사무총국과 각 회원국들 간에 방대한 양의 정보교류와 데이터베이스(D/B) 접속이 이루어지고 있다.

2) INTERPOL 지휘조정센터(CCC) 운영

CCC(Command and Coordination Center)는 세계 어느 곳에서 긴박한 상황이 발생하더라도 즉각적으로 대응하고 신속한 정보교환을 할 수 있게 하기 위하여 항시(24/7), 네 가지 공식 언어(영어·프랑스어·스페인어·아랍어) 모두를 활용하고 있으며, 모든 시간대에 발생하는 상황에 대응하기 위해 프랑스(리옹)·싱가포르·아르헨티나(부에노스아이레스)에 설치되어 있다. CCC는 여러 치안 상황에 대응하는 국가를 도와주며 필요한 경우 신속대응팀(Incident Response Team: IRT)과 중요행사지원팀(INTERPOL Major Events Support Team: IMEST)을 파견하기도 한다.

(2) 인터폴 수배의 효력범위

1) 인터폴 수배서(Notices)의 의의와 종류

인터폴은 각 회원국에 중요 범죄관련 정보를 공유하도록 국제적 협조요청이나 위험 경고를 하기 위한 목적으로 '인터폴 수배(통지)서(Notices)'를 발부하고 있다. 인터폴 국제수배란 국외도피범, 실종자, 우범자 및 장물 등 국제범죄와 관련된 수배대상인 인적·물적 사항에 관한 정확한 자료를 각 회원국에 통보하여 이에 공동으로 대응할 수 있는 체제를 말하며, 사무총국 및 각 회원국 간에 각종 국제범죄 예방과 진압에 있어 신속한 국제공조를 이루고자 하는 목적하에 시행되고 있다. 각 인터폴 국가중앙사무국(National Central Bureau) 또는 권한 있는 기관의 요청에 따라 사무총국에서 발부하며 그 발부 목적에 따라 다음과 같이 8가지 종류의 인터폴 수배서를 발부하고 있다. 일반적으로 국제수배서는 수배대상자의 인적사항·국적·죄명·사진·지문·신체의 특징·장물의 특징과 수배대상을 발견하였을 때의 요청내용 등이 명시되어 있다.

2) 인터폴 적색수배 및 효력

적색수배서(Red notice)는 인터폴 사무총국에서 회원국의 요청에 따라 발부하는 수배서로 범죄인인도를 목적으로 소재확인·검거 요청 등을 위한 임의적 협력요청의 성격이 강하며 강제력이 수반되는 영장(Warrant)은 아니다.[22]

3) 인터폴 수배의 효력범위

자국법상 적색수배서를 '긴급인도구속 요청'으로 볼 수 있다는 규정 등이 있는 국가의 경우(독일, 프랑스 등 유럽국가), 적색수배서를 근거로 대상자를 체포하기도 하며 싱가포르 등 일부 국가에서는 입국 자체를 거부하기도 한다. 회원국마다 적색수배서에 대한 효력 인정범위에는 다소 차이가 있으나, 공통적으로 피의자에 대한 출입국 심사에 활용을 하는 등 국내법 적용시 중요한 참고자료로 활용하고 있다.

우리나라의 경우에도 적색수배 정보를 경찰청(인터폴)에서 법무부(출입국·외국인정책 본부)와 공유하여 다른 나라 인터폴에 적색수배된 대상이 우리나라에 입국을 시도할 때 적색수배자료를 입국허용 여부 판단에 활용하거나 이미 국내에 (합법)체류 중인 적색수배자의 비자연장 여부를 결정하는데 참고하는 등 국가 안전을 위해 활용하고 있다.

각 국가별 적색수배효력을 보면, 프랑스·독일·스페인 등은 사안에 따라 긴급인도구속 요청으로 간주하고, 미국·영국·일본·호주 등은 불법체류자의 경우 대부분 이민법 위반

---

22) 인터폴 적색수배요청 기준 관련 경찰청 내부지침(2017.4.12. 개정).

으로 추방, 그 외의 경우 소재확인(체류 여부) 용도로만 활용하며, 중국·태국·필리핀 등 아시아권 국가들은 적색수배와 함께 송환요청 있을 경우 주로 이민법 등 해당 자국법을 적용하여 강제추방하고 있다. 우리나라는 불법체류자의 경우 출입국관리법위반으로 검거하여 추방하며, 그 외에는 출입국심사시 참고자료 또는 소재확인 용도 등으로 활용하며, 법무부(출입국·외국인정책본부)와 협의를 통해 주로 입국제한 및 체류기간 연장을 불허한다.

(3) 국제수배서의 종류

1) 적색수배서(赤色手配書, Red Notice: Form 1)

수배서 중 가장 중요한 적색수배서는 국제 체포수배서(International Wanted Notice)라 할 수 있으며 수배서 오른쪽 상단에 적색 4각 마크가 표시되어 있어 적색수배서라 불리워진다. 적색수배서는 일반형법을 위반하여 체포영장이 발부된 범죄인에 대하여 범죄인인도를 목적으로 하는 경우에 발행된다. 따라서 범죄인인도조약이 체결된 국가의 경찰이 피수배자를 발견할 때 긴급인도구속을 할 수 있으며, 그 후에는 범죄인인도법이 정하는 구금의 청구·정식인도요구 등의 절차를 진행하게 된다. 적색수배서에 의한 긴급인도구속은 이미 유럽 여러 나라를 비롯하여 많은 나라에서 실행되고 있고, 1957년의 범죄인인도에 관한 유럽조약, 1962년의 범죄인인도 및 형사사법공조에 관한 베네룩스조약 등은 긴급인도 및 체포의 청구를 인터폴을 통해 피청구국의 권한 있는 당국에 송부하는 것을 인정하고 있다. 따라서 적색수배서에 의한 긴급인도구속은 범인인도전 절차(pre-extradition procedure)의 핵심을 이룬다.

적색수배서의 목적은 수배자 체포 및 범죄인인도이며, 그 요건은 장기 2년 이상 징역, 금고에 해당하는 죄를 범한 체포·구속영장이 발부된 수배자일 것에 해당되어야 한다.

2) 청색수배서(범죄관련인 소재확인, 青色手配書, Blue Notice: Form 2)

청색수배서는 국제정보조회 수배서(International Inquire Notice)라 부르며 피수배자의 신원과 소재확인이 주목적이다. 청색수배서의 목적은 유죄판결을 받은 자, 수배자, 피의자, 참고인 피해자 등 범죄관련자일 것이며, 요건으로는 소재확인을 위한 범죄사실 특정 등 충분한 자료가 제공될 것을 요한다.

3) 녹색수배서(綠色手配書, Green Notice : Form 3)

이 수배서는 여러 국가에서 상습적으로 범행하였거나, 또는 범행할 가능성이 있는 국제범죄자의 동향을 파악하여 사전에 그 범행을 방지할 목적으로 발행하는 것으로, 전과의 정도·범죄의 종류·국제범죄조직원 여부 등을 고려하여 중요한 국제적 범죄자라고 판단되는 경우에 한하여 발행한다. 녹색수배서의 목적은 우범자 정보제공으로, 법집행기관에 의해 공공안전에 위협이 되는 인물로 평가될 것과 우범자 판단에 전과 등 충분한 자료가 뒷받침될 것을 요한다.

4) 황색수배서(黃色手配書, Yellow Notice: Form 4)

가출인의 소재확인 또는 기억상실자 등의 신원을 파악할 목적으로 발행한다. 황색수배서는 실종자 소재확인을 목적으로 하며, 요건으로는 경찰에 신고되었을 것, 성인의 경우 사생활 보호관련 법률 위반이 없을 것, 충분한 정보가 제공될 것을 요한다.

5) 흑색수배서(黑色手配書, Black Notice: Form 5)

사망자의 신원을 확인할 수 없거나 또는 사망자가 가명을 사용하였을 경우 정확한 신원을 파악할 목적으로 발행하는 것으로, 사체의 사진과 지문·치아상태·문신 등 신체적 특징·의복 및 소지품의 상표 등 사망자의 신원파악에 도움이 될 수 있는 자료가 수록되어 있다. 흑색수배서는 변사자 신원확인을 목적으로 하며, 경찰에 의해 변사체 발견이 확인될 것, 충분한 정보가 제공될 것을 요한다.

6) 오렌지색수배서(Orange Notice)

테러관련 위험물질 경고 목적의 수배서이다. 오랜지색수배서는 위험물질 경고로, 법집행기관에 의해 공공안전에 급박한 위험이라고 평가될 것을 요건으로 한다.

7) 보라색수배서(犯罪手法手配書, Purple Notice, Modus Operandi)

세계 각국에서 범인들이 사용한 새로운 범죄수법 등을 사무총국에서 집중관리하고 각 회원국에 배포하여 수사기관이 범죄예방과 수사자료로 활용케 하며, 경찰교육자료로 이용할 목적으로 발행되는 것으로 엷은 자주색 4각 마크가 표시되어 있다. 보라색수배서는 범죄수법정보 제공의 목적과, 수법·대상 등이 회원국의 관심을 끌 수 있는 범죄일 것과 충분한 정보를 포함할 것을 요건으로 한다.

8) UN 특별수배서

UN 특별수배서는 UN 안보리제재대상 정보 제공을 목적으로, 인터폴과 UN 안보리의 협의 사항에 따라 발부될 것을 요건으로 한다.

(4) 국제수배서의 발행 및 취소절차

1) 수배서 발행

긴급한 경우 우선 인터폴 전용통신망(I24/7)을 이용하여 사무총국 및 각 회원국에 수배 의뢰한 후 소정의 양식으로 사무총국에 국제수배서 발행을 요청한다. 사무총국은 각 회원국의 수배요청서를 종합하여 월 1회 국제수배서를 발행하여 배포한다.[23]

2) 수배 취소

수배자 검거, 시효완성, 범인인도, 소재확인, 신원파악, 장물회수 등 수배 취소사유 발생 시 사무총국에 이를 통보하고, 사무총국은 이를 종합하여 월 2회 수배해제 사유를 각 회원국에 통보한다. 그러나 녹색수배서는 특별한 경우를 제외하고는 취소하지 않으며 이것은 수배 요청국의 재량에 의해 취소할 수 있다.

(5) 데이터베이스 구축 및 운영

인터폴은 DNA, 지문, 도난차량, 도난여권, 도난문화재 등 방대한 양의 D/B를 구축하고 있으며 인터폴 회원국들은 자국의 범죄예방 및 수사를 위하여 연간 17억 회 이상의 D/B 자료 조회를 하는 등 이를 적극적으로 활용 중이다. 우리나라의 경우 경찰청 외사수사과 인터폴계에 인터폴 전용통신망(I-24/7)이 구축되어 있다. 이 통신망은 INTERPOL에서 전 세계 192개 인터폴 회원국 간 국제범죄정보 교류 및 공조수사를 위한 것으로, 이 통신망에 우리나라와 연계된 인터폴 사무총국 관리 D/B가 설치되어 있다.

1) 도난분실 여권(Stolen & Lost Travel Documents: SLTD)

○ 각국에서 입력한 도난분실 여권정보를 전 세계 가입국이 공유하는 시스템(우리나라는 외교부 여권과에서 인터폴계를 경유, 1일 2회 접수된 도난분실 여권정보를 인터폴 사무총국의 D/B에 업로드)

2) 아동음란물(International Child Sexual Exploitation: ICSE)

○ 사진, 동영상 등 아동음란물 업로드 및 검색 시스템(D/B를 사용할 수사관들에 대한 전문교육 실시 이후 가입이 허가되며, 우리나라는 2013년 3월 경찰관 9명 대상으로 교육 완료 후 가입)

3) 도난 문화재(Stolen Works of Art)

○ 1995년 도난 문화재 D/B를 구축, 회원국(190개국) 및 유네스코 등 국제기구에 제공('10년 8월부터 문화재청은 도난된 것으로 추정되는 중요 문화재 등재를 경찰청 인터폴에 요청, 인터폴 도난문화재 D/B 4만여 점 가운데 한국 135점 등록)

---

23) 단 황색수배서 등은 사무총국의 재량으로 발행하고 있다.

4) DNA D/B

○ INSYST(인터폴 내부망 홈페이지)와 메일을 통해 사무총국 보유 D/B의 검색 가능

5. 인터폴 대한민국 국가중앙사무국

(1) 의의

우리나라는 1965년 5월 21일 당시 내무부 치안국 산하에 국가중앙사무국을 설치하였는데 이를 Interpol – Korean National Central Bureau 또는 우리나라의 수도를 딴 NCB Seoul이라고 불렀다. NCB Seoul은 한국경찰을 대표하여 인터폴과 관련된 모든 사항에 대해 사무총국 및 타국의 국가중앙사무국(NCB)들과의 협조는 물론 각 시·도 지방경찰청을 비롯하여 검찰·관세청 등 여타 관련 부처와 인터폴과의 업무협조에도 창구역할을 수행한다. 따라서 인터폴과 관련된 국제형사경찰 간의 모든 업무협조는 NCB Seoul을 통해 이루어지고 있다.

(2) 조직운영 및 관장업무

1) 가입

날로 증가하는 국제성 범죄에 효과적으로 대처하기 위해 국제적 경찰협력이 필요하다는 점을 감안하여 1963년 9월 외무부를 통해 인터폴 사무총장과 접촉하여 1964년 4월 정식으로 가입을 신청하였고, 동년 9월 남미 베네수엘라의 수도 카라카스에서 개최된 제33차 인터폴 총회에서 한국의 회원가입 동의안이 만장일치로 승인되어 회원국으로 가입하였다.

2) 조직운영

NCB Seoul은 사무국장과 인터폴 직원으로 구성되며 국내법이 허용하는 범위 내에서 규정된 업무를 수행하고 있다.

3) 주요 관장업무(管掌業務)

NCB Seoul은 각종 국제범죄의 예방과 진압에 효과적으로 대처하기 위해 필요사항을 외국경찰에 협조 의뢰하거나 또는 외국경찰이 요청한 사항에 대해서 국제협력의 일환으로 국내 각 기관 및 각 시·도 지방경찰청과 협조한다. NCB Seoul에서 접수하는 범죄수사 협조의 요청범위는 살인·절도·마약·무기거래·테러·대규모 국제사기·장물·은행사기·밀수·위조지폐 등을 비롯하여 이러한 사건과 관련된 범인의 체포 및 인도를 위한 범인수배·전

과조회·신원조회·실종자 소재확인·우범자수배·증인수배 및 면담 등 광범위하다.

① 사무총국과의 협조(연 1회 통보사항)

사무총국은 범죄의 통계분석, 연구, 개선방안 마련 등을 위해 다음 사항을 소정의 양식에 의거 통보하여 줄 것을 요청하고 있으며, NCB Seoul은 국내 각 기관과 협조하여 필요한 자료를 사무총국에 통보하고, 사무총국으로부터 필요한 자료를 요청하는 등 상호협조하고 있다.

　○ 범죄통계 분석결과
　○ 마약사범 관계

② 사건발생시 수시통보 사항

　○ 위조지폐사범
　○ 각종 수배요청 또는 수배서 발행요청
　○ 국제수배자 발견 또는 수배서 발행요청
　○ 폭력범관계(살인, 강도, 무장 강도, 인질, 습격, 폭파범 등)
　○ 민간 항공기 납치관계
　○ 국제사기 및 경제, 무역사범(수표, 여행자 수표, 기타 유가증권 위조 범 등)
　○ 매춘부 착취행위
　○ 지문감식 및 범인 신원파악
　○ 도난총기(탄약) 추적 및 감식관계
　○ 재난 희생자 신원파악
　○ 절도(국제소매치기 등)
　○ 야생동물 국제거래 관계
　○ 도난당하거나 불법 복사한 영화 및 기록물 등의 국제거래관계
　○ 범죄행위로 인한 자금관계
　○ 기타 인터폴관련 요청사항(사실조사, 자료교환 등)

③ 각국 NCB와의 협조

다음 사항에 대해서도 필요시 각 NCB들과 상호협조하고 있다.

　○ 외국경찰과의 수사협조
　○ 수사관 상호방문 승인 및 수사협조
　○ 국제범죄에 관한 각종 정보 및 자료교환
　○ 신원 및 전과조회
　○ 국제성 범죄의 수사 및 범인 체포

○ 범죄예방과 일반 협조

○ 경찰교육자료 교환

○ 기타 인터폴관련 협조

④ **국내 각 기관과의 협조 및 연락업무**

인터폴관련 업무에 대해 국내 각 정부관련 기관의 인터폴 사무총국 및 각 회원국에 대한 요청사항을 연락 또는 협조 의뢰하는 한편, 각종 정보 및 관련 자료를 통보하고, 각 시·도 지방경찰청에 사실조사 및 확인 등 필요사항을 지시한다.

⑤ **국제수배서 처리**

수배서 중 적색, 청색은 사무총국에 수배서 발행을 요청하는 한편, 테러관련자는 관련 기관에 통보하여 출입국 사항을 사전에 파악, 필요한 조치를 강구하게 한다.

⑥ **국제형사경찰 간 유대강화**

매년 개최되는 인터폴 총회와 2년에 1회 개최되는 인터폴 아시아지역 회의 및 각종 국제회의에 참석하여 회원국과 각종 정보를 교환하는 등 긴밀한 협조체제를 유지하고 있다.

6. 인터폴 송환절차 및 방식

(1) 국제공조수사 요청절차

1) 국제공조수사 요청 대상

인터폴 송환대상의 기준은,

① 장기 1년 이상 징역이나 금고에 해당하는 죄를 범하여 체포·구속영장이 발부된 자 (다만, 정치·종교·군사·인종 관련 사건으로 수배된 자는 제외),

② 장기 2년 이상 징역이나 금고에 해당하는 죄를 범하여 체포영장·구속영장이 발부된 자 중, 살인, 강도, 강간 등 강력범죄 사범,

③ 조직폭력, 전화금융사기 등 조직범죄 관련 사범, 다액(5억 원 이상) 경제사범,

④ 사회적 파장 및 사안의 중대성을 고려하여 수사관서에서 특별히 적색수배를 요청한 기타 중요사범 등이다.[24]

---

[24] (사례 1, 태국) 전화금융사기 사건 사례, '12년 2월~'13년 7월, 베트남 소재 전화금융사기 콜센터에서 금융기관 등 사칭하여 약 17억 원(피해자 500여 명)을 편취 후 태국으로 도피, '16년 5월, 서울청 ○○대의 요청으로 경찰청 외사수사과는 인터폴 사무총국에 인터폴 적색수배 및 태국 인터폴에 공조수사 요청, '16년 8월, 서울청 인터폴 추적팀에서 확보한 태국 내 피의자 연락처를 태국 경찰에 제공, '16년 8월, 태국 이민경찰은 인터폴 적색수배를 근거로 피의자의 적법한

2) 국제공조수사 요청 절차

수사관서에서 국제공조수사 요청서류를 작성하여(지방청 경유) 경찰청(외사수사과)으로 요청하면, 경찰청에서 피요청국 인터폴에 공조수사 요청한다.

국제공조수사 요청 절차

수사관서	각 지방청외사(보안)과	경찰청(외사수사과)	피요청국 인터폴
공조요청서류 작성	공조요청서류 검토·보완	공조수사 요청	소재확인

수사관서에서 국제공조수사 요청 서류를 작성하여(지방청 경유) 경찰청(외사수사과)으로 요청하면, 경찰청에서 피요청국 인터폴에 공조수사 요청한다. 경찰서·지방청(외사기능 제외)은 각 지방청 외사기능에 요청, 국제범죄수사대의 경우 반드시 각 지방청 국제공조수사 담당자의 협조를 받고 요청한다.

요청순서를 보면 먼저 1단계로, 해당 사건을 최초로 요청하는 경우 관련 근거에 따라 사건번호를 명시하고 국제공조수사 요청 공문을 작성[25]한다. 추가로 공조수사 요청하는 경우 기존 관련 근거 및 공문번호 등을 명시한다. 그리고 대상자 인적사항의 성명, 영문성명,

---

취업비자를 취소하고 불법체류로 검거, 우리청 호송팀 파견하여 국내송환하였다.

(사례 2, 필리핀) 장의사 부부 살인 사건, '00년 11월, 공범 1명과 함께 채권자인 장의사 부부를 경기 가평군 야산으로 유인·살해하고 암매장 후 필리핀으로 밀항, '16년 6월, 서울청 인터폴 추적팀의 추적수사로 필리핀에 은신중임을 확인, 경찰청 외사수사과는 인터폴 사무총국에 적색수배 요청 및 필리핀 인터폴·코리안데스크에 국제공조수사 요청·지시, '16년 8월, 필리핀 코리안데스크는 필리핀 이민청과 함께 피의자를 이민법 위반으로 검거, 국외도피 16년만에 국내송환되었다.

(사례 3, 중국) 국가 조달 납품사기 사건, '15년 3월~'16년 3월, 국방부 등 정부기관 의류 조달 사업에 낙찰된 후 중국산 값싼 의류를 납품하는 방법으로 18억 원을 편취 후 중국으로 도피, '16년 7월, 서울 ○○서 요청으로 경찰청 외사수사과는 인터폴 사무총국에 인터폴 적색수배 및 중국 인터폴에 공조수사 요청, '16년 8월, 수배 관서는 피의자 비자기간 연장 방지를 위해 여권 행정제재 병행, 경찰주재관 통해 현지 공안에 적색수배서 및 여권 효력 상실 정보 제공, '16년 9월 중국 공안은 현지 협조자로부터 확인한 피의자 은신처에서 불법체류로 검거, '16년 10월 경찰청 호송팀 파견하여 국내송환하였다.

(사례 4, 필리핀) 700억 원 투자사기 사건, '15년 8월~12월 투자금을 납입하면 수익금을 지급하겠다고 속여 피해자들로부터 700억원의 투자금을 편취 후 필리핀으로 도피, '16년 12월 필리핀 코리안데스크에서 피의자 소재 확인, 경찰청 외사수사과(인터폴계)는 인터폴 사무총국에 인터폴 적색수배를 요청하는 한편 필리핀 인터폴에 공조수사 요청, '17년 4월 필리핀 코리안데스크가 입수한 첩보를 통해 피의자 소재지에서 검거, '17년 5월 경찰청 호송팀 파견하여 국내송환하였다.

25) 경찰서·지방청 수사부서는 순서에 따라 국제공조수사 요청 서류를 작성하고 지방청 외사기능에서 공문(온나라)으로 국제공조수사 요청.

생년월일(성별 포함), 최종출국사항, 여권번호 등 여권정보, 수배사항을 명시[26]하여 사건 개요를 육하원칙에 의해 간단명료하게 쓰되, 피의자의 행위 태양이 포함되도록 작성한다. 요청 사항에는 상대국에 확인이 필요한 사항(대상자 출입국 기록 확인 후 회신, 문서의 진위 여부 확인 등)을 기재한다.

주요 국가별 공조수사 요청범위는 사안별로 다르다. 일반적으로 출입국사실, 주민조회, 여권조회 등은 대부분 가능하나, 개인정보가 중시되는 선진국일수록 강제수사(영장 필요 사안) 영역의 협조가 어려운 경향이 있다.

2단계는, 지방청 외사기능(외사/보안과)에 국제공조수사 요청한다. 경찰서·지방청은 각 지방청 외사기능에 공문으로 인터폴 국제공조수사 요청을 한다. 단 경찰서·지방청 사이버 수사부서의 경우 지방청 외사기능이 아닌 경찰청 사이버안전국(사이버안전과)을 수신처로 지정하여 요청(사이버안전과는 다시 경찰청 외사수사과로 국제공조수사 요청)한다. 국제범죄수사대는 경찰청(외사수사과)을 수신처로 하여 요청하되 반드시 지방청 국제공조수사 담당자 협조를 받은 후 요청한다.

3단계는, 국제공조수사 해제 요청으로, 사건종료 등 인터폴 국제공조수사의 필요성이 없어진 경우 반드시 국제공조수사 해제 요청한다.

(2) 여권행정제재(여권무효화)

1) 의의 및 필요성

여권법상 요건에 해당하는 자에 대하여 여권발급을 거부하거나(여권법 12조), 여권반납 명령(19조)을 내리는 것을 말하며, 여권행정제재가 될 경우 여권의 효력이 상실되기 때문에 실무적으로 '여권무효화'라고 한다. 사안에 따라 국가별 여권무효화 조치의 효력이 다를 수 있으나 태국 등 동남아 국가에서는 여권무효화를 근거로 불법체류 등 이민법 위반 혐의로 체포하여 한국으로 강제추방을 하고 있다. 또한 2017년 1월 10일 이후 무효화된 여권 정보가 인터폴 분실·도난여권(SLTD) D/B에 등재되어 인터폴 194개 회원국 간 정보를 공유하고 있어 도피사범의 국가간 이동 시 소재 확인가능성이 높아지므로 국외도피사범에 대한 여권무효화조치는 반드시 인터폴 국제공조수사와 병행하는 것이 국외도피사범 검거에 효과적이라고 할 수 있다.[27]

---

26) 영문이름은 반드시 여권상의 기재사항을 확인하여 동일하게 기재, 중국 등 중화권 국적의 도피사범인 경우 한자 이름도 병기.

27) 국가별 '여권무효화' 효력
  ○ 태국·필리핀 등 동남아, 불법체류 등 이민법 위반으로 체포 가능
  ○ 中·美·유럽 등 주요국, 입국거부 및 체류연장·강제추방 심사의 참고자료로 활용(즉시 체포·

2) 법적근거

여권행정제재는 여권법 제12조, 제13조, 제19조를 법적근거로 한다.[28] 여권법 제12조 (여권의 발급 등의 거부·제한)에 장기 2년 이상의 형(刑)에 해당하는 죄로 인하여 기소되어 있는 사람 또는 장기 3년 이상의 형에 해당하는 죄로 인하여 기소중지되거나 체포영장·구속영장이 발부된 사람 중 국외에 있는 사람에 해당할 때에는 여권의 발급 또는 재발급을 거부할 수 있다고 규정했고, 제13조(여권의 효력상실), 제9조(여권 등의 반납 등)에 이에 관한 규정이 있다.

3) 대상자

해당 요건으로는 ① 장기 2년 이상의 형에 해당하는 죄를 범하고 기소된 자(제1항 1호), ② 장기 3년 이상의 형에 해당하는 죄로 인하여 기소중지되거나 체포영장·구속영장이 발부된 사람 중 국외에 있는 자(제1항 1호), ③ 금고 이상의 형을 선고받고 그 집행이 종료되지 않은 자(제1항 3호),[29] ④ 국외에서 대한민국의 안전보장에 중대한 침해를 야기할 우려가 있는 자(제1항 4호), ⑤ 외국에서의 위법한 행위 등으로 국위를 손상시킨 자(제3항 2호) 등이다.

여권법 개정(2017.6.22. 시행) 이전에는 '국외로 도피하여 기소중지된 사람'을 요건으로 하여 국외에서 범행 후 입국치 않은 수배자에 대해서는 여권무효화 조치가 불가하고, 또한 반드시 사건송치를 해야 가능했으나, 법 개정으로 사건 송치 전이라도 체포·구속영장이 발부되고 국외에 있으면 여권무효화 조치를 할 수 있게 되었다.

4) 여권행정제재(여권무효화) 조치 절차 및 해제

인터폴 국제공조수사와 달리 경찰서·지방청 구분 없이 수사관서에서 직접 외교부(여권과)에 국외도피사범에 대한 여권행정제재를 요청하면 된다.[30]

여권무효화 조치 절차

수사관서	외교부(여권과)	경찰청(외사수사과)	194개 회원국
여권무효화조치 요청	여권무효화 조치 (통상 2개월 소요)	인터폴 D/B 등재	무효화 여권정보 공유

강제추방은 아니며, 사안에 따라 국가별 효력은 다를 수 있다).
28) 여권법, 2017.6.22. 시행
29) ①~③ 대상자만 인터폴 D/B에 등재
30) 외교부(여권과)에 여권행정제재 요청 후, 외교부는 대상자의 주민등록상 주소지에 여권반납 명령서를 발송하고, 미반납 시 재 발송 및 공고 등의 절차를 거친 후 직권 제재(무효화)가 가능하므로 통상 1.5~2개월 소요된다.

여권무효화 해제 요청은 국외도피사범 검거 등 여권행정제재(여권무효화) 필요성이 없어진 경우, 반드시 외교부(여권과)에 직접 공문 발송하여 대상자에 대한 여권행정제재(여권무효화) 해제 요청을 한다.

5) 송환 요청 사례

○ 서울 송파 거여동 소재 자신의 집에서 내연 관계이던 박○○ 등 3명을 살해하고 위조여권을 이용 태국을 경유하여 중국으로 도피한 피의자를 태국, 중국 인터폴과 공조하여 강제송환

○ 마카오 호텔 카지노에서 피해자를 납치한 후 필로폰을 강제로 주사하여 중독시킨 후 78억 원 상당을 대출받아 강취하는 등 강도·살인, 납치·감금 등의 범죄를 일삼아온 김○○을 검거하여 송환[31]

○ 피해자를 납치·감금하여 110억 원을 강취하고 국외도 도주한 후 말레이시아 한인회 부회장 실종사건의 유력한 용의자를 마카오 인터폴 및 현지 경찰주재관의 공조수사로 검거하여 송환

○ 국내에서 피해자를 감금·협박하여 피해자 명의로 80억 원을 부정대출 받은 후 필리핀으로 도주한 피의자를 아시아 지역에 공개 수배하여 마카오에서 현지 인터폴과 공조수사로 검거하여 송환

○ 서울 봉천동 일대에서 봉천동 식구파를 조직하여 '05~'10년 불법 주유소 운영을 통해 1,000억 원대 유사석유를 판매하고 주유소 운영권을 강제로 빼앗는 등 각종 이권에 개입한 범죄조직원들을 인터폴 적색수배 조치 후 현지에 파견된 경찰주재관들이 첩보를 수집하여 관련국 이민청과 긴밀한 협력관계를 통해 검거 및 송환

○ 친모 및 친모의 내연남과 공모하여 친부에게 독극물을 탄 음료수를 마시게 하여 살해한 후 교통사고로 위장, 6억 원 상당이 보험금을 부당 수령한 후 호주로 도피한 존속살인 피의자를 인터폴 적색수배 발부('09년 12월)하여 해당 주재관 및 인터폴을 통한 공조로 송환('14.4.14)

○ 건물주를 흉기로 살해하고 중국 칭다오로 도피한 살인 피의자에 대해 인터폴 공조 요청('14년 3월)후 피의자가 선양으로 도피했다는 첩보를 입수하여 중국 공안과 공조하여 선양에서 검거('14.5.22)하여 송환,

---

31) 김○○은 중국으로 도피한 후 필리핀과 말레이시아 등에서 타인 명의 여권을 이용하여 왕래하다 마카오로 잠입한 것으로, 당시 홍콩주재 경찰주재관은 범인의 수배전단을 위클리홍콩과 수요저널 및 총영사관 홈페이지에 게재하고, 마카오 지역은 한인회를 통해 한인식당 등 관련 장소에 부착토록 했다. 이후 경찰주재관이 마카오 교민들로부터 수상한 사람이 있다는 제보를 받고 마카오 경찰과 같이 호텔을 급습하여 수배자를 체포했다.(Weekly Hong Kong, 2012.7.1자)

○ 필리핀에 거주하며 인터넷상에 2,000억 원 규모의 불법 스포츠토토 도박사이트를 개장하여 25억 원 상당의 부당이득을 취한 피의자 4명을 필리핀 경찰과 공조하여 현장 급습하여 검거 후 송환('14.10.29)한 사례 등이 있다.

그리고 우리나라 경찰에서 인터폴 공조 요청을 받아 검거한 피의자를 해당국에 인계한 사례를 보면 다음과 같다.

○ 중국에서 공범 2명과 공모하여 차량을 이용하여 오토바이 121대(시가 70만 위안, 한화 약 1억 2,000만 원 상당)을 절취 후 국내로 입국하여 8년 간 국내 도피 생활하던 인터폴 적색수배자 중국인 주○○(35세)를 2015년 2월 검거하여 출입국관리사무소를 통해 신병을 중국에 인계

○ 중국에서 살인미수 후 국내로 도피한 중국 조직폭력 흑사회 부두목 루○○○를 검거하여 강제퇴거 조치 형식으로 중국에 인계

7. 국외도피사범 송환제도의 문제점과 시사점

(1) 인터폴에 의한 송환자의 증가요인

최근 인터폴에 의한 송환자 수는 꾸준히 증가하는 추세에 있다. 2010년 이후부터 우리나라는 도피국 인터폴과의 적극적인 국제공조수사 활성화 및 주재관의 적극적인 송환활동(한-일 인터폴회의, 한-베 인터폴회의 등 개최 및 인터폴총회 참석)을 전개해 왔는데, 이러한 노력이 결실을 거두는 데 기여한 주요인이라고 볼 수 있다. 경찰청은 중국·일본·베트남 등 주변국 경찰과 연례 인터폴회의를 개최하여 국외도피사범 수사를 위한 인터폴 공조체제를 활성화하고, 아시아 태평양지역 등 10개국 경찰과 상호협력 약정을 체결하여 그 협력을 근간으로 경찰의 국제공조수사의 토대를 굳히는 등 꾸준히 국제적 네트워크 구축에 힘써왔다. 이는 무엇보다도 그동안 지속적으로 증파한 해외 경찰주재관이 재외공관에 근무하면서 각국 경찰과 긴밀한 협조체제를 구축한 데서 송환의 활성화가 이루어졌다고 볼 수 있다.

(2) 인터폴 송환의 법적 문제점

인터폴을 통한 강제추방[32] 형식의 송환방식은 범죄인인도법과 충돌할 여지가 있다.

---

32) 강제송환이 이루어지기 위해 범죄인의 국적국은 도피사범에 대한 여권무효화 조치를 먼저 취한 후 체류국이 해당 범죄인을 추방할 수 있도록 유도한다. 그리고 체류국에서 범죄인을 추방하면 수사관을 현지에 파견하여 범죄자를 강제로 송환한다. 우리나라의 경우 외국에서 강제 송환되는

왜냐 하면 인터폴의 도피사범 송환방식은 범죄인인도법의 목적과 규정을 회피하여 범죄인의 신병을 인도받는 것으로 볼 수 있기 때문이다.[33] 추방은 자국의 국내질서와 복지를 보호하기 위한 것으로, 범죄인의 송환을 위해 의도된 것이 아니라 바람직하지 않은 기피외국인을 해당 국가에서 이탈시킴으로써 그 목적을 달성하는 것이다. 다시 말해 어떤 국가가 해당 범죄인을 소추 또는 처벌을 희망하고 있는 경우 체류국에서 추방당하면 결과적으로 사실상의 범죄인인도가 되고 만다. 이는 '요청국과 피요청국의 공모에 의한 추방'에 해당되며 피추방인의 신병을 확보한 국가는 기소, 재판, 처벌의 과정을 거치기에 추방을 통한 범죄인인도와 동일한 효과를 얻게 된다. 이러한 위장된 범죄인인도는 행정적 또는 사법적 절차를 통한 국가의 출입국관리 권한을 이용하여 외국인을 배제하는 것으로, 강제퇴거, 추방, 국적박탈, 입국거부 등이 포함될 수 있고, 국제법하에서 위법한 것은 아니지만 이러한 관행은 국제법을 위반하였다고 보는 견해도 있다. 우리나라도 출입국관리법을 위반한 외국인을 자국으로 돌려보내는 방법으로 강제퇴거, 출국권고, 출국명령 등의 방법을 활용하고 있다. 우리 법원도 출입국관리법을 위반한 외국인이나, 국가의 안녕과 질서 등을 해할 가능성이 있는 외국인을 강제적으로 국외로 추방하는 것에 대해 정당하다고 판시하고 있다.

그리고 인터폴 적색수배서에 대한 법적근거와 효력이 미약하다는 것도 법률적 미비점이라 할 수 있다. 다시 말해 적색수배서는 자국의 사법기관에서 발행한 체포, 구속영장을 근거로 주요 범죄자를 처벌하기 위해 각 회원국에 체포를 요청하는 수단이다. 하지만 적색수배서를 요청한 당사국과 수배자를 체포한 국가 간에 범죄인인도조약이 체결되어 있지 아니하면 적색수배자를 발견하더라도 체포나 구속을 할 수 없으며, 단지 소재 파악 후 통보하거나 국내법 위반으로 추방하는 조치밖에 없다. 실무상으로 긴급인도 구속관련 서류가 외교경로를 통하여 전달하게 되어 있으나 효용가치가 별로 없어 국외도피사범 송환에 긴요하게 사용되고 있지도 않다. 미국의 경우, 범죄인인도는 연방 법무성에서 담당하나 자국에 당장 피해를 줄 수 있는 마약, 조직범죄, 테러, 살인 등 강력범죄를 제외한 일반 사범의 인도는 사실상 기대하기 어렵다. 우리나라 국외도피사범의 대다수를 차지하는 경제사범을 미국법에 적용할 경우 민사와 관련된 사안에 해당되는 경우가 많아 미국은 범죄인인도협정 당시부터 경제사범의 제외를 주장했다.

도피사범들은 출입국관리법상의 추방 형식으로 입국하고 있다. 즉, 우리 수사관이 도피국으로 파견되어 도피국 경찰 또는 이민국 직원과 합동으로 호송하거나 단순사안인 경우 항공사의 협조를 받아 범죄인을 단독 소환한다.

33) 인터폴은 수배된 범죄인에 관한 정보를 'Diffusion'이라는 시스템을 통하여 주고받을 수 있다. 이러한 비공식적인 시스템은 추방을 통한 범죄인의 송환을 부추기고 범죄인인도를 회피하게 할 수 있는 것으로 볼 수 있다.

(3) 범죄인인도법 및 출입국관리법에 의한 법률 및 절차적 한계

먼저 범죄인인도법에 의한 법률적 한계를 보면, 범죄인인도법 자체가 범죄인 송환을 목적으로 제정된 법이며, 범죄인의 송환방식은 범죄인인도법에 의한 것이 원칙이다. 하지만 범죄인인도의 대안으로 출입국관리법에 규정된 추방 등을 사용하지 않을 것을 기대하기는 어렵다. 이는 범죄인인도를 추방으로 해결하려는 부적절성이기도 하지만 현실적인 측면에서 이러한 관행을 완전히 포기하기란 쉽지 않기 때문이다. 이러한 점에서 범죄인인도로서 추방이 공식적으로 인정하지 않아야 할 것인지, 아니면 범죄인인도절차에 상응하는 보호 장치를 마련하여 통제된 상태에서 활용하여야 할 것인지 의견이 나뉜다.[34] 범죄인이 국외에 도피하고 있는 상황에서 발생할 수 있는 모든 경우를 범죄인인도조약이 규율할 수 없기 때문에 비공식적인 방법에 의한 송환이 부득이하다고 볼 수도 있다.[35] 그러나 범죄인인도조약이 체결되어 있으면 추방은 예외적이라도 정당화되기는 어렵다고 본다. 추방이 편리한 측면이 있지만 범죄인인도의 대체수단이 될 수 없기 때문이다. 국제형사법협회도 범죄인의 송환방식은 범죄인인도 절차에 복속해야 한다고 규정하였다.[36] 범죄인인도를 제외한 수단에 의한 범죄인송환은 비정규인도(Irregular extradition)라 할 수 있다.

절차적 한계역시 여러 가지 측면에서 지적할 수 있다. 우선, 현재의 형사사법공조체제는 외교적 절차에 따라 이루어지고 그 절차가 복잡하여 적시에 대처하지 못하고 있다. 범죄가 발생한 이후 사후적으로 공조체제를 가동하고 있어 관련 범죄의 정보를 교환한다고 해도 사전예방기능을 다하지는 못하고 있다. 실무적으로 경찰이 수사 중인 사건에 대해 검사에게 공조요청을 하면 검사는 공조요청 여부를 판단하여 대검찰청을 경유하고 법무부장관을 거쳐 외교통상부장관을 통해 도피국 사법기관에 접수되기에 그 기간이 최소 2~3개월이 소요된다. 이처럼 여러 기관을 경유해 복잡한 절차를 거쳐야 하기 때문에, 국가 간의 범죄인 인도가 효율적으로 이루어지기 어렵다.

(4) 관계부서 간의 적극적인 업무협조체계 미비

국외도피사범 가운데 일부는 아무런 제재 없이 국내 공항을 이용하고 있다. 이들 국외도피사범 중에는 체포영장이 발부되어 귀국과 동시에 검거해야 하는 중요 수배대상자도 다수 있다. 2008년부터 2012년까지 국내에서 범행을 저질러 지명수배된 자 중에 국외로 도

---

34) 장태영, "인터폴을 활용한 범죄인 송환상의 문제점", 경찰학연구 제6권 제1호, 2006.
35) Evans, Alona E. "Acquisition of custody over the International Fugitive Offender—Alternative to Extradition:A Survey of United States Practice", 40 Brit. Y. B. Int'l L. 77. 1964. p.103.
36) 1980년 국제형사법협회 제10차 회의 내용.

피해 경찰이 법무부에 입국시 통보 요청한 국외도피사범은 11,368명이었다. 하지만 이들 중 국내에 입국했으나 경찰이 법무부로부터 입국사실을 통보받지 못해 검거하지 못한 인원이 186명이었다. 이는 지명수배자가 수사망을 피해 국외로 도피할 당시 검거하지 못한 것도 문제이지만, 국내에 입국하였음에도 수사기관이 중요 수배대상자들을 검거하지 못한 것은 관련 부서의 업무에 대한 협조와 적극성이 미비하다는 증거이다. 또한 매년 많은 범죄자들이 국외로 도피하고 있지만 법무부의 범죄인인도요청 건수는 도피사범 수의 5%에 불과한 실정이다. 이는 국내 송환이 어렵다는 이유로 법무부가 국외도피사범 송환의뢰를 꺼

각 지방검찰청별 도피사범 현황

청명\연도	2009	2010	2011	2012	2013	2014.6	합계
서울중앙지검	68/74	87/99	107/121	113/123	131/203	32/52	538/672
서울북부지검	12/38	9/20	13/24	22/46	25/27	15/17	96/172
서울남부지검	20/37	25/52	48/57	28/38	39/42	33/35	193/261
서울북부지검	17/23	12/20	12/21	29/39	21/29	12/12	103/144
서울서부지검	16/32	15/27	22/39	23/38	30/43	11/13	117/197
의정부지검	22/92	60/114	32/63	38/62	36/58	24/28	212/417
인천지검	56/131	19/49	11/26	16/27	24/38	34/36	160/307
수원지검	45/199	33/107	53/128	75/122	82/119	52/63	340/738
춘천지검	10/22	7/10	13/28	8/18	23/31	11/14	72/123
청주지검	2/4	3/4	7/9	11/11	6/7	2/2	31/37
대전지검	19/51	7/33	6/39	22/44	16/29	17/24	87/220
대구지검	44/59	12/19	16/41	37/76	21/49	16/41	146/285
부산지검	49/101	11/24	38/59	13/32	46/57	24/26	181/299
울산지검	8/14	5/6	2/6	2/6	6/8	11/14	34/54
창원지검	10/39	23/53	11/28	18/40	12/25	18/22	92/207
광주지검	8/8	5/5	6/6	10/11	16/19	1/1	46/50
전주지검	0/11	1/13	3/14	4/10	7/14	8/10	23/72
제주지검	8/18	3/9	0/1	5/5	7/12	2/4	25/49
합계	414/953	337/664	400/710	474/748	548/815	323/414	2,496/4,304

출처: 법무부 국정감사 제출자료(2014).

린다고 추정해 볼 수도 있다. 2015년 7월 당시까지 검거하지 못한 국외도피사범은 5,500명이 넘지만 실제 인도청구 건수는 2012년 18건, 2013년 13건이었고 2014년에는 28건에 불과했다. 이 수치는 법무부가 이들에 대한 범죄인인도를 적극적으로 청구하지 않고 있음을 잘 보여준다.

전국 지방검찰청 국외도피사범 현황을 보면, 2010년부터 2014년까지 5년 간 국외도피사범은 총 4,304명으로 그 가운데 2,496명(55.8%)이 미검거 상태이다. 범죄유형별로는 사기(1,390명), 횡령(247명), 마약(149명), 배임(95명), 절도(86명) 등이다. 미검률은 강도와 위증 피의자가 동일하게 75%로 가장 높고, 마약류관리법 73%, 부정수표단속법 73%, 병역법 71%, 배임 68.4% 순이다.

(5) 국외도피사범 처리주체와 조정기구의 부재

우리나라는 범죄인인도협정 이후 범인송환의 주도권이 경찰청에서 검찰로 이전되었다. 하지만 대다수의 대륙법계나 영미법계 국가의 사법체계를 볼 때 검찰은 공소제기에 관여할 뿐 수사나 범인송환에 직접적으로 관여하지 않는다. 또한 도피사범의 소재가 확인되면 범인인도협정이 있는 국가 간에는 법무부와 외교통상부 채널을 통해 신청할 수 있으나, 실무에서는 담당 수사기관을 통하여 외교절차 없이 수사협조 차원에서의 협력을 이끌어 내고 있다. 그 이유는 범죄인인도절차가 복잡하고 기간이 너무 오래 걸리며, 범죄인인도 수속 중에 도주 우려가 있어 실무책임자의 권한으로 간단히 처리할 수 있는 수사협조 방식을 원하기 때문이다. 또한 철저한 지방자치제를 갖춘 국가의 경우 우리나라의 검찰과 경찰의 관계처럼 종적인 명령체제가 아닌 검찰과 경찰이 횡적으로 동등한 협력체제를 구축하고 있어 도피사범을 인도할 때 경찰 협력을 통한 강제추방이 더욱 효율적이다.

주관부서의 이원화에 따른 정부차원의 조정기구 부재도 한 원인으로 볼 수 있다. 우리나라의 범죄인인도제도는 그 주관부서가 법무부이고, 인터폴에 의한 강제송환의 주관부서는 경찰청이다. 이러한 양 주관부서 간의 부조화는 수사권 조정문제라는 보이지 않는 갈등으로 인해 효율적인 저해현상이 발생하고 있다. 다시 말해 동일 사안에 대해 양 기관 간에 사전 공조나 협의 없이 각각 독자적으로 송환을 추진하는 바람에 적절한 대응을 하지 못하게 되는 사례도 종종 발생하고 있다. 예를 들면, 경찰청 인터폴계를 통해 공조수사 요청중인 사안에 대해 해당국에서 국외도피사범의 소재가 확인되었으나 자국에서 강제추방이 여의치 않아 우리 정부에 범죄인인도 청구를 전제로 한 긴급인도구속 여부를 인터폴을 통해 의뢰하였다. 이에 경찰청 인터폴계는 이러한 사실을 법무부에 통보하였으나 법무부의 조치가 늦거나 대응이 없어 한국 인터폴의 공신력만 저하시킨 사례도 있다.

언뜻 보기에 공조수사가 성공적으로 이루어진 것처럼 보이는 것 중에도 업무 조정에서 혼선이 빚어진 사례가 적지 않다. 'B양 비디오사건'으로 지명수배 된 상태에서 국외로 도주했다가 강제송환이 된 김○○ 사례나, 70억 원대 회사자금을 횡령한 뒤 미국으로 도피했던 금융사 직원이 13년만에 국내로 송환된 사례 역시 결과는 좋았지만, 진행과정의 실상은 그렇지 못했다. 이들은 체류국에서 범죄행위를 하다 검거되어 신분이 밝혀져 송환이 된 것이지, 우리나라 주무부서에서 적극적으로 범죄인인도요청에 의해 체포된 사례가 아니었다. 이 사례들은 주무부서의 보다 적극적인 송환의지와 업무협조가 요구된다는 사실을 재확인해준다.

(6) 국내 범죄자 해외도피 현황(국가별, 범죄유형별)[37]

국내 범죄자 해외도피 현황(국가별)

구분	총계	미국	중국	필리핀	태국	홍콩	일본	베트남	캐나다	인니	호주	캄보디아	기타
13년	254	28	61	44	28	11	10	12	28	5	1	36	21
14년	350	38	117	68	25	12	15	11	8	5	4	4	43
15년	434	21	121	72	84	11	16	25	4	4	2	22	52
16년	616	30	210	181	42	12	12	56	8	6	5	20	34
17년	528	46	126	149	39	12	16	25	5	7	8	14	81
합계	2,182	163	635	514	218	58	69	129	53	27	20	96	231

국내 범죄자 해외도피현황(범죄유형별)

구분	총계	살인	강도	성범죄	절도	폭력	사기	횡령배임	마약	위변조	기타
13년	254	9	10	12	8	11	109	21	20	2	52
14년	350	7	12	12	8	13	132	24	43	6	93
15년	434	13	4	4	9	9	208	23	24	4	136
16년	616	7	14	13	11	38	253	15	19	2	244
17년	528	5	7	6	18	43	253	23	27	6	140
합계	2,182	41	47	47	54	114	955	106	133	20	665

---

37) 국회 행정안전위원회 정인화 의원 국감자료(2018. 국내 범죄자 해외 도피 현황).

(7) 죄종별 국외도피사범 국내 송환 현황

최근 5년 간 죄종별 국외도피사범 국내 송환 현황(단위: 명)

구분	계	살인	강도	성폭력	절도	폭력	경제범죄	위변조	마약	기타
계	1,081	25	35	17	18	31	464	20	60	411
13년	120	5	11	4	6	1	54	6	8	25
14년	148	5	8	2	2	6	68	2	11	44
15년	216	6	4	3	2	6	88	2	11	94
16년	297	7	7	5	1	7	106	4	12	148
17년	300	2	5	3	7	11	148	6	18	100

출처: 경찰청, 경찰백서(2018).

국외도피사범 송환사례의 경우 2017년 12월 국내 최초로 전세기를 활용하여 필리핀에 체류하고 있던 한국인 도피사범 47명을 단체로 국내 송환하였고, 2017년 5월에는 남태평양의 작은 섬나라 '나우루'에서 도피사범을 송환하는 등 송환방식과 송환국가의 다변화라는 성과가 있었다.

제4절 유로폴(Europol)

1. 유로폴의 탄생배경

유럽연합(EU)은 단일시장이나 단일화폐의 경제중심 연합일 뿐 아니라 정치적 운명공동체라 할 수 있다. 따라서 유럽에서 '사법, 치안'의 문제는 유럽연합이 방대한 지역에서의 안전하고 자유롭고 인권이 존중되는 사회를 형성하고 있다는 사실을 의미한다.

1957년에 체결된 유럽경제공동체에 관한 EEC조약은 상품, 서비스, 사람, 자본의 자유로운 이동을 통한 공동시장의 형성을 목표로 하였지만, 이에 따른 부작용을 해소할 내무정책에 관해서는 침묵했다. 이미 1950년대부터 회원국의 내적 안전문제와 관련하여 양자간, 다자간 또는 인터폴(Interpol)과의 협력이 이루어지긴 하였지만, EC는 경제문제에 골몰한 나머지 공동체 차원에서 이 문제에 관심을 기울이지는 않았다. 그러나 공동시장의 형성으로 자유이동이 수월해지면서 테러리즘, 불법이민 그리고 국경을 넘어 활동하는 각종 범죄가 증가하자, 회원국들은 1970년대에 들어와 EC차원에서 협력방안을 모색하기 시작했다.

그 결과 1975년 유로폴의 기원이 된 트레비(TREVI)[38]가 탄생하게 되었다.

트레비는 역내 안전에 관한 협력을 위해 EC회원국들이 창설한 일종의 비공식적 협의체(forum)라 할 수 있다. 그 실체가 베일에 가려져 있었던 이 협의체는 크게 세 그룹으로 이루어져 작동했다. 첫 번째는 회원국의 내무 및 사법 장관들로 구성된 그룹으로 정치적 결정을 내렸으며, 두 번째 그룹은 고위급 공무원으로 구성된 회의체로 그 결정을 준비하였으며, 세 번째는 경찰 및 정보기관 전문가들로 구성된 실무자 그룹이었다. 트레비는 공식적으로 제도화된 기구가 아니며 인터폴과 같은 경찰조직도 아니다. 그러나 유럽에서의 경찰 협력을 위한 중요한 동력은 바로 이 협의체로부터 나왔다. 예를 들어 국경을 넘어 이루어지는 경찰의 범인수색에 관한 합의, 경찰업무상 행정지원의 간소화, 경찰기법에 관한 연구의 조율 등이 이곳을 통해 이루어졌다. 조약에 근거함이 없이 존속해 온 비공식 기구인 트레비는 1993년 11월 1일 출범한 마스트리히트 체제하에서 사법·내무 각료이사회(Justice and Home Affairs Council)라는 공식 기구로 대체되었다.[39]

1980년대 전반기 역내안전문제에 있어서 회원국 간 협조체제를 마련하기 위해 여러 종류의 실무반이 형성되어 활동에 들어갔다. 1985년 프랑스, 독일(서독), 벨기에, 네덜란드, 룩셈부르크 등 서유럽 5개국은 체계적인 국경철폐를 골자로 한 셍겐협정[40]을 체결했다. 이

---

38) 트레비그룹(Group TREVI)은 1975년 이탈리아의 로마에서 개최된 오스트리아 등 8개국의 내무 및 법무장관 회의에서 창설되었으며, 1976년 첫 회의를 룩셈부르크에서 가졌다. TREVI라는 명칭은 로마의 유명한 분수에서 그 이름을 따온 것으로, 국제적 테러리즘, 급진주의, 과격주의, 폭력(International Terrorism, Radicalism, Extremism, Violence: TREVI)을 의미하고 있다. 트레비그룹은 당시 점차 빈번해지고 있던 테러에 대한 위협과 대규모화 되던 조직범죄, 마약, 총기 밀매 등 국제적 범죄에 효과적으로 대응하기 위한 것이 목적이었으며, 초기에는 오스트리아, 스웨덴, 핀란드, 미국, 캐나다, 스위스, 노르웨이, 모로코 등이 참여하였다. 트레비그룹은 약 15년 동안 존속하면서 성공적으로 임무를 마치고 유럽연합조약의 발효와 함께 유럽연합 내 치안문제가 유럽연합조약에 삽입되면서 K-4 위원회로 전환되었다. 사실상 유럽공동체 내의 각 회원국들은 유럽의 새로운 정책실현, 특히 국가 간 국경이라는 장벽의 철폐라는 변화가 국제성 범죄의 증가로 이어질 것에 대해 염려하여 왔으며, 이에 대응하기 위해 유럽공동체 간에 새로운 사법경찰 협력기구가 필요하다는데 인식을 같이 하였다. 당초 트레비그룹의 목표는, ① 유럽공동체 회원국간 경찰 및 치안업무 협조를 강화하고, ② 테러, 마약거래 등 조직적이고 국제적인 범죄에 효과적으로 대응하며, ③ 유럽공동체 국가 내에서의 조직적이고 불법적인 이민을 예방한다는 것이다.

39) 임종헌, "유로폴과 동북아시아 국제경찰협력의 과제", 한독사회과학논총 24(1), 2014.

40) 국경에서의 검문검색 폐지 및 여권검사 면제 등 인적교류를 위해 국경철폐를 선언한 국경개방조약을 말한다. 1985년 6월 14일 유럽연합(EU) 회원국 가운데 독일·프랑스·베네룩스 3국 등 5개국이 국경을 개방하고 정보를 공유하기로 한 국제조약을 룩셈부르크 셍겐에서 선언한 데에서 유래한다. 셍겐조약은 1990년 일부 개정을 거쳐 1995년 효력이 시작되었고, 이 협정으로 체결국가의 국민들이 국경을 지날 때 별도의 비자나 여권 없이 자유롭게 왕래할 수 있게 되었다. 2007년 12월 21일 유럽연합이 2004년 5월 유럽연합의 회원국이 된 15개국과 체코·헝가리·폴란드·에스토니아·리투아니아·라트비아·슬로바키아·슬로베니아·몰타와 셍겐조약을 발효함으로

는 참여국 간 경찰협력을 강화하는 결정적인 계기가 되었다. 그 동안 이룩한 진전에도 불구하고 법적 근거가 없이 활동해 온 트레비 등 내무·사법 분야에서의 협력은 한계를 면치 못했다. 더욱이 1992년 말까지 예정된 역내시장의 완성과 1990년대에 불어 닥친 세계화 열풍은 이 분야에서 협력할 필요성을 배가시켰다. 연방국가인 독일은 경찰분야에서 연방조직을 운용해 왔기에 이러한 경험을 바탕으로 오래전부터 EC차원에서 초국가적(supranational) 경찰조직의 설립을 지지하여 왔다. 1991년 6월 룩셈부르크 정상회담(유럽이사회)에서 독일은 유로폴의 창설을 정식 제안했고, EU조약을 준비하기 위해 소집된 정부 간 회의(IGC)를 거쳐 회원국들은 1991년 12월 마스트리히트 정상회담에서 합의된 조약(마스트리히트조약)을 통해 유로폴을 설립하기로 했다. 하지만 독일의 기대와 달리 유로폴은 '정보교환을 위한 EU차원의 체제'라는 비교적 단순한 기구로 구상되었다.

1992년 6월 덴마크에서 실시된 국민투표에서 비준이 거부되는 등 여러 가지 이유로 마스트리히트조약의 발효가 지체되자 트레비에 참여한 회원국 장관들은 1993년 6월 우선 유로폴마약전담국(Europol Drugs Unit)을 설치하기로 결정했다. 그리하여 마스트리히트조약이 발효하자 회원국들은 유럽경찰청의 설립에 관한 협약(즉, 유로폴협약)을 본격적으로 논의하기 시작하여, 1995년 이를 체결하는데 성공했다. 유로폴협약(Europol Convention)은 15개 EU회원국에서 비준이 완료되어 1998년 10월 발효했다. 이로서 1994년 창설되어 활동해 온 유로폴마약전담국은 유로폴(유럽경찰청)에 흡수되었다.

유로폴의 실제적인 활동은 1999년 7월 개시되었다. 유로폴(유럽경찰청)은 1992년 마스트리히트에서 체결된 EU조약(일명, 마스트리히트조약)에 근거하며, 1999년 7월 1일 전면적 활동에 들어갔고 현재 EU를 구성하고 있는 전 회원국이 유로폴에 참여하고 있다. 유로폴은 테러리즘과 불법적인 마약거래 등 국제조직범죄를 예방하고 이와 싸우는 EU회원국들에

써 유럽영토 내 약 4억 명의 인구가 여권 제시 없이도 자유로이 통행할 수 있게 되었다. 2018년 현재 셍겐조약의 가입국은 그리스, 네덜란드, 노르웨이, 덴마크, 독일, 라트비아, 룩셈부르크, 리투아니아, 리히텐슈타인, 몰타, 벨기에, 스위스, 스웨덴, 스페인, 슬로바키아, 슬로베니아, 아이슬란드, 에스토니아, 오스트리아, 이탈리아, 체코, 포르투갈, 폴란드, 프랑스, 핀란드, 헝가리 등 26개국이다. EU 28개 회원국 가운데 영국·아일랜드·불가리아·루마니아·키프로스·크로아티아는 미가입국이다. 반면 스위스·노르웨이·아이슬란드·리히텐슈타인은 EU 회원국이 아니지만, 셍겐조약 가입국이다. 내용에는 단기적 조치로 조약 당사국 국민들의 조약국 국경통과에 관한 것이었다. 이들은 조약에서 내부국경 즉, 회원국 간에 인접한 공통국경의 폐지를 명시하고, '회원국들은 범죄에 대응하고, 특히 마약과 무기거래, 사람의 불법적 입국 및 체류, 관세사기와 밀수 등과 관련한 경찰과 세관협력을 강화한다. 이를 위해 회원국들은 각자의 국내법을 준수하면서 회원국 간 정보교환과 경찰협력을 촉진한다'라고 규정하였다. 장기적 조치로서 ① 범죄예방과 연구에 관한 경찰협력을 위한 조치를 마련하며, ② 협약국 내에서 국제사법공조와 범죄인 인도 조약 분야의 협력을 위한 문제점을 검토하고 개선안을 마련하며, ③ 기존의 통신 및 정보관련 공조방법을 검토하고 장래의 공조개선을 위한 연구를 한다고 의견을 모았다.

속한 관련 기관들의 효율성과 협력을 증진시키는데 목적을 갖는 EU의 조직이다. 그러나 유로폴이 유럽법의 실행에 특별한 기여를 하는 임무를 띠고는 있지만 집행권을 갖고 있지는 않다. 유로폴은 원래 정보교류 및 분석, 수사조율 등 회원국을 지원하는 센터로 만들어졌다. 아직 유로폴에 속한 기관원들은 독자적으로 회원국의 영토에서 수사를 하거나 용의자를 체포할 권한이 없다. 대체적으로 유로폴은 조직체계와 예산 면에서 독자성을 지닌 초국가적 기구라기보다는 회원국들의 의지에 의존하고 있는 정부간 기구라 할 수 있다.[41]

2. 유로폴의 조직구조와 역할

(1) 유로폴의 조직구조

네덜란드 헤이그에 소재한 유로폴은 2018년 현재 716명에 달하는 직원을 두고 있다. 유로폴은 정규 경찰관뿐만 아니라 세관, 이민국, 국경 등 다방면에서 근무했던 사람들로 구성되어 있다. 유로폴과 회원국 협력경찰 간의 의사소통을 담당하는 연락관은 자국 경찰의 정보를 유로폴에, 역으로 유로폴의 정보를 자국에 전달하는 역할을 한다. 유로폴협약의 기본원칙에 의하면 정보교환에 있어 회원국의 협력경찰만이 유일하게 회원국 경찰과 유로폴을 연결한다. 즉, 회원국의 일반경찰과 유로폴의 직접적인 연결은 예견되어 있지 않다. 회원국 협력경찰과 회원국 일반경찰 간의 관계는 해당 국가의 국내법이 규율한다.

유로폴에는 여러 기관들이 조직되어 활동하고 있으며, 각료이사회, 유럽의회 등 EU의 기관들은 이들 기관에 영향을 미치고 있다. 유로폴의 지휘부(Directorate)는 현재 1명의 청장과 3명의 부청장으로 구성되어 있으며, EU의 사법·내무 각료이사회가 이들을 임명한다. 청장(Director)은 대내적으로 유로폴의 업무를 총괄하고 대외적으로 이를 대표한다. 유로폴의 행정이사회(Management Board)는 각 회원국에서 1명씩 파견된 대표들로 구성되며, 유로폴은 이를 거쳐 각료이사회에 정치적으로 책임을 진다. 최소한 매년 두 차례 회의를 개최하는 행정이사회는 유로폴의 제반 업무에 대한 정치적 감독권을 갖는다. 행정이사회는 시행규칙의 제정, 지휘부 구성 등 각료이사회의 결정에 관여하며, 각료이사회의 승인이 필요하지 않는 한 스스로 시행규칙을 정할 수도 있다. 유로폴의 재정통제관(Financial Controller)은 유로폴의 수입 및 지출을 통제하며, 임명권을 갖고 있는 행정이사회에 책임을 진다. 또한 유로폴에는 참여국에서 2명씩 파견된 전문가들로 구성된 공동감시기관(Joint Supervisory Body)이 설치되어 있어 개인정보보호 규정의 준수여부를 감독한다.[42]

---

41) 한종수, "EU의 내적 안전과 유로폴", 유럽연구, 26(3), 2008, pp.109~130.
42) 문장일, "유럽경찰의 조직과 권한", 공법학연구, 6(3), 2005, pp.3~25.

1) 행정이사회

행정이사회는(Management Board; Verwaltungsrat) 각 회원국으로부터 1명씩 파견된 대표로써 구성된다. 각국 대표는 1표의 의결권을 가진다. 대표는 고문역할을 수행하는 전문가를 대동할 수 있으며 전문가는 행정이사회의 회의에 참가한다.

행정이사회의 광범위한 권한은 협약 제28조에 열거되어 있다. 이에 의하면 행정이사회는 여러 시행규칙의 제정에 관여하거나, 이를 넘어 각료이사회의 승인이 필요하지 않는 한 시행규칙을 스스로 확정한다. 즉 행정이사회는 유럽경찰과 제3국 내지 제3기관과의 관계에 관한 규정, 유럽경찰직원의 지위에 관한 규정 및 재정규칙의 결정 등에 관여하며, 독자적으로 연락관의 유럽경찰에 대한 권리와 의무에 관한 규칙, 유럽경찰의 행정적 임무수행에 관한 규칙, 분석목적 작업자료 및 색인체제에 관한 세부사항을 결정한다.

행정이사회의 사항별 중요 권한은 유럽경찰의 목적 확장에 관여하고, 경찰청장을 통제하며, 유럽경찰청장과 청장대리의 임명과 해임 등의 사항에 관여한다. 그 외 행정이사회는 각료이사회로부터 위임된 여타의 임무에 대해 책임을 진다.

2) 경찰청장

경찰청장(Director; Direktor)은 유럽경찰을 대외적으로 대표하며 임기는 4년이다. 유럽경찰은 최소한 두 명의 청장대리를 둘 수 있다. 직무로는,

① 유럽경찰에 의뢰된 사항의 이행
② 행정업무
③ 인사행정
④ 행정이사회 결정의 구체화 및 실행
⑤ 예산안, 직원채용안 및 5년의 재정계획안 마련 및 유럽경찰의 예산 실행
⑥ 유럽경찰협약 또는 행정이사회로부터 위임된 기타 모든 임무에 대하여 책임을 진다(협약 제29조 3항).

유럽연합회원국들은 유럽경찰을 애당초 법인격을 갖추도록 하였고 유럽경찰협약 제26조 1항에 '유럽경찰은 법인격을 가진다'고 규정되어 있다. 유럽연합과 유럽경찰은 각자 법인격을 가지므로 양자의 관계가 문제된다. 달리 말해 유럽경찰은 제3국과의 관계에서 유럽연합으로부터 독립적 법인격을 가질 수 있는가의 문제로 긍정하는 것이 다수설이다. 즉 유럽경찰이 국제법상 국제조직이 갖추어야 할 모든 조건을 충족시킨다는 것이 그 논거이다. 부정설은 유럽경찰은 단지 국가 간 협력기구이며, 유럽연합과의 관계에서 독립적인 기관이 아니라고 본다. 유로폴 연락요원은 유로폴 단장이 아니라 회원국에 의해서 지명된 경찰관들로서, 이들은 행정위원회에 대해 업무수행의 책임을 진다. 이들은 주로 회원 국가별 요구사항과 유로폴을 연결하는 업무를 수행하기 때문이다.

유로폴 경찰청장의 법적 책임은 이중적으로 형성되어 있다. 즉 임명 및 해임의 결정은 각료이사회가 하며, 이에 관한 행정이사회의 입장은 참고적이며 청취되는데 불과하다. 한편 경찰청장은 그의 행정업무 수행에 관하여 각료이사회가 아니라 행정이사회에 대해 책임을 진다(협약 제29조 4항). 유럽의회 역시 각료이사회에 의한 경찰청장의 임명 및 해임을 거부할 법적인 권한을 가지고 있지 않아 경찰청장을 포함한 유럽경찰 직원의 독립성은 보장된다(협약 제30조 1항). 그들은 정부, 관청, 여타의 조직 및 유럽경찰청 외의 어떠한 개인으로부터 지시를 받지 아니한다.

3) 재정통제관 및 예산위원회

의무, 지출 및 수입에 관한 통제는 재정통제관[43]이(Financial Controller; Finanzkontrolleur) 담당한다. 재정통제관은 행정이사회에 의해 임명되며, 또한 그에 대하여 책임을 진다(협약 제35조 7항). 예산위원회(Financial Committee; Haushaltsausschuss)는 예산에 관한 회원국별 1인의 전문가로 구성되며, 경찰청장이 제출한 예산을 심사한다(협약 제35조 3항). 예산위원회는 예산 및 재정문제에 관한 자문역할과 보조기관으로서의 역할을 담당한다(협약 제35조 8항).[44]

(2) 유로폴의 임무와 역할

1) 유로폴의 임무

유로폴은 EU에서 발생한 테러리즘 사건에 영향을 미친 이념적 동기가 무엇인가에 따라 이슬람주의자, 분리주의자, 좌익테러리즘, 우익테러리즘, 단일이슈 등 다섯 가지 형태로 분류하고 있다. 유로폴이 작성한 보고서에 의하면 9개 EU회원국에서 2007년 한 해 동안 총 583건의 테러행위가 실행되었고 그 중 532건(91%)은 분리주의자들에 의한 테러였다.

유로폴의 구체적 임무는 다음과 같다.
① 회원국 간 정보교류를 촉진한다.
② 정보를 조사·분석한다.
③ 관련 회원국에 정보를 즉시 통보한다.
④ 회원국의 수사를 돕는다.
⑤ 수집된 정보를 관리하는 컴퓨터체계를 유지한다.
⑥ 회원국 기관원에 대한 교육 및 훈련을 지원한다.

43) 유로폴의 재정통제관(Financial Controller)은 유로폴의 수입 및 지출을 통제하며, 임명권을 갖고 있는 행정이사회에 책임을 진다.
44) 문장일, "유럽경찰의 조직과 권한", 공법학연구, 6(3), 2005, pp.3~25.

⑦ 수사기법 등 회원국 간 기술적인 지원을 촉진한다.[45]

2) 유로폴의 운영

1980년 재정자율권을 확보한 이후 EU는 회원국들이 낸 분담금에 의존하지 않고 자체적으로 확보한 재원에 의해 운영된다. 따라서 유로폴은 총국민소득(GNI)에 따라 회원국들이 분담한 기여금과 각료이사회 의장국이 기여한 자금으로 운영된다. 원칙적으로 유로폴의 예산은 각료이사회의 통제를 받으며, 예산의 구체적인 집행에 관한 통제를 위해 각료이사회는 공동심사위원회(Joint Audit Committee)의 도움을 받는다. 공동심사위원회는 EU 회계감사원(Court of Auditors)의 추천에 의해 임명된 위원들로 구성된다. 유로폴 예산이 EU 예산의 부분이 아닌 것처럼 공동심사위원회는 EU 회계감사원의 부분이 아니다. 공식적으로 유로폴은 그 행위에 있어서 유럽의회에 책임을 지지 않으며 유럽의회는 단지 유로폴로부터 보고서를 제출받음으로써 간접적으로 이를 통제할 수 있을 따름이다.

3) 유로폴의 역할

유로폴은 테러리즘과 불법 마약거래 등 국제조직범죄를 예방하고 이와 관련된 EU회원국 내 각 기관들의 효율성과 협력을 증진하는데 목적을 갖는 EU의 조직이다. 그러나 유로폴이 유럽법의 실행에 기여를 하는 임무를 띠고는 있지만, 집행권(executive powers)을 갖고 있지는 않다. 기본적으로 유로폴은 회원국들의 법집행기관들을 지원하는 서비스기관으로 구성되어 있어 유로폴에 속한 기관원들이 회원국의 영토에서 수사를 하거나 용의자를 체포할 권한이 없다는 것을 의미한다.

마약 불법거래를 전담한 유로폴 마약전담국과 달리 유로폴이 담당하는 분야는 매우 다양하며 주로 다음과 같은 분야에서 회원국을 지원한다. 즉, 테러리즘, 불법 마약거래, 불법 이민, 핵물질 거래, 불법 자동차 거래, 어린이 성매매를 포함한 인신매매, 유가증권 위조(특히, 유로위조), 돈 세탁 등이다.

유로폴은 원래 정보교류 및 분석, 수사조율 등 회원국을 지원하는 센터로 만들어졌고 이미 설립 때부터 사람들은 유로폴의 발전에 관하여 상이한 전망을 했다. 어떤 이는 유로폴이 감청장비 등 각종 정보수집수단을 통하여 스스로 정보를 생산하며, 독자적인 수사권한을 보유한 중앙집중적인 유럽경찰의 모습을 띠게 될 것이라고 전망했고, 어떤 이는 경찰주권을 지키려는 회원국들의 저항을 강조하면서 유로폴의 독자적인 수사권행사에 회의적인 견해를 피력하기도 했다.

1999년 탐페레 회담에서 EU정상들은 유로폴이 유럽지역의 범죄퇴치에 있어 핵심적인

---

45) 한종수, "EU의 내적 안전과 유로폴", 유럽연구, 26(3), 2008, pp.109~130.

역할을 수행하는 기구임을 분명히 했으나 그들이 취한 구체적인 조치들은 이에 미치지 못했다. 예컨대 이 회담에서 정상들은 회원국들로 구성된 공동수사팀 구성을 촉구했으나 단지 수사팀을 지원하는 기능을 수행하는 것으로 결정했고, 2005년 '헤이그 프로그램'을 통해 EU정상들은 유로폴이 범죄와의 전쟁에 있어 결정적인 역할을 할 수 있도록 하겠다고 단호한 의지를 밝혔으나 이 역시 구체적인 사항에 있어 뚜렷한 진전을 찾아볼 수 없었다.

3. 유로폴의 향후 과제

1999년 본격적으로 업무를 개시한 유로폴의 지휘부는 총장의 관할하에 있다. 그런데 유로폴 청장은 사법·내무 각료이사회에 의해 임명되며, 각 회원국에서 파견된 대표들로 조직된 행정이사회를 거쳐 최종적으로 각료이사회에 정치적 책임을 진다. 유로폴이 비 EU국가 또는 국제기구와 협정을 체결할 때는 각료이사회의 통제를 받으며, EU의 타기관과 협정을 맺을 때는 행정이사회의 승낙을 받아야 한다. 또한, 유로폴은 유럽의회를 통과해야 하는 통상적인 EU의 예산에 의해 운영되는 것이 아니라, 전적으로 회원국들이 분담한 기여금과 각료이사회 의장국이 기부한 자금으로 운영된다. 이러한 점들을 고려할 때, 유로폴은 조직체계와 예산 면에서 독자성을 지닌 초국가적 기구라기보다는 회원국들의 의지에 의존하고 있는 정부간 기구라고 말할 수 있다.[46]

유로폴은 유럽에서 테러리즘과 각종 국제조직범죄를 예방하고 퇴치하는 임무를 수행하고 있지만 원래 정보교류 및 분석, 수사조율 등을 통해 EU회원국들을 지원하는 센터로 만들어졌기에, 원칙적으로 회원국의 영토에서 독자적으로 수사를 하거나 용의자를 체포할 권한이 없다. 암스테르담조약(1997년 체결)으로 유로폴은 회원국의 관련 기관과 공동으로 비밀정보를 수집하고 각국의 수사를 지원할 수 있게 되었으나 이러한 활동은 어디까지나 해당 국가와의 연계와 협의를 통해 가능하다. 탐페레 정상회담(1999)과 '헤이그 프로그램'(2005)에서 EU정상들은 유럽지역의 범죄퇴치에 있어 유로폴이 핵심적인 역할을 수행해야 한다고 강조했지만, 구체적인 조치는 기대에 못 미쳤다. 성립 후 시간이 흐름에 따라 유로폴의 기능과 역할은 확대되어 왔으나 역내에서의 활동은 여전히 해당 국가에 의해 크게 제약을 받고 있기에 이 점에서도 유로폴이 초국가적 기구라고 말하기는 어렵다.[47]

---

46) 모든 문서의 원본은 각국어로, 회의용 언어는 영어, 불어 또는 독일어이다. 따라서 유로폴에 근무하는 요원들은 원칙적으로 3개 국어를 자유로이 구사할 수 있어야 한다. 언어의 선택문제는 각국의 이해관계와 문화적 영향력과 관련하여 많은 논란이 있다.
47) 한종수, "EU의 내적 안전과 유로폴", 유럽연구, 26(3), 2008, pp.109~130.

제5절 기타 경찰협력기구

1. 다자간 참여 경찰협력

(1) 대(對) 마약진압(麻藥鎭壓) 유럽위원회(CELAD)

1989년 유럽공동체 중 12개국 정상들이 모인 스트라스부르그 정상회담에서 창설되었으며 회원국 간에 대(對) 마약범죄에 관한 협력을 주요 내용으로 하고 있다.

(2) 임시이민그룹(ad hoc immigration group)

1986년 창설되었으며 유럽공동체 12개국이 회원으로 참여하여 망명권, 이민, 허위문서, 국경선 통제문제 등에 관한 협력을 주요내용으로 하고 있다. 이 그룹은 상설조직이 아니라 비(非)상설기구로서 필요에 따라 회원국들의 요청에 의해 모임을 가진다.

(3) 상호협조그룹(Mutual Assistance Group)

유럽연합의 12개 회원국 관세대표자들의 모임인 이 그룹은 1967년 이탈리아의 Naples 조약의 발효로 창설되었다. 주로 마약류의 거래를 진압하는 업무에서 경찰협조를 내용으로 하고 있다.

(4) 조정그룹(Coordinators Group)

1988년 창설된 이 그룹은 회원국 국민들 간의 자유통행에 관한 협조를 주요 내용으로 하고 있다.

(5) Berne 클럽(Berne Club)

1971년 시작되었으며 상설 사무조직을 두지 않은 채 유럽경제연합 8개 회원국과 스위스, 미국 등의 경찰관련 총수들로 구성된 비공식기관이다. 이들은 특히 국제테러와 간첩활동 등에 관한 문제를 주로 다루고 자체 장거리 통신망도 갖추고 있다.

(6) Pompidou 그룹(Pompidou Group)

1972년 프랑스 퐁피두 대통령의 발안으로 창설되어 마약관련 범죄 진압을 위한 협력을 목적으로 하고 있다. 처음에는 유럽 7개국이 참여하였으나 이후 13개국으로 늘어났다.

이 그룹은 1981년 스트라스부르그 회의에서 3단계에 걸친 마약예방 프로그램을 실시하기로 결의하였는데 이 3단계는 다음과 같다.

　1) 마약의 남용 전 단계에서의 기초예방(주로 홍보활동)

　2) 마약남용 시초단계에서의 중간예방(홍보 및 검거병행)

　3) 마약중독이 정착된 단계에서의 3차 예방(검거 및 치료, 교화)

(7) K-4 위원회(Comite K-4)

K-4 위원회(Comite K-4)는 유럽연합 15개 회원국 대표자들로 구성되어 있고, 프랑스의 경우 내무부장관이 위원으로 참여하고 나머지 국가들은 대부분 외교관들이 조정자(Coordinator, 위원)로 참여하며 각 조정자는 여러 명의 보조원을 둔다. 유럽연합조약에 의해 확정된 K-4 위원회의 구조는 다음과 같다.

　1) 委員會(Council), 審議會(Commission), 國家代表團(National Delegations) 산하 제1, 제2, 제3그룹의 3개 그룹으로 조직한다.

　2) 제1그룹은 회원국 내 망명 및 이민관련 업무를 담당한다.

　3) 제2그룹은 경찰 및 세관 협력업무를 담당한다.

　4) 제3그룹은 사법상 협력업무를 담당하며, 이외에도 전산화된 유럽 사법정보시스템의 운영과 협조업무를 수행한다.

2. 기타 비공식 경찰협력 단체

(1) Quantico 그룹

1979년 미 연방 수사국(FBI)의 제안에 의하여 창설되었다. 이 그룹은 FBI 국립학교가 미국 내 자치경찰 간부는 물론 세계 각국 경찰간부를 대상으로 실시하는 형사정책교육과정(Criminal Justice Education)을 이수한 경찰관을 대상으로 한 FBI국립학교 동문회(FBI National Academy Association: FNAA) 조직을 발전적으로 재편한 것이며, Quantico라는 명칭은 FBI 국립학교가 소재하고 있는 미국 버지니아주 Quantico에서 따온 것이다. 이 그룹에 유럽공동체 내 대부분의 국가들과 미국, 캐나다 등이 참가하고 있으며, 매년 지역별(아시아, 아프리카, 유럽, 미주 등)로 장소를 옮겨가며 회의를 개최하고, 주로 전반적인 경찰협력 분야와 새로운 경찰기법 등에 관한 토론 및 회원 간의 친목도모가 주요 내용이다.

(2) 발칸로(路) 그룹(Group Route des Balkans)

이탈리아의 주도로 설립되어 속칭 Balkan路라 불리는 유럽의 주요 마약수송로에 위치하고 있는 불가리아, 유고슬라비아, 헝가리, 터키, 그리스 등의 고위 경찰간부가 회원으로 참가하고 있으며, 마약거래와 마약수송로에 대한 공동 대처방안 마련 등을 주요 목적으로 하고 있다.

(3) 크로스채널 그룹(Group Cross Channel)

도버(Dover) 해협의 안전문제에 고심하고 있던 영국의 주도로 1963년 창설되었으며 영국과 해협을 마주하고 있는 프랑스, 벨기에, 룩셈부르크 등이 회원국으로 참여하여 상호 연락요원을 파견하고 있다. 이 요원들은 매월 정기회의를 갖고 상호 관심사에 관해 논의한다.[48]

3. 코리안데스크

코리안데스크란 외국에서 일어나는 한국인 관련 사건을 전담하는 경찰부서로, 한국 경찰이 파견 나가 현지 경찰의 담당부서와 함께 도피사범 송환, 범죄수사 등을 공조한다. 한국인 관련 범죄가 많이 일어나는 필리핀에 2010년 처음 설치됐고 2015년 베트남에도 설치됐다.

(1) 필리핀 코리안데스크(6개소,[49] 6명)

1) 연혁 및 활동 근거

2007년 3월, 한국－필리핀 간 치안협력약정(MOU)을 계기로 2012년에 최초로 한국경찰관 1명을 필리핀 경찰청에 파견하였고 그 이후 2015년 1명, 2016년 4명을 추가 파견하여 현재 6명의 한국 경찰관(코리안데스크 담당관)이 필리핀 경찰과 한국인 관련 사범관련 수사 및 공조 중이다. 연혁을 보면,

○ '07년 3월, 필리핀 경찰청 대표단 한국 방문, 치안협력약정(MOU) 체결
○ '10년 10월, 필리핀 경찰청에 필리핀 경찰로 구성된 '코리안데스크' 설치
○ '12년 1월, 韓·比 치안총수회담에서 필리핀 경찰청 내 한국 경찰관 파견 합의

---

48) 이종화, 경찰외사론, 경찰대학, 2012.
49) 마닐라(2명), 앙헬레스·세부·카비테·바기오(각1명)

○ '12년 5월, 比 경찰청(마닐라 코리안데스크) 최초 파견

○ '15년 2월, 比 경찰청(앙헬레스 코리안데스크) 추가 파견

○ '16년 4월, 마닐라·세부·카비테·바기오에 한국 경찰관 4명 추가 파견

한국 경찰관의 필리핀 내 활동은 국내법상 규정하기 어려운 부분인 만큼, 코리안데스크의 활동 근거는「필리핀 경찰청과 대한민국 경찰청 간 양해각서」('13.9.10.)에 규정하고 있다.50)

2) 파견 현황(6명, '17년 3월 기준)

코리안데스크 파견지역인 필리핀은 30만㎢(남한면적의 약 3배)의 면적에 1억 760만 명의 인구가 살고 있는 지역으로, 2018년 현재 우리 교민수는 약 89,000명이며 '13년 이후 현재까지 한국인 피살사건으로 42명이 사망했다.51)

3) 주요 임무 및 공조수사 범위52)

2017년 5월 31일 제정된 코리안데스크 담당관 운영에 관한 규칙 제13조(담당관의 직무)에 담당관은 다음 각 호의 직무를 수행한다고 규정했다.

① 주재국 내 한국인 관련 강력사건(살인·납치·강도 등) 수사 공조

② 마약, 테러 등 국제범죄 관련 자료수집

③ 주재국 내 한국인 도피사범 송환업무 지원

④ 주재국 경찰기관과의 협력업무

⑤ 기타 경찰청 지시사항

공조수사의 범위를 보면, 코리안데스크 담당관은 필리핀 내에서 수사권이 없으므로 수사행위에 해당하는 체포·압수 등의 활동은 주재국의 사법권을 침해하는 행위로 허용되지 않는다. 또한 필리핀 사법체계상, 피해자가 필리핀 경찰에 고소하지 않으면 수사개시가 불가능하므로 현지 고소가 되지 않은 상황에서 특정사안에 대한 수사요청 등 공조활동은 실질적으로 불가능하다.

---

50) 한국·필리핀 양해각서 제9조(경찰연락데스크)
　　양국 경찰은 상대국에 거주중인 다수의 자국 교민들의 안전과 치안확보를 위한 경찰 조력·지원 서비스의 용이한 제공을 위하여 양 당사자는 상대기관에 경찰연락데스크를 설치한다.
51) ◎ 필리핀 바기오 거주 교민수, 7,500명(코리안데스크 1명파견, '13년 이후 피살 3건)
　　◎ 앙헬레스 거주 교민수, 10,800명(코리안데스크 1명 파견, '13년 이후 피살 9건)
　　◎ 마닐라 거주 교민수, 36,000명(코리안데스크 2명, 경찰주재관 3명 파견, '13년 이후 피살 12건)
　　◎ 카비테 거주 교민수, 9,700명(코리안데스크 1명 파견, '13년 이후 피살 5건)
　　◎ 세부 거주 교민수, 15,000명(코리안데스크 1명 파견 경찰주재관 1명, '13년 이후 피살 5건)
52) 코리안데스크 담당관 운영에 관한 규칙(2017.5.31. 제정)

① **수사가능한 사항**
  ○ 도피사범 소재파악 및 검거 공조(필리핀 경찰청·이민청 등과 공조)
  ○ 도피사범 송환 지원(주필리핀 한국대사관 및 필리핀 이민청과 협의)
  ○ 사실 확인(검거 현장 및 증거물 사진 등 사진촬영)
  ○ 참고인에 대한 진술서 확보(참고인이 동의하는 범위 내에서 가능)
② **수사 어려운 사항**
  ○ 금융거래정보(계좌명의자, 거래내역 등)
  ○ 전화번호를 통한 인적사항 등 파악(필리핀 휴대폰은 인적사항과 연계되지 않음)
  ○ 증거물 등 압수(원칙적으로 불가능, 임의제출 형식은 가능)
  ○ 수사대상자(피의자·참고인) 진술조서 확보 등이다.

4) 주요 공조사례

사례 1.

'16년 10월, 바콜로市에서 발생한 한인 3명 총기 피살사건시 ○○청 국제범죄수사대는 공범 1명을 국내에서 검거하였고, 앙헬레스 코리안데스크 담당관은 필리핀 내 체류 중인 주범 1명을 발생 37일만에 검거
  ⇨ 한국−필리핀 간 긴밀한 공조수사로 범인 전원 검거 및 증거 자료 확보(국내 공범 1명은 징역 30년 선고('17.6.2.), 주범은 국내 송환 대기 중)

사례 2.

'17년 5월, 세부 라푸라푸市에서 발생한 한인 1명 총기 피살사건 시 국내 공동조사팀이 현지 파견되어 감식 및 수사 지원 등 수사공조 진행
  ⇨ 공동조사팀(감식/범죄분석/CCTV전문가)은 필리핀 용의자의 옷에서 혈흔 발견, 신속한 DNA 감정으로 진범 검거에 기여

(2) 베트남 코리안데스크

1) 연혁 및 활동 근거

2013년 7월, 한국−베트남 간 제5차 인터폴 회의에서 코리안데스크 설치 합의를 시작으로, 2015년 8월 양국 데스크 MOU 내용을 확정하였다. 이후 2015년 11월 경찰청장이 베트남 방문 시 양국 MOU를 정식 체결하면서 2015년 12월 양국 전담 데스크가 동시에 개소하였다.

2) 운영 현황

베트남 공안부 내 코리안데스크는 공안부 대외국 동북아에 한국어 구사가 가능한 공안 2명 등 4명, 한국 경찰청 내 베트남데스크는 베트남어 구사가 가능한 경찰관 2명 등 4명으로 구성되어 있다.

3) 공조수사 범위

① **수사가능한 사항**

도피사범 소재파악 및 검거 공조(베트남 공안부 대외국·범죄수배국 공조)

   O 도피사범 송환 지원(주베트남 한국대사관 및 공안부와 협의)

   O 사실 확인(검거 현장 및 증거물 사진 등 사진촬영)

② **수사 어려운 사항**

   O 금융거래정보(계좌명의자, 거래내역 등)

   O 전화번호를 통한 인적사항 등 파악(베트남 휴대폰은 인적사항과 연계되지 않음)

   O 참고인에 대한 진술서 확보(참고인이 동의하는 범위 내에서 가능)

   O 수사서류(수사서류의 내용을 기재한 전문은 확보가능)[53]

4) 주요 공조사례

사례 1.

'15년 12월 중순 베트남 하노이 내 한국인들이 사이버도박 사이트 운영 중이라는 첩보 입수

'15년 12월 22일 베트남 코리안데스크에 위 사이버도박 사이트 운영 장소 파악 및 단속 요청

   ⇨ '16년 1월 15일 베트남 공안부는 위 장소 급습하여 현장에 있던 피의자 7명 검거, 증거물 원본확보 및 현지 구류절차 없이 피의자 전원 즉시 송한(1.20.)

사례 2.

'17년 6월 9일 베트남 도피 피의자 2명, 베트남 공안부 초청 송환. 베트남 공안부와 현지 송환절차 최소화 협의[54]에 대한 결실로, 베트남 공안부는 자국 항공기를 통해 우리 국민 피의자 2명을 인천공항까지 호송

---

53) 베트남은 사법체계와 규정만큼 상호 간의 관계를 중시하는 문화가 있으므로, 양국 협력관계에 의해 시기와 상황에 따라 공조 범위와 절차가 상이할 수 있다는 점을 유념해야 한다.

54) '17.4.25. 국장급 업무회의 및 5.15. 베트남데스크 점검 당시 신속 송환 요청.

PART 2

외사경찰 각론

CHAPTER 01

외사정보 활동

제1절 외사정보의 개념과 중요성

1. 외사정보의 개념과 법적근거

(1) 외사정보의 개념

21세기는 변화와 혁신의 시대이다. 전자·통신을 비롯한 IT산업의 눈부신 발달은 '디지털시장경제'와 '디지털민주주의'로 정의되는 변화로 이어졌다.

국가안보란 국가의 사활적 가치(vital values)를 보존하는 것을 뜻하며 국가의 생존(survival), 번영(prosperity), 위신(prestige) 그리고 안정(stability) 등을 의미한다. 국가안보는 군사안보, 경제안보, 생태안보, 사회안보, 사이버안보 등으로 구분되며, 국가가 존재하는 한 국가정책의 최고 목표이자 국가발전의 밑바탕이 되는 필요조건으로 국가정보의 중요성이 강조되고, 국가안보 관리에 있어서 국가정보는 가장 중요한 투입변수라 할 수 있다. 그리하여 세계 각국은 자국의 안보와 국익 극대화를 위해 다양한 정보기관을 운영하고 있으며 우리나라도 대통령을 정점으로 하는 국가정보체계를 유지하고 있다.

외사정보활동은 국가의 안전과 이익 그리고 공공의 안녕과 질서에 대한 침해를 예방·단속할 목적으로, 외국인·외교사절·외국기관·외국상사단체 및 외국·외국인과 관련된 내국인 그리고 해외여행자·해외동포 등을 대상으로 행하는 국가의 보안정보활동에 관련된 일체의 행위이다. 즉, 외사정보 수집활동이라 함은 대한민국의 안전과 이익 및 사회공공의 안녕과 질서유지에 관계 있는 외국(인)관련 정보를 탐지·수집·분석·판단·보고서작성 등을 통해 국가정책에 반영할 목적으로 행하여지는 일체의 활동을 가리키며, 외사에 관한 기본정보·현용정보 및 판단정보는 물론 국가안전보장상의 정보까지를 포함하는 넓은 개념으로 볼 수 있다.

(2) 외사정보활동의 법적 근거

1) 경찰법 제3조(국가경찰의 임무)[1]

제4호 치안정보의 수집·작성 및 배포

2) 경찰관직무집행법 제2조(직무의 범위)

제4호 치안정보의 수집·작성 및 배포

3) 경찰청과 그 소속기관 등 직제(대통령령) 제15조의2(외사국) 제2항[2]

외사국장은 다음 사항을 분장한다(제5호 외사정보의 수집·분석 및 관리 등).

2. 외사정보의 대상 및 특성

(1) 외사정보의 대상

외사정보 수집대상은 외사정보의 내용이 외국과 관련된 일체의 정보임을 감안할 때 앞에서 살펴본 외사경찰의 대상과 같이 '외국·외국인·외국기관단체 및 해외교포, 외국과 관계 있는 내국인'이라고 말할 수 있다. 외사정보의 대상을 인적·물적 대상으로 구분하면 다음과 같다.

1) 인적대상(人的對象)

외교사절 및 준 외교사절, 주한미군(駐韓美軍), 군속(軍屬) 및 그 가족 등 한미행정협정의 대상이며, 국내 거류 외국인(居留外國人), 국내 체류 외국인(滯留外國人), 불법체류자(不法滯留者), 해외교포 및 해외거주 내국인 및 관광객, 외국과 관련 있는 내국인, 국제범죄단체 조직원 및 테러 조직원 등이다.

---

1) 경찰법(시행 2017.7.26., 법률 제14839호)
   제3조(국가경찰의 임무) 국가경찰의 임무는 다음 각 호와 같다.(개정 2014.5.20.)
   1. 국민의 생명·신체 및 재산의 보호
   2. 범죄의 예방·진압 및 수사
   3. 경비·요인경호 및 대간첩·대테러 작전 수행
   4. 치안정보의 수집·작성 및 배포
   5. 교통의 단속과 위해의 방지
   6. 외국 정부기관 및 국제기구와의 국제협력
   7. 그 밖의 공공의 안녕과 질서유지(전문개정 2011.8.4.)
2) 경찰청과 그 소속기관 직제 일부개정 2017.11.28.(대통령령 제28448호, 시행 2017.11.28.) 제15조의2(외사국), 제5호 외사정보의 수집·분석 및 관리.

2) 물적대상

외국공관, 외국기관(국제기구, 외국인학교 등), 외국상사 및 단체(종교단체, 사회사업단체, 경제단체, 국제협력(國際協力)·친선교류단체(親善交流團體), 정치성 단체(Amnesty International 한국지부, Green Peace 한국지부 등 정치성 단체) 등이며, 외국 언론기관, 재외 국내단체 및 기업체, 국제범죄조직, 국제테러조직 등도 포함된다.

(2) 외사정보의 특성

외사정보는 일반 경찰정보와 구별되는 다음과 같은 특성이 있다.

1) 내용적 특성

일반 경찰정보는 내국인과 국내의 제문제에 관한 정보, 즉 국내정보(Domestic Intelligence)가 대부분이지만, 외사정보는 외국·외국인에 관한 정보, 즉 국외정보(Foreign Intelligence)인 경우가 대부분이다.

2) 정보활동의 특성

외사정보는 대상의 특성으로 인해 다른 나라와 외교적 마찰을 야기할 우려가 있으므로 첩보원천의 접촉 또는 정보의 탐지·배포 등 정보활동과정에 특별한 주의를 요하며, 이러한 특성으로 인해 외국공관에 대한 출입은 원칙적으로 경찰청 소속 외사요원이 전담한다.

3) 전문적 지식의 특성

외사정보는 국제법, 영사관계에 관한 비엔나협약 등 각종 외교관계 규정을 포함하여 출입국관리법 등 외사관련 단행법규 그리고 국제정치·경제·치안정세에 관한 식견 등과 같이 정보수집활동에 있어 일반정보활동에서는 필요로 하지 않는 특별하고 전문적인 지식을 요한다.

4) 정보요원 자격요건의 특성

외사정보요원은 활동의 특성으로 인해 특별한 자격요건을 필요로 한다. 일반 경찰정보요원에게 있어 외국어 구사능력은 그다지 중요한 자격요건이 아니지만, 유능한 외사정보요원이 되기 위해서는 유창한 외국어 구사능력이 중요한 요건이 된다. 또한 외사첩보원천의 대부분은 외국인으로 이들과 접촉할 때는 의전(儀典, Protocol)이나 국제예절(國際禮節, Etiquette) 등을 지킴으로써 품위와 긍지를 유지해야 한다.

3. 외사정보의 정책적 중요성

(1) 체류 외국인 신원특이자 동향 파악

체류 외국인 증가에 따른 테러조직원 등 신원특이자에 관한 외사정보활동이다. 외국인의 출입국 증가에 따라 이슬람권 테러조직 등 신원특이 입국자들의 커뮤니티 활동 등을 면밀히 확인·분석하여 순수목적의 이주노동자 및 결혼이민자 등 선의의 체류 외국인이 혐오 외국인으로 낙인되지 않도록 안전한 사회를 구현해야 한다. 이를 위해 체류 외국인의 증가에 따라 발생할 수 있는 내·외국인 간 갈등을 방지하고 문화적 다양성이 존중될 수 있는 사회환경 조성이 되도록 노력해야 하며, 특히 신원특이 체류 외국인의 활동 등에 대한 면밀한 동향파악이 요구된다.

(2) 외교가의 신변안전 보장

주한 외교사절 신변보호를 위한 위해활동 대비이다. 미 대사 피습사건'('15.3.5.) 이후 주한 외교사절의 신변보호를 위한 인적위해 요소 분석, 신변보호활동의 판단자료 제공 등을 위해 주한 외국 대사와 공관장 및 UN 북한인권사무소 직원 등 주한 대사, 대북대표부 대표, 총영사 및 UN 북한인권사무소를 대상에 포함하고 있다. 보호방법으로는 주한 외교사절의 안전관련 이슈 및 참석 행사에 대해 외사기능의 국제정세 및 테러동향, 정보기능의 집회시위 및 행사정보 등의 의견을 종합하여 '위해도 판단서'를 작성하여 주한 외교사절 전담 신변보호조 운영에 만전을 기할 수 있어야 외교문제로의 비화를 막을 수 있다. 이는 주한 외교사절에 대한 치안만족도 향상은 물론 국가 신인도 제고에도 기여하게 된다.[3]

(3) 국내 대테러 전담체계 구축 및 유관기관과의 공조

국내 대테러 정보활동 전담체계 구축 및 인터폴 등 외국 유관기관과 공조를 통한 위험인물 유입 차단 등 다각적인 외사 보안활동의 전개로 테러 위해 요소 차단을 위한 대테러 정보활동이다. 이러한 배경에는 국내의 ISIS 등 테러단체 추종자 확산과 그에 따른 테러위험 고조에 대비 국내외 위험인물에 대한 선제적이고 전문화된 정보활동이 요구된다. 지난 2017년 인도네시아 극단주의 테러단체「이슬람수호전선」한국지부 설립을 추진한 인도네시아인, 테러 연계로 적색수배된 우즈베키스탄인 등 16명을 강제 퇴거한 사실도 있듯이 대테러 정보 전담체계 구축을 위한 정보수집활동을 강화해 나가야 한다.[4] 우리나라 정보기

---

3) 미('15년 7월, '16년 10월)·일('15년 3월)·이스라엘('15년 6월) 대사 등은 한국경찰의 보호활동에 감사한다는 서한문을 발송하기도 했다.

관에서는 해외 테러 동향을 통해 국제 테러위험인물 유입 및 온라인 테러리즘 확산 차단을 위해 인터폴 등과 공조하여 국외 테러위험인물 16,580명을 입국금지하고 사이버모니터링을 통해 테러 연관 게시물 6,389건을 삭제 조치하기도 했다.[5]

(4) 해외 주요 정책(시책) 발굴 및 소개

외사경찰은 급변하는 치안환경에 대응하여 국민안전 확보와 치안시스템 발전에 기여할 수 있는 해외 주요국 우수 치안시책을 적극적으로 발굴·전파한다. 즉 해외 주요국 경찰이 자국민 안전을 위해 활용 중인 우수 치안시책을 지속적으로 모니터링하고 이를 적시에 소개하여 국내 치안정책 추진에 뒷받침되는 자료를 수집하여야 한다. 관련 자료로는, ① 국민 인권보호 방안, ② 노약자·여성 등 범죄 취약자 보호 정책, ③ 최신기술 활용 사례, ④ 경찰관 복지시책 등이 해당된다. 이미 소개된 사례들을 보면, 필리핀 내 한국인 사망사건 대응방안을 시작으로, 중국의 현장경찰관 미세먼지 대책, 수상사고 예방 '무인 순찰청'운영, 경찰견 VR카메라 장착 등을 비롯해, 일본의 졸음운전 예방 '스마트 웨어'와 범죄피해사 구조금 지급 확대, 호주의 경찰관 건강진단 스마트폰 앱, 미국의 인권보호용 '현장 가림막' 등과, 기타 주요국의 국민 참여 테러예방 시책, 치매환자 실종예방 시책, 경찰 인권보호 우수 시책, 여경제도 및 우수시책(인권위 권고사항 관련), 야간 치안활동 장비 등이 있다.

제2절   외사정보의 순환과정

1. 의의

외사정보도 일반 경찰정보와 마찬가지로 하나의 연속된 과정으로 이루어진다. 먼저 소요되는 정보요구를 결정하고 이 요구를 충족시키기 위한 첩보를 수집·보고하며, 수집된 첩보를 평가, 분석, 종합 및 해석하여 정보를 생산하며, 생산된 정보를 사용자에게 배포하는 4개의 단계를 거친다. 이를 정보순환과정(Intelligence Cycle)이라 한다.

---

4) 국내 무슬림 테러단체 추종자 적발 사례 등을 토대로 전담 정보관을 선발하여 위험인물에 대한 첩보수집을 강화해야 한다. 주요 사례를 보면, '15년 12월 (아산) 북한산에서 테러단체(「알누스라 전선」) 깃발을 흔든 인니人 검거(강제퇴거)를 비롯해 '16년 6월(용산) 아국인에게 ISIS 가입 선동 및 온라인으로 테러전투원 소개해준 우즈벡人 2명(강제퇴거), '17년 6월(김해) 테러단체(「타비드바 지하드」) 추종 우즈벡人 5명(강제퇴거) 등이 있다.

5) 테러위험인물 입국금지는 '16년 6,092명 ⇒ '17년 16,580명(170%↑)이었고, 사이버모니터링은 '15년 296건 ⇒ '16년 1,231건(315%↑) ⇒ '17년 11월 6,389건(520%) 등 엄청난 증가를 보이고 있다.

2. 외사정보의 순환과정(循環過程)

(1) 외사정보의 요구(Requirement of Intelligence)

외사정보 순환과정의 첫 단계로, 정책수립자 등 정보의 사용자가 주도면밀한 판단하에 언제 어느 때 어떠한 정보를 필요로 할 것인가를 결정하고, 필요로 하는 시기에 정확한 정보가 제공될 수 있도록 적절한 정보운용 계획을 수립하여 정보수집기관에 하달하는 단계를 말한다. 정보의 요구방법에는 첩보 기본요소(Essential Elements of Information: EEI), 특정첩보요구(Special Requirements for Information: SRI), 국가정보목표우선순위(Priority of National Intelligence Objective: PNIO), 기타정보요구(Other Intelligence Requirements: OIR) 등이 있다.

외사정보의 요구는 일반 경찰정보와는 달리 국내정세보다는 국제정세의 변화에 매우 민감한 특징을 가지고 있다. 예컨대 중동에 분쟁이 있을 경우 국내에 거주하고 있는 그 지역출신 외국인이나 외교사절을 대상으로 한 정보요구가 늘어나게 되므로, 국제화·개방화로 특징 지을 수 있다. 최근의 국제정세 속에서 외사정보[6]는 범죄의 탈국경화, 국제조직범죄, 돈 세탁, 산업스파이, 불법이주자 등 국제화에 따르는 부작용과 관련된 내용이 주류를 이룬다.

먼저 정보요구의 소순환과정은 다음과 같다.

1) 기본요소 결정

○ 정치·경제·사회·군사·과학 등 어느 부분의 정보를 요구할 것인지 기본적인 요구사항을 결정

2) 수집계획서 작성

○ 누가 언제까지 어떤 방식으로 첩보를 수집·보고할 것인가를 계획

○ 기본요소, 요구되는 정보 및 배경 첩보, 활동지침, 수집기관, 보고시기 등 내용 포함

3) 명령·하달

○ 임무수행에 소요되는 시간과 보안성을 고려, 적합한 시기·방법으로 수집계획서를 하달

---

6) 자료 vs 첩보 vs 정보의 구분
   자료: 특정한 목적에 의해 평가하지 않은 단순한 여러 사실이나 기호 등
   첩보: 목적성을 가지고 의도적으로 수집하였으나 평가·해석하지 않은 정보의 자료(1차 정보)
   정보: 자료 및 첩보의 가치를 평가하여 체계화한 지식(2차 정보)

4) 사후검토

○ 수집 중인 정보에 대해 필요 없는 내용이나 추가·보완되어야 할 사항이 없는지 지
  속적으로 확인

(2) 정보요구수단

국가정보목표우선순위(PNIO), 첩보기본요소(EEI), 특별첩보요구(SRI), 기타첩보요구(OIR)
중 하나 또는 2개 이상을 복합적으로 선택하게 된다.

국가정보목표 우선순위 (PNIO)	Priority of National Intelligence Objective 국가안전보장이나 정책에 관련된 국가정보목표의 연간 우선순위로 정보기관 의 정보활동계획 수립 시 가장 중요한 지침
첩보기본요소 (EEI)	Essential Elements of Information 국가의 각 부서에서 맡고 있는 정책계획을 수행하는데 우선적으로 필요로 하 는 첩보요소, 계속·반복적으로 전체 지역에 걸쳐 수집하여야 할 사항으로 정 보수집계획서의 핵심
특별첩보요구 (SRI)	Special Requirements for Information 특정 지역의 특별한 돌발상황에 대한 단기적 해결을 위해 수시로 이루어지는 첩보요구
기타첩보요구 (OIR)	Other Intelligence Requirements 정책상 수정이 요구되거나 이를 위한 자료가 필요할 때 PNIO에 우선하여 이 루어지는 첩보요구

(3) 외사첩보의 수집(Collection of Information)

부여된 정보요구에 따라 정보요원이 필요한 첩보를 수집하는 단계로서 정보의 순환
과정 중 가장 어려운 단계라고 볼 수 있다. 첩보의 수집수단에는 인간, 통신, 전자, 영상,
신호 등이 있으나 이중 가장 기본적이고 중요한 수단이 인간이라고 볼 수 있다. 특히 외사
정보의 경우 외국인을 대상으로 가치 있는 첩보를 수집하기 위해서는 국제정세에 대한 식
견과 외국어 구사능력, 외국의 문화와 생활관습에 대한 폭넓은 이해 등 외사요원의 전문성
이 결정적으로 중요한 요소가 된다.

1) 출처 개척

첩보의 출처란 첩보가 얻어지는 존재원천을 말하며 종류에 따라 근본·부차적 출처,
정기·우연 출처, 공개·비공개 출처로 구분한다.

2) 첩보수집

'정보를 왜 수집하려 하는가?'를 중요한 출발점으로 삼아 목적의식을 가지고 정보요구

의 배경을 파악한다. 이를 위해 모든 대상을 선입관 없이 다각적으로 조망해 보며, 정보의 참신성, 긴급성, 수집가능성 등을 고려해 우선순위에 따라 수집한다.

3) 첩보입수 경위

외사첩보수집은 관찰, 면담, 신호·공개정보 입수 등이 있으며, 이러한 형태는 단독 또는 복합적으로 동시에 이루어지기도 한다.

4) 공개정보수집

① 외신보도

주요국 일간지의 경우 인터넷상에서 관련 기사를 알 수 있으나 실제 인쇄판의 헤드라인을 파악하는 것이 중요하다. 그리고 한국 내 이슈에 대한 보도는 보도사실에만 치중하지 말고, 보도논조·뉘앙스 등도 중점을 두고 파악한다. 또한 한국 또는 중요 국제이슈에 대한 칼럼에 대해서 논지를 살려 보고 하되 세계적 석학의 칼럼과 편향된 성향의 무명 칼럼니스트의 글은 파급력, 중요도 등 여러 면에서 많은 차이가 있음을 감안한다.

② 사이버정보

외사정보의 특성상 사이버 공간에서 수집할 수 있는 내용이 많다는 점을 유념한다. 외신의 경우 방송·신문 보도 외에 토론방, 여론조사, 독자·시청자 기고 게시판 등도 주시한다. 그리고 트위터, 유튜브, 페이스북 등 전 세계적으로 이용되는 사이트의 경우 영향력이 높으므로 항시 한국 관련 게시물을 검색, 내용을 파악한다.

③ 기타

한국의 다문화사회 안착을 위해 외국인 밀집지역 내 자체 발간 소식지, 외국인 근로자 고용업체 내부 소식지, 외국인 출입 종교시설 내 교양자료, 해외교포 관련 소식지 등도 중요한 소재가 된다.

(4) 외사정보의 생산(Production of Intelligence)

수집된 외사첩보는 면밀히 평가·분석·종합·해석·판단하는 등의 과정을 거쳐 정보보고서로 생산하게 되는데 이를 정보의 생산단계라 한다. 정보의 생산단계에서는 정보분석 담당자의 전문적인 식견과 경험, 명석한 판단력·추리력이 가장 중요한 요소이다.[7] 정보생

---

7) 외사정보보고서는 대부분 개조식으로 기술한다. 먼저 제목 선정은 간단·명료하면서도 전체 내용을 압축할 수 있는 제목을 선정하고, 개요는 보고하고자 하는 사안을 2~3줄로 압축하여 요지를 기술하며, 본문은 사안의 현황, 문제점, 진행 동향 등을 기술하며, 분석결과도 함께 기재한다. 또한 결론부분은 본문에서의 문제점이나 진행 동향 등을 평가하고, 미래에 실현가능한 대책도 함께 제시한다. 그리고 보고서는 신중한 주제 선정, 충실한 요건 구비, 사용자 중심 및 보고서 점

산 단계는 단편적이고 불확실한 내용을 특정한 목적하에 하나의 완전한 내용으로 구상하는 단계로, 선택-평가-분석-종합-해석의 소순환과정을 거치며, 정보순환과정에서 가장 중심이 되는 단계이다.

1) 정보생산의 소순환과정

① 선택

수집된 첩보 중에서 긴급성·유용성·신뢰성·적합성에 따라 필요한 것을 최단시간 내에 선택하는 1차적인 평가과정이다. '정보로서 생산할 가치가 있는가'를 판단하는 단계가 아니라 '분석해 볼만한 가치가 있는지'를 먼저 판단하는 단계이다.

② 평가

첩보의 출처 및 내용에 대해 신뢰성과 타당성을 판정하는 과정에 해당한다. 출처의 적정성·신뢰성, 내용의 가능성·타당성을 각각 평가한다. '어떠한 형태로 생산될 정보인가'를 판단하여 해당 점수를 부여하며, 분석 작업 후 다시 평가 결과를 수정할 수 있다.

③ 분석

수집된 정보를 재평가하여 정보요구를 충족시킬 수 있도록 내용을 도출하는 과정을 말한다. 논리적인 검증을 통해 객관적인 결론을 도출하고, 정보요구 내용에 부합하되 의도적으로 요구자의 입장에 편향된 방향으로 분석하지 않도록 유의한다.

④ 종합

개별적으로 분석된 첩보를 거시적인 시각에서 재분석하는 과정이다. 첩보의 대상·내용에 따라 같은 종류로 분류하여 하나의 통일체로 결합하고, 정보요구자로 하여금 요구내용과 관련해 전체적인 경향, 반응, 여론이 어떠한지를 판단하는데 도움이 되도록 정리한다. 분석과 종합과정은 분리되어 순차적으로 이루어지는 과정이 아니라 동시에 연속되어 일어나는 과정으로, 분석을 하다보면 종합을 할 필요가 있고, 종합을 하다보면 다시 분석이 필요한 상황이 발생하기도 한다.

⑤ 해석

평가/분석/종합된 정보에 의미와 중요성을 부여하여 정확한 결론도출을 가능케 해주는 과정이다. 객관성과 논리성을 지속적으로 견지하고 주관이 개입되지 않도록 유의하면서

검 등이 있다. 문장은 적극적이고 능동적으로 표현하고, 비문법적 용어의 반복은 자제하며, 어색한 한자사용도 자제하고, 무리한 생략 금지, 권위적인 표현의 지양, 문어체적 표현을 지양해야 한다. 보고는 구두보고의 형태로 결론부터 제시하고, 이어서 보충설명하며, 서면보고 시 제목(주제)에 초점을 맞추고 내용을 최대한 압축해서 보고한다. 또한 보고자는 임무에 대한 정확한 이해, 보안유지, 객관적 보고 능력, 사실과 추리를 구별, 확실성의 정도를 판단하면서 신속히 보고하는 능력이 요구된다.

종합된 결론이 정보수요자에게 어떠한 의미를 가지는 것인지, 수요자가 직면한 문제를 해결하는데 어떻게 적용할 것인가를 제시한다.

(5) 외사정보의 배포(配布)(Dissemination of Intelligence)

외사정보의 배포는 정보를 필요로 하는 개인이나 기관에 적합한 형태와 내용을 갖추어 적당한 시기에 제공하는 과정이다. 정보배포는 반드시 해당 정보를 알아야 할 필요가 있는 대상에게만 배포하며(필요성), 보안유지와 보고의 효과를 극대화하기 위해 필요한 시기를 적의하게 선정하고(적시성), 정보의 등급별 분류, 취급자 제한, 통제구역·비밀번호 설정, 도청·해킹방지 등 다양한 보안장치를 검토해 필요한 보안조치를 시행하며(보안성), 사용자의 능력과 상황에 맞추어 적당한 양을 조절하여 필요한 만큼만 배포하고(적량성), 배포된 정보와 관련성을 가진 새로운 정보를 조직적이고 계속적으로 배포한다(계속성).

생산된 외사정보를 이를 필요로 하는 정책결정자나 기관에게 적합한 형태와 내용으로 적기에 분배하는 과정을 외사정보의 배포단계라 한다. 아무리 중요하고 정확한 외사정보를 생산하였다 하더라도 그 외사정보가 필요한 사람에게 적시에, 적절한 방법으로 전달되지 않는다면 그 외사정보의 효용가치는 상실되거나 크게 손실을 입게 되는 경우가 많다.

제3절 외사정보활동 시 유의사항

1. 대상의 특수성(特殊性)에 따른 유의사항

(1) 지위보장

외교사절을 대상으로 한 무분별한 접촉이나 무리한 첩보수집 시도는 자칫 외교마찰을 야기할 수도 있는 만큼 각별히 주의해야 하며, 지정을 받아 공식적으로 공관을 출입할 수 있는 연락관(Liaison Officer) 이외에는 원칙적으로 출입을 삼가 해야 한다. 외교사절의 특권과 지위를 훼손하는 어떠한 행동이나 언행도 물의를 야기할 수 있음을 각별히 명심하여야 한다. 상주 외국공관이나 외국기관, 기타 외교특권 향유지역을 출입하는 외사요원들이 특히 유념해야 할 사항은 다음과 같다.

1) 외교관계에 관한 비엔나협약 제22조의 숙지

① 공관지역은 불가침지역이므로 접수국의 관헌은 공관장의 동의 없이는 출입할 수

없다.

② 접수국은 어떠한 침입이나 손해에 대하여도 공관지역을 보호하며, 공관의 안녕을 교란시키거나 품위의 손상을 방지하기 위하여 모든 적절한 조치를 취할 의무를 가진다.

③ 공관지역과 동 지역 내에 있는 비품 및 기타 재산과 공관의 수송수단은 수색·징발·압류 또는 강제집행으로부터 면제된다.

2) 일반적인 유의사항

① 공무상의 출입이어야 하며, 출입의 허락·면담목적통보·사전약속 등 사전승인을 득한 후 일과시간 내에 출입하는 것을 원칙으로 한다.

② 출입대상기관 및 접촉대상인물의 국적·언어·생활풍습·예절·금기사항 등의 사전지식을 숙지한 후 출입한다.

③ 외교관의 특권 및 외국인의 법적지위 등을 숙지한다.

④ 상주 외국인 중 한국어 구사능력 보유자가 상당수 있으므로 대화 시 저속어 사용이나 보안사항 누설에 유념하여야 한다.

⑤ 업무수행 시 무의식적인 발언 등으로 국익 저해요인이 될 수 있는 언행은 삼가야 한다.

⑥ 외국인에 대한 지나친 우월감은 물론 지나친 예우도 국가의 위신에 손상을 주는 것임을 유념하여야 한다.

⑦ 항상 대한민국 경찰을 대표한다는 자세로 매사에 신중히 처신하여야 한다.

(2) 상호주의(相互主義)의 존중

외국인을 처우하는 가장 첫 번째 원칙은 '상호주의'이다. 그러므로 외사요원은 외국인을 대함에 있어 우리나라 국민이 외국에 나가서 외국현지 경찰이나 국민들로부터 대우받기를 원하는 정도의 대우를 해주어야 한다는 인식을 가져야 한다.[8] 그러므로 일반 외국인이

---

8) 외국인에 대한 처우와 관련하여 외사요원들이 명심해야 할 것 중의 하나는 외사요원의 활동이 외국인의 범법행위에 대한 단속이나 감시의 측면에 치우쳐서는 안 된다는 사실이다. 국내 체류하는 피해 외국인에 대한 구제에도 동일한 관심을 가져야 하며, 이것이 바로 상호주의에 부합하는 자세이다. 이와 관련하여 모 방송사의 불법체류자 관련보도에 따르면 기자가 국내에 있는 외국인 불법체류 근로자를 대상으로 설문조사를 한 결과 90%의 응답자가 국내에 체류하는 동안 한국인 고용주나 동료들로부터 구타나 욕설 등의 피해를 당한 적이 있다고 하였으며, 그 중 70% 이상이 '한국인을 저주한다', 심지어 그 중 상당수가 '본국에 돌아가서 한국 사람을 보면 반드시 보복하겠다'고 응답하였다. 체류 외국인에 대한 이와 같은 불법·부당행위의 만연은 국제화에 정면으로 역행하는 현상이며 자칫 우리나라의 국제적 위상에도 악영향을 미쳐 국제사회에서 고립을 자초할 수도 있는 심각한 문제이다. 외사요원이 체

나 여행자에 대해서는 편의제공과 안내의 취지로 접근하고 보호의 자세를 견지하여 불필요
한 오해를 사는 일이 없도록 하여야 한다.

(3) 비노출 원칙

외국인을 대상으로 한 첩보수집활동은 필요한 경우 이외 가급적 비노출로 해야 한다.
특히 외교적으로 민감한 사안에 대해 직접적으로 접근을 시도할 경우 자칫 내정간섭이라는
인상을 줄 수 있으므로 원칙적으로 협조자를 활용하여 이루어져야 한다.

(4) 긍지와 품위유지

외사정보수집 대상 대부분이 외국인이므로 이들과 접촉하는 외사요원은 개인이 아니
라 한국경찰을 대표한다는 책임감을 가져야 한다. 그러므로 외사요원은 전문적인 태도로
항상 긍지와 품위를 유지해야 하며 수준 높은 매너와 화술로 외국인에게 호감을 줄 수 있
어야 한다.

2. 내용상 유의사항

(1) 시의성(時宜性) 있는 첩보수집

시기적으로 적절한 외사첩보수집에 주력함으로써 활용도를 높이고 추측첩보를 지양한
다. 그러기 위해 EEI와 SRI를 정확히 숙지하여 정보요구자가 첩보를 정보화하는 시간을 절
약할 수 있도록 해야 한다. 수집된 외사첩보에 대해서는 가능한 범위 내 구체적으로 사실
을 파악하여 진위 여부를 확인한 후 보고하여야 한다. 또한 국가정보원이나 법무부 등 관
계기관, 경찰 내 타기능과의 횡적 협조를 강화하여 외사활동의 폐쇄성을 극복하고 국가에
도움이 되는 첩보를 함께 수집·공유할 수 있는 방안을 강구하여야 한다.

(2) 공개첩보수집 지양(止揚)

공개출처와 우연출처는 가급적 다양화하되, 이미 언론에 보도된 사항 등 공개첩보는
활용도가 크게 떨어지므로 첩보획득이 용이한 지역과 대상과의 관계유지·관리에 주력하여
가치 있고 신뢰도가 높은 첩보를 수집하도록 하여야 한다.

류 외국인의 안전과 인권보호에도 관심을 가져야하는 이유가 여기에 있다.

(3) 경제관련 범죄 첩보수집 주력

최근의 국제화·개방화 추세에 부응할 수 있도록 밀수, 외환관련 사범, 해외도피사범, 산업스파이 등 경제관련 첩보수집활동에 주력하여야 한다.

3. 접촉, 출입의 일부제한

(1) 외국공관 등 접촉의 제한

외국공관 및 외교사절, 준 외교사절 등과의 공식적인 접촉은 원칙적으로 경찰청 단위에서 전담하며, 경찰서 단위에서는 경비, 도난, 화재 등의 예외적인 경우 이외에는 출입할 수 없다. 이는 중복적인 출입으로 인한 업무방해나 불필요하고 경쟁적인 접촉으로 인해 발생할 수 있는 문제를 사전에 예방하기 위한 것이다.

(2) 기타 중요대상 접촉의 제한

기타 중요대상, 즉 외국인 상사·단체 등과의 접촉에 있어 경찰청에서는 소속 담당과장의 사전승인을, 지방경찰청에서는 외사과장(보안과장)의 사전승인을, 경찰서 단위에서는 소속과장이 발급하는 업무지시서를 휴대한 경우에 한하고, 업무수행 결과를 반드시 보고하여야 한다.

제4절 외사정보 보고서 수집과 작성

1. 보고서 종류별 수집요령

(1) 견문 보고

1) 일반적인 동향을 중심으로 육하원칙에 의거 수집한다.
2) 현재의 동향에 대한 배경 및 원인, 향후 전망 및 예상까지 수집한 경우 그대로 보고하되, 보고 들은 내용임을 명기한다.
3) 수집 외사요원의 해석 및 예상에 대해서는 의견임을 전제로 보고 들은 내용과 구분하여 보고한다.

(2) 반응 및 제언

1) 대부분 예상할 수 있는 반응의 경우 내용보다 반응의 강도, 뉘앙스 파악에 중점을 둔다.
2) 외국인 면담을 통해 수집한 내용의 경우 발언자의 의중·의도가 대화 중 사용된 특정 단어에 내포되어 있는 경우가 있으므로 구체적으로 언급된 단어를 기억해둔다.
3) 해당 사안과 관련한 배경지식, 예상 가능한 반응·제언·대안제시 등을 사전에 준비하여 구체적이고 직접적인 반응이 도출되도록 유도한다.
4) 긍정/부정 등 대분류적인 반응 외에 '해당 외사대상이기 때문에' 나올 수 있는 반응을 파악한다.

(3) 범죄 첩보

1) 국민의 생명과 재산을 보호하고 범죄의 예방 및 검거와 관련하여 수사의 단서로 사용될 수 있는 정보를 수집한다.
2) 수집된 사실관계를 근거로 범죄에 해당하는지 여부를 신중 검토한 후 범죄첩보로 보고한다.
3) 범죄첩보로 보고되었을 경우 실제 수사단계로 진행되었는지 여부 등 해당 첩보의 처리과정을 기록한다.

(4) 정책 보고

1) 외사관련 주요 국가 정책, 치안시책 수립·수정·보완·폐지 여부 등과 관련하여 정책결정자가 사용할 수 있도록 수집하는 정보에 중점을 둔다.
2) 현재 시행중인 정책·제도·법령 등의 정확한 현황 파악이 기초자료가 됨을 유의한다.
3) 특히 정책·제도 등의 경우 수혜/피해 집단이 상시 공존함을 감안하여 첩보수집 대상, 방법, 시기 등에 있어 객관성과 공정성 담보에 유의한다.

2. 외사정보 보고서 작성요령

(1) 보고서 작성의 3단계

정보보고서는 준비 – 기술 – 검토의 3단계를 거쳐 작성한다.

1) 준비

① 보고를 요구하는 사람의 요구 사항을 확실하게 파악하여 첩보수집 계획을 수립한 후 데이터, 사실의 관찰, 의견, 설명 등 모든 자료를 빠짐없이 수집한다.

② 중요한 사실과 자료를 논리적으로 순서에 따라 정리하고, 내용을 기술할 항목별로 분류하여 보고서의 개괄적인 형태를 만든다.

2) 기술

① 결론을 먼저 간결하게 정리하고 이유, 경과 순으로 기술하여 요점을 알 수 있도록 항목별로 작성한다.

② 항목마다 대제목, 소제목을 적절하게 부여하여 항목의 제목만 보아도 보고하고자 하는 내용이 파악될 수 있도록 한다.

③ 알기 쉬운 용어·문자를 사용하여 간결한 문장으로 작성하고, 이해를 돕기 위해 그림과 도표를 활용한다.

④ 기술과정에서 막힌다고 계속 고민하면서 시간을 지연하지 말고 마지막 항목까지 일단 가능한대로 작성한 후 내용을 검토하여 수정·보완 또는 재기술한다.

3) 검토

① 작성된 문서를 재검토하여 논지의 일관성, 문장·단어·표현의 적절성은 물론 보고서의 전체적인 형태에 대해서도 검토한다.

② 기술과정에서 부족하거나 막혔던 부분은 보충이 필요한 부분이나 논리적인 오류가 없는지 다시 면밀하게 재검토한다.

(2) 보고서 작성의 기본원칙

필요성	보고할 사항은 필요하고 가치 있는 내용이어야 한다.
완전성	보고의 형식과 내용에 있어 완전하여야 한다.
적시성	보고는 사용자가 가장 필요한 시기에 맞게 제공되어야 하며, 실기하거나 너무 빠른 경우 보고의 효과가 없거나 보안상 문제가 발생 한다.
정확성	내용에 있어 사실과 추측·의견이 명확히 구분되어야 하고 결론이 명확해야 한다.
간결성	효과적인 의사전달을 위해서는 수식어나 미사여구를 지양하고 내용을 요약하여 간결하게 작성한다.

(3) 보고서 소재 선정

1) 외사치안정보 수집지침(PNIO) 및 경찰청 주요외사정보를 토대로 기본 수집 방향을 수립해 소재 선정
2) 가급적 전국적 사안이거나 가치가 있는 소재 선정(이미 주요 외사정보로 활용되었거나 언론에 대서특필 된 소재는 지양)
3) 국가 주요시책 및 최근 경찰 이슈 감안하여 보고서 소재 선정(예, 주요국, 묻지마 범죄 주요시책 분석)
4) 내용이 너무 포괄적이거나 지엽적이지 않게 소재 선정
5) 경찰업무와 무관한 내용의 소재 선정 지양

(4) 제목 선정

1) 수요자가 제목만 보고도 전체내용을 한눈에 알 수 있도록 압축
2) 본문의 내용을 최대한 포괄하되 본문에서 언급되지 않은 내용 배제
3) 의미 전달이 가능한 범위에서 불필요한 낱말 생략, 간결·명료성 유지(예, 日 경찰, 날치기 피해 예방 게임 개발)
4) 지나치게 포괄적인 제목은 지양
5) 가급적 한글을 사용하고 전문용어나 생소한 약어 등 지양

(5) 요지 작성

1) 본문의 내용을 포괄하되 사용자가 한 번에 핵심내용을 파악할 수 있도록 가장 중요하고 흥미 있는 내용을 요약하여 제시
2) 특정 사건관련 보고서는 가급적 6하 원칙(5W 1H)에 따라 작성하되, 일반적으로 인물(who) → 때(when) → 장소(where) → 사건(what) 순으로 구성
3) 간혹 요지를 본문에 준하여 장황하게 작성하는 경우가 있는데 간략하게 2~3줄 내외로 작성해야 한다(제목에 이어 요지 또한 보고서 채택의 중요한 기준이 된다).

(6) 본문 작성

1) 본문은 알기 쉽고 일목요연하게 작성[9]
2) 동일한 항목 내에서는 가급적 비중 있는 내용을 앞에 배치

---

9) 사실관계 및 현황(서론) → 배경 및 문제점(본론) → 평가/대책/조치의견/고려사항 또는 관련 참고 사항(결론) 등 순으로 작성하고 사실관계는 시간 순으로 작성.

3) 전체적으로 보고 목적과 주제가 명확히 드러나도록 각 문단을 통일적·유기적으로
연결

4) 한 문단의 길이는 가급적 4줄을 넘지 않도록 유의(용어설명, 부가적 내용 등은 별표
처리)

5) 배경지식이 전혀 없는 사람도 보고서를 보면 이해를 할 수 있도록 한다는 목표로
보고서 작성

6) 해외치안정보 작성 시 유의사항

① 해외여행객 상대로 범행을 하거나 유행성·신종 범죄 위주 소재 선정

② 가급적 최근 동일 수법 발생 사례·통계 및 해당 정부의 대응방안 포함

③ 보고서 작성 시 보고서 출처, 원문 포함 제출

7) 정책보고서 작성 시 유의사항

① 자료수집 시 출처를 밝히고 가급적 공신력 있는 출처 이용

② 결론에 맞추어 자료를 선택하거나 임의로 가감하는 행위 지양

③ 사실과 판단·의견을 구분하여 작성

④ 형용사, 부사 등 가치가 개입된 단어는 유의하고 사용

⑤ 판단이나 제언 작성 시 합당한 근거를 제시하는 것이 바람직

3. 보고서 기본구조

(1) 기본구조

1) 서두

① **제목**

당해 보고서 전체 내용을 한 줄 정도 분량으로 집약하여 간단하고 함축성 있게 표현
하여야 하며, 불필요한 미사여구나 추상적인 용어사용은 지양한다.

② **요지**

당해 보고서 전체 내용과 전개과정을 요지만 보고도 이해할 수 있도록 간단·명료하게
통상 2~3줄 분량으로 작성한다.

2) 본문

① **내용**

보고서의 종류에 따라 작성형태는 상이하나 일반적으로 서론-본론-결론의 형식으

로 작성하며, 육하원칙에 의거 논리적인 일관성을 가지고 간결하게 작성한다.

② 사례 및 여론

보고 내용을 보강하는 구체적인 사례, 사진 또는 사안과 관련된 여론을 제시한다.

③ 대책 및 건의

보고 내용의 종합적인 의견이나 건의 사항, 제시할 대안을 명시하여 정보 사용자의 판단자료로 활용될 수 있도록 한다.

3) 부록

보고서 내용을 보조할 수 있는 여분의 자료로 활용할 수 있으나 분량이 많아 본문에 넣기에 적합하지 않을 경우 부록으로 처리하고, 부록이 여러 가지일 경우 각기 제목을 붙여 부록 목차를 별도 작성한다.

(2) 보고서 작성 시 유의사항

1) 적극적, 능동적 표현 사용

"... 되다", "...시키다" 등의 피동적인 표현 대신 "...하다" 또는 "...하고" 등의 능동적인 표현을 한다.

예시

G20은 기존 경제 각료 중심 회의에서 글로벌 금융위기를 계기로 정상 회의로 발전되었으며… ⇨ '글로벌 금융위기를 계기로 정상 회의로 발전하였으며'

---

① 비문법적인 반복용어, 복수용어 사용 유의

습관적으로 같은 뜻을 가진 말을 반복하거나 복수어미를 중복사용하지 않도록 유의한다.

작성예시

0. 이미 기정사실인 것으로 ⇨ 기정사실인 것으로
0. 대략 100여 점 ⇨ 약 100점
0. 부상한 시민들이 속출 ⇨ 부상한 시민이 속출

---

② 이중부정, 권위적·문어체 표현 지양

작성예시

0. 잘못이라고 생각하지 않을 수 없다(×)
0. '경영에 있어서의 자율성'(×) ⇨ '경영의 자율성'(○)

---

2) 기타 유의 사항

① 보고서 내용과 관련한 사례, 판례는 2개 정도로 인용하는 것이 좋다.

② 오자, 탈자는 보고서의 신뢰도를 저하시키는 큰 요인이 되므로 항시 면밀하게 확인한다.

③ 보고서의 시각적인 효과를 위해한 문장에 50자, 보고서 1면에 17줄, 한 항목당 2~3줄 정도의 형식으로 작성하는 것이 바람직하다.

④ 보고서가 2면 이상이면 요지를 달고, 10면 이상이면 목차를 작성해 보고서 사용자가 편리하게 이용할 수 있도록 한다.

⑤ 명사로 끝나는 문장은 마침표를 찍지 않고 술어의 명사형으로 끝나는 문장은 마침표를 찍는다.

⑥ 보고서를 간결하게 작성하기 위해 표현을 너무 압축해서 외톨이 문구를 만드는 것은 바람직하지 않다.

⑦ 같은 항목별로 "가, 나, 다" 또는 "1), 2), 3)" 등 부호와 위치를 통일하고 필요시 항목별로 글자크기 또는 글씨체를 조정하거나 통일한다.

⑧ 보고서는 최소한 1매를 채우도록 한다.

⑨ 판단관련 용어 유의 사항

판단됨	어떤 징후가 나타나거나 상황이 전개될 것이 거의 확실시되는 근거가 있는 경우
예상됨	첩보 등을 분석한 결과 단기적으로 어떤 상황이 전개될 것이 비교적 확실한 경우
전망됨	과거의 움직임이나 현재의 동향, 미래의 계획 등으로 미루어 장기적으로 활동의 윤곽이 어떠하리라는 예측을 할 경우
추정됨	구체적인 근거 없이 현재 나타난 동향의 원인·배경 등을 다소 막연히 추측할 경우
우려됨	구체적인 징후는 없으나 전혀 그 가능성을 배제하기 곤란하여 최소한의 대비가 필요한 경우

제5절 유형별 작성요령

1. 견문보고서

(1) 작성요령

1) 제목은 본문의 내용을 한 눈에 알아볼 수 있게 압축·간단·명료하게 요약해 작성

하고, 제목의 끝은 가능한 동작성 단어로 마무리한다.

2) 견문보고서의 경우 동향 위주의 정보가 많으므로 「주어, 술어」의 구조를 기본으로 작성하는 것이 일반적이다.

작성예시

0. 美 뉴욕州, 성범죄 전과자 인터넷 사이트 계정 차단
0. 美 FBI, '17년 증오범죄 전년 대비 소폭 증가 발표

---

3) 반복되는 사안의 경우 각 보고서의 특징적인 내용이 드러날 수 있도록 작성한다.

4) 하나의 견문보고서에 여러 주체의 동향이 병합되어있는 경우 '반응, 동향' 등을 사용할 수 있다.

작성예시

0. 인도 뭄바이 테러 관련, 외교·외신 가 반응
0. 한미정상회담 관련, 주요 공관 반응
0. 주요국 경찰, 신종플루 관련 주요 조치사항

---

(2) 요지

1) 제목과 중복되는 부분을 최소화하여 전체적인 내용이 파악되도록 가장 중요한 핵심내용 위주로 작성한다.

2) 한 장의 경우 요지를 생략할 수 있으나 두 장 이상의 보고서는 요지를 반드시 작성하고 가급적 세 줄을 넘지 않게 작성한다.

(3) 도입

1) 보고서를 통해 알리고자하는 내용의 배경, 관련 경과, 분위기 등을 제시한다.

2) 과도하게 구체적인 배경설명은 지양하고 보고하고자 하는 내용의 흐름을 깨지 않는 범위에서 어떤 사안과 관련되어 있다는 내용만 전달한다. 추가설명이 필요한 경우 1~2행의 부연 설명 또는 첨부자료를 활용한다.

(4) 본문

1) 관련 내용을 구체적으로 작성하되, 2개 이상의 동향은 시간·장소·분야별로 정리한다.

2) 파악할 필요가 있는 내용이 파악되지 않은 경우 '불상', '미상, 파악 중' 등 표현을 통해 파악 여부를 확실하게 표기한다.

> **작성예시**
>
> 0. 피의자는 'ㅇㅇ'(국적·체류자격 미상, 50대 추정)으로…
> 0. ㅇㅇ대표단은 5. 18(시간파악 중) ㅇㅇ호텔에서 ㅇㅇㅇ(5명, 신원 파악 중)과의 비공식 만찬을 가질 예정

3) 실명을 밝힐 필요는 없지만 어느 단체·조직의 관계자인지, 어떤 직책에 있는지 등으로 가능한 견문의 경로 및 출처를 명기한다.

> **작성예시**
>
> 0. 日 대사관(대사 ㅇㅇㅇㅇ ㅇㅇㅇㅇ) 관계자에 따르면
> 0. 러 여성단체 'ㅇㅇ센터'(센터장 ㅇㅇㅇㅇ)에서는

4) 관련 동향 외 중요한 배경, 예정 사항에 대해서도 견문을 위주로 작성한다.

> **작성예시**
>
> 0. 이와 같은 움직임은 기존 ㅇㅇㅇ 계획의 일환으로 추진되는 것으로서 금번 실사의 결과에 따라 ㅇㅇㅇ 계획의 실시 여부 및 착수 시기가 결정될 것이라 함(방한단 영접 담당 ㅇㅇㅇ)
> 0. 이와 관련, 대사관 ㅇㅇ부에서도 7. 20. ㅇㅇ호텔에서 별도의 일정을 준비 중

(5) 기타

1) 견문과정에서의 특이사항, 분위기, 견문사실의 신뢰성 등에 대해 기술한다.
2) 향후 첩보수집 계획 및 분석관의 조치건의 사항(관련기능 통보 등)에 대해 언급한다.

2. 상황보고서

(1) 제목

1) 견문보고서와 마찬가지로 '주어-술어'의 구조이나 짧은 시간에 상황 전개에 따른 보고서가 다수 생산되므로 일정 주제에 대해 "~~관련 상황(제1보, 제2보…)" 등으로 작성할 수 있다.

```
작성예시
0. ○○대사관 동관 창고 화재발생
0. ○○대사관 동관 화재 관련 상황(제1보)
0. ○○대사관 동관 화재 관련 상황(제2보)
0. ○○대사관 동관 화재, 사망자 3명 발생(제3보)
```

    2) 1보, 2보의 추보식 제목이 아닌 경우 이전 보고서 또는 관련 보고서와 어떤 차이가 있는지 드러날 수 있게 작성한다.

(2) 요지

    1) 본문의 내용이 반장 분량을 넘는 경우 요지는 1~2줄 내로 핵심내용을 압축해 간략하게 작성한다.

```
작성예시
0. ○○대사관 동관 화재 관련 상황(제1보)
  ― 04:20 동관 창고에서 원인미상 화재 발생, 진압 중
0. ○○대사관 동관 화재 관련 상황(제2보)
  ― 화재진압 완료, 생존자 확인 중
```

    2) 요지의 내용이 본문의 내용 및 분량과 차이가 없을 경우 굳이 요지작성에 시간을 소요할 필요가 없으므로 생략한다.

(3) 본문

    1) 육하원칙에 의해 작성하되 미처 파악하지 못한 내용은 추후 보고가능하므로 과감하게 생략하고 수집된 사실의 핵심만을 간단하게 기술한다.

```
작성예시
0. ○○대사관 동관 화재 생존자
  ― 성명불상 5명(○○국인 추정 3명, 한국인 추정 2명)
```

    2) 본문은 물론 전체적으로 빠르게 작성할 수 있는 레이아웃을 만들고 글상자, 표 테두리 사용을 최소화한다. 현재까지 사용되는 상황보고서 양식은 수기 환경에서 테두리를 만든 것이므로 핵심내용만 체계적으로 들어간다면 표나 양식 없이 '불리튼'(Bulletin, 긴급속보형식) 형식으로 작성해도 무방하다.

> **작성예시**
>
> 외사상황보고
>
> 일시: 2019.3.20. 08:50
> 발신: ○○청 외사계
> 제목: ○○대사관 동관 화재 관련 상황(제32보)
> 내용: 06:20 화재진압 완료되었으며 시신 4구, 생존자 5명(○○국인 추정 3명, 한국인 추정 2명) 발견, ○○병원으로 후송

3) 해당 상황과 관련한 주무부처, 유관부처 또는 관련기능의 현재 동향, 조치경과 및 예상 상황에 대해 기술한다.

> **작성예시**
>
> 0. 이와 관련, 외교부 ○○과장 ○○○, 소방방재청 ○○과 ○○○이 현장 임장하여 상황 파악 중이며 ○○부에서는 장관 방문을 검토 중

4) 수집 외사요원의 향후 정보수집 계획 및 분석관, 관련부처·기능에 대한 조치건의 사항에 대해 언급한다.

> **작성예시**
>
> 0. 현장 상황이 마무리 되었으므로 ○○서 외사요원이 현장 상황유지하고 본직은 ○○ 호텔로 이동, 추가 동향 파악하겠음

5) 신속성이 생명이므로 타이밍을 놓치지 않도록 한다.

3. 정책보고서

(1) 제목

1) 'A문제·정책, a대책 필요/a문제점 발생' 등으로 사안 및 대응기조를 부각시키는 형식으로 작성한다.

> **작성예시**
>
> 0. 외국인 범죄자 강제퇴거 관련 문제점 및 대책 제언
> 0. 위장결혼 유죄판결 사후처리 관련 문제점 및 제언

2) 대부분의 정책보고서는 견문·상황보고서에 비해 복합적인 내용을 담고 있으므로 제목에 모든 내용을 함축해서 담을 수 없는 경우가 많다. '어떠한 문제를 다루었구나'라는 의미를 전달하면 충분하다.

(2) 요지

1) 사안에 대해서는 제목에 언급하였으므로 어떠한 문제점이 왜 발생하였으므로 어떠한 대책이 필요하다는 내용으로 간략하게 작성한다.

작성예시

0. 홍보부족으로 참여율이 저조하고, 현행법상 법적근거가 미약한바 법률보완 및 홍보강화 대책 수립필요

---

2) 분량이 많을 경우 문제점 다음에 "관련 대책 마련 필요" 등으로 마무리한다.

작성예시

0. 예상효과에 비해 성과가 저조한바 각계의 반응 및 여론을 검토, 관련 대책 마련 긴요

---

(3) 본문

1) 기본적으로 '현황–문제점–대책'의 구성으로 작성하되 검토배경, 시사점, 관련 조치 등을 추가로 기술할 수 있다.
2) '현황, 문제점, 대책' 항목의 제목은 기술하는 내용을 압축하여 제목으로 사용하거나 '현황, 문제점, 대책' 등 용어를 그대로 사용할 수 있다.

작성예시

0. A정책, 참여도 부족
0. 참여도 부족 시 실효성 논란 우려
0. 참여도 제고대책 B 필요

---

(4) 현황

관련 정책의 개요, 추진 현황 및 통계를 바탕으로 현황을 제시한다. 정확한 현황 파악이 문제점 및 대책 도출을 위한 기본 출발점이므로 있는 사실 그대로 기술한다. 또한 문제성이 없거나 특별히 언급할 필요가 없는 현황은 최소화하거나 생략하고 보조자료로

대체한다.

> **작성예시**
> 0. 내국인 취업쿼터제 관련 문제점 및 대책
> − 보조자료 : 국내 체류 외국인 현황 / 외국인 취업경로 등

(5) 문제점

1차적으로 발생하는 문제점과 이로 인해 발생하는 2차적인 문제점이 무엇인지를 설명한다.

> **작성예시**
> 0. 내국인 취업쿼터제 관련 문제점 및 대책
> − 1차 문제 : 고용업체의 인건비가 상승한다
> − 2차 문제 : 쿼터초과 고용 외국인의 체류신분 문제, 불법고용 증가, 외국인 혐오 현상, 외국인○○−내국인 ○○간 마찰 등

문제점의 원인을 심도 있게 분석하여 드러나 있는 문제점 외에 가장 근원적인 문제점을 규명해내어 근본적인 해결책이 도출될 수 있도록 한다.

> **작성예시**
> 0. 내국인 취업쿼터제 관련 문제점 및 대책
> − 업체의 인건비 부담이 내외국인 취업쿼터제 문제점의 핵심이므로 내국인 고용업체에 대한 장려책을 모색하는데 중점

(6) 대책

일반적인 '대책마련 필요·홍보강화·실사강화·개선노력' 등 피상적인 대책보다는, 구체적이고 실행가능하며 참신한 대책 발굴에 노력한다. 그리고 외사정보 기능에서 구체적인 대책을 제시하기 어려운 사안의 경우 정보수요자의 대응기조·중점 추진 방향을 중심으로 서술한다. 또한 관련 부처·기능에서 제시한 대안의 경우 가장 현실적이고 실현가능한 것이 많으므로 최대한 반영한다.[10]

---

10) 오종규, "외사경찰 정보보고서 작성(현장 매뉴얼)", 경찰교육원, 2018.

작성예시

0. 이와 관련 ○○부 ○○과 ○○○(가명 가능)는 실제 동 문제가 해결되려면 사전허가
   제가 필요하며 이는 정책결정자의 결정만 내려진다면 실무적으로 바로 착수할 수 있
   는 사안이라 제언

0. 이와 관련 ○○부 ○○과 ○○○(가명 가능)는 사실 동 부처의 업무만으로는 해결이
   어려운 문제라며 ○○부, ○○부와의 업무협의가 필요한 사안이라고 언급

CHAPTER 02

외사사범 수사

국제화·개방화 시대를 맞아 외국과의 인적·물적 교류가 확대되면서 외국인 범죄는 해마다 크게 증가하는 추세에 있고 외사범죄 수사기능의 중요성 또한 커지고 있다. 외사범죄는 크게 일반 외사사범, 한미행정협정(SOFA) 즉 주한미군범죄 그리고 국제성 범죄로 구분할 수 있는데 이 장에서는 일반 외사범죄의 현황과 유형에 대해 알아본다.

제1절 국내 외국인범죄 현황과 실태

외국인범죄는 '범죄의 주체가 내국인이 아닌 외국인, 즉 외국국적을 소지한 사람에 의하여 행해진 범죄로서 대한민국의 영토 내에서 대한민국의 형벌 법규에 위배되는 행위를 한 경우'를 말한다. 다시 말해 외국인범죄란 '대한민국 국적을 가지지 아니한 자로서 대한민국 영토 내에서 저지른 형법적인 불법행위'로, 여기에는 내국인에 대한 공격행위와 외국인 간의 법익침해 행위를 포함 한다. 그리하여 외사범죄 수사의 대상인 외국인범죄는 주로 국내 체류 외국인에 의한 외국인범죄와, 내국인의 외국관련 범죄를 포함하는 것으로, 성질상 국제성 범죄에 속하지 않는 범죄를 말하며, 여기에는 외국인에 의한 국내 형법위반사범을 비롯하여 출입국관리법 등 각종 외사관련 특별법규 위반사범 등이 해당된다.

1. 외국인범죄 현황

(1) 국내 외국인범죄 실태

2017년 10월 기준, 체류 외국인의 국적별 비중을 살펴보면, 중국 47.4%(1,011,237명), 베트남 7.8%(166,956명) 미국 7.1%(152,343명), 태국 5.8%(124,657명), 우즈베키스탄 2.9% (62,027명) 등의 순이며, 베트남의 경우, 미국을 제치고 중국에 이어 두 번째로 체류 외국인이 많은 국가가 되었다.[11] 2017년 10월 기준, 외국인등록자는 1,165,842명, 외국국적동포 국내 거소신고자는 404,917명, 단기체류자는 564,290명이며, 외국인 유학생은 137,211명, 내국민의 배우자는 154,765명으로 나타났다. 중국국적의 체류 외국인은 2016년 1,016,607명에서 2017년 10월 현재 1,011,237명으로 소폭 감소하였으나, 한국계 중국인(조선족 등)은 지속적으로 증가하고 있는 추세를 보이고 있다. 베트남 국적의 체류 외국인은 2016년 약 14만 명에서 2017년 약 16만 명으로 1년 사이에 14%로 증가하는 추세를 보이고, 태국 국적의 체류 외국인도 비슷한 추세의 증가를 보이고 있으며, 러시아 국적의 체류 외국인의 경우 2013년 1만 2천 명에서 현재 4만 7천 명으로 지속적 증가세를 보이고 있다.[12]

체류하는 외국인이 빠르게 증가함에 따라 외국인범죄도 증가하고 있다. 2012년 144만 명이였던 체류 외국인이 2016년 204만 명으로 42% 증가하였고, 외국인범죄자는 2012년 2만 4천 명에서 2016년 4만 3천 명으로 79% 증가하였다. 국적별 외국인범죄 비율은 2017년 9월 기준, 중국 55%(15,400명), 태국 7%(1,822명), 러시아 3%(841명), 미국 5%(1,413명), 베트남 5%(1,469명) 순으로 나타나고 있다.[13]

2017년 외국인범죄의 동향은 살인 및 강도를 비롯한 지능범죄·교통범죄는 줄어든 반면, 강간 및 마약범죄가 증가하고 있는 특징을 보이고 있다. 특히 마약범죄의 증가요인으로는 국내 체류 중인 외국인이 인터넷을 통하여 자국의 마약 공급책과 연락하여 국제우편 등으로 국내 밀반입하고 있어 국내 유통되는 마약의 대부분은 해외로부터 밀반입된 것으로 파악되고 있다.[14]

---

11) 베트남은 2005년 38,902명으로 중국 282,030명, 미국 103,029명, 일본 39,410명에 이어 4위였으나, 2006년 54,698명으로 중국 382,237명, 미국 108,091명에 이어 3위, 2016년에 149,384명으로 중국 1,016,607명에 이어 2위로 부상했다.
12) 치안정책연구소, 2018 치안전망.
13) 2017 경찰백서.
14) 치안정책연구소, 2018 치안전망, pp.217~219.

국적별 외국인 피의자 현황(2010 ～ 2017. 8)

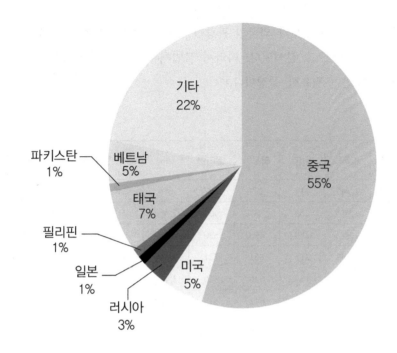

(2) 불법체류 외국인범죄

최근 무비자 입국 허가를 받거나 관광 목적으로 국내에 들어와 불법체류하는 외국인이 10년 사이 3배 이상 증가했다.[15] 2017년 8월 기준으로 무비자나 관광객으로 국내에 입국해 불법체류한 외국인은 모두 95,718명으로, 전체 불법체류자(235,697명)의 약 40% 가량을 차지하고 있으며, 2016년 한해 82,357명보다 13,361명 더 많은 수치이다. 이 같은 방법으로 불법체류 중인 외국인은 10년 전인 지난 2008년 2만 5천 명과 비교하면 3.5배나 넘게 늘어난 규모이며, 이는 외국인 관광객의 무비자 관광 허용이 증가했기 때문이다. 특히, 2014년 1월 1일부터 한국과 비자(사증)면제협정을 맺은 러시아 국적의 체류 외국인이 급격하게 증가하였고, 이들 국적의 범죄자가 늘어나고 있다. 러시아 국적 체류 외국인이 2013년 12,804명에서 사증 면제협정 이후 2017년 10월 47,451명으로 약 3만 5천 명이나 증가하였고, 피의자도 2013년 257명에서 2017년 9월 841명으로 2배 이상 증가하는 추세를 보여 2016년 9월 대비(626명)의 경우 34.3%나 증가하였다. 무비자로 국내에 입국한 후 불법체류한 외국인 증가는 결국 외국인범죄 증가와 결부되는데, 경찰청 국내 외국인 피의자 검

---

15) 금태섭 의원 보도자료(2017.10.15, 강제퇴거자 등 출입국사범 대폭 증가, 작년 15만 명 넘어).

거현황 자료에 의하면, 2013년 26,663명, 2014년 30,684명, 2015년 38,355명, 2016년 43,764명으로 지속적으로 증가하고 있다. 특히, 태국, 필리핀 등 무비자 확대를 추진 중인 나라에서 두드러진 증가세를 보여 정부가 외국인 관광객 유치를 위해 무비자 관광을 허용한 것을 악용한 것이 주된 원인으로 분석된다. 따라서 불법체류자들로 인한 범죄 증가의 억제를 위해 비자제도의 개선이 필요한 실정이다.[16]

외국인 피의자 국적별 현황(단위: 명)

구분 / 연도	계	중국	미국	일본	러시아	필리핀	태국	파키스탄	베트남	기타
2013	26,663	15,121	1,947	211	257	387	656	249	1,908	5,927
2014	30,684	17,870	1,916	208	387	461	1,362	243	1,943	6,294
2015	38,355	22,898	1,884	279	470	520	1,869	279	2,267	7,889
2016	43,764	23,879	2,033	215	851	721	3,349	400	2,623	9,693
2016.9	32,893	17,830	1,481	168	626	576	2,499	285	2,079	7,349
2017.9	27,859	15,400	1,413	196	841	313	1,822	215	1,469	6,190
전년 대비	−15.3%	−13.6%	−4.6%	16.9%	34.3%	−45.7%	−27.1%	−24.6%	−29.3%	−15.8%

출처: 경찰청 경찰백서(2017).

2. 외국인범죄 분류 및 추세

(1) 침해법익상 분류

1) 개인적 법익에 관한 범죄

외국인에 의한 살인이나 강간, 상해, 폭력 등 인격적 법익에 관한 죄 및 절도, 강도, 사기 등 재산적 법익에 관한 범죄를 말한다.

2) 국가적 법익에 관한 범죄

외국인 간첩, 산업스파이, 범죄단체조직, 공무집행방해 등 국가적 법익을 해치는 범죄를 말한다.

3) 사회적 법익에 관한 범죄

외국인에 의한 통화·유가증권 위조, 방화, 마약사범, 외국환관리법위반사범, 출입국관리법 위반사범 등 사회적 법익을 해치는 범죄를 말한다.

---

16) 치안정책연구소, 2018 치안전망, pp.220~221.

(2) 태양(態樣)상 분류

1) 국제성 범죄

국제협약에서 규정하고 있는 범죄와 인적·장소적으로 두 개 국가 이상에 관련되어 있는 범죄로, 국제간첩, 국제테러, 국제조직범죄, 자금세탁, 마약밀매, 총기밀매, 인신매매 등 인류의 건강·존엄성·국제신용을 해치는 국제적·조직적 범죄를 말한다.

2) 외국인 형사범

외국인에 의한 살인, 강도, 절도, 강간 등 국내 형법위반 범죄 및 한미행정협정 대상자의 범죄를 말한다.

3) 외사사범(外事事犯)

내·외국인을 불문하고 출입국관리법, 여권법, 외국환관리법 등 외사관련 특별법규 위반사범을 말한다.

(3) 체류형태별 분류

1) 거류외국인 범죄

외국인등록 대상이 되는 외국인에 의한 범죄 및 외국인등록 대상에서 제외되지만 국내에 91일 이상 장기체류하는 외국인에 의한 범죄를 말한다.

2) 체류 외국인 범죄

관광, 방문 등의 목적으로 90일 이하 단기간 국내에 체류하거나, 외국인 등록대상이 아닌 외국인에 의한 범죄이다.

3) 불법체류자 범죄

출입국관리법 등을 위반하여 국내에 불법적으로 체류하고 있는 외국인에 의한 범죄를 말한다.

4) 한미행정협정 대상자 범죄

주한미군, 군속, 초청계약자와 그 가족 등 한미행정협정의 대상이 되는 외국인에 의한 범죄를 말한다.

5) 외국인의 국외범

국내에 체류하지는 않으나 대한민국의 국익을 해치고 대한민국 사회의 안녕·질서를 위협하는 범죄로서 해외교포, 해외거주 외국인(국제범죄조직원 등) 등의 범죄를 말한다.

(4) 통계상 분류

1) 경찰통계

경찰청에서 매년 발간하는 「경찰통계연보」상의 '외국인 범죄' 분류는 절도·폭력·성범죄·지능범·과실범(교통사고 등)·경제범·보안사범·출입국관리사범·국가보안법·기타 등 10개 항목으로 되어 있다.

2) 법무부통계

검찰청에서 발간하는 「범죄분석」의 '외국인범죄 검찰처리인원'상의 외국인범죄 분류[17]는 형법범으로, 절도·사기·횡령·강도·폭행·상해·도박 및 복표와, 기타 특별법범의 관세법·도로교통법·외국환관리법·교통사고처리특례법·기타 등으로 구성되어 있다.

(5) 국내 외국인범죄 추세

1) 외국인 형사범

최근 드러나고 있는 외국인범죄의 양상은 단순폭행이나 절도 등 일회성·돌발성 범죄가 아니라 다분히 계획적·조직적인 양상을 보이고 있다. 2017년 외국인범죄 동향은 살인 및 강도를 비롯한 지능범죄, 교통범죄는 줄어든 반면 강간 및 마약범죄가 증가하고 있는 특징을 보인다.

2) 일반 외사범죄

외사사범은 불법체류자가 증가하면서 출입국관리법위반사범이 급증하는 현상을 보이고 있다. 불법체류자 문제는 단순히 국내에 불법으로 체류하는 데서 그치지 않고 위장취업이나 위장결혼을 위한 여권·비자 등 각종 문서위조 등을 주선해 주는 국내·외 알선조직이 생겨나는 것은 물론, 최근에는 외국인 근로자들이 근로조건개선 등을 요구하며 시위를 벌이는가 하면, 국내·외 인권단체들과 연계하여 조직적으로 대정부 압력단체화하는 경향까지 나타나고 있다. 또한 불법체류자들이 주로 3D 업종에 취업하고 있는 관계로 열악한 근로조건, 임금체불, 산업재해 보상 문제, 인권유린 문제 등이 자주 발생하여 자칫 외교적 문제로까지 비화할 가능성이 있다.

---

17) 검찰청에서 발간하는 「범죄분석」의 '외국인범죄 검찰처리인원' 통계자료는 전국 각급 수사기관(검찰, 경찰, 특별사법경찰)에서 범죄사건을 수사하면서 작성, 전산입력한 각 범죄통계원표(발생통계원표, 검거 통계원표, 피의자통계원표)를 토대로 범죄현상을 분석한 것이다.

3. 외국인범죄 수사의 기본자세 및 유의사항

　국제화·개방화로 인해 국제 간 교류가 활발해 지면서 외국인의 국내 체류가 늘어나고 외국인이 관련된 범죄도 증가하여 이제 외국인범죄는 중요한 치안 요소가 되었다. 이러한 외국인이 관련된 범죄사건, 이른바 섭외사건(涉外事件)[18]의 처리는 자칫하면 외교문제로 비화될 요소를 내포하고 있는 만큼 국제법규와 국제관습, 국내관계법규와 처리절차를 정확히 숙지하여 신중하게 처리할 것이 요구된다.

(1) 기본자세

1) 외국인의 문화와 언어 차이 인식

　외국인을 상대로 수사할 때에는 외국인은 우리나라 언어로 통하기 어렵고 우리나라 형사절차에 관하여 잘 알지 못하며 우리와 생활양식·의식·관습 등이 다르기 때문에 특히 주의를 기울여야 한다.

2) 통역인 선정

　외국인에 대한 수사를 할 때는 미리 통역인을 선정하여 심문사항에 관하여 통역인과 상의하고 통역인이 준수하여야 할 사항을 주지시키는 등 사전에 수사 준비를 철저히 하여야 한다. 통역은 경찰 등 수사기관과 사건관계인의 의사소통을 가능하게 하는 연결고리이다. 즉 통역인은 수사를 돕는 수사기관의 중요한 보조자이므로 통역인과 사전에 심문사항 등에 관하여 충분히 상의하고 준비하여야 효과적인 수사가 가능하고 시간과 노력을 절약할 수 있다. 하지만 통역인은 수사기관의 편에 서서 통역을 하는 것이 아니고 중립적인 위치에서 통역하여야 하므로 수사기관의 편이라고 생각하고 심문사항 이외의 수사기밀사항이나 피의자 등에 대한 개인적 의견을 함부로 말하여서는 아니 된다. 수사기밀이나 개인적 의견이 통역인을 통하여 외부로 유출되거나 피의자가 알게 된다면 수사에 곤란을 초래함은 물론 정당한 사건처리도 부당처리라는 비난을 받을 우려가 있다. 외국인 피의자를 심문하는 도중에는 통역인이 수사기관의 편에 있다는 인상을 줄 수 있는 사담이나 친밀감 표시 등은 가급적 삼가 하여야 하며, 그러한 인상을 주는 것 자체가 사건관계인에게 수사의 공정성에 의심을 품게 할 빌미를 제공할 수 있다.

---

18) '섭외사건'이란 자국 영토 내에서 자국 또는 자국민과 외국 또는 외국인과의 사이에 발생한 형사사건을 통틀어 일컫는 말로, 외국인이 피의자 또는 피해자인 사건, 기타 외국인 또는 외국이 관계된 사건을 가리키며 '범죄수사규칙 제12장 특칙의 제4절 외국인 등 관련 범죄에 관한 특칙'에 규정되어 있으며, 실무상으로는 보통 '외국인범죄'라는 용어로 사용되고 있다.

3) 외국인 관련 법령 준수 및 인권보호

형사소송법 및 외국인과 관련된 제법령 등 인권보장을 위한 여러 규정을 엄격히 준수하여야 한다. 피의자의 권리보호를 위해 형사소송법상 보장된 변호인선임권 및 진술거부권의 고지, 구속시 범죄사실 및 구속이유의 고지나 구속 영장의 제시, 공소장 등본의 송달 등 여러 규정을 준수하는 외에 '영사관계에관한비엔나협약'에 따라 혐의사실을 영사기관에 통고하고 영사기관과의 접촉·통신을 허용하여야 한다.

4) 외국인에 대한 선입관 및 편견 지양

외국인에 대해서도 자국민과 똑같이 엄정·공평하게 대하고 외국인에 대한 편견을 버려야 한다. 일반적으로 우리는 어떤 사람의 국적, 피부색, 종교 등과 연관된 선입관 내지 편견을 알게 모르게 가지고 있는 경우가 많다(예컨대 선진국의 화이트칼라 계층 사람은 정직하고 도덕적이며 개발도상국의 블루칼라 출신은 거짓말을 잘하고 비신사적이라는 등의 편견). 이러한 편견은 우리가 일상 생활하는 과정에서 저절로 형성된 것이어서 수사과정에서 자신도 모르게 표출하기 쉬우므로 특히 주의하여야 한다. 수사기관이 이러한 편견을 가지고 있다는 것을 피의자나 사건관계인 등이 부지불식간에 느끼게 될 경우 아무리 사건을 엄정, 공평하게 처리하여도 피의자나 사건관계인으로부터 부당하게 처리하였다는 비난을 면할 수 없게 되고 이러한 편견으로 인하여 애초부터 수사방향을 잘못 잡거나 사건처리를 잘못할 수도 있다.

5) 증거확보에 대한 노력

피의자가 부인하는 것을 당연한 것으로 받아들여 다른 증거를 확보하도록 노력하여야 한다. 외국인 피의자는 우리나라 법체계나 형사절차에 대하여 잘 알지 못하고 있기 때문에 가능한 범죄혐의를 부인하려는 경향이 강하다. 실무상으로 혐의를 부인하는 자는 대체로 자기의 과오를 뉘우치지 아니하는 죄질이 나쁜 자로 분류되나, 외국인의 경우 혐의를 부인하는 것이 당연한 권리로 인식하고 부인 여부가 죄질과는 상관이 없다고 생각하기 때문이다. 외국인범죄를 수사할 때에는 피의자가 혐의를 부인할 것을 전제로 수사계획을 수립하고 부인에 대비하여 참고인을 확보하는 등 만반의 준비를 갖추어야 한다. 외국인 피의자가 명백한 사실을 부인하더라도 당연한 것으로 받아들이고 결코 흥분할 필요가 없다.

6) 공평·공정한 수사 진행

형사사법절차에 있어서 우리나라를 대표하는 외교관이라는 자세로 수사에 임하여야 한다. 경찰 등 수사기관에 와서 조사를 받는다는 것은 그 사람의 생애 가운데 결코 작은 일이 아니며 특히 외국인이 남의 나라에서 수사 대상자로서 소환되어 조사를 받는다는 것은 일생에서 큰 사건이므로 그 인상은 오랫동안 지워지지 아니한다. 외국인이 수사기관에서 부당한 대우를 받아 불유쾌한 감정을 가지고 있다면 우리나라를 떠난 이후에도 우리나라에 대하여 좋은 감정을 가질 리 없고 우리 형사사법제도에 대하여 비난할 것이다. 외국인을 수사하는 경찰 등 수사기관은 당해 외국인에 대하여 우리 형사사법기관의 대표자라는 생각을 가지고 절도·품위 있는 자세로 공평·공정하게 사건을 처리함으로써 외국인이 수사결과에 흔쾌히 승복할 수 있게 하여야 한다.

(2) 외교관의 법적지위에 따른 일반적 유의사항

1) 외교관 및 준외교관(準外交官)

주한 외국대사, 공사, 참사관, 1·2·3등 서기관, 각급 주재관 및 그 가족으로서 외교통상부장관이 발급한 외교관 신분증 소지자를 말한다. 이들 외교직원 및 그 가족은 '외교관계에 관한 비엔나협약'의 적용을 받는데 관련되는 규정은 다음과 같다.

① **제29조(외교관 신체의 불가침)**

㉮ 외교관은 어떠한 형태의 체포나 구금도 당하지 아니한다.

㉯ 접수국은 상당한 경의로써 외교관을 대우하고 그의 신체·자유 또는 품위에 대한 침해를 방지하기 위하여 모든 적절한 조치를 취해야 한다.

② **제30조(외교관의 주거·서류·통신·재산 등의 불가침)**

③ **제31조(외교관의 면제)**

㉮ 접수국의 형사재판관할권으로부터 면제

㉯ 접수국의 민사재판 및 행정재판관할권으로부터 면제된다. 단, 접수국의 영역 내에 있는 외교관의 개인부동산에 관한 소송은 예외이다.

④ **제37조(외교관 가족의 특권)**

외교관의 세대에 속하는 가족으로 우리나라 국민이 아닌 경우 외교관과 동일한 특권을 향유한다.[19]

---

19) 유의사항으로,

① 어떠한 경우에도 본인의 의사에 반하여 체포·동행·억류할 수 없다.

② 외교관이 범법행위를 하였을 경우에는 먼저 외교관 신분증의 제시를 요구하여 신분을 확인한다.

③ 상황을 충분히 설명하여 자발적으로 동의·협조하는 경우에는 자술서를 작성하게 하거나 간단한 진술을 청취하고, 협조를 거부할 때에는 외교통상부를 통하여 진술 또는 상황을 청취할 수 있도록 인적사항·범죄개요 등 필요사항의 확인을 의뢰한다.

④ 외교관의 신원확인 전 동행 또는 자의로 출두하였을 경우라 하더라도 예우에 유의하여 결례가 되지 않도록 처리한다.

2) 외교사절단의 사무 및 기술직원과 그 가족

대사관에 근무하는 직원으로서 외교관이 아닌 공무원이며 외교통상부장관이 발급하는 특별신분증 소지자를 말한다. 동 협약 제37조 제2항(외교관 이외의 직원의 특권)의 규정에 근거하여 사무 및 기술직원은 각자의 세대에 속하는 가족과 더불어 외교관과 동일한 특권을 향유한다. 단, 비공무 중의 행위는 민사 및 행정재판관할권으로부터 면제되지 않는다.

3) 외교사절단의 서비스직원 및 개인사용인

주한 외교사절단의 운전사·요리사 등 단순노무에 종사하는 구성원으로서 우리나라 국민이 아닌 자이며 외교통상부장관이 발급하는 특별신분증 소지자이다. 이들도 동 협약 제37조 제3, 4항에 규정된 특권을 향유하여 공무수행 중의 범죄에 대하여서만 재판관할권이 면제된다. 비공무수행 중의 범죄에 대하여도 사절단의 직무를 부당하게 방해하지 않는 방법으로 재판권을 행사해야 한다. 또한 이들의 공관 외에서의 범죄는 현행범인의 경우 이외에는 사절단의 동의 없이 체포·억류할 수 없으며, 현행범인으로 체포하였을 경우 인적사항·범죄개요 등을 신속히 보고하고, 계통을 통하여 해당 공관에 통보한다. 또한 이들은 외교특권은 없으나 외교사절단의 필수 종사원임을 감안하여 처리에 신중을 기하여야 한다.

4) 주한 국제기구·기관의 소속직원 및 그 가족

주한 국제기구·기관의 정규직원과 기술·문화협정에 의해 입국한 기술자, 강사 등 전문가와 국제기구의 전문요원 및 그 가족으로서 외교통상부장관이 발급한 특별신분증 소지자로, 범죄발생 시 외교관에 준하여 처리한다.

5) 영사

주재국과의 통상증진, 경제·문화협력, 자국민 보호 등을 목적으로 파견된 공무원으로 총영사, 영사, 영사대리 등이며, '영사관계에 관한 비엔나협약'에 근거한다. 영사는 외교사절이 아니므로 외교사절과 같은 외교특권을 향유하지 못하며 국제협약이나 조약상의 권리를 가지는데 불과하지만, 대부분의 영사업무가 외교공관에 의하여 수행되고 있으므로 영사의 범죄는 외교관에 준하여 처리한다.

① 영사관사의 출입

영사관사는 불가침지역으로서, 영사기관의 장 또는 그가 지정한 자의 동의나 파견국 외교공관장의 동의가 없는 한 출입할 수 없는 장소이므로 수사상 영사관사의 출입이 필요한 때에는 반드시 사전에 그 동의를 얻어야 한다.

⑤ 외교관 관련 사건 발생 시에 신속히 보고한다.
⑥ 외교관의 가족이 범죄를 범한 경우에도 외교관과 동일한 절차에 의해 처리한다.

② 영사기관원 중 영사관원과 사무직원의 '영사직무수행 중에 행한 행위'와, 명예영사관원의 '영사직무수행 중에 행한 행위'에 대해서는 우리나라에 재판권이 없으므로 내사 또는 수사과정에서 그와 같은 사실이 밝혀지면 내사종결 또는 수사종결 절차에 따라 종결한다. 영사기관원 중 영사관원은 영사직무수행과 관련 없이 범행한 경우라 할지라도 중대한 범죄의 경우를 제외하고는 체포되거나 구속되지 아니하는 특권을 향유하고 있으므로 이 점을 유의하여 영사관원의 체포 또는 구속은 특히 신중을 기하여야 한다.

③ **체포 또는 구속 시 통고**

영사직원과 명예영사관원을 체포 또는 구속한 때에는 즉시 경찰서장 명의로 통고서를 작성하여 영사기관장 또는 명예영사기관장에게 그 사실을 통고하여야 한다. 영사기관원과 명예영사기관원을 피의자나 참고인으로 조사할 때에는 그들이 공적(公的) 직책상 받아야 할 적절한 예의를 갖추고 피의자로서 체포 또는 구속될 경우를 제외하고는 영사직무의 수행에 지장이 없도록 최대한 신속하게 처리하여야 한다.

(3) 일반 외국인범죄

1) 대상

우리나라에서 90일 이상 거주하는 거류 외국인과, 방문·관광 등을 목적으로 90일 이내의 기간 동안 일시 체류하는 체류 외국인으로서 외교사절·준 외교사절 또는 한미행정협정 대상자 이외의 외국인을 말한다.

2) 지위

일반 외국인은 조약 및 국제법상으로 인정되는 사항을 제외하고는 내국인과 동일하게 경찰권, 재판권을 포함한 대한민국의 주권에 복종해야 한다.[20]

3) 자국 영사와의 면담권 및 출입규제

외국인범죄자를 경찰관서에 동행하였을 경우에는 지체 없이 자국의 주한 영사와 면담을 원하는지의 여부에 관하여 문의한 후 면담을 원하는 경우 지체 없이 주한공관에 통보하여 면담에 지장이 없도록 편의를 제공해야 하고, 면담을 원하지 않는 경우 그 사실을 반드시 진술서에 기록하여야 한다. 또한 범죄혐의자가 해외로 도피할 우려가 있는 경우 신속히

---

20) 유의사항으로, 일반 외국인은 속지주의 원칙에 의해 우리나라의 형사소송 절차에 따라 처리함을 원칙으로 한다. 다만, 관계 국제법규나 조약 또는 협약이 있는 경우 이를 우선 적용할 것을 고려해야 한다. 먼저 대상자가 소지한 여권의 제시를 요구하여 여권상의 사진이 본인인가의 여부를 확인한 후 국적·성명·생년월일·여권번호·입국일자·입국목적·비자의 종류와 기간·국내 체류지 및 외교특권자 여부를 확인하고 자해(自害) 또는 피해자로부터의 가해(加害)를 방지하기 위해 신병보호에 유의해야 한다.

출입국관련 규제조치를 취하여 수사 및 재판권을 확보하여야 한다.[21] 신병이 확보된 피의자에 대한 출국정지 조치는 사건종결 시까지로 사건종결 전에 미리 출국하는 경우를 방지하여야 하며, 범죄 후 도피하여 소재가 불명 된 경우에 신속히 출국정지 조치하여 출국단계에서 신병을 확보할 수 있도록 하여야 한다.

4) 관계기관 협조

출입국관리사무소, 검찰 등 관계기관과 원활한 정보교환·수사공조·증거의 수집과 공소유지를 위하여 긴밀하게 협조하여야 한다.

제2절 외국인 피의자 수사절차

1. 외국인범죄 수사 요령

(1) 초동조치 및 단계별 수사방법

1) 외국인 신원확인

112신고 출동 및 검문검색 등 외국인 사건을 처리하는 경우 폴리폰 또는 KICS 등을 이용하여 외국인 체류정보 검색을 통해 신원을 정확히 확인한다.

2) 국내 체류 외국인 구분

장기체류 외국인은 90일을 초과하여 국내에 체류하는 외국인으로, 관할 출입국관리사무소에 외국인 등록하여 외국인 등록번호를 부여하고 있다. 취업비자를 받은 근로자, 재외동포, 대학교 유학생 등이 이에 해당한다. 단기체류 외국인은 90일 이하 국내 체류 외국인으로, 입국심사 외 별도 등록절차를 거치지 않는다. 관광객, 국제행사 참석자 등 단기방문객이 이에 해당한다.[22]

---

21) 범죄수사를 위해 필요한 경우 법무부장관에게 출국금지(내국인) 및 출국정지(외국인)를 요청 가능하다.(출입국관리법 제4조, 제29조) 출입국관리법 제29조의2(외국인 긴급출국정지) ① 수사기관은 범죄 피의자인 외국인이 제4조의6 제1항에 해당하는 경우에는 제29조 제2항에도 불구하고 출국심사를 하는 출입국관리공무원에게 출국정지를 요청할 수 있다. ② 제1항에 따른 외국인의 출국정지에 관하여는 제4조의6 제2항부터 제6항까지의 규정을 준용한다. 이 경우 '출국금지'는 '출국정지'로, '긴급출국금지'는 '긴급출국정지'로 본다.(본조신설 2018.3.20.)

22) '폴리폰'으로 현장에서 외국인 체류정보 등을 즉시 확인가능하다. 외국인 체류정보 모바일 조회시스템을 활동하여 장기체류 외국인의 경우 등록번호, 단기체류 외국인은 영문성명(3글자 이상), 생년월일(1개월 간격), 성별을 입력하여 성명 체류기간 등 외국인 체류정보 및 수배 여부 등을

외국인의 신원을 정확하게 확인하기 위해 신분증 제출 요구 및 외국인 체류정보 조회 결과를 비교하여 동일인 여부 등 확인하며, 장기체류 외국인이 외국인 등록번호를 모르거나 특정이 어려운 경우 관할 출입국관리사무소에 전화 또는 공문발송을 통해 외국인 등록번호를 확인한다. 외국인은 출입국관리공무원이나 권한 있는 공무원이 그 직무수행과 관련하여 여권 등의 제시를 요구하면 여권 등을 제시하여야 한다.[23]

(2) 외국인 피의자 체포

외국인을 체포 검거할 경우 2인 이상 경찰력을 확보하여 현장 상황을 사전에 파악하는 등 철저한 준비로 피의자 도주 및 안전사고를 방지한다. 수배자나 불법체류자의 경우 도주 자해가능성이 있으므로 체포 후 경찰차량을 이용하여 신속하고 안전하게 경찰관서까지 호송하고, 외국인 피의자를 현행범체포, 긴급체포, 체포영장 등에 의해 체포하는 경우, '미란다 원칙 고지' 등 형사소송법상 적법절차를 준수한다. 체포 시 국어 또는 영어로 미란다 원칙을 고지하고, 필요 시 지체 없이 영문 번역본 제시 및 통역 App 등을 이용하여 재고지 한다.[24]

체포확인서 및 신체확인서를 작성하여 피의자 서명 또는 기명날인을 받고 변호인 가족 등에 대해 체포통지서를 발송하며, 외국인 피의자 체포 시 반드시 소지품 및 착의에 흉기 소지 여부를 면밀히 검사하고 안전에 유의하며, 흉기 소지시 폭력행위등처벌에관한법률

조회할 수 있다. 그리고 'KICS' 등 경찰관서 내부망 PC를 이용하거나 KICS 내 '법무부 정보검색'을 통해 성명 체류기간 등 외국인 체류정보 조회가 가능하다.
23) 출입국관리법 제27조(여권 등의 휴대 및 제시), 성명, 생년월일, 여권번호 등으로 외국인 등록번호 확인이 가능하다. 외국인은 경찰관의 여권 등 신분증 제시 요구에 따를 의무가 있다.
출입국관리법 제98조(벌칙) 다음 각 호의 어느 하나에 해당하는 사람은 100만 원 이하의 벌금에 처한다. 1. 제27조에 따른 여권 등의 휴대 또는 제시 의무를 위반한 사람
▸ 여권 등 신분증 미소지 외국인 업무처리 지침(외사수사과 '17.2.28.)
① 관광객 등 외국인이 과실 또는 무지 등을 이유로 신분증을 휴대하지 않았으나, 경찰관의 요구에 응하여 인적사항을 스스로 밝히고 본인으로 신원 확인된 경우 ⇨ 신원이 확인된 경우 처벌의 실효성이 없으므로 여권 외국인등록증 등을 휴대하도록 안내 및 계도 후 귀가 조치
② 주취 언어소통 문제 등으로 현장에서 신원확인을 할 수 없는 경우 ⇨ 경찰관서로 동행 후 외국인의 진술, 소지품 등으로 신원 확인 후 귀가조치 ⇨ 신원관련 진술을 계속하여 회피하는 등 여권 등 미소지 휴대 고의가 인정되는 경우 출입국관리법위반 혐의로 처벌
③ 신분증을 미소지한 외국인이 자신의 인적사항을 밝히기를 거부하거나 허위 인적사항을 진술하는 등 경찰의 신원확인 요구를 거부하는 경우 ⇨ 3회 이상 신원확인을 요구하고, 비협조 시 출입국관리법위반 혐의로 처벌될 수 있음을 고지 ⇨ 계속하여 거부하는 경우 신분증 미휴대 제시 고의가 인정되므로 경찰관서로 동행(현행범체포 또는 임의동행)하여 출입국관리법위반 혐의로 처벌
24) 폴리폰(정보안내 → 미란다 원칙 고지) 활용하여 영어·중국어·일본어 등 16개 언어로 살인, 강도, 폭행, 사기 등 33개 죄종의 미란다 원칙 고지 가능하다.

위반 등을 적용하여 처벌한다.[25]

(3) 외국인 피의자 등 조사

1) 통역

외국인 피의자나 관계자가 한국어로 통하지 않는 경우 통역인을 참여시켜 한국어로 피의자신문조서(통역)나 진술조서(통역)를 작성하며,[26] 조사에 앞서 통역요원에 대해 통역의 공정성과 정확성 등에 대해 사전 교양한다. 또한 필요에 따라 외국어의 진술서를 작성하게 하거나 제출받을 수 있으며, KICS에 통역인 각서를 작성 후 수사기록에 편철하고, 조사 완료 후 조서 말미에 통역인의 기명날인 또는 서명을 받는다.

2) 외국인 피의자 등 조사 시 유의사항

외국인을 조사하기 전에 여권 등 신분증 및 KICS의 외국인 체류정보 조회를 통해 인적사항, 체류자격 기간, 수배 여부 등을 정확히 확인한다.[27] 외국인 피의자의 본국 주소, 외국에서의 범죄경력 유무, 국내 입국시기 및 체류기간·목적, 영사통보 여부 등을 피의자 신문조서에 기재한다.[28]

심야조사(자정~06시)는 원칙적으로 금지되어 있다. 다만 예외적으로 규칙에 열거된 합리적인 이유[29]가 있는 경우에 한하여 필요최소한도로 허용된다. 조사도중 자정을 넘기는

---

25) 흉기소지관련법률 : (폭처법 제7조) 흉기 기타 위험한 물건을 휴대·제공 등 3년 이하 또는 300만 원 이하 벌금. 경범죄처벌법 제3조 제1항 제2호, 흉기의 은닉 휴대, 범칙금 8만원
  관련 판례, 정당한 이유 없이 폭력범죄에 공용될 우려가 있는 흉기를 휴대하고 있었다면 다른 구체적인 범죄행위가 없다 하더라도 그 휴대행위 자체에 의하여 폭처법 제7조에서 규정한 죄의 구성요건을 충족(2007도 2439)
26) KICS上 '수사공조' ⇨ '통역요원 현황' 메뉴 선택, 통역가능 언어권 연락처 등 조회하여 통역요원을 확보, 심야 공휴일 등 긴급한 경우에도 통역이 원활히 제공될 수 있도록 평소 언어능력 경험을 겸비한 통역요원을 언어권별로 사전 확보한다.
27) '17년 4월, 서울 ○○상점에서 화장품을 절도한 외국인 피의자 대상 신원을 조회하지 않고 진술하는 정보만 입력, 허무인 상대로 피의자 조사 및 KICS 입력한 사례가 있다.
28) 범죄수사규칙 제243조(외국인 피의자에 대한 조사사항)는 ① 국적, 출생지와 본국에 있어서의 주거, ② 여권 또는 외국인등록 증명서 그 밖의 신분을 증명할 수 있는 증서의 유무, ③ 외국에 있어서의 전과의 유무, ④ 대한민국에 입국한 시기, 체류기간, 체류자격과 목적, ⑤ 국내 입·출국 경력, ⑥ 가족의 유무와 그 주거 등을 조사토록 규정했다. 외국인 조사 시 언어·풍습·문화·종교 등 상이점을 고려하되, 국적·인종·종교 등을 이유로 불이익이 발생하지 않도록 주의하고, 불필요한 오해나 인권침해 사례가 없도록 유의해야 한다.
29) 범죄수사규칙 제56조의 2('18.8.13 개정)
  1호 : 자정 이후에 조사하지 않으면 피의자 석방을 불필요하게 지연시킬 수 있는 경우
  2호 : 사건의 성질상 심야조사를 하지 않으면 공범자의 검거 및 증거수집에 어려움이 있거나 타인의 신체, 재산에 급박한 위해가 발생할 우려가 있는 경우
  3호 : 피의자를 체포 한 후 48시간 이내에 구속영장을 신청하기 위해 불가피한 경우

경우에도 예외 사유에 해당되는지를 반드시 확인한 후 조사를 진행하여야 하고, 사유가 없다면 추후 조사일정을 조정하여야 한다. 특히 예외사유 제5호의 경우 수사기관이 편의적으로 동의를 유도하여 심야조사를 진행할 우려가 있어 조사대상자의 '요청'을 명확히 하고, 요청자의 자필 요청서를 받아 기록에 첨부하여야 한다. 하지만 요청의사가 모호하거나, 이미 장시간 조사가 진행되어 피조사자의 건강에 무리가 예상되는 경우, 계속 조사하여도 재출석이 필요한 경우 등은 심야조사를 지양하여야 한다.[30]

3) 외국인 피의자 수사자료표 작성

현재 외국인 지문정보 공유시스템이 완료되어 '경찰청 – 법무부' 간 정보공유를 통해 운영되는 e – CRIS, AFIS를 활용하여 외국인 피의자 조사시 동일인 여부 확인 및 수사자료표를 작성하여 입력한다. 2016년 9월부터 법무부가 보유한 모든 지문정보를 공유함으로써 e – CRIS, AFIS 등을 통해 외국인 피의자 신원확인이 가능하다.[31]

【e – CRIS】 **활용 시** : 외국인 피의자 조사 시 라이브스캐너를 통하여 피의자 지문 채취 및 대상자 동일인 여부 조회를 통해 신원 확인하고, 장기체류 외국인은 10지 모두 등록되어 있어 내국인과 동일하게 검색할 수 있으며, 단기체류 외국인은 10지를 채취 조회하여 확인 가능하다.

> e – CRIS시스템으로 외국인 피의자 지문채취 ➡ 생년월일 등 입력, 법무부 지문 호출 ➡
> 법무부 지문과 피의자 지문 대조 ➡ 일치·불일치 즉시 확인

【AFIS】 **활용 시** : 절도 등 범죄현장에서 외국인 추정 유류지문을 발견 시 이를 채취하여 경찰청 과학수사관리관실 범죄분석과(자료운영계)에 요청, 법무부 D/B검색을 통하여 신원확인 및 대상자 특정[32]

4호 : 공소시효가 임박한 경우
5호 : 기타 사유로 피의자·피해자 등 조사대상자 또는 그 변호인의 '요청'이 있는 경우 등이다.
30) 국가인권위원회는 경찰관이 조사 중 피의자에게 폭언을 하고 부득이한 사유 없이 밤샘조사를 한 것은 헌법 제101조에 보장된 인격권 및 휴식권 등 피의자의 인권을 침해한 것으로 판단했다 ('04.6.18).
31) e – CRIS(Electronic Criminal Record Identification System, 전자수사자료표시스템) : 수사기관이 피의자 지문으로 본인확인 및 수사자료표 작성·전송 등 수사기록 관리 시스템
AFIS(Automated Fingerprint Identification System, 지문자동검색시스템) : 지문을 활용하여 범죄현장 유류지문, 신원불상자, 변사자 등의 신원을 확인하는 시스템
32) 주요 사례 : '15년 4월, 시화호에서 토막난 시체 발견하였으나 피해자의 신원을 확인하지 못하다가 시체에서 지문을 확보, 장기체류 외국인 지문검색을 통해 피해자 신원 특정하여 남편인 중국인 김○○ 조기 검거에 기여

> 경찰서·지방청경찰청(범죄분석과에 유류지문 송부) ➡ 경찰청 → 법무부(AFIS시스템를 통해 법무부 지문 호출) ➡ 법무부 → 경찰청(일치율 높은 지문(20개) 회신) ➡ 경찰청(지문 대조 및 신원 특정, 의뢰관서 통보)

4) 출국정지 등 조치

피의자가 외국인으로 확인되었으나 검거하지 못한 경우, 신속히 출국정지 등 조치를 검토한다. 범죄수사를 위해 필요한 경우 법무부장관에게 출국금지(내국인) 및 출국정지(외국인)를 요청한다.(출입국관리법 제4조, 제29조)[33]

출국정지 사유	기 간	필요 서류
범죄수사를 위해 출국정지가 필요한 외국인	10일 이내	검사 수사지휘서 ※ 지휘서는 항상 기본 포함
도주 등 특별한 사유가 있어 수사진행이 어려운 자	1월 이내	체포영장
소재를 알 수 없어 기소중지결정 된 자	3월 이내	기소중지결정문
기소중지 결정되어 체포·구속영장 발부된 자	영장유효기간 내	기소중지결정문, 체포·구속영장

외국인 피의자 수사 시, 죄질·피의자·체류기간·출입국 기록 등을 고려하여 출국정지 요청 여부를 신속히 판단한다. 범죄가 중한 경우 해외로 도주할 우려가 높으므로 반드시 출국정지 조치를 한다.[34] 출국정지는 경찰서에서 지방청 경찰청을 경유하여 법무부(출입국심사과)에 요청한다.[35]

---

33) 외국인은 영문이름·성별·생년월일로만 규제, '개인별 출입국 현황'상 기재된 영문철자(띄어쓰기 포함)·생년월일과 동일한지 여부 유의

34) 주요 사례 : '15년 9월, 경기도 여주에서 농장주를 살해하고 현금 5천 8백만 원을 강취한 우즈벡인 불법체류자 2명이 범행 후 5일만에 우즈벡으로 출국하여 도주한 사례가 있다.

35) 출입국 규제는 해외도피 우려 있는 자는 신속히 출국을 규제하여 수사 및 재판권 확보와, 사건 종결시까지 출국 정지시키고, 범죄 후 소재불명 된 자는 출국시 검거하기 위한 것으로, 소명자료(출입국조회, 수사기록 등)을 첨부, 지방청(수사1계) 경찰청 경유 법무부 출입국심사과로 요청한다.

   ○ 내국인의 경우 출국금지(출입국관리법 제4조 출국금지업무처리규칙 제5조), 범죄혐의로 수사를 받고 있거나 기소중지된 자이며, 외국인의 경우 출국정지(출입국관리법 제29조 외국인출국정지업무처리규칙 제4조), 사형·무기·장기 3년 이상의 죄에 해당되어야 한다. 그 대상자는 ① 범죄의 수사를 위하여 그 출국이 부적당하다고 인정되는 자, ② 형사재판에 계속 중인 자 ③ 징역형 또는 금고형의 집행이 종료되지 아니한 자, ④ 벌금 1,000만 원 이상, 세금 5,000만 원 이상을 납부하지 아니한 자, ⑤ 그 밖에 대한민국의 이익이나 공공의 안전 또는 경제 질서를 해할 우려가 있어 그 출국이 부적당하다고 법무부령이 정하는 자 등이다.

(4) 외국인 피의자 공통 심문사항(訊問事項)

외국인 피의자는 원칙적으로 내국인과 동일하게 처리(속지주의)한다.[36] 다만 외국인이기 때문에 수사단계별 처리사항(영사기관에 통지 등)과, 신분별(외교관의 면책특권 등) 유의사항을 숙지하면서 국제화 시대에 걸 맞는 치안서비스를 제공한다. 또한 외국인 피의자를 신문할 때에는 시종일관 진지하고 전문적인 태도로 임하되 친절함과 공정성을 잃지 말아야한다.

1) 신문 전 고지사항
㉠ 자기소개
신문에 들어가기 전에 먼저 자신이 사건을 담당하는 경찰관임을 밝힌다.
㉡ 통역인 소개
신문에 관여하는 통역인을 소개한다. 통역인의 자격은 통역능력이 있으면 충분하고 구체적인 제한은 없다. 통역인은 중립적인 입장에서 수사관과 피의자 사이에 필요한 언어소통을 보조하는 역할을 하며, 외국인 피의자에게 통역인이 중립적인 입장에 있다는 점을 고지하는 것은 피의자로 하여금 부당한 조사를 받고 있다는 인식을 불식시키기 위해 중요하다. 외국인 피의자신문조서상의 통역인 기명 또는 서명 날인은 조서의 형식적 요소 중 하나이다. 실무상 외국인 피의자를 신문할 때에는 비록 조사관이 외국어에 능통하다 하더라도 반드시 통역인을 참여시키고 있는데 이는 조서의 신용성과 임의성 등 증거능력을 유지하고 피의자로 하여금 공정한 조사를 받고 있다는 생각을 가질 수 있도록 하기 위한 것이다. 간혹 외국인 피의자가 한국어에 능통하여 한국어로 조서를 받는데 문제가 없다고 판단될 경우 외국인 피의자라 하더라도 통역 없이 한국어로 조사하는 경우도 있다.

2) 진술거부권 고지
진술거부권을 고지한다. 외국인 피의자 중에는 진술거부권이나 묵비권에 해당하는 법률용어를 이해하지 못하는 피의자도 있을 수 있으므로 구체적으로 진술거부권의 내용이 무엇인지, 어떻게 행사하는 것인지, 불이익은 없는지 등에 관하여 구체적으로 설명할 필요가있다.

3) 변호인선임권 고지
체포당시 경찰관으로부터 변호인 선임권이 있음을 고지받았다 하더라도 이를 충분히이해하지 못하였을 수 있으므로 변호사 선임권과 선임방법, 선임의 효력, 국선변호인제도

---

36) 형법 제2조(국내범) 본법은 대한민국 영역 내에서 죄를 범한 내국인과 외국인에게 적용한다.

등에 관하여 구체적으로 설명하여야 한다. 피의자가 우리나라에 아는 변호사가 없다며 변호인 선임을 부탁하는 경우 경찰관이 직접 변호사를 소개해 줄 것이 아니라 피의자가 속한 나라의 영사관 또는 변호사회에 연락하여 해결하는 것이 바람직할 것이다.

4) 여권 등 신분증명서 소지 및 진정성 여부

여권을 소지하고 있는지 물어보고, 소지하고 있다면 인적사항 등을 밝히기 위해 여권사본이 필요하다는 점을 설명한 뒤 여권사본을 기록에 첨부하고, 소지하고 있는 여권이 정상적으로 발급된 것인지를 물어보고 확인한다. 여권을 확인할 때에는 피의자가 진술한 인적사항과 여권의 기재내용이 일치하는지를 대조해야 함은 물론 위조여권이 아닌 지의 여부도 반드시 확인한다. 여권은 그 명칭과 종류가 다양하지만 대한민국이 인정하는 것은 수교국이 발급한 여권(Passport), 여행증명서(Travel Document), 난민여행증명서(Refuge Travel Document), 외국인여권(Alien Passport), UN 또는 UN전문기관이 그 대표나 직원에게 발급하는 통행증(Laisses-Passer) 등이다. 여권은 유효기간이 경과되지 아니한 것으로서 훼손되지 않았을 경우에만 유효한 것으로 인정된다.

5) 체류자격

체류자격을 물어보고 여권에 있는 사증(査證)이나 입국허가(체류허가) 시 스탬프로 날인해 주는 입국 심사인에 찍혀 있는 체류자격을 비교 확인한다.

6) 외국인등록 여부 확인

등록대상인 외국인인 경우 외국인등록을 하였는지 여부를 질문하고, 등록하지 않았다면 등록하지 않은 사유를 질문하며, 등록하였다면 외국인등록증을 소지하고 있는지, 소지하고 있다면 이를 제시해 줄 것을 요구한다.

7) 조서의 작성

범죄사실에 관한 본격적인 조서를 작성하기 전에 그 취지를 통역인을 통하여 외국인 피의자에게 알려줄 필요가 있다. 외국인 피의자는 그가 이해하지 못하는 한국어로 갑자기 조서를 작성할 경우 불안을 느끼거나 수사기관을 불신할 수 있기 때문이다. 형사소송법상 조서 등 서류에는 진술자가 기명날인 또는 서명날인하도록 되어 있으나 외국인의 경우는 서명만으로 이를 대신할 수 있다. 그러나 이 규정은 외국인에 대해 날인 또는 무인(拇印)을 금하는 취지는 아니므로 서명·무인할 것을 권하는 것은 무방하다.

2. 외국인범죄 수사 절차

(1) 외국인범죄 수사 요령

1) 외국인범죄사건의 취급 및 규칙

외국인범죄사건의 수사에 관하여는 조약·협정 기타 특별한 규정이 있을 때에는 동 규정에 의하고, 없을 때에는 일반적인 범죄수사규정에 따르며, 외국인범죄사건의 수사에 있어 국제법과 국제조약에 위배되는 일이 없도록 유의하여야 한다. 또한 외국인범죄사건 중 중요한 범죄에 관하여는 미리 경찰청장에게 보고하여 그 지시를 받아 수사에 착수하여야 한다. 다만, 급속을 요하는 경우에는 필요한 처분을 한 후 신속히 경찰청장의 지시를 받아야 한다.

2) 조사와 구속에 대한 주의

외국인의 조사와 구속에 있어서는 언어·풍속과 습관의 차이를 고려하여야 한다.[37]

3) 피의자심문조서의 기재사항

외국인이 피의자인 경우에는 피의자신문조서 중 일반적인 기재사항 이외에 다음의 사항을 명백히 해두어야 한다.
① 국적·출생지와 자국에서의 주거
② 여권 또는 외국인등록증명서 기타 신분증명서의 유무
③ 외국에 있어서의 전과의 유무
④ 대한민국에 입국한 시기·체류기간·체류자격과 목적
⑤ 자국을 퇴거한 시기
⑥ 가족의 유무와 그 주거

4) 조서의 작성과 번역문 첨부

외국인 피의자, 기타의 관계자가 한국어로 의사소통을 할 수 없는 경우 통역인으로 하여금 통역하게 하고 한국어로 조서를 작성하여야 하며 필요한 때에는 외국어로 진술서를 작성하게 하거나 외국어의 진술서를 제출하게 한다. 외국인이 구술로서 고소·고발이나 자

---

[37] 유치장 입감 시 신체검사로 인한 모욕이나 수치심이 유발되지 않도록 최대한 배려한다. 신체검사실을 이용, 외부에 노출되지 않은 장소에서 유치인이 가운을 착용한 상태로 신속한 신체검사 실시한다. 또한 일과표·접견·준수사항 등 고지로 입감 피의자 불편 최소화(피의자유치및호송규칙 제7조)하고, 문화적 차이 등을 적극 고려하여 가급적 아국인과 외국인 간, 생활관습·민족감정 등으로 분쟁소지 있는 외국인 간 분리 입감한다(외국인방 5개관서 설치운영, 용산·금천·남대문·영등포·구로서).

수를 하려 하는 경우에도 이에 준한다. 그리고 외국인에 대하여 구속영장 기타의 영장에 의한 처분을 할 때에는 되도록 외국어로 된 번역문을 첨부하여야 한다.

5) 외국인 신분확인

대한민국에 체류하는 외국인은 여권이나 외국인등록증명서 등 신분을 확인할 수 있는 증명서를 항상 휴대해야 하며, 출입국관리공무원 또는 경찰관 등이 그 직무를 수행함에 있어 여권 등의 제시를 요구할 때에는 이를 제시하여야 하는데 이를 외국인에 대한 신분확인이라 한다. 경찰관은 모든 외국인범죄를 수사함에 있어 먼저 이러한 신분증명서의 제시요구를 통해 당해 외국인의 인적사항, 법적지위, 체류자격, 체류기간, 기타 관계사항을 판단할 수 있게 된다.[38] 따라서 외국인의 신분확인은 외국인사건 취급에 있어 가장 기본적이고도 중요한 사항이다. 대한민국에 체류하는 일반 외국인이 휴대할 수 있는 신분증명서는 여권, 선원수첩, 외국인입국허가서, 외국인등록증 또는 상륙허가서 등이며, 이를 항상 휴대하고 경찰관이 제시를 요구할 때에는 이에 응하여야 한다.[39]

6) 체포의 고지와 변론기회 부여

일반 외국인의 체포절차는 영사기관에의 통보 등을 제외하면 내국인의 경우와 거의 같지만, 한국어를 이해하지 못하는 경우가 대부분이므로 수사의 각 단계에서 통역이 필요하다. 특히 외국인 중에는 인권의식이 민감한 경우가 많으므로 체포를 했을 경우에는 범죄사실의 요지, 묵비권, 변호인선임권 등 피의자의 각종 권리사항의 고지를 철저히 이행하여야 한다. 또한 외국인을 체포했을 때에는 그가 이해할 수 있는 언어로 변명의 기회를 부여하여야 하는데, 특수한 외국어를 사용하는 외국인이거나 심야 등의 이유로 통역인을 확보하기 어려운 경우에는 우선 한국어나 영어로 이를 부여하고 수사기관이 각종 권리의 고지나 변명의 기회를 부여하는 조치를 취했음을 내용으로 하는 수사보고서를 작성한 뒤, 가능한 빨리 통역인을 확보하여 이를 이행하고 피의자로부터 확인서를 받아 사건기록에 함께 편철한다.[40]

---

38) 김종옥, 『미연방수사국 범죄수사원칙』, 도서출판 태봉, 2006.
39) 단, 17세 미만의 외국인인 경우에는 신분증명서를 휴대하지 않아도 된다.
40) 체포·구속 단계 미란다 원칙 고지 : 영장에 의한 외국인 체포뿐만 아니라 영장 없이 외국인을 긴급체포하는 경우에도 반드시 체포(구속) 이유, 변호인의 도움을 받을 수 있는 권리, 진술을 거부할 수 있는 권리 등을 명확히 고지해야 한다.
　－ 영사기관에 통보 및 연락할 수 있는 권리 고지, 외국인 피의자를 체포한 경우에는 『영사관계에관한비엔나협약』에 따라 관계국 영사 내지 외교담당자(영사기관)에게 체포(구속)사실 통보 및 피의자에게 영사기관과 접견·교통을 요청할 수 있음을 고지하고, 피의자가 관계국 영사 내지 외교담당자(영사기관)에 통보를 요청한 경우에는 지체 없이 체포(구속)사실 통보한다.

영사기관 통보요청 확인서

領事機關 通報要請確認書

0000.00.00

Confirmation of Request for Notification to the Consulate

被逮捕者 姓名	擔當警察官 所屬, 階級, 姓名
	소속관서 ○○과 ○○팀 계급 성명 印

　당신은 귀국에서 파견된 영사관원에게 체포된 사실을 통보·요구할 권리 및 대한민국의 법령 내에서 위 영사관원에 편지를 보낼 권리를 가지고 있습니다.

　You have the rights to demand us to notify an official in the consulate dispatched by your government that you are arrested and to send a letter to the official pursuant to relevant laws of Republic of Korea.

　당신이 원하는 항목의 (　)에 ∨표를 한 후, 끝으로 공란에 국명을 기입하고 서명해 주십시오.

　Choose one between the following alternatives and mark it with ∨ in the parenthesis. Finally write your nationality(country of origin) and sign underneath.

　나는 자국 영사관원에 대한 통보를 요청합니다.

　I request you to notify an official in the consulate of my country that I am arrested. (　)

　나는 통보를 요청하지 않습니다.

　I do not request you to notify. (　)

(　　) 국　　　명 Nationality(Country of Origin)	(　　) 피체포자 서명 Signature

※ 注意: 국명확인은 여권 또는 외국인 등록 증명서에 의할 것

通　報　書

0000.00.00

본직은 다음과 같이 상기의 외국인을 체포한 것을 영사관에 통보하였음

(1)　통보일시 : 0000.00.00. 00:00

(2)　통보대상 영사기관 :

소속관서 ○○과 ○○팀　계급　성명　印

※ 송치서류에 복사본을 편철할 것

(2) 영사기관 통보 및 접견권 보장

1) 영사기관 통보

경찰관서 사건 담당자(수사 형사 교통 여청 등)는 외국인을 체포 구속하는 경우 외국인 피의자에게 자국 영사관 통보 및 영사 접견교통권 등 조력을 받을 수 있는 권리가 있음을 고지해야 한다. KICS상 '영사기관 통보요청 확인서'를 열람시키고 통보를 원하는 경우 지체 없이 KICS상 '영사기관 체포 구속 통보서'를 작성 출력하여 해당국 영사기관에 지체 없이 FAX 통보한다.[41]

또한 구속된 외국인에 대해

① 해당국 영사기관에 신병구속사실의 통보를 요청할 수 있고,

② 대한민국 법률의 한도 내에서 해당 영사기관과 접견·교통할 수 있음을 고지[42]해야 하며, 피의자가 구속사실의 통보를 요청하는 때에는 지체 없이 이를 해당 영사 기관에 통보해야 하고, 이를 거부하는 때에는 통보할 의무가 없지만 영사기관과의 관계를 고려하여 통보하여도 무방하다.[43]

2) 국가별 즉시통보조치 등

중국인·러시아인의 경우 해당 국가와의 영사협정에 의거하여 피의자의사와 무관하게 반드시 해당국 영사기관에 체포 구속 사실을 통보해야 하며, 중국인의 경우 4일 이내, 러시아인의 경우 지체 없이 체포 구속사실을 통보한다. 외국인 변사사건이 발생한 경우에도 내국인 변사사건과 동일한 방법으로 진행하되 지체 없이 외국인 사망사실을 해당국 영사기관에 FAX로 통보한다. 그리고 KICS상 '영사기관 사망통보서' 작성 및 통보하여 수사기록에 편철한다.

---

41) KICS상 '영사기관 통보요청 확인서', '영사기관 체포구속 통보서'는 수사기록에 원본을 편철하고, 사본을 별도 보관할 필요는 없다. 중국인의 경우 KICS상 영사기관 통보서가 다른 외국인의 영사기관 통보서와 상이하므로 주의해야 한다.

42) 영사관계에 관한 비엔나협약 제36조.

43) 2015년 11월 경찰은 나이지리아인 A씨를 절도혐의로 구속하였으나, A씨는 무죄를 강조하며 자신이 구속되어 있는 사실을 나이지리아 영사에게 통보해 줄 것을 경찰과 검찰에 요구하였지만 경찰과 검찰은 위 요청을 묵살하고 구속, 구속 12일 후 A씨의 인적사항을 도용한 같은 나이지리아인 B씨가 위 절도범의 진범으로 타경찰서에서 검거되어 A씨는 누명을 벗고 인권위에 진정서 제출, 인권위는 '헌법 제12조 제5항과 경찰청 및 법무부 훈령에 따라 외국인을 체포 구속할 경우 우리나라 주재 본국 영사기관에 통보할 수 있고 위 요청이 있으면 지체 없이 통보해야 함' 에도 불구하고 경찰과 검찰이 이를 어겼다며 경찰과 검찰에 주의경고하고 직무교육 실시한 바 있다.

3) 국적별 통보의무와 통보사항

2개 이상의 외국의 국적을 가진 이중국적자인 경우, 해당 피의자가 희망하는 영사관에 통보하거나 해당 영사관 모두에 통보하고, 무국적자인 경우 원칙적으로 통보의 의무는 없지만 해당 피의자가 외국정부 발행의 여권을 소지하고 있고 본인이 희망할 경우에는 여권 발행국 영사관에 통보한다. 또한 영사관계가 없는 외국인의 경우 '영사관계에 관한 비엔나 협약' 체약국의 국민이라 하더라도 우리나라와 영사관계가 없는 국가의 국민인 외국인 피의자에 대해서는 통보할 필요가 없다.

국적별 통보사항으로는
○ 피체포자의 국적, 성명 및 생년월일
○ 체포일시
○ 유치장소
○ 죄명 및 피의사실의 요지
○ 수사관서 및 수사담당자의 직책과 성명이며, 영사관에의 통보사항은 통보요청확인서 및 통보장 부본을 수사기록에 편철한다.

4) 영사관의 접견 · 교통권과 제한

영사관은 해당 국민인 피의자와 접견하거나 통신 · 접촉할 수 있으며 그를 위해 변호인을 알선할 수 있다. 영사관의 접견 · 교통권은 대한민국 법령의 범위 내에서 인정되기 때문에 형사소송법 등이 정한 제한에 따라야 한다. 또한 해당 피의자가 명시적으로 접견을 희망하지 않을 때에는 영사관의 접견을 삼가야 하므로 영사관의 접견신청에 응할 필요가 없다. 그러나 이 경우에도 피의자의 방어권을 부당히 침해한다는 의혹을 남기지 않기 위해 피의자의 접견희망 여부를 확실히 확인해야하며, 명백히 희망하지 않을 때에는 '영사관과의 접견에 관한 의사확인서'를 작성, 첨부할 필요가 있고, 영사관이 이를 요구할 때에는 부본을 교부해 주어야 한다. 또한 외국인피의자가 접견을 희망하는 경우에는 그 편의를 제공해야 하지만 형사소송법상의 규정, 유치장의 질서유지, 증거인멸방지 등을 위해 다음과 같은 제한을 할 수 있다.
① 접견의 일시, 장소, 시간의 지정
② 접견시 경찰관이나 통역인의 입회

(3) 피의자 심문조서의 작성

1) 신상관계사항 기재요령

외국인 피의자의 신문조서를 작성할 때는 일반적인 조사사항 이외에 범죄수사규칙 제 243조에 정한 사항도 조사하여 조서상에 명백히 해 두어야 함은 이미 언급한 바와 같으며 신문조서상의 신상관계 각 항목 란의 구체적 기재사항은 다음과 같다.

① 성명

한자(漢字)를 사용하는 중국인 피의자는 한국어로 읽히는 대로 성명을 기재하고 여권 등에 기재된 한자명을 괄호 안에 병기(併記)한다.[44] 그 이외의 자에 대해서는 알파벳을 사용하여 통상 First Name, Middle Name, Last Name(Family Name)의 순(順)으로 한국어로 읽히는 대로 기재하고 여권 등에 기재된 성명을 영문으로 괄호 안에 기재하되 성은 알파벳 대문자로 기재하는 것이 좋다.[45] 그러나 그 중에는 성을 앞에 두고 이름을 뒤에 쓰는 국가[46]도 있으므로 이런 경우에는 성을 알파벳으로 기재하는 외에 성에 밑줄을 그어서 구분하는 것이 바람직하다. 해당 외국인이 사용하는 가명(假名, Alias)이나 별명(別名, Also Known As: AKA)이 있을 경우에는 성명 란에 함께 기재한다.

② 주민등록번호

주민등록번호 란(欄)에는 생년월일만 기입하면 된다. 생년월일은 양력으로 기재하되 연호를 사용하는 일본, 또는 이란력·이슬람력을 사용하는 이슬람교도의 경우에는 이를 서력으로 환산하여 기재한다.

③ 직업

현 직업을 기재하되 군인의 경우는 소속과 계급 등 될 수 있는 한 구체적으로 기재한다.

④ 거주

주거는 본국의 주거가 아닌 한국 내 주소를 기재하는 란(欄)이므로 한국 내의 주거 또는 숙소를 기재한다. 관광 등으로 단기체류하면서 호텔 등에 숙박하는 자는 호텔명과 호실(號室), 주소를 기재하면 된다. 일정한 주거가 없이 여관, 여인숙 등을 전전하여 주거의 안정이 없는 자에 대해서는 주거의 양태, 등록의 여부, 거주의 안정성, 피의자의 연령, 가족

---

44) 중국인의 경우 한어병음자모로 기재되어 있어 그 정확성이 요구된다. 예를 들면 장(張, Zhang)과 강(Jiang)은 발음이 비슷하여 혼동되기 쉽다.

45) 예컨대 John(名) Doh(중간名) Kennedy(姓)라는 이름의 외국인이라면 John Doh KENNEDY 또는 John D. KENNEDY(또는 KENNEDY, John Doh 나 KENNEDY, John D.)라고 써야 한다.

46) 일본, 베트남, 싱가포르, 캄보디아, 헝가리 등.

관계, 재산상태 등 제반사정을 종합적으로 판단하여 주거 또는 주거부정으로 기입한다. 노숙(露宿)하는 자는 주거부정으로 기입하여야 한다.

⑤ **본적**

본적 란은 국적으로 고치고 정식국명을 기재한다.

⑥ **전과(前科) 및 검찰처분관계**

대한민국 내에서의 전과는 물론 본국을 포함한 외국에서의 전과도 사실관계가 파악되면 처분국가에 따라 구분하여 빠짐없이 기재한다.

⑦ **상훈(賞勳)·연금관계**

피의자가 대한민국에서 훈장·연금을 받고 있는 경우에만 기입하며 본국에서 받은 사실은 경력 란에 기재한다.

⑧ **병역**

병역에 복무한 사실을 진술하는 경우 국가에 관계없이 기재한다.

⑨ **교육**

대한민국과 외국에서의 교육경력을 구분하여 기재하되 외국은 학교제도가 다르므로 몇 년제 인가를 괄호 속에 기재한다.

⑩ **경력 및 기타**

대한민국과 외국에서의 주요 경력을 구분하여 기재한다. 그리고 소유재산의 경우 대한민국의 통화단위에 기초한 금액으로 환산하여 기재한다. 특히 절도피의자의 경우에는 재산 및 월수입에 관해 자세히 기재하여야 한다. 종교는 있으면 기재하고, 대한민국과 외국에서의 정당·사회단체 가입 여부를 구분해서 기재한다. 또한 여권 또는 외국인등록증명서의 유무나, 그 발행연월일, 발행자, 발행 장소 등도 기재하며, 본국을 출국한 날짜와 대한민국에 입국한 공항(항구), 이용 항공기(선박)의 편명, 체류자격(목적), 체류기간 및 체류예정기간, 출국예정일 등을 기재하고, 입국하기 전 경유한 외국이 있었는지의 여부도 기재한다.

2) 심문조서 기재사항

① **진술거부권 고지**

진술거부권을 충분히 고지하지 않아 자백의 임의성이 부정되는 사례가 있으므로 이를 피의자가 이해할 수 있는 방법으로 분명히 고지하여야 한다. 특히 조사에 익숙하지 않은 통역인을 통해 조사할 때에는 통역인이 피의자의 권리내용을 잘 이해하지 못하는 경우가 많아 사전에 통역인에게도 피의자에게 보장된 권리내용을 충분히 교양해 둘 필요가 있다.

② **통역인의 사용**

한국어로 의사소통을 하는데 지장이 없는 외국인 피의자를 제외하고는 반드시 통역인을 통해 조서를 작성하여야 한다. 한국어로 의사소통이 가능한 외국인피의자라 하더라도 간단한 일상회화 정도만 가능하고 법률적인 지식이 부족한 경우에는 통역인을 활용해야 한다. 피의자의 한국어 의사소통능력 여부는 피의자의 언어능력, 체류기간, 참고인 등의 진술, 정황 등을 참고하여 조사자가 판단한다. 진술내용의 핵심적인 부분에 대해서는 그 표현에 세심한 주의를 기울여 기재하고 경우에 따라서는 피의자의 모국어를 그대로 기재한 후 그 의미를 한국어로 설명하는 방법으로 기재하거나 피의자가 모국어로 작성한 진술서 또는 도면 등을 첨부할 필요도 있다.

③ 간결성

가능한 평이한 언어로 간결하게 기재한다. 외국인이 쉽게 이해할 수 없는 난해한 표현이나 장문(長文)은 나중에 수사관이 임의로 작성했다는 오해를 받을 수 있다.

④ 진술상황

사건의 핵심부분을 강조하거나 조서의 진실성을 강조하기 위해 진술시 피의자의 태도 등을 기재하여 진술내용뿐만 아니라 진술시의 상황에 관한 진실성을 확보하는 것도 필요하다.

⑤ 확인

조서작성이 끝나면 통역인을 통해 피의자에게 조서를 읽어 주었다는 요지를 기재하고 통역인의 서명날인을 요구해야 한다. 외국인 피의자의 경우 서명만으로 서명날인을 대신할 수 있다.[47) 그리고 조서내용이 한국어로 되어 있기 때문에 피의자가 나중에 조서내용을 부정하면서 서명을 거부할 때에는 이를 무리하게 강요하지 말고 통역인이 진술내용을 해당외국어로 번역한 서면을 열람 또는 읽어준 후 그 서면에 서명하게 하던가, 아니면 피의자 자신이 진술의 중요부분에 대해 자필 진술서를 작성토록 한 후 이에 서명을 요구하는 방법이 있지만 이때에도 한국어 조서와 똑같은 내용임을 설명하여 서명을 받도록 노력해야 한다. 이러한 노력에도 불구하고 서명을 거부할 때에는 서명을 거부한 이유와 위와 같은 조치를 취했다는 요지를 조서말미에 기재해 두거나 수사보고로 대체한다.

⑥ 통역인의 서명날인

조서작성자의 직책, 성명 뒤에 통역인의 서명날인을 받는다.

⑦ 2개 국어를 사용했을 경우

---

47) 외국인의 서명날인에 관한 법률(1958년 7월 12일 법률 제488호로 공포).
   법령의 규정에 의하여 서명·날인(기명날인도 포함한다) 또는 날인만을 하여야 할 경우 외국인은 서명만으로써 이에 대신할 수 있음을 규정한 법률이다. 서명에 있어서 제도의 차이에서 비롯되는 불편을 없애기 위한 것으로, 그 외국인이 서명날인의 제도를 가지는 국가에 속하는 때에는 제외된다.

특수한 언어를 사용하는 피의자조사 등 부득이하게 2명의 통역인을 통해 조서를 작성했을 경우에는 공정성을 확보하기 위해 중간의 언어로 조서를 작성한다.

3) 사건송치 시 유의사항과 여죄(餘罪)

외국인 피의자를 신병 송치할 때에는 검찰에서도 통역인 확보 등의 준비가 필요하기 때문에 송치일 전에 미리 피의자의 국적·성명·성별·생년월일, 여권 등 신분증명서의 유무, 피의자가 사용하는 외국어, 영사관에의 통보사항, 사건의 개요, 송치일과 송치방법 등에 관해 연락을 해두는 것이 좋다. 그리고 외국인 피의자를 검거했을 때 출입국관리법위반 등 여죄가 있는 경우가 많기 때문에 여죄에 대해서도 수사할 필요가 있다. 특히 최근에는 여권위조사범이 증가하고 있어 피의자가 소지한 여권 기타 신분증명서가 진정한 것인지에 관해 철저하게 확인해야 한다.

3. 외국인범죄 수사상 문제점

(1) 피의자 조사

외국인 피의자는 한국어를 이해하지 못하는 경우가 대부분이므로 피의자 또는 외국인 참고인의 조사·진술청취 등에 있어 통역인을 확보하는 것이 큰 문제이다. 그 중에서도 최근 수요가 많아지고 있는 아시아계 언어 통역인의 경우 대도시권에서는 어느 정도 해결이 가능하지만 지방에서는 절대적으로 부족한 곳이 많다. 또한 외부 통역인의 경우 야간이나 휴일에 사건이 발생하였을 때 활용이 곤란하고, 형사절차에 관한 지식의 불충분하여 적절한 통역이 어려움 등의 문제점이 지적되고 있다. 뿐만 아니라 피의자와 직접 대화하는 것이 아니라 제3자인 통역인을 통해 조사해야 하므로 더 많은 시간과 노력이 필요하다.

그리고 생활습관이나 문화, 형사절차가 상이한 외국인 피의자에 대하여 충분히 배려해야 한다는 점도 수사의 곤란을 초래하는 요인이 되고 있다. 피의자에게 보장된 변호인선임권, 진술거부권 등 형사소송법상 모든 권리의 고지는 당해 피의자가 이해할 수 있는 방법과 내용으로 고지되고 있는지, 피의자가 이를 이해하고 있는지, 피의자 진술조서는 진술내용과 일치하는지, 오역(誤譯)은 없었는지 등이 쟁점이 되어 통역인 또는 조사관이 증인으로 출정하는 사례가 늘고 있다.

(2) 피의자 소재확인 등

1) 소재확인

외국인은 일반적으로 주거가 일정하지 않은 경우가 많고 범죄 피의자의 경우 더욱 그러하므로 소재확인이 매우 곤란하다. 또한 외국인이 피해자나 참고인이 되는 경우에도 불법취업, 불법체류가 발각될 것을 염려하여 피해를 당하고도 신고하지 아니하거나 주거를 바꾸어 버리는 등 경찰에 대한 협력을 기피하는 경향을 보일 수 있다. 이러한 요인들이 외국인범죄를 잠재화시키고 특히 사건 관계자가 외국인뿐인 경우에는 이러한 경향이 더욱 강하게 나타난다. 결국 피해자나 참고인 등의 조사를 뒤로 미루는 결과 나중에는 사건 관계인의 소재불명으로 사건을 처리하지 못하게 되는 경우가 발생하기도 한다.

2) 신원확인

피의자의 국적·성명 등을 확인할 경우 호적제도가 정비되어 있지 않은 국가나 여권발급수속이 비교적 엄격하지 않은 국가에서 발행된 여권 중에는 위조되었거나 타인 명의로 취득한 것도 있어 피의자의 신원확인에 상당한 어려움을 겪을 수 있으며, 심지어 검거한 외국인 피의자의 지문을 조회한 결과 현재 소지하고 있는 여권의 명의인과 다른 성명으로 과거에 한국에서 검거된 사실이 판명되는 경우도 발생하고 있다. 이는 검거 당시 본인 성명으로는 재입국이 불가능하기 때문에 자국에서 타인 명의를 도용하거나 위조여권을 입수하여 입국하였기 때문이다. 또한 정식여권이나 위조여권으로 입국한 후 공항에 마중 나온 브로커 등에게 여권을 빼앗겨 여권이 없는 상태로 체류하고 있는 외국인들도 상당수 있어 여권의 발견과 신원확인에 상당한 시간이 걸린다.[48]

3) 치고 빠지기(hit and run)수법

피의자가 범행 후 자국이나 국외로 도주하는 경우가 빈번하게 발생하고, 특히 외국의 직업적 범죄조직 구성원이 피의자인 경우(국제범죄조직원)에는 더욱 그러하기에 신병확보에 어려움이 많다. 최근 검거된 국제범죄조직의 구성원인 피의자들은 수사기관에서 신원확인이 불가능할 정도로 단기체류를 반복하거나 범죄조직으로부터 사전에 범행수단, 범행지,

---

48) 일본의 경우, 파키스탄인 남자에 의한 살인사건에서 피의자가 소지하고 있던 여권의 생년월일과 피의자 수사단계에서 진술한 연령이 모두 20세로 확인되어 성인사건으로 공소제기된 사건이 있었는데, 공판단계의 변호인 진술에서 "여권에 기재되어 있는 출생연도는 모국에서 여권을 신청할 때 위조한 것으로 피의자는 미성년자"라는 주장이 제기되어 인터폴을 통하여 조회를 요청한 바 파키스탄은 출생증명서 정도는 발행되고 있으나 호적제도가 정비되지 않아 피의자의 생년월일을 특정할 수 없었기 때문에 '의심스러울 때에는 피고인의 이익으로'라는 법 원리에 따라 소년사건으로 다루어진 예도 있다.

체포시 행동요령 등에 관하여 구체적인 지시를 받고 입국(일명 범죄목적형 입국)하여 단기간 내에 계획적으로 범행을 감행한다거나, 도난·위조 신용카드를 이용하여 수사기관이 인지하기 어려운 수법으로 새로운 카드를 만들어서 범행하는 등 더욱 지능화되고 있어 피의자를 조기에 적발하고 신병을 확보하기가 극히 곤란하다. 또한 외국인 피의자의 신병인도에 관하여 각국의 법체제가 상이하여 원칙적으로 일단 한국에서 도주한 외국인 피의자의 신병을 한국 수사기관이 다시 확보하기는 많은 시간과 노력이 요구된다.

(3) 경찰공조상 문제점

1) 공조에 따른 시간적 손실

피의자, 참고인 등 사건관계자가 외국인인 경우 자국 내에서의 범죄경력, 여권의 진위여부, 인적사항 등 정보를 입수하기 위해 인터폴이나 외교경로, 또는 파견경찰(코리안 데스크)과의 직접적 접촉을 통해 의뢰하여야 하므로 시간적으로나 내용면에서 제한을 받을 수밖에 없어 시간적 낭비가 많다.

2) 제도가 미비한 국가와의 공조

호적제도, 주민등록제도 조차 없는 나라도 있고, 있더라도 제대로 정비되어 있지 않아 신원조사 등 공조를 의뢰하더라도 수사에 도움이 되지 않는 경우가 많다.

3) 상이한 경찰제도

외국인범죄 수사에 있어 국내 수사만으로는 완결할 수가 없어 증거 및 정보의 수집, 국외도주 피의자에 대한 소재확인 등에 있어 외국경찰기관과의 공조를 필요로 하는 경우가 많다. 따라서 경찰기능이나 절차 등을 달리하는 외국과의 수사협력에 있어서는 그 나라 특유의 지식, 수법이 요구됨과 동시에 수사의 성패가 상대국의 협력 여부에 의존해야 한다는 어려움이 있다.

제3절 출입국관리법위반사범

출입국사범이란 출입국관리법 제2조 용어의 정의에 규정된 출입국관리법 제93조부터 제100조에 규정된 특정한 행위를 금지하거나 명령하는 규정을 위반하여 벌칙에 해당하는 사범이다.

(1) 출입국관리위반사범 수사

1) 출입국관리의 개념정의

출입국관리란 내·외국인의 출입국 및 외국인의 국내 체류를 적절히 심사·관리함으로써 국가 이익과 안전을 도모하려는 국가행정 기능으로, 외국인의 입국허가나 강제퇴거 여부의 결정은 국가의 전형적인 주권행사의 하나이며 각 국가의 재량에 속한다. 그러나 출입국관리 행정이 각국의 주권에 속하는 사항이라 하더라도 국제사회의 일원으로서 일정한 한계와 원칙을 가져야 한다. 즉 출입국관리와 관련된 일련의 조치들이 다른 나라와 비교하여 지나치게 상호주의·인도주의 관념에 반하는 경우에는 국제적인 고립과 마찰을 초래할 수도 있으므로 신중한 행사가 요구된다.

2) 출입국관리의 내용

출입국관리법상 내국인의 출국에는 여권의 소지와 출국사열을, 외국인의 입국에는 여권 및 사증의 소지와 입국사열을 요하며, 또한 외국인이 국내에 체류하기 위해서는 허가와 신고·등록 등의 절차를 요한다. 이러한 절차에 위반하는 밀항·밀입국·불법체류 등의 행위는 대한민국의 출입국관리 기능을 침해하는 범죄행위를 구성하게 된다. 각국은 자국의 사법(司法)·경찰(警察)·세무(稅務)·방역(防疫) 기타 행정목적을 위해 내·외국인의 출입국에 대하여 필요한 규제를 가하고 이에 위반하는 행위를 엄격히 단속하고 있다. 우리나라의 출입국관리 사무는 법무부장관의 관장사항이므로 경찰관이 출입국관리법 위반사범을 입건한 때에는 이를 지체 없이 관할 출입국관리사무소장 등에게 인계하여야 한다. 또한 직무수행 중 출입국관리법위반사범을 발견한 때에는 지체 없이 출입국관리사무소장 등에게 통보하여야 한다.[49]

(2) 출입국관리사범에 대한 조치

1) 입·출국 금지조치

출입국관리법 제11조(입국의 금지 등)에는 유효한 여권과 사증을 소지한 외국인이라 하더라도 입국금지 사유에 해당하는 경우에는 입국을 금지하고 있고, 동법 제29조(외국인출국의 정지)에서는 대한민국의 안전 또는 사회질서를 해하거나 기타 중대한 죄를 범한 혐의가 있어 수사 중에 있는 자, 조세 기타 공과금을 체납한 자, 대한민국의 이익 보호를 위하여 그 출국이 특히 부적당하다고 생각하는 자 등에 대해 법무부장관이 출국을 정지할 수 있음을 규정하고 있다.

---

49) 출입국관리법(개정, 일부개정 2017.12.12. 법률 제15159호).

2) 경찰의 조치

출입국관리법 제101조(고발) 규정에 따라 출입국관리 사범에 관한 사건은 출입국관리사무소장의 고발이 없는 한 공소를 제기할 수 없으며, 출입국관리공무원 외의 수사기관이 출입국사범에 관한 사건을 입건한 때에는 지체 없이 관할 출입국관리소장·출장소장·외국인보호소장 등에게 인계하여야 한다. 실무상 경찰에서 출입국관리사범을 적발한 때에는 형사사건과 경합하는 경우에는 형사사건을 먼저 종결 후 출입국관리사무소에 피의자의 신병을 인계하고, 다른 형사사건과 관계없이 순수하게 출입국관리법 위반사범인 경우에는 입건하지 않고 인적사항 등 기초조사만 마친 뒤 출입국관리사무소에 통보하는 것으로 충분하다. 단, 입건한 경우에는 신병을 인계하여야 한다(출입국관리법 제101조 제2항).

3) 외국인의 강제퇴거

강제퇴거란 외국인이 우리나라에 불법입국하였거나 합법적 절차에 의해 입국한 경우라도 체류기간 중 체류자격, 기간, 신고의무 사항 등을 위반하거나 기타 국익에 위배되는 범법행위를 하였을 경우 해당 외국인을 대한민국의 영역 밖으로 추방하는 행정처분을 말한다.

강제퇴거 사유로는 유효한 여권·사증·선원수첩 또는 입국허가서 없이 입국했을 때, 입국 후 전염병·사회질서문란 등 국익에 위배되는 입국금지 사유가 발견되거나 발생한 때, 입국심사 없이 입국한 때, 허가 없이 상륙한 때 또는 상륙조건을 위반한 때, 체류자격·체류기간·활동범위에 대한 제한·준수사항·중지명령 등에 위반한 때, 출국심사규정에 위반하여 출국하려 한 때, 외국인등록 규정에 위반한 때, 대한민국의 법률에 의하여 금고 이상의 형의 선고를 받고 석방된 때 등이다.

① 강제퇴거 절차

출입국관리 공무원은 강제퇴거 사유에 해당된다고 의심되는 외국인에 대하여 그 사실을 조사할 수 있고, 해당 외국인이 도주하거나 도주할 염려가 있는 경우에는 출입국관리사무소장·출장소장·외국인보호소장 등의 보호명령서를 발부받아 그 외국인을 보호할 수 있다. 해당 외국인에 대한 조사가 끝나면 출입국관리사무소장 등이 이를 심사하여 강제퇴거 사유에 해당한다고 인정하는 때에는 강제퇴거명령서를 발부한다. 강제퇴거명령서는 출입국관리공무원이 집행한다.

② 출국권고 등

출입국관리법 제67조(출국권고) 및 제68조(출국명령)에서는 비교적 경미한 출입국관리법 위반 외국인에 대하여 출입국관리사무소장 등이 출국을 권고하거나 출국을 명령하는 조치를 할 수 있음을 규정하고 있다.

(3) 출입국관리법 주요 내용

출입국관리법은 대한민국 국민과 외국인의 대한민국에서의 출입국관리에 필요한 사항을 규정하기 위해 제정된 법률이다(법률 제9142호).

1) 목적

대한민국에 입국하거나 대한민국으로부터 출국하는 모든 국민 및 외국인의 출입국관리와 대한민국에 체류하는 외국인의 체류관리 및 난민의 인정절차 등에 관한 사항을 규정함을 목적으로 한다.

2) 출입국 금지사유

대한민국에 출국 또는 입국하고자 하는 자는 출·입국 항에서 출입국관리 공무원의 출입국심사를 받아야 한다. 법무부장관은 일정한 자에 대하여는 출입국을 금지할 수 있다. 누구든지 외국인을 불법으로 출·입국시킬 목적으로 선박 등이나 여권 또는 사증·탑승권 등을 제공하여서는 안 된다. 출입국관리 공무원은 일정기간 외국인 승무원의 상륙허가를 할 수 있다. 외국인은 그 체류자격과 체류기간의 범위 내에서 대한민국에 체류할 수 있다.

3) 출입국 신고

외국인이 90일을 초과하여 대한민국에 체류하게 되는 경우에는 체류지를 관할하는 출입국관리사무소장 또는 출장소장에게 외국인등록을 하여야 한다. 사무소장·출장소장 또는 외국인보호소장은 일정한 외국인을 대한민국 밖으로 강제퇴거시킬 수 있다. 강제퇴거명령을 받은 자는 국적 또는 시민권을 가진 국가로 송환한다. 사무소장 또는 출장소장은 대한민국에 체류하는 외국인이 일정한 사유에 해당하는 경우에는 출국권고나 출국명령을 할 수 있다. 법무부장관은 대한민국 안에 있는 외국인에 대하여 난민임을 인정할 수 있다.

4) 출입국 절차

선박 등이 출·입국 항에 출·입항할 때에는 출입국관리 공무원의 검색을 받아야 한다. 선박 등의 장 또는 운수업자는 입국 또는 상륙을 허가받지 않은 자의 입국·상륙방지 등 일정한 사항을 준수하여야 한다. 출입국관리 공무원은 직무 집행상 무기를 사용할 수 있으며, 필요한 조사를 할 수 있다. 법무부장관은 사증발급, 입국허가 등과 관련하여 초청자 기타 관계인에게 그 외국인의 신원을 보증하게 할 수 있다. 대한민국 국민이 북한을 거쳐 출입국하는 경우에는 북한으로 가기 전 또는 남한으로 온 뒤에 출입국심사를 한다. 외국인의 남한·북한 왕래절차에 관하여는 특별한 사정이 있는 경우를 제외하고는 출입국절차의 규정을 준용한다. 출입국사범에 관한 사건은 사무소장·출장소장 또는 외국인보호소장의 고발이 없는 한 공소를 제기할 수 없으며, 사무소장 등은 통고처분을 할 수 있다.

5) 전속적 고발권

> **제101조(고발)**
> ① 출입국사범에 관한 사건은 사무소장·출장소장 또는 외국인보호소장의 고발이 없으면 공소(公訴)를 제기할 수 없다.
> ② 출입국관리공무원 외의 수사기관이 제1항에 해당하는 사건을 입건(立件)하였을 때에는 지체 없이 관할 사무소장·출장소장 또는 외국인보호소장에게 인계하여야 한다.

① 제1항의 「고발」이란 출입국관리사무소장이 검사로 하여금 출입국사범에 대하여 공소를 제기하여 형사 소추할 것을 요청하는 의사표시행위를 말한다. 일반적으로 고발은 수사의 단서에 불과하지만 출입국사범에 대한 사무소장의 고발은 공소제기의 요건으로서 출입국사범에 관한 사건을 친고죄로 규정하고 있다. 즉 출입국사범에 관한 사건에 관하여는 사무소장의 고발이 없는 한 공소를 제기할 수 없으며, 출입국사범에 관한 친고죄 규정은 일반적인 범죄처리 절차의 예외에 해당된다. 친고죄 규정은 통고처분 절차와 논리적 또는 필연적으로 통고처분 제도에 의한 출입국사범의 사건처리가 상호 연결되어 있다고 할 수 있다. 다만, 고발이 공소제기의 요건이라 하여 수사기관이 수사를 할 수 없는 것은 아니므로 검찰이 공소를 제기할 때까지 고발이 있으면 된다.

이와 같이 친고죄 규정과 통고처분 절차를 연결시킨 것은 일정 범위의 출입국사범에 관한 사건에 대해서는 준형사처분의 성격을 띤 통고처분에 의해 간이하게 해결하고, 범죄의 정상이 금고 이상의 형에 처할 것으로 인정되는 때에는 고발하도록 하여 형사처벌받게 하려는 정책적 의지가 반영된 것이다.

② 제2항은 출입국관리공무원 외의 수사기관이 제1항 본문에 해당하는 사건을 입건하였을 때에는 지체 없이 관할사무소장·출장소장 또는 외국인보호소장에게 인계하도록 규정하고 있다. 제2항의 '제1항 본문에 해당하는 사건'이란 제1항의 출입국사범에 관한 사건을 의미한다. '출입국관리공무원 외의 수사기관'이란 검사 또는 일반사법경찰관리 또는 출입국관리공무원외의 다른 특별사법경찰관리를 의미한다.

③ 「입건」이란 수사기관이 사건을 수리하여 수사를 개시함을 말하여, 입건 이후에는

혐의자가 피의자로 불리게 된다. 입건이란 수사기관이 적극적으로 범죄를 인지하거나 고소·고발 등을 받은 경우 검사는 범죄인지서(검찰사건사무규칙 제4조 제2항), 사법경찰관은 범죄인지보고서(사법경찰관리집무규칙 제21조 제1항)를 작성하는 등 사건수리절차를 거치게 된다. 이때 사건접수부에 사건을 등재하는 것을 입건이라고 하며, 이는 피의자의 범죄 혐의사실을 인정하여 사건을 성립시켜 수사에 착수하는 것을 의미한다. 입건의 원인에는 범죄의 인지, 고소·고발의 수리, 검사의 수사지휘, 다른 사법 경찰관으로부터 이송되는 사건의 수리 등이 있다.

④ 「지체 없이」란 시간적 즉시성이 요구된다 할 것이나, 정당하고 합리적인 이유가 있는 지체는 허용되는 것으로서 사정이 허락하는 한 가장 신속하게 하여야 한다는 취지이다.

⑤ '인계'의 대상은 문언상 '사건'을 인계하는 것으로 해석되나, 사건의 범위에는 출입국사범에 관한 사건 자체만을 의미한다는 견해와 사건 자체뿐만 아니라 신병도 인계하는 것으로 보아야 한다는 견해가 있다. 하급심 판례는 사건뿐만 아니라 신병도 인계하여야 한다고 판시한 바 있으며[50] 실무에서도 사건뿐만 아니라 신병도 함께 인계하는 것으로 운영되고 있다.

6) 통보의무

> **제84조(통보의무)**
> ① 국가나 지방자치단체의 공무원이 그 직무를 수행할 때에 제46조 제1항 각 호의 어느 하나에 해당하는 사람이나 이 법에 위반된다고 인정되는 사람을 발견하면 그 사실을 지체 없이 사무소장·출장소장 또는 외국인보호소장에게 알려야 한다.

① 제1항은 강제퇴거 대상자 등 출입국관리사범을 발견한 공무원은 출입국관리사무소장 등에게 의무적으로 통보하도록 규정하고 있다. 이와 관련하여 「형사소송법」 제234조 제1항은 누구라도 범죄가 있다고 사료되는 때에는 고발할 수 있다고 규정하고 있는 반면, 같은 법 제234조 제2항은 공무원이 그 직무를 행함에 있어 범죄가 있다고 사료되는 때에는 고발하여야 한다는 의무를 규정하고 있는데, 이러한 공무원의 고발의무의 연장선상에서 공무원에게는 통보의무를 부과하고 있다. 이와 같은 공무원의 출입국사범에 대한 통보의무는 공무원의 일반의무인 '법령준수 의무'에서도 그 근거를 찾을 수 있다.

② 통보의무의 대상은 그 직무수행과 관련하여 알게 된 강제퇴거대상자 또는 출입국사범이고, 직무수행과 무관하게 우연히 알게 된 경우는 포함하지 않는다. 통보의 시기와 관

---

50) 서울중앙지방법원 2008.3.11. 2008고단113.

련하여 강제퇴거 용의자 또는 출입국사범을 발견한 후 '지체 없이' 통보하도록 하고 있다. '지체 없이'란 시간적 즉시성이 '즉시'보다는 완화된 개념이지만 정당한 또는 합리적인 이유에 기인한 지체는 허용되는 것으로 해석되고, 사정이 허락하는 한 가장 신속하게 하여야 한다는 것을 뜻한다.

③ 직무유기죄

대법원은 직무유기죄에서 말하는 직무란 공무원법상의 본래의 직무 또는 고유한 직무를 말하며, 공무원인 신분관계로 인하여 부수적·파생적으로 발생하는 직무는 여기에 포함되지 않으므로, 형사소송법에 의한 고발의무는 형법 제122조의 직무라 할 수 없다고 판시하고 있다.[51]

○ 출입국관리법 관련 판례

1) 출입국관리사범 훈방관련 직무유기죄 성립 여부 판례

【판결요지】

경찰관이 불법체류자의 신병을 출입국관리사무소에 인계하지 않고 훈방하면서 이들의 인적사항조차 기재해 두지 아니하였다면 직무유기죄가 성립한다고 한 사례.

【이 유】

직무유기죄는 구체적으로 그 직무를 수행하여야 할 작위의무가 있는데도 불구하고 이러한 직무를 버린다는 인식하에 그 작위의무를 수행하지 아니하면 성립하는 것이다.

이 부분 원심판결 이유를 위 법리와 관련 증거에 비추어 살펴보면, 원심이 그 설시의 증거를 종합하여 판시와 같은 출입국관리법령의 규정, 불법체류자 단속업무에 관한 경찰 내부의 업무지시, 경찰공무원의 일반적인 직무상 의무, 위 피고인 자신이 경찰에서 진술하였던 내용 등을 인정한 다음, 수원중부경찰서 (이름 생략)파출소 부소장으로 근무하던 위 피고인이 112 순찰을 하고 있던 공소외 1 경장과 공소외 2 순경에게 "지동시장 내 동북호프에 불법체류자가 있으니 출동하라"는 무전지령을 하여 동인들로 하여금 그곳에 있던 불법체류자들인 공소외 3 등 5명을 (이름 생략)파출소로 연행해 오도록 한 다음, 위 공소외 3 등이 불법체류자임을 알면서도 이들의 신병을 출입국관리사무소에 인계하지 않고 본서인 수원중부경찰서 외사계에 조차도 보고하지 않았을 뿐만 아니라(달리 자진신고하도록 유도한 것도 아니다), 더 나아가 근무일지에 단지 '지동 복개천 꼬치구이집 밀항한 여자 2명과 남자 2명이 있다는 신고 접한 후, 손님 3명, 여자 2명을 조사한

---

51) 대법원 1962.5.2. 4294형상127.

바 꼬치구이 종업원으로 혐의점 없어 귀가시킴'이라고 허위의 사실을 기재하고, 이들이 불법체류자라는 사실은 기재하지도 않은 채 자신이 혼자 소내 근무 중임을 이용하여 이들을 훈방하였으며, 훈방을 함에 있어서도 통상의 절차와 달리 이들의 인적사항조차 기재해 두지 아니한 행위는 직무유기죄에 해당한다고 판단한 것은 정당하고, 거기에 상고이유의 주장과 같이 판결 결과에 영향을 미친 법리오해, 채증법칙 위반, 심리미진, 이유모순 등의 위법이 없다.52)

(4) 불법체류 외국인 업무처리

1) 추진 배경

외국인 근로자에 대한 고용허가제 도입, 제주 무사증 관광객 증가 등 정부의 개방화 정책에 따라 취업 등 목적으로 국내에 입국한 후 불법체류하는 외국인들이 증가하고 있다. 외국인 불법체류자는 2012년 이후 고용허가제 만기 도래자의 불법체류자화 등으로 증가세로 전환되어 2017년에는 251,041명에 이르렀다.

경찰의 불법체류자 업무처리와 관련하여 현행법(출입국관리법)상 권한과 책임의 불일치로 소극적 업무추진이 빈번함에 따라 일선 경찰관의 불법체류자 업무이해 및 처리절차 습득 등 적법절차 준수를 위해 명확하고 구체적인 세부지침이 필요하게 되었다.

불법체류 외국인 현황(2018년 1월)

구분	'14년	'15년	'16년	'17년
불법체류자	208,778	214,168	208,971	251,041

2) 문제점

불법체류자 단속권한은 현행법(출입국관리법)상 출입국공무원만을 단속주체로 규정하여 명문상 경찰의 독자적 단속권한 부재로 인권침해가 우려된다. 모호한 법 규정으로 경찰의 불법체류자 처리업무 시 자칫 형사처벌 및 행정처분을 받을 수 있다는 심적 부담이 가중되고 있어 관련 민원제기 시 해당경찰관은 불법체포감금 또는 직무유기죄로 형사처벌 가능성이 상존하게 되었다.

3) 처리 지침

① 불법체류자 '신병 미확보'의 경우(예, '단순 불법체류자가 있다'는 전화 신고접수 시)

단순 불법체류자 신고사항은 경찰의 '현장조치가 불필요53)한 상황으로, 민원인에게

---

52) 대법원 2008.02.14. 선고 2005도4202 판결.

'경찰신고 대상이 아님'을 알린 후, 법무부 불법체류자 신고센터 및 관할 출입국사무소 또는 정부 민원안내 콜센터로 신고토록 안내한다.54) 민원신고를 접수한 경찰관도 직접 관할 출입국사무소에 신고내용 통보하고 출입국공무원 인적사항(성명, 연락처) 및 통보일시, 내용 등 기재한다.

사례를 보면, '불법체류라고 밝힌 자'로부터 피해관련 고충처리 민원상담 전화를 받은 경우, 체불임금 등 민사문제나 형사문제를 불문하고 불법체류자가 출입국사무소에 자진 방문 시 피해회복 시까지 체류기간을 연장해주고 있음을 고지하고 우선 출입국사무소에서 상담토록 안내한다. 형사문제는 고소장(진정서)을 작성하여 경찰관서에 제출가능함을 고지한다.55)

② 불법체류자 '신병 확보'의 경우(예, 불법체류자가 폭행 등을 하고 있다는 일반 형사사건 관련 신고를 접수하고 현장 출동하여 검거하거나, 형사피의사건 조사 중에 불법체류자임이 확인된 경우), 지구대(파출소)에서는 임의동행 또는 현행범인 체포 등 관련 수사보고서 작성 후 경찰서 담당부서에 신병인계 한다. 담당부서는 ① 형사피의사건은 일반 외국인 범죄와 동일하게 처리하고, ② 사안경미 등으로 불법체류자 신병을 불구속할 경우 검사 지휘받아 출입국사무소에 인계한다.56)

그리고 경찰관이 '불심검문' 등을 통해 불법체류자임을 우연히 확인한 경우, ① 경찰관 직무집행법 제3조에 의거 우선 임의동행하여 처리하며, ② 임의동행에 응하지 않을 경우 불법체류 및 여권·외국인등록증 미소지(출입국관리법 제98조 제2호, 제27조) 등 사유로 현행

---

53) 일선 업무처리 시 112신고 Code 3으로 분류 112신고 Code 분류.
　　Code 1(긴급) : 긴급출동 요건에 해당하는 경우, 인간의 생명·신체·재산을 범죄로부터 보호, 심각한 공공의 위험 제거, 방지 및 지명수배자 등 신속한 범인검거
　　Code 2(비긴급) : Code 1에 해당하지 않으며 경찰의 현장조치 필요한 경우, 교통상 위해 방지 및 기타 공공의 안녕과 질서유지 등
　　Code 3(비출동) : 경찰의 현장조치 필요성이 없는 경우, 명백한 타기관 업무(단순 불법체류자 신고) 등
54) 정부민원 안내 콜센터(국민권익위원회 소속)는 불법체류자 단속관련 민원신고·접수 시 절차에 따라 관할 출입국사무소로 안내한다.
55) 불법체류자 처리관련, 법무부 체류심사과 업무처리 지침
　　불법체류자가 민·형사 피해관련 고충처리를 위해 출입국사무소에 자진 방문 시 즉시 보호조치하지 않고 피해관련 증빙서류 제출기회를 주어 심사 후 피해회복 시까지 체류기간 연장하고 있다. 이때 법무부는 G1 비자를 발급하며 피해회복 후 자진 출국토록 유도한다. 하지만 법무부는 불법체류자가 출입국사무소에 자진 방문한 경우 피해회복 기회를 주고 있으나, 경찰 등 타기관으로부터 인계(경찰서 자진 방문자 포함)된 모든 불법체류자는 피해회복 여부 불문 강제퇴거조치 하고 있다.
56) 수사지휘건의 시, 형사피의사건에 대한 의견 제시와 함께 '피의자는 현재 국내에서의 체류자격이 없는 불법체류자로 강제퇴거키 위해 ○○출입국관리사무소로 신병 인계코자 함' 등 문구 삽입.

범인 체포가 가능하다.

　　단순 불법체류자의 '현행범인 체포' 시 처리절차로, 체포사유(체류기간 만료, 밀입국, 여권·외국인등록증·선원신분증명서 미소지 등)에 해당되면 현행범인 체포 절차에 따라 통상적으로 현행범인 체포와 동일한 절차에 의한다. 절차를 보면,

　　　○ 범죄사실 등 미란다 원칙 고지
　　　○ 지구대(파출소) 인치
　　　○ 현행범인체포서 작성, 확인서 등 징구
　　　○ 피체포자는 관련 서류와 함께 경찰서(외사·보안계 또는 형사계)에 인계
　　　○ 경찰서(담당부서, 외사계 또는 형사계)에서 피체포자 조사 또는 유치장 입감
　　　○ 수사지휘(사건이송 등 신병처리 관련) 건의

　　한편 불법체류자가 피해관련 고충처리 민원상담을 위해 자진해서 경찰관서를 방문하여 본인이 불법체류자라는 사실을 모르는 경우, 임금체불 등 민사문제는 관할 출입국사무소에서 상담토록 안내하고, 사기·폭행 등 형사문제는 경찰서에서 일반 사건과 동일하게 처리한다. 하지만 불법체류자라는 사실을 알게 된 경우는 피해사실 진술청취 후 불법체류사실을 출입국사무소에 통보하고 신병은 출입국사무소에 인계하며, 자진출석한 자를 현행범인 체포하는 것은 수사비례의 원칙에 위반되므로 도망의 염려 없는 한 현행범인 체포는 지양한다.

4) 신병인계 주체

　　불법체류자 신병인계는 경찰과 출입국기관 간 인력·장비 기타 관할구역 등 실정을 감안하여 사안의 성격에 따라 출입국사무소와 협의하여 결정한다.

(5) 불법체류 통보의무 면제제도

1) 도입배경

　　공무원이 강제퇴거대상자를 발견할 경우, 출입국사무소장 등에게 통보하여야 하나 대통령령으로 정하는 사유에 해당되는 때에는 예외로 할 수 있다고 출입국관리법이 개정되었다. 이를 위해 법시행령 제92조의2(통보의무의 면제)[57]를 신설, 해당 기관에서 외국인학생

---

57) 출입국관리법시행령 제92조의2.
　　법 제84조 제1항 단서에서 "대통령령으로 정하는 사유"란 다음 각 호의 어느 하나에 해당하는 사유를 말한다. 1. 「초·중등교육법」 제2조에 따른 학교에서 외국인 학생의 학교생활과 관련하여 신상정보를 알게 된 경우. 2. 「공공보건의료에 관한 법률」 제2조 제2호에 따른 공공보건의료기관에서 담당 공무원이 보건의료활동과 관련하여 환자의 신상정보를 알게 된 경우. 3. 그 밖에

(제1호) 및 환자(제2호)의 신상정보를 알게 된 경우나, 법무부장관이 인정하는 경우(제3호)에는 통보의무를 면제토록 하였다.

2) 통보의무 면제대상은 '통보의무 면제' 공무원으로, 범죄피해자 구조, 인권침해 구제업무를 수행하는 검찰, 경찰(해양경찰 포함), 국가인권위원회 공무원이 그에 속한다. 또한 '통보의무 면제' 업무범위는 검찰, 경찰(해양경찰 포함)공무원으로, 형법상의 범죄, 즉 살인의 죄(제24장), 상해와 폭행의 죄(제25장), 과실치사상의 죄(제26장), 유기와 학대의 죄(제28장), 체포와 감금의 죄(제29장), 협박의 죄(제30장), 약취와 유인의 죄(제31장), 강간과 추행의 죄(제32장), 권리행사를 방해하는 죄(제37장), 절도와 강도의 죄(제38장), 사기와 공갈의 죄(제39장)에 해당하는 범죄와 특별법상의 범죄, 폭력행위 등 처벌에 관한 법률, 성폭력범죄의 처벌 등에 관한 특례법, 교통사고처리 특례법 등 형법상의 범죄가 포함된 특별법상의 범죄이다.

3) 통보의무 면제사항

검찰, 경찰(해양경찰 포함)공무원의 경우 면제대상 범죄의 피해자 구조업무를 수행하는 과정에서 알게 된 범죄피해 외국인의 신상정보와, 국가인권위원회 공무원의 경우 면제대상 인권침해를 구제하는 업무를 수행하는 과정에서 알게 된 인권침해(차별행위 포함)[58] 외국인의 신상정보 등으로, 범죄피해 또는 인권침해나 차별행위를 허위로 신고하는 경우와, 출입국관리법 제84조 제1항 단서에서 정한 '통보로 인하여 그 직무수행 본연의 목적을 달성할 수 없다고 인정되는 경우'가 아닌 경우는 통보의무 면제를 적용하지 않는다.[59] 2017년 한

공무원이 범죄피해자 구조, 인권침해 구제 등 법무부장관이 정하는 업무를 수행하는 과정에서 해당 외국인의 피해구제가 우선적으로 필요하다고 법무부장관이 인정하는 경우('12.10.15 시행)

[58] 국가인권위원회법 제30조 제1항.

다음 각 호의 어느 하나에 해당하는 경우에 인권침해나 차별행위를 당한 사람 또는 그 사실을 알고 있는 사람이나 단체는 위원회에 그 내용을 진정할 수 있다.

1. 국가기관, 지방자치단체, 「초·중등교육법」 제2조, 「고등교육법」 제2조와 그 밖의 다른 법률에 따라 설치된 각급 학교, 「공직자윤리법」 제3조의2 제1항에 따른 공직유관단체 또는 구금·보호시설의 업무 수행(국회의 입법 및 법원·헌법재판소의 재판은 제외한다)과 관련하여 「대한민국헌법」 제10조부터 제22조까지의 규정에서 보장된 인권을 침해당하거나 차별행위를 당한 경우

2. 법인, 단체 또는 사인(私人)으로부터 차별행위를 당한 경우

[59] 출입국관리법 제84조 제1항, 국가나 지방자치단체의 공무원이 그 직무를 수행할 때에 제46조 제1항 각 호의 어느 하나에 해당하는 사람이나 이 법에 위반된다고 인정되는 사람을 발견하면 그 사실을 지체 없이 사무소장·출장소장 또는 외국인보호소장에게 알려야 한다. 다만, 공무원이 통보로 인하여 그 직무수행 본연의 목적을 달성할 수 없다고 인정되는 경우로서 대통령령으로 정하는 사유에 해당되는 때에는 그러하지 아니하다('12.1.26 개정)

출입국관리법시행령 제92조의2, 법 제84조 제1항 단서에서 "대통령령으로 정하는 사유"란 다음

해 동안 2013년 3월부터 시행된 '불법체류자 통보의무 면제 제도'에 따라 불법체류자라는 약점으로 인해 범죄피해신고를 하지 못하던 외국인 근로자 152명을 구제하였다.[60]

제4절 마약범죄 수사

유엔마약범죄사무국(UNODC)은 '2017 세계마약보고서'에서 2015년 기준 세계 성인인 구의 0.6%인 2,950만 명이 약물의존 등 마약문제를 갖고 있으며, 아편성분이 강한 오피오 이드(Opioids)사용자가 70%가량으로, 세계 범죄조직 총 수익의 1/5~1/3이 마약 판매를 통한 수익이라 했고, 특히 인터넷 가상화폐 비트코인을 통해 익명으로 마약을 구매하는 불 법 유통망이 확산되고, 대마초와 코카인, 환각제 등의 거래가 늘고 있다고 발표했다.[61] 국 내의 경우 최근 인터넷 유통망(국제우편·특송화물)과 결합되고 비트코인 등 추적이 쉽지 않은 수단이 더해지면서 마약류 밀반입의 차단과 판매사범 검거를 통한 공급차단의 중요성 이 더욱 증가하고 있다.

각 호의 어느 하나에 해당하는 사유를 말한다. 1. 「초·중등교육법」 제2조에 따른 학교에서 외국 인 학생의 학교생활과 관련하여 신상정보를 알게 된 경우, 2. 「공공보건의료에 관한 법률」 제2 조 제2호에 따른 공공보건의료기관에서 담당 공무원이 보건의료활동과 관련하여 환자의 신상정 보를 알게 된 경우3. 그 밖에 공무원이 범죄피해자 구조, 인권침해 구제 등 법무부장관이 정하 는 업무를 수행하는 과정에서 해당 외국인의 피해구제가 우선적으로 필요하다고 법무부장관이 인정하는 경우('12.10.15 시행)

국가인권위원회법 제30조 제1항 다음 각 호의 어느 하나에 해당하는 경우에 인권침해나 차별행 위를 당한 사람 또는 그 사실을 알고 있는 사람이나 단체는 위원회에 그 내용을 진정할 수 있다. 1. 국가기관, 지방자치단체, 「초·중등교육법」 제2조, 「고등교육법」 제2조와 그 밖의 다른 법률에 따라 설치된 각급 학교, 「공직자윤리법」 제3조의2 제1항에 따른 공직유관단체 또는 구금·보호시 설의 업무 수행(국회의 입법 및 법원·헌법재판소의 재판은 제외한다)과 관련하여 「대한민국헌법」 제10조부터 제22조까지의 규정에서 보장된 인권을 침해당하거나 차별행위를 당한 경우, 2. 법인, 단체 또는 사인(私人)으로부터 차별행위를 당한 경우 등이다.

60) 경찰청, 경찰백서(2018).
   주요 불법체류 외국인 피해구제 사례
   1) '17년 3월, 울산·경북에서 태국여성들의 여권을 빼앗고 불특정 남성 대상으로 성매매를 강요 하여 3.500만 원을 갈취한 피의자 10명 검거 및 피해여성 7명 구제(경북청),
   2) '17년 9월, 우즈베키스탄 불법체류자에게 수수료를 지불하면 외국에 있는 아들을 불법입국 시켜주겠다며 속여 115만 원을 편취한 내국인 피의자 1명 검거(대구청).
61) 세계 마약인구(2017년 UNODC 통계)

연도별 국내 마약류사범 종류별 검거 현황

구분	10년	11년	12년	13년	14년	15년	16년	17년
계	5,882	5,477	5,105	5,459	5,699	7,302	8,853	8,887
마약	907	660	501	596	578	1,023	1,332	1,316
대마	1306	819	673	665	700	723	913	1,044
향정	3,669	3,998	3,931	4,198	4,421	5,556	6,608	6,527

출처: 경찰청 경찰백서(2018).

(1) 마약인구

세계인구 64억 명 가운데 경제활동 연령인 15~64세 인구는 42억 명이다. 이 중 연 1회 마약사용자는 2억 명(4.8%), 월 1회 마약사용자는 1억 1,200만 명(2.6%), 상습중독자는 2,500만 명(0.6%)이다. 그 중 대마 남용자가 1억 6,000만 명으로 가장 많고, 암페타민류 각성제(ATS) 남용자 3,400만 명(암페타민류 2,500만 명, 엑스터시 900만 명), 아편 남용자 1,600만 명(이중 헤로인 1,100만 명), 코카인 남용자 1,400만 명이며, 지역별로 코카인류는 미주지역, 엑스터시는 북미·유럽·호주 등지에서, 메스암페타민은 동남아시아, 극동지역 및 북미지역, 아편 및 헤로인은 중국에서 특히 남용된다. 지난 10년 간 추세를 보면, 대마 및 ATS[62] 남용은 증가한 반면 아편과 코카인 남용은 상대적으로 안정적이거나 감소했고, ATS의 경우 2003년 이후 안정화 추세였으나 극동아시아 및 동남아시아 지역의 남용 확산으로 다시 증가하고 있다.

(2) 마약거래 대금

세계 마약대금은 약 3,200억 달러(한화 6,400조원 상당)로 석유거래 대금 다음으로 많으며, 그 뒤를 이어 담배, 맥주, 와인, 커피 순이다. 그 중 헤로인 거래대금은 570억 달러(한화 1,400조 원 상당), 아편 밀·경작(20억 달러), 마약조직·테러조직 등(390억 달러), 중간판매상(110억 달러), 기타(50억 달러)이며, 코카인은 전체 마약대금의 1/4 정도 차지(800억 달러)한다.

(3) 범죄조직과 연관성

각국 정부기관이 마약과 원료물질 등을 효과적으로 통제할수록 마약공급이 줄어 마약가격이 상승하고, 생산가와 소비가의 차이가 커져 그 만큼 마약거래에 따른 수익이 커진다.

---

62) 암페타민류 각성제(Amphetamine Type Stimulants: ATS)를 말함.

이에 세계적으로 흑사회, 마피아, 야쿠자 등 국제범죄조직들이 마약밀매 장악을 위해 치열한 경쟁이 벌어지고, 엄청난 수익으로 권력(정치인 매수, 부패 등)을 가지게 되는 악영향이 계속 발생하고 있다.

(4) 국내 마약범죄의 지속적 증가

국내 전체 범죄 발생건수에서 차지하는 비중이 크지 않지만 마약류의 소비와 공급이 증가하면서 마약범죄의 발생건수 역시 지속적이고 빠른 속도로 증가하는 추세에 있다. 마약류로 분류되는 마약과 대마, 향정신성 의약품 모두 그 사용자가 꾸준히 증가하고 있으며, 이러한 수요의 증가와 함께 마약류를 공급하는 공급책도 증가하고 있다. 이들은 주로 인터넷 커뮤니티나 소셜네트워크(SNS) 등 다양한 경로를 통해 마약을 공급하고 있으며 이러한 추세는 당분간 이어질 것이다.

마약범죄의 발생 추이

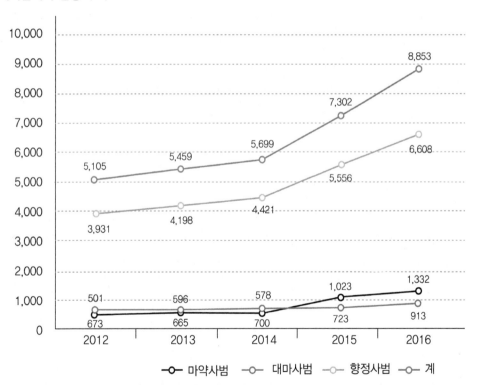

특히 향정신성 의약품은 마약류 범죄에서 가장 큰 비중을 차지하고 있는데, 알약 형태로 대량 유통이 되는 등 마약류 확산의 주요 원인이 되고 있다. 처벌이 무거운 마약사범의

경우 2017년 증가세가 다소 약화되었지만, 향정사범의 경우 그 처벌이 비교적 가볍기 때문에 증가가 더욱 가속화되고 있다. 일부 향정신성 의약품의 경우 '살 빼는 약'으로 알려져 있어 많은 여성들이 사용하거나, '데이트 강간 약(date－rape drug)'으로도 알려지면서 유흥업소 및 클럽 등지에서 사용이 증가하고 있다. 이들 마약류의 경우 가격이 저렴하고 마약이라는 거부감이 적어 확산 속도가 빠르며, 향후 더 강도 높은 마약으로의 수요가 증가할 가능성이 있어 방지 대책이 시급하다.

1. 마약류의 정의 및 분류

(1) 마약의 정의

마약(Narcotics)이란 무감각을 의미하는 그리스어 'Narkotikos'에서 유래된 것으로, 수면 및 혼미를 야기하여 통증을 완화시키는 물질을 말한다. 종래 '마약'이라는 용어는 좁은 의미의 마약, 향정신성의약품, 대마를 총괄하는 의미로 혼용되어 왔으나 최근에는 이들을 총칭하는 표현으로 '마약류'라는 용어를 사용하고 있다.

(2) 마약의 종류

1) 마약
① 천연마약 : 양귀비(앵속) → 아편 → 모르핀 등
② 코카엽 : 코카인, 크랙
③ 한외마약(限外麻藥) : 코데솔, 코데날, 코데잘, 유코데 등
④ 합성마약 : ① 페치딘계, ② 메사돈계, ③ 모르피난계 등
⑤ 반합성 마약 : 헤로인, 히드로폰, 옥시포돈 등

2) 향정신성의약품
① 각성제 : 메스암페타민(필로폰), MDMA(엑스터시) 등
② 환각제 : L.S.D 등
③ 억제제(안정제) : 바르비탈염제류 등

3) 대마
① 대마초(마리화나)
② 대마수지(해쉬쉬, 해쉬쉬오일)

(3) 주요 마약류

1) 마약

① 양귀비(앵속)

앵속, 약 담배, 아편꽃 등으로 불리는 양귀비는 온대 및 아열대 기후에서 자라는 양귀비속 1년생 식물이며 기원전 300년 경부터 지중해 연안지역에서 재배되기 시작하여 오늘날 미얀마, 라오스, 태국의 접경지역인 소위 황금의 삼각지대와, 아프카니스탄, 파키스탄, 이란의 접경지역인 황금의 초생달 지역에서 대량 재배되는 등 거의 전 세계에서 재배되고, 그 종류는 여러 가지가 있으나 법적으로 재배를 금지하고 있는 식물은 파파베르 솜니페룸 L종과, 세티게름 DC종 등이다.

② 아편

아편은 산지에 따라 다르나 보통 10%의 모르핀, 약 0.5%의 코데인, 약 1.0%의 파파베린 등 30여 종의 마약성 또는 비마약성 알카로이드를 포함하고 있어 의약품 등의 원료로 활용되고 있다. 아편은 성장 중인 설익은 앵속(양귀비)의 열매(미숙과실)에 상처를 내어 여기서 흘러내리는 우유 빛 추출액을 60도 이하에서 건조시킨 암갈색 덩어리를 가공하지 않은 것을 생아편이라 하고, 이 생아편을 가루로 만들어 모르핀 함유량을 10%로 조절한 것을 아편 말이라 하는 갈색의 가루로, 특이한 냄새가 나고 맛은 매우 쓰다. 아편은 의약용으로 사용되고 있으나 중독성이 강한 아편의 남용이 계속되면 얼굴이 창백해지고, 매우 신경질적으로 변하며, 식욕과 성욕을 상실하고 메스꺼움, 구토, 변비, 홍조, 동공축소, 호흡장애 등의 부작용도 유발되며, 통상적으로 아편의 약효가 사라진 후 72시간이 가장 고통을 느끼는 시간대이다.

③ 모르핀

양질의 아편은 9~14%의 모르핀 무수물을 함유하는데 1805년 독일의 약제사 F.W.A 제르튀르너가 아편에서 추출하는데 성공하여 백색 침상 또는 결정성 분말로, 광선을 받으면 황색으로 변하기 때문에 밀폐용기에 보존하고 냄새는 없으나 맛은 쓰다. 모르핀은 주로 의료용으로 사용하나 남용 시에는 정신적·신체적 의존성을 유발하며 사용중단 때에는 심한 금단 증상을 일으킨다. 모르핀은 헤로인(heroine)의 주원료로, 모르핀에 중독될 경우 하루 3회 정도 투약하는데 1회 투약시 10~20mg 정도이나 중독 상태에 따라 하루에 120mg 까지도 투약하며, 한번에 200mg 이상 투약하면 호흡장애를 일으켜 사망하기도 한다.

④ 헤로인

헤로인은 1898년에 진통제로 사용되었으나 심각한 중독성으로 인해 의료용으로는 사용되지 않으나 세계적으로 가장 남용되고 있는 마약류 중 하나이다. 특히 중국 내 마약류 사범의 80% 이상이 헤로인으로 보고되고 있으며, 이러한 헤로인은 긴장, 분노, 공포를 억제하여 행복감과 도취감을 주는 중추신경 억제제로서 모르핀과 유사하나 그 중독성은 모르핀의 10배에 달하며 백색 분말로 물이나 알코올에 잘 녹고 맛이 쓴 것이 특징이다.

⑤ **코카인**

코카인은 중남미 즉 페루, 볼리비아, 콜롬비아 등지의 안데스 산맥 고지대에서 자생되거나 재배되는 코카나무 잎에서 추출한 알카로이드로서 평균 0.5~1.0%의 코카알카로이드가 포함되어 있어 세계적으로 가장 문제가 되는 마약이다. 코카인은 약효가 빠르게 나타나고 강력한 도취감을 일으키는 중추신경흥분제로서 벌레가 피부에 기어 다니는 느낌의 환각도 일어나며, 과도한 양을 흡입하면 맥박이 빨라지고 호흡이 불규칙하며 발열과 경련이 일어나면서 심하면 호흡곤란으로 사망하기도 한다. 코카인은 쓴맛과 강한 국소마취를 일으키는 백색 분말로 코로 들이마시거나 주사를 하며 직접 코카잎을 씹거나 코카페이스트를 흡연하기도 한다. 그리고 크랙(crack)은 코카인을 화학적으로 처리한 백색 결정체로서 코카인보다 약효가 강하고 중독성이 높아 유리관에 넣어 가열하여 기체화해서 흡입하며 가격이 저렴하여 미국뿐 아니라 캐나다, 유럽에 확산되고 있다.

2) 향정신성의약품

① **메스암페타민(필로폰, philophone)**

메스암페타민은 중추신경을 자극하는 각성제로 냄새가 없는 무색 결정 또는 백색 결정성 분말로 우리나라 약물남용에 대한 문제에서도 가장 심각하게 등장하고 있다. 메스암페타민은 주로 정맥이나 피하주사로 투여되지만 간혹 경구, 흡연으로 사용되기도 한다. 남용자들은 이 약물의 염산염 형태를 10~30mg 정도를 물에 용해시켜 정맥 주사를 하는데 심한 경우는 2~3시간마다 500~1000mg을 주사하기도 한다. 메스암페타민은 24시간 이내에 복용량의 44%가 변화되지 않고 배설되며, 생체 내 대사과정을 거쳐 대사체로서 암페타민이 6~20%, 수산화메스암페타민은 10% 정도가 배설된다. 복용량, 복용방법, 남용 정도, 소변의 액성 및 개인의 체질 등에 따라 차이가 있을 수 있지만, 일반적으로 투여 후 약 20분 후부터 소변으로 배설되기 시작하여 24시간 이내에 복용량의 37% 그리고 3~4일 만에 약 70~90%가 배설되며, 사람에 따라 차이는 있지만 3~4일이 경과되면 소변에서 메스암페타민이 검출되기는 어렵다고 볼 수 있으나 상습 남용자의 경우 10일 후에도 소변에서 검출되는 예도 있다.

② **LSD**

밀이나 다른 곡식에서 자라는 균에서 추출한 성분으로 반 합성된 약물로서 무미, 무취, 무색이다. 주로 각설탕, 껌, 과자, 압지, 우표 뒷면에 LSD용액을 흡착시켜 사용하기도 하고 정제, 캡슐, 액체 등 다양한 방법으로 유통되기도 한다. 극소량인 25mg(먼지 1입자 크기)만 투약해도 4∼12시간 동안 환각증상을 보이며, 염색체 이상까지 초래할 수 있는 치명적인 약물이다. 종이에 흡착하여 사용하는 등 사용방법이 간편하고 1조각에 2만 원 정도로 상대적으로 가격이 저렴하여 신세대 사이에 급속하게 확산될 우려가 있는 약품이다.

③ MDMA(Methylendioxy Methamphetamine)

엑스터시 MDMA는 1914년 독일에서 식욕감퇴제로 최초 개발된 이래 강력한 환각성분으로 인한 뇌손상 유발 등 심각한 부작용으로 유통이 금지되었으나 1980년 이후 정제형태로 유통되고 있으며 복용 시 자기몰두, 평안감 등을 갖게 되고 환각을 일으키며 신체접촉욕구가 강하게 일어나 10대 청소년들 사이에 '포옹마약'이라고 불리 우며, 외국의 경우 댄스파티, 사교클럽 등에서 많이 사용되어 '클럽마약'이라고도 불리 운다. 약리작용으로는 복용 후 20∼60분 정도 지나면 입이 마르고 동공이 확대되는 등 극적인 흥분감을 경험하며, 약효는 3∼4시간 지속하고 과다복용 시 불안, 초조, 환각, 환청, 구토, 혈압상승 등 부작용이 심각하며, 심할 경우 심장마비로 사망하는 경우도 있다. 일명 엑스터시, XTC, 아담, 도리도리 등으로 불리우기도 하고 형태는 여러 가지이다.

④ YABA(정제형 필로폰)

야바는 주로 태국 등지에서 생산되어 유통되는 메스암페타민 제제를 일컬으며 정제형태로 백색, 오렌지색, 황색, 보라색, 갈색, 검은색, 녹색 등 다양한 색상과 로고가 표시되어 있다. 대부분의 야바제제는 메스암페타민과 카페인을 포함하고 있으나 어떤 제제에는 데오필린, 코데인, 헤로인 등을 함유하고 있고 복용 시 힘이 솟고 발기에 좋은 마약으로 알려져 있다.

⑤ GHB(Gamma-hydroxybutyrate)

신종 마약류로서 2001년 3월 20일 개최된 제44차 유엔 마약위원회(CND)에서 향정마약으로 규정된 물질로 우리나라는 2001년 12월 19일 마약류관리에관한법률시행령에 포함시키면서 마약류로 규정되었다. 무색무취로 소다수 등 음료에 타서 복용하여 '물 같은 히로뽕'이라는 뜻으로 일명 '물뽕'으로 호칭되는데, 미국, 캐나다, 유럽 등지에서 성범죄용으로 악용되어 데이트강간약물(Date Rape Drug)로도 불린다. 이는 짠맛이 나는 액체로, 근육강화 호르몬 분비효과(초기: 건강보조식품)가 있어 외부저항능력 상실과 기억소실 그리고 강력한 흥분작용으로 성폭력을 유발하기도 한다. 1회 사용시 20㎖ 음료 술에 혼합사용하며, 사용 후 15분 후에 효과가 발현되며 3시간 지속된다. 주로 미군부대 주변 나이트클럽에서 유통되며 정제형이나 분말형태의 마약류와 달리 음료나 술에 섞어 무색투명한 형태로 남용되고 있어 일반인들에게는 마약류로 식별되기 어려울 뿐 아니라 물질 속성상 24시간 이내에 인체에서 빠져 나가기 때문에 사후 추적도 불가능하다. 최근 인터넷보급 확산과 택배 망 발전에 편승하여 국제 마약조직들이 합법상품으로 위장하여 국제우편 등을 이용하여 초국 가적으로 밀거래하고 있고, 일부 네티즌 가운데 인터넷을 통해 제조공법까지 익히고 있다.

⑥ 디아제팜(Diazepam) · 로라제팜(Lorazepam)

바리움(디아제팜), 아티반(로라제팜) 등으로 알려진 신경안정제로, 수면제 · 근육이완제로 치료용량에 따라 장기간 복용하면 중독증상이 나타나고 다량으로 복용 시 졸림, 무기력, 혼수상태가 된다. 약효가 태반을 통과하기 때문에 태아에 치명상을 줄 수 있고, 복용을 중단하면 불안, 불면, 동요, 두통, 오심, 구토 등의 금단증상이 나타난다.

⑦ 러미나, S정

원래 일반약품으로 남용되기 시작한 진해거담제 덱스트로메토르판(러미라), 근육이완 제인 카리소프로돌(S-정) 등은 오남용 우려 의약품으로 분류하여 법적으로 판매에 제한을 두고 있었으나 오남용이 심각하여 2003년 10월부터 향정신성의약품으로 엄격히 규제하고 있다. 이들 약품들은 의사의 처방전이 있으면 약국에서 쉽게 구입할 수 있고 약한 중추신경 억제작용이 있으며, 약리작용은 코데인과 유사하며 도취감 혹은 환각작용을 맛보기 위해 사용량의 수십 배에 해당하는 20~100정을 남용하는데, 과량 복용 시 횡설수설하고 정신장애 · 호흡억제 및 혼수에 이르러 사망하기도 한다. 러미나의 경우 최근 청소년들이 소주에 타서 마시면서 일명 '정글쥬스'라고 부르기도 한다.

3) 대마

① 대마초

대마(大麻), 마(麻)라고도 불리는 삼은 칸나비스속 1년생으로 중앙아시아 파미르 고원이 원산지이며 중국, 북아프리카, 중남미 등 광범위한 지역에서 재배되어 왔다. 대마 줄기의 섬유는 삼베나 그물을 짜는 원료로 쓰이고 열매는 한방약재나 채유용으로 그리고 잎과 꽃은 흡연용 즉 대마초로 사용되어 왔다. 대마초의 성분중 주로 도취, 환각 작용을 나타내는 유효성분은 THC로 불리는 테트라하이드로칸나비롤(THC)이며, 대마엽 중 THC의 함량은 5%까지도 이르나 보통은 2~3% 범위이고, 남용하면 공중에 뜨는 느낌과 빠른 감정의 변화 및 집중력의 상실, 자아상실, 환각, 환청 등을 나타낸다. 대마가 위험한 것은 환각상태에서 범죄를 저지르거나 보다 강력한 약효의 다른 마약류로의 사용을 전이할 가능성이 크기 때문이다.

② 대마수지(해쉬쉬 · 해쉬쉬 오일)

대마초로부터 추출된 대마수지를 건조시키고 압착시켜 여러 가지 형태로 제조한 것으로 갈색, 연갈색, 암갈색, 흑색의 덩어리이다. 10%의 THC를 함유하여 대마초보다 8~10배 가량 작용이 강하며, 약 1kg의 해쉬쉬를 제조하기 위해서는 약 30kg의 대마초를 처리해야 한다. 해쉬쉬 오일은 대마를 증류공정 등 반복적인 과정을 거쳐 고도로 농축하여 추출하기 때문에 THC 함량이 20%에 이르는 물질이다.

국내 체류 외국인 마약범죄 추이(2013~2017.9)

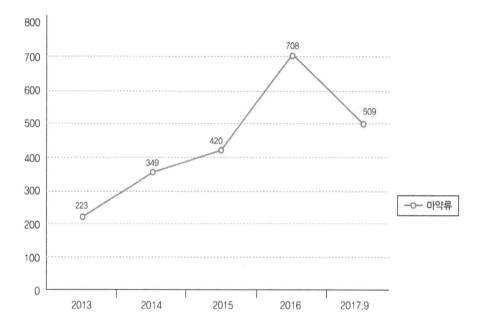

출처: 치안연구소 치안정책전망(2018).

2. 마약조직 수사기법

(1) 상선추적 수사

1) 상선(上線)의 정의

마약류범죄는 범죄양상이 은밀하게 이루어지고 있고 마약류를 수요자에게 공급하는 루트가 점조직화되어 있어 수사에 어려움이 있다. 일반적으로 필로폰의 경우 중국, 필리핀 등지에서 국제소화물 속에 은닉되어 반입되는데 유통경로를 보면 ① 밀반입자 → ② 운반 자 → ③ 도매자(판매책) → ④ 소매자(알선책) → ⑤ 투약자 등 크게 다섯 가지 분류로 구분된다. 이러한 밀매 유통경로 중에서 투약자를 제외한 유통선상에 있는 자들을 상선이라고한다. 결국, 상선이란 마약류를 사용·투약하도록 제공한 자, 판매한 자(도매자·소매자 등),

운반자, 밀반입한 자 등이 모두 포함되는 개념으로, 마약류사범 검거시 단일사건으로 수사 종결 하는 것이 아니라 피의자에 대해 회유·설득 등 합법적인 수단으로 수사 정보를 획득 하여 위장거래 등을 통하여 관련 사범을 일망타진하는 것을 말한다.[63]

2) 상선추적 수사의 필요성

수사기관의 마약류수사는 일제 단속기간을 통해 실적경쟁으로 단속건수나 검거인원으로 늘리기 위한 양적 수사를 한 측면도 있다. 미국 등 일부유럽 국가는 투약자는 피해자로 간주하여 처벌보다는 치료 중심 쪽으로 유도하고, 제조·공급사범에 대한 처벌을 강화하고 있는 추세이다. 우리 수사기관에서도 마약류범죄 확산 방지를 위해 밀반입사범, 제조사범 등 공급사범위주로 수사를 진행하여 상선추적 수사를 하여야 한다.

(2) 상선추적 수사 기법

1) 치밀한 기초수사 및 수사계획 수립

마약사범은 전과자일 가능성이 높은 만큼 과거 교도소에 수감되었을 당시 수감동료로 부터 새로운 범죄기법 등을 배우고 또한 출소 후 상호 간에 범죄와 연관되어 있을 경우가 많으므로 대상자와 당시 같이 수감된 자에 대한 자료를 미리 받아 둘 필요가 있고, 필요시 에는 대상자의 면회기록을 복사하여 관련 인적자료를 확보하여 추적을 실시한다.

그리고 내국인 또는 국내 체류 외국인이 중국 및 필리핀 등 동남아 지역 마약조직과 연계하여 국내에 마약을 밀반입하여 공급하는 경우가 많으므로 관련 기능과 협조하여 대상 자의 출입국 현황을 분석하고 필요한 경우에는 인근 좌석 동승자에 대한 인적사항도 확인 한다. 또한 마약류사범은 경찰의 추적에 대비하여 극히 신중하고 신분위장을 통해 범행하 므로 중간단계에서의 섣부른 범인체포 시도는 오히려 수사노출로 이어져 상선이 증거를 은 폐하고 잠적해버려 수사가 실패하는 경우가 많다. 따라서 마약류사범 수사는 장시간 소요

---

63) 용어정의
  - ○ 공급책이란 제조책, 밀반입책, 판매총책, 지역판매책, 중간판매책, 알선책 등을 포함하는 개념 이다.
  - ○ 제조책이란 국내에서 마약류를 불법으로 제조하는 자,
  - ○ 밀반입책이란 해외로부터 마약류를 불법으로 밀수입하는 자,
  - ○ 판매총책이란 마약류를 불법으로 구입하여 지역판매책, 중간판매책 등 판매책에게 배분하는 등 마약류 밀매에 있어 핵심적인 역할을 하는 자,
  - ○ 지역판매책이란 시(광역시 이상), 도 또는 시, 군, 구 등 일정지역을 거점으로 마약류를 불법 으로 밀매하는 자,
  - ○ 중간판매책이란 마약류를 불법적으로 투약하는 자에게 직접 밀매·알선·교부 등의 행위를 하 는 자,
  - ○ 투약자란 마약류를 불법적으로 남용하는 자를 말한다.

되는 특징이 있으므로 수사관의 끈질긴 인내심과 마약류범죄 영상시스템 등 각종 조회시스템을 활용한 기초정보를 바탕으로 치밀한 추적검거 계획을 수립해야 한다.

2) 투약 피의자 수사

검거된 피의자를 통하여 상선에 관한 정보를 얻어 검거하는 것이 시간과 인력이 적게 소요되는 가장 효율적인 검거 방법이다. 피의자의 자백, 증거물(거래통장, 전화통화내역 등), 피의자의 가족, 친구의 진술 등을 참고하여 수사관이 종합적으로 판단하여야 한다.

① 피의자의 자백

수사관은 피의자를 설득하고 회유하여 자백을 받아낼 수 있는 경찰관이 조사를 담당하여야 하며, 피의자의 자백을 통해 상선추적을 할 수 있는 기술과 역량을 갖추어야 한다. 따라서 논리적으로 설득하여 공범이나 상선을 검거했을 경우 피의자에게 주어지는 혜택과 마약의 폐해를 납득시켜 마약으로부터 벗어나야 되는 이유에 대하여 설명해야 한다. 만약 피의자가 자백을 한다면 자백한 사실은 비밀로 공범이나 상선에게 누설되지 않도록 배려한다. 마약류사범을 검거하였을 경우 마약전과가 있는 피의자의 경우 가장 먼저 하는 제안이 "몇 명을 검거토록 수사협조하면 자신을 풀어 주겠느냐"이다. 이때 조심해야 할 것은 피의자가 주변 공범들이나 상선을 검거하도록 도와주었더라도 피의자의 양형에 대해서 섣부른 약속을 하거나, 피의자의 범행을 묵인해서는 안 되며, 다만 피의자의 범죄협조 공적에 대한 수사보고 형식으로 대처하여 재판단계에서 정상참작되도록 유도하는 지혜가 필요하다. 그리고 피의자의 자백을 받아내기 위해서는 조용한 조사공간이 반드시 필요하며, 자백은 피의자의 마음을 읽고 그 마음을 움직여야만 가능하므로 어수선한 공간에서 이 사람 저 사람이 한마디씩 던진다면 자백을 받을 수 없다. 만약 소지·판매정보 등 중대한 마약관련 정보를 알고 있는 피의자의 자백을 받지 못했을 경우 수사 미진이라는 결과를 가져오게 된다.

② 가족 등의 협조

대부분의 피의자 가족들은 협조적이기에 체포된 사실을 알린 후 공범을 검거하는데 협조하는 것이 형량에 절대적인 영향을 준다는 점과, 마약의 폐해에 대해 설명하고 협조를 받는 것이 효과적이다. 또한 가족은 피의자가 평소 누구와 가깝게 지내고 있으며, 주거지 내 어느 곳에 무엇을 감추고 있는지에 대하여도 잘 알고 있는 경우가 많으므로 이런 점을 최대한 활용한다.

3) 압수물 등 수사

① 통장 입·출금 수사

거래계좌 분석수사는 상당한 시간이 소요되고 피의자들이 주로 차명계좌를 이용하기 때문에 실제 사용자를 파악하기가 어렵지만, 현재 마약류 거래의 추세를 보면 무통장입금 등 계좌를 통한 거래가 활발히 이루어지고 있어 이에 대한 수사가 필요하다. 계좌추적은 마약구입 금액 확인과 관련자금 흐름을 추적하거나 범죄사실 구증에 중요한 단서가 되고, 마약류 불법수익금 환수에 있어서 반드시 파악되어야 할 요소이다. 그러나 최근 들어 거래 대금을 은행계좌를 통해 송금하기보다는 현금자체를 우편물 또는 고속버스를 이용하여 보내는 경우가 많으므로 그에 대한 대비가 필요하고, 계좌추적에서 거래내역이 없다는 이유로 수사선상에서 배제시켜서는 안 된다.

② 핸드폰 추적수사

마약류피의자 검거시 현장에서 취해야 할 조치로서 첫째, 피의자의 핸드폰에서 공범간 비상 연락망 차단과 전화번호 수첩 등을 확보하는 것이 중요하다. 핸드폰 수사는 통신수사의 핵심을 차지하고 있으며, 피의자가 최소 약 3개월 간 사용한 전화사용 내역서를 통신회사에 의뢰하여 확보하고, 핸드폰 전화기에 입력되어있는 수신번호, 발신번호를 확인한 후 의심이 가는 전화번호에 대하여 그 가입자 성명·주소 등 인적사항을 확인한 후 전과조회 결과 등을 보고 공범 여부를 판단한다. 또한 그들의 통화내역을 분석해 서로 통신한 중요 자료를 정리하여 수사에 활용해야 한다.

③ 인터넷 추적수사

인터넷은 각종 사이트 로그기록, 이 메일 압수수색 등 피의자가 인터넷을 이용하여 마약을 거래했을 가능성이 있기 때문에 공범관계 등에 대한 추적수사가 필요하다.

④ 우편·택배수사

최근 들어 마약류를 운반·이동하는 수단으로 우편이나 택배를 많이 이용하고 있어 피의자의 전화번호 통화내역을 분석하여 그 중 택배회사 등이 발견되면 그 번호를 역 발신 추적하여 피의자가 택배회사에 전화를 걸어 주문을 한 시간과 일치되는 번호를 추적하여 검거한다.

4) 상선 검거유형

검거된 피의자로 하여금 상선을 전화유인하거나, 마약류를 소지한 상선이 정보원 수사차량에 탑승하거나, 상선이 정보원을 거래 현장으로 유인하거나, 상선 용의차량 추적 주행 중 노상에서 검거한다.

3. 국제마약밀매조직 검거 사례

【다국적 헤로인·아편 밀매조직 검거】

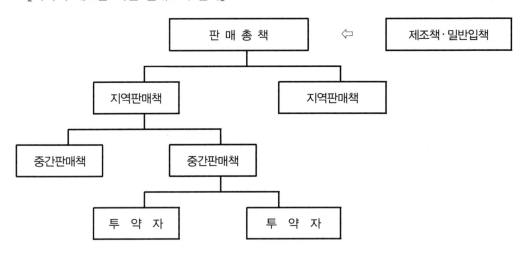

(1) 사건 개요

러시아, 이란 등에서 항공택배, 보따리상 등을 통하여 다량의 헤로인, 아편을 밀반입하여 서울 이태원, 경기 안산, 화성 등지에 거주하는 외국인을 상대로 헤로인 및 아편을 밀매한 판매총책과 이들로부터 마약을 구입·알선하고, 투약·흡입한 러시아, 우즈베키스탄 등 외국인 총 19명 검거(불법체류자 11명)한 사례로, 다국적 헤로인 밀매조직인 아스칼 헤이다리 키바즈(이란, 일명: 데이빗) 등이 국내 체류 중 외국 마약조직과 연계하여 키르키스스탄, 우즈벡키스탄, 이란 등지에서 항공 특송 및 보따리상 등을 통하여 헤로인, 아편, 대마초 등 다량의 마약을 밀반입하여 판매하고 투약한다는 내용의 첩보를 입수하여 국가정보원 국제범죄수사팀과 공조수사에 착수했다.

(2) 자료수집 및 내사착수

1) 키르기스스탄 마약조직

경기 안산에 거주하는 성명불상의 밀반입 총책 키르기즈스탄인(25세 가량)이 키르기스스탄을 오가는 산업연수생 등을 통해 부직포에 흡착된 헤로인을 밀반입하여 마마토프 나브로즈벡, 투르손바이 등 판매책을 통해 경기 안산, 화성 등지에 체류 중인 러시아, 중앙아시아인 등에게 현금, 귀금속, 컴퓨터, 핸드폰 등을 물물교환 형식으로 판매[64]한다는 첩보를 입수

---

64) 판매방법을 보면, 헤로인이 흡착된 A4용지 크기의 부직포를 1cm×2cm 크기로 잘라 140매에 5만 원을 받고 판매했다.

하였다.

2) 우즈베키스탄 마약조직

우즈베키스탄 국적의 알렉산더(총책, 일명 샤샤)가 항공 특송을 통해 헤로인을 밀반입하여 내연녀 올가를 판매책으로 삼아 경기 안산에 체류 중인 외국인 등에게 g당 20만 원을 받고 판매한다는 첩보를 입수하였다.

3) 이란 마약조직

국내 10년 넘게 체류하면서 한국어에 능통하고 러시아계 우즈베키스탄 국적의 여자와 동거 중인 이란 국적의 불법체류자(일명, 데이비드)가 이란에서 다량의 아편을 밀반입하여 같이 동거하는 이란인 미키를 판매책으로 삼아 생활하면서 수도권에 거주하는 외국인 등에게 g당 5~6만 원에 판매하고 있다는 등 수도권을 중심으로 외국인 노동자들을 대상으로 마약을 밀매하여 판매하고 있다는 마약밀매조직이 있음을 밝혀내고 수사에 착수했다.

(3) 수사착수 및 검거

각 조직의 총책은 모두 불법체류자로 평소 가명을 사용하고 있어 정확한 인적사항 및 소재에 대한 정보가 부족하여 중간 판매책인 키르기스스탄 국적 마마토프 나브로즈벡, 카자흐스탄 국적의 카디르 등의 인적사항을 먼저 파악 후 수사를 착수하였다.

중간판매책인 마마토프 나브로즈벡(러시아人)의 소재 파악한바, 만성 간질환으로 인하여 안산 소재 ○○병원에 입원 치료 중이며, 병원에서도 계속 헤로인을 투약·판매한다는 첩보 입수하고 나브로즈벡과 같은 병실에 수사관이 위장 입원하여 나브로즈벡과 내연녀 및 마약 매수자 등 동향을 파악한 다음, 퇴원 후 귀가하는 나브로즈벡을 미행·잠복하여 마마토프 나브로즈벡, 우마르카노브 카디르, 말코브 아르띠움, 쿨레쇼브 안드레이, 쿠락 이리나 등 조직원을 검거했다. 당시 마마토프 나브로즈벡은 AIDS 양성 확진으로 내연녀 2명 감염 가능성이 있었다.

그리고 러시아 국적의 중간 판매책 소아르툴이 "서울 이태원에 거주하는 이란인 '데이비드'로부터 아편과 헤로인을 구입하여 투약하였으며, 서울 용산 보광동에 거주 한다"는 진술 확보하고 2004년 9월경 서울 노원경찰서에 아편·헤쉬쉬 투약 혐의로 체포되어 추방된 이란 국적의 아스칼 헤이다리 키바즈(이란人 총책)가 프랑스 여권을 이용하여 2005년 10월에 밀입국하였음을 확인하고 사용 중인 휴대전화번호 파악 및 통화내역 분석과 실시간 위치추적 및 위장거래로 유인하여 검거했다. 하지만 이란 판매총책 데이비드에게 아편을 구입한 러시아 국적 이리나 검거과정에서 동거남 김○은을 함께 검거하였고, 김○은 등 다수 피의자들이 '샤샤'라는 러시아 총책에게 헤로인을 구입하였다는 진술을 확보하고 헤로인 판매총책 '샤샤'를 추적하였다. 이렇게 하여 2010년 1월부터 3월까지 이란, 러시아, 키르기스스탄, 카자흐스탄 국적 등 외국인 마약밀매조직 및 투약자 등 총 19명을 검거(구속 15명, 불구속 4명)하였고, 아스칼 헤이다리 키바즈(이란)로부터 아편 47.85그램, 마마토프 나브로즈벡(러시아)에게서 헤로인 29.95그램을 압수하였다. 이들이 판매한 헤로인의 흡입방법은 고열(173℃)에 용용시켜 부직포, 비닐 등에 흡착한 후 이를 물과 혼합하여 다시 용용시킨 후 주사기로 사타구니에 주사하는 방법을 사용하였고, 헤로인 가루를 담배 위에 올려놓고 불을 붙여 피우면 열에 의해 헤로인이 녹아 연기가 나고, 이를 종이로 만든 빨대를 이용하여 입으로 빨아들여 흡입하였다.

이들 조직의 검거는 인적사항 특정이 어려운 외국인들로, 단순 투약자 등을 먼저 체포하여 진술을 토대로 인적사항, 인상착의, 주거지 등 파악하여 순차적으로 검거하였고, 총책 등과 잦은 접촉으로 내부 사정에 밝은 러시아 국적 세르게이의 도움도 받았다. 하지만 마약조직원 등이 외국인이거나 불법체류자인 관계로 인적사항 등 관련 정보수집에 대한 어려움과, 대부분 선불폰이나 타인 명의 휴대전화를 사용하였기 통신수사의 어려움도 있었으며, 언어 소통의 불편함으로 인해 상·하선 추적 수사가 어려웠다.

국적별 외국인 마약류 사범 검거 추이

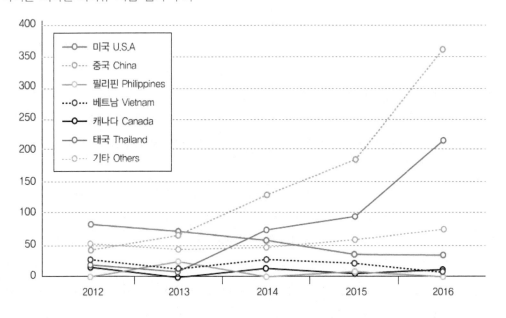

출처: 치안연구소 치안정책전망(2018).

제5절 외국환거래위반(환치기) 범죄

1. 환치기(하왈라) 개념 및 방식

(1) 환치기 개념

국가 간 비공식 송금제도로 외환의 지급·영수 시 상대국 통화로의 환전절차 없이 통화가 서로 다른 나라에서 금융기관을 거치지 않고 개인 간에 이뤄지는 불법 외환거래로, 통화가 다른 두 나라에 각각 계좌를 만든 뒤 한 국가의 계좌에 돈을 넣으면 다른 국가에 만든 계좌에서 그 나라의 통화로 지급하는 불법 외환거래 방식을 말한다.

(2) 하왈라(hawala)

하왈라(hawala)는 아랍어로 '신뢰'라는 뜻으로, 전 세계 조직망을 통해 은행을 통하지 않고 자금을 유통하는 이슬람의 전통적인 송금시스템으로 본래 명칭은 '훈디'이다. 하왈라는 원래 실크로드 교역을 하던 이슬람 대상(隊商)들의 재산을 사막의 도적들로부터 보호할 목적으로 고안된 것으로 약간의 수수료만으로 세계 어느 곳이든지 송금이 가능하다. 송금자는 전 세계에 걸쳐 수천 개 이상 산재해 있는 하왈라 점포에서 송금 금액과 약간의 수수료를 내고 비밀번호를 부여받아 수취인에게 알려주면 수취인은 가까운 하왈라 점포에서 비밀번호를 대고 송금된 자금을 수령할 수 있으며, 이 과정에서 담보를 설정하거나 일체의 서류도 만들지 않으며 거래가 완료되는 즉시 모든 기록을 폐기처분함으로 거래자 신분·금액 등 증거를 남기지 않는다. 2004년 파키스탄에서만 연간 50억 달러 이상이 이를 통해 움직일 정도로 이슬람권 국가에서는 중요한 수단으로 사용되고 있지만 은행을 통하지 않는다는 특징으로 인해 알 카에다·제마 이슬라미야 등 국제테러조직의 자금세탁과 테러자금 조달 수단으로도 이용되기도 한다.

(3) 국내 환치기 실태

국내에 활동하고 있는 중국계를 포함한 동남아계 범죄조직은 대체송금시스템(환치기)을 통해 자금세탁을 하고 있을 뿐만 아니라 이를 통해 각종 불법행위의 흔적을 없애고, 취득한 수익이나 자금의 출처, 성질, 소재, 기타 재산관계를 합법적인 제도 내에서 비교적 쉬운 방법으로 은닉한 다음 이 자금으로 다른 불법행위를 하거나 합법적인 사업에 투자하여 더 많은 이익을 얻는다. 또한 경찰의 수사를 피하기 위해 날로 환치기 수법이 교묘해지고 있으며 우리나라 외환관리 업무에도 상당한 지장을 초래하고 있는 것이 현실이다.

2. 환치기 유형과 방식

세계 각국에서 환치기와 유사한 송금방법들이 행해지고 있는데, OECD 산하의 자금세탁 방지를 위한 금융특별기구(Financial Action Task Force: FATF)에서는 이러한 비공식적 송금방법을 대체송금시스템이라고 명명하였다. 주요한 대체송금시스템을 보면, 중국의 페이치엔(fei-ch'ien), 홍콩의 후이콴(hui kuan), 인도의 훈디(hundi)와 중동지역의 하왈라(hawala), 필리핀의 파달라(padala) 그리고 태국의 페이콴(pheikwan) 등을 들 수 있으며, 미국·멕시코·콜롬비아 등에서는 암시장인 페소거래시장(Black Market Peso Exchange: BMPE)으로 불리면서 현재까지도 널리 이용되고 있다.[65]

일반적으로 환치기방식은 특정한 민족, 문화, 혹은 역사적 요인을 바탕으로 발달되었고, 어떤 경우에는 19세기와 20세기의 서구 은행시스템 도입 이전에 도입된 전통적인 자금이전 수단이기도 하다.

(1) 훈디와 하왈라

훈디(hundi)란 인도를 중심으로 한 이슬람계 고유의 대체송금시스템으로서 송금의뢰자가 자신이 거주하는 지역의 훈디 점포에 송금할 돈과 송금수수료를 내고 비밀번호를 부여받은 뒤 자신의 가족에게 비밀번호를 알려줘 자국 내 훈디 점포에서 돈을 수령하는 방식을 말한다.[66] 훈디(hundi)와 하왈라(hawala)는 남아시아에서 생겨났으나 현재에는 그 지역의 이민패턴을 따라 유럽, 중동, 동아프리카, 남아프리카, 북아메리카, 남아메리카, 그 외의 아시아 지역 등 전 세계에 퍼져있다.

하왈라는 남아시아에서 자금을 이동하는 전통적인 방법으로 서구식 은행에 수백 년 앞선 것으로 알려져 있다. 인도에서는 경제의 50% 정도가 자금을 이전하는 데 법으로 금지된 하왈라방식을 사용하고 있는 것으로 추산된다. 또한 밀수(특히, 금괴 밀수), 인신매매, 테러, 부패 그리고 관세나 물품세 탈세와 관련된 이전뿐만 아니라 마약자금의 이전에도 연관되어 있다. 일반적으로 하왈라 방식은 은행을 통한 방식보다 비용이 적게 들고 1년 365일 가능하며, 사실상 완벽하게 신뢰할만하고 최소한의 문서작업이 필요하기 때문에 매우

65) 최응렬·송봉규, "범죄조직의 대체송금시스템(환치기)에 관한 연구", 韓國公安行政學會報 第37號. 2009, pp.513~550.
66) 하춘호, "불법 대체송금시스템(환치기)에 대한 국민의 인식도 분석 및 대응방안 연구", 고려대학교 행정대학원 석사학위논문, 2005.

선호되는 자금이전수단이다.

(2) 페소 거래시장

페소 거래시장(Black Market Peso Exchange: BMPE)은 마약무역과도 긴밀한 관계가 있지만 사업가들이 상품(밀수품이나 합법적인 상품 두 가지 경우 모두) 대금을 신속히 지급하는 방법 또는 이민노동자들이 본국으로 자금을 보내는 방법으로 사용되고 있다. 예를 들어 미국 국내에 마약판매 대금으로 거액의 달러가 있을 경우 마약판매상은 콜롬비아에 있는 공급자에게 대금을 지불하여야 한다. 그러나 금융기관을 이용하면 미국의 관계당국을 피할수 없어 마약판매상은 사업장(비은행 금융기관의 형태이거나 혹은 기타 소규모 사업체)에서 미국 자금을 받는 중개인(broker)을 이용한다. 그러면 그 중개인은 공급자에게 그 지역의 통화로 자금을 제공할 수 있는 콜롬비아 내의 사업파트너를 찾는다. 이 서비스에 대해 중개인은 공식 환율보다 높은 환율을 요구하며 중개인은 물리적으로 자금을 이전하지 않고도 성공적으로 해외로 자금을 이전하게 된다.[67]

이외에도 여러 국가들에서 소규모의 유사한 대체송금시스템이 발견되고 있다. 프랑스의 경우 프랑스와 북아프리카사이의 송금을 중개하는 네트워크가 형성되어 있고, 스페인의 경우에는 스페인과 모르코에 있는 스페인 영토인 메릴라(Melilla) 사이에 유사한 송금시스템이 있다. 이탈리아의 경우 동남아시아 국가의 대표적인 은행 사무소들이 해당국에서 이탈리아로 이민온 사람들에게 송금업무를 제공하고 있으며, 독일의 경우에는 터키나 전 유고슬라비아로부터 이민온 사람들이 자국으로 송금을 하는데 대체송금시스템을 이용하고 있고, 네덜란드의 경우에는 수리남으로부터 이민온 사람들이 이러한 서비스를 이용하고 있다.[68]

(3) 자금흐름도 및 수법

1) 자금흐름도

전형적인 하왈라 방식은 송금자는 전 세계에 산재해 있는 하왈라 점포에서 송금액과 약간의 수수료(0.3~0.4%)를 내고 비밀번호를 부여받아 수취인에게 알려주면 수취인은 가

---

67) 안형도·윤덕룡, "국제금융거래를 통한 자금세탁의 사례분석과 대응방안", 한국조세연구원 정책연구, 2003.

68) 국내 이란 등 현지 하왈라 조직은 연계망을 구축하여, 1) 이란 등 현지 가족 등에게 송금을 원하는 자국민으로부터 송금의뢰를 받고 송금액의 1% 수수료 징수, 2) 정식 송금절차 없이 이란 현지 하왈라 조직 동업자를 통해 의뢰자 가족 등 지정인에게 송금액 지급, 3) 이란 등 현지 동업자가 지정한 업체로부터 의류 등 물품을 구입하여 현지로 송출하고 물품대금 직접 지급, 4) 이란 등 현지 송금액 및 국내 수출업체 대납액 비교, 차액은 직접 방문 정산한다.

까운 하왈라 점포에서 비밀번호를 말하고 송금된 자금을 수령한다. 자금흐름도를 보면, ① A국 하왈라 업자에게 현금 지급 → ② 비번 부여 → ③ B국 하왈라 업자에게 비번 제시 → ④ 현지통화 지급 → ⑤ 반대거래나 담요 등 필요물품 제공으로 업자 간 사후정산 형식이다.

변형된 하왈라 방식(제3국·재화 이용)은 국제간 거래가 적어 사후정산의 어려움이 있는 경우 교역양이 많은 제3국(중국 등)을 경유하는 방식으로, 규모가 있는 하왈라 업자가 활용한다. 자금흐름도를 보면, ① A국 하왈라 업자에게 현금 지급 → ② 화장품 등 구입 → ③ 제3국(중국 등) 반출 → ④ 제3국(중국 등) 현지에서 판매 현금화·이윤 발생 → ⑤ B국 하왈라 업자 전달 → ⑥ 현지통화 지급

2) 중국동포 밀집지역 사설환전소

중국동포 밀집지역 사설환전소의 경우 밀집지역 내 환전소에서 '외국통화 매입'이라는 정상적인 환전업무를 수행하는 것으로 위장하고 실제는 건당 1만 원 상당의 수수료를 받고 한국과 중국의 금융계좌를 이용해 이주 노동자의 송금을 도와준다.

화장품 밀수자금 유통 등 무등록 외환송금 자금흐름도는, ① 국내 체류 중국인 등 송금 의뢰 → ② 송금액 및 수수료 수령 → ③ PC이용, 중국 금융계좌 접속 → ④ 스마트뱅킹 → ⑤ 수취 지정계좌 위안화 이체

(4) 환치기 이용 요인

1) 편리성(Convenience)

대체송금시스템은 일반적으로 언어적 동질성을 갖고 있고, 공동체 구성원들 간에 신뢰성이 높으며, 동일한 상황에 직면해 있는 공고한 결속력을 가진 이민자 집단 등에서 주로 사용되고 있다. 교육시설이 낮고 현지 언어에 능통하지 못한 자들이나 문맹자들도 쉽게 이용할 수 있다. 또한 환치기를 이용하면 송금을 위하여 은행을 방문하거나 송금관련 증비서류를 구비할 필요가 없을 뿐만 아니라 수출대금의 회수에 있어서도 대단히 편리하다. 대체송금시스템은 고국으로부터 추방되어 외국에서 불법체류자들과 같이 제도금융기관에 계좌를 개설해서 송금하기 곤란한 사람들에게 특히 손쉬운 자금송금 수단이 되고 있다.

2) 익명성(Anonymity)

환치기가 위법임을 알면서도 이용하는 가장 큰 원인은 이용하는 사람들의 신분이 전혀 노출되지 않는 익명성(Anonymity)에 있다. 외국환은행을 통하여 국외로 송금하기 위해서는 송금의뢰자의 신원과 송금처(송금받을 사람과 계좌번호 등)를 반드시 기재하여야 하고, 은행은 반드시 관계당국에 해당 거래내역을 통보하여야 하므로 익명성이 보장되지 않는다.

하왈라 운영업자들은 대부분 송금수취인에게 알려줄 송금코드를 적어 놓은 쪽지를 제외하고는 고객에 대한 어떠한 신분증명서류나 거래 수행기록을 보관하고 있지 않다. 따라서 대체송금시스템을 이용할 경우, 송금인이나 수취인에 대한 익명성이 보장되기 때문에 마약·탈세·밀수 등과 관련된 불법자금의 국외이동이나 자금세탁을 필요로 하는 범죄자들이 대체송금시스템을 이용하는 가장 큰 요인으로 작용하고 있다.

3) 신속성(Promptitude)

은행을 통한 송금이 휴일·주말 또는 시차 등과 같은 사유가 발생하거나 미국에서 동남아시아로 급사(courier)를 통해 보낼 경우 사유가 발생할 때에는 일주일가량 또는 그 이상 소요된다. 하지만 하왈라를 통해 세계 주요 도시로 자금을 송금하는 데는 평균 6~12시간이 소요되며, 송금자와 수취자가 서로 다른 시간대에 있거나 통신시설이 발달하지 못한 지역일 경우에는 24시간 정도 소요된다. 더구나 정보통신기술의 발달로 전화나 팩스 또는 e-mail로 직접 보내거나 인터넷뱅킹이나 폰뱅킹을 이용하면 몇 분 안에 종결될 수도 있다.

4) 저비용(Low cost)

환치기를 이용하는 원인에서 빠질 수 없는 원인 중 한 가지는 경제적인 이유인 저비용의 측면이다. 은행을 통하여 송금하는 것보다 적은 비용으로 송금이 가능하기 때문에 환치기를 이용하는데, 기본 송금비용은 평균 2~5% 가량이다. 대체 송금업자들은 자신이 운영하는 가게를 이용할 수 있으며, 다른 사람이 운영하는 귀금속가게나 액세서리(accessory)가게 앞의 자투리 공간을 이용함으로써 가게 임차비용을 줄일 수 있다. 또한 종업원을 고용할 필요가 없고, 대부분 가족중심의 영업을 하고 있기에 종업원을 고용할 경우 발생하는 각종 보험료, 세금 등의 추가비용을 들이지 않아도 되며 다른 사업과 병행해서 대체송금업을 영위할 경우 수익이 노출되지 않으며, 대규모 자금의 이용을 사업자금으로 위장이 가능하고, 영업수익이 과세당국에 포착되지 않기 때문에 조세비용도 절감할 수 있다.[69]

3. 환치기 범죄의 문제점

(1) 외환정책의 부정적 영향

먼저 외국환거래시장의 혼란을 야기한다. 환치기는 당국에 등록된 제도금융기관이 아닌 환치기영업자나 무등록 암달러상들에 의해 주로 이루어지고 있다. 환치기는 중국, 일본,

---

69) 최응렬·송봉규, "범죄조직의 대체송금시스템(환치기)에 관한 연구", 韓國公安行政學會報 第37號. 2009, pp.513~550.

베트남, 인도네시아, 미국, 호주 등 송금수요가 존재하는 곳이면 어디든지 형성된다. 환치기업자들이 정보당국에 등록하지 않고 음성적인 외환거래를 계속할 경우 외국환은행과 같은 제도금융기관을 통한 외환시장은 혼란을 초래할 수 있다. 환치기와 같은 대체송금시스템을 이용한 외환거래량의 증가는 국제수지와 같은 경제지표를 작성하는 정부당국이 외환통계 오차로 인한 정책결정에 심각한 악영향을 미칠 수 있는 요인이 될 수도 있으며, 금융시스템 관리체계에 심각한 위험을 유발할 수도 있다. 더불어 외국과의 외환거래가 환치기와 같은 대체송금시스템을 통해 이루어짐에 따라 외환거래통계에 있어서 필연적으로 오차가 발생하게 된다.

(2) 조세포탈

보따리상을 통한 밀수 또는 관세, 사용세, 소득세율이 높을 때 관세납부 회피를 위하여 수입상은 해외 수출상에게 상품가격보다 하회하는 상업송장을 요구하고 그 차액을 환치기로 송금하는 방법으로 조세 포탈을 하고 있다. 환치기 적발사례를 보면 환치기가 조세포탈, 밀수, 도박 등 불법행위를 위하여 자금을 송금하는 경로로 이용되고 있는데, 이러한 용도의 자금은 외국환은행을 통하여 송금할 수가 없다. 송금인, 송금사유, 수취인과 같은 거래기록이 남지 않기 때문에 범죄조직의 불법자금은 거래기록이 남는 제도금융기관을 이용하기보다는 환치와 같은 대체송금수단을 선호하고 있는 것으로 볼 수 있다.

(3) 자금세탁행위

범죄 대가와 불법행위로부터 획득한 자금을 세탁하여 수사당국의 추적을 피하기 위해 관련 문서의 흔적을 남기지 않는 환치기 방식을 이용하며, 불법자금의 이동통로 역할을 한다. 정상적인 금융권(은행) 밖에서 거래가 이루어지므로 지하경제가 발전하게 되어 통화수요의 불안정성 증대, 금융의 중개기능을 제한하고 공식 금융영역의 영업의 손실을 초래한다. 즉 불법자금이 환치기를 통하여 유통되면 자연스럽게 불법자금은 지하경제로 유입된다. 유입된 불법자금은 회사의 비자금이나 로비자금 또는 다시 불법자금으로 투입되어 점차 지하경제의 규모를 확대시킨다.

(4) 테러리스트의 자금조달

자금의 원천이나 신분증명 서류의 요구조건이 없는 익명성이 보장되기 때문에 텔레반 등 중동지역 이슬람 테러단체들이 테러자금 이체 시 사용되기도 한다.

4. 가상통화(비트코인) '환치기' 수법

(1) 가상통화(비트코인) 수법

1) 송금액으로 가상통화를 구매한 뒤 타국으로 전송하여 이를 매도해 현지 화폐로 바꿔 지급하여 시세차익을 노리는 수법
2) 해외에 페이퍼컴퍼니를 설립해 무역계약을 체결하고 이 계약을 근거로 자금을 페이퍼컴퍼니에 보낸 뒤 실제로는 가상통화를 구매하고 시세차익은 해외에 도피시키는 수법

이와 같이 환전조직이 해외에 불법으로 송금을 하면서 가상화폐를 이용해 송금하면서 송금수수료를 받지 않고 가상화폐 시세차익으로 수수료를 대신하는 신종 환치기 수법과, 국내에서 해외 가상화폐 구매를 위한 은행 송금이 어려워지자 해외에 페이퍼컴퍼니를 설립해 무역계약을 체결하고, 이 계약을 근거로 가상화폐 구매자금을 해외 페이퍼컴퍼니에 송금하는 신종수법도 등장했다.

(2) 가상통화(비트코인) 이용실태

국내 환치기 조직은 중국에서도 환전소를 운영하며 중국인들이 한국으로 송금해달라며 맡긴 위안화로 비트코인을 구매한다. 이 비트코인을 한국으로 보내면 국내 연락책이 이를 국내에서 되팔아 원화로 현금화한 뒤 수수료를 제외한 돈을 의뢰인에게 전달하는 수법으로 범죄가 이뤄진다. 비트코인 가격은 매일 유동적이며 통상 한국 가격이 중국 가격보다 약간 비싸다보니 환치기조직은 이 과정에서 환전 수수료만 챙기는 것이 아니라 중국과 한국 간 비트코인 가격 차이로 인한 차액도 챙겨 많을 경우 1코인에 100만 원 가량의 차액이 발생한다. 상황이 이렇다 보니 비트코인 거래 규모가 커질수록 환치기 범죄도 늘어나고 있다. 비트코인 가격이 꾸준히 상승하고 국제거래에 아무런 장애물이 없다는 점에서 범행에 손쉽게 이용되고 있다. 더구나 국부유출 피해액도 기하급수적으로 증가해 2017년 발생한 환치기 범죄피해 규모가 총 2조 5천 421억 원으로, 가상화폐를 악용한 환치기 범죄 건수가 아직 별도로 통계가 나오지 않았지만 최근까지 검거한 환치기 범죄 중 적지 않은 비중이 비트코인을 매개로 한 것으로 볼 수 있다.

(3) 가상통화(비트코인) 선호 요인

비트코인을 통해 외국과 국내 화폐를 무단으로 환전하는 사범이 늘면서 국부유출이 심각하며, 가상화폐를 악용한 환치기 범죄에 대한 규제미비와 향후 도입할 규제 범위에 대

한 논란도 예상된다. 비트코인이 환치기 수법에 사용되는 요인은, 국내에서 사들인 비트코인을 다른 나라로 보내더라도 정부에 신고할 필요가 없고, 수수료나 세금도 발생하지 않기 때문으로 해석할 수 있다. 외환관리 단속 주무부서인 관세청에서 2018년 1월 말 현재 가상통화 등을 이용한 무등록외국환업무(환치기)로 적발된 불법 환치기 규모는 4,723억 원이며, 그 중 가상통화(비트코인)를 이용한 송금액은 118억 원이다. 즉 최근 들어 가상통화를 이용한 환치기가 점차 증가하고 있으며, 국내 가상통화 규제가 강화되면서 해외에서 가상통화를 사기 위해 불법 외화반출을 시도할 개연성이 크다고도 할 수 있다.

(4) 외화이체업 허용과 환치기 수법의 진화

2015년 4월 '외국환거래법 시행령' 및 '외국환거래규정' 개정안이 국무회의를 통과했고, 관련법 개정으로 '외화이체업'이 허용되어 과거 은행을 통해서만 외화를 이체할 수 있던 시대에서 핀테크업체를 통한 이체가 가능해졌고, 심지어 카카오톡으로도 외화를 송금할 수 있어 외화이체업을 이용한 환치기 범죄가 확대될 것으로 예측된다. 하지만 '외화이체업'의 경우 (A)국에서 (B)국으로 보내야 할 돈과 (B)국에서 (A)국으로 보내야 할 돈을 모아서 상계한 뒤 부족한 금액만 한꺼번에 송금하고 나머지 금액은 송금 없이 (A) 또는 (B)국에서 바로 인출하는 방식이기 때문에 이를 음성적으로 이용하게 되면 결국 환치기를 방임할 수밖에 없는 결과를 가져올 것이다.

(5) 가상통화(비트코인) 범행 사례

1) 사례 1

서울·경기 등 수도권 일대에서 활동하는 환치기 전문조직 ○○파(두목 오○철)는 해외 송금을 원하는 의뢰인들로부터 원화를 받아 비트코인을 구매한 뒤 이 비트코인을 해외 연계조직에 전송했고, 해외 연계조직은 이를 되팔아 현지 통화로 바꿔 현금을 지급하는 수법으로 2016년 10월부터 2017년 5월까지 17억 원을 '비트코인 불법 환치기'한 사례다. ○○파의 환치기 수법은 먼저 한국과 호주에 각각 송금업체를 개설한 후 한국 송금업체가 한국에서 유학자금 등의 목적으로 돈을 보내고 싶어 하는 의뢰인으로부터 원화를 받고, 호주 송금업체는 호주에서 그 돈을 받고 싶어 하는 사람에게 호주달러를 지급했으며, 반대로 호주에서는 호주 송금업체가 호주달러를 받고, 한국에서는 한국 송금업체가 원화를 지급하는 방식이었다. 그러다가 한국 송금업체가 보유한 원화가 부족해지자 호주 송금업체는 가상통화를 전송했고 한국 송금업체는 이 가상통화를 되팔아 3억 원 가량의 운영자금을 마련했다.

2) 사례 2

환전조직 ○○파는 일본에서 국내로 송금 의뢰인을 모집해 엔화 자금을 수령하고 이를 국내로 불법 송금해 국내 수령자에게 537억 원을 지급하는 수법의 불법 환치기로 송금액 중 일부인 98억 원을 가상화폐를 이용해 자금을 이동시켰다. 다른 환전조직 박씨 등은 4,169억 원에 달하는 호주와 한국 간 불법 환치기 계좌를 운영하면서 부족한 환치기 계좌의 운영자금을 보충하기 위해 215억 원을 불법적으로 송금하고, 이 중 3억 원을 가상화폐로 전송했다. 또 다른 환치기 조직은 해외에서 비트코인을 구매할 목적으로 해외에 페이퍼컴퍼니를 설립하고 소프트웨어 구매 계약서를 작성하여 은행에 제출해 약 1,647억 원을 송금하고, 불법 해외예금을 통해 비트코인을 구매하는 과정에서 5억 원을 해외 페이퍼컴퍼니로 재산을 빼돌렸다.

5. 환치기 범죄 수사

(1) 관련자료 입수 및 수사착수(관련자료 수집)

관세청·국정원·출입국관리사무소 등 유관기관과 협조체제 구축하여 관련자료 수집

관세청 : 송금 브로커의 유령회사 수출입 실적 등 확인하여 증거자료 확보
국가정보원 : 아랍권 송금시스템 '하왈라' 관련 정보 입수
출입국관리사무소 : 송금브로커 및 집단 송금의뢰자 등 합동단속

1) 이란, 이라크, 파키스탄 등 아랍권 외국인 밀집 거주지역 및 고용업체 등을 대상으로 자료 수집을 하고, 국내 아랍계노동자를 고용하고 있는 중소기업체(주로 중소 제조업체에 고용되어 있는 외국인 근로자들이 불법체류 등의 이유로 동료 내국인에게 송금을 부탁하기에 이들 내국인을 대상으로 접촉하면 환치기 송금계좌번호 입수가능하다)
2) 이란, 이라크, 파키스탄 등 아랍국가 등을 상대로 수출하는 수출업체(수입관세가 높은 나라임에도 불구하고 관세높은 물품 등을 수출하는 국내업체 상대 수출대금 영수방법 탐문)
3) 다액 및 다수 거래계좌에 대하여 입출금 내역 및 입·출금자를 확인, 직전직후 계좌의 거래내역을 확보하여 이들 계좌로부터 송금받은 내국인 조사
4) 외국인 노동자 단체나 업체에 현지 진출하여 월급 송금방법 질의 등 현장 자료 입수
5) 기타 국내 체류 중인 외국인을 통한 자료 입수

(2) 수사 착수시 착안사항

1) 환치기계좌를 식별할 때 다수의 명의를 이용한 차명거래가 많고 입금당일 폰뱅킹, 인터넷뱅킹을 통해 이체가 이루어지는 등 특징이 있다.

○ 고정적 거래처 없이 다수인과 단발거래

○ 당해 업종과 무관한 업종거래

○ 전기, 수도료, 관리비 등 생활비 지출 전무

○ 폰뱅킹, 인터넷뱅킹 등 전자금융거래 주로 활용

○ 신용불량자 등의 빈번한 거액 거래

○ 계좌주의 직업과 관련 없는 업종과 다수 거래

2) 포괄적 압수수색영장을 발부받아 수사기간 단축

○ 환치기 사범 수사 시 수회에 걸친 압수·수색영장을 받아야 하는 불편함이 있었으나 압수·수색영장 신청 시, 송금브로커가 사용한 계좌와 상대계좌에 대하여 포괄적으로 발부받아 수사의 필요범위 특정한다.

3) 국내 환치기 조직원 및 자국 내 가족과의 통화사실 등 수사를 통해 위치를 파악하고, 계좌추적 대상 선별 시 통신 수사를 병행하는 것이 효과적이다.

4) 계좌거래 내역을 분석하여 계좌가 환치기업자 계좌인지 혹은 환치기 영수계좌인지 구분한다.

(3) 환치기 사범 수사진행 절차

1) 입수된 계좌번호를 근거로 견문보고서 및 범죄첩보입수보고서, 수사보고서 등을 첨부하여 기록화한다.

2) 금융계좌용 압수수색영장 신청

3) 계좌 분석

4) 직전 직후 연결계좌 인적사항 파악

5) 추가 압수수색영장 신청 여부 판단

6) 파악된 인적사항을 근거로 본인 및 차명계좌 여부 확인 및 외국인등록 여부, 출입국사실 확인

7) 환치기 계좌라는 진술확보

8) 구속·불구속 등 신병처리 판단[70]

---

70) 피의자가 야후 등 메신저를 통해 한국과 대상국 간의 환치기 업무사실을 확인했을 경우 메신저

【검거사례】 이슬람식 불법 외환거래(일명 '하왈라') 일당 검거[71]

　　네팔인 수드ㅇ는 네팔 현지 무역상과 직접 거래하기 위해 경기 안산시 일대 은행 ATM기를 이용해 56개 대포계좌에서 현금 9,596만 원을 환치기 자금으로 인출하였고, 또 다른 네팔인 레나ㅇ는 국내 이주 근로자들의 차명계좌들을 이용하여 전국 각지의 이주 근로자들로부터 환치기 자금을 모집하거나 중국인 리(李)ㅇ의 계좌로 직접 돈을 보내도록 지시했다. 중국인 리ㅇ는 현지인에게 지급되도록 송금의뢰받은 돈으로 중국에서 인기가 많은 한국 화장품을 대량 구매, 보따리상 등을 통해 중국 현지로 넘기기로 했다. 리ㅇ는 중국 메신저 '위챗'으로 화장품 물량을 확보하고 또 비축한 화장품을 재판매하는 통로로 이용해 국내 유명 화장품 약 281억 원 가량을 밀수출했다. 리ㅇ는 환치기 송금 의뢰금으로 화장품을 밀수해 중국으로 보내 수수료를 챙겨왔고, 화장품들은 일부 중국 현지에서 소비되거나 네팔 현지 조직과 거래되는 매개체로 사용되었다.

　　이 사건은 '하왈라' 내지 '훈디'라는 비공식 자금이체 방식 중 이슬람권에서 통용되는 환치기 수법을 이용해 왔는데, 특히 하왈라는 네팔 이주민 사회에서 높은 접근성, 빠른 거래 속도 등으로 실질적인 금융기관 역할을 해왔다. 이런 외환거래 구조는 금융당국이나 수사기관의 추적을 쉽게 피할 수 있어 범죄 목적으로 이용될 수 있다. 이 사건은 하왈라 수법으로 국내 유명화장품 밀수출 범죄와 결합된 점이 특징으로, 전국 각지 이주 근로자들로부터 네팔 등지로 송금 의뢰받은 돈으로 국산화장품을 구입, 중국에 밀수출한 후 그 대금으로 현지 대상자에게 지급하는 등 5년에 걸쳐 국산 화장품 약 281억 원 상당을 밀수출하고 총 520억 원 상당의 무등록 외국환을 거래한 환치기 조직이다. 특히 한국·네팔 간 거래가 적어 중국인 유학생이 중개상 역할을 하였고, 거래량이 많은 중국을 통해 네팔로 환치기한 사례이다.

제6절 보이스피싱 범죄 수사(대만 보이스피싱조직 '금오C파' 국내활동 분석)

1. 국내 보이스피싱 피해 현황과 사건개요

(1) 국내 보이스피싱 피해 현황

　　보이스피싱은 인터넷전화(VoIP)와 현금자동입·출금기(ATM) 등 사회적 인프라가 잘

　　기록을 증거로 확보한다.

71) 경기남부지방청 보도자료(2017.12.8자).

갖추어져야 가능한 선진국형 범죄이다. 우리나라는 2006년 국세청 환급을 빙자한 사기사건을 시작으로 2017년까지 총 138,086건에 1조 2,533억 원의 피해가 발생하는 등 범죄피해가 심각한 수준이며, 상대적으로 정보에 취약한 서민층에 피해가 집중되고, 최근 들어 노년층 및 20~30대 젊은 층의 피해도 증가해 좌절감에 빠져 목숨을 끊는 등 극단적인 선택을 하는 경우도 발생하고 있다.

최근 4년 간 보이스피싱 증감추이

구분	발생건수	피해(억 원)	검거건수
2014년	22,205	1,887	8,170
2015년	18,549	2,040	15,887
2016년	17,040	1,468	11,386
2017년	24,259	2,470	19,618
증감율	42.4% ↑	68.3% ↑	72.2 ↑

출처: 경찰청 경찰백서(2018).

2015년 보이스피싱을 민생침해 5대 금융 악으로 규정한 이후 대포통장 발생 근절 및 각종 홍보·대책 등을 통해 2016년에는 보이스피싱 피해금액과 발생건수가 줄어들었으나 2017년 들어 경기 위축에 따른 서민들의 대출 수요 증가를 이용, 대출을 저금리 대출로 바꾸어준다는 '대출빙자형' 보이스피싱이 등장하는 등 수법이 정교화·지능화 되어 피해가 급속히 증가하였다.

지역별 보이스피싱의 발생현황을 보면, 서울이 전체 발생건수의 36%인 10,133건으로 나타났으며, 뒤를 이어 경기, 부산, 대구, 인천 등으로, 지역 경제수준이 상대적으로 높고 금융 및 각종 인프라가 갖추어진 지역에서 보이스피싱이 빈발하고 있다. 성별로는 여성의 피해율(74%)이 남성(26%)보다 3배 높게 나타나는데 이는 공공기관을 사칭하는 경우 심리적으로 위축되는 등 쉽게 당황하거나 타인의 말에 공감하는 경향이 남성보다 높다는 점을 노리고 범죄 대상으로 삼는 것으로 판단된다. 연령대별로는 20대와 30대의 피해 비율이 가장 높고, 그 뒤를 이어 60대와 70대 이상의 피해율이 높게 나타난다. 이는 젊은 층의 경우 사회경험이 많지 않은 반면 자신은 속을리 없다고 과신하는 성향 및 인터넷 및 모바일 뱅킹에 익숙하여 즉시 송금하는 경향 등이 약점으로 지적되고 있고, 반면 60대 이상 노령층은 보이스피싱 정보에 대한 취약성, 노후 및 건강에 대한 근심, 공공기관에 대한 높은 신뢰를 역이용하는 등 심리적 약점을 파고든 것으로 보인다.

(2) 보이스피싱 조직 금오C파 사건개요

1) 보이스피싱 조직구조

보이스피싱 조직의 구조는 콜센터(피싱 전화를 하는 콜센터)와 장집(대포통장 모집), 모집책(조직원 모집), 출자(인출), 송금(범죄수익 송금)으로 구분되며, 이들의 기능적인 실행행위 분담이 조직적으로 이루어짐에도, 이들 상호 간은 서로를 알지 못하기 때문에 이들 중 한 개의 기능이 수사기관을 통해 검거되더라도 여타 기능을 맡은 자들이 특정되지 않아 마비된 기능만을 새롭게 정비하여 계속 유지되는 형식이다. 특히 콜센터의 경우 제1선에서 피해자들을 직접 기망하는 행위를 함으로써 더욱 은밀한 장소에서 조직적인 체계를 갖추고 미리 정해진 행동규칙에 따라 합숙생활을 하면서 돌발사태에 대비하여 매뉴얼을 만들어 움직인다. 외국의 보이스피싱 범죄단체도 이와 같은 형태의 구조이다.

2) 대만 보이스피싱 조직 '금오C파(金敖C派)' 범죄사건 개요

제주에서 보이스피싱 콜센터를 설치·운영해 오면서 중국인 등을 대상으로 전화사기(일명 보이스피싱)를 해온 다국적 범죄조직인 '금오C파(金敖C派)'는 대만 국적 51명, 중국 국적 7명, 한국인 2명 등 총 60명으로 구성되어, 2017년 4월부터 12월까지 제주도에서 빌라 2개 동을 임대해 보이스피싱 콜센터를 차려놓고 불특정 중국인을 상대로 중국 전화국과 공안(경찰)을 사칭해 총 4억 7,000만 원을 편취했다. 대만인 총책 바이(白)는 6년 전 필리핀 보라카이로 관광갔을 때 당시 현지 가이드를 하던 내국인 공모자 이 모(李某)와 알게 되어 서로 친분을 쌓아 의형제를 맺은 후 2017년 4월 범행을 모의했고 내국인 이씨와 내연녀 명의로 제주에 빌라를 임대해 콜센터 운영에 필요한 통신설비와 가구 및 생활용품을 구입한 후, 콜센터 상담원으로 입국하는 대만 및 중국 조직원에게 이동 편의도 제공했다. 대만 총책 바이(白)는 콜센터 상담원으로 일할 대만인 등을 현지에서 모집해 이들을 국내로 입국시킨 후 관리자급 조직원 황(黃)에게 보이스피싱 방법을 교육하도록 지시했으며, 또 다른 관리자급 조직원 쩡(曾)은 수익을 관리, 그 외 창(張), 시에(謝) 등은 각각 빌라에서 상담원으로 활동하는 조직원들을 관리하며 성공일지를 작성하는 역할을 지시했다. 이들은 상담조직원을 통해 "전화요금이 연체됐으니 요금을 납부하라", "개인정보가 유출돼 소재지 공안 팀장을 연결시켜줄 테니 신고하고 상담받으라", "정부기관에서 도와줄 테니 지정된 계좌로 돈을 입금하라"는 등 여러 수법으로 중국인 피해자들을 속였다. 한국 경찰은 2017년 9월 대만 경찰로부터 관련 첩보를 입수하여 수사에 착수하였고 인터넷 접속 IP(인터넷프로토콜)를 추적하여 잠재적 범행 장소를 탐문한 후 서울과 제주 등지에서 보이스피싱 총책과 조직원들을 체포했다. 당시 현장에는 범행에 사용한 노트북 14대, 휴대전화 158대, 보이스피싱 근무일지, 수익 장부, 시나리오, 공안신분증, 사무실 배경음악 등이 발견되었다. 이들 조직원들 대부분은 인터넷 도박사이트 운영을 위해 입국했다거나 전화금융사기를 위해 전화하는 법을 연습만 했을 뿐 범행가담을 부인했으나 압수물 분석(디지털포렌식[72])을 통해 이들 범죄가 조직적으로 이뤄졌음이 확인되었다. 상담조직원 53명은 대만 총책 바이(白)로부터 범행에 성공하면 8% 수익을 받기로 약속했으며 내국인 이씨는 대만 총책으로부터 월급 개념으로 매달 400여 만 원을 받았다. 또한 상담조직원들은 여권과 휴대전화를 빼앗기고 밤에 돌아다니지 못하는 건 물론 서로 이름을 말하지 않도록 지시받는 등 엄격한 통제를 받았으며, 보이스피싱 연습에 사용된 시나리오 등을 당일 바로 없애고, 검거되더라도 윗선을 밝히지 말라는 지시도 받았다. 이들 조직이 제주도를 범행 무대로 삼은 이유는 중국인 관광객은 무비자 입국이 가능하며 집단 거주하더라도 의심을 덜 받겠다고 생각했기 때문이다.[73]

2. 대만 보이스피싱 조직 '금오C파(金敖C派)' 국내 입국 및 정착과정 분석

(1) 국내 입국과정

대만인과 중국인으로 구성된 전화사기 범죄조직에 대한 수사는 대만경찰청 수사국에서 2017년 3월경 대만인 보이스피싱 범죄조직의 조직원 황(黃)을 체포하면서 그가 소지하고 있던 7대의 휴대전화와 9대의 컴퓨터를 압수하면서 시작되었다. 대만경찰은 압수품에 대한 디지털 증거분석(포렌식)을 통해 대만 타이중(臺中) 지역을 활동무대로 하는 범죄조직 '금오C파(金敖C派)'를 발견했고 동 조직은 해외 콜센터로 조직원을 보냈으며, 또 다른 보이스피싱 조직원 션(沈)을 검거하여 그가 소지한 휴대폰과 노트북에서 한국으로 잠입한 총책 바이(白)의 실체를 파악하였다. 대만경찰에 검거된 또 다른 콜센터 조직원 천(陳)은 2017년 6월 4일부터 6월 24일까지 한국의 제주도에 있는 ○○빌라 내 보이스피싱 콜센터에서 조직원으로 일한 사실이 있다고 진술했고, 그의 휴대전화에서 제주 콜센터 인근 주소 및 콜센터 주변사진 등을 확보한 대만경찰이 한국경찰에 이러한 범죄사실을 제공하면서 양국 간

---

72) 디지털포렌식은 디지털 기기에 적용하는 법의학 혹은 컴퓨터나 노트북, 휴대전화 등 각종 저장매체 또는 네트워크상에 남아 있는 각종 디지털 정보를 분석해 범죄 단서를 찾는 수사 기법을 말한다. 본 논문에 열거된 각종 자료들은 사건현장에서 확보한 노트북, 핸드폰, 무전기, 각종 시나리오 등으로, 대만 보이스피싱 조직원들이 증거인멸을 목적으로 파쇄하거나 부수어버린 기기들을 수집하여 파일을 복구하여 확보한 자료들을 분석하여 재구성하였다. 이와 같이 범죄에 대한 증거를 얻기 위한 과학적 수사를 일컬어 '디지털포렌식'이라 한다.
73) 서울경찰청 국제범죄수사대 보도자료, 2017.

공조가 이루어졌다. 이러한 과정 중에서도 대만 총책 바이(白)는 2017년 3월부터 5월까지 일본으로 33명의 보이스피싱 조직원을 보내 일본 콜센터에서 활동하도록 지시했고 그 중 일부 조직원들이 같은 해 5월경 한국으로 입국했다. 대만경찰은 계속 바이(白)의 정보를 추적해 페이스북에 등록된 대화내용을 토대로 닉네임과 주소를 찾아 한국에서 페이스북을 접속한 사실도 확인했으며, 대만 타이중 지방검찰청(臺灣臺中地方檢察廳)은 바이(白)의 수배관련 혐의[74]에 대해 한국경찰에 통보하면서 국제공조를 요청하게 되었다. 이렇게 시작된 단서를 토대로 제주도의 콜센타 건물을 확인하고 건물에 주차된 차량과 관리자의 연락처 등을 통해 콜센타로 사용되는 건물은 임차인(내국인 이씨의 내연녀)이 통째로 빌렸고 타인에게는 임대하지 않는다는 사실도 알아내었다. 이와 같이 대만경찰의 수사사항과 대만 타이중 지방법원의 결정문, 대만 타이중검찰청의 수배내용에 의해 보이스피싱 범죄조직 총책인 바이(白)는 대만 타이중(臺中) 지역을 거점으로 활동하는 범죄조직 '금오C파(金敖C派)' 두목의 직계 부하이며, 일본, 터키, 대한민국 제주도에 거점을 두고 중국현지에 있는 불특정 다수의 피해자(중국인)들을 상대로 공안(公安)을 사칭하는 수법의 보이스피싱 범행을 주도한 사실이 확인되었다.

(2) 국내 정착과정

대만 총책 바이(白)는 대만 타이중(臺中) 지역을 거점으로 활동하는 '금오C파(金敖C派)' 두목의 직계 부하로 일본과 터키에서 중국인들을 상대로 전화사기(보이스피싱) 범행을 일삼아 왔다. 그가 터기, 일본, 한국 등 해외에 콜센터를 차린 이유는 현지 경찰의 눈을 쉽게 피할 수 있고, 사기 대상이 중국인들이라 공안을 사칭하니 일이 쉽게 진행되었기 때문이다. 하지만 보이스피싱에 가담한 전력으로 대만 수사당국의 지명수배를 받게 되고, 더구나 터키와 일본의 사업장 또한 소강상태여서 새로운 사업장 개척이 필요하다고 생각된 그 때 눈에 띈 것이 바로 한국이었다. 특히 제주도는 비자 없이 출입이 가능하기에 얼마든지 대만

---

74) 사건번호: 106년도정자24957호, 사건명: 사기, 사건발생일자: 2017년 8월 10일, 수배내용 : 바이(白)를 포함한 공범자 12명은 전화사기 콜센터 조직원으로, 일당 대만화폐 2천 달러 또는 매달 대만화폐 2만 달러을 주거나 사기로 편취한 금액의 6%~9%를 월급으로 지급하였다. 위의 상술한 자는 2017.3.21부터 5.25까지 일본에서, 2017.6.6부터 8.14까지 터키에서 각각 전화사기조직의 콜센터 상담사기에 참여하였다. 1번 콜센터 조직원은 중국지역의 피해자에게 공안을 사칭해 전화를 걸어 피해자가 사건에 연루되었다고 하면서 경찰서와 연락하도록 해주겠다고 하고 만약 성공할 경우 2번 콜센터 조직원으로 전화를 돌려주고 3호 콜센터 조직원은 피해자에게 사건과 연관된 정부 공무원이라 사칭하며, 만약 다시 성공을 할 시에는 다시 3호 콜센터 조직원에게 연결을 해 준다. 만약 사기에 성공하면 피해자에게 지정한 계좌로 돈을 이체하도록 하여 편취하였다. 피고 바이(白)는 현재 한국으로 도주한 상태이다(이상 대만타이중 지방검찰청(臺灣臺中地方檢察廳)의 수배문서).

국적의 상담조직원들을 데려올 수 있고, 한국에서 중국인들을 상대로 보이스피싱을 하면 발각될 위험도 적다고 판단했다. 중국인을 상대로 전화사기(보이스피싱)를 하면 한국경찰이 신경 쓸리 없다고 생각하자 6년 전 우연히 만난 한국인 친구 이씨가 떠올라 자주 만나게 되고 의형제 결의도 맺게 되면서 그의 내연녀도 끌어들여 콜센터로 사용할 빌라를 내연녀 명의로 임대한 후 다국적 보이스피싱을 위한 인터넷 전화 설치, 휴대전화 가입, 차량 렌트, 범죄수익금 계좌 준비까지 모든 일을 진행하였다. 한국인 이씨와 관계도 돈독해지고 한국에서 활동할 무대도 갖춰지자 바이(白)는 대만에서 함께 활동하던 중간 간부급 조직원 쩡(曾), 황(黃), 시에(謝), 장(張), 펑(彭) 등을 끌어들여 이들에게 보이스피싱 수익을 관리하는 임무와 인터넷게임·SNS 등을 이용하여 '손쉽게 돈을 벌고 싶은 사람'을 모집하는 역할, 그리고 콜센터 상담 조직원들이 자리를 잡을 수 있도록 각종 교육을 담당하도록 하였으며, 제주도 빌라 2개동의 책임자로 임명하면서 상담조직원들을 항시 감시하고 감독하게 하였다.

3. 대만 보이스피싱 조직 '금오C파(金敖C派)' 결성과정 분석

(1) 대만 보이스피싱 조직 범죄단체 결성 및 간부급 조직원 구성

1) 총책 바이(白)

총책 바이(白, 일명 龍兄)는 국내에 입국한 대만 보이스피싱 조직의 총책으로, 대만 타이중 지역을 무대로 활동하는 흑사회 '금오C파(金敖C派)' 두목 '차후'(茶壺, 일명 물주전자, 또는 '대척(大隻)'으로 불리기도 한다)의 직계 수하로, 2017년 5월경 중국인 개인정보 데이터베이스를 취득한 후 그 데이터베이스에 있는 사람들을 상대로 상담조직원을 통해 보이스피싱 범행을 계획하였다. 바이(白)는 차후(茶壺)의 지시로 2017년 5월 제주도 소재 ○○빌 102동(임대보증금 3,000만원, 월세 600만 원, 임대기간 1년, 8세대), 2017년 11월경 위 ○○빌 101동(임대보증금 없음, 월세 600만 원, 9세대)을 각각 내국인 이씨의 내연녀 명의로 임차하여 콜센터를 설치하고, 보이스피싱 상담조직원으로 모집한 대만인, 중국인을 한국에 입국시킨 후 위 콜센터를 개설하였다. 바이(白)는 내국인 공모자 이씨와 함께 보이스피싱에 필요한 휴대전화, 인터넷, 노트북 컴퓨터, 책상, 인터넷 회선, 와이파이 공유기, 휴대전화 충전기, 화이트보드, 파쇄기, 전자복사기, CCTV, 생활용품 등 각종 집기를 갖추었고 콜센터 상담원으로 일할 대만인 등을 현지에서 모집한 후 국내로 입국시켜 교육담당을 통해 보이스피싱 방법을 교육시키는 등 콜센터 운영을 주도하였다. 바이(白)는 국가 간 경계가 없는 인터넷 전화(VoIP) 프로그램인 일명 '브리아(Bria)'을 이용해 통신사직원(1선) → 공안(2선) → 금융기관(3선)을 순차적으로 사칭하여, "전화요금이 연체되었다. 연체요금을 납부하고, 당신의 개인정보가 유출된 것 같으니 소재지 공안(경찰) 팀장을 연결시켜 줄 테니 신고하고 상담받도록 하라. 은행에 연락하여 조치해 줄 것이다"라고 속이고, 금원을 입금하게 한 후 즉시 이미 확보하고 있던 체크카드로 돈을 인출하는 방식의 보이스피싱 범행을 실행해 나갔다.

2) 내국인 공모자 및 내연녀

내국인 공모자 이씨는 바이(白)가 입국시킨 대만·중국인 상담 조직원들을 제주도 콜센터로 데려와 숙식과 이동 등 편의시설을 제공하는 역할을, 이씨의 내연녀 박씨는 제주도에 거점을 두고 중국인들을 상대로 공범들이 운영하는 보이스피싱 콜센터 운영의 각종 명의를 제공하였다. 즉, 한국인 이씨는 바이(白)와 공모하여 내연녀 명의로 빌라를 임대하고 콜센터 운영에 필요한 통신설비와 가구 및 생활용품을 구입하고 콜센터 상담원으로 입국하는 대만인에게 이동 편의를 제공하는 역할을, 이씨의 내연녀는 자신의 명의로 제주도 빌라 임대 및 ○○은행, ○○은행, ○○증권 등 금융계좌도 제공하였다. 특히 금융계좌의 거래내역에는 위 계좌들을 통해 이 사건의 범죄 수익금으로 의심되는 상당한 자금이 현금 형태로 여러 차례 나뉘어 입금되어 왔음이 확인되었고, 총책 바이(白)가 대만 사법당국에 수배가 되어 출국하지 못하게 되자 바이의 부탁을 받고 국내의 호텔, 모텔, 빌라 등 도피처를 제공해 주었다.

3) 중간 관리자급 쩡(曾)

쩡(曾, 일명 牛兄)은 2017년 11월 한국에 입국하여 대만에 있는 두목 차후의 지시를 받아 보이스피싱 콜센터의 지출과 수익 장부를 정리하면서 매일 콜센터 전체의 보이스피싱 성공실적을 취합하고, 콜센터의 지출내역, 조직원별 분배금액 등 장부를 정리하여 대만에 있는 총 두목 차후(茶壺)에게 보고했다. 즉 101동, 102동 관리자 황(黃)과 시에(謝)가 보이스피싱 성공 금액을 알려주면 액수를 노트북에 엑셀파일로 정리하고, 상담조직원들에 대한 보수를 기록한 후 클라우드에 업로드를 하였고, 승용차를 이용해 외부에서 대만인들을 데려오거나 식료품을 구입하는 역할을 했다.

4) 중간 관리자급 창(張)

창(張, 일명 小馬)은 검거당시 전화사기 수업만 받았지 전화를 한 번도 걸어 본 적 없다고 가담사실을 부인했다. 하지만 현장에서 확보한 노트북과 핸드폰을 복원하여 보니 중간 관리자급으로 교육을 담당한 사실이 확인되었다. 그는 경찰의 2차 진술에서 대만에서 알고 지내던 형이 "해외에 나가서 알바를 하는 것이 어떠냐"고 권유하기에 SNS를 통해 상담인을 모집하거나 클럽을 찾아 젊은이들을 만나 보이스피싱에 일한 사람들을 직접 모집하였다고 했다. 한국에 입국한 후에는 '샤오마'라는 가명을 사용하면서 자신이 모집한 상담조직원들에게 전화사기 범행의 교육, 즉 "보이스피싱에 사용되는 단어를 한 달간 암기하여 쓰고 말하는 것" 등을 가르치고 숙소도 관리했다. 또한 대만 총 두목 차후에 대해서는 게임을 통해 알게 되었으나 정확한 인적사항도 모르고 한 번도 얼굴을 본 적이 없는 사람으로 'SKYPE'라는 채팅 앱을 통해 보이스피싱 범행에 대한 지시를 받았고, 차후가 두 달간 약 10회에 걸쳐 2,000~3,000만 원 정도를 보내와 제주도 사무실 운영에 필요한 경비로 사용했다고 했다. 그리고 국내에 입국하는 대만 사람이 있으면 한국인 공모자와 함께 제주공항에 마중을 나가 숙소로 데리고 왔으며, 검거 당일 콜센터에 있었던 자료들은 모두 파기해 버리라는 두목의 지시로 파쇄기로 갈아 버렸고, 증거를 없애기 위해 휴대전화 등을 부수었다고 했다. 상담 조직원들도 온라인 게임을 통해 창(張)을 알게 되었고, "보이스피싱이나 도박 사이트 운영을 하는데, 돈을 많이 벌 수 있다"고 하기에 범행에 가담하여 시나리오 교육을 받았다고 했다. 이와 같이 창(張)은 게임방 채팅, SNS 등을 통해 조직원들을 모집한 후 ○○빌 102동에서 상담조직원들을 상대로 보이스피싱 범행 시나리오를 교육하고, 한국에 입국한 상담조직원들의 여권 및 핸드폰을 받아 관리하면서 조직원들이 함부로 조직을 이탈하거나 외부와 연락하지 못하도록 통제하고 생활수칙을 준수하게 하는 역할을 담당하였다.

5) 중간 관리자급 황(黃)

황(黃, 일명 '米娑')도 평소 알고 지내던 대만 사람 '龍兄(용씨 성을 쓰는 형)'이 인터넷 도박을 알려준다 해서 제주도에 왔을 뿐, '龍兄'이 한국에 오지 않아 하는 일 없이 빌라에서 휴대폰게임만 했고 보이스피싱 범죄에 대해 전면 부인했다. 하지만 황이 소지한 휴대폰 속에는 같은 폭력조직원으로 추정되는 대만인과의 대화(天之驕子과의 '위챗' 대화)가 확인[75]되었다. 또한 보이스피싱 성공금액을 알려주면 그것을 컴퓨터 엑셀파일로 정리하고 보이스피싱 상담조직원 보수에 대해 기록한 후 인터넷에 업로드 했다. 쩡(曾)은 터키의 이즈미르에 위치한 보이스피싱 사무실에서 총책 바이(白)와 황(黃)을 본 적이 있고, 황 자신도 터키의 이즈미르에 2017년 3~4월경까지 있었다고 했다. 이러한 사실로 볼 때 황은 쩡(曾)과 함께 2017년 5~6월경까지 터키의 이즈미르에 같이 보이스피싱 조직의 중간 간부로 활동했다고 볼 수 있다. 또한 보이스피싱 콜센터 상담조직원들이 1개 호실에서 10명 가까이 공동생활했지만 황(黃)은 101동 303호를 혼자 사용하였고, 상담원들이 휴대전화 등을 반납하고 엄격한 행동규칙 아래서 생활할 때 황은 휴대전화 등을 자유로이 사용한 점은 이 조직의 간부 조직원임을 증명해 준다.

---

75) 그 내용에는 '우리 조직원 형제들이 슬퍼하네, 북부랑 결합했다'라는 대화가 있다.

6) 중간 관리자급 시에(謝)와 펑(彭)

시에(謝)는 경찰의 1차 진술에서 온라인 게임으로 알게 된 창(張)이 보이스피싱을 하면 큰돈을 벌 수 있다고 해 한국으로 입국하게 되었고, 두 달 가량 보이스피싱 사무실에 머물면서 상담 조직원들과 보이스피싱에 사용되는 원고를 배웠을 뿐 직접 피해자들에게 전화하여 콜에 성공한 사실이 없으며, 사전교육으로 경찰의 단속에 대비하여 경찰에 적발이 되면 무조건 원고를 태우라고 지시받았다고 했다. 그러나 경찰의 2차 진술에서 한국에서 비자만료일까지 보이스피싱을 하면 대만 화폐로 20~30만 위안(한화 700만 원~1,000만 원)을 벌 수 있다고 하여 이 사건에 가담을 하게 되었고, 보이스피싱 시나리오를 잘 외우지 못한다는 이유로 1달 동안 제주공항에 입국한 대만인을 데리러 가는 일, 물품 구입하는 일만 했을 뿐 보이스피싱 범행에는 가담하지 않았다고 부인했다. 하지만 다른 상담원들은 시에(謝)가 내국인 이씨와 함께 빌라 102동을 관리하면서 102동 203호(CCTV 모니터 및 작동시스템 설치)를 사용했고, 대만에서 입국한 상담조직원들을 빌라까지 인솔하거나 생활 전반의 편의를 제공하고 빌라를 관리하는 등 콜센터를 유지하는 역할을 했고, 총책 바이(白)의 지시에 따라 대만인을 데리고 가면 비행기 티켓 값을 주었으며, 제주도 골목 지리를 잘 알아 대만인들을 인솔해서 식당같은 곳을 데려가기도 했고, 보이스피싱 성공 금액을 알려주면 그 금액을 컴퓨터 액셀파일로 정리하는 일도 했다고 주장했다. 황(黃), 시에(謝)는 포섭된 상담조직원을 3개조(1조 15명, 2조 11명, 3조 10명)로 나누어 빌라 2개 동에 각각 분리하여 이들을 감시하고 감독하는 관리자 역할 및 일일범죄수익을 상부에 보고하는 중간 관리자

제주 대만인 보이스피싱 조직도 및 상담 조직원 조 편성도

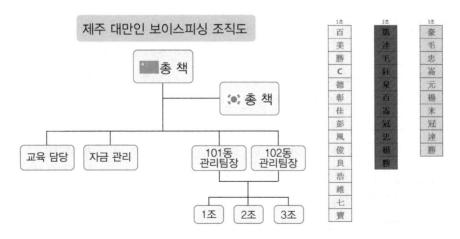

출처: 서울지방경찰청 국제범죄수사대(보도자료).

역할을 했다. 그리고 펑(彭, 일명 '풍', '風')은 ○○빌 101동에서 범행에 사용할 휴대폰을 관리하는 역할을 담당하였다.

그 외 상담 조직원 린(林)은 일명 '龍兄'의 제안으로 도박사이트 운영을 배우기 위해 한국에 온 것과 중간 조직원 창(張)으로부터 보이스피싱에 대한 교육받은 내용을 시인하였다. 그리고 체포현장에서 보이스피싱 시나리오, 전화기, 피해자명부, 전화번호DB 등 관련 증거물 일부를 불에 태우거나 파쇄하여 증거인멸하였고, 함께 체포된 다른 상담조직원은 린이 황(黃)과 함께 대만지역 흑사회조직의 하나인 '박의(博議)'라는 범죄조직의 조직원 출신으로 101동 303호에서 단 둘이서만 거주하는 간부급이라고 주장했다.

상담조직원 판(番)은 창(張)을 통해 한국에 입국하였고 함께 체포된 자들 모두가 전화사기 범행과 관련 있으며, 자신이 검거된 장소는 전화사기 범행과 도박사이트 모두 운영되지만 전화사기 범행을 위한 교육을 구체적으로 받았고, 전 조직원들이 전화사기 범행을 위해서 합숙했지 도박사이트 운영을 한 것은 아니라고 사실대로 시인했다. 그리고 경찰에 검거되기 전에 "만약 경찰에 검거된다면 변호사를 선임해 줄 테니 걱정하지 말라"는 말을 들었다고 했다. 그리고 대다수 상담조직원들의 여권은 창(張)이 모두 가져가 보관하고 있으며, 보이스피싱 수업을 받은 내용과 시나리오는 경찰이 왔을 때 모두 다 화장실에서 태워버렸으며, 1층 현관문은 항상 자물쇠로 잠겨 있었고 중간 관리자들이 강압적 분위기에 욕까지 하였다고 주장했다.

(2) 신규 상담조직원의 가입 및 교육

총책 바이(白)는 중간 조직원 창(張) 등을 동원하여 SNS 광고, 인터넷 게임 등을 이용하여 보이스피싱 범죄조직 신규 대상자들에게 접근해 '한국에서 일을 하면 큰돈을 주겠다'라고 제안한 뒤 그들이 이를 수락하면 항공권을 마련해주었다. 그리고 내국인 공모자 이씨, 대만인 시에(謝) 등은 한국에 입국한 신규 상담자들을 보이스피싱 콜센타인 제주의 ○○빌로 데려와 신규 조직원으로 가입시켰고, 창(張), 펑(彭), 시에(謝) 등 관리자급 조직원들은 상담조직원들의 여권과 휴대전화를 집중 보관하며 이들이 임의로 대만이나 중국으로 돌아가거나 외부인과 연락하는 것을 방지하고, 탈퇴 의사를 밝히는 상담조직원들에게는 '돌아가려면 그 동안의 숙식비용을 반환해야 한다. 숙식비용을 반환하지 않으면 여권을 주지 않고, 돌아가는 비행기 표를 끊어주지 않겠다'고 협박했다. 또한 경찰의 단속에 대비하여 조직원들로 하여금 별명을 지어 부르게 하는 등 서로의 본명을 알지 못하도록 하고, 외부 출입을 통제하는 방법으로 조직원들을 관리하였다. 신규 상담조직원들은 창(張), 펑(彭) 등 관리자급 조직원들로부터 기존에 마련된 보이스피싱 시나리오대로 통신사 직원 및 중국 공안을 사칭하여 돈을 이체하도록 유도하는 내용의 교육을 받은 후 테스트를 통과한 조직원들은 실제 보이스피싱 업무에 투입되고, 테스트를 통과하지 못한 조직원들은 테스트를 통과할 때까지 밤늦도록 교육을 받았다. 중국인 피해자들과 직접 전화통화를 하는 전화국 사칭 상담조직원 및 중국 공안 사칭 상담조직원들은 매일 아침 9시부터 오후 5시까지 중국 현지 피해자들을 상대로 전화사기 범행을 하고, 그 이후에도 밤 10시까지 시나리오 교육을 받아야 했으며, 이를 준수하지 않거나 실적이 부진하면 창(張), 펑(彭) 등 관리자급 간부에 의해 질책을 당하거나 추가로 계속 교육을 받았으며, 병가를 내는 경우 벌금을 내야했다. 관리자급 조직원들은 상담조직원들의 실적을 취합하여 독려하거나 질책을 하면서 대만에 있는 두목 차후(茶壺) 및 총책인 바이(白)로부터 매월 일정한 월급을 받았고, 상담조직원들은 근무 성과에 따라 보이스피싱 성공금액의 5% 내지 8%를 지급받았다.

상담조직원들은 관리자급 조직원들의 지시에 따라 중국인들에게 전화하여 통신회사 직원(1선)을 사칭하여 "전화요금이 연체되었다. 전화를 개통한 것이 아니라면 당신의 개인정보가 유출된 것 같으니 소재지 공안팀장을 연결시켜 주겠다. 피해 신고를 하고 상담받도록 하라"고 거짓말하여 전화번호, 이름 등 기본정보를 제공받고, 재차 공안(2선)을 사칭하여 개인정보가 도용되어 전화가 개통되었다고 속이고 계좌 개설은행, 예금액 등 금융관련 정보를 제공받고, 또 다시 금융기관(3선)을 사칭하여 개인정보가 도용된 경우 계좌 예금액도 위험하다고 속이고 피해금액을 자신들이 관리하는 계좌로 송금하도록 하였으며, 보이스피싱 상담원역할을 각각 분담하는 등 지휘 통솔체계를 갖추었다. 이들 조직의 보이스피싱 방법은 신용카드 및 휴대전화로 대출희망자를 무작위 통화를 통해 선정하여 희망자를 금융기관에 연결하여 전화국을 사칭하거나, 전화요금이 연체되었다며 납부를 요구하거나, 명의도용 건은 공안에 신고하여 주겠다며 공안으로 연결하는 수법이었다. 국내 입국한 상담조직원 53명 중 25명이 90년대에 출생한 젊은이들로, 이들이 보이스피싱에 가담하는 주된 연령층으로 볼 수 있다.

(3) 조직원 통솔체계와 행동강령

대만 총책 바이(白)와 내국인 이씨 등은 관리자급 조직원들에게 직책에 따라 위계질서가 정해질 수 있도록 별도의 방도 지급하였고, 조직의 의사 및 행동강령은 창(張), 펑(彭), 시에(謝) 등을 통해 순차적으로 상담조직원에게 전달하였으며, 상담조직원의 여권과 휴대폰은 창(張)이 집중관리하였다. 이 조직은 보이스피싱을 하기 위한 범죄조직으로서 폭력조직에서 볼 수 있는 강령이라고 볼 만한 명시적인 내부 규정은 없으나, 하부조직원들에게

○ 여권과 휴대전화는 집중 관리한다.

○ 상호간 본명을 알려주지 말고 별명을 사용한다.

○ 시나리오 연습결과는 당일 바로 파쇄한다.

○ 입국 3개월 후 본국으로 귀국할 수 있고 기한 내 입국하고자 할 경우 그 간의 소요 비용을 변제해야 한다.

○ 수익은 근무성과에 따라 타이완에서 현금으로 정산한다.

○ 경찰체포 시 변호사를 선임해 준다.

○ 경찰에 단속되면 도박사이트 운영이라고 진술하라.

○ 개인 휴대전화는 사용할 수 없다.

○ 빌라 내부를 함부로 돌아다니지 말라.

○ 야간에 떠들거나 다른 방 거주자와 잡담하지 말라.

○ 빌라 내에서 여기저기 돌아다니지 말라.

○ 경찰이 오면 시나리오가 기재된 종이를 소각하라.

○ 검거되면 가족을 돌봐 줄 테니 두목을 물으면 백형이라고 허위 진술하라.

○ 증거은닉 및 파손하라.

○ 여권을 돌려받고 싶으면 바이(白)의 허락이 있어야 한다.

등 일정한 내부 규정을 두었다. 이로 볼 때 상담조직원들의 결속력 및 조직의 이탈방지, 수사기관의 단속대비 교육을 하는 등 조직원들 간의 일정한 내부질서 및 위계질서를 유지하였다고 볼 수 있다.[76](대법원 판례, 2017.10.26, 선고 2017도 8600).

4. 각종 증거물(전화사기 시나리오, 노트북, 휴대폰, 무전기 등) 분석

아래에 예시된 각종 증거물들은 검거 당시 보이스피싱 조직원들이 불태우거나 현장에서 파쇄해버린 자료를 디지털포렌식으로 복원한 것으로 일부 내용만 인용하였다.

(1) 보이스피싱 시나리오

1) 경찰서 신고용도(의료보험 불법수령)

> XX시 공안국 : 안녕하세요. 무슨 일 때문에 전화하였는지 아시나요? 당신은 지금 어디에 거주하고 있습니까? 당신은 의료보험증(건강보험증)으로 집전화기를 설치하였나요?

---

76) 보이스피싱이라는 사기범죄를 목적으로 구성된 다수인의 계속적인 결합체로서, 총책을 중심으로 간부급 조직원들과 상담원들, 현금인출책 등으로 구성되어 내부의 위계질서가 유지되고 조직원의 역할분담이 이뤄지는 최소한의 통솔체계를 갖춘 형법상의 범죄단체에 해당한다.

간단하게 말하면 당신의 개인 정보가 범죄자에게 유출되어 그들이 당신명의로 의료보험금을 불법 수령하였습니다. 그러한 사실을 알고 있나요? 저는 사건을 담당하는 경찰 XXX입니다. 먼저 당신에게 몇 가지를 묻겠습니다. 신분증을 잃어버린 적이 있습니까? 신분증이나 신분증 사본을 어디에 놔두었던 사실이 있나요? 북경에 온 적이 있나요? 친한 친구가 XX에 살고 있지 않나요? 최근 몇 개월 내 밖에서 다른 사람과 싸우거나 시비를 한 사실이 있나요?

상담자 : 모두 없습니다.

2) 금융기관 행동요령

○ 방금 전 은행창구에 들어가서 통장을 정리할 때 은행 직원이나 보안(청원경찰)이 당신을 주시하지 않았나요? 좋아요! 당신의 XX은행 카드는 국가의 철저한 조사를 받을 것입니다. 현재 통장 잔고가 얼마인지요? 업무를 잘 처리하였더라도 검사가 당신에게 무엇을 신청을 하라고 할지 확실치 않아요. 좀 있다가 내가 검사에게 당신과 통화하게끔할 것이니 반드시 당신이 직접 검사에게 부탁을 하여야 합니다. 당신은 잠시 후 ○○인터넷 사기사건을 담당하는 최고위직 담당자를 만난다는 사실을 알 수 있을 거예요. 만약당신의 신청을 검사가 거부한다면 구속될지도 몰라요. 검사와 말할 때 태도도 조심하고예의가 있어야 하며, 검사와 무리한 논쟁으로 당신의 협조태도가 안 좋다고 느끼게 하면절대 안 돼요. 알았지요? 검사가 당신의 신청을 받아들인다면 그의 책상 컴퓨터단말기를작동할 것이며, 국가은행감독국(은행감독원)에 연결하여 당신이 있는 지역의 은행 자동단말기에 연결을 한 후 은행카드사와 검사가 서로 연결 하여 당신의 은행카드 움직임을정확히 알게 될 거예요. 알겠지요?

3) 차이나 텔레콤 단체발송(스팸)

안녕하세요. 중국텔레콤입니다. 명의자 분 이름이 무엇인지 말씀해 주세요. 이것 XXX본인이 맞습니까?(대조 확인). 좋아요, 전화기 끊지 말고 잠깐만 기다려 주세요. XXX선생님/여사가 맞습니까? 안녕하세요. 제가 방금 전 컴퓨터로 검색해 보니 지금 당신과 통화하는 전화기는 정상적으로 비용을 납부하면서 정상적으로 사용하는 전화기가 맞습니다. 오늘 우리 회사에서 이렇게 당신에게 통보하는 것은 XXX선생님/여사 명의로 개설한또 다른 전화번호 8896632는 현재 2개월 째 전화요금을 납부하지 않았기 때문입니다. 이 전화번호 0792-8896632는 당신이 올해 8월 9일에 강소성 구강시 순양구 영업점에서 신청한 것이죠? 잘 모르겠어요? 동명이인에게 잘못 통보가 되는 것을 피하기 위해 같이 확인해 보면 좋겠습니다. 지금 제가 당신과 함께 통화하는 전화기로 당신과 연락할수 있는 거죠? 그렇다면 당신은 XXX 본인이 틀림 없는 거죠? 맞습니다. 그러기에 우리도 통보를 잘못한 것이 아닙니다. 그런데 당신 자신이 신청한 전화번호도 어떻게 모를 수가 있습니까? 당신이 강소 구강시에 간 적도 없고, 8896번호를 신청한 적도 없다는 것인가요? 그런데 8896632가 어떻게 당신 이름으로 등록이 됐을까요? 만약 당신이 강소 구강에 확실히 가지 않았고 이 번호도 신청한 적이 없다면, 이러한 상황은 다른 사람이 도용해서 사용했을 가능성이 있습니다. 당신의 신분증을 잃어 버렸거나 아니면 다른 사람에게 빌려줘서 사용한 적이 있나요? 아니면 당신이 어느 회사에 당신 인적사항 서류를 제출하거나 복사한 적이 있나요? 많은 사람들의 신분(인적사항)정보가 원인도 모르게 누출이 되어 나쁜 사람들이 이용하고 있기에 최근에는 공안국에서 선도하고 있습니다.

4) 대포통장 사용 시나리오(법원사칭)

오늘아침에 사건이 발생하였기 우선 질문부터 하겠습니다. 지금까지 17명의 피해자가 당신 명의의 소상은행 계좌로 이체하였습니다. 오늘 아침 8시경 저는 주심 판사님의 긴급통보를 받았습니다. 저에게 당신의 신상정보를 가지고 즉시 인민병원으로 오라고 했습니다. 저는 무슨 일이 생긴 것인지 당시에는 잘 몰랐습니다. 하지만 내용을 보니 류엔매이가 전화사기 조직의 지시에 따라 평생 모은 돈 48만 위안을 당신 명의의 소상은행으로 이체한 것입니다. 그녀가 사기 당한 것을 알았을 땐 돈은 이미 범죄조직이 인출해 간 이후였습니다. 류엔매이는 후회막심했고 마음속에서 이 사실을 받아드려지지 않아 오늘 새벽 5시 40분경 7층 자신의 집에서 뛰어내려 즉사하였습니다. 남은 가족은 69세 노모와 8세 딸이 있는데 제가 현장 도착했을 때 그녀의 노모와 어린 딸은 류엔매이의 시신을 껴안고 울고 있었습니다. 류엔매이의 노모는 저에게 무릎을 꿇고 자신의 딸을 죽게 한 살인자를 잡아 달라고 애원할 때 저는 눈물이 날 뻔 했습니다, 류엔매이의 남편은 일찍 사망하고 부친도 별세하여 가족은 류엔매이의 손에 달려 있었습니다. 지금 그의 돈은 모두 사기 당했고 그녀의 가족들은 장례 치를 돈 조차 없습니다. 만약 당신의 은행계좌가 없었다면 이렇게 많은 사람이 사기를 당하지 않았을 것입니다. 류엔매이도 죽지 않았을 것입니다. 이 사건에 대해 판사님은 가장 공정한 판결로 모든 혐의자들을 구속시킬 것입니다. 당신을 구치소에 수감시킨다는 것입니다. 이번 사건은 당 중앙에서 특별히 중요하게 보고 있습니다. 주심판사는 모든 피의자들을 체포하라는 명령을 내렸습니다.(잠시 그에게 말할 시간을 준다). 하나 물어 볼게요, 만약 제가 당신에게 기회를 준다면 당신은 당신의 결백을 행동으로 보여 줄 수 있나요? 지금 류엔매이 가족은 하루 세끼도 못 먹고 있어요. 지금 당신에게 기회를 주겠습니다. 당신은 장례 부조금과 생활비를 마련하여 당신의 카드에 입금하세요. 류엔매이 가족을 도와주는 것입니다. 그리고 만약 당신이 결백하다면 그 돈을 국가에서 지불하죠. 그러니까 다시 말하면 사건을 명백히 수사하기 전에 이런 자금들은 당신 카드에 꼭 입금해 두어야 합니다. 만약 당신이 사건에 연루된 것이 발견된다면 우리는 그 자금을 동결시킬 것이고 피해자에게 돌려주라는 판결이 날 것입니다. 하지만 조사가 끝나고 당신이 억울하다는 것이 증명되면 이 자금들은 모두 정상적으로 이용가능합니다. 국가에서는 당신 명의로 류엔매이 가족을 도와줄 것입니다. 만약 당신이 류엔매이를 죽게 한 게 아니라는 것을 증명하고 싶으시면 그 돈을 준비해서 은행

계좌에 입금하세요. 류엔매이 가족에게 도움을 주세요. 이것이 우리가 마지막으로 할 수 있는 일입니다.

(2) CCTV와 무전기 검토

대만 보이스피싱 조직이 거주하던 제주도 ○○빌 102동 203호에 설치된 CCTV 모니터 및 본체는 빌라 진입로 방향으로 촬영되도록 설치되어 있고, CCTV의 녹화·재생 등 조작을 위한 본체와 모니터는 관리자급 조직원이 상담조직원들의 이탈 방지 또는 외부인 접근 감시를 위한 목적으로 설치한 것으로 보인다. 그리고 총책 바이(白)를 포함한 보이스피싱 조직원 등이 범행에 사용한 스마트폰, 노트북 컴퓨터, 장부, 책상형태의 전화 부스, 무전기 등 증거물이 상당수 현장에서 발견되었는데, 특히 총책이 머물던 102동 203호에서 조직원들의 통솔 및 지휘에 이용되는 무전기 1대가 발견되었고 빌라 전체에서 같은 형태의 무전기가 8대가 발견되었다. 이러한 무전기 사용은 조직의 엄밀성 및 체계를 위한 것으로, 신변노출을 꺼려하는 보이스피싱 조직의 전형적인 특징이라고 볼 수 있다.

(3) 압수물 검토

범행현장에서 발견되었던 압수물인 시나리오에는 '전화국'담당 상담조직원이 상담과정에서 전화요금(472위안, 한화 약 7만 8천 원 상당)연체가 있다며 납부를 요구하는 동시에 개인정보가 도용된 것 같다며 공안으로 연결한다. 그러면 '공안'담당 상담조직원은 개인정보 도용경위를 조사한다는 명목으로 사건번호를 안내하고 금융계좌도 위험하니 계좌잔액을 전액 지정계좌로 송금하라고 압박하면서 사기 범죄에 연루되었다며 30만 위안을 계좌에 넣어두라고 요구하는 시나리오가 있다. 또 다른 압수물인 근무일지에는 날짜별로 조직원들의 통화수와 성공 횟수 등에 대한 근무내용을 정리했다. 그리고 압수된 휴대폰은 총 158대로 콜센타 업무폰 100대와 개인폰 58대였는데, 업무폰에서는 체포당일 전화한 대화내용이 녹음된 파일 233개가 들어 있었고, 체포당일 전화를 걸었다가 전화를 끊지 못해 압수수색 과정까지 녹음된 파일도 존재했다. 압수한 14대의 컴퓨터에는 보이스피싱 시나리오, 사무실 배경음악, 공안 신분증, 체포영장 등과, 보이스피싱 장부(2017년 11월 20일부터 검거당시까지 약 4억 6천 7백만 원 상당 편취)가 들어 있었다.[77] 디지털포렌식으로 복구한 컴퓨터에서 일부 피해자를 확인한 결과 중국 광서장족자치구에 거주하는 3명으로부터 약 1억 원의 피

---

[77] 관련 증거물(브리핑 현장 배열자료), 압수 휴대전화(총 158대 : 개인폰 65대, 업무폰 93대), 장부가 발견된 노트북, 보이스피싱 시나리오(중문, 번역본), 전화 리스트, 수익장부, 일일 업무성과표, 공안 신분증 사진, 무전기 4대, 숫자키패드 4대 등 확보했다.

해사실이 있었다.[78] 이들이 사용한 전화 통화내용을 보면, 충청지역 거주자에게 전화를 걸어 휴대폰 요금 연체로 전화가 끊길 수 있다고 경고하면 피해자는 요금 연체사실 없다고 항변하고 상담조직원은 광저우지역에서 피해자 명의로 개통된 휴대폰 요금이 연체되었다고 하면 피해자는 광저우에 간 사실이 없다고 답하기도 했다. 이에 상담조직원이 신분증이 도용된 것 같으니 2시간 내 광저우 공안국에 신고가 이뤄지지 않으면 계좌의 잔액이 없어질 수 있다고 겁을 주었고, 광저우 공안국 직통 전화서비스를 통해 연결해 줄 테니 끊지 말고 기다리라고 말하기도 했다.

(4) 대만 보이스피싱 범죄조직에 의한 피해 정도

제주도에서 검거된 대만 보이스피싱 '금오C파(金敖C派)' 조직은 인터넷전화(VoIP) 프로그램인 '브리아(Bria)'를 이용해 중국 광서장족자치구(廣西壯族自治區)에 거주하는 피해자 천○○(陳○○, 0773-28○○861)에게 공안(公安)을 사칭하여 전화한 후 "경제범죄(인민폐 26만 위안)를 저지른 것이 발견되어 최고인민 검찰원의 통지령이 발급되었으니 사건 해결을 위한 보증금을 입금하라" "전화요금이 연체되었다. 연체요금을 납부하고, 당신의 개인정보가 유출되어 소재지 공안 팀장을 연결시켜 줄 테니 신고하고 상담받도록 해라", "정부기관에서 도와줄 테니 지정된 계좌로 돈을 입금하라"는 등 다양한 방법으로 피해자를 속여 왔다. 예를 들면 중국 쓰촨성(四川省) 진탕시엔(金堂縣) 짜오쩐빈장루(趙鎭濱江路)에 거주하는 피해자 리(李)씨에게 전화를 걸어 '나는 우한시 우창취 형사수사대의 경찰관인데 당신은 중대한 자금세탁 사건에 연루되었다. 결백을 증명하고 싶으면 우리에게 자금을 이체해야 한다'는 거짓말로 2017년 12월 18일부터 12월 20일까지 푸싱위(府星宇)명의의 중국 공상은행 계좌(工商銀行, 6212260200145378028)로 합계 184,800위안(한화 약 30,323,832원)을 송금받은 것을 비롯해, 은행을 통한 계좌이체 수법으로 180,000위안(한화 약 2,951만원) 상당을 편취하

---

78) 디지털포렌식으로 복구된 파일의 내용을 보면,
  중경지역 거주자에게 전화를 걸어 휴대폰 요금 연체로 전화가 끊길 수 있다고 경고하자 피해자는 요금 연체사실 없다고 항변, 상담자는 광주지역에서 피해자 명의로 개통된 휴대폰 요금이 연체되었다고 하자 피해자는 광주에 간 사실이 없다고 답함. 상담자는 신분증이 도용된 것 같다며, 2시간 내 광주공안국에 신고가 이뤄지지 않으면 계좌의 잔액이 없어질 수 있다고 겁을 주며, 광주 공안국 직통 전화서비스를 통해 연결해 줄 테니 끊지 말고 기다리라고 말하며 녹음파일 종료, 압수물 분석결과 노트북은 총 14대로, 자금관리 조직원의 노트북 등에서 수익 장부 등 확보했고, 휴대폰은 총 158대로, 검거 당시 파손된 핸드폰은 11대이나 업무폰 8대에서 실제 보이스피싱 콜 녹음파일 234개를 디지털포렌식을 통해 확보했다. 그리고 전화국 또는 공안 사칭 시나리오 확보와, 전화 및 성공 횟수 등 표기한 근무일지(12.10~12.19), 최근 1개월 간 수익을 정리한 수익장부(11.18~12.18까지 약 4억 6천 7백만 원 상당) 그리고 공안 신분증·사진, 사무실 배경음악, 중국 체포영장 등이 발견되었다.

는 등 2017년 5월부터 12월 검거 당시까지 불특정 다수의 중국인으로부터 총 2,841,200위안(한화 약 4억 7천만 원)을 편취하는 전화사기 범죄를 저질렀다.

5. 대만 죽련방과 '금오C파(金敖C派)' 및 '박의'조직과의 연계성 분석

죽련방은 대만을 근거지로 활동하는 국제범죄조직으로 1956년에 결성되었다. 주요 활동지역은 대만을 중심으로 중국 대륙, 동남아, 심지어 구미 등의 유명 범죄조직과 관계를 맺고 있으며 대만 내의 핵심조직원은 20,000여 명이나 해외에 있는 준 조직원을 포함하면 약 100,000여 명에 달하고 사해방, 천도맹과 더불어 대만의 3대 범죄조직이다.[79] 1990년대 후반기에 들어 대만에서 전화사기(일명, 보이스피싱)가 출현했다. 이 범죄수법은 죽련방 범죄연구소에서 개발한 것으로, 당시 전화 사기범들은 가족을 납치한 것처럼 가장하여 돈을 입금시키라고 위협하면서 은행에서 돈을 인출해 가는 수법과, 세금을 많이 내어 돈을 환급해 준다면서 은행계좌번호를 알려달라고 하여 돈을 인출해가는 수법을 사용하였다.[80]

국내에서 활동하던 대만 '금오C파(金敖C派)'는 'SKYPE'라는 채팅 앱과 브리아(Bria)로 연결해 인터넷 전화를 사용하면서 대만 두목으로부터 한국에서의 보이스피싱 범행에 대한 지시를 받았다. 제주도에서 검거된 대만 보이스피싱 금오C파 조직도 국가 간 경계가 없는 '브리아(Bria)'를 이용했다. 본 건에 대한 수사 초기 대만경찰에서 이들 조직이 '금오C파(金敖C派)'로 특정지울 수 있었던 중요 근거가 바로 브리아를 이용했기 때문이다. 대만경찰에서 한국경찰에 공조요청을 할 당시, 대만 경찰이 추적한 IP가 예전에 보이스피싱 범죄로 조직원을 검거한 바 있는 금오C파의 IP와 동일했기 때문이다.

하지만 '금오C파(金敖C派)'가 대만에서 보이스피싱을 최초로 개발해 사용한 대만 흑사회(黑社會) 죽련방(竹聯幇)과 연계되었다는 흔적은 아직 찾아 볼 수 없다. 왜냐하면 타이중시(台中市)는 대만에서 두 번째로 큰 도시로, 도시자체가 공업도시라기보다 정치, 사회, 문화적인 요소가 강해 소규모 가족운영 상점이나 다양한 가족기업이 자리하고, 또한 정치적으로 범람연맹[81]의 정치적 기반인 북쪽의 타이베이나 범록연맹의 정치적 기반인 남쪽의

---

79) 挑戰新聞, 民視新聞台, 2013.1.8자.

80) 신상철, 『중국 흑사회성질범죄조직 연구』, 부산대학교 박사학위논문, 2011.

81) 대만 국민당(KMT)을 주축으로 하여 국민당이 사용한 남색에서 유래하였기 범람연맹(泛藍聯盟)이라 불리며, 연맹 초기에는 중화인민공화국과의 경제적, 정치적 우호교섭을 선호하였으나 최근에는 중국 대륙의 공산당 정권이 민주화된 정부로 대체될 때 통일이 가능하다고 주장한다. 그에 비해 대만의 민주진보당(DPP), 타이완 단결연맹(TSU), 건국당(TAIP)으로 주축된 범록연맹(泛綠聯盟, Pan-Green Coalition, Pan-Green Camp)은 중화민국의 비공식적인 정치연맹으로, 민

가오슝, 타이난과 달리 타이중은 두 진영이 균형을 이루고 있어 시민들은 상대적으로 온건한 성향이며, 폭력 등 각종 범죄 발생률이 타도시에 비해 적은 편이다. 또한 죽련방이 본거지로 활동하는 타이페이시에서 지역적으로 떨어져 있을 뿐만 아니라 한국에서 검거된 총책 바이(白)가 자신이 속한 '금오C파(金敖C派)'에 대한 구체적인 계보에 대해 함구하고 있기에 죽련방 내 보이스피싱 조직과의 연계성은 아직까지는 불확실하다. 또한 조직원 린(林)의 진술에서 자신이 대만 '박의(博義)' 범죄조직의 일원이었다는 주장에 대해서도 대만경찰에서 현재 '박의' 조직을 추적하고 있어 그 정확한 실체 및 계보도 아직 파악되고 있지 않은 상태다.[82]

6. 대만 보이스피싱 범죄조직의 외국활동 사례와 시사점

전화사기(일명 보이스피싱) 범죄는 20년 전 대만에서 개발된 후 단계를 거쳐 중국 본토를 지나 동남아시아 및 아프리카와 남미에 콜센터를 개설하기에 이르렀고, 업그레이드된 기술과 분업화된 역할 그리고 인출된 즉시 자금 세탁을 거치는 등 계속 진화 발전하고 있다. 이에 대만과 중국은 2009년 '범죄와 상호 법적 지원에 관한 협약'에 서명은 했으나 협약내용이나 운영의 미숙으로 공동의 노력이 효과를 보지 못하고 있다. 2016년 4월 9일 대만인 45명과 중국인 32명 등 총 77명으로 구성된 국제 보이스피싱 조직이 아프리카 케냐에서 검거되어 중국으로 송환되었는데, 중국인이 처음으로 보이스피싱 조직에 가담하여 아프리카지역으로 진출한 첫 사례가 되었다(新华社, 206.4.13). 경찰조사에서 대만인 총책 주도하에 편취한 금액이 178건의 2,300만 위안(한화 약 39억 원 상당)으로, 이 사건에 대한 재판관할권 문제로 대만과 중국이 심각한 견해 차이를 보여 정치적 문제로까지 비화되기도 했다. 재판 관할권과 관련하여 또 다른 사건으로 2011년 14명의 대만 보이스피싱 조직원이 필리핀에서 검거되어 중국으로 송환되었고 167명의 대만 보이스피싱 조직원도 같은 해 인도네시아에서 중국으로 강제 송환되기도 했다.[83]

진당이 환경운동의 일환으로 사용한 녹색에서 유래한다. 중국과의 통일보다 타이완 공화국으로 분리독립을 선호하고 있으며, 중화민국 내 강한 영향력을 끼치는 정치세력으로 자리 잡았다.

82) 수사 담당 경찰관과의 인터뷰 도중 내국인 공모자 이모의 주변인물 가운데 제주도에 자주 내려가거나 활동 근거지가 있었던 인물로 국내 폭력조직 남서방파 조직원이 포착되기도 했으나 정확한 개입정도가 확인되지 않아 계속 수사를 진행하는데 어려움이 있었다는 후문이다.

83) 沈威, 徐晋雄, 陈宇, "网络时代跨境电信诈骗犯罪的新变化与防治对策研究(以两岸司法互助协议之实践为切入点)", 实证研究, 第2期, 2017.

최근 5년 간 대만(臺灣) 보이스피싱 범죄 현황

연도	전화사기		대출사기		인터넷사기		명의도용 사기		위장판매 사기		기타유형	
	발생	검거	발생	검거	발생	검거	발생	검거	발생	검거	발생	검거
2011	6784	4965	4117	3783	4053	2186	3391	2628	1797	1444	3470	2788
2012	5539	3683	4057	3669	2245	1514	3662	2928	1529	1288	3389	3070
2013	4418	2275	3872	3216	1526	1131	2660	1985	1429	1138	4867	3160
2014	7949	3711	3723	3237	3176	1379	2402	1872	1668	1388	4140	3721
2015	1492	984	901	1048	378	362	2937	2446	2261	1919	13161	11293

출처: 臺灣警政统计通報(数据来源于台湾地区内务主管部门警政全球资讯网的每年(2016.5.15).

(1) 동남아시아지역 활동 사례

2015년 10월 캄보디아 및 인도네시아에 콜센터를 설립한 대만 보이스피싱 범죄조직 (대만 및 중국인 431명으로 구성)에 대해 중국·홍콩·타이완 경찰이 국제공조로 검거한 사례가 있다. 이 조직은 대만인이 주축이 된 보이스피싱 조직으로 "중국법을 위반했으니, 중국 은행으로 송금해 수사 협조 의사를 밝혀야 한다."는 수법으로 2015년 한 해 동안 118만 홍콩달러(한화 약 1억 8천만 원)의 금원을 편취했다. 이 조직의 검거경위를 보면, 홍콩 경찰이 위치추적을 통해 중국·대만 경찰에게 인도네시아 콜센터 근거지 8곳을 통보하여 중국인과 대만인으로 구성된 조직원 224명을 체포하였고 광둥성 경찰은 추가로 39명을 체포했다. 인도네시아에 본부를 둔 콜센터 조직의 경우 홍콩과 중국에서 3,000건 이상의 보이스피싱으로 일부 피해자는 20만 홍콩달러(약 3천만 원)의 손실을 당하기도 했는데, 이 조직은 인도네시아 각 지역에 콜센터 지부를 설치해 중국과 대만에서 모은 신규조직원을 보내 사전교육한 후 매뉴얼에 따라 중국과 대만으로 전화를 걸도록 했으며, 피해자로부터 송금받은 돈을 중국의 여러 은행에 나눠 입금했다가 대만으로 송금하는 방법으로 돈 세탁도 병행하였다. 인도네시아 수라바야시의 고급 빌라 콜센터에서 활동하던 신입 조직원들은 여권과 휴대폰을 빼앗기고 외출을 금지 당했으며, 두목 급들은 경찰의 추적을 피하기 위해 인터넷 전화는 중국·대만·필리핀·홍콩 등 아시아 각국에 설치된 서버를 경유하는 수법을 사용했다.

2015년 10월 조직원 168명이 검거된 캄보디아 콜센터의 경우, 상담조직원들은 오전 8시부터 오후 5시까지 근무하며 실적압박에 시달렸고, 매달 150명의 새로운 범죄대상자를 물색해 자세한 신원정보를 제출하도록 강요받았으며, 몇몇 조직원은 채용사이트에 오른 가짜 구인광고를 보고 조직에 가입했기에 자신도 희생자라고 주장했다.[84] 2016년 4월 15일

---

84) South China Morning Post 2015.11.11자

말레이시아에서는 자국에서 활동 중이던 대만 보이스피싱 조직원 20명을 검거하여 대만으로 추방했는데, 대만경찰은 증거불충분으로 20명 전원을 석방했다.[85] 이에 중국정부는 대만정부에 대해 보이스피싱 범죄조직에 대해 엄벌하라고 촉구했다.

(2) 아프리카지역 활동 사례

2016년 4월 9일에서 13일까지 케냐에서 대만인 45명, 중국인 32명 등 77명으로 구성된 보이스피싱 조직을 검거했다. 케냐정부는 조직원 전원을 중국으로 송환했는데, 이에 대해 대만정부에서 중국정부에 대해 재판관할권과 관련하여 대만으로 송환해 줄 것을 강력히 요구했으나 중국정부는 이를 거부했다. 중국정부는 피해자 대부분이 중국인이며 '중국은 하나의 원칙'에 따라 케냐에서 피의자를 송환받았기에 대만으로 보내줄 수 없다고 주장했다. 케냐 내무장관(Nyoka)은 불법적으로 입국하여 범죄에 가담한 중국인들은 출신국으로 돌아갈 의무가 있으며, 그들은 중국에서 왔기에 우리는 그들을 중국으로 돌려보낸다고 했으며, 케냐 외교장관(Amina Mohammed)도 케냐와 대만이 공식적인 외교관계를 수립하지 않았고 중국과의 외교 관계에서 '하나의 중국'정책을 고수한다고 했다. 이들 조직의 수법과 운영 방식은 통상적인 보이스피싱 범죄조직과 유사한데, 대만인 총책을 중심으로 피해자를 속일 '시나리오'를 만들어 본토 중국어를 구사할 줄 아는 중국인들이 전화를 걸어 중국 공안요원이나 검사, 통신국 직원 등을 사칭했다.[86]

(3) 발생요인 분석과 피해 규모

1) 발생요인

보이스피싱에 가담하는 중국계(중국 및 대만인) 조직원들이 90년대 출생한 젊은이들로 더 젊어지고 직업 또한 대학생들이 주류를 이루고 있다. 2015년 중국 푸젠성 공안에서 검거한 보이스피싱 범죄 조직원 606명을 체포하여 연령별로 분류해 보니 90년대 출생 젊은이가 전체의 42%를 차지했고 일부 학생은 속임수에 넘어가 참여하기도 했다. 예를 들면, 2015년 롱옌검찰국에서 처리한 보이스피싱 사건에 18명의 미성년이 가입해 활동했는데, 이들 대부분이 직접 사기범행에 참여하거나 인출 및 운반책 등으로 활동했고, 은행을 상대로 ID카드를 부정발급받아 사용하거나, 타인명의의 카드를 다른 사람에게 판매하기도 했고, 보이스피싱으로 편취한 금원을 중국 농업은행, 중국 공상은행, 중국 건설은행 등 다양한 은행에서 거래하다 적발되기도 했다(沈威, 徐晋雄, 陈宇, 2017).

---

85) 中国青年报, 2016.5.15자.
86) 新华社, 2016.5.12자.

2018년 현재 대만에서 활동하는 보이스피싱 범죄조직원은 10만여 명으로 추산된다. 이는 대만의 경기불황과 신흥 경제대국으로 부상한 중국 대륙이라는 거대 보이스피싱 시장이 옆에 있다는 점에서 그 이유를 찾을 수 있다. 1990년대 후반 대만 죽련방에서 개발해 전 세계에 전파된 보이스피싱 전화사기는 대만에서 2000년대 초반까지 기승을 부리다가 2003년에 들어 대만 정부가 대대적인 소탕작전에 돌입하자 이들 조직들이 대만과 가까운 중국 푸젠성·광둥성 등 중국 남부 지역에 진출하면서 당시 보이스피싱 개념조차 없던 중국인들은 전화 한 통에 큰돈을 사기당하는 일이 허다했다. 13억 명의 신흥 거대 중국시장이 대만 보이스피싱 범죄조직을 신흥 산업 수준으로 키운 셈이며, 오랜 경기 불황으로 인해 대만 젊은이들이 손쉽게 돈을 벌 수 있는 보이스피싱 범죄로 빠져들게 한 주요 원인으로 볼 수 있다.[87]

2) 피해 규모

중국의 도원(都勻, Duyun) 경제 개발구 건설국 재무부 출납 담당 양모(楊某)는 자칭 탕용(唐勇)으로부터 '중국 농업은행 법무팀인데 상하이 송강 공안분국 경찰에서 신용카드에 문제가 있으니 가지고 있는 계좌의 목록을 작성하여 전자 팩스로 사본을 보내야 한다'고 해 의심없이 상대방의 지시에 따라 1억 1,700만 위안을 송금했다. 이 사건 발생 후 중국 공안은 사건의 성격과 엄청난 액수를 고려해 구이저우성 공안부에 '12.29 사건수사본부'를 설치해 500명 이상의 경찰관을 투입했다. '12.29 보이스피싱 사건'은 최근 몇 년 동안 중국 본토에서 발생한 가장 큰 보이스피싱 사건으로 기록을 세웠다.[88]

중국 본토 내에서도 중국·대만인에 의한 보이스피싱 피해는 최근 들어 계속 증가하고 있다. 중국 공안에 접수된 보이스피싱 피해 사례는 2017년 한 해 동안 60만여 건으로, 2011년(10만여 건)보다 6배가 증가했고 피해액도 약 220억 위안(한화 약 3조 6,060억 원)에 이른다. 더구나 억울하게 보이스피싱으로 재산을 잃어버린 경우 극단적으로 자살까지 한 경우도 많아 중국 공안은 해외에서 검거된 대만 보이스피싱 조직원을 중국으로 송환하고자 신병을 확보하는 데 주력하고 있다. 현재 해외에서 보이스피싱 범죄로 중국에 강제 송환된 대만인 보이스피싱 조직원은 376명에 이른다.

(4) 대만 보이스피싱 범죄조직에 대한 시사점

피해회복의 어려움에 대한 사례를 보자. 2013년 9월 톈진(天津)에 거주하는 리(李)씨는 보이스피싱 조직에게 697만 위안을 사기 당했다. 리의 돈은 처음 70개 계좌로 분산되다

---

87) 南方都市報, 2016.4.18자.
88) 联合报, 2016.4.14자.

가 나중에는 130개가 넘는 계좌로 이체되어 대만에서 인출되었다. 리는 사건 발생 후 반년 이상 병에 걸려 누워 있었다. 그는 열심히 돈을 모아 집을 사서 아들을 잘 키우려고 했는데 이젠 돈을 다 날려 집을 살 돈도 없고 더구나 생활할 돈도 빌려야 할 처지가 되었다. 그는 매일 밤 고통스럽게 밤을 지세다가 빚을 내 대만으로 건너가 대만경찰과 함께 연락을 유지하고 관련 부서를 찾아다닌 끝에 자신의 돈을 인출해 간 8명의 인출자를 검거하게 되었다. 그 해 11월 대만 경찰에서 보낸 서한을 받고 한 가닥 희망으로 타이완 검찰청에 가서 그의 재산을 회수할 방법을 찾아달라고 요청했다. 하지만 2~3개월을 기다려도 연락이 없어 다시 타이중 지방검찰청 담당 검사에게 편지를 보냈는데, 담당 검사는 리씨에게 자신의 주장을 내세우려면 대만의 법률에 따라 자신의 권리를 위해 싸워야 한다고 해 희망을 걸고 2만위안을 빌려 대만에 도착하였으나 담당 검사는 보이스피싱 조직을 검거했으나 돈을 받을 방법은 없고 대만 법에 따라 민사소송만을 제기할 수 있다고 해 리씨는 모든 걸 포기했다. 이러한 일련의 이유로 인해 중국은 보이스피싱 조직원을 외국에서 검거하면 대만에 재판권을 양보하지 않고 본국으로 송환하려는 것이다.

대만 보이스피싱 조직은 동남아시아, 아프리카, 오세아니아 및 기타 여러 국가에서 보이스피싱 범죄를 저지르며 매년 약 100억 위안 상당의 피해금액이 중국본토에서 대만으로 보내겼지만 회수한 금액은 207,000위안뿐이다. 이러한 범죄는 앞의 사례에서 보는 바와 같이 양안 관계에 비판을 받아오고 있는데, 특히 중요한 요소 중의 하나는 대만 형법의 소극적 처벌에 기인한다. 예를 들면, 2011년 6월 중국과 대만은 동남아시아 6개국과 공동으로 보이스피싱 퇴치협약에 서명해 대만 국적 472명의 용의자를 대만으로 송환하였으나 167명의 조직원에 대해 구류형이 선고되고 그 중 일부는 벌금을 부과했다. 대만 형법에서 보이스피싱 범죄로 인한 형벌의 경우 금액에 따라 1년 이하, 3년 이하, 5년 이하, 7년 미만의 징역형이며, 가장 높은 벌금 기준은 20만 위안~1백만 위안이고, 구류의 경우 하루 200, 400, 600위안으로 대체할 수 있다(臺灣 刑法, 2015. 제339조~제341조). 하지만 중국은 보이스피싱 사기죄에 대한 기소 및 처벌 기준은 훨씬 엄격하다. 중국 형법 제264조에 공공 및 사유 재산에 대한 사기로 금액이 3천 위안에서 1만 위안의 경우 3년 이하 징역이 부과되거나 구금 또는 벌금, 그 액수가 3만 위안에서 100만 위안의 경우 3년 이상 10년 이하의 징역과 벌금이 부과되며, 그 액수가 특히 50만 위안 이상의 경우 10년 이상의 징역 또는 종신형을 선고받거나 재산을 몰수해야 한다고 규정하고 있으며, 이에 더해 2, 3선의 운반책이거나 단순 공범자 일지라도 10년 이상 징역형을 부과할 수도 있다(李修安, 2016). 사례를 보면, 아르메니아에서 중국인들을 상대로 보이스피싱 범죄를 주도한 대만인 총책 천(陳)에 대해 중국 광저우(廣州) 화두(花都) 인민법원은 징역 11년을, 조직원인 린(林) 등 28명에게 징역 3~10년의 중형을 선고한 바 있다. 이들 조직은 2016년 7월과 8월에 걸쳐 아르메니아에 보이스피싱 콜센터를 차려놓고 중국인들을 상대로 공안이나 검찰이라고 속여 166만 위안(한화 2억 8천만 원)을 편취한 보이스피싱 범죄를 해 왔다. 이와 같이 중국 형법은 최근의 급증하는 보이스피싱 범죄에 대해 최대 무기징역에 처할 수 있도록 하였으나 대만 형법은 최고 양형이 징역 7년형이지만 실제 법정에서 선고되는 양형은 2년 이하의 징역형이 대부분이다.[89] 2017년 대만에서 1천 807명의 보이스피싱 재판에서 1천 709명이 2년 이하 징역형을 받았다. 위의 사례에서 검거된 대만 보이스피싱 총책 천(陳) 등 조직원들은 2016년 9월 아르메니아에서 체포됐다가 중국으로 강제 송환된 78명 중 한 그룹이다. 이런 추세를 감안하여 대만 법원에서도 2016년 3월 인도네시아에서 보이스피싱 범죄조직의 총책 좡(莊)에 대해 1심에서 3년형을 선고했다가 2018년 3월 열린 2심에서 10년형을 선고한 바 있다.[90] 그리하여 2016년 이후 대만은 국제 보이스피싱 척결을 중점과제로 삼아 형법·돈 세탁방지법(洗錢防制法)·조직범죄방지조례(組織犯罪防制條例) 등 관련 법률을 개정하기도 했다.[91]

제7절 산업기술유출사범 수사

전 세계적으로 기술 경쟁이 심화되고 있는 가운데 국내 산업기술의 유출로 인한 피해가 지속적으로 발생하고 있다.

산업기술 유출사범 검거 현황(2018)

구분	계	'10년	'11년	'12년	'13년	'14년	'15년	'16년	'17년
검거건수(건)	824	40	84	140	97	111	98	114	140

출처: 경찰청 경찰백서(2018).

1. 산업기술의 개념정의

산업기술이란 제품 또는 용역에 관한 기술정보 중 관계중앙행정기관의 장이 법률 또

---

89) 台湾地区 "刑法" 第41条: "犯最重本刑为五年以下有期徒刑以下之罪, 而受到六月以下有期徒刑或拘役之判決, 且无难收矫正之效或难以维持法秩序者, 可以用新台币1000元, 2000元, 或3000元 折算一日刑期"

90) 臺灣 聯合報, 2018.6.15자.

91) 신상철, "대만 보이스피싱 조직 국내활동 분석", 아시아연구 21(3), 2018.

는 해당 법률에서 위임한 명령에 따라 지정·고시하는 기술(첨단기술, 전략기술, 전력신기술 등)로, 산업 기술의 유출방지 및 보호에 관한 법률에 의해 지정되고 보호되는 기술이다. 그리고 국가핵심기술이란 산업기술 중 국내외 시장에서 차지하는 기술적·경제적 가치가 높거나 관련 산업의 성장잠재력이 높아 해외로 유출될 경우 국가안전보장 및 국민경제의 발전에 중대한 악영향을 줄 우려가 있는 기술이다.[92] 또한 영업비밀이란 공공연히 알려져 있지 아니하고, 독립된 경제적 가치를 가진 것으로, 합리적 노력에 의하여 비밀로 유지된 생산방법, 판매 방법, 그 밖에 영업활동에 유용한 기술상 또는 경영상의 정보 등이 포함된다. 이에 따라 영업비밀은 경제적 유용성, 독립된 경제적 가치,[93] 비밀관리성[94] 등 요건을 충족 하여야만 영업비밀로 인정받을 수 있다.

(1) 산업기술유출 징후와 피해자

1) 산업기술 유출 징후

○ 개발 중인 제품과 유사한 제품을 다른 회사에서 생산할 때

○ 주요 고객이 갑자기 구매를 거절하며 거래 선을 바꿀 때

○ 구매가격에 대해 이유 없이 하향토록 요구할 때

○ 핵심인력이 갑자기 사직할 때

○ 제품의 매출액이 갑자기 감소할 때

2) 유출 내용 입수 및 피해자 신고

산업기술 및 영업비밀 유출 징후 등 관련 내용을 수집하거나 산업기술 및 영업비밀 유출 사실을 발견한 피해자로부터 신고를 접수하면 피해자 및 피해상황 조사를 통해 산업기술 및 영업비밀 인정자료를 확보한다.

먼저, 산업기술 및 영업비밀 수사를 위해 산업기술 및 영업비밀이라는 법적 요건(비공

---

92) '16년 1월 현재 47개 기술이 국가핵심기술로 지정되어 있다.
　　국가핵심기술이란
　　1. 국가핵심기술 정의, 국내외 시장에서 차지하는 기술적·경제적 가치가 높거나 관련 산업의 성장 잠재력이 높아 해외로 유출될 경우에 국가의 안전보장 및 국민경제의 발전에 중대한 악영향을 줄 우려가 있는 산업기술로서 「산업기술의 유출방지 및 보호에 관한 법률」 제9조에 따라 지정된 산업기술.
　　2. 국가핵심기술 선정기준, 국가안보 및 국민경제에 미치는 파급효과, 관련 제품의 국내외 시장 점유율, 해당 분야의 연구동향 및 기술 확산과의 조화 등을 종합적으로 고려.
93) 비밀 취득을 통해 경제상의 이익을 얻을 수 있거나 정보의 취득 또는 개발을 위해 상당한 비용이나 노력이 필요한 경우를 의미한다.
94) 비밀유지를 위한 노력, 즉 영업비밀 보유자가 비밀을 유지하려는 상당한 의식을 가져야 하고, 제3자 또는 종업원이 알 수 있는 방식으로 비밀임을 관리하는 행위를 하여야 한다.

지성, 경제적 유용성, 비밀 관리성)이 확보되어야 한다. 이에 따라 영업비밀 유출의 경우 법적으로 영업비밀로 인정받기 위해 객관적인 자료가 확보되어야 하며, 또한 증거자료 확보를 위해 참고인 조사와 압수수색 영장 집행으로 증거자료를 확보하고, 피의자 조사를 통해 기초 조사 및 구체적 실행행위 그리고 고의 입증과 공모 등을 확인한다.

   3) 기술유출 사실의 발견과 관련 자료 확보

   기술유출 사실이 발견되면 사실관계 확인 후 기업 내부 보고체계에 따라 즉시 보고하고, 기술유출에 대한 자체조사를 실시한다. 기술유출이 의심되는 부서 혹은 임직원에 대한 업무 내역 및 기록물 접촉현황 등을 파악(이메일, USB 등의 사용 내역, 핵심 기술에 대한 접근 및 수정 히스토리) 및 조사를 통해 유출 기술사용이 의심되는 회사에 대해 해당 기술의 개발 및 출시 등 동향 파악한다. 이는 의심되는 회사의 임직원 및 부서의 행적 등 조사를 통해 확인할 수 있다.[95]

   그리고 피혐의 기업(제품)관련 자료 확보가 우선되어야 한다. 즉 기술유출로 인한 피해를 법적으로 보호받기 위해서는 피의자로 특정할 수 있는 자료와 피해 사실을 객관적으로 입증할 수 있는 자료가 구비되어야 한다. 이는 피혐의 기업이나 제품에 대한 설명자료(유출기술관련 설명 자료)와 피혐의 기업과 피혐의자에 대한 접촉 기록 및 인사이동 정보 등 유출기술 설명자료와 피혐의자 특정을 위해 필요한 자료를 의미한다.

   이러한 관련 자료에는 피혐의자의 인사자료, 입·퇴사 기록자료 및 보안서약서[96] 등 유출당한 기술의 기능을 설명하고 특정할 수 있는 자료가 필수이다.

   4) 침해사실 입증을 위한 증거확보

   침해 현장상황 및 컴퓨터 하드디스크 등 관련 물품을 보존하고 사진, 비디오, 진술서 등을 신속히 확보한다. 또한 증거 신빙성을 위해 주체, 일시, 장소, 증거확보 경위 등을 상

---

95) 피해 기술의 관리방법은 피해기업이 산업기술(영업비밀)을 관리하고 있는 방법(접근 권한 및 비밀관리시스템 등)으로 피혐의자 사용 자료라 함은 피혐의자가 사용하던 회사 계정 및 자료이며, 피혐의자가 기술을 유출한 방법을 증명할 수 있는 자료(기록의 접근 내역, 전산망 로그 기록)나 피혐의자가 사용한 모든 디지털 기기(컴퓨터, 이동식 저장장치, 휴대전화 등)를 포함한다.

96) 일반적인 정보보안준은,
   ○ 나는 XXX(이하 "회사")로부터 취득한 모든 정보를 업무에 한해 이용할 것이며, 타기업의 보호대상 정보를 회사 내 보관치 않겠다.
   ○ 나는 회사로부터 제공받은 정보자산(서류, 사진, 전자화일, 저장매체, 전산장비 등)을 무단변조, 복사, 훼손, 분실 등으로부터 안전하게 관리하겠다.
   ○ 나는 알 필요가 없는 자(직원, 고객 혹은 계약직사원 등)에게 회사의 소유정보를 누설하지 않을 것이며, 업무상 알게 된 고객, 제3자의 소유정보를 누설하지 않겠다.
   ○ 나는 명백히 허가받지 않은 정보나 시설에 접근하지 않으며, 회사관련 업무를 수행할 때만 사내데이터 처리시설을 사용하고, 이 시설 내 사적정보를 보관치 않겠다는 등이다.

세히 기록하며, 추가 유출 방지를 위한 응급조치를 실시한다. 자체 확인 결과 침해가 탐지
되거나 추가 침해가 예상되는 경우, 중요 문서 등을 회수하여 추가 유출을 방지하고, 외부
유출이 의심되는 네트워크 등의 경로를 차단한다. 관련 증거 수집방법으로는,

　　　○ 고소·고발 또는 인터넷 검색, 국정원 산업기밀보호센터 등으로부터 관련 자료 입수
　　　○ 첨단산업체협의회, 한국정보보호학회 등 세미나 및 산업기술전시회 등 정기적인
　　　　참석을 통한 자료 수집
　　　○ IT·BT 등 다양한 분야의 기술자·과학자들이 토론하는 포럼·세미나 등에 참석,
　　　　기술유출사범 검거를 위한 홍보활동 전개 및 증거 수집
　　　○ 수출업자·기업체연구소·보안담당관 등 영업비밀의 개발, 취급·관리와 관련이 있
　　　　는 업무 종사자 접촉을 통한 증거 수집
　　　○ 한국산업기술보호협회의 기술유출신고센터, 중소기업청의 현장애로신고센터 등 신
　　　　고접수 담당자들과 정례적 모임 등을 통한 증거 수집

(2) 수사 진행 사항

1) 사실관계 확인 등 내사단계

○ 피해자 상대로 기술에 대한 이해와 영업비밀의 3요소(비공지성·비밀관리성·경제성)
　조사, 보안유지 사항 등에 대해 조사
○ 기술적 부분과 영업, 피해부분 등 영역별 관련자 상대로 조사
○ 피의자의 이메일, 웹하드 등 가입상황을 파악하고 이메일 압수수색, 피의자의 근무
　처 및 집전화 파악
○ 관련 분야 전문용어 등 지식을 사전에 습득하여 조사

2) 피의자 검거 및 수사(압수수색 및 증거분석)

① **압수수색**
○ 무단복제 인터넷 사이트 통신수사 및 중국 탁송업체에 대한 통신수사, 압수수색영
　장 실시, 피의자들에 대해 압수수색영장, 체포영장 발부받아 집행하는 등 적법한
　절차 준수
○ 회사 보안담당자의 협조로 피의자가 사용한 컴퓨터를 신속히 회수하여 동회사 전
　산실에서 인터넷 접속기록, 컴퓨터 저장된 기밀문서 등을 확보함으로써 피의자가
　증거확보
○ E-mail뿐만 아니라 웹하드 계정, 휴대전화 메모리, PDA, USB 메모리 등 휴대용
　저장장치에 대한 압수수색을 통해 충분한 증거자료 확보

○ 압수수색을 실시하기 전 대상자의 출입국 사실 확인
○ 일출 전, 일몰 후 집행가능성을 염두하고 압수수색영장 등 관련 서류 작성
○ 디지털 증거 압수수색 집행 시 전문수사관 참여
○ 집행 장면에 대한 사진 및 동영상 촬영

② **증거분석**
○ 기술유출에 사용된 컴퓨터 등 장비를 압수한 뒤 디지털 증거분석시스템 활용 등 증거에 대한 끈질긴 분석
○ 디지털 증거분석결과서 작성
○ 수사 및 공판과정에서 영업비밀 누설방지를 위해 회로도 등 영업비밀 자료는 기록에 첨부하지 말고 압수물로 처리하도록 유의

3) 법정에서 자백의 임의성 부인에 대한 대비
○ 이미 발췌한 통화내역 분석자료, 압수한 컴퓨터 등에서 확보한 구증자료를 토대로 피의자 분리 신문, 철저한 조사로 자백유도
○ 대부분의 기술유출 사범은 자신의 범행에 대해 처음부터 부인하거나 자백 후 법정에서 부인하는 경향이 있기에 자술서를 확보하거나 자백과정에 대한 수사보고서 작성, 신문조서의 정확성과 신빙성 제고를 위해 당사자 자필로 수정토록 하고, 필요시에는 신문과정의 녹음·녹화를 활용
○ 피해액수 등에 대한 객관적인 자료 확보 등 수사단계에서부터 충분하고 객관적인 양형자료 확보가 중요

4) 범의 입증을 위한 간접증거 또는 정황증거의 충분한 확보
○ 압수된 자료들이 업무수행과 관련 있는 것인지 여부와 File 사용일자 등을 확인
○ 퇴직 이후의 상황 및 경쟁업체 취업 시도 여부, 이력서 내용 등 확인

5) 법령 등 관련 지식 숙지
○ 피의자 신병확보와 압수수색의 병행 여부는 사안에 따라 달리 판단
○ 기술유출 사범의 속성(내가 개발한 것은 내 소유라는 경향) 이해 및 설득(행위에 대한 법률적 평가가 어떤 것인지 충분히 설명)
○ 기초적 사실 관계에 대한 진술서 확보

6) 영업비밀 인정 여부 판단
○ 영업비밀성의 3요소(비공지성·비밀관리성·경제성) 조사

○ 유출기술의 특허출원 여부 확인

○ 인터넷 등에 일반적으로 공개되었는지 확인

○ 관련 분야 해당 전문가의 자문 의뢰[97]

2. 관련사례(1): 칩 안테나 핵심기술 유출 사례

(1) 사건 개요

피의자들은 칩 안테나 제조업체인 ㈜A社의 연구원들로, A社에서 2006년 3월부터 2008년 2월 간 약 80억 원의 연구비를 들여 개발한 칩 안테나 핵심기술을 일본계 회사로 이직하기 전에 USB, 이메일 등으로 유출하였다. ㈜A社는 핵심기술 유출로 인한 피해액이 약 3천억 원 상당으로, 이들 피의자들은 일본계 회사로 이직한 후 단기간(3개월)에 걸쳐 유사제품을 개발하여 국내외 판매를 시도했다. '세계일류상품'으로 선정된 '칩 안테나' 핵심기술을 일본계 회사로 유출한 피의자 8명은 국가정보원과 3개월의 끈질긴 공조를 통해 피의자 전원을 검거하였다.

(2) 증거수집 배경

2008년 3월 초순경 피해회사 선임 연구원 등 5명이 학업 등을 이유로 퇴사하였는데, 자체 확인결과 일본계 회사로 이직한 후 연구원으로 근무하고 있으며, 이들 연구원들이 근무하는 회사는 칩 안테나 생산 경험이 전혀 없는 커넥터(발전 고압콘센트 등) 생산업체로, 자사 기술을 유출할 우려가 있다는 관련 자료수집(2008년 5월 초)

(3) 증거 및 수사자료 수집

○ 단체로 이직한 연구원 5명의 인적사항과 차량번호, 주거지 등을 피해 회사로부터 확보하여 수사자료 수집

○ 이직자 중 일본계 회사의 근무환경에 적응하지 못하는 연구원의 협조로, 다른 연구원들이 이직 전에 거액의 이직료를 제의받고 영업비밀을 유출하여 현재 칩 안테나를 개발하고 있다는 진술 확보하여 이직자들의 계좌추적을 통해 입사 전후 1~3억 원씩 입금사실을 확인하여 혐의점 포착

---

97) 지적재산권 관련 특허법 침해 사범에 대한 변리사 감정 및 특허심판원 감정의뢰, 정보통신부 산하 프로그램심의위원회 감정 등으로 침해행위에 대한 증거자료 확보.

(4) 피의자 검거

○ 피의자들의 연구실 운영상태(조직, 임무, 근무배치도) 등 파악 후 주거지와 연구실, 차량, 회사 인사자료에 대한 압수·수색, 검증영장 발부(2008년 6월 말)

○ 국가정보원에 수사공조 요청, 이직회사 사무실 확보하여 피의자들이 사용하는 컴퓨터와 실험 및 회의, 인사자료 압수, 피의자 7명(회사대표 제외) 현행범인 체포 후 피의자 주거지와 차량에 대한 압수수색영장 집행, 피해회사 로고가 찍혀 있는 도면 및 거래처 등 영업비밀 등 120점 발견

○ 피의자 중 이직 전 피해회사 영업비밀 유출과 이직 후 연구원을 주도적으로 지휘하여 유사 안테나 칩을 3개월만에 개발한 선임연구원 오○○에 대해 구속영장 청구, 피의자 전원 불구속 송치

(5) 범죄특징

○ 지식경제부에 의해 세계일류상품으로 선정된(2007.12.24) 국가핵심 첨단기술을 일본계 회사에서 빼내기 위해, 유명 S, L사 출신 전직 연구원을 브로커로 고용, 3개월간 연구원에게 고액의 이직료를 제시하는 등 회유를 통해 고도의 기술로 보안시스템을 해제하여 핵심 영업비밀 유출

○ 칩 안테나 연구와 생산에 전혀 경험이 없는 일본계 회사가 단 기간 내 세계일류상품으로 선정된 첨단기술을 상품화 성공, 유럽과 국내 출시를 시도 중 검거

(6) 수사기법

○ 유출 후 연구에 사용 중 삭제한 컴퓨터 복구로 증거자료 확보
○ 이메일, USB와 금융계좌 추적 및 이면고용 계약서를 확보 범죄사실 입증
○ 첨단수사 기법 습득 위해 국정원과 공조수사
○ 압수한 자료를 양사의 핵심 연구원 등 전문가 입회하에 분석

(7) 적용법조

○ 산업기술의 유출방지 및 보호에 관한 법률 제30조, 7년 이하의 징역 또는 7억 원 이하의 벌금

○ 부정경쟁방지 및 영업비밀 보호에 관한 법률 제18조, 5년 이하 징역, 그 이득액의 2배 이상 10배 이하의 벌금

○ 형법 제356조(업무상배임) 10년 이하의 징역 또는 3천만 원 이하의 벌금

(8) 시사점

체포 이전에 금융계좌, 이메일을 추적하여 증거를 확보하거나, 국정원 첨단산업 수사팀과 공조하여 자료 감정 및 손상된 프로그램 복구를 용이하게 하였으며, 사전 증거확보 후 체포하는 등 원칙 준수와 이면 계약서 압수 등 단계별 치밀한 수사계획 수립한 점은 돋보인다.

하지만 대부분 피해 회사들이 자사의 신용하락을 우려하여 신고를 기피하기에 관련 증거수집에는 곤란한 점도 있다. 또한 영업비밀에 대한 전문가 의견이 달라 피해사의 영업비밀 보안시스템 침해 방법에 대한 확실한 입증 실패로 재판이 장기화되었으며, 수사경찰, 검사, 법관의 전문지식 부족과, 학계와 민간 전문가에 의한 재판 진행 등 수사공무원의 능력에 한계도 일부 존재했기에 향후 이공계 출신 수사관 충원이 시급하다.

3. 관련사례(2): 전략물자 불법 밀거래 사례

(1) 사건개요

한국인 김○○는 미국 방산업체 제품인 '가속도계'를 국내 반입 후 중국 공모자를 통해 이란에 밀매(1차 성공, 2차 미수)[98]하였다.

가속도계란 미국 방산업체 하니웰 제품으로, 미사일 등 비행체의 자세를 제어하고 위치를 파악하는데 필수적인 부품으로, 정밀도 높은 군용 가속도계의 경우 탄도미사일 핵심 장비나 지하 핵실험 강도 측정에 필요한 정밀기기다. 또한 가속도계는 타격 정확도를 높여 주기에 우방국에도 수출이 쉽지 않은 품목이며, 북한 대포동 미사일에 장착될 경우 그 정확도가 향상돼 위협이 되기에 본 사례의 경우 국제 무기밀매시장에서 한국을 우회로로 설정한 첫 사례이다. 이 가속도계는 미국 정부 및 AECA와 ITAR 규정 통해 '군용 물자품목목록(USML)'에 포함되어 있어 수출 시 미 국무부 국방물자수출통제국(DDTC)의 허가 받도록 되어 있다.

(2) 밀거래 수법

피의자가 사용한 밀거래 수법은, 먼저 선불금을 받고 캘리포니아 유령회사 ACC 명의의 하니웰 가속도계를 6개 주문하여, 화물운송업자를 속여 최종 목적지 및 최종 소비자를

---

98) 위반 법규 : 미국의 무기수출통제법(AECA), 국제무기거래규정(ITAR), 이란거래규정(ITR) 등 위반

서울 본사로 작성하였고, ○○○○항공 화물기를 통해 인천국제공항에 도착, 송장에 '고객 테스트용 무료 샘플, 경제적 가치 없음'으로 허위기재 후 중국 상하이로 배송한 후 이란인에게 넘겨졌다.[99]

제8절 해외 성매매 사범 수사(미국 내 한국인 윤락녀 인신매매 사례 중심)

2002년 미국 FBI는 샌프란시스코에서 속칭 '호스테스 바'에서 일하던 92명의 한국 여성을 체포했고, 2005년 댈러스 한인 매춘업소에서 42명의 한인 여성과 업소주인을 검거했으며, 그 해 샌프란시스코에서 104명, LA에서 46명의 한국 여성을 매춘으로 구속하였다. 그리고 2006년 뉴욕 등 동북부 지역 7개 주에서 매춘조직 및 인신매매에 대한 단속으로 100여 명의 한인들이 연방 수사당국에 체포되어 마사지 업주 20여 명과 인신매매 가담자 41명이 기소되고 60여 명의 윤락여성은 인신매매 피해자로 조사를 받았다. 또한 2007년 4월 텍사스 주 댈러스 지역에서 마사지 업소를 차려놓고 매춘행위를 한 한국인 업주와 종업원 등 27명이 매춘과 인신매매 혐의로 체포되었고, 그 해 7월 덴버에서 스파업소 업주와 지배인이 인신매매 혐의로 구속되었다.

1. 미주지역 한인 인신매매 조직의 특성

(1) 구조적 특성

미주지역 인신매매 조직은 일반 범죄조직과 다른 형태를 나타내고 인신매매과정 중 다양한 단계의 행동을 수행하였고 다른 일반 범죄조직만큼 조직적이지는 않았다. 한인 인신매매로 검거된 41명의 한국인 매춘업소 주인, 지배인, 중간책(매춘 여성을 운반하거나 조직을 도와주는 사람), 불법 환전상으로 구성된 조직은 5명의 중간책(운송책)과 30명의 각자 독립적인 매춘업소 주인, 2명의 지배인과 2명의 불법 환전상으로 구성되었고, 30명의 독자적인 업주들은 다양한 형태의 매춘업소를 미 북동부 지역에서 운영하고 있었다.

(2) 중간책·운송책의 역할

중간책은 자신을 포함해 5명의 운송책으로 구성되어 이 중 2명은 같은 나이의 친구 사이로, 다양한 성매매 업소의 여성들을 운송하는데 서로 도와가면서 사업을 같이 하였다.

99) 위반 법규 : 국내법의 대외무역법 위반.

294 PART 2 외사경찰 각론

그리고 다른 운송책은 중간책의 처남 등 혈연관계로, 나머지 두 명의 운송책은 사업 동업자로 참여하였다. 이들의 역할은 콘돔을 배달하거나, 공항에서 여성을 데려오거나, 여성을 다른 성매매 업소로 이동시키거나, 돈을 수금하거나 전달하는 것들로, 바쁠 때는 서로의 역할을 대신하기도 하면서 운송비를 올리는 것부터 불법 송금의 커미션, 업주들과의 대응책 등에 대해 함께 논의하고 결정하였다.

(3) 한인 성매매 업체의 규모 및 업주·지배인 역할

매춘업소는 1인 소유의 업소로 여성이 업주였다. 각 성매매 업소에서는 매춘 여성 3명~7명이 일하고 있었고 업주들은 한국인 중간책에 의존하여 업소를 운영하는 경우가 많으며 중간책은 그 조건에 맞는 여성을 구해 조달했다. 이 업소들은 조직폭력배들을 업소의 기도(bouncers)로 고용하여 업소를 보호하면서 기도에게 하루일당으로 1인당 150달러에서 200달러를 지불했다.[100] 또한 불법 환전상은 아랍의 전통적 송금시스템인 하왈라(Hawala)를 이용하기도 했다. 즉 돈 세탁 방법으로 고객(업주나 성매매 여성)이 한국의 특정 계좌에 송금을 원할 경우 환전상은 자신의 한국계좌를 통해 송금을 한 후 미국에 있는 자신의 계좌로 고객이 송금한 돈을 받았으며, 1만 달러를 송금할 때마다 100달러의 수수료를 받는 등 성매매 여성들은 송금액의 10%를 송금비용으로 지불했다.

2. 한인 인신매매와 밀입국 과정

미주지역 한국 여성 인신매매 단속은 성적 착취를 위한 인신매매의 하나로 규정하여 대상자 '모집'을 통해 운송수단이나 불법입국에 대해 추가적으로 일을 진행했다. 즉 한국인 성매매 여성의 모집은 주로 인터넷이나 인쇄물을 통한 광고에 의존했고, 이외에 성매매 종사자들 사이의 구전을 통해 모집하기도 했다. 이는 미국의 한국인 성매매 산업이 전반적으로 친구나 친지에 의한 네트워크를 통해 모집이 이루어지고 있으며, 밀입국이나 인신매매 조직을 통한 조직적인 모집은 그다지 많지 않음을 의미한다. 미 연방사건 기록에도 한인 성적 착취 인신매매조직과 한국에 있는 범죄조직이 어떻게 연계되어 있는지를 밝히지 못했

---

100) 업주는 중간책에게 가슴이 큰 여성, 어려 보이는 여성, 법적 서류 등을 요청하고, 업주는 콘돔을 제대로 조달해 주지 않거나 자신들이 원하는 여성을 데려오지 않으면 다른 조달책을 찾으며, 고객들에게 새로운 여성을 조달하기 위해 업주는 몇 주일 마다 새로운 여성을 찾았다. 또한 아픈 여성이나 월경을 하는 여성을 다른 여성으로 대체하면서 새로운 성매매 업소를 개업하고, 지역 사법당국자를 매수하며, 중간책과는 최근 사법당국의 행동을 논의하거나 정보를 입수하였고, 법적인 문제가 생겼을 경우 그들의 전담 변호사와 논의하였다.

다. 또한 인신매매 루트에 대한 조사에서도 캐나다와 멕시코를 거쳐 미국으로 불법 입국하였거나 항공편으로 캐나다에 도착한 후 1시간을 걸어서 미국 국경까지 가서 거기에 대기하고 있던 한국인 차를 타고 미국으로 입국하였으며, 항공기를 통해 캐나다에 입국한 후에 한 도시에서 3일을 지낸 후 밀입국 조직이 준비한 RV차량 침대 밑에 숨어 나이아가라를 통해 미국으로 밀입국하기도 했다. 일부 여성은 한국계 중국인(조선족)으로 스위스와 인도네시아를 거쳐 멕시코에 도착한 후 화물차를 타고 멕시코 국경을 넘어 LA로 들어왔으며, 이외에도 중국에서 한국과 일본을 거쳐 미국으로 밀입국한 경우도 있었다.

3. 한인 인신매매 조직의 특성

미주 한인 성매매 및 인신매매 조직은 중간책(혹은 운반책)이 중요한 역할을 하였다. 미 연방법원의 사건기록에 의하면 구속된 40여 명의 한국인 중 1명의 중간책이 모든 업주와 지배인 및 성매매 여성을 알고 있었다. 즉 완벽한 범죄조직 형태의 인신매매 조직은 아니었으나 중간책을 중심으로 한 느슨한 인신매매 조직 형태는 갖추었고, 중간책은 4~5명의 운반책을 거느리고 자신을 중심으로 구성된 인신매매 조직을 운영하고 있었다.[101]

4. 관련 수사기법

(1) 증거수집

- 해외여행 성매매를 알선하는 여행사·가이드 등 관련 사항수집
- 인터넷 인력모집 사이트 등 성매매를 위한 해외인력 송출 사이트에 대한 다각적인 정보수집
- 지역 생활정보지 등 관련 자료 수집
- 해외 성매매 관련 인터넷 카페 등에 게재되는 광고에 대한 자료수집
- 유흥업소 종사자 여성의 해외 인력송출 정보입수를 위한 관련 업체 종사자 등 유지 및 비자부정 발급 전력자에 대한 인적사항 파악
- 국외에서 활동 중인 종사자를 통해 현지 유흥업소 파악한 후 현지 브로커, 국내 브로커 비자신청 서류 위조 의뢰자들의 인적사항 확인

---

101) 장준오·추경석·최경식, "성적 착취를 위한 국제인신매매", 형사정책연구원 연구총서, 2009, pp. 11~147.

(2) 수사 시 착안사항

○ 피해자가 국외 거주하여 피해 진술 확보에 어려운 경우 이메일을 적극 활용하여 출국경위, 다른 피해자 및 피의자의 연락처 등 확인

○ 사전에 피의자가 관리한 사이트와 이에 접속한 가입자 인적사항을 확보하여 출입국조회를 통해 성매매 송출여성의 범위 특정

○ 호주 등 외국에 있는 성매매업자에 대해 체포영장 발부받아 입국 시 통보 요청함과 동시에 해당국 경찰과 긴밀한 협조 등 국제공조수사 강화

○ 피해여성 조사 시 성매매 피해여성은 처벌하지 않는다는 사실을 주지시키고, 여성복지사 등을 동석시켜 피해 여성의 심리적 부담을 경감시켜 충분한 진술 확보에 노력

○ 피해 여성으로부터 진술 확보 후, 세밀한 수사로 성매매 알선책 및 비자발급 브로커 등의 인적사항을 확인

(3) 적용법규

① 성매매행위 그 밖의 음란한 행위가 이루어지는 업무에 취업하게 할 목적으로 직업소개, 근로자 모집 또는 근로자 공급, 직업안정법 제46조(불법취업)

② 매매를 하거나, 성매매의 상대자가 되는 행위, 성매매알선등행위의처벌에관한법률 제12조(성매매행위)[102]

③ 성매매 여성을 모집하고 그 대가를 수수하는 행위, 성매매알선등행위의처벌에관한법률 제19조 제2항 제2호(성매매알선 등)

④ 미국 비자를 발급받기 위해 소득금액증명원, 대학재학증명서, 재직증명서 등을 위조, 미 대사관에 제출하여 비자발급 업무를 방해, 형법 제225조(공문서위조), 제229조(위조공문서행사), 형법 제231조(사문서위조), 제234조(위조사문서행사), 형법 제314조(업무방해)

⑤ 허가 없이 여성들을 외국으로 송출시켜 성매매업소에 취업시키는 행위, 직업안정법 제47조 제1호(무허가근로자공급), 제33조 제1항

---

102) 동법 제6조 제1항 성매매피해자의 성매매는 처벌하지 않는다.

제9절 위장국제결혼 관련 사범 수사

1. 국제결혼의 개념

국제결혼이란 국적을 달리하는 남·여가 결혼하는 일로, 대체로 인종·문화·언어가 다른 것을 포함하며, 다른 말로 '다문화 가정' 또는 '이중문화 가정'으로 불린다. 또한 이들 가정에서 태어난 2세를 '다문화자녀' 등으로 호칭되는데, 다문화자녀의 경우 선천적으로 복수 국적의 문제가 발생하기도 한다.

2. 국제결혼의 역사

우리나라는 1653년 제주도 부근에서 네덜란드 함대가 좌초되어 당시 생존자(36명)들 중 대다수가 한국 여성들과 결혼하여 후손까지 거주하게 되었다. 그 후 1945년 해방과 더불어 대한민국 영토에 미군이 진주하게 되면서 본격적인 국제결혼이 시작되었고, 당시의 국제결혼은 주로 우리나라 여성들이 경제적 상승을 위한 탈출구로서 선택하였기에 일반적으로 미군과 한국 여성 간의 결혼으로 인식되었다. 1980년대에 접어들어 주로 '국경 없는 세계'를 표방하는 세계평화통일 가정연합(통일교) 중심으로 국제합동 결혼식 등이 이루어졌고, 1990년 이후 도시노동자 및 농촌총각 등 한국 남성들이 배우자를 찾기 위한 수단으로 국제결혼을 선택하여 현재에 이르고 있다.

3. 결혼이주여성의 유입배경

국제결혼을 선택하는 세계 각국, 특히 아시아권(중국 및 동남아지역)의 많은 여성들은 자국의 빈곤과 실업에서 벗어나 보다 나은 삶을 찾아 이주를 선택하는 한편, 결혼시장에서 밀려난 한국 남성들은 자국 내에서 더 이상 신붓감을 찾을 수 없어 국제결혼을 선택하는 경우가 다수이다.

4. 국제결혼 중개업체의 등장

(1) 현황 및 분석

국제결혼 중개업 관리감독을 강화하기 위해 2008년 6월부터 자유업에서 등록제로 변경[103]하였다.

> **同法 제4조(국제결혼중개업의 등록)**
> ① 국제결혼중개업을 하고자 하는 자는 … 대통령령으로 정하는 기준을 갖추어 … 지역을 관할하는 시장·군수·구청장에게 등록하여야 한다.

이로 인해 국제결혼 중개업체는 2008년 922개, 2009년 1,215개에서 2014년 1,423개 등으로 지속적으로 증가함에 따라 등록 후 사후관리에 대한 제도적 미흡으로 부적격 중개업체가 난립하는 등 국제결혼 피해사례 속출하자 정부에서 대대적으로 단속에 들어갔고 이에 따라 여성가족부에 정식으로 등록된 결혼중개등록 허가업체는 2017년 6월 30일 기준 353개이다.

(2) 피해사례를 통해 본 국제결혼의 문제점 및 대책

1) 사례별 문제점 분석
① 상대방에 대한 정보 부족

> 베트남 국적의 탁티황응옥(여, 20세)은 2010.2.17 국제결혼중개업체에의 소개로 한국 국적의 장모(47세) 씨와 결혼, 한국인 남편은 정신질환을 앓고 있었으나 이에 대한 정보를 알지 못한 채 결혼하여 결국 일주일만에 남편에게 살해됨

○ 국제결혼업체의 결혼 중개방식상 신부에게 남편의 신상정보가 정확히 전달되지 않아 정신병 질환 사실을 모르고 결혼
○ 중개업체들의 영업이익에만 치중한 현 실태상 결혼희망자에 대한 검증절차를 제대로 거치지 않은 채 만남을 주선하는 제도적 결함의 문제점

② 중개업체의 사기행위

> 경남 김해에 거주하는 장애인 서모(49세) 씨는 국제결혼 중개업체를 통해 외국인 신부를 얻었으나, 업체에서 요구한 지참금 400만 원이 전달되지 않으면 신부가 입국되지 않을 수도 있다는 업체의 말에 속아 이를 편취 당함

---

103) '결혼중개업의 관리에 관한 법률' 시행('08.6)에 따라 변경.

○ 국제결혼을 원하는 국내 거주자들의 특성상 한국에서 신붓감을 찾을 수 없어 중개업체를 통하게 되는 경우가 대부분

○ 이들의 절박한 심정을 악용하여 중개업체들의 범죄행위가 발생하고 있으며, 이에 대한 정보의 부족으로 피해가 잇따름

③ 이주여성 상품화 광고 및 초스피드 결혼

베트남 출신 응웬(여, 23세)은 호치민의 한 알선업체를 통해 한국 국적의 남편을 만나 결혼을 결심했으나, 남편과 말도 통하지 않는 등 부적응으로 가출하였으며, 남편 장모(45세) 씨는 중개업체의 과장광고에 속아 결혼을 하게 되었으나 문화적 차이를 극복하지 못하여 부인과의 결혼생활이 좋지 않았다고 함

○ 한국에서 신붓감을 찾지 못하는 이들에게 자극적이고 여성을 상품화하는 광고로 국제결혼을 권유, 신부가 사는 국가의 문화적 배경 등에 대한 정보는 제대로 전달 안 됨.

○ 통상적으로 결혼중개업체는 희망자들에게 1,000~1,500만 원의 알선료를 받고 5박 6일여의 일정으로 현지 맞선여행을 주선

○ 여행기간 중 맞선과 부모 면담, 서류준비 및 건강검진 등 모든 결혼절차를 진행하는 등 초스피드식 결혼절차로 이혼사례 또한 급증[104]

2) 각 부처 대책 및 시사점

① 법무부 출입국 외국인정책본부

법무부 출입국 외국인정책본부는 중국 및 동남아 국가 여성들과 국제결혼을 희망하는 국민에 대하여 출입국관리사무소에서 출국 전 의무적 사전 교양교육을 받도록 하고, 교육을 이수한 경우에만 배우자의 국내 초청이 가능하도록 제도화하고자 한다. 하지만 국제결혼의 문제는 비단 소양교육의 부재뿐만 아니라, 배우자에 대한 이해부족에서 오는 경우가 많아 실효성 차원에서 의문이 되기도 하다.

② 공정거래위원회

공정거래위원회는 국제결혼 중개 표준약관을 제정, 공표하여 중개업체에 의한 국제결혼의 피해를 막기 위한 정책을 추진 중이며, 주요 내용은 중도해지 시 환급, 고객 요청 시 재주선 의무, 추가비용 요구 금지 및 결혼관련 정보제공 강화 등이다.

③ 국회 여성가족위원회

국회 여성가족위원회에서는 결혼중개업자의 신상정보 등 제공의무를 담은 '결혼중개

---

104) 국제결혼의 이혼율은 동거기간 4년 미만이 80%에 달하는 등 매년 증가 추세에 있다.

업의 관리에 관한 법률 일부개정안' 발의, 시행중이다.

신상정보 공개내용은 다음과 같다.

○ 신상정보 공개내용

1. 혼인경력
2. 건강상태(후천성면역결핍증 및 성병 등의 감염 여부를 포함한다)
3. 직업
4. 성폭력·가정폭력·아동학대 등 관련 범죄경력
5. 그 밖에 상대국의 법령에서 정하고 있는 사항

○ 정책적 제언

① 외국 형사법령 범위를 구체화해야 한다. 이를 위해 위반 시 행정처분 대상이 되는 점을 감안하여 결혼 중개와 직접 관련된 외국 현지 성매매·인신매매 등 대상 법령을 구체화해야 한다.

② 현지 업체 및 지사에 대한 실효적 관리방안을 강구하여야 한다. 특히 국외 제휴업체 또는 현지지사에서 국제결혼 중개 시 안전수단 확보를 위해 업체 상호 간 손해배상 책임의 한계 및 서면 계약서 작성 의무를 강구하여야 한다.

③ 관련 기관 정보공유체제를 구축하여야 한다. 즉, 집단맞선 금지 등 외국 결혼중개 관련 위법사항 적발 시 정보 공유로 국내 행정처분을 확대하고, 중개업자 및 위장결혼 대상자의 사증발급 심사를 강화하여 향후 지도감독 자료로 활용하여야 한다.

5. 국내 위장결혼 실태와 사례(베트남 사례를 중심으로)

(1) 위장결혼 실태

배출-흡인 이론은 결혼이주를 포함한 모든 유형의 이주를 설명하는데 적용되는 가장 일반적이고 고전적인 이론으로, 이에 따르면 송출국의 배출요인과 수용국의 흡인요인이 서로 상호 작용하면서 결혼이주가 발생한다는 것이다.[105] 2010년 당시 국내에 거주하는 결혼이주여성의 국적별 현황을 보면, 베트남 35,355명(25%), 중국 35,023명(25%)으로 두 국가로부터 이주한 여성들이 전체 결혼이주여성의 절반을 차지했다.[106] 특히 위장결혼알선은

---

105) 김지영·최훈석, "결혼이주여성의 인권침해실태 및 대책에 관한 연구", 「한국형사정책연구원 연구총서(11-01)」 2011, pp.43~44.
106) 법무부 출입국통계연보, 2010.

한국 내 베트남 결혼이주여성과 베트남 노동자 증가와 밀접한 관련이 있는 외국인범죄중 하나로, 내국인이 주체가 되거나 베트남 이주여성이 베트남계 범죄조직과 공모하고 있어 그 피해가 가장 심각하다.

사례 1. 국제결혼 중개업체를 통해 베트남 여성들을 입국시킨 사례[107]

> 베트남 출신 결혼이민여성은 내국인 남편과 공모하여 베트남 여성 4명을 고용해 2008년 6월부터 무등록 국제결혼 중개업소를 설립한 후 한국으로 결혼이주를 희망하는 베트남 여성들을 상대로 1인당 1만 6,000달러(한화 약 1,900만 원)의 알선료를 받고, 이 돈의 일부를 위장결혼한 한국인 남성에게 주고 베트남 여성을 한국에 입국시키는 수법으로 3억 원의 부당 이익을 챙긴 사례.

사례 2. 결혼이주여성을 성매매 알선 및 강요 사례

> 국내 입국을 희망하는 베트남 여성을 내국인 남성과 위장결혼시킨 뒤 입국한 베트남 여성을 자신이 운영하는 이발소와 남성휴게실 등에서 성매매를 알선하고 화대 수천만 원을 챙긴 사례.[108]
> 베트남 결혼이주여성은 내국인 남편과 공모해 국내에서 유흥업소를 차려놓고 자국 출신 여성들이 불법체류자이거나 결혼목적으로 입국하여 가출하였다는 신분상의 약점을 악용해 유흥업소 내에서 성매매를 강요했고 위장결혼도 알선한 사례.

○ 사례 분석

　이 사건은 국내 체류 베트남출신 결혼이주여성이 직접 무등록 국제결혼 중계업소를 차려 조직적으로 범행을 한 전형적인 사례이다. 국제결혼을 중개하는 업체는 내국인이 주체가 되거나 베트남계 위장결혼 알선조직과 공모하여 범행을 한다. 이들은 입국을 희망하는 베트남 여성에게 1명당 2,000만 원을 받아 위장결혼 상대인 내국인 남성들에게 혼인신고 대가로 1인당 300만 원을 지불하였고 베트남에서 매춘관광도 시켜주었다. 이 조직은 위장결혼을 성사시키기 위해 주변 노숙자나 신용불량자, 그리고 만성질환자, 전과자 등을 포섭해 혼인신고서와 부동산 임대차계약서 등 혼인신고에 필요한 서류를 만들어 베트남 현지에서 여성들과 혼인신고를 한 후 서울과 경기, 경북, 울산 등지에 일자리를 구해주었다. 더구나 이들은 결혼이주여성으로 입국한 베트남 여성을 중간 모집책으로 삼아 다단계식으로 조직을 운영하면서 행정사 사무실에서 통·번역 일을 하던 베트남

---

107) 충북경찰청 국제범죄수사대 보도자료, 2013.10.16.
108) 서울경찰청 위장결혼 수사 보도자료(2014).
　이 조직은 내국인 남성들에게 선금 1,300달러를 주고 베트남 여성을 한국 남성과 현지에서 위장결혼시킨 뒤 국내로 입국시켜 하루 10여 명과 성매매를 시켰다.

계 결혼이주여성을 통해 위장결혼에 필요한 재직증명서, 범죄경력증명서 등을 위조했다.

베트남에서 위장결혼으로 입국하는 여성들 대부분은 한국에 오기 전 가출방법과 한국에서 해야 할 행동들을 교육받고 입국하는 일명 기획이혼 이민자들이다. 기획이혼을 염두해 둔 구체적인 사례를 보면, 베트남계 여성이 가담한 국제결혼 중개업체는 우리나라로 입국한 베트남 위장결혼 여성들에게 우리나라의 '가정폭력대처법'을 설명하면서 이혼을 유도했다. 이들은 주로 나이가 많거나 지능이 떨어지는 남편을 만나 입국한 후 잠자리를 거부하거나 정상적인 가정생활을 하지 않은 채 사소한 일들을 만들어 남편의 폭력을 유도한 후 '외국인 여성 쉼터'에 기거하면서 그곳의 도움으로 이혼을 준비했다. 특히 한국인 남편으로 하여금 폭행과 폭언을 유도하는 분위기를 조성하고, 남편이 화를 내면서 고함치는 소리와, 매일 밤 변태적인 성행위를 강요한 내용을 녹음하여 법정에 제출하기도 했다. 이는 한국 남편과의 결혼 결격사유 및 이혼의 사유가 되기에 남편의 재산을 위자료로 뜯어내기 위한 수단으로 이용된다. 이렇게 이혼이 성사되면 위장결혼여성은 거액의 위자료를 받아 챙기고 받은 위자료의 30%는 베트남계 범죄조직에게 전달된다.[109] 이른바 '범죄목적 입국형 범죄'로 분류되는 이 수법은 입국 당시부터 한국에서 특정 범죄를 행할 목적으로 입국하는 경우이다. 위의 사례에서 볼 수 있듯이, 돈을 쉽게 벌수 있다는 꼬임에 넘어가 국제결혼을 위장해 불법 입국한 베트남 여성들은 주로 도박장이나 유흥업소 등에 넘겨진다.[110]

(2) 위장결혼 진행절차 및 수사사항

1) 국내 불법체류 등 외국인과 내국인 여성 간 위장결혼 진행절차

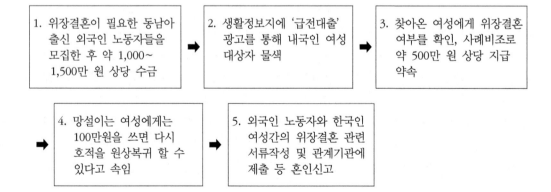

---

109) 서울지방경찰청 국제범죄수사대 '외국인 위장결혼 수사' 보도자료(2013).
110) 신상철, "국내 베트남범죄조직의 범죄유형분석", 한국경찰학회보 17(5), 2015.

2) 위장결혼 증거수집 방법

○ 음식점, 다방 등 접객서비스 업종에 종사하고 있는 중국 및 동남아인 여성 중에 상당수가 위장결혼 입국자이므로 관련 종사자 인적사항 파악

○ 인터넷, 생활정보지 등에 게재된 외국무료여행 광고 대상 관련 자료수집

○ 위장결혼 동종 전과자, 국제결혼상담소 등 대상 자료수집

○ 최근 내국인들이 대동하고 입국한 중국·동남아 출신자들의 현황파악, 여권발급 및 출입국사실, 호적부 등 관련 자료를 입수하여 면밀한 검토, 분석

○ 외국인 관련 NGO 및 국정원·외교통상부에서 관련 자료 입수

○ 법무부·노동부 등 고용허가 관련 행정기관과 협조체제 구축

3) 수사시 착안사항

① 사실관계 확인

○ 위장결혼 수사 대상자(외국인 배우자)를 상대로 개인별 출입국 현황 파악 및 호적부 입수, 혼인사실 여부 확인

▶ 피의자의 본적지 관할법원 호적계(가정법원) 등에 제출된 국제결혼 혼인신고 관련 서류 확인
▶ 위장결혼 내국인에 대해 호적등본 열람 등 혼인신고 여부 확인
▶ 혼인신고 보증인 분석(위장결혼 대상자들이 맞보증을 하거나 위장결혼 알선자가 보증)
▶ 호적부(호구부) 등을 통해 대상자들의 이혼 일자 확인
▶ 외국인 거주 지역 해당 영사관에 비자신청 관련 서류 확인

○ 주거지 주변 탐문 등으로 실제 부부관계 형성 유지 및 동거 여부 등 사실 확인

○ 내국인의 직업 등 경제적 능력 확인

○ 관할 출입국 관리사무소에 등록 외국인 기록표 조회

○ 입·출국시 항공료, 숙박비 등 지불 여부

○ 여행사 등 상대 단체 여권발급자 등 확인(개인이 타인의 여권을 여행사를 통해 단체적으로 여권을 발급받는 사람은 통상 위장결혼 알선자일 경우가 많음)

② 피의자 및 브로커 수사

○ 피의자 및 소개인의 동일 전과 등 범죄경력 확인

○ 출소 브로커에 대해서는 계속적인 밀착 동향관찰

○ 협조자 확보, 위장결혼 알선 사례 수집

○ 내국인 위장결혼 상대자 중국에서의 행적 등 확인

③ **검거 및 조사**

○ 위장결혼 범죄자료 입수 및 검거 시 관련자에 대한 동향파악 및 검거 시기의 적절한 선택으로 조직 알선책 등 상선 추적 수사

○ 외국 현지의 결혼 증명서를 위조브로커를 통해 정교하게 위조하여 제출한 후 증거인멸을 위해 출국수속 후 원본을 현지 브로커가 회수하거나 신부입국 후 폐기처분하는 등, 수사 시 진위 확인을 위하여 외국에 직접 확인하여야 하는 등 증거확보에 어려움

○ 피의자별 검거 전담자 지정으로 위장 결혼자 및 브로커 동시검거

○ 위장결혼한 외국인들은 주거가 일정하지 않으므로, 핸드폰 통화내역 및 핸드폰 실시간 위치추적 등을 의뢰, 시간·장소·통화 상대자별로 각 분석하여 출근시간, 근무시간, 취침시간 등을 파악 주거지 확인하여 검거

○ 先 브로커 검거 구속 후 여타 관련자 시차별 소환조사

○ 분리신문, 대질조사 등 적절한 조사기법 구사

○ 출입국관리사무소, 항만, 공항과의 협조로 결혼입국자가 탑승한 항공기·선박의 동승자 명단 등 서류를 토대로 각 피의자들의 소재를 파악하고, 피의자 신문 시 위 자료를 제시하며 범행 추궁하여 위장결혼 시인유도

○ 이슬람문화권 사람들은 국제결혼 시 종교적 이유로 반드시 종교기관에서 결혼식을 올리고, 결혼사실에 대한 증명서를 발급받고 있으나, 종교기관에서는 대부분 허위로 결혼증명서류를 발급하고 있는 바 종교기관에서 발급한 결혼증명서를 확보필요

4) 적용법규

① 허위의 혼인신고를 하여 관련 사실을 호적부 등 공정증서원본에 부실기재, 형법 제228조(공정증서원본불실기재)

② 행사할 목적으로 호적등·초본 등 공무원 또는 공무소의 문서 등을 위조·행사, 형법 제225조(공문서위조), 제229조(위조공문서행사)

③ 행사할 목적으로 재직증명서, 결혼증명서, 은행통장 등 위조·행사, 형법 제231조(사문서위조), 제234조(위조사문서행사)

④ 구청 담당자에게 허위의 혼인신고서 제출하여 공전자기록원본인 대법원 호적정보시스템에 불실의 사실을 입력하게 함, 형법 제228조(공전자기록등불실기재)

⑤ 방문동거비자(F-2)를 부정 발급받아 국내입국, 출입국관리법 제94조 제2호, 제7조 제1항

CHAPTER 03

주한미주둔군지위협정(SOFA)

제1절   주한미주둔군지위협정(SOFA) 연혁과 변천과정

1. 개념과 주요 내용

(1) 개념

주한미주둔군지위협정(SOFA)의 모법은 한미상호방위조약[1] 4조인 '상호합의에 의하여 결정된 바에 따라 미합중국의 육군, 해군과 공군을 대한민국의 영토 내와 그 주변에 배치하는 권리를 대한민국은 이를 허여(grant)하고 미합중국은 이를 수락(accept)한다'에 근거하고 있다. 주한미주둔군지위협정(SOFA)의 정식명칭은 '대한민국과 아메리카 합중국 간의 상호방위조약 제4조에 의한 시설과 구역 및 대한민국에서의 합중국 군대의 지위에 관한 협정 (Agreement under Article 4 of the Mutual Defence Treaty between the Republic of Korea and the United States of America, Regarding Facilities and Areas and the States of United Armed Forces in the Republic of Korea)'으로, 약칭 '한미SOFA(States of Forces Agreement)' '한미행정협정', 또는 '주한미군지위협정(SOFA)'으로도 불린다. 그 성격은 외국군대 접수국 (한국)과 파견국(미국) 간 군대 주둔 지위관련 합의로, 주한미군이 준수해야 할 우리의 법과 의무를 제시하는 동시에 주한미군의 임무수행에 필요한 제도적 틀을 마련한 협정이며, 이러한 이유로 국내 주둔 미군은 공적 임무수행 외국인으로 특별한 지위를 향유하고 있다.

---

[1] 1950년 6.25 전쟁 직후인 1953년 10월 1일 워싱턴에서 변영태 당시 외무장관과 덜레스 당시 미 국무장관이 조인하였고 1년 후 1954년 11월 18일 정식 발효된 조약이다. 이는 미국이 주요 동맹국들과 체결한 군사 동맹 중 하나로 정식 명칭은 「대한민국과 미합중국 간의 상호방위조약」이다.

(2) 주한미주둔군지위협정(SOFA) 개념과 한미상호방위조약과의 구분

한미상호방위조약은 1953년 체결된 조약으로, 미군이 한국에 주둔하는 법적인 근거가 되며, 주한미주둔군지위협정(SOFA)은 한미상호방위조약을 통해 주둔하게 된 미군의 법적인 지위를 규정하고 있다. 즉 한미상호방위조약은 주한미주둔군지위협정(SOFA)의 모법(母法)이다. 하지만 한미상호방위조약이 주한미군에 대해 대한민국의 영토, 영해, 영공 등 전 영토를 무상으로 사용할 수 있도록 인정하고 있고, 미군 주둔의 목적이 결여된 점과, 조약의 시효가 무기한이어서 주한미주둔군지위협정(SOFA) 역시 무기한 유효하게 규정되어 있어 그러한 이유로 국내 각 시민단체에서 주한미주둔군지위협정(SOFA)의 근본적인 개정을 요구하고 있다.

(3) 주한미주둔군지위협정(SOFA) 체결의 변천과정

주한미주둔군지위협정(SOFA)은 1950.7 대전협정과 1952.5 마이어(Meyer)협정을 거쳐 1966년 체결되었고, 1991.1.14 제1차 개정, 2001.1.18 제2차 개정 후 현재에 이른다. 이를 자세히 살펴보면, 한국전쟁 발발 후 UN안전보장이사회의 결의(같은 해 6월 27일과 7월 7일) 와 한미상호방위조약(1953.10.1 체결)에 따라 한국의 영역 및 그 부근에 미군이 배치되고, 미군 주둔에 필요한 세부절차 등을 내용으로 하는 '주한미주둔군지위협정(SOFA)'이 한국정부대표 외무부장관과 미국정부대표 국무장관 간에 조인(1966.7.9자), 발효(1967.2.9자)된 이후, 1991년 2월 1일 1차 개정, 2001년 4월 2일 2차 개정이 있었다.[2]

1) 대전협정(大田協定, 1950.7.12.)

한국전쟁을 계기로 미군이 다시 남한에 진주하게 되자 법적 지위문제가 현실화되어 이를 해결하기 위해 미군재판 관할권에 관한 협정을 각서형식으로 1950년 임시수도였던

---

2) 한-미간 과도기에 시행될 잠정적 군사 안녕에 관한 행정협정과 대전·마이어협정은 주한미군의 지위에 관한 최초의 협정으로, 미군정 시대는 한국의 주권이 없었고 1948년 8월 15일 휴전선 이남에 단독정부가 수립되면서 주한미군의 법적인 지위문제가 제기되자 맺어진 협정이다. 미군 당국에 미군이 완전 철수할 때까지 필요한 기지 및 시설 일체의 사용권과 더불어 미군, 군속 및 그들 가족에 대한 배타적 재판권을 행사할 수 있게 하였고 1949년 미군의 일시적 철수로 종료 되었다. 그리고 대전·마이어협정은 1950년 6월 25일 한국전쟁 발발로 다시 한국에 주둔하게 된 미군은 1950년 7월 12일 임시수도인 대전에서 전시라는 급박한 상황을 내세워 미군 당국에 일 체의 형사재판권을 부여하는 '주한미군 군대의 형사재판권에 관한 대한민국과 미합중국간의 협정'(일명 대전협정)을 체결하였고, 1952년 5월 24일에 '대한민국과 통합사령부간의 경제조정에 관한 협정'(일명 마이어협정)을 체결하여 주한미군은 사실상 우리의 민사청구권으로부터도 면제 받게 되었다.

대전에서 체결하였는데 이것이 대전협정이다. 대전협정은 미군을 전시에 한국을 지원하기 위해 온 방위군으로 인정하여 미군의 범죄는 그 종류 및 장소 여하를 불문하고 미군 당국에 일방적인 형사재판권을 인정하고 있을 뿐만 아니라 미군은 미군 이외의 어떤 기관에도 복종할 의무가 없으며, 일정한 경우 미군을 가해한 한국인에 대한 형사재판관할권까지 인정하고 있다.

2) 주한미주둔군지위협정(SOFA) 체결

미군은 1953년 10월 1일 체결된 한미상호방위조약을 통해 주둔하게 되었고 한국정부는 한미상호방위조약 체결협상 때부터 주한미주둔군지위협정(SOFA) 체결을 요구했지만 미국은 대전협정, 마이어협정에 보장된 특권을 계속 유지하고자 협상을 회피했다. 그 후 주한미군으로 인한 범죄와 만행이 계속 빈발하고 국민의 여론이 크게 악화되자 1962년 주한미주둔군지위협정(SOFA) 체결을 위한 양국 간 실무협상이 시작되고 1966년 7월 9일 타결되었다. 이 협정은 본 협정 이외에 '합의의사록', '본 협정 및 합의의사록에 대한 양해사항', '형사재판관할에 관한 한·미 간 교환각서'의 3개 부속문서로 구성되었고, 협정 체결로 외형상 불평등성은 어느 정도 해소되었으나 형사재판권의 자동포기조항을 담은 교환각서에 나타나 있듯이 그 내용은 이전의 대진협정과 별다른 차이가 없었다.[3]

3) 주한미주둔군지위협정(SOFA) 1차 개정

1980년대 들어 민주화 운동과 반미의식이 고조됨과 동시에 미군의 각종 범죄가 사회문제로 대두되자 주한미주둔군지위협정(SOFA) 개정의 목소리가 높아져 1988년 12월부터 개정협상이 시작되어 1991년 1월 4일 개정안에 최종 서명한 후 2월 1일 발효되었다.[4] 1차 개정의 내용은 그동안 논란 되어왔던 형사재판권 자동포기조항 등 독소조항을 담은 교환각서와 양해사항이 폐기되고 새로운 개정 양해사항이 체결되었으나 본 협정과 합의의사록은 전혀 손대지 않아 기존의 협정과 거의 변함없는 불평등 구조를 이어 갔다.[5]

---

3) 구성을 보면, 본 협정 전문 및 31개조, 합의의사록(Agreed Minutes), 양해사항(Understanding), 한국인 고용관련 양해각서(MOU), 환경보호에 관한 특별양해각서(Memorandum of Special Understanding) 등이 있다.

4) 대한민국과 아메리카합중국 간의 상호 방위조약 제4조에 의한 시설과 구역 및 대한민국에서의 합중국군대의 지위에 관한 협정의 일부 폐기를 위한 대한민국 정부와 미합중국 정부 간의 각서교환은 1991년 1월 18일 SOFA국무회의심의를 거쳐 1991년 2월 1일 국회 비준동의 불요 후 서명을 거쳐 1991년 2월 1자(조약 제1038호)로 발효되었다.

5) 주한미주둔군지위협정(SOFA) 제1차 개정의 배경은 형사재판관할권 관련, 미군범죄 발생 시 마다 개정논의의 대상, 그 외 한국인 용역 노무자들에 대한 부당한 인권 유린, 미군 비세출 자금기관(PX 등)에서의 미군 물자 유출 등 문제 발생으로, 주요 내용은 한국의 형사재판권 '자동포기조항' 삭제, 한국인 근로자 노동조건 국내 노동법 적용 강화, 미군에 제공한 불필요한 시설·구

4) 주한미주둔군지위협정(SOFA) 2차 개정

주한미주둔군지위협정(SOFA)의 1차 개정 이후 1992년 윤금이 살해사건, 1995년 충무로 지하철 난동사건 등의 미군범죄로 인해 주한미주둔군지위협정(SOFA)의 전면개정을 요구하는 국민들의 요구가 쏟아지자 한·미양국은 1995년 11월 말부터 개정협상을 벌이다가 형사재판권 등에 관한 한－미간 이견으로 진척을 보지 못했고, 1996년 9월 10일 제7차 협상 후 미국의 일방적 통고로 중단되었다. 그 후 2000년 2월 19일 이태원 전용클럽에서 한국인 여종업원이 미군에게 살해당하는 사건을 계기로 본격화 되어 2000년 8월 2일 개정협상이 재개되었고 그 해 12월 28일 11차 협상에서 타결되어 2001년 1월 28일 정식 서명하였다.[6]

2. 주한미주둔군지위협정(SOFA)의 주요 내용

(1) 협정체결의 근거 및 목적

1953년 체결된 한미상호방위조약은 주한미주둔군지위협정(SOFA)의 근거가 되고 있으며 '양 국가 간의 긴밀한 상호이익과 유대를 공고히 하기 위함'이 협정의 목적이다.

역 반환 근거규정 마련(연 1회 이상 검토), 한국인 미군 비세출자금기관(PX 등) 이용 통제 규정 마련을 들 수 있다.

6) 제2차 개정의 배경은 윤금이 살해사건(1992), 충무로 지하철 난동사건(1995), 한강독극물 방류 사건(2000), 국회의 주한미주둔군지위협정(SOFA) 전면개정 촉구결의안 채택(2000) 등 여론 악화였다. 한·미 양측은 95년부터 96년까지 7차례 협상을 하였으나 실패하였는데, 우리 측은 신병인도 시기 조정을 비롯해 환경·노무·검역 분야 등 현행 주한미주둔군지위협정(SOFA)의 포괄적 개정을 요구했다. 그 후 2000년 8월 협상을 재개, 3차례 협상 후 2001.1.18 개정안 타결(95년 이후 총 11차례 협상 끝에 타결)했다. 즉 형사재판권, 환경, 노무, 검역, 시설·구역, 비세출자금 기관, 민사소송절차 등 대부분 분야에서 상당한 의견 접근으로 타결되었다.

주요 내용을 보면,

○ 12개 중요 범죄(살인, 강간, 불법마약 거래 등)에 대해 기소 시 신병인도,

○ 살인, 죄질이 나쁜 강간 경우, 우리 측이 현행범으로 체포 시 계속 구금 가능,

○ '합의의사록' 개정(3조), '환경보호에 관한 특별양해각서' 마련 등 환경보호 명문규정을 최초로 마련,

○ 한국인 근로자 지위 강화(한국인 근로자의 독점적 고용 보장, 해고 요건 강화, 국내 노동법 적용 강화, 노동쟁의 냉각기간 단축 등),

○ 미군에 제공한 불필요한 시설·구역 반환 위해 연 1회 이상 합동실사,

○ 미군 부식용 동식물에 대해 SOFA 합동위에서 합의된 절차에 따라 양측이 합동검역 실시(종전 미측 단독검역) 등이다.

(2) 대상자

협정의 적용대상이 되는 인적범위는 미합중국 군대의 구성원, 군속, 가족 및 초청계약자이다.

1) 합중국 군대의 구성원(Members of the United States Armed Forces)

합중국 군대의 구성원이라 함은 '대한민국의 영역 안에 있는 미국의 육, 해, 공군에 속하는 인원으로서 현역에 복무하고 있는 자'를 말하며 이 조항의 해석과 관련하여 다음과 같은 논란이 있을 수 있다.

① '대한민국의 영역 안에 있는(where in the territory of the Republic of Korea)'에 대한 해석에 대해

○ 대한민국의 영역 안에 주둔하고 있는 모든 미군,
○ 대한민국의 영역 안에 공무로 있는 모든 미군,
○ 주한미군사령부의 지휘·통제하에 있는 모든 미군을 의미한다는 등의 해석이 가능하다. 하지만 한미주둔군지위협정(SOFA)의 목적이 대한민국에 주둔하고 있는 미군에게 특정한 지위를 인정하는 것임을 감안해 볼 때 주한미군사령부의 지휘·통제의 대상이 되는 미군만을 의미한다고 해석함이 타당하다고 본다.

② 대한민국에 여행 중인 미군

사무(私務)로 한국에 여행 중인 미군에 대해서는 협정이 적용되지 않는다는 것에는 의문의 여지가 없으나, 한국에 공무(official duties)로 여행 중인 미군에 대해서는 협정이 적용되느냐에 대하여 논란이 있다. 즉, 나토의 규정 등을 근거로 모두 적용된다는 견해와 한미상호방위조약에 따른 주한미군사령부의 지휘·통제의 대상이 되는 자만을 제한적으로 적용대상으로 한다는 견해가 그것인데, 주한미주둔군지위협정(SOFA)이 가지고 있는 본질을 감안할 때 좁게 해석하는 것이 타당하다고 보여진다.7)

③ 이중국적자

한미 양국의 국적을 모두 보유한 이중국적자인 경우에도 그가 주한미군사령부의 지휘·통제를 받는 자라면 본 협정의 적용대상이 된다고 보아야 한다.

④ 대사관에 부속된 미군

대한민국 영역 안에 있는 미국의 현역 군인이라 하더라도 미 대사관에 부속된 군인은 국제법상 외교관 대우를 받게 되어 있으므로8) 본 협정의 적용대상에서 제외된다.

---

7) 이석우, "한미행정협정연구", 서울: 민, 1995, p.45.
8) 외교관계에 관한 비엔나협약 제7조.

2) 군속(軍屬)

본 협정에 규정된 군속(Civilian Component)이라 함은 '합중국의 국적을 가진 민간인으로서 대한민국에 있는 합중국 군대에 고용되거나 동 군대에 근무하거나 또는 동반하는 자'라고 규정하고 있다.

3) 가족

본 협정에서 가족(Dependents)이라 함은 '배우자 및 21세 미만의 자녀, 부모 및 21세 이상의 자녀 또는 기타 친척으로서 그 생계비의 반액 이상을 합중국 군대의 구성원 또는 군속에 의존하는 자'라고 규정하고 있는데 다음과 같은 논란이 제기될 수 있다.

① 배우자(配偶者, spouse)

주한미군 또는 군속과 혼인한 사실만으로 즉시 미국 국적을 얻는 것은 아니기 때문에 미군과 혼인한 한국인이라 하더라도 소정의 절차에 따라 미국 시민권을 획득한 이후가 아니면 본 협정의 적용대상이 되지 않는다.

② 현재 대한민국에 있지 아니하는 미군·군속의 가족

미군·군속인 자로서 현재 대한민국에 거주하지 않고 있더라도 주한미군사령부가 그의 생활 본거지를 대한민국으로 지정한 경우 그들의 가족은 본 협정의 적용대상이 된다.

③ 기타 친척[9] 및 생계비

기타 친척(other relatives)은 그 범위에 관한 명문의 규정이 없어 자의적 해석의 소지가 많으며, 생계비(support) 규정 또한 산출의 근거가 규정되어 있지 않아 각종 특혜와 면제가 남발될 소지를 가지고 있어 그 범위와 수준 등을 명확히 규정할 필요가 있다. 일부에서는 다른 주요 주둔군 지위협정[10]과 마찬가지로 가족의 범위를 '배우자와 그 부양을 받고 있는 자녀'로 국한하든지 최소한 '기타 친척' 규정을 삭제하는 것이 바람직하다고 주장한다.

4) 초청계약자(invited contractors)

미국의 법률에 따라 조직된 법인, 통상적으로 미국에 거주하는 그의 고용원 및 가족, 미국 군대 또는 동 군대로부터 군수 지원을 받는 통합 사령부 산하 주한 외국 군대를 위한

---

9) 기타 친척에는 기존 규정에다 '미군(군속 포함)에게 의존하고 있는 가족 구성원 또는 피보호자로서, 한미 정부 혹은 법원이 이러한 관계를 법적으로 확인하고 미군 당국이 한국정부에 기타친척으로 통보한 경우'도 포함하고 있다.

10) 미·일협정 제1조(c) 에서는 '가족이라 함은 (i) 배우자 및 21세 미만의 자녀, (ii) 부모 및 21세 이상의 자녀로서 그 생계비의 반액 이상을 합중국 군대의 구성원 또는 군속에게 의존하는 자'라고 규정하여 주한미주둔군지위협정(SOFA)에서 문제가 되고 있는 '기타 친척'의 해석을 둘러싼 문제를 불식시키고 있다.

미국과의 계약 이행만을 위하여 대한민국에 체류하는 자로서 소정의 지정절차를 거친 자 등으로, 이 규정도 일부 학자들은 삭제함이 바람직하다고 주장한다.

(3) 협정의 기본원칙

주한미주둔군지위협정(SOFA)은 다른 주둔군 지위협정과 마찬가지로 영토주권의 원칙에 의하여 '접수국 법령 존중의 원칙(Respect for Local Law)'을 규정하고 있다. 즉, 협정 제7조에 '합중국 군대의 구성원·군속과, 제15조에 따라 대한민국에 거주하고 있는 자 및 그들의 가족은 대한민국 안에 있어서 대한민국의 법령을 존중하여야 하고 또한 협정의 정신에 위배되는 어떠한 활동, 특히 정치적 활동을 하지 아니하는 의무를 진다'고 규정하고 있다. 이 원칙의 취지에 부합하기 위해 미군 당국의 미군에 대한 정훈교육강화 등 부단한 준수의지가 요구된다.

(4) 협정의 효력발생

1) 협정의 효력발생일

협정 제29조에 '… 협정이 승인되었다는 서면 통고를 한 날로부터 3개월 후에 효력을 발생한다'고 규정하여 3개월 간의 경과기간을 설정하고 있다.

2) 협정시행을 위한 조치

협정 제29조에 '대한민국 정부는 본 협정의 규정을 시행하는데 필요한 모든 입법 및 예산상의 조치를 입법기관에 구할 것을 약속 한다'고 규정하여 본 협정의 시행을 위한 대한민국 정부의 역할을 명시하고 있다.

(5) 협정의 개정

협정의 개정(Revision of Agreement)에 관하여 제30조에서 '어느 일방 정부든지, 본 협정의 어느 조항에 대한 개정을 어느 때든지 요청할 수 있으며, 이 경우에 양국 정부는 적절한 경로(Appropriate channels)를 통한 교섭을 개시하여야 한다'고 규정하고 있다.

3. 형사재판권(Criminal Jurisdiction)

주한미주둔군지위협정(SOFA)의 내용 가운데에서 외사경찰업무와 가장 밀접한 관련을 가지는 동시에 가장 불평등한 것으로 지적되어 온 것이 바로 형사재판권(Criminal Jurisdiction)에 관한 것이다.

(1) 학설(學說)

주둔군에 대한 접수국의 형사재판권에 관한 국제관례는 주둔군은 접수국으로부터 국가면제(State Immunity)를 누리지 못하며 접수국의 관할권에 속하는 것이 원칙이다. 다만 주둔의 이유 등을 고려하여 접수국과 파견국 간의 협정에서 이에 관한 일정한 배분을 규정하고 있는 것이 상례이다. 주둔군의 형사재판권에 관한 학설로는 다음과 같은 것들이 있다.

1) 속인주의(屬人主義, Nationality Principle)

범행 장소를 불문하고 범인의 국적국이 형사재판관할권을 행사해야 한다는 학설로서 국적주의 또는 파견국관할설이라고 한다. 이는 현실적으로 군대파견의 경우 강대국의 군대가 약소국의 영토에 파견되는 것이 보통이므로 실질적인 국가 평등이 이루어지기 전에는 모든 재판권이 전속적으로 파견국에 귀속되었다는 통례에 근거를 두고 특별한 협정이 없는 한 파견국이 파견병력에 대한 배타적 관할권을 행사할 수 있다는 강대국의 논리라고 볼 수 있다.[11]

2) 속지주의(屬地主義, Territorial Principle)

모든 국가는 타국의 외교관, 국제공무원, 정식으로 주류하는 외국군 등의 경우를 제외하고 자국민에 의한 것이든 외국인에 의한 것이든 자국 내에서 일어나는 모든 범죄에 대해 재판권을 행사할 수 있다는 학설로 영역주의 또는 범죄지주의라고도 한다. 이 학설은 속인주의가 식민주의적 색채를 띤 강대국의 논리라고 반박하며 접수국의 형사재판권 행사는 영토주권에서부터 나오는 국가의 당연한 권리라고 주장한다.

3) 절충주의(折衷主義)

속인주의와 속지주의의 두 가지 학설을 절충하여 일정한 범위 내에서 예외적으로 주둔군의 면제특권을 인정하는 학설이다. 예컨대 '군 시설(in the military facility) 내', '공무집행(official duty) 중' 등의 개념을 통해 그러한 범위 내에서만 예외적으로 파견국이 형사재판권을 가지고 나머지 경우는 원칙적으로 접수국이 재판권을 가진다는 학설이다. 이 학설의 근거로 어느 외국군의 주둔이 허용된 경우 그 주둔군 작전의 효율적 기능에 필요한 한도 내에서 접수국이 묵시적으로 재판권을 포기한 것으로 보아야 한다는 견해가 있다. 절충설의 대표적인 것이 용무구분설 인데, 이 학설은 다른 특별한 협정이 없는 한 국제법의 원

---

11) 속인주의(屬人主義)를 반영한 입법례(立法例)는 '프랑스와 스페인 간의 주(駐)스페인 프랑스군에 대한 협정(1842)', '미·필리핀 군사기지협정(1947)', '대전협정(1950)' 등에서 찾아볼 수 있다. 이석우, 「한미행정협정연구」, 도서출판 민, 1995, p.154.

칙은 군대의 파견국가가 그의 해외병력에 대한 배타적 관할권을 가지며, 다만 그 군인이 영외나 공무 외에 범한 범죄는 영토국의 관할권하에 있다는 주장이다.[12]

(2) 형사재판권의 귀속유형

1) 주둔군에 대한 형사재판권이 접수국에 전속된 경우는 그 입법례를 찾아보기 힘들다.
2) 접수국이 원칙적으로 주둔군에 대하여 전반적인 재판권을 가지되, 예외적으로 파견국이 일정한 재판권을 가지는 경우는 '미군과 필리핀 간의 군사기지협정(1965)'을 들 수 있다.
3) 접수국과 파견국이 모두 재판권을 중첩적으로 갖는 것을 원칙으로 하고, 재판권의 경합문제에 있어 일정한 경우 전속적 재판권을 인정하지만 나머지 경우 제1차적 재판권을 가지는 국가를 설정함으로써 해결하는데 '런던협정'이 대표적이다.
4) 주둔군에 대한 형사재판권이 파견국에 모두 귀속된 경우는 1967년에 폐기된 '대전협정(주한미군의 형사재판권에 관한 한미협정)'이 대표적이다.

(3) 형사재판권 조항의 구성

주한미주둔군지위협정(SOFA)의 형사재판권에 관한 조항은 제22조 본문 12개항과 부속문서로서 합의의사록, 양해사항 및 관련 문서로 구성되어 있다. 전술한 바와 같이 1991년의 개정에서는 형사재판권과 관련하여 그간 문제조항으로 논란이 되어왔던 자동포기조항 폐기 등 많은 진전을 본 것이 사실이나 문제는 본 협정의 미비한 부분을 보충하고 실제 운영상 문제점을 해결하는데 기본목적이 있다고 볼 수 있는 부속문서에서 본 협정의 내용과 상이하거나 본 협정의 취지를 변질시킬 수 있는 규정들이 남아 있다는데 있다.

(4) 형사재판권 조항의 내용

1) 재판관할권(제22조 제1항)

협정 제22조 제1항은 영토주권의 원칙과 일반 국제법상의 원칙에 입각하여 대한민국과 합중국 군 당국이 재판권을 행사하는 주체임을 명시하는 '재판권 분장의 원칙'을 선언하고 있다. 동조 제1항(나)에서는 '대한민국 당국은 합중국 군대의 구성원, 군속 및 그들의 가족에 대하여 대한민국의 영역 안에서 범한 것으로서 대한민국 법령에 의하여 처벌할 수 있는 범죄에 대하여 재판권을 가진다'고 규정하고 합의의사록에서는 미군 등에 대한 대한민

---

12) 절충주의(折衷主義) 입장을 반영한 입법례로서 '런던협정', '미·일협정' 등이 있다. 이석우, 전게서, p.158.

국 군법회의에 의한 재판관할권이 없음을 규정하여 '대한민국 당국'이 '군 당국'이 아닌 '민간 당국'을 의미하고 있다. 한편 합의의사록에서는 대한민국이 계엄령을 선포한 경우에는 대한민국의 재판관할권이 정지됨을 규정하고 있다.13) 또한 협정은 제22조 제1항(가)에서 '합중국 군 당국은 합중국 군대의 구성원, 군속 및 그들의 가족에 대하여 합중국 법령이 부여한 모든 형사재판권 및 징계권을 대한민국 안에서 행사할 권리를 가진다'고 규정하고, 합의의사록에서는 '합중국 법률의 현 상태하에서 합중국 군 당국은 평화 시에는 군속 또는 가족에 대하여 유효한 형사재판권을 가지지 아니 한다'고 규정하여 합중국 군 당국이 행사하는 형사재판권이 일정한 범위 내에 한정됨을 명시하고 있다.

2) 전속적 재판권(Exclusive Criminal Jurisdiction)

주한미주둔군지위협정(SOFA) 대상자들이 범한 범죄로서 한미 양국 중 어느 일방 국가의 법령에 의해서는 처벌할 수 있으나, 다른 일방 국가의 법령에 의해서는 처벌할 수 없는 경우에 처벌이 가능한 국가만이 배타적으로 형사재판권을 행사하는 경우를 전속적 재판권이라 한다. 전속적 재판권에 관한 규정은 협정의 형사재판권 규정에 있어서 한미 양국의 사법체계, 문화, 생활방식 등의 차이에서 오는 문제점을 해결하기 위한 취지에서 규정된 것이지만 과연 그 적용범위가 어디까지인가 하는 문제를 해결하기란 쉬운 일이 아니다.

먼저 대한민국의 전속적 재판권 행사와 관련하여 '대한민국 당국은 합중국 군대의 구성원이나 군속 및 그들의 가족에 대하여 대한민국 법령에 의하여서는 처벌할 수 있으나, 합중국 법령에 의하여서는 처벌할 수 없는 범죄(대한민국의 안전에 관한 범죄를 포함한다)에 관하여 전속적 재판권을 행사할 권리를 가진다(제22조 제2항 나)'고 규정하는 한편 이와 관련한 합의의사록에서는 '대한민국은, 합중국 당국이 적당한 경우에 합중국 군대의 구성원, 군속 및 그들의 가족에 대하여 과할 수 있는 행정적 및 징계적 제재의 유효성을 인정하여, 합중국 군 당국의 요청에 의하여 제2항에 따라 재판권의 행사를 포기할 수 있다(제22조 제2항에 대한 합의의사록)'고 규정하고 있는데, 이와 같은 합의의사록 규정이 바로 전술한 바와

---

13) 서울고법 1973.5.22. 선고 73노364 제1형사부판결 상고(강도살인피고사건, 고집1973형, 92)
【판시사항】 계엄하에 있어서의 미합중국 군대의 구성원, 군속 및 그들의 가족에 대한 재판권
【판결요지】 대한민국과 아메리카 합중국 간의 상호 방위조약 4조에 의한 시설과 구역 및 대한민국에서의 합중국 군대의 지위에 관한 협정의 합의의사록 22조 1항(나)의 1에 의하면 대한민국이 계엄령을 선포하는 경우에는 그 계엄령하의 지역에서는 미합중국 군대의 구성원이나 그 가족에 대한 재판권이 즉시 정지되고 미합중국 당국이 전속적 재판권을 행사할 권리를 가진다고 되어 있으나, 재판권은 공판 중에 일시 정지되더라도 그 기간 중에 심리를 하지 아니하고 공소기각의 재판이 있기 전에 계엄령의 해제로 다시 재판권이 발생하여 판결당시에 존재하였다면 대한민국 법원이 재판권의 부존재를 이유로 하는 공소기각을 판결하지 않고 통상의 재판을 하였다 하여 위법하다고 할 수 없다.

같이 본문에서 인정한 대한민국의 전속적 재판권의 행사를 부속문서에서 제한하고 있는 대표적 경우라고 볼 수 있다.

합중국의 전속적 재판권과 관련하여 제22조 제2항(가)에 '합중국 군 당국은 합중국 군대의 구성원이나 군속 및 그들의 가족에 대하여 합중국 법령에 의하여서는 처벌할 수 있으나, 대한민국 법령에 의하여서는 처벌할 수 없는 범죄(합중국의 안전에 관한 범죄를 포함한다)에 관하여 전속적 재판권을 가진다'고 규정하고 있다.

3) 재판권의 경합과 제1차적 재판권

재판권의 경합이란 특정한 범죄사건이 발생하였을 때 대한민국과 합중국 군 당국이 각각 자국의 법률에 의하여 서로 재판권을 행사하여 처벌할 수 있는 경우를 말하는데 이런 경우에 이중 처벌을 피하기 위해서 1차적으로 재판권을 행사할 수 있는 당사자를 규정할 필요가 있으므로 이에 관하여 제22조 제3항에서는 '재판권을 행사할 권리가 경합하는 경우에는 다음의 규정이 적용 된다'는 원칙하에 재판권의 경합에 관해 언급하고 있다.

① 주한미군 당국의 제1차적 재판권행사

먼저 주한미군 당국은 주한미주둔군지위협정(SOFA) 대상자에 대해 '… ㉠ 오로지 (solely) 합중국의 재산이나 안전에 관한 범죄, 또는 오로지 합중국 군대의 타구성원이나 군속 또는 그들 가족의 신체나 재산에 대한 범죄,[14] ㉡ 공무(official duty)집행 중의 작위(act) 또는 부작위(omission)에 의한 범죄 …' 즉, 주한미군의 내부적 범죄와 공무집행 중의 범죄에 대해서 제1차적 재판권을 가진다고 명시하고 있으며 이는 다른 주둔군 지위협정과 유사한 내용이다. 문제는 '공무'의 해석에 있어 공무집행 중 범죄의 종류와 그 판단의 주체가 누구인가 하는 것이다. 먼저 공무의 개념에 대해 합의의사록에서는 '… 그 자가 집행하고 있는 공무의 기능으로서 행하여질 것이 요구되는 행위 …'를 말한다고 규정하고 있으며, 양해각서에서는 '특정임무 수행을 요구하는 행위로부터 실질적으로 이탈하면 이는 통상 공무 밖의 행위를 뜻 한다'고 규정하고 있다. 이같은 정의로 비추어 볼 때 공무집행 중의 범죄가 되기 위해서는 적어도 그것이 공무집행 중에 부수하여 발생하고 또한 공무집행과 범죄는 직접적으로 행위상의 관련성을 가져야 한다고 본다. 한편 '공무수행 중'의 범위와 관련하여 합의의사록에서는 '… 그 범죄가 공무집행 중의 작위나 부작위에 의한 것이라는 뜻을 기재한 증명서로서 합중국의 주무 군 당국이 발행한 것은 제1차적 관할권을 결정하기 위한 사

---

14) 미8군 소속 소령 리처드○○(45세, 남)는 '03. 8. 9. 용산기지 국내 주거지에서 처 페트리셔○○ (45세, 여)를 살해한 후 비닐로 포장하여 피의자 소유 승용차 뒷좌석에 옮겨 싣고, 8.12. 03:40 경 이천 영종대교에서 아래로 던져 유기.
⇒ 112신고로 피의자 검거, 인천 서부서에서 미군헌병대와 함께 현장조사 후, 미군에 피의자 체포사실 통고, 피의자 및 사체 미군에 인계.

실의 충분한 증거가 된다'고 합의하여 '법무참모의 조언에 따라서 장성급 장교가 발급하는 공무증명서(a duty certificate)'가 제1차적 재판관할권을 결정하는데 배타적 증거가 됨을 명시하고 있는데, 이에 대해서는 '대한민국의 검찰총장이 공무증명서에 대한 반증이 있다고 인정하는 예외적인 경우' 외에는 검토의 대상이 되지 않는다고 합의하였다.

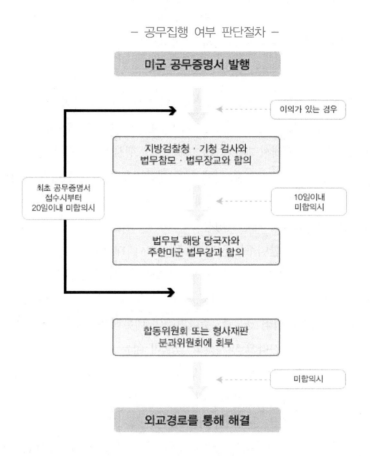

– 공무집행 여부 판단절차 –

② **대한민국의 제1차적 재판권행사**

협정은 제22조 제3항(나)에서 '기타의 범죄에 관하여는 대한민국 당국이 재판권을 행사할 제1차적 권리를 가진다'고 규정하여 미군 당국의 제1차적 관할권에 속하지 않는 모든 범죄에 대해 대한민국 당국이 재판권을 가진다고 명시하고 있으나, 이에 대해 관련 부속문서에서 다음과 같이 예외를 규정하고 있어 재판권 행사에 크게 제약을 받는 원인이 되고 있다.

㉠ 주한미군의 대한민국 당국에 대한 제1차적 관할권 포기요청

협정 제22조 제3항(나)와 관련된 합의의사록에서는 합중국 당국의 요청이 있을 경우 재판권 행사가 '특히 중요(of particular importance)하다고 결정되는 경우를 제외하고는 대

한민국 당국이 재판권 행사를 포기 한다'고 규정하여 결과적으로 본 협정에 규정된 대한민국의 제1차적 재판권 행사에 제한을 주고 있다. '특히 중요한' 범죄에 해당하는가의 여부는 대한민국의 당국이 특정사건을 신중히 조사한 후 결정한다.

　ⓒ 특정 형사사건의 이송

　협정 제22조 제3항(나)에 관한 합의의사록에는 상대방의 동의를 전제로 대한민국 관계당국과 합중국 군 당국 상호간에 특정 형사사건을 이송할 수 있다고 규정하고 있다.

　ⓒ 대한민국 영역 내에서의 재판원칙

　협정은 주한미주둔군지위협정(SOFA) 대상자가 '대한민국 안에서 대한민국의 이익에 반하여 범한 범죄 때문에 합중국 법원에 소추되었을 경우 그 재판은 대한민국 안에서 행하여져야 한다'고 합의하고 있다. 그러나 이와 같은 '대한민국 영역 내에서의 재판원칙'에 대해 합의의사록 3(가)에서는 '다만 합중국의 법률이 달리 요구하는 경우, 또는 군사상 긴급사태의 경우, 또는 사법상의 이익을 위한 경우에 합중국 군 당국이 대한민국 영역 밖에서 재판을 할 의도가 있는 경우에는 제외된다'고 규정하여 그 예외를 인정하고 있다. 이러한 예외규정은 동 규정의 해석상 '대한민국의 이익에 반하는 범죄 이외의 범죄'로서 우리 측이 재판권을 포기하거나 미국 측에 1차적 재판권이 있는 범죄로서 우리 국민의 이익을 침해하는 모든 범죄가 미군 측에 의해 언제 어디서 처리되든지 대한민국이 이의를 제기할 수 없게 만드는 결과를 초래할 수 있다. 이와 같은 규정은 미·일협정이 '일본국 당국이 제1차적인 권리를 포기한 사건의 재판… 범죄 장소로부터 적당한 거리 내의 일본국에서 신속히 행하여져야 하며 일본국 대표는 그 재판에 입회할 수 있다'고 규정함으로써[15] 비록 일본이 재판권을 행사하지 아니하는 사건에 관하여도 미군 당국이 소홀히 취급하지 못하도록 간접적·심리적인 제약을 가하고 있는 것과 비교해 볼 때 개정의 필요성이 있는 조항이라 할 수 있다.

4. 한미주둔군지위협정 제22조의 내용과 문제점

(1) 속지주의와 적극적 속인주의의 경합

　한미 주둔군지위협정 제22조 제1항(가)에서 합중국 군 당국이 합중국 군대의 구성원, 군속 및 그들의 가족에 대하여 형사재판권 및 징계권(형벌에 대한 집행권한을 포함)을 행사할 권리를 가진다고 규정하였고, (다)에서는 대한민국 당국이 미군 등에 대한 재판권을 가진다

---

15) 미·일협정 제17조 제3항(다)에 관한 합의의사록 2.

고 규정하고 있다. (가)는 속인주의에 따라 미군 당국에 재판권이 있음을 규정하고 있고, (나)는 속지주의에 따라 대한민국에 재판권이 있음을 밝힘으로써 재판권의 경합을 명문으로 인정하고 있다. 이러한 입법태도는 기본적으로 타국의 형사사법체계의 불신과 자국민보호에 기인한 것으로, 실제 재판관할권이 경합하는 경우 대개는 속지주의에 따라 범죄지 국가의 재판권을 존중한다. 하지만 한미주둔군지위협정처럼 실제로 경합을 예상해서 별도로 규정을 마련한 경우에는 재판권에 대한 적절한 조정이 필요하게 되었다.

(2) 전속적 재판관할권의 배제

협정문과 부속문서 전반을 살펴보면 재판관할권이 경합하는 경우 뿐만 아니라 우리나라가 전속적 재판관할권을 가지는 경우에도 미군 당국에 양보하거나 미군의 재판관할권에 의해 대한민국의 재판관할권이 제한되고 있다. 먼저 협정문 제22조 제1항(가)에 관한 합의의사록의 내용을 보면 "합중국 법률의 현 상태하에서 합중국 군 당국은 평화 시에는 군속 및 가족에 대하여 유효한 형사재판권을 가지지 아니한다고 하고 있다." 이 규정대로라면 협정문의 규정에도 불구하고 평시에는 미군을 제외한 군속과 가족에 대한 대한민국의 전속적 관할권을 인정하는 것으로 이해할 수 있다. 그러나 해당 규정에 대한 합의의사록 후단과 이에 대한 양해사항을 보면 추후 미국의 입법이나 헌법개정, 심지어 관계당국의 '결정'에 의해 재판권의 범위가 변경되면 대한민국 정부에 통고하고, 이러한 통고가 있으면 합중국 군 당국이 재판권을 행사하는 것으로 합의함으로써 대한민국의 평시 미군 군속과 그 가족에 대해 가지는 재판권이 절대적이지 않음을 천명하고 있다. 또한 협정문 제2항의 (나)에 대한민국의 법령에 의하여서는 처벌할 수 있으나 미국의 법령에 의해서는 처벌할 수 없는 범죄에 대해서 대한민국이 전속적 관할권을 가진다고 규정하면서도 합의의사록에서는 미군이 별도의 행정적·징계적 제재를 가하면 그 유효성을 인정하여 재판권을 포기할 수 있음을 규정하고 있다. 이는 1차적으로 대한민국의 전속적 관할권을 인정하지만, 미군 당국에 의한 제재의 유효성도 함께 인정해 달라는 것이다.[16] 물론 미군 당국의 재판권포기요청에 대해 최대한 자제해 줄 것을 양해각서에 명시하고 있지만, 미군 당국의 요청자체를 금지하거나 제한하는 것은 아니어서 그 실효성에 의문이 갈 수밖에 없다.[17]

---

16) 예컨대 우리나라의 간통죄 폐지 전 한국 국적의 여자와 간통한 미군에 대해 미군 당국이 별도로 징계하고자 하여 재판권포기를 요청하면, 대한민국은 재판권을 포기할 수 있다는 것이다.

17) 박성민, '한미주둔군지위협정(SOFA) 제22조 형사재판권의 형사법적 문제와 개선방안' 형사정책연구 제22권 제4호, 2011, pp.191~217.

(3) 경합적 관할권의 양보 또는 배제

협정문 제3항은 경합적 관할권에 대해 규정하고 있다. 동항 (가)의 (2)호에서 원래는 대한민국이 관할권을 가지는 범죄라 하더라도 공무집행 중의 작위 또는 부작위에 의한 범죄에 대해서는 미군이 재판관할권을 가진다고 규정하고 있다.[18] 제3항 (가)목에 대한 합의 의사록에는 "'공무'라 함은 합중국군대의 구성원 및 군속이 공무집행 중에 행한 모든 행위를 포함하는 것을 말하려는 것이 아니고, 그 자가 집행하고 있는 공무의 기능으로서 행하여질 것이 요구되는 행위에만 적용되는 것을 말한다"고 하고 있고, 양해사항에는 "어떤 자가 특정한 임무수행을 요구하는 행위로부터 실질적으로 이탈한 경우, 이는 통상 그 자의 '공무' 밖의 행위를 뜻한다"고 하고 있다. 따라서 임무수행 중 재물을 훔치거나 고의로 인명을 살상하는 경우에는 동조의 공무의 범위에 포함되지 않는다. 문제는 공무증명서의 발급권한이 미군의 장성급 장교에게만 있으며, 우리 법원은 공무판단에 관여할 여지가 없다는 점이다.[19] 이는 미·일 SOFA가 공무증명서를 발급할 때 일본 형사소송법 제318조(법관의 자유심증주의)에 반해서는 안 된다는 규정을 둠으로써[20] 공무의 최종판단에 일본 법원이 관여할 수 있는 길을 열어두고 있는 것과는 대조적이다.

협정문 제3항 (나)에 의하면 미군의 미군에 대한 범죄와 공무집행 중의 범죄 외에는 대한민국이 재판권을 가진다고 규정하고 있다. 그러나 합의의사록에는 합중국 군 당국의 요청이 있으면, 대한민국 당국이 재판권을 행사함이 특히 중요하다고 결정하는 경우를 제외하고 대한민국의 재판관할권 포기가 규정되어 있다.[21] 협정문이 인정한 대한민국의 재판권에 대해 합의의사록은 예외적인 재판권 포기사유를 규정한 것이 아니라, 오히려 대한민국의 재판권포기를 일반화하고 예외적인 경우(대한민국 당국이 재판권을 행사함이 중요하다고 결정한 경우)에 대한민국의 재판권을 인정하는 것이다. 이는 주객이 전도되고 본말이 뒤바뀐 규정이라 할 수 있다. 또한 합의의사록은 미군 당국의 요청에 대해 재판권의 포기를 고

---

[18] 2002년 효순·미선 양 사건의 경우에도 공무상 발생한 사건이라는 점을 근거로 하여 미군이 재판권을 행사했다. 공무상 범죄에 대해 미군이 재판관할권을 가지는 것은 군무(軍務)가 가지는 은밀성과 독자성을 고려하면 충분히 수용가능한 일이다. 하지만 공무집행 중이라 하더라도 임무수행과 직접적인 관련이 없는 행위에 대해서는 본조의 공무집행 중의 범죄에서 제외해야 할 것이다. 다행히 이에 대해서는 합의의사록과 양해사항을 통해 명확히 규정하고 있다.

[19] 주한미주둔군지위협정 제22조 제3항 (가)목에 관한 합의 의사록 및 양해사항 참조.

[20] 미·일 SOFA 제17조 제3항 (가) ii 합의의사록.

[21] 제3항 (나)에 관한 합의의사록 제1호 "대한민국 당국은, 합중국 군법에 복하는 자에 관하여 질서와 규율을 유지함이 합중국 군 당국의 주된 책임임을 인정하여, 제3항 (다)에 의한 합중국 군 당국의 요청이 있으면 대한민국 당국이 재판권을 행사함이 특히 중요하다고 결정하는 경우를 제외하고, 제3항 (나)에 의한 재판권을 행사할 제1차적 권리를 포기한다."

려하는 것이 아니라 재판권을 '포기한다'고 규정하고 있다. 이는 결국 미국의 적극적 속인주의에 대해 대한민국의 속지주의가 배제됨을 의미하는 것이며, 미군에 의한 전속적 재판관할권을 인정하는 것이라 평할 수 있다.[22]

5. 재판 전 피의자 체포 및 구속

(1) 피의자의 체포

협정은 주한미주둔군지위협정(SOFA) 대상자에 대한 '체포와 인도에 있어서 상호 조력하여야 한다'[23]고 상호 협력의무를 명시하고 이어서 주한미주둔군지위협정(SOFA) 대상자를 '체포'한 경우 상호 통고 및 통지의무를 명시하고 있는데, 여기에서도 합중국 군 당국의 경우 우리나라가 1차적 재판권을 가지는 경우에만 통고하도록 규정하고 있는 반면, 우리나라는 합중국이 전속적 재판권이나 1차적 재판권을 가지는 경우를 불문하고 통고하도록 규정하고 있다.[24]

(2) 피의자의 구속

1) 합중국 당국이 체포하였을 경우

이 경우 대한민국이 재판권을 행사할 주한미주둔군지위협정 대상자의 구금은 '… 그 피의자가 합중국 군 당국의 수중에 있는 경우에는 모든 재판 절차가 종결되고 또한 대한민국 당국이 구금을 요청할 때까지, 합중국 군 당국이 계속 구금한다'[25]고 규정하고 있다.

2) 대한민국 당국이 체포하였을 경우

이 경우 '… 그 피의자가 대한민국의 수중에 있는 경우에는 그 피의자는 요청이 있으면 합중국 군 당국에 인도되어야 하며 모든 재판절차가 종결되고 또한 대한민국 당국이 구금을 요청할 때까지 합중국 군 당국이 계속 구금한다'[26]고 규정하고 있다. 이는 미군의 특수한 지위에 따라 유죄가 확정될 때까지는 미군 당국의 관리하에 두겠다는 취지로 해석될 수 있어 이 역시 형평성의 문제로 논란의 여지가 많은 규정이라 할 수 있다.

---

22) 박성민, '한미주둔군지위협정(SOFA) 제22조 형사재판권의 형사법적 문제와 개선방안' 형사정책 연구 제22권 제4호, 2011, pp.191~217.
23) 주한미주둔군지위협정 제22조 제5항(가).
24) 주한미주둔군지위협정 제22조 제5항(나).
25) 주한미주둔군지위협정 제22조 제5항(다) 1단.
26) 주한미주둔군지위협정 제5항(다) 2단.

3) 구금에 있어 상호 협력의무의 문제

협정은 피의자가 합중국 군 당국의 수중에 있을 때 대한민국의 구금인도 요청에 대해 호의적 고려(shall give sympathetic consideration)를 해야 한다고 규정한 반면, 대한민국의 수중에 있는 피의자의 구금인도에 대해서는 합중국 군 당국의 요청이 있으면 '인도되어야 한다'는 강제성을 내포하고 있어 논란의 여지가 있다. 또한 협정은 '합중국 군 당국은 수사와 재판을 위한 요청이 있으면 즉시 대한민국 당국으로 하여금 이러한 피의자 또는 피고인에 대한 수사와 재판을 할 수 있게 하여야 하며 … 대한민국 당국이 행한 구금에 관한 특별한 요청에 대하여 충분히 고려하여야 한다 …'고 명시하고 있으나, 실무상으로는 대한민국 수사기관이 협정 대상자를 피의자로 체포·구금하여 그 사실을 미군 당국에 통보하면 미군측은 곧바로 신병인도 요청을 해오기 때문에 제대로 수사를 마무리하지도 못한 채 신병을 미군 측에 인도할 수밖에 없는 경우가 대부분이다. 그 이후 다시 피의자에게 출석요구서를 발부하여 미합중국 정부대표의 참석하에 수사를 진행해야 하는 등 수사진행에 많은 지장을 받아 온 것이 사실이어서 이 같은 '신병인도 후 접수국의 수사와 재판'에 관련된 규정은 개정이 필요하다고 본다.

(3) 범죄수사 및 증거수집에 관한 협조

협정 제22조 제6항(가)에서 범죄수사 및 증거의 수집에 대하여 대한민국과 합중국 양 당국의 상호 협력에 대한 의무를 규정하고, 이에 근거해 한미 양국은 1967년 '주한미주둔군지위협정의 시행에 관한 형사특별법'을 제정·시행하고 있다. 이와 관련하여 합의의사록에는 합중국 군인의 출석에 대해 '… 합중국 군대의 구성원이 증인이나 피고인으로 대한민국의 법정에 출석하도록 소환을 받은 때에는 합중국 군 당국은 군사상의 긴급사태로 인하여 달리 요구되지 아니하는 한 … 그를 출석하도록 하여야 한다'고 규정하고 있다. 하지만 합중국 군인을 제외한 군속 및 가족 등 다른 주한미주둔군지위협정(SOFA) 대상자의 출석에 대해서는 아무런 언급을 하지 않고 있다. 이는 입법상 미비로, 규정이 없더라도 이들의 출석이 재판 진행상 불가피한 경우 대한민국의 형사소송법이 규정하는 바에 따라 출석시키도록 조치를 취할 수 있어야 할 것이다.

(4) 형의 집행과 구금의 인도

협정은 대한민국 법률이 동일한 범죄에 대해서 사형을 규정하고 있지 않는 한 미군 당국의 한국 내에서의 사형집행을 금지하고 있다. 자유형의 집행에 있어서 대한민국 당국이 선고한 구금형을 복역하고 있는 주한미주둔군지위협정(SOFA) 대상자에 대해 미군 당국이 구금인도를 요청하면 대한민국 당국은 이를 호의적으로 고려해야 한다는 의무조항을 규정하고, 요청에 따라 구금이 인도된 경우 미군 당국은 형기가 종료하거나 대한민국 관계 당국의 승인이 있기 전에는 그자를 계속 구금하여야 할 의무를 가진다고 규정하고 있다. 주한미주둔군지위협정(SOFA) 대상자에 대한 형의 집행절차는 다음과 같다.

1) 형 집행을 위한 구금인도 요청

재판이 확정될 때까지 미군 당국에 구금되어 있는 피고인에 대하여 형 집행을 위한 구금인도 요청을 할 수 있다.

2) 구금인도 요청 절차

① 판결이 선고, 확정된 법원에 대응하는 검찰청은 대검에 재판 확정 보고
② 대검은 법무부에 형 집행을 위한 주한미주둔군지위협정 대상자 구금인도 요청
③ 법무부의 구금인도 요청 결정

3) 형의 집행

① 수형자 인도

미군 당국은 수형자 인도에 필요한 조치를 취하여 지정된 시간, 장소에 수송하여 대한민국 당국에 인도하고 대한민국은 인수증을 교부한다.

② 가석방

가석방자의 성명, 계급, 소속, 가석방 장소 및 기간을 미군 당국에 통보하고 가석방 기간 중 가석방자에 대한 감호는 미군 당국이 담당한다. 미군 당국은 가석방자가 한국에 체류하는 동안 매월 말일에 관할 경찰서장에게 동태를 통고해야 하고 가석방자를 대한민국으로부터 출국시키고자 할 때에는 72시간 전에 출국예정일, 행선지, 출국장소 등을 법무부에 통고해야 한다. 또한 대한민국의 관계기관은 수시로 미군 당국을 통하여 가석방자의 행방을 조사할 수 있다.

(5) 일사부재리의 원칙(一事不再理 原則)

협정은 '피고인이 본조의 규정에 따라 대한민국 당국이나 합중국 군 당국 중의 어느 일방 당국에 의하여 재판을 받은 경우에 있어서 … 그 피고인은 타방 국가 당국에 의하여 대한민국의 영역 안에서 동일한 범죄에 대하여 이중으로 재판받지 아니한다'[27]는 일사부재리의 원칙을 규정하고 있다.

---

27) 주한미주둔군지위협정 제22조 제8항 1단.

(6) 피의자 및 피고인의 권리

협정 제22조 제9항에 주한미주둔군지위협정(SOFA) 대상자가 대한민국 당국에 의해 피의자나 피고인이 된 경우에 원칙적으로 대한민국 법률이 국민에게 부여하고 있는 형사소송 절차상 권리를 가진다고 선언한 다음 구체적으로 아래와 같은 권리를 가진다고 규정하고 있다.

1) 신속한 재판을 받을 권리
2) 공판 전에 자신에 대한 구체적인 공소사실의 통지를 받을 권리
3) 자신에 불리한 증인과 대면하고 그를 심문할 권리
4) 증인이 대한민국의 관할 내에 있는 때에는 자신을 위하여 강제적 절차에 의하여 증인을 구할 권리
5) 자신의 변호를 위하여 자기가 선택하는 변호인을 가질 권리
6) 피고인이 필요하다고 인정하는 때에는 유능한 통역인의 조력을 받을 권리
7) 합중국 정부대표와 접견, 교통할 권리 및 자신의 재판에 그 대표를 입회시킬 권리

이와 관련한 합의의사록에서는 추가적 권리로서 다음을 열거하고 있다.
① 판결 선고 전 구금일수를 구금 형에 산입할 수 있는 권리
② 유죄판결 또는 형의 선고에 대해 상소할 권리
③ 행위 시 대한민국 법률에 의해 범죄를 구성하지 아니하는 경우는 유죄의 선고를 받지 않을 권리
④ 상고심에서의 중형선고 금지의 권리
⑤ 범행 후 피고인에게 불리하게 변경된 증거에 관한 법칙이나 증명요건에 의하여 유죄로 선고받지 않을 권리
⑥ 자기부죄(自己負罪) 금지의 권리
⑦ 참혹하거나 비정상적인 처벌을 받지 않을 권리
⑧ 동일 범죄에 대하여 이중으로 소추, 처벌받지 않을 권리
⑨ 육체적으로나 정신적으로 심판에 출석 또는 변호하는 것이 부적당한 때에는 심판에 출석하도록 요청받지 않을 권리
⑩ 적절한 군복이나 민간복으로 수갑을 채우지 아니하는 것을 포함하여 합중국 군대의 위신과 합당한 조건이 아니면 심판을 받지 아니하는 권리

또한 합의의사록에서는 주한미주둔군지위협정(SOFA) 대상자에 대한 소송 및 구금절

차에 있어서 다음과 같은 기타 권리를 인정하고 있는데, 이러한 규정들은 지나치게 한국의 사법제도 및 행형제도를 불신하고 간섭하는 결과를 초래할 수 있으므로 개정의 여지가 있다고 본다.

　㉠ 상소의 제한

　　유죄가 아니거나 무죄석방의 판결에 대해 검찰이 상소하지 못한다.

　㉡ 구금시설에 대한 권리

　　합중국 군 당국은 합중국 주한미주둔군지위협정(SOFA) 대상자가 구금되었거나 구금될 시설을 시찰할 권리를 가진다.

　㉢ 구금 중 적대행위 발생 시의 구금인도

　　구금중인 자에 대해 적대행위가 있다고 인정되는 경우에는 재판 이전이거나 형의 복역 중이거나를 불문하고 대한민국은 합중국 군 당국의 요청에 따라 이러한 자를 책임 있는 합중국 군 당국의 구금하에 둘 것을 호의적으로 고려해야 한다.

　㉣ 무제한적 접견권의 인정

　　대한민국 당국에 의하여 구금되거나 유치된 주한미주둔군지위협정(SOFA) 대상자에 대해 합중국 군 당국은 언제든지 접견할 권리를 가지며, 접견하는 동안 의류, 음식, 침구, 의료 등 보조적인 보호와 물건을 공여할 수 있다.

(7) 시설 및 구역 내의 경찰권

협정은 군대 규율과 질서를 유지해야 하는 군대의 특수성을 감안, 미군 당국이 부내 영내·외에서의 경찰권 행사를 인정함으로써 자체적으로 질서와 안전의 유지를 위하여 필요한 적절한 조치를 취할 수 있도록 하였다.[28] 그러나 이 조항에서 대한민국이 형사관할권을 행사할 수 있는 주한미주둔군지위협정(SOFA) 대상자를 미국이 구금하고 있거나 미군 시설 내에 있는 경우에는 이들을 한국 사법 당국에 넘겨주어야 하는 대상에서 제외하였기 때문에 결과적으로 이들이 죄를 범하고 미군 시설에 도피하는 경우 한국경찰은 이들의 신병을 인도해 주도록 미군 당국에 요청하는 외에는 신병을 확보할 방법이 없어 논의의 여지가 있다. 미군 시설 및 구역 내의 경찰권에 관한 구체적인 합의의사록 규정은 다음과 같다.

1) 시설 및 구역 내부 경찰권

미군 당국은 그 시설 및 구역 내에서 범죄를 행한 모든 자를 체포할 수 있다. 그리고 미군 당국이 동의한 경우와 중대한 죄를 범하고 도주하는 현행범인을 추적하는 때에는 대

---

28) 주한미주둔군지위협정 제22조 제10항에 관한 합의의사록 1의 1, 2, 3단.

한민국 당국도 시설 및 구역 내에서 범인을 체포할 수 있다. 한편 대한민국 당국이 체포하려는 자로서 주한미주둔군지위협정(SOFA) 대상이 아닌 자가 이러한 시설 및 구역 내에 있을 때에는 대한민국 당국이 요청하는 경우 미군 당국은 그 자를 체포하여 즉시 인도하여야 한다.

2) 시설 및 구역 주변 경찰권

미군 군사경찰(military police)은 시설 및 구역 주변에서 국적 여하를 불문하고 시설 및 구역의 안전에 대해 현행범인을 체포 또는 유치할 수 있으며, 그러한 자가 주한미주둔군지위협정 대상자가 아닌 경우에는 즉시 대한민국 당국에 인도하여야 한다.

3) 사람이나 재산에 관한 압수 · 수색 · 검증

대한민국 당국은 미군 당국이 동의하는 경우가 아니면 시설 또는 구역 내에서 사람이나 재산에 관하여 또는 시설 및 구역 내외를 불문하고 미국 재산에 관하여 압수 · 수색 또는 검증을 할 수 없다. 그러나 이에 관한 대한민국 당국의 요청이 있을 때에는 미군 당국은 필요한 조치를 취하여야 한다.

(8) 2001년 개정된 형사절차 관련 주요 변경 내용

2001년 개정된 협정에 따르면 12개 중요 범죄유형, 즉 ① 살인, ② 강간(준 강간 및 13세 미만의 미성년자에 대한 간음 포함), ③ 석방대가금 취득 목적의 약취 · 유인, ④ 불법마약 거래, ⑤ 유통목적의 불법마약 제조, ⑥ 방화, ⑦ 흉기 강도, ⑧ 위 범죄의 미수, ⑨ 폭행치사 및 상해치사, ⑩ 음주운전으로 인한 교통 사망사고, ⑪ 교통사고로 사망 초래 후 도주, ⑫ 위 범죄의 하나 이상을 포함하는 보다 중한 범죄에 대해 한국 검찰의 기소 시 미군 측으로부터 신병을 인도받도록 하며, 나머지 범죄에 대해서는 현행과 같이 재판 종결 후 신병을 인도 받도록 되어 있다. 그리고 살인 혹은 죄질이 나쁜(egregious) 강간을 저지른 미군 피의자를 우리 측이 체포하였을 경우 증거인멸, 도주, 피해자나 증인에 대한 가해가능성을 이유로 피의자를 구금하여야 할 필요성이 있는 경우에, 미군 측에 신병을 인도하지 않고 계속 구금할 수 있도록 하였다. 아울러 한국 측이 SOFA 대상자를 체포한 후 계속 구금권을 행사할 경우 미 정부대표 출두 시까지 신문하지 못하며, 미 정부대표 부재 시 취득한 증언 및 증거는 재판정에서 사용하지 못하도록 하였다.

6. 기타 조항

(1) 출입국관리

대한민국에 입국하고자 하는 모든 외국인은 출입국 관리법에 따라 유효한 여권 또는 선원수첩과 사증을 가지고 있어야 하며 대한민국에 체류하고자 하는 외국인은 법정의 외국인 등록을 해야 하는 것이 원칙이다. 그러나 한국에 주둔하는 미군과 군속 및 그들의 가족은 일반 외국인과는 달리 특수한 국가적 목적 수행과 관련하여 내한하는 것임을 감안하여 협정 제8조 제2항에서는 '합중국 군대의 구성원은 여권 및 사증에 관한 대한민국 법령의 적용으로부터 면제된다'고 규정하여 여권법, 출입국관리법 등의 적용을 면제하고 있다. 또한 이들은 외국인의 등록 및 관리에 대한 법으로부터도 면제를 받는 특혜를 누린다. 주둔군에 대한 출입국관리상의 이와 같은 특혜는 다른 주둔군 지위협정에서도 비슷하게 규정하고 있다. 협정은 이 조항이 한국 정부의 출입국 동향파악 관련 업무에 미칠 어려움을 감안하여 미군 등의 출입국 동향을 수시로 대한민국 정부에 협조하여 보완하도록 규정하고 있다.

(2) 신분증명서 소지 등 제시의무

협정은 미군 등에 대한 출입국관리법상의 면제에 대한 보완책으로 합중국 군대의 구성원으로 하여금 대한민국에 출·입국·체류하는 경우
1) 성명, 생년월일, 계급과 군번 및 군의 구분을 기재하고 사진을 첨부한 신분증명서,
2) 개인 또는 집단의 합중국 군대의 구성원으로서 가지는 지위 및 명령받은 여행을 증명하는 개별적 또는 집단적 여행의 명령서 등을 소지해야 하고 대한민국 관계 당국이 요구하면 이를 제시하여야 한다고 규정하고 있다.

이에 군사경찰 활동에 종사하는 합중국 군대의 구성원은 이러한 기관의 일원이라는 사실에 대해 한·미 양국어로 기재된 신분증명서를 소지해야하며 공무집행 중 관계 당사자의 요청이 있는 경우 이를 제시하여야 한다. 또한 주한미군의 가족 및 군속과 그들의 가족들도 마찬가지로 대한민국에 출국·입국·체류하는 동안 합중국 당국이 발급한 적절한 문서[29]를 소지하여 그들의 신분이 대한민국 당국에 의하여 확인되도록 하여야 한다.

합중국 당국은 미군, 군속 및 그들의 가족 중 누구라도 신분의 변동으로 인하여 출입국관리법상의 면제를 누릴 자격을 상실한 경우에는 이를 대한민국 당국에 통고하여야 하며,

---

29) '적절한 문서(appropriate document)'란 여권, 신분증 기타 대한민국 당국의 신분 확인에 충분한 사항을 기재한 미군 당국이 발행하는 문서를 말한다.

대한민국 당국이 그자에 대해 대한민국으로부터의 퇴거를 요청한 경우에는 상당한 기간 내에 합중국 당국의 비용부담으로 송환할 것을 보장하여야 한다. 여기서 상당한 기간(within a reasonable period)이란 대한민국의 요청을 접수한 날로부터 30일 이내를 의미한다.

(3) 초청계약자

주한미군이 그 임무를 수행하는 데 필요한 자료나 용역을 조달함에 있어서 불가피한 사정으로 한국 내에서는 조달이 불가능 한 경우, 이를 수행할 목적으로 미군 당국이 계약에 의하여 특정한 자를 한국에 초청하는 경우에 그 자는 사실상 합중국 군대가 해야 할 임무를 수행하는 자로서 미군, 군속 등과 비슷한 지위를 가진다고 볼 수 있는데 이러한 경우에 초청을 받아 입국하는 자를 초청계약자(Invited Contractor)라고 한다. 초청계약자는 원칙적으로 대한민국 법률의 적용을 받지만 주한미군 관련 업무의 효율적 수행이라는 차원에서 미군, 군속 및 그 가족들과 유사한 특권을 누린다. 초청계약자도 미합중국 관계 당국이 발행한 신분증명서의 소지ㆍ제시 의무가 있음은 당연하며 계약의 취소, 대한민국 법률의 위반 등의 사유로 초청계약이 취소ㆍ철회되는 경우에는 협정에서 규정한 특권적 지위도 종료된다.

(4) 현지조달(現地調達)

군대가 주둔하고 임무를 수행하기 위해서는 각종 물자와 용역의 공급은 필수적인 요소다. 이를 위해 협정에서는 주둔군의 효과적인 임무수행과 동시에 한국 군납관련 산업의 발전이라는 호혜적 목적하에 합중국 군대가 공용으로 행하는 현지조달(Local Procurement)에 관하여 규정하고 있다. 먼저 합중국 군대의 자재, 비품 및 용역 등의 현지조달에 있어서 계약자유의 원칙을 선언하고 대한민국 경제에 악영향을 미칠 우려가 있는 물품의 조달은 대한민국 관계 당국과의 협의나 원조를 통해 조달되어야 함을 규정하였다. 또한 주한미군과 계약한 현지 업자가 타업자에 비해 불이익을 받지 않는다고 규정하고 합중국 군대가 대한민국 안에서 공용을 위하여 조달하는 물품 및 용역에 대해서는 물품세, 영업세 등 각종 간접세를 면제하고 있다. 그러나 주한미군, 군속 및 그 가족이 대한민국 내에서 개인적으로 구입하는 물품 및 용역에 대해서는 세금이 면제되지 않는다.

(5) 외환관리(外換管理, Foreign Exchange Controls)

주한미주둔군지위협정(SOFA)도 다른 주둔군 지위협정과 마찬가지로 원칙적으로 주둔군에 대한 대한민국 외환관리법 준수의무를 규정하고 지위의 특수성에 따른 약간의 예외규정을 두어 주한미군의 임무수행에 편의를 도모하고 있다. 협정은 합중국 군대가 주한미군, 군속 및 그들의 가족에 대해 지급한 외화에 대해 대한민국 외환관리법의 규제대상에서 제외하고, 환전 시 '불법적이 아닌 한' 최고환율의 지급을 보장하고 있는데 이는 주한미국의 환전의욕을 높이려는 취지로 보인다. 또한 이들이 고용의 결과로서 취득한 보수에 대해서는 대한민국 밖으로의 외환이전 자유를 보장하고 있다.

(6) 보건과 위생

후천성면역결핍증(AIDS)에 관한 관심이 급증하면서 양해사항에서 보충된 것이 AIDS 관련 조항이다. 즉 양해사항 제26조 제2항에서는 '미군 당국은 후천성면역결핍증 환자 또는 인체면역결핍바이러스(Human Immunodeficiency Virus: HIV) 감염자로 판명된 주한미군 요원의 한국인 접촉사항에 관한 적절한 정보를 즉시 대한민국 보건 당국에 제공한다 … AIDS 또는 HIV 발견에 관한 분기별 통계 정보를 대한민국 보건 당국에 계속 제공한다 …'고 규정하고 있다.

제2절   주한미주둔군지위협정(SOFA) 사범 수사

1. SOFA 사건처리 시 유의사항

(1) 일반적 유의사항

1) SOFA 대상사건은 일반사건에 우선하여 신속히 수사한다.
2) 체포 시 미란다 원칙 고지 및 피의자 조사 시 장시간 조사를 지양, 적법절차 준수하여 피의자 인권침해 논란 사전 차단한다.(부득이 장시간 조사가 계속될 시 휴식시간 부여 등을 통해 장시간 조사로 우리 경찰이 강압수사 또는 인권침해를 했다는 논란 미연에 방지)
3) SOFA 사건 발생 시 외사기능을 통해 본청(외사수사과)으로 보고될 수 있도록 기능별 외사기능(지방청·경찰서)에 협조 요망한다.

(2) 피의자 신병인도

1) 현행범 또는 부대복귀 전 체포하여 신병이 우리에게 있는 경우 미 헌병의 신병인도요청이 있더라도 미 대표 출석하여 피의자 조사 후 미 측에 신병인도한다.(당일 조사원

칙, 경찰은 피의자 신문 등 예비수사를 실시할 때까지 '합리적 시간' 내 피의자 구금 가능)

2) 경찰이 피의자 조사를 위해 구금할 수 있는 '합리적 시간(a reasonable time)'은 미 정부대표 출석 후부터 산정한다.[30]

3) 당일 조사 시 묵비권 행사·변호인 불출석 등 사유로 피의자신문이 불가능한 경우 피의자 신문을 제외한 증거조사 등 충분한 수사 후 신병인계한다.(신병 인계한 피의자에 대해서는 가급적 익일 소환, 신속히 사건처리 및 집중 수사)

(3) 중요 12개 범죄유형 해당 피의자 신병확보

1) 살인, 강간의 경우 기존과 동일하게 구속영장 발부받아 계속구금한다.

2) 살인, 강간 이외 중요 12개 범죄유형에 해당하고 구속의 필요성이 있다면 미 측에 '신병인도 요청 자제'를 적극적으로 협의한다. 개선된 SOFA 합의사항[31]에는 중요 12개 범죄유형의 피의자를 현행범(부대복귀 전) 체포한 경우 미 측은 우리 측의 요청에 따라 '신병인도 요청 자제를 호의적으로 고려한다'고 규정, 미 측이 신병인도 요청을 자제할 경우 즉시 영장 신청하여 계속구금하고, 우리 측 요구에도 불구하고 미 측에서 신병인도 요청할 경우 '합리적 시간' 내 조사 후 미 측에 피의자 신병인도하며, 신병인도 시 구속의 필요성(범죄의 중대성·증거인멸 및 도주우려·사회적 파급효과 등)에 대해 미 측에 설명하고 구금 요청, 필요시 문서로 교부한다.

3) 가족 및 군속 등 미 군법을 적용할 수 없는 피의자에 대해서는 이를 사유로 보다 적극적으로 미군 측에서 신병인도 자제토록 요청한다.(구속사유를 설명하고 미 측이 구금할 수 없을 경우 신병인도 요청 자제를 적극적으로 요청한다)

(4) 구속의 필요성이 있는 수사단계에서 구속영장 신청

미 측에 신병이 있는 경우에도 SOFA 개선안('12.5.23)에 따라 경찰 수사단계에서도 미 측으로부터 신병인수가 가능[32]하다.

---

30) 다만, 미 대표가 '합리적 시간'에 대한 우려(이의)를 제기할 경우 우리 측은 정당한 고려를 해야 하고, 경찰이 조사시간을 지연한다는 오해를 사지 않도록 집중적으로 수사한다. '합리적 시간' 내 조사인가에 대한 판단은 죄종·피의자의 진술태도·통역 진행 등 조사에 관련된 제반사정을 고려해 판단한다. 또한 피의자가 혐의를 시인하는 단순 폭행 등 간단한 사건의 '합리적 시간'과 살인·강간·강도 등 중요 범죄 및 피의자가 범행을 부인하는 사건 등의 '합리적 시간'은 각각 달라질 수 있다.

31) 2012년 5월 23일 경찰의 초동수사권 강화 및 기소 전 신병인도 등 경찰수사단계의 처리절차를 위주로 개선되었다.

32) 수사단계 신병인도는 모든 범죄에 가능, 중요 12개 범죄유형 외의 사건일지라도 사안이 중대하고 구속의 필요성이 있는 경우 적극적으로 영장 신청한다.

(5) 우리 측 통역요원의 신속한 확보

1) 현행범인 피의자 조사를 위해 우리 측 통역요원을 신속히 확보한다.
① 우리 측 통역보다 미대표가 먼저 출석할 경우 피의자를 확보하고 있을 명분 결여 된다.
② 피의자 조사치 못하고 미 측에 신병인계해야 하는 사례 발생한다.
③ 대부분 SOFA 사건이 휴일·심야에 발생, 통역요원 확보에 어려움이 있다. 그러하기에 SOFA범죄 다발경찰서는 통역요원 인력풀 구성 확대 등을 통해 우리 측 통역요원을 사전에 확보하고 즉각적인 피의자 조사에 대비해야 한다.
2) 미 측이 우리 측 통역에 대해 '통역의 미숙 및 편견' 등을 이유로 통역교체 요구 시 제반 사항을 고려하여 긍정적 검토 후 호의적으로 고려한다.[33]

(6) 기타 유의사항

1) SOFA 대상인 미군 가족에게도 A-3(협정비자)이 발급되며, 미군 가족이라도 한국 국적(이중국적 포함)일 경우 SOFA 대상에서 제외된다.
2) SOFA 강력사건 발생 시 부근 미군부대 복귀로(路) 및 미군게이트 주변에 긴급배치, 피의자 부대복귀 전 체포에 만전을 기한다.
3) 미 대표는 조사 시 배석할 권리는 있으나, 조사에 관여할 수는 없어 가급적 일정한 거리를 두고 피의자 뒤쪽에 배석하게 한다.[34]
4) SOFA 대상자는 일반 외국인과 비교하여 수사 절차상 일부 차이만 있을 뿐 외교관·영사와 같은 면책 특권자가 아니다.[35]

2. 사건접수 및 처리절차

(1) 신고접수

1) SOFA 대상자에 대한 범죄신고 접수 시 신속하게 현장출동

---

33) 미 측이 통역을 별도 대동 시 우리 측 통역과 동시에 조사에 참여시켜 공정성을 확보하고, 이를 조서내용에 기재.
34) 피의자가 미 정부대표의 눈치를 보며 진술하거나 사건에 대해 상호 의사소통을 하는 경우가 발생치 않도록 사전 조치.
35) 조사 시 미 정부대표 참여 및 신병구금의 제한 등을 제외하고는 일반 외국인의 수사와 동일하므로 사전에 SOFA 사건 절차를 숙지하여 적극적인 수사권 행사가 이루어질 수 있도록 한다.

2) 2인 이상 출동, 경찰장구 외 통신장비도 휴대[36]

3) 현장출동 도중 및 주변 미군 인상착의 등을 메모하거나 불심검문을 통한 인적사항을 확인하고, 외국인이 직접 신고 시는 경찰 통역전화기 또는 민간통역단체 'BBB 서비스'를 활용한다.

(2) 초동조치

1) 현장 도착, 현행범체포 등의 절차에 따라 '미란다 원칙' 고지 후 피의자 신병확보

현행범체포 시 미란다 원칙 고지사항

귀하는 ○○죄를 범한 현행범이므로
As a flagrant offender of (crime),

형사소송법 제212조에 의해 영장 없이 체포하겠습니다.
 you are under arrest without a warrant pursuant to Article 212 of the Criminal Procedure Law.

귀하는 변호인을 선임하여 도움을 받을 수 있으며
You have the right to appoint a lawyer and have him/her present with you while you are being questioned.

변명할 말씀이 있으면 해주시기 바랍니다.
You have the right to speak for yourself.

---

2) 부상자 구호 및 피해자, 목격자 등 참고인 인적사항과 피해사항 확인

3) 현장에서 피해품, 범인의 유류품 등 증거물 확보

4) 피의자가 도주한 경우에는 사건의 정황과 목격자의 진술 등을 바탕으로 사건 일시·장소, 피해자, 피해품, 피의자 인상착의, 사건경위 내용의 발생보고서를 작성하여 경찰서에 보고(도주시간이 얼마 경과되지 않은 경우에는 인상착의, 휴대품, 도주방향 등을 상황실에 보고하여 도주로 차단, 검거)

---

36) 현장 출동 시 2인 이상 출동하되 무전기, 수갑 등 경찰장구 외에 채증장비(카메라, 캠코더 등) 소지한다. 또한 현장에 도착 시 현장상황을 그대로 보고하고 예상했던 상황과 다르게 단독 제압이 어려운 상황으로 판단되면 경력 추가지원 요청하며, 다수의 피의자가 있는 경우와 다중이 충돌할 우려가 있는 경우 등 출동 인원으로 제압이 어려운 경우에는 출동 시 가급적 통역을 할 수 있는 영어 가능자를 동행하되 경찰관 중 통역 가능자가 없는 경우 현장에서 통역 가능자를 확보한다. 또한 현장에서 계도로 끝날 사안이 아니라고 판단될 경우 즉시 경찰서 상황실을 통해 경찰서별 구축된 통역 인력풀 중 즉시 통역 가능한자를 확보하여 피의자 조사에 대비하며, 현장 상황 및 진행 상황 등을 유무선상 수시 보고한다.

(3) 지구대로 피의자 동행

1) 동행 시 피의자 가혹행위 등 인권침해 행위 금지
2) 피의자를 지구대로 동행하면 신분증을 제시받아 SOFA 대상자 여부 확인 후 현행 범인체포서 등을 작성, 경찰서로 신병인계한다. 피의자가 공무집행 중에 일어난 사건임을 주장하더라도, 객관적 사실 규명 필요성 및 검찰과 협의해야 함을 설득하여 경찰서로 동행한다.

– 주한미주둔군지위협정(SOFA) 처리절차 –

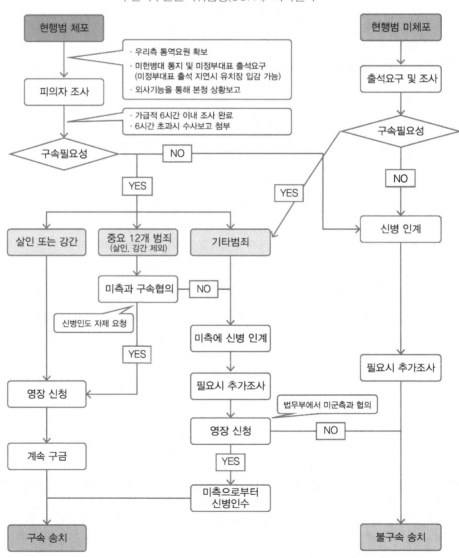

SOFA 사건 처리시 지구대 점검 항목

단계	점 검 항 목	확인		비고
		YES	NO	
신고 접수	2인 이상 출동하고 경찰장구 외 통신장비도 휴대하였는가			
	현장출동 도중 주변 미군에 대한 불심검문 등 인적사항 확인 등에 유의하였는가			
초동 조치	피의자 신병확보 시 '미란다 원칙'을 고지 하였는가			
	부상자가 발생한 경우 구호조치는 하였는가			
	피해자, 참고인 등 인적사항 파악 및 증거물 등은 확보하였는가			
	피의자가 SOFA 대상자인지 '신분증'을 확인하였는가			
	피의자 경찰서에 인계시, '현행범인체포서' 등 관련서류를 작성하였는가			

(4) 경찰서에서의 처리

1) 기초사실 조사

① 경찰서로 동행한 피의자에 대해 신분증과 대조하여 SOFA 대상자 여부를 재차 확인한 후, 소속·계급·성명·생년월일·범죄사실 등 기초사실조사서 작성 및 신분증 사본하여 첨부한다.

② 지방경찰청을 경유하여 경찰청에 보고 및 24시간 이내에 검찰청(SOFA 담당검사)에 SOFA사건 발생보고 한다.

SOFA 대상 미군신분증 양식

미군신분증 양식(舊형)

미군신분증 양식(新형)

※ 현재는 신·구 신분증이 혼용되어 사용되고 있음

2) 체포사실 통고

① 대한민국 당국은 미군 당국에 미국 군대의 구성원, 군속 또는 그들의 가족의 체포를 즉시 통고하여야 한다. 체포사실의 통고는 가장 인접한 주한미군 헌병감에게 한다.(합동위원회 합의사항 2001.1.18)

② 미군 당국은 대한민국이 재판권을 행사할 제1차적 권리를 가지는 경우에 있어 미국 군대의 구성원, 군속 또는 그들의 가족의 체포를 대한민국 당국에 즉시 통지하여야 한다.

3) 범죄현장에서의 수사(합동위원회 합의사항 2002.12.30)

① SOFA 적용대상 범죄현장에서 미군 수사기관이 먼저 수사에 착수하여 현장을 관리하는 경우에도, 한국 수사기관은 미군 측의 협조를 얻어 독자적으로 현장조사를 실시하고, 적극적으로 피의자·용의자 또는 참고인 조사를 실시한다.

② 한국 수사기관이 먼저 수사에 착수하여 현장을 관리하는 때에는 미군 수사기관이 독자적인 현장조사를 희망할 경우 협조 제공한다.

4) 신병인도 전 조사와 미 정부대표 출석요구

① 미국 정부대표 입회하에 미군 당국에 신병인도 전 수사가 가능하다.[37]

② 미국 정부대표는 하루 중 언제라도 1시간 이내에 출석하게 되어 있으므로, 야간이라도 미국 정부대표의 출석을 적극 요구하여 SOFA 적용대상 피의자에 대한 신병인도 전 조사 진행한다.(합동위원회 합의사항 2002.12.30)[38]

5) 미군 당국에 신병인도

① 체포사실 통고를 받은 미군 당국이 피의자의 신병인도를 요청하는 경우 미군 당국으로부터 '구금인도요청서'를 제출받고 '신병인수증'을 작성한 후 신병인도한다. 피체포자 인적사항 및 인수일시, 신병을 인수한 미군의 기관명, 신병을 인수한 자(가급적 장교)의 계급, 군번, 성명, 범죄사실의 요지 등을 기재한 신병인수서에 인수자

---

37) 대한민국 당국은 적절히 임명된 미국 대표의 입회하에 미국 군대 구성원·군속 또는 가족을 신문할 수 있으며, 체포 후 신병을 미군 당국에 인도하기 전에 사건에 대하여 예비수사를 할 수 있다(합의의사록에 관한 양해사항 제22조 제5항 (다))

38) 사례 : 주한미군의 자녀인 브룩스○○(20세, 남)는 '01년 2월 서울 용산구 이태원동 뒷골목에서 대마초를 흡입하고, '01.4.19. 용산구 주성동 소재 친구 집에서 대마초를 피우는 등 2회에 걸쳐 마약류 흡입
'01.4.27. 피의자 검거, 미 대표 입회하에 피의자 신문조서 작성 후 미 헌병대에 신병인계, 이후 출석 요구하여 5.17. 피의자 긴급체포하고 같은 날 미군 당국이 피의자 신병인수 거부서를 제출.

의 서명을 받아 보관한다.[39]

② 신병인도 후 출석요구로 적극적 수사활동 전개[40]

범죄기초조사서 양식

Criminal Case Information Form			
소 속 Unit			
성 명 Name			
계 급 Rank/Grade		생년월일 Date of birth	
사회보장번호 SSN			
전화번호 Telephone	직장 Duty	자택 Home	
보호자 인적사항 Sponsor's information(When applicable—in case if family member)			
성 명 Name			
소 속 Unit			
계 급 Rank/Grade		사회보장번호 SSN	
생년월일 Date of birth			
전화번호 Telephone	직장 Duty	자택 Home	

---

39) 미군 당국이 체포된 자의 구금인도를 요청하고자 하는 경우 헌병감은 그러한 요청을 기재한 일정양식의 문서를 작성하여, 구금 중인 대한민국 수사당국에 제출하여야 한다(합동위원회 합의사항 2001.1.18)

40) 미군 당국은 수사와 재판을 위한 요청이 있으면 즉시 대한민국 당국으로 하여금 이러한 피의자 또는 피고인에 대한 수사와 재판을 할 수 있게 하여야 한다(협정 제22조 제5항 (다))

미정부대표 임명장 양식

Office of the Judge Advocate   ○○. ○○. 20○○

주한미군 사령부 법무감실(전화번호)

SUBJECT : Appointment of US Representative

제목   : 미국 정부대표 임명

SFC Norman A. Bernard

HHC, 1st Signal Brigade

APO AP 96205

Pursuant to Article 22, Para. 9(g), US—ROK SOFA and the Agreed Minute thereto, you are appointed the representative of the Unite States Government to ensure that all rights to which the following named individual(s) is entitled are protected during all preliminary investigation, examinations, pretrial hearing, or any other proceedings at which the Government of the Republic of Korea requires the presence of :
(주한 미군지위협정 제22조 제9항(사)에 관한 합의의사록에 의하여, 대한민국 정부가 아래 사람의 출석을 필요로 하는 모든 예비수사, 조사, 재판 전 심리 또는 여하한 법적 절차에 있어서도 그에게 부여된 모든 권리가 보호되는 지를 보증하기 위하여 귀하를 미국 정부대표로 임명한다.)
SGT Latasha D. Washington.

FOR THE JUDGE ADVOCATE :

○ ○ ○

Paralegal Specialist

International Affairs Division

구금인도요청서 및 신병인수증 양식

CUSTODY REQUEST AND RECEIPT (USFK REG 1-44) 구금인도요청서 및 인수증	MPR No. 헌 병 보 고 서 번호:	Date 일자:

To 수신 : ○ ○ Police Station	From 발신 :

Pursuant to the provisons of Article 22, Para. 5c the ROK/US Status of Forces Agreement, request is hereby made to the prosecutor, or through the arresting agency to the prosecutor for the transfer of custody to the US authorities of (name, rank, and unit of the suspect/sponsor) in accordance with Article 22, Para. 5c of the ROK/US Status of Forces Agreement, the said (name of suspect) will be held ready for appearance during an official investigation or before a competent court of the Republic of Korea at such times and places as required by legal process.(주한미군지위협정 제22조 5항(다)에 의거, 구금된 (성명, 계급, 부대명)의 신병을 미국당국에 인도하여 주시기를 검사에게 또는 체포관서를 경유하여 검사에게 요청합니다. 주한미군지위협정 제22조 5항(다)에 따라 상기(피의자 성명)은 법적 절차에 의한 요청이 있으면 언제 어느 곳에든지 대한민국의 관할 수사기관이나 법원에 출석할 수 있도록 구금하여 두겠습니다.)

TYPED NAME OF COMISSIONED OFFICER 장교(사관)의 성명	RANK 계 급	SIGNATURE 서 명	AREA PM PHONE NO. 지구 헌병대 전화번호

CUSTODY RECEIPT 구금인수증	DATE 일자

I hereby certify that I have this date received custody of the person of (name of the individual) stationed at (nearest Korean town or city) from the(appropriate korean authority) pending possible investigating and/or trial resulting from (brief description of the alleged offense) (본인은 금일 (사건의 내용)으로 인하여 앞으로 있을지도 모르는 수사 또는 재판에 대비하여(가까운 도시나 동 리명에) 구금되었던 (성명)의 신병을 (한국기관) 당국으로부터 인도 받았음을 확인함.

TYPED NAME 성명	RANK 계급	SIGNATURE 서명	ORGANIZATION 소속기관

Copy to : ROK Authorities ; USFK, ATTN : FKJA-IA;Cdr & Major Subordinate Cdr of Indiv/Sponsor;
MPR File.

피의자 구금요청서 양식

○○ POLICE STATION

<table>
<tr><td>발부
번호</td><td></td></tr>
</table>

TO   : ○○ Provost Marshall   20○○. ○○. ○○

수신   : ○○ 헌병대장

SUBJECT : NOTICE OF EXIGENT CIRCUMSTANCES

제목   : 구금 필요 통지

Pursuant to the provisions of Article 22, Para. 5(c) and Agreed View No. 25, the ROK−US Status of Forces Agreement,

This is to notify you that Republic of Korea authorities believe the following individual should be confined, placed on restriction, or restraints placed on his or her liberty to prevent destruction of evidence, escape of the individual or harm to the life, person or property of a victim or a potential witness.

(주한미군지위협정 제22조 제5항 (다) 및 한·미 SOFA 합동위원회 합의사항 제25호의 규정에 의하여 대한민국 당국은 아래 피의자의 증거인멸, 도주, 피해자 또는 참고인에 대한 위해를 방지하기 위하여 동인에 대해 적절한 구금, 외출금지, 또는 자유제한 조치가 필요함을 귀하에게 통지하는 바입니다.)

CHARGE WITH(죄명)   :

DATE OF OCCURRENCE(발생일시) :

SUBJECT	UNIT(소속) : RANK(계급) : NAME(성명) : SSN(사회보장번호) :
INVESTIGATOR IN CHARGE (담당 수사관)	
REMARKS(IN KOREAN) (언급 사항 : 한국어)	

○○, ○○ ○○

THE JUDICIAL POLICE OFFICER,

○○ POLICE STATION

출석요구서 양식

○ ○ **POLICE STATION**

발부번호	20○○－1

TO   : ○○   20○○. ○○. ○○

수신   : ○○ 지역 헌병대장

SUBJECT : REQUEST FOR APPEARANCE OF SUSPECT

제목   : 피의자 출석요청

Pursuant to the provisions of Para. 6(a), Article 22, and Para. 2 of the agreed understanding to the agreed minute re Para. 3(b) Article 22 ROK－US Status of Forces Agreement.

Request is hereby made to you that the following individual be appeared with appointed SOFA representative at the Office of ○○ Section ○○ Police Station, at (○○:○○) ○○day of Month 20○○.(주한미군위협정 제22조 제6항(가) 및 동조 제3항(나)에 관한 합의 의사록에 관한 합의양해사항 제2항의 규정에 의하여, 아래 사람을 미국 정부대표와 함께 ○○경찰서 ○○계로 20○○년 ○○월 ○○일 ○○:○○까지 출석시켜 줄 것을 요청합니다.)

CHARGE WITH(죄명)   :
DATE OF OCCURRENCE(발생일시) :

SUBJECT	UNIT(소속) : RANK(계급) : NAME(성명) : SSN(사회보장번호) :
INVESTIGATOR IN CHARGE	
REMARKS	

○○, ○○ ○○
THE JUDICIAL POLICE OFFICER,
○○ POLICE STATION

6) 체포 후 계속 구금

① SOFA 대상 피의자를 체포한 경우 미군 당국의 인도 요청이 있으면 대한민국 당국에 의한 수사와 재판이 가능할 것을 전제로 신병을 인도하여야 하며, 모든 재판절차가 종결되고 또한 대한민국 당국이 구금을 요청할 때까지 미군 당국이 계속 구금한다.(협정 제22조 제5항(다))

② 그러나 살인과 같은 흉악범죄 또는 죄질이 나쁜 강간죄를 범한 피의자를 경찰이 현행범으로 체포한 경우 구속의 이유와 필요가 있을시 신병을 미군 당국에 인도하지 않고, 검사와 협의하여 구속영장을 신청·발부받아 '체포 후 계속구금'할 수 있다.(2001.1.18. SOFA 2차 개정사항)

체포 후 계속구금의 요건으로는

○ 대한민국 당국이 SOFA 대상자를 범행현장에서 또는 동 현장에서의 도주직후나 미군 통제구역으로의 복귀 전에 체포

○ 살인과 같은 흉악범죄 또는 죄질이 나쁜 강간죄를 범하였다고 믿을 상당한 이유

○ 증거인멸·도주 또는 피해자나 잠재적 증인의 생명, 신체 또는 재산에 대한 가해 가능성을 이유로 구속하여야 할 필요(협정 제22조 제5항(다)에 관한 합의의사록)가 있을 때, 또한 체포 후 계속구금의 대상이 되는 살인과 같은 흉악범죄 또는 죄질이 나쁜 강간죄로 정의되는 사건의 유형은 추후「한미 합동위원회」에서 결정하기로 하였으며, 결정전까지는 양국 정부가 사건별로 합의하여 처리한다.(합동위원회 합의사항 2001.1.18)[41]

③ 피의자를 구속하고자 하는 경우는 피의자의 의사와 관계없이 반드시「구속 전 피의자심문」을 실시해야 한다.(협정 제22조 제5항(다)에 관한 합의의사록)

7) 출석요구

① 출석요구서 발부

○ SOFA대상 사건을 수사함에 있어 피의자뿐만 아니라 미군·군속 또는 그들의 가족 신분을 가진 참고인에 대해서도 적극적으로 출석을 요구하여 신속하게 수사를 진행한다.(합동위원회 합의사항 2002.12.30)

○ 출석요구서는 관할 미 헌병대장에게 서면으로 발부한다.

○ 출석요구서에는 피의자의 성명·소속·계급·전화번호·출석 장소·출석시간 등을

---

41) 하지만 현재까지 체포 후 계속구금의 대상이 되는 세부 사건의 유형은 결정된 바 없다.

명시하고, 미군 당국의 공휴일 및 국경일은 가급적 피하며 가급적 48시간 정도의 시간적 여유를 주어 발송한다.[42]

8) 피의자 조사

① **피의자 신문조서 작성**

○ 미국 정부대표를 출석케 하여 대표임명장을 접수한 후, 미국 정부대표 입회하에 피의자 신문조서 작성 등 조사 실시한다.

○ 미국 정부대표는 불편부당한 입회자이어야 하며, 미국 정부대표와 변호인은 어떠한 신문에도 개입할 수 없다.(협정 제22조 제5항(다)에 관한 양해사항)

○ 조서는 한국어로 기재하되, 소속과 성명은 반드시 영문으로 병기한다.

○ 피의자신문은 범죄수사규칙 제217조(조서의 작성) 준용한다.

② **피의자 신문조서의 서명**

○ 조서말미에 입회한 통역과 미국 정부대표의 서명날인을 받는다.

○ 미국 정부대표가 참여하지 아니한 경우 피의자 또는 피고인이 한 진술은 유죄의 증거로 채택되지 않는다.(협정 제22조 제9항(사)에 관한 합의의사록). 피의자가 서명·날인을 거부한 경우는 형사소송법 제48조 및 제244조에 따라 그 사유를 조서에 기재하고 의사에 반해 서명을 강요하지 않도록 유의한다.(합동위원회 합의사항 2002.12.30).

○ 단, 피의자가 서명·날인을 거부하였더라도 조사관의 서명·날인과 미국 정부대표의 서명·날인이 있는 한 일반적인 효력에 영향 없다.

○ 피의자 신문조서의 서명은 외국인의 서명 날인에 관한 법률 준용한다.

【피의자 신문조서 기재사항】

○ 부대명(Unit) : 피의자가 미군, 군속 또는 초청계약자인 경우에는 소속 부대 명을 번역한 한글로 기재, 가족의 경우에는 부양자의 소속을 기재한다.

---

42) 관련 사례 : 주한미군 자녀인 코트니○○(19세, 남)는 '00.9.21. 서울 용산구 이태원에서 내국인 박○○(21세, 여)에게 폭력 행사, 9.24. 영업용 택시에서 현금 14,000원 절취, 10.26. 용산구 이태원동 소재 방에서 메이슨○○(15세, 여, 미국)을 공범 3명과 함께 강간하여 전치 2주의 상해를 입히고, 동년 11.4. 22:00 용산구 한남동 앞 노상에서 변○○(17세, 여)의 핸드백을 절취하려다 이에 항거하는 피해자에게 전치 2주의 폭행

⇒ 피의자는 미군 가족으로 SOFA 대상자인바, 강도 피의자로 현행범 체포되어 미군 당국에 신병 인계 되었으며, 이후 적극적으로 출석요구 수사하고, 죄질이 나빠 미군 당국에서 신병인수 거부서를 제출하여, '00.11.7. 긴급체포하여 구속수사.

○ 계급(Rank) : 현역 미군의 경우에는 성명 좌측에 계급을 명시, 군속·초청계약자·가족의 경우에는 성명 좌측에 신분 명을 기재한다.

○ 성명(Full Name) : 성명은 Full Name으로 기재한다.

○ 사회보장번호(Social Security Number) : 우리나라의 주민등록번호와 유사하다.

③ **통역인 참여**

○ 통상 미군 당국에서 통역인을 동행시키는 경우가 많으나, 이와는 별도로 반드시 통역인을 참여케 하여 피의자 신문조서를 작성한다.

○ 담당 경찰관이 영어에 능통하더라도 직접 영어로 신문해서는 안 되며 통역인을 참여케 하여 신문하여야 한다.

④ **변호인 참여**

○ 미군 피의자가 변호인을 선임하겠다고 하는 경우 변호인의 참여시까지 신원을 확인하는 절차 외에 피의자를 신문하여서는 안 된다.

○ 체포 시부터 변호인 참여시까지 형사소송법상 구속영장 청구시한(48시간)이 일시 정지됨을 고지한다.

○ 피의자가 변호인을 선임하지 않는 경우, 피의자로부터 포기서에 서명을 받고 미국 정부대표에게도 피의자의 권리를 고지한 후, 동 포기서에 연명으로 서명케 한다.(협정 제22조 제5(다)에 관한 합의의사록에 관한 양해사항).

9) 기소 시 신병인도 구속

① 살인 등 12개 중요 범죄를 범한 SOFA 대상자는 기소 시 또는 그 이후 미군으로부터 신병을 인도받아 구속 가능하다.

○ 대한민국이 일차적 재판권을 가지고 기소 시 또는 그 이후 구금인도를 요청한 범죄가 구금을 필요로 하기에 충분한 중대성을 지니는 유형의 범죄에 해당하고, 그 같은 구금의 상당한 필요가 있는 경우, 미군 당국은 대한민국 당국에 구금을 인도한다. 12개 중요 범죄에 대한 신병인도는 기소 시 또는 그 이후에 해당하여 검찰수사 단계에서 검토해야 할 사항이다.

○ 피의자가 범죄를 범하였다는 '상당한 이유'라 함은 피의자가 그 죄를 범하였다고 믿을 합리적인 근거가 있다는 사법적 결정을 말한다.

○ 재판 전 구금의 '필요'라 함은, 피의자가 증거를 인멸하였거나 또는 인멸할 가능성이 있거나, 도주할 가능성이 있거나, 또는 피해자·잠재적 증인, 또는 그들 가족의 생명·신체 또는 재산에 해를 가할 우려가 있다고 의심할 합리적인 근거를 이유로 피의자의 구금이 요구된다는 사법적 결정을 말한다(협정 제22조 제5항 (다)

에 관한 합의의사록).

② 살인 등 12개 중요 범죄는, 살인, 강간(준강간 및 13세 미만의 미성년자에 대한 간음 포함), 석방 대가금 취득 목적의 약취·유인, 불법 마약거래, 유통 목적의 불법 마약 제조, 방화, 흉기강도, 상기 범죄의 미수, 폭행치사 및 상해치사, 음주운전으로 인한 교통사고로 사망 초래, 교통사고로 사망 초래 후 도주, 상기 범죄의 하나 이상을 포함하는 보다 중한 범죄 등이다.

10) 사건송치

① 조서작성 단계에서 미군은 한국에 재판권이 없음을 항변하기 위하여 공무집행증명서(주한미군 장성급 이상 장교가 발행)를 제출하는 경우가 있으나, 재판권의 귀속 여부에 대한 판단은 검찰에서 하는 것임을 설득시키고 일단 피의자를 신문한 뒤 제출된 공무집행 증명서를 기록에 첨부하여 검찰로 사건 송치한다.

② 중요 사건 송치 시 미군헌병대 또는 범죄수사대에서 조사한 진술서(번역문 포함)를 수사서류에 첨부하여 송치하는 것이 좋다.[43]

송치서류 편철순서

○ 사건송치서
○ 압수물 총목록
○ 기록목록
○ 의견서
○ 기타 서류(이하 편철순서는 접수 또는 작성순서에 의함)
  – 발생보고
  – 현행범인체포보고
  – 현행범인체포서
  – 확인서
  – 체포, 구속전심문신청권, 구속통지
  – 압수조서

---

43) SOFA협정 및 관련 부속문서 등에 의하면 송치기간에 대한 명시적인 언급은 없으나 한국경찰은 사건이 발생하면 즉시 미군 당국에 통고하여야 하며, 미군 당국은 통고받은 때로부터 21일 이내에 한국 정부에 재판권 포기요청을 하여야 하고, 한국정부는 재판권 포기요청이 접수된 때로부터 최장(연장요청기간 14일 포함) 42일 이내에 재판권 포기요청에 대한 결정을 하고 통보해 주어야 하기 때문에 검찰, 법무부 등 관계 기관의 절차를 고려하여 경찰은 신속히 수사를 완료하여 검찰에 송치하여야 한다.

- 압수목록
- 압수물가환부 청구
- 압수물가환부 지휘건의
- 압수물가환부 영수
- 피해자 진술조서
- 구금인도요청서
- 출석요구서
- 미국 정부대표 임명장
- 피의자신문조서
- 진술조서(참고인)
- 범죄인지보고
- 공무수행증명서

SOFA 사건처리 시 경찰서 점검항목

단계	점 검 항 목	확인		비고
		YES	NO	
기초 사실 조사	SOFA 대상자 여부를 확인하였는가			
	소속, 계급, 성명, 나이, 범죄사실 등 범죄기초조사서를 작성하고 증거조사 등 예비수사는 하였는가			
	지방청에 보고하고 24시간 이내에 검찰청(SOFA 담당검사)에 SOFA 사건 발생보고 하였는가			
미군 통고	미군부대 헌병감에게 피의자 체포사실을 즉시 통고하였는가			
신병 인도	미국 정부대표의 출석을 요구하였는가			
	미국 정부대표 입회하에 신병인도 전 조사를 하였는가			
	미군 당국으로부터 '구금인도 요청서'를 제출받고 '신병인수증'을 접수하였는가			
	피의자가 체포 후 계속구금할 수 있는 살인죄와 같은 흉악범죄 또는 죄질이 나쁜 강간죄를 범한 현행범은 아닌가			
출석 요구	관할 미 헌병대장에게 '출석요구서'를 발송하였는가			
	피의자뿐 아니라 참고인도 적극적으로 출석요구하였는가			
피의자 조사	미국 정부대표의 '대표임명장'은 접수하였는가?			
	통역인은 참여하였는가?			
	변호인 선임 여부 의사를 확인하였는가?			

	조서는 한국어로 기재하고 소속과 성명은 영문으로 병기하였는가?			
	'피의자신문조서'에 '부대 명·계급·성명·사회보장번호'를 기재하였는가?			
	피의자 신문조서 말미에 입회한 통역과 미국 정부대표의 서명날인은 받았는가?			
체포 후 계속 구금	살인죄와 같은 흉악범죄 또는 죄질이 나쁜 강간죄를 범한 현행범을 체포 후 계속 구금할 경우 구속 전 피의자 심문은 실시하였는가?			
사건 송치	미군헌병대 또는 범죄수사대에서 조사한 '진술서'도 수사서류에 첨부하였는가?			

3. SOFA 사건 죄종별 처리사항

(1) 일반적 유의사항

1) 범죄현장 수사

① SOFA 적용대상 범죄현장에서 미군 수사기관이 먼저 수사에 착수하여 현장을 관리하는 경우에도 한국 수사기관은 미군 측의 협조를 얻어 독자적으로 현장조사를 실시하고, 적극적으로 피의자·용의자 또는 참고인 조사를 한다.

② 한국 수사기관이 먼저 수사에 착수하여 현장을 관리하는 때에는 미군 수사기관이 독자적인 현장조사를 희망할 경우 협조 제공한다.

2) 현행범 체포 등을 위한 미군시설 출입

① 미국 군대의 관계 당국이 동의한 경우 또는 중대한 범죄를 범한 현행범을 추적하는 경우, 미국 군대가 사용하는 시설과 구역 안에서 체포가능하다.(미군 당국과 협조 하에 미군시설에 출입하거나 미군 당국에 피의자의 체포를 요청)[44]

② 미군시설 내에서 압수·수색·검증을 할 경우에는 미군 당국(관할 미군헌병대장)의 동의를 받아 실시한다.(미군시설 내 압수·수색·검증 시, 건물주 등에만 동의를 구하는 경우가 있는데, 반드시 미군부대 헌병대장의 동의를 받아야 함을 유의한다)

3) 무죄추정의 원칙과 프라이버시 존중

① 수사과정에서 무분별한 촬영 또는 언론보도로 피의자 또는 참고인의 프라이버시와 무죄추정 원칙이 침해되지 않도록 한다.

---

44) 우리나라 당국이 체포하고자 하는 자로서 미국 군대의 구성원, 군속 또는 가족이 아닌 자가 미국 군대가 사용하는 시설과 구역 안에 있는 경우에는, 미군 당국은 우리나라 당국의 요청에 따라 그 자를 체포할 것을 약속한다(협정 제22조 제10항 (가), (나)에 관한 합의의사록)

② 특히, 사진기자 등을 수사기관 내부로 초청 피의자 등을 사진 촬영하도록 하거나 면담토록 하는 일이 없도록 유의한다.

4) 체포·구금된 피의자의 권리 존중

① 변호인의 조력을 받을 권리, 즉 체포 또는 구금되는 때로부터 피의자가 참여하는 모든 예비수사, 조사절차 등에 변호인을 참여하게 하는 권리 및 변호인과 비밀리에 상의할 권리이다.

② 통역인의 조력을 받을 권리, 즉 체포 또는 구금되는 때부터 피의자가 필요하다고 인정하는 때에 유능한 통역인의 조력을 받을 권리이다.

③ 미국 대표와의 접견권 및 미국 대표의 참여권으로, 체포 또는 구금 시부터 수사의 모든 절차에 인정되며, 미국 정부대표 불참시의 피의자 또는 피고인의 진술은 증거능력이 없다.

5) 수사관련 자료 등 제출협조 및 분쟁조정

① SOFA대상 사건을 수사함에 있어 미군이 보관하고 있는 서류, 자료, 장부 등이 필요한 경우에는 미군에 자료제출 협조 요청한다.

② SOFA 규정 위반사항이 발생할 경우 SOFA 담당검사가 미군 법무감 등과 협의하여 해결할 수 있으므로 위반사항이 발생하였다고 판단되면 즉시 검사에게 보고한다.

6) 손해배상

① 교통사고·폭행 등으로 인하여 한국인이 미군으로부터 피해를 입었을 경우 비록 미군에 대해서 형사재판권을 포기하더라고 민사상 손해배상을 청구할 수 있으므로 참고인 등의 진술서, 진단서 및 기타 증거서류를 수사기록에 첨부한다.

② 형사부분에서 미군의 범행이 입증되어야 민사상 손해배상에 유리하며, 손해배상 지급여부가 형사상의 판결에 영향을 준다.

③ 공무수행 중 주한 미군이 발생시킨 청구권 손해배상은 미군 당국이 75%, 한국 당국이 25%를 분담한다.[45]

---

45) 미국만이 책임이 있는 경우에는, 재정되어 합의되거나 또는 재판에 의하여 결정된 금액은 대한민국이 그의 25 '퍼센트'를, 미국이 그의 75 '퍼센트'를 부담하는 비율로 이를 분담한다.(협정 제23조 제5항(마)의 (1))

(2) 죄종별 유의사항

1) 폭력

> - 폭행사건으로 합의시에는 한국어로 된 합의서 이외에 영문합의서도 함께 첨부
> - 쌍방 폭력사건으로서 미군이 상해를 입고 미군병원에 입원한 경우 미군병원 측으로부터 진단서 입수
> - 미군병원이 발급한 진단서상에는 치료기간을 명시하지 않은 경우가 대부분이므로 미군진단서를 가지고 일반병원에 가서 치료기간에 관한 소견서를 받아 첨부

○ 2인 이상이 현장출동, 일반 경찰장구 외에 통신장비도 휴대한다.

○ 현장출동 도중 미군 등을 발견하게 되면 인상특징을 메모하여 두거나 불심검문을 통해 인적사항을 확인하고, 싸움으로 인해 옷이 찢어지거나 피가 묻어 있는 등 폭력과 관계된 흔적 등이 없는가를 확인하여 추후수사에 대비한다.

○ 부상자 구호 및 증거물·목격자 등 참고인 확보, 추후수사에 대비한다.

2) 절도

> 현장출동 도중 미군 등을 발견하게 되면 인상특징을 메모하여 두거나 불심검문을 통해 인적사항을 확인

○ 현장관찰 및 탐문은 피해자에게만 한정하지 말고 그 주변까지 행하여 목격자 등 정확하고 효과적인 수사자료 수집한다.

○ 현장관찰 결과는 빠짐없이 기록해 두고, 흐트러진 모습 등 필요한 경우 현장사진을 촬영하여 증거보존 조치한다.

○ 함부로 현장이 변경되지 않도록 유의한다.

○ 도주시간이 얼마 경과되지 않은 경우에는 인상착의, 휴대품, 도주방향 등을 무전으로 상황실에 보고하여 긴급배치하는 등 효과적으로 도주로 차단한다.

○ 현장부근에서 정확한 목격자 등의 확보에 힘써 피의자의 인상착의, 체격 등 특정한다.

○ 장물수배 등 추후수사에 대비, 피해품 종류·수량·제작회사·색깔 등 특징을 파악한다.

3) 사기 등 지능범죄

> 지능범 사건 접수 시는 되도록 신속히 주무부서로 통보하여 전문 기능에서 처리되
> 도록 함이 바람직함

○ 사기, 횡령, 배임, 위·변조 등 이른바 지능범죄는 다른 범죄와 비교하여 잠재성이
　강할 뿐만 아니라 법률의 해석 및 적용을 둘러싸고 문제가 생기는 경우가 많으므
　로 신고자, 피해자 등에게 함부로 법률적 견해를 밝히지 않도록 한다.
○ 평소 지능범에 관한 법령 등 기본지식 습득토록 노력한다.

4) 살인

> 살인 현행범으로 체포 시, 미군의 1차적 재판관할권이 아닌 경우 구속의 이유와 필
> 요가 있을 때는 신병을 미군 당국에 인도하지 않고 구금 후 계속수사할 수 있음

○ 범죄현장 출동 시 휴대용 무전기를 휴대하여 신속한 보고 및 전파한다.
○ 메모지, 현장보존용구, 손전등, 장갑, 분필 등 초동조치에 필요한 장비 휴대한다.
○ 현장출동 중에도 미군 등을 발견하게 되면 인상특징 등을 메모하여 두거나, 불심검
　문을 통해 인적사항을 확인하고, 옷이나 손발 등에 혈흔이나 피해자의 반항으로 인
　한 상처 등 범행과 관련된 흔적 발견에 노력한다. 단, 현장임장에 지장을 주지 않
　도록 유의한다.
○ 함부로 현장이 변경되지 않도록 하고 사진촬영 등 조치한다.
○ 도주 시 시간경과가 얼마 되지 않은 경우 인상착의, 휴대품, 도주방향 등을 무전으
　로 상황실에 보고한다.

5) 강도

> 현장출동 중에도 미군 등을 발견하게 되면 인상특징 등을 메모하여 두거나, 불심검
> 문을 통해 인적사항을 확인하고 옷이나 손발 등에 혈흔이나 피해자의 반항으로 인
> 한 상처 등 범행과 관련된 흔적 발견에 힘쓰도록 함

○ 반드시 경찰장구 외에 통신장비도 휴대하여 신속한 보고 및 전파 조치가 이루어지
　도록 한다.
○ 메모지, 현장보존용구, 손전등, 장갑, 분필 등 초동조치에 필요한 장비를 휴대한다.

○ 함부로 현장이 변경되지 않도록 하고 사진촬영 등의 조치한다.

○ 도주 시 시간경과가 얼마 되지 않은 경우 인상착의, 휴대품, 도주방향 등을 무전으로 상황실에 보고한다.

○ 장물수배 등 추후수사에 대비, 피해품을 정확히 파악한다.

6) 강간

> 죄질이 나쁜 강간 현행범의 경우 신병을 미군당국에 인도하지 않고 구금 후 계속 수사할 수 있음

○ 여성피해자 진술내용을 맹신하여서는 안 되며 진술을 청취할 때에도 자극하지 않도록 세심한 주의가 필요하다. 특히, 여자경찰관을 입회시키거나 여자경찰관으로 하여금 진술청취한다.

○ 최대한의 물증을 확보한다.

○ 화간(和姦)여부를 신중히 판단한다.

○ 고소권 및 고소경위를 확인한다.

○ 피해자의 신원과 사생활 비밀누설 금지한다.

7) 마약

> 마약류 사범은 육체적·정신적으로 비정상적인 상태로 순간적 발작을 할 수 있으므로 조심스럽게 접근하여 초기에 제압

○ 장기간 중독된 경우 뼈 속에 칼슘이 빠져나와 석회질화 되어 있어 약한 충격에도 손가락 부위가 잘 부러지는 등 가혹행위 논란 소지가 다분하므로 검거 시 무리한 힘을 가하지 않도록 한다.

○ 범인 조사 시 책상 위에 자해할 수 있는 송곳, 칼, 볼펜, 재떨이 등 사소한 물건도 조심한다.

○ 피의자에 대해 기초적으로 모발 및 소변채취 승낙서와 증거물 등을 확보한다.

8) 교통사고

> – SOFA 대상자의 자가용인 경우 대부분 종합보험이 아닌 한도보험에 가입하고 있으므로 교통사고처리특례법상 10개 항목에 해당되는 이외의 교통사고에 대해서는 피해자와의 합의서가 없으면 기소 의견으로 송치

> – 미군 또는 군속이 범한 단순 물적피해 교통사고가 공무수행 중이거나 아
> 니더라도 25,000달러 이상의 보험에 가입되었으면 피해자의 고소가 없는 한 피
> 해액수와 상관없이 형사입건하지 않음

○ 교통사고 처리 시 특별히 긴박한 상황이 아니면 미군헌병을 참여시켜 현장조사를
실시, 차후 범죄사실 부인에 대비한다.

○ 3회 음주측정 요구(10분 간격)에 불응하면 음주측정 거부 죄로 형사입건하되, 미국
정부대표 또는 미군헌병 참석하에 우리 측 음주측정 요구에 응할 수 있도록 요청
한다.

○ 교통사고 발생 시 피해자와 합의하여 형사입건 되지 않더라도 민사상 손해배상을
청구할 수 있으므로 참고인들의 진술서, 진단서 및 기타 증거서류를 수사기록에
첨부한다.

○ 가족 및 군속 등 미군 법을 적용할 수 없는 피의자에 대해서는 이를 사유로 보다
적극적으로 미군 측에서 신병인도 자제토록 요청한다.(구속사유를 설명하고 미 측이
구금할 수 없을 경우 신병인도 요청 자제를 적극적으로 요청할 것, 미 측에 신병이 있고 구
속의 필요성이 있는 경우 수사단계에서 구속영장 적극 신청한다)

○ 미 측에 신병이 있는 경우에도 SOFA 개선안('12.5.23)에 따라 경찰 수사단계에서도
미 측으로부터 신병인수가 가능하다.

○ 수사단계 신병인도는 모든 범죄에 가능하다. 중요 12개 범죄유형 외의 사건일지라
도 사안이 중대하고 구속의 필요성이 있는 경우 적극적으로 영장 신청한다.

> **미측과 협의 절차**
> 구속영장 신청 → SOFA 담당 검사 → 법무무 보고 → 법무부에서 미군 법무감실과
> 협의 → 기소 전 신병인도 여부 결정 → 담당검사 및 경찰 통보

실무상 미군 피의자의 구금사태에서 기소는 구속 후 24시간 내 기소라는 시간적 제약
으로 주로 검찰에 미군 피의자의 신병이 인계되는 것이 보통이다. 구속대상[46]인 피의자의
경우에도 미군 당국의 신병인도 요청이 있으면 일단 신병을 인도한 후 구속영장을 발부받
아 이를 피의자 소속부대의 헌병대장(또는 헌병사령관)에게 제시하고 신병을 인도받아 구속

---

46) 대한민국의 안전에 관한 범죄(미군 당국이 신병인도 요청을 할 수 없다), 살인(상해치사, 폭행치
사 포함), 강도, 강간, 마약사범, 중대한 관세법 위반 기타 죄질이 이들 범죄에 상응하다고 인정
되는 사건으로서 도주나 증거인멸 또는 재범의 우려가 있는 경우.

한다. 다만, 미군 당국이 피의자의 신병인도를 거부할 때에는 미군 당국으로부터 서면으로 거절사유를 통고받아 이를 첨부하여 구속영장을 청구한다. 일반적으로 SOFA 대상자에 대한 구속은 검찰이 행하며, 구금 장소는 주한미주둔군지위협정 합동위원회[47] 합의의견 (Agreed View) No.13에서 합의한 '구금시설에 대한 최저기준(Minimum Standards for Confinement Facilities)'에 합당한 장소에 구금한다.

4. 기타 관련 사항

(1) 한미합동순찰

1) 의의

한미합동순찰이란 주한미군 당국과 한국경찰이 상호 협의하에 주한미군 시설과 구역 외에서의 주한미군의 범법행위 및 군기위반 행위를 단속하기 위해 합동으로 순찰하는 것을 말한다. 합의의견(Agreed View) No.10에 의하면 '필요할 때에는 한미 양국 관계 기관의 상호협조와 조정하에 주한미군과 한국경찰의 합동순찰(USFK - KNP Joint Patrol)을 최대한 활용하며, 순찰활동을 하는데 있어 미군 당국은 미군 구성원이 관련된 사항 이외에는 대한민국 법률을 집행하는데 있어 아무런 권한이나 책임이 없다'고 규정되어 있다. 또한 합의의견 No.12에서 '미군시설 및 구역 밖에서의 일반적인 공공질서 유지는 한국 당국의 주된 책임이나 이러한 지역에서 미군들 간의 적절한 질서와 규율을 유지함은 미군헌병의 임무이다. 미군헌병은 한국 당국과의 연락하에 이들 지역에서 미군들에 대한 적절한 질서와 규율을 유지함에 있어 미군들이 주로 출입하는 공공지역, 공공휴양지역, 유흥건물에 정당한 영업을 방해하지 않는 것을 조건으로 출입할 수 있다'고 규정되어 있다.

2) 한미합동순찰대 운영

이와 같은 근거에 의하여, 미군부대 주변지역에서 미군들의 범죄 또는 군기문란 행위가 자주 발생하는 경우 관할 경찰서장은 관련 미군부대 헌병대장과 협조하에 한미합동순찰대 조직 및 운영을 협조의뢰할 수 있다. 현재 서울·평택 등 전국 주요 미군부대 관할 경찰서에서 한미합동순찰대를 편성·운영하고 있다.

---

47) 주한미주둔군지위협정의 시행에 관해 상호 협의를 필요로 하는 모든 사항에 관한 협의기관으로서 한미 양국정부의 대표(Representative), 대리인(Deputy), 직원(Staff), 보조기관(Auxiliary Organs), 사무기관(Administrative Services) 등으로 구성된다.

(2) 한국 수사기관에 참고인이나 피의자를 출석케 하는 절차

합의의견 NO.14에 규정된 '한국수사 당국에 참고인이나 피의자를 출석케 하는 절차 (Procedures for Obtaining Witness or Suspects for ROK Investigative Authorities)'는 다음과 같다.

1) 참고인이나 피의자의 요청은 가능한 서면으로 인근 헌병대장에게 하여야 하며, 동 요청서에는 한국 당국이 필요로 하는 당사자의 성명, 소속과 출석 장소 및 시간을 명시하여야 한다.

2) 요청서를 접수한 헌병대장이나 그 대리인은 당사자의 부대장, 감독자가 고용인 또는 그 보호자에게 이를 통보한다.

3) 부대장, 감독자 또는 고용인은 한국 당국의 요청에 응할 수 있는 교통편의를 포함한 모든 필요한 조치를 하여야 한다.

(3) 구금인도절차

합의의견 No.17에 규정된 '구금인도절차(Procedures for the Transfer of Custody)'는 다음과 같다.

1) 12개 중요 범죄유형(살인, 강간, 석방대가급취목적의 유괴, 마약거래, 마약생산, 방화, 흉기를 휴대한 강도, 상기 7개 범죄의 미수, 폭행치사·상해치사, 음주운전으로 인한 치사, 교통사고 치사 후 도주, 상기범죄를 포함하는 다른 죄명의 범죄)에 대해서는 한국 검찰의 기소 시 미군 측으로부터 신병을 인도받도록 하며, 나머지 범죄에 대해서는 현행과 같이 재판 종결 후 신병을 인도받도록 되어 있다.

2) 재판절차가 종료된 후 대한민국의 법무부장관은 구금의 인도를 받고자 하는 자의 성명, 소속, 인도장소, 인도시간, 형기 및 석방예정일 등을 기재한 구금인도요청서를 주한 미군사령관에게 제출한다.

3) 인도시간은 주한 미군사령관에게 동 요청서를 전달한 날로부터 7일 이후로 한다.

4) 주한 미군사령관은 인도에 필요한 조치를 취한 후 피인도자를 지정된 장소까지 수송하여 지정된 시간에 대한민국 당국에 인도한다.

5) 인도 시 미군 당국은 인도전 구금기간에 관한 서류를 비롯하여 기타 필요한 용품과 서류를 대한민국의 인수 당국에 제출하여야 한다.

6) 대한민국 당국은 미군 당국에게 피인도자와 그에 따른 용품 및 서류 등의 인수를 확인하는 인수증을 교부한다.

5. 미군범죄 피해배상 신청

　미군범죄 피해는 국가배상 신청을 통해 피해를 배상받을 수 있으며, 불만 시에는 한국 정부 또는 미군 개인을 상대로 소송도 가능하다. 피해자가 직접 주소지 또는 사건 발생지 관할 검찰청에 설치된 국가배상심의회에 신청하면 된다.

(1) 공무 중 사건

1) 국가배상심의회(보통 검찰청 송무과)에 국가배상을 신청하거나 또는 한국정부를 상대로 소송을 제기할 수 있다.

2) 국가배상신청은 소송에 비해 신청절차가 간편하고 변호인선임 등 비용부담이 없는 장점이 있으나, 배상금 산정 기준이 법으로 정해져 있어 소송보다 배상금액이 적게 나온다는 단점도 있다(피해액이 적은 경우 국가배상 신청하고, 피해액이 상당하고 향후 장애가 예상되는 경우에는 소송이 유리하다)

3) 국가배상은 신청에서 지급까지 3~6개월 정도가 소요되며, 신청금액 심의결과 5천만 원 이상이면 본부심의회(법무부)에서 재심의한다.

4) 치료비와 수리비는 전체 배상액의 50% 이내일 경우 장례비는 전액을 한국 당국으로부터 선(先)지급받을 수 있으며, 국가배상심의회가 지체 없이 그 지급 여부를 결정한다.

(2) 공무 외 사건

1) 국가배상심의회의 산정은 아무런 강제력을 갖지 못하고 피해를 배상할 의무는 없으나 위로금 개념으로 배상금을 지급받을 수 있다.

2) 가해자인 미군을 상대로 손해배상소송을 제기할 수 있으나 승소하더라도 가해 미군으로부터 배상금을 받기 어렵기 때문에 국가배상심의회를 거쳐 미군 당국으로부터 지급받는 것이 현실적이다.

3) 공무외 사건 피해에 대해 치료비·장례비 등을 사전 지급 신청할 수 있고, 4일 이내에 미군 당국이 직접 배상금을 지급하도록 되어있으나 구체적인 기준이 마련되어 있지 않고 지급 여부를 미군 당국이 일방적으로 결정하도록 되어있어 거절되는 경우도 있다.[48]

---

48) 서울지구 국가배상심의회는 서울고등검찰청에서 담당한다.

제3절 경찰의 초동수사와 한미SOFA협정문 쟁점사항 분석

조약이란 국제법 주체들이 법적 구속력을 받도록 체결한 국제협정으로, 법적인 권리와 의무를 수반하고 있다. 한·미 상호방위조약은 한반도에서 전쟁을 억지하고 동북아지역의 평화와 안정에 기여하여 왔으나 주한미주둔군지위협정(SOFA) 제22조인 형사재판권은 주한 미군 범죄에 대한 대한민국의 사법권 행사에서 많은 문제점을 내포하고 있다. 협약에는 SOFA 대상자들에 의한 범죄발생 시 미 대표는 1시간 내 출석을 명시하고 있으나 이를 제대로 지키지 않고 오히려 미군 피의자가 이를 악용하고 있으며, 미군 피의자 조사 시 미군 당국의 비협조가 초동수사를 더욱 어렵게 하고 있다. 그리고 기소 전 구금요건 대상범죄(중요 12개 범죄)유형을 제한하고 있어 서민들이 많이 피해를 당하는 폭행과 재물손괴, 절도 등에 대해서는 기초조사 후 미군 측에 신병을 인도하고 있어 피해보상도 받지 못하는 경우가 허다하다. 무엇보다도 경찰의 초동수사를 강화하기 위해서는 한미합동위의 합의사항에 머물러 있는 초동수사 시 공동현장 접근 및 공동수사 등 협력방안과, 수사상 필요한 관련 자료 제공 상호협조 방안 등 미군의 형사사건 처리지침을 적극 실천할 수 있는 강제방안을 마련하여야 하며, 경찰의 계속 구금권, 교통사고 보험가입 의무화, 압수 수색 등 경찰권행사, 범죄 후 미군부대로 도피한 미 군속·가족들의 체포권과 미군 피의자에게 부여된 지나친 특권조항을 삭제하는 등 경찰의 초동수사를 저해하는 각 조항들을 우선적으로 개정하여야 한다. 또한 현행 협정이 인적 적용대상의 범위를 지나치게 확대하였기에 미 군법 적용자를 제외한 친척과 초청계약자 등은 적용대상에서 제외해야 한다.

1. 문제제기와 쟁점사항

주한미군과 자주 거론되는 것은 형사재판권이다. 접수국의 법령에 따라 처리될 수 있는 범죄는 원칙적으로 접수국이 재판권을 갖지만 한미 SOFA협정의 경우 12개 중대범죄에 대해서만 기소 후 미군의 신병을 인도받고 여타 범죄에 대해서는 불구속 상태에서 사법절차를 진행하고 있어 112신고를 받고 출동한 경찰관이 현장에서 사건을 처리할 때 불합리한 협정으로 인해 많은 어려움을 호소하고 있다. 한미 SOFA협정에서 경찰의 초동수사 및 수사권을 제약하는 사항으로는, 우리 수사기관이 미군신병을 인도받을 수 있는 것은 주요 12개 범죄유형에 한정하고 있는 점을 비롯해, 변호사도 아닌 단순한 미군관리를 수사 및 재판의 전 과정에 참여할 수 있게 한 조항, 미국 대표의 참석 없는 피의자(피고인)의 진술이 법정에서 유죄증거로 채택할 수 없는 조항, 초동수사 현장 접근 및 공동수사에 대한 미군당국의 비협조, 신병인도 후 수사기관의 출석요구 비협조, 한국경찰이 체포하여 구속수사중인 미군 피의자의 계속구금 전제조건의 제한, 수사상 협조자료에 대한 미군의 비협조 등이다. 이러한 이유에서 주한미군범죄관련 신고접수 시 출동한 현장 경찰관들이 초동수사 과정에서 야기되는 여러 쟁점들을 사례를 통해 분석해보고 경찰의 초동수사와 한미 SOFA 협정문에서 충돌되는 문제점들을 짚어보고자 한다.

2. 협정 제22조 형사관할권 쟁점사항

여기서 비교대상으로 자주 거론되는 형사 재판권과 관련하여 한·미 SOFA와 미·독 SOFA 그리고 미·일 SOFA 간의 유사점과 차이점을 살펴보자. 우선 미군관련 형사사건에 대한 재판권 규정을 보면, 3개국 모두 접수국의 법령에 따라 처리될 수 있는 범죄는 원칙적으로 접수국이 재판권을 갖는 것으로 하고, 미군의 공무수행 중에 발생한 형사사건과 미군 상호 간의 형사사건에 대해서는 미군이 재판권을 갖는 것으로 하고 있다. 접수국이 미군에 대한 재판권을 행사하는 경우, 접수국 사법 당국에 미군 신병을 인도하는 시점에 대해서는 한·미 SOFA와 미·일 SOFA는 기소되는 시점에 인도하도록 규정하고 있으며 미·독 SOFA는 재판이 종결된 후에 신병을 인도하도록 규정하고 있다. 일본의 경우 공무증명서의 증명력은 법관의 자유 심증주의의 한계 내에서 인정하도록 하여 공무에 대한 최종판단을 일본법원이 하고 있고, 이의가 제기되면 양국 간의 협의기구나 외교 채널을 통해서 해결된다. 그리고 미·일 SOFA는 미군 피의자 기소 시 구속하는 범죄의 유형을 제한하지 않으며 우리와 마찬가지로 중대범죄에 대해 기소 후 미군의 신병을 인도받으며 여타 범죄에 대해서는 불구속 상태에서 사법절차를 진행하고 있다.[49]

(1) 재판권 분장(협정 제22조 제1항)

1. 본조의 규정에 따를 것을 조건으로, (가) 합중국 군 당국은, 합중국 군대의 구성원, 군속 및 그들의 가족에 대하여, 합중국 법령이 부여한 모든 형사재판권 및 징계권을 대한민국 안에서 행사할 권리를 가진다. (나) 대한민국 당국은, 합중국 군대의 구성원, 군속 및 그들의 가족에 대하여 대한민국의 영역 안에서 범한 범죄로서 대한민국 법령에 의하여 처벌할 수 있는 범죄에 관하여 재판권을 가진다.

---

49) 이장희, 『한－미 주둔군 지위협정(SOFA) 범죄에 대한 경찰 초동수사 개선방안』, 아시아사회과학연구원, 2007, pp.54~56.

위 (가)항은 적극적 속인주의에 따라 미군 당국에 재판권이 있음을 규정하고 있고, (나)항은 속지주의에 따라 대한민국에 재판권이 있음을 밝힘으로써 재판권의 경합을 명문으로 인정하고 있다. 이는 해당 국가의 형법적용에 따르면 필연적인 결과로, 개별 국가의 형법적용은 자국형법을 우선 적용하도록 규정하고 있고, 국제사회도 원칙적으로 이를 인정하고 있다. 국제사법재판소가 1927년 선고한 Lotus호 판결[50]에서 국제법상 명시적인 금지가 없는 한 외국관련 범죄에 대한 국내형법 적용이 가능하다고 보았다. Lotus호 판결이 의미하는 바는 속지주의가 외국관련 범죄에 대해 재판관할권의 준거점이라고 볼 수 있다. 실제 재판관할권이 경합하는 경우 대개 속지주의에 따라 범죄지 국가의 재판권을 존중한다고 할 수 있다.

(2) 전속적 재판권

1) 미군 당국의 전속적 재판권

① 미국 법령으로만 처벌 가능한 범죄

② 미국의 안전에 관한 범죄

> - 미군 당국은 미국 법령에 의하여서는 처벌할 수 있으나 대한민국 법령에 의하여서는 처벌할 수 없는 범죄(미국의 안전에 관한 범죄를 포함한다)에 관하여 전속적 재판권을 행사할 권리를 가진다(협정 제22조 제1항 (나))
> - 미군 당국은 평화 시에는 군속 및 가족에 대하여 형사 재판권을 가지지 아니함 (합의의사록)

2) 대한민국 당국의 전속적 재판권

① 대한민국의 법령만으로 처벌 가능한 범죄

② 대한민국의 안전에 관한 범죄

> **한미 SOFA협정 제22조 제2항(나)**
> 대한민국 당국은 대한민국 법령에 의하여서는 처벌할 수 있으나 미국 법령에 의하여서는 처벌할 수 없는 범죄(대한민국의 안전에 관한 범죄를 포함한다)에 관하여 전속적 재판권을 행사할 권리를 가진다.

---

50) 로터스호 사건은 프랑스와 터키 사이에 발생한 공해상의 선박충돌 사건으로, 국제사법재판소 (PCIJ)는 선박충돌 시 공해상에서 기국의 독점적 선박 관할권은 학설, 관행, 관련협약상 일관성이 이루어지지 않았으므로 확고한 국제법상 국제관습이라 할 수 없으며, 프랑스나 터키 양국이 모두 관할권이 있다는 이른바 '관할권경합(Concurrent jurisdiction)'의 입장을 취해 터키의 관할권행사는 국제법원칙에 반하지 않는 한 허용되어야 한다고 판시한 바 있다.(P.C.I.J Rep. Series A, No. 10, 1927)

(3) 경합적 재판권(협정 제22조 제3항(가))

1) 대한민국 당국의 1차적 재판권

① 원칙적으로는 대한민국 당국이 제1차적 재판권을 보유

2) 미군 당국의 1차적 재판권

다음의 경우에는 예외적으로 미군 당국이 제1차적 재판권을 보유

① 오로지 미국의 재산이나 안전에 관한 범죄, 또는 오로지 미국군대의 타 구성원이나 군속 또는 그들의 가족의 신체나 재산에 관한 범죄

【관련 사례】

> 피의자 존슨○○(21세, 오산 미공군기지 소속)은 '14.5.4. 03:45경 서울 홍대 '○○클럽'에서 춤을 추던 중, 피해자 칼○○○(21세, 평택 K−6 캠프 험프리 소속)의 일행에게 떠밀려 무대 밖으로 떨어진 것에 격분, 클럽 앞 주차장에서 피해자의 얼굴을 주먹으로 2회 폭행하여 주차된 차량의 운전석 부위에 머리를 부딪히게 함으로써 피해자를 사망에 이르게 함

○ 초동조치 및 수사사항
  − '15.5.4. 14:20경, 미 헌병대에서 경찰로 112신고
    (코피를 흘리며 쓰러져있는 미군을 심폐소생술 후 119로 후송하였으나 사망)
  − 경기청 형사과장 임장 수사지휘, 서장 외 36명(7개팀) 수사전담반 편성
  − 경기청 과학수사팀에서 변시체검시 등 현장 감식(사인은 두부손상 사망인 것으로 추정)
  − 통역인 및 미 헌병대 1명 입회, 피해자 일행 등 4명 조사 완료, 상해치사 발생 현장인 '○○클럽과 주변 CCTV 확인 및 목격자 조사
  − 미 CID와 공조, 송탄 K55 헌병대 상대 탐문 중 피의자 발견, 평택경찰서 강력팀 사무실로 임의동행
  − 피의자가 범행일체 자백하여 긴급체포 및 미군 측에 체포통지
  − 평택지청 SOFA 담당검사 지휘에 따라 미측에 피의자 신병인계
○ 쟁점사항
본 건은 미국 군대 구성원 간 발생한 형사사건으로 한미 SOFA협정 제22조 제3항 (가)에 의해 경합적 재판권 중 우리나라가 1차적 재판권이 있으나 예외적으로 미군 당국이 1차

적 형사재판권을 보유한 사례이다. 위 사례의 경우 사건 발생 초기 미군 사망 사건의 국민적 관심도 등 사회적 분위기를 고려하여 수사전담반 편성으로 내실 있는 수사 기반을 마련했다. 신고 접수 후 사건 발생 현장에 있던 관계자 진술 청취 및 주변 CCTV 확인과 목격자 확보 등 적극적인 초동수사로 피의자 인적사항을 특정했다. 그리고 피의자 검거를 위해 미 CID 등 관계기관과 공조함으로써 피의자를 조기에 검거할 수 있었고, 특히 대한민국에 제1차적 재판권이 없는 경우라도 주한미군 범죄의 사회적 중요성을 감안, 적극적이고 주체적인 수사 진행으로 피의자 검거에 노력했다. 위 사례는 대한민국 당국의 1차적 재판권과 미군 당국의 1차적 재판권의 경합적 재판권 사안으로, 이는 오로지 미국 군대의 타 구성원이나 군속 또는 그들의 신체나 재산에 관한 범죄에 해당되어 미군 측에 인계한 사례이다.

② 공무집행 중의 작위 또는 부작위에 의한 범죄[51]

3) 공무 여부의 판단

공무집행 여부는 미군이 발행하는 공무증명서[52]로 판단하나, 추후 재검토 될 수 있다.

4) 재판권의 포기[53]

① 대한민국 당국은 미군 당국의 요청이 있으면 대한민국 당국이 재판권을 행사함이 특히 중요하다고 결정하는 경우를 제외하고는 재판권을 행사할 제1차적 권리를 포기한다.(협정 제22조 제3항(나)에 관한 합의의사록 제1호)[54]

② 특히 중요한 사건 여부는 개개 사건별로 대한민국 법무부가 판단한다.(양해사항 1991.2.1.)

---

51) 2002년 효순·미선양 사건의 경우에도 공무상 발생한 사건이라는 점을 근거로 미군이 재판권을 행사했고, 주한미군 한강 독극물 방류사건도 "공무수행 중 발생한 사건에 대한 재판관할권은 미군에 있다"며 재판에 나오지 않겠다는 뜻을 밝혀 한국 법원은 수질환경보전법 위반죄로 징역 6월의 실형을 선고했다. 이는 평화 시 미 군속(미군부대에 근무하는 미국 국적 민간인)이 공무수행 중에 있었더라도 형사재판권은 한국 법원에 있다는 첫 판결이다.

52) 여기서 언급하는 '공무증명서'의 발급권한이 미군의 장성급 장교에게만 있고, 우리 법원은 공무 판단에 관여할 여지가 없다는 것이다. 미·일 SOFA의 경우 공무증명서를 발급할 때 일본 형사소송법 제318조(법관의 자유심증주의)에 반해서는 안 된다는 규정을 두어 공무의 최종판단에 일본 법원이 관여할 수 있는 것과 대조적이라 할 수 있다.

53) 지라드 사건, 1957년 일본 군마현에 있는 미군 사격연습장 내 출입금지 장소에서 생활고로 탄피를 줍던 주부 사카이 나카 씨가 미 제1기병사단 8연대 윌리엄 S. 지라드 하사관이 쏜 총탄에 맞아 숨졌다. 일본에서 SOFA의 불평등성에 대한 비판적 여론이 고조되자 당시 미 국방장관 윌슨은 공동성명을 통해 미·일 간의 관계들을 고려하여 1차적 재판권을 포기한 사례가 있다.

54) 미일협정, 나토협정 등에는 동 조항이 없다.

3. 최근 주한미군범죄 경향과 미군범죄 발생통계

(1) 최근 주한미군범죄 경향

미군에 의해 자행되는 범죄가 사회적 문제가 되는 이유는 범행 내용이 흉악하고 죄질이 나쁘기 때문이다. 갑자기 행인에게 달려들어 총을 겨누며 돈을 내 놓으라고 위협하는가 하면, 택시기사의 돈을 빼앗기 위해 예리한 흉기로 수차례 찌르기도 하고, 단지 기분 나쁘다는 이유로 이라크에서 많은 사람을 죽여 봤다며 불특정다수인을 향해 흉기를 휘두르며 폭행을 일삼는다. 또한 112신고를 받고 출동한 경찰관 앞에서 평소 사전 교육을 철저히 받은 것처럼 모른다고 부인하기 일쑤고, 현행범으로 체포된 뒤에도 범행을 시인하기 보다는 내가 한 게 아니다거나 생각나지 않는다고 끝까지 버티면서 미군 당국에 신병인도될 때까지 시간을 끌기도 한다.

최근에 언론을 통해 잘 알려진 사례를 보면, 주한 미 8군 제1통신여단 R(21) 이병이 서울 마포구 서교동 한 고시텔에 침입해 자고 있는 여고생 A(18) 양을 성폭행한 것을 비롯해, 미 제2사단 소속 K(21) 이병이 경기 동두천 한 고시텔에 들어가 B(18) 양을 흉기로 위협해 수차례 성폭행하였고, 미군 자녀 5명은 길을 가던 시민을 뒤쫓아가 폭력을 행사하고 금품을 빼앗아 달아나다 경찰에 검거되었으며, 도로에서 난동을 피우던 미군은 이를 제지하던 한국인들에게 행패부리다 군용 칼로 한국인 목을 찌른 사례 등 주한미군에 의한 범죄는 계속 증가하고 있다. 하지만 이들의 처리과정에서 한미 SOFA협정이 미군위주의 일방적인 체결이어서 범죄발생 후 경찰의 초동수사 단계에서 많은 문제점들이 발생하고 있다.

(2) 최근 미군범죄 발생통계(2008~2017.7)

주한 미군의 강력범죄 가운데 최근 들어 성폭행 및 마약 범죄가 크게 늘어 전체 미군범죄자 10명 중 3명은 강력범죄에 해당한다. 검찰의 처리현황을 보면 2013년의 경우 317건 처리 가운데 불기소 175건, 재판권행사 98건, 기타 44건이었고, 2014년에는 285건 가운데 불기소 166건, 재판행사권 82건, 기타 22건이었으며, 2015년에는 300건 가운데 불기소 187건, 재판권행사 82건, 기타 31건, 2016년의 경우 327건 가운데 불기소 224건, 재판권행사 71건, 기타 32건 등으로 나타났으며, 기소되더라도 벌금형으로 처분되는 등 대다수가 가볍게 끝난다.

주한미군 죄명별 처리현황(대검찰청, 2016)

(단위 : 명)

죄명별	사건 접수	처리					
		처분계	기소		재판권 행사	불기소	기타
			구공판	구약식			
합계	326	327	17	54	71	224	32
교통사고처리 특례법위반	68	71	0	8	8	61	2
상해와폭행의죄	36	35	0	9	9	24	2
교통사고처리 특례법위반(치상)	28	27	1	3	4	22	1
폭력행위등 (공동폭행)	25	25		2	2	22	1
절도의죄	17	17	3	1	4	10	3
도로교통법위반	17	17	0	0	0	17	0
손괴의죄	15	15	0	3	3	11	1
도로교통법위반 (사고후미조치)	15	15	0	2	2	11	2
기타	105	105	13	26	39	46	20

※ 죄명별 기타: 사기와 공갈의죄, 도로교통법위반(음주운전), 주거침입의죄, 자동차 관리법위반 등

경찰청 범죄통계시스템 분석에 의하면 2008년의 경우 총 285건의 범죄가운데 구속 1명, 2009년 417건의 범죄발생은 모두 불구속이었으며, 2010년 558건의 범죄발생에도 모두 불구속, 2011년 644건의 범죄발생에 구속 2명, 2012년 508건의 사건 가운데 구속이 한명도 없었고, 2013년 462건의 범죄발생에 구속 1건, 2014년 449건의 범죄발생에 구속 1건, 2015년 455건의 범죄발생에 구속 1명, 2016년 417건 범죄발생에 구속 1명, 2017년 6월 말까지 269건의 범죄발생에 구속은 단 한건도 없다. 아래 표에 나타난 것과 같이 살인, 강도, 강간 등 성범죄에도 미군범죄자들은 구속을 피하고 있다. 정부가 2001년 한미 SOFA협정 개정 후 미군 범죄에 대한 한국 정부의 형사재판권 행사율이 매년 늘고 있다고 하지만 국내 재판 회부와 실형 비율과 처벌은 미미한 편이다.

미군범죄 죄종별 현황(경찰청 범죄통계시스템, 2017)

죄종별 / 연도별	계	살인	강도	강간 추행	절도	폭력	지능	마약	교통	기타	구속	불구속
2008	285	0	9	7	22	109	8	6	94	30	1	284
2009	417	1	7	5	88	141	16	16	110	33	0	417
2010	558	0	24	11	67	154	10	18	224	50	0	558
2011	644	1	18	11	49	199	11	33	297	25	2	642
2012	508	0	6	8	46	113	9	34	259	33	0	508
2013	462	0	3	14	36	123	12	28	220	26	1	461
2014	449	0	1	18	34	104	13	9	253	17	1	448
2015	455	0	6	23	32	125	16	1	219	33	1	454
2016	417	0	0	20	17	113	22	0	205	40	1	416
2017.7	269	0	0	14	22	73	8	9	116	27	0	269

4. 사례별 경찰의 초동수사와 협정문 쟁점사항 분석

미군범죄를 수사하는 주체인 경찰이나 검찰이 사건수사과정에서 한미 SOFA협정을 의식해 심리적으로 위축되어 있는 것은 사실이다. 더구나 2001년 개정된 한미 SOFA협정이 경찰의 초동수사와 한국의 사법주권을 집행하는데 제도적 장애가 되고 있을 뿐만 아니라 수사권을 제약하는 사항으로 가득하다. 경찰의 초동수사 및 수사권을 제약하는 사항은 다음과 같다.

1) 우리 수사기관이 미군신병을 인도받을 수 있는 것은 주요 12개 범죄유형에 한정하고 있는 점을 비롯해,
2) 변호사도 아닌 단순한 미군관리를 수사 및 재판의 전 과정에 참여할 수 있게 한 조항
3) 미국 대표의 참석 없는 피의자(피고인)의 진술이 법정에서 유죄증거로 채택할 수 없는 조항
4) 초동수사 현장 접근 및 공동수사에 대한 미군 당국의 비협조
5) 신병인도 후 수사기관의 출석요구 비협조
6) 한국경찰이 체포하여 구속수사 중인 미군 피의자의 계속구금 전제조건[55])의 제한

---

55) 1) 현행범일 것
2) 살인과 같은 흉악범죄 또는 죄질이 나쁜 강간죄를 범하였다고 믿을 상당한 이유가 있을 것
3) 증거인멸·도주 또는 피해자나 잠재적증인의 생명·신체 또는 재산에 대한 가해가능성을 이유로 구속하여야 할 필요가 있는 때

7) '협정 제22조 6항 가(수사상 협조 자료)'에 대한 미군의 비협조

본 절에서는 경찰의 초동수사 과정에서 야기되는 쟁점사항 중에서 가장 문제점으로 거론되는 최근의 사례를 통해 문제점을 분석해 보고자 한다. 단. 아래사항들은 경찰의 초동수사 단계에서의 쟁점사항들만 분류하였고 검사의 상소권 및 법관의 양형판단을 제한하는 문제, 공판절차의 정지와 관련한 문제, 증거법과 관련한 증거능력을 제한하는 문제 등 많은 부분에 대해서는 논의하지 않았다.

(1) 주한미군 성폭력 사례

【특수강간 사례】

> 피의자(허○슨 등 4명)들은 경기 오산 소재 에어베이스 소속 주한미군들로서 2017. 4.1. 07:30경 서울 강남구 논현동 소재 클럽 디스타에서 우연히 술에 만취한 피해자를 발견하고 글래드 라이브 호텔 801호로 유인하여 합동으로 강간

○ 초동조치 및 수사사항
  - 2017.4.1. 14:00경 112신고 접수, 피해자 신고내용 청취 후 해바라기센터로 이동
  - 해당 호텔 CCTV자료 확보 및 체크인 카드내역 확인과 피해자 체액 의뢰요청
  - 동년 4.6. 호텔 CCTV영상 확보 및 경찰병원 통합지원센터에서 피해자 조사
  - 동년 4.9.~4.24. 호텔 투숙자 전화번호 및 CCTV분석 통해 피의자 특정
  - 동년 5.17. 미 정부대표 입회하에 허○슨 등 4명 피의자 조사 실시
○ 위 사례의 날짜별 초동조치 후 수사사항.
  - 동년 5.17 10:00~5.18 02:30 미 정부대표 및 변호사 참여하에 피의자 4명 신문조서 작성(피의자 4명 모두 혐의 부인)
  - 동년 5.18 10:20 피의자 개인별 시료 DNA 국과수 긴급의뢰(피해자 질 내부 채취 정액 비교분석)
  - 동년 5.18. 12:00 피의자 사용 휴대전화 3대 디지털포렌식 실시(포렌식 결과 바탕으로 피의자 4명 진술분석 및 피해자 재조사 진술 일치 여부 확인)한바, 피의자 허○슨은 성관계 사실 시인하였으나 강제성은 부인하였고, 나머지 피의자 3명은 모두 성관계 공모 및 합동관계 부인
  - 동년 6.20. 서울중앙지검으로 사건 송치, 피의자 허○슨 죄명은 특수강간에서 준 강간으로 변경하여 불구속 기소.

---

4) 공정한 재판을 받을 피의자의 권리가 침해될 우려가 있다고 믿을 적법한 사유가 없을 것 등이다.

○ 쟁점사항

초동수사와 관련하여, 경찰이 신고 접수 후 살인이나 강간을 제외한 12개 주요 범죄의 경우 미군 당국이 피의자 신병인도를 요청하면 우리 측은 1차 피의자 조사 후 미군 당국으로부터 '구금인도요청서'를 제출받고 '신병인수증' 작성한 후 신병을 인도하고 있다. 본 사례의 경우 해당 호텔 CCTV자료 확보 및 체크인 카드내역을 확인한 후 호텔 투숙자 전화번호 및 CCTV분석 통해 피의자를 특정했지만 신고접수 후 40여 일이 지난 후 피의자 신문조서를 작성했다. 한미 SOFA협정에서는 법정에서의 증거채택 등을 사유로 미국 정부대표의 출석과 대표 임명장을 접수한 후 미군 정부대표 입회하에 피의자 신문조서를 작성하게 되어 있다. 또한 미 정부대표가 참여하지 아니한 경우 피의자 또는 피고인이 한 진술은 유죄의 증거로 채택되지 않는다. 피의자의 범죄혐의에 대한 상당성이나 구금 필요성의 판단은 대한민국의 법령에 따른 사법적 결정에 따를 것을 규정하고 있다. 미국 정부대표는 불편부당한 입회자이므로 미국 정부대표 또는 변호인이 신문에 개입할 경우 이를 제지하여야 함에도 명문 규정이 없어 허○슨의 경우에도 계속 범행을 부인하다가 정액검출이 확인되자 자백하는 등 미 정부대표와 서로 교감하면서 계속 범행일체를 부인해 왔다. 한미 SOFA협정(합의의사록)에서는 죄질이 나쁘다는 것이 무엇을 의미하는지 구체적으로 밝히고 있지 않다. 기준이 구체적이지 않으니 대한민국의 수사기관이 이를 적용하여 피의자를 구금하는 것도 쉽지 않다. 피의자 허○슨은 성관계사실 시인하나 강제성은 부인하였고 나머지 피의자 3명 모두 성관계 공모 및 합동관계를 부인했다. 경찰은 국과수 DNA감정결과 피해자 팬티에서 피의자 허○슨의 정액을 발견하였고 피해자의 질 내에도 정액이 검출되었으나 나머지 피의자들 DNA는 불발견으로, 이는 성폭력처벌법 제4조 제1항(특수강간, 흉기나 그 밖의 위험한 물건을 지닌 채 또는 2명 이상 합동하여 강간의 죄를 범한 사람)에 해당되어 5년 이상의 유기징역에 처할 수 있는 범죄이다.

그리고 수사협조와 관련하여, 본 협정 제22조 제6항(가)에서는 대한민국 당국과 미군 당국은 미군에 의한 범죄에 대하여 필요한 모든 수사의 실시 및 증거의 수집과 제출에 있어서 상호 조력하여야 한다고 규정하고 있다. 그러나 이 규정은 수사협조를 할 수 있다는 원칙적 규정에 불과하므로 구체적 규정은 마련되어 있지 않다. 그러므로 미군 당국이 협력하지 않을 경우 원활한 초동수사 및 공조수사가 이루어지지 못하고 있다. 위 사례에서도 피해자는 피의자 허○슨 외 나머지 3명도 특수강간에 가담하였다고 일관되게 진술하고 있으나 미군 당국의 적극적인 수사 협조가 없어 나머지 피의자에 대해서는 구체적으로 수사 진행이 어려웠다.

현행 한미 SOFA협정 제22조에 살인·강간 등 12개 범죄에 해당하고 구금에 상당한 이유와 필요성이 있는 경우 미군이 확보한 피의자의 신병을 우리 수사기관이 인도받을 수 있도록 규정하고 있으나 신병인도기한이 정해져 있지 않다. 또한 동 조항에 대한 양해사항 제4호에 대한민국의 신병인도요구에 대해 미군 당국이 충분히 고려한다는 규정을 둠으로써 인도기한에 대한 논란을 사전에 차단하고 있다. 신병인도기한의 확정이 정해져 있지 않으면 미군 당국의 묵인이나 방조 하에 피의자는 죄증을 인멸하거나 해외로 도피할 우려도 있다. 일본의 경우 우리나라와 달리 모든 범죄에 대해 기소시 신병인도가 이루어지고 있으며 미군피의자 체포 시 중대범죄에 대해 계속구금이 가능하도록 규정하고 있다. 제2차 한미 SOFA협정 개정 이후 2002년부터 2005년 8월말까지 주한미군에 의한 살인 2건을 포함한 강력범죄에 대해 우리 수사기관에 미군이 구속된 사례는 단 한건도 없다.

【성폭행 미수사례】

> 피의자는 동두천 미군부대소속 이병(Tre○○○)으로, 2013.11.11 08:10경 용산구 한남동 한남빌딩 3층 화장실에서 용변을 보고 나오는 피해자를 화장실 안으로 밀친 후 안면을 수차례 때리며 저항하지 못하게 한 후 성폭행 하려다 미수에 그침

○ 초동조치 및 수사사항
- '13.11.11. 08:04경, 112신고를 접수한 관할 파출소에서 현장 출동
- 08:10 경찰관 현장 도착 전, 피해자의 직장동료 등 10여 명이 피의자를 현행범 체포
- 08:20 출동 경찰관이 피의자 현행범 인수, 파출소로 피의자 동행
- 10:30 용산서 성폭력전담팀으로 사건 및 피의자 신병인계
  (성폭력전담팀에서 미군 측에 체포사실 통고 및 미 정부대표 출석요구)
- 15:30 미 정부대표 참여하 피의자 조사, 피의자 신문 종료 후 미 헌병대 신병 인계[56]
- '13.11.13. 11:00 피해자 진술 확보
  (피해자는 피의자가 자신을 수차례 때리며 성폭행하려 했다고 진술)
- '13.11.13. 16:00 2차 피의자 신문을 위해 미 헌병대 피의자 출석 요구

---

56) 당시 수사담당경찰관에 의하면, 피의자는 술에 만취한 상태로 전혀 기억이 나지 않는다는 취지의 진술과, 피해자를 병원으로 후송하였기 피해자 진술조서는 미작성되었다. 또한 피의자는 강간 부분에 대한 혐의사실을 극구 부인하여 피해자 진술 미확보 상태에서 우선 미 헌병대에 신병인계한 후 강간 혐의는 추후 구증하기로 결정하였으며, 건조물침입 및 폭행죄만 우선하여 적용했다.

- '13.11.28. 13:00 미 정부대표 참여하에 2차 피의자 신문 실시

  (피의자는 일관하여 강간 혐의 극구 부인, 피의자 신문 종료 후 미 헌병대 신병인계)

- '13.12.10. 강간 등 상해 혐의로 불구속 기소의견 송치

  (피의자 신병 관련, 살인 또는 강간의 경우 체포 후 계속구금이 가능한 범죄이나 검찰

  에서 불구속으로 수사할 것을 취지로 수사지휘)

○ 쟁점사항

본 사례는 강간의 혐의는 있으나 피의자가 술에 취해 전혀 기억이 나지 않는다며 범행을 완강히 부인하여 기초조사 단계에서 건조물침입 및 폭행죄를 적용해 사건을 송치한 사례다. 이는 12개 중요 범죄에 해당되지 않아 우선 미 헌병 측에 피의자 인도 및 이후 강간 고의 여부를 적극적으로 수사해야 하는 여지를 남겼다. 살인 또는 강간의 경우, 체포 후 계속구금이 가능한 범죄임에도 1차 조사에서 피해자 진술조서 미확보 및 피의자의 혐의 부인 등 사유로 건조물 침입 등 혐의로만 수사하여 미 측에 신병인계를 한 점은 대단히 아쉬움이 남는다.[57]

미군 피의자가 변호인을 선임하고 변호인의 참여를 원하는 경우 변호인의 출석 없이는 피의자 신문이 불가능하다. 변호인이 출석하지 않은 때 합리적 시간 동안 추후 조사를 위한 현장증거(사진 등)·신체검사 등 충분한 예비조사를 실시한 후 신병인도하며, 신병인도 전 변호인이 참석하는 조사일 때는 최단 시일로 확정한다. 그러나 한미 SOFA협정 제5항 (다)항에 대한 합의의사록 제6호에 "대한민국의 법령상 허용되는 모든 경우, 피의자의 체포·구금 또는 체포·구금을 위한 청구의 적법성을 심사할 구속 전 피의자 심문은 피의자에 의하여 그리고 피의자를 위하여 자동적으로 신청되고 개최된다. 피의자와 그의 변호인은 동 신문에 출석하며, 참여가 허용된다. 합중국 정부대표 또한 동 신문에 출석한다"고 규정하고 있다. 즉 협정문은 구속 전 피의자 심문은 자동적으로 개최되며, 미군범죄의 경우 변호인뿐만 아니라 합중국 정부대표가 절차에 참여할 수 있음을 규정하고 있으므로 법관은 피의자를 단독으로 심문할 수 없도록 하고 있다. 다시 말해 영장실질심사제도는 순수하게 피의자의 이익을 위한 것으로, 변호인의 참여권 보장이 필수적인 것이 아님에도 미군은 이를 절차적으로 보장할 것을 요구하고 있으며, 변호인도 아닌 미국 정부대표의 입회를 요구하는 것은 한국 사법체계에 대한 불신이 반영된 것이라 볼 수 있다. 위 사례의 경우 사건발생 시간은 아침 08:04분이며 현장경찰관이 도착하여 지구대로 동행해 온 시간은 08:20분이다.

---

57) '12년 5월 개선된 SOFA 합의사항에 따라 미 측에 신병이 있는 경우라도 경찰수사 단계에서 미 측으로부터 신병인수가 가능함에도 불구하고 2차 피의자 신문 당시 피의자의 강간에 대한 고의 입증 부족으로 검찰에서 불구속 수사지휘를 했다. 불구속 기소 후 검찰에서 보강수사 진행, 강간혐의 입증하여 피의자를 구속한 사례다.

하지만 미 정부대표가 출석한 시간은 동일 오후 3시 30분이며 이때 피의자 조사가 시작되었다. 무려 7시간이 흐른 뒤 1차 조사를 진행한 것이다. 또한 미 정부대표는 변호사 대동 없이 혼자 참석하였고 그렇다보니 피의자신문조서 작성시간도 많이 소요되었다. 피해자는 동 사건으로 정신적 충격을 이기지 못하다가 사건발생 2일 뒤 경찰서로 출석하여 일관되게 미군 피의자가 자신을 성폭행하려 했다고 진술했으나 미군 피의자는 술에 취해 아무런 기억이 없다고 혐의를 계속 부인하였고 2차 피의자 조사 후 다시 미 헌병대로 신병인도되었다.

그리고 구금의 상당한 이유와 필요에 대해서도 논의해 보아야 한다. 이는 피의자가 증거를 인멸하였거나 또는 인멸할 가능성이 있거나, 도주할 가능성이 있거나 그리고 피해자·잠재적 증인 또는 그들 가족의 생명·신체 또는 재산에 해를 가할 우려가 있다고 의심할 합리적인 근거를 이유로 피의자의 구금이 요구된다는 사법적 결정을 말한다. 위 사례에서 보는 바와 같이 피의자는 1차 조사 후 15일만에 경찰서로 재출석하였다. 이 역시 현실적으로 상당한 이유와 필요를 증명할 수 있는 방법이 제한되어 있어 현실적으로 대한민국 당국이 구금할 수 없도록 만들고 있다. 따라서 신병인도나 구금이 현실적으로 불가능하여 경찰의 초동수사를 매우 어렵게 만들고 있으며, 범죄행위를 저지른 미군에게 출석을 요구할 수는 있지만 강제력이 없어 미군의 자진출석을 기다릴 수밖에 없는 실정이다. 특히, 이러한 상황에 따라 현행범이 아닌 이상 미군의 자진출석을 기다리는 동안 범죄해결의 가장 중요한 단계인 초동수사가 지연되고, 반면에 범죄를 저지른 미군은 증거를 은폐하거나 훼손하고, 관련자들끼리 진술을 조작하여 범죄의 입증을 어렵게 만드는 등 전반적으로 미군범죄자에 대한 실질적 처벌을 불가능하게 만들고 있다.

주한미군에 의한 강간의 경우, 국민적 공분을 야기할 수 있는 심각한 사안이다. 경찰은 사안의 중대성 및 사회적 비난여론 확산 등으로 구금의 필요성이 있는 사안에 대해서는 관할 검사를 통해 기소 전 신병인도를 적극 요청해야 한다. 동두천 미군 17세 미성년 여성 강간 사건[58]처럼 여론의 악화를 부담스러워한 미군 당국이 가해자의 처벌요구가 거세지고 국민 여론이 미군에 불리하게 적용되고 있으면 우리 수사기관에 협조하여 그 신병을 인도하고 있는 것처럼 언론에 보도되고 여론이 부담스러우면 마지못해 피의자의 신병을 우리 측에 인도해 주고 있다.

---

58) 2011년 9월 동두천시의 한 고시텔에 침입해 10대 여성을 성폭행한 혐의(성폭력범죄의처벌등에 관한특례법상 강도강간)로 구속 기소된 미 제2사단 소속 K 이병에게 의정부지법은 징역 10년을 선고한 바 있다.

【유사강간 사례】

> 2014.9.16. 00:30경, 경기 포천시 소재 공사장에서 피의자 테○○(44세, 미 2사단 소속)가 피해자 안○○(41세, 여)의 차량에 탑승하여 피해자의 목을 조르며 반항을 억압한 후 자신의 손가락을 그녀의 항문과 질 내에 삽입하는 등 유사강간

○ 초동조치 및 수사사항
  - '14.9.16. 01:00경, 피해자로부터 피해사실을 전해들은 친구가 112로 신고
  - 신고 접수 즉시 피해자를 경기 북부 원스톱지원센터로 연계, 상담 및 의료지원 실시
  - '14.9.16. 06:00경, 의정부 성폭력전담수사팀에서 피해자 조사(진술녹화, 구강세포 채취) 피해자 조사 종료 후 피의자 신병이 미 측에 있는 관계로 피의자 출석 요구
  - '14.9.19. 미 정부대표·변호사 동행하여 피의자 출석, 피의자 신문 실시, 피의자가 혐의사실을 인정함에 따라 불구속 기소의견 송치

○ 쟁점사항

본 사안은 신고접수 후 피해자 진술을 청취하고 원스톱지원센터로 연계하여 상담 및 의료지원을 실시하는 등 피해자 보호·지원을 우선적으로 조치하고, 사건 당시 피의자의 양쪽 손톱, 착용했던 의복 및 피의자가 닦은 손수건 등을 임의 제출받아 적극적인 초동조치로 증거 확보에 주력했다. 특히 쟁점사항으로 부각하는 것이 중요 12개 범죄 중 강간에 '유사강간'이 포함되는지 여부로, 살인·강간의 경우 영장을 발부받아 계속구금이 가능하지만 본 건의 경우 강간죄에 형법 제297조 2(유사강간)가 포함되는지 여부가 논란이 되었다. 현재까지 이와 관련한 사례 또는 관계기관 간에 협의 등이 없어 유사강간이 강간에 포함되는지에 대해서는 향후 심도 깊은 논의가 필요하다고 본다. 다만 법무부 등의 비공식적 해석에 따르면 한미 SOFA협정 규정상 살인 또는 죄질 나쁜 강간이라고 명시되어 있어 유사강간을 강간죄에 포함시키는 것은 무리가 있을 것이라 추정된다. 결국 유사강간이 체포 후 계속구금 가능 범죄에 포함되는가의 문제는 향후 관계 기관 간 논의가 필요하며, 미 측과의 협의 등 절차를 거쳐야 하므로 실무상 유사강간 사건이 발생할 경우 구속영장을 신청하는 부분은 신중하게 접근해야 할 것이다. 다만 비록 12개 중요 범죄 유형에 유사강간이 포함되지 않는다고 해석하는 경우, 사안의 경중·사회적 파급성(언론보도 등) 등을 고려하여 피의자 구속의 필요성이 있다고 판단될 때에는 기소 전 신병구속 절차를 적극 활용하여야 할 것이다.

(2) 음주 사망사고(뺑소니) 및 음주측정거부 사례

【음주 사망사고(뺑소니) 사례】

> 2003.11.28. 00:10경 경기 오산시 천일사거리에서 미군 6기갑여단 소속 중사 온켄○○(33세, 남)이 음주 후, 개인자가용 운전 중 신호위반으로 한국인 차량을 충돌, 한국인 1명 사망, 4명 중상 야기 후 도주 ⇒ 112신고 접수 후 현장출동, 버리고 도주한 가해차량에서 미군 신분증과 철모 등을 확보하여 용의자 신원확인 후 미군 헌병대와 공조하여 주소지를 확인 11.28. 05:30 부대에서 취침중인 피의자를 검거

○ 초동조차 및 수사사항
- '03.11.28. 00:10 오산시 원동 천일사거리(미 6기갑여단 소속 온켄 병장이 만취상태로 신호 위반, 비스토 차량과 충돌) 내국인 기○○ 씨 사망, 운전자 포함 동승자 4명 중상
- 사고 직후 온켄 병장 아무런 구호조치 않은 채 미군 2명과 차를 버리고 부대로 도주
- 출동 경찰, 버려진 미군 차량에서 미군 신분증과 철모 등 증거물 확보, 용의자 신분 파악
- 동일 06:00 온켄 병장 체포(체포 직후 미군 수사기관 혈중 알코올 농도 측정, 0.062%)
- 경찰, 미군 수사기관으로부터 용의자 혈액 샘플 넘겨받아 국립과학수사연구소에 성분 분석 의뢰, 0.06%(당시 음주상태 0.103%에 해당 수치)
- 온켄 병장, 음주운전 혐의 인정, 신호위반 혐의 묵비권 행사, 범죄 사실 부인
- 동년 12.3. 검찰의 1차 소환조사, 음주와 뺑소니 인정, 신호위반 사실에 대해 "녹색불에 갔다고 생각한다"며 극구 부인(자동차도 무보험 상태)
○ 쟁점사항

위 사안은 2001년 개정된 한미 SOFA협정에 따라 기소와 함께 구속할 수 있는지 여부가 쟁점이다. 본 사건은 기소와 함께 구속할 수 있는 12개 중대 범죄의 하나인 '음주 교통사망사고' 또는 '뺑소니 교통사망사고'에 해당된다. 하지만 미군 당국은 이 사건에 대해 12월 1일 법무부에 재판권 포기를 요청하였다(법무부는 미군 당국의 재판권 포기 요청을 거부). 온켄 병장은 동 사건 후 부대 내에서 구속되지 않고 일상적인 근무를 계속하다가 국내여론이 한국 수사당국을 비난하면서 구속할 것을 요구하자 검찰은 12월 15일 온켄 병장을 재소환하여 신호위반에 대해 추가로 조사, 12월 22일 법원에 구속영장을 청구했다. 검찰은 12월 31일 미군 병장을 법원에 정식 기소하여 사상 처음으로 미군 피의자를 재판 전 구속 기소하였다.

합의의사록 제22조 제5항(다)에 관하여(즉, 전제조건) 대한민국이 일차적 재판권을 가지고, 기소 시 또는 그 이후 구금인도를 요청한 범죄가 구금을 필요로 하기에 충분한 중대성을 지니는 유형의 범죄에 해당하고, 그 같은 구금의 상당한 이유와 필요가 있는 경우, 합중국 군 당국은 대한민국 당국에 구금을 인도한다고 되어 있다. 위 사례에서 보는 바와 같이 미군 측은 12개 주요 범죄에 해당하는 음주 뺑소니 사망사고임에도 재판권 포기요청을 한국 법무부에 요구해 왔다. 하지만 미일, 미독소파의 경우 이러한 전제조건이 없다. 이러한 이유에서 합의의사록제 22조 3항(나) 재판권포기조항을 개정해야 하는 이유이다. 위 사례의 온켄 병장은 2004년 1월 8일 보석을 신청했으나 기각되었고 1심 재판에서 징역 3년의 실형을 선고받고 항소하였으나 기각되었으며 상고를 하였다가 취소하였다. 형이 확정된 후 온켄 병장은 천안 외국인 교도소에 수감 중 호화로운 수형생활을 하다가 2006년 8월 14일 가석방되어 본국으로 돌아갔다. 주한미군범죄 가운데 교통사고가 30% 이상을 차지하고 있다. 공무수행 중이거나 대물교통사고 중 25,000달러 이상의 보험에 가입한 경우 형사입건하지 않고 있어 이에 대한 개정도 시급하다.

【음주측정 거부사례】

> 피의자 발라드 엔○니 머라○○(48세, 남, 미국인)은 미 군속(동두천 캠프 케이시)으로, 2017.2.3.(금) 12:24경 경기 동두천시 상패동 동광교 사거리에서 음주상태로 본인 소유 차량(스타렉스)을 운전하여 신호대기 중이던 피해 차량(모닝)의 후미를 추돌, 피해차량이 밀리면서 앞선 2대 차량을 충격 및 음주측정 거부

○ 초동조치 및 수사사항
- 2017.2.3. 12:25경 112신고 접수 및 동두천서 중앙파출소 소속 14호 순찰차 출동 (교통조사계 현장 출동)
- 동일 13:20경 중앙파출소에서 피의자 상대로 음주측정(3회 측정거부)
- 동일 13:45경 음주측정거부로 현행범 체포, 동두천경찰서 미군에 신병인도[59]
○ 쟁점사항

대법원은 미 군속에 대한 대한민국의 전속적 관할권에 대한 사건에서 "… 한반도의 평시 상태에서 미합중국 군 당국은 미합중국 군대의 군속에 대하여 형사재판권을 가지지 않으므로 미합중국 군대의 군속이 범한 범죄에 대하여 대한민국의 형사재판권과 미합중국 군 당국의 형사재판권이 경합하는 문제는 발생할 여지가 없고, 대한민국은 협정 제22조 제

---

59) 연합뉴스 '17.2.3일자('미 군무원 4중 추돌사고 내고 음주측정거부, 5명 경상).

1항(나)에 따라 미합중국 군대의 군속이 대한민국 영역 안에서 저지른 범죄로서 대한민국 법령에 의하여 처벌할 수 있는 범죄에 대한 형사재판권을 바로 행사할 수 있는 것이다"라고 하여 미 군속에 의한 교통사고에 대한 대한민국의 전속적 재판관할권 행사가 정당하다고 판시한 바 있다.[60]

음주운전 교통사고 및 경찰관의 음주측정을 3회 거부하면 교통사고처리특례법 제3조 제2항 제8호(음주인피사고)에 의해 5년 이하 징역 또는 2천만 원 이하 벌금, 도로교통법 제148조 제1항 제2호(측정거부)는 1년 이상 3년 이하 징역 또는 500만 원 이상 1천만 원 이하 벌금에 해당된다. 한미 SOFA협정 대상자 중 인적적용범위의 지나친 확대에 대한 문제점은 다음 사례에서도 볼 수 있다.

(3) 살인미수 사례

2004.5.15. 02:00 서울 서대문구 창천동 노상에서 피의자 존○○(21세, 미8군 17항공대 소속)가 동료(미군 5명, 카투사 1명)들과 함께 술을 마신 뒤 지나가는 택시를 세우고 행패를 부리다 이를 말리던 피해자 박○○(27세, 회사원)의 목 부위를 소지하고 있던 군용 칼(길이 25cm)로 찔러 상해(길이 3cm, 폭 4cm)를 가함.

○ 초동조치 및 수사사항
- '04.5.15. 02:10경, 112신고 접수 후 지구대 경찰관 현장출동
- 02:25경 현행범인 체포
- 02:25~02:40 목격자 등 사건관계자 신병확보 및 사건관련 증거 확보
- 06:00 미군 피의자들에 대한 신원확인 등 기초조사 후 미8군 헌병대 신병인계
    (미국 정부대표는 사건발생 4시간 뒤 출석하였고, 대표 임명장 접수 후 미군 정부대표 입회하에 피의자 신문조서 작성 후 신병인계)
○ 쟁점사항

본 사례도 중요 12개 범죄에 해당되지 않아 기초조사만 거치고 미 헌병대에 신병인계하였다. 출동경찰은 사건 당시 현행범체포 후 기초조사를 하였으나 4시간 동안 피의자 신문 없이 미 정부대표를 기다렸다. 피의자 신문조서 작성은 미국 정부대표의 출석과 대표 임명장을 접수한 후 미군 정부대표 입회하에 작성하여야 한다고 규정되어 있기 때문이다. 미 정부대표가 참여하지 아니한 경우 피의자 또는 피고인이 한 진술은 유죄의 증거로 채택되지 않는다. 2012년 5월 개선된 한미 SOFA협정에 의하면 본 사례는 현장에서 피의자 체

---

60) 대법원 2006년 5월 11일 선고, 2005도798 판결, 3~4쪽.

포 후 미 헌병의 신병인도 요청이 있더라도 미 정부대표가 출석하여 1차 조사가 완료될 때까지 형사소송법상 체포 가능시한 내에서 경찰이 신병구금할 수 있고, 미 정부대표의 출석이 지연될 경우 필요에 따라 경찰서 유치장에 입감도 가능해졌다. 하지만 살인미수 범죄가 주요 12개 범죄유형에 포함되지 않아 미군 측에 신병을 인도하고 있다.

(4) 강·절도 사례

【강도사례】

> 2014.8.2. 01:40경, 경기 양주시 평화로 '덕정사거리'에서 피해자의 택시가 오토바이와 교통사고가 발생하여 사고처리를 하자, 승객으로 탑승하고 있던 피의자 야○○(미8군 캠프잭슨 분대장 교육대 소속)가 택시를 목적지까지 운행하지 않는다며 피해자에게 "FUCK YOU"라고 욕설을 하고 가슴을 밀치며 주먹으로 안면부를 1회 가격하는 등 폭력을 가해 피해자의 반항을 억압한 후 노상에 주차되어 있던 피해자의 택시에 탑승, 운행해서 도주함으로써 강취.

○ 초동조치 및 수사사항
- '14.8.2. 01:40경 112신고 접수 후 지구대·형사 현장출동, 피의자가 현장에서 도주함에 따라 관내 긴급배치, 택시 GPS 추적수사 및 택시 동보 발령 등 조치.
- 02:00경 현장 주변 수색 중 목격자 112 추가 신고로 피의자 발견, 긴급체포(당시 피의자는 혈중알코올농도 0.122% 상태)
- 02:40경 지구대에서 미군피의자 형사팀으로 신병인계
- 04:00경 피해자 조사, 목격자 상대 참고인 조사
- 10:00경 미 정부대표 출석(변호사가 동석하지 않아 진술을 할 수 없다며 진술 거부)
- 11:15경 미2사단 헌병대 측에 구금인수증 받고 신병인계(추후 미 정부대표 및 변호인 참석하에 피의자 신문 후 불구속 기소의견 송치)

○ 쟁점사항
본 사안은 죄질이 중하고(택시강도) 증거인멸의 염려가 있어 긴급체포(현장에서 피의자가 도주한 관계로 현행범체포는 불가)를 함으로써 적극적으로 신병확보를 해야 할 범죄에 해당하는 사안이다. 위 사례에서 보는 바와 같이 미 정부대표는 사건발생 후 8시간이 지나 경찰서로 출석하였고, 피의자는 변호사를 동석하지 않았다는 이유로 진술을 거부함으로써 신속한 피의자 신문조서 작성도 어려웠다. SOFA 사건발생 시 우리 경찰이 미 정부대표의 출석을 요구하면 1시간 이내에 출석하도록 되어 있으나(합의사항), 실제 미 정부대표의 1시

간 내 출석이 제대로 지켜지지 않아 수사에 어려움이 있다. 동 사안의 경우, 한국 경찰은 체포 시 계속 구금권 행사 전제조건 중 3항인 '증거인멸·도주 또는 피해자나 잠재적 증인의 생명·신체 또는 재산에 대한 가해가능성을 이유로 구속하여야 할 필요가 있는 때'에 해당 되기에 당연히 구금권을 행사하여야 한다. 하지만 한미 SOFA협정의 경찰 수사권을 제약하는 조항으로 미국 대표의 입회 없이 미군피의자의 예비수사, 수사 또는 재판진행을 불가능하게 하는 조항과, 변호사 부재 시 취득한 증언, 증거의 재판과정에서의 불사용 등으로 인해 초동수사에 제약을 받고 있다. 다시 말해 미국 대표의 참석 없는 피의자 또는 피고인의 진술이 법정에서 유죄증거 채택불가조항은 전반적으로 초동수사에 큰 장애가 되고 있으며 미군피의자가 이를 백분 악용하고 있고 미군 당국의 비협조로 인해 초동수사를 더욱 지연시키고 있다. 그러한 이유에서 한미 SOFA협정 개정을 통해 사건발생 이후 1시간 이내 미 정부당국자의 출동을 강제하는 장치가 필요하다. 위 사안은 '흉기 강도'로, 이는 12개 중요범죄에 해당함에도 미군 측에 신병인도한 사례다. 이러한 강력사건은 국민 공분을 야기할 수 있기에 향후 외교부 등 관계 기관과 협의하여 보다 적극적인 미 정부의 협조를 이끌어 내야 한다.

【특수절도 사례】

> 주한미군 제2사단 소속 K이병 등 1), 2), 3)피의자 3명은 2015.2.14 03:10경 서울 마포구 어울림마당로 65소재 "브랜드 뉴" 클럽 내에서 춤을 추며 피해자의 테이블에 접근해 같은 2)피의자와 3)피의자는 피해자 지인들의 몸을 밀치며 시야를 가리고, 1)피의자는 테이블 위에 있던 피해자 소유의 현금 10만원과 15만원 상당의 반지갑 1개, 카드 3장, 20만원 상당의 오토바이 키가 들어 있는 시가 20만 원 상당의 가방 1개를 절취함.

○ 초동조치 및 수사사항
  - 2015.2.14 03:10경 마포구 소재 홍대 클럽에서 혼란한 틈을 타 피해자 김○○의 가방을 합동으로 절취해 용산구 이태원에 소재한 패스트 푸드점에서 피해자의 카드로 37,800원 사용
  - 동일 03:35 도난당한 카드가 사용되었다는 112신고 접수 후 관할 지역파출소에서 출동
  - 동일 03:36 KFC 매장 내 종업원 등 탐문을 통해 피의자 인상착의 특정 후 매장내부 수색하여 피의자 3명 발견(범죄혐의 확인하는 과정에서 카드사용 시간이 2시간 정도 경과, 현행범 체포하지 않고 피의자 임의동행), 미 MP를 통해 피의자 인적사항 확인 후 귀가조치 및 사건서류 형사과 인계

- 2015.3.12 미 정부대표 출석, 피의자 신문조서 작성, 특수절도 기소의견 송치

○ 쟁점사항

출동경찰관이 KFC 매장에서 훔친 카드를 사용한 피의자들을 적극적으로 탐문하여 신병 확보하였고, 이 과정에서 신분을 밝히지 않는 피의자들을 출입국사무소(유선 확인), KICS 외국인 조회 등을 이용해 주한미군임을 확인하고 인근 순찰중인 미 헌병대에 연락해 동 소속임을 재확인하는 등의 초동조치(주한미군 헌병대 이태원역 일대 23:00~05:00 순찰중)는 대체적으로 잘 되었다.

일반적으로 미군의 범죄 중 많은 부분을 차지하고 있는 것은 살인, 강간, 방화가 아니라 절도와 폭력 등이다. 물론 사회적 이슈가 되는 범죄들이 대부분 살인이나 강간과 같은 흉악 범죄이지만 실제 국민생활과 밀접한 관련이 있는 범죄는 절도나 폭행·상해 등의 민생관련 범죄라고 볼 수 있다. 해당 범죄에 대해 우리 경찰에서 기소 이후에도 신병을 확보할 수 없다면 사법 당국에 대한 우리 국민의 상실감이나 피로도는 증가할 수밖에 없다. 그러한 이유에서 모든 범죄에 대해 기소 시에 신병을 인도하도록 하고, 두 가지 전제조건, 즉 한국이 1차적 재판권을 가질 것과, 12개 범죄에 한정한 점을 삭제해야 하며, 미군 피의자 신병인도 시점을 앞당겨야 한다. 경찰의 SOFA 사건 매뉴얼에는 현행범 체포와 관련한 내용만 하달되어 있으며 이와 같이 임의동행 시 지침은 없어 일선에서는 현장에서 귀가조치를 할 수밖에 없는 실정이다.

(5) 폭행 사례

【미군자녀 특수폭행 사례】

피의자 PRICE NICHO○○○(16세, 남, 미군자녀, 서울아메리칸고 1년), 쉰(이하불상, 미검거)은 2017.3.12.(일) 01:27경 서울 마포구 서교동 364−31호 노상에서 닭꼬치 대금 50,000원을 요구한 피해자(50세, 남, 케밥 노점상)를 뒤에서 머리를 때리고 허벅지·무릎 등을 주먹으로 수회 폭행 후 도주, 피의자 PRICE NICHO○○○은 같은 날 03:40경 피해자를 다시 찾아가 대금을 돌려줄 것을 요구하며 밀치는 등 폭행.

○ 초동조치 및 수사사항
- 2017.3.12. 03:45경 홍익지구대로 112신고 접수, 피의자1) 현행범으로 체포,
- 동일 06:50경 여청수사팀에서 인계받아 06:55 미정부대표 출석 요구
- 동일 10:20경 미 정부대표 및 母 도착, 조사시작
- 동일 12:45경 조사완료 후 신병인계(112신고 접수 후 현장 경찰관은 곧바로 범행장소 CCTV 수집, 증거자료 확보 및 미검거자 신원확인 수사 실시)

【미군자녀 3명 공동폭행 사례】

> 　피의자 PRI○○ CON○○○(16세, 남, 母 미8군 G1DHRN 인사부 계급, 소령), YI GR○○○ YOU○○(16세, 남, 父, 미8군 35디펜스 공중방어, 계급 중사), FLO○○ MIG○○(17세, 남, 父 미8군 411계약사단, 계급 소령)들은 2017.5.23. 02:10경 서울 마포구 와우산로 21길 '홍익어린이공원' 앞에서 내국인 1)피해자 한○중, 2)피해자 이○이에게 어깨를 부딪치며 시비를 걸고, 안면을 가격하여 이가 부러지게 하는 등 폭행을 가한 후 도주하고, 곧이어 동일 03:08경 어울마당로 88 앞에서 지나가는 3)피해자 김○록을 이유 없이 주먹으로 안면을 가격하고 넘어진 피해자를 발로 밟고 차 코뼈가 부러지는 등 폭행을 가하였으며, 이를 보고 말리던 피해자 유○4)의 턱, 가슴, 목 등을 수회 가격하여 폭행함.

　○ 초동조치 및 수사사항
　　− 동일 03:10 다수 112신고 접수, 홍익지구대 지역경찰관 3명 현장출동
　　− 동일 03:20 현장에서 도주한 피의자들을 추격하여 검거
　　− 동일 04:50 사건일체 마포 여청수사계 인계
　　− 동일 09:00 미 정부대표 참여하에 조사 시작
　　− 동일 16:40 피의자 모두 조사종료 후 미군에 신병인계, 적용법조, 폭처법(공동폭행), 불구속상태로 조사
　○ 쟁점사항

　한미 SOFA협정상 '미 정부대표 출석요구 시 1시간 내 출석'에도 불구 실무상 미 정부대표는 10시간 후에 출석하는 등 지연되는 사례가 허다하다. 위 사안도 중요 12개 범죄에 해당되지 않아 그대로 미 헌병대에 신병인계했다. 이와 같이 폭행을 당해 이빨이 부러지고 코뼈를 다치는 등 신체적 고통을 당하거나, 절도 및 재물손괴 등으로 경제적 피해를 당해도 일반 서민들은 대부분 피해보상도 받지 못하고 있는 실정이다.

5. 쟁점사항 해결방안

　조약이란 국제법 주체들이 법적 구속력을 받도록 체결한 국제법의 규율을 받는 국제협정이다.[61] 우리나라 외교부는 지난 2002년 2월 제2차 주한미주둔군지위협정이 개정된 이후 북미3과에서 제작 배포한 "알기 쉬운 SOFA 해설"에서 미국이 전 세계 80여 개국과 맺고 있는 SOFA 중에서 가장 앞선 내용으로 알려진 미·일 및 미·독 SOFA와 비교하더라

---

61) 류병운, 『국제법(제3판)』, 형설출판사, 2016, p.78.

도 한·미 SOFA는 전반적으로 대등한 수준이라고 주장했다.[62] 이는 우리 정부가 SOFA 사건을 보는 시각의 단적인 예로, 주한미군범죄에 소극적으로 대처하고 있다는 증거이기도 하다. 이에 반해 일부 시민단체는 한미협정의 전체개정을 통해 미·일 SOFA 또는 미·독 SOFA 수준으로 재개정하자는 움직임도 있다. 하지만 본 논문에서는 한·미 역학관계를 고려하여 단번에 한미행정협정을 개정하기는 어려울 것으로 판단한다. 이에 본 저자는 경찰의 초동조치에서 나타나는 쟁점들을 사례별로 분석하였고 SOFA 사건 초동조치 대응전략 관점에서 그에 대한 해결방안을 제시하고자 한다.

첫째, SOFA 사건발생 즉시 경찰의 긴급배치 발령 및 미 대표의 피의자 조사 시 관여 배제 방안이 요구된다. SOFA 강력사건 발생 시 경찰은 범행현장 부근 미군부대로의 복귀로 및 미군게이트 주변에 경찰관 긴급배치를 발령하고 피의자가 부대복귀 전 체포될 수 있도록 만전을 기해야 한다. 미군이 부대 내로 복귀해버리면 현 한미행정협정 체제에서 미군 당국으로부터 신병인도받기가 어렵기 때문이다. 그리고 미군 피의자를 체포하여 조사할 때 미 대표는 조사에서 배제되어야 한다. 현행 협정체제하에 미 대표는 조사 시 배석할 권리가 있어 피의자가 미 정부대표의 눈치를 보며 진술하거나 사건에 대해 상호 의사소통을 하는 경우가 허다하다. 그러한 이유에서 미국대표의 참여 없는 피의자 또는 피고인 진술이 법정에서 유죄증거채택 불가능한 조항이 개정되어야 한다. 미·일 SOFA, 미·독 SOFA, 나토 SOFA 등은 모두 신문조서의 증거능력을 인정하고 있으나 한미 SOFA만 부정하고 있다.[63]

둘째, 한미 SOFA협정 개선안('12.5.23)이 시행됨에 따라 신병인수 후 '24시간 내 기소의무'조항이 삭제되었고 기존에 불가피하게 검찰에 불구속 송치하고 검찰에서 구속영장을 청구 집행하던 관행이 개선되었다. 따라서 사안이 중대하고 구속의 필요성이 있는 경우 SOFA 대상자에 대해 송치 전 수사단계에서 적극적으로 구속영장을 신청하는 등 현장 출동 단계에서 경찰이 주도적으로 수사를 진행해야 한다. 이를 위해 기소 전 구금 요건에 있어 미군이 현행범일 경우 구금가능 한 대상범죄(중요 12개 범죄)유형을 제한하는 규정과 계속구금의 전제조건 네 가지는 삭제되어야 한다. 또한 경찰의 수사단계에서 중요 12개 범죄유형 이외의 사건일지라도 사안이 중대하고 구속의 필요성이 있는 경우, 더구나 피의자가 증거를 인멸하였고 인멸할 가능성이 있거나, 도주할 가능성이 있거나, 피해자·잠재적 증인 또는 그들 가족의 생명·신체 또는 재산에 해를 가할 우려가 있다고 의심할 합리적인 근거

---

62) "알기 쉬운 SOFA 해설" 외교통상부 북미3과(2002).

63) 이장희, 『한미주둔군지위협정(SOFA) 범죄에 대한 경찰 초동수사 개선방안』, 아시아사회과학연구원, 2007, pp.53~55.

가 있는 경우 기소 시 또는 그 이후라도 미군으로부터 신병을 인도받아 구속이 가능하도록 적극적으로 영장을 신청해야 한다. 그리고 초동수사 현장에 피해자 및 그 가족이 추천하는 인사의 참가가 제대로 이루어져야 하며 미군 당국의 협조도 보장되도록 명문화하여야 한다.

셋째, 인적대상의 범위를 축소하여 협정대상자의 범위를 '미국의 군법에 복종하는 모든 자'로 한정하여 기타 친척이나 가족, 초청계약자를 적용대상에서 제외해야 한다.64) 즉 신병인도조항, 피고인의 권리조항, 형 집행 시 구금인도 조항의 인적대상 범위에서 '군속, 그 가족, 초청계약자' 포함은 부당하므로 배제하여야 한다. 위에서 열거한 범죄유형 사례에서 확인하였듯이 SOFA범죄에서 피의자의 상당부분이 군속이나 가족, 초청계약자이다. 그러하기에 SOFA 대상자의 범위를 축소하여 '군법으로 다스릴 수 있는 자'로 한정하여야 한다.

넷째, 대한민국 당국과 미군 당국이 수사협조에 대한 구체적 내용을 마련하여 경찰의 초동수사를 보다 효과적으로 실행 할 수 있도록 모든 범죄발생 시 상호 통보하도록 의무화해야 한다. 그리고 미군이 범죄와 관련된 군속이나 미군가족 등 민간인을 체포하였을 때 우리 측에 인도하여야 하고, 경찰권행사에서도 우리 경찰이 미군시설 내에서 체포, 압수 수색 등 강제권 행사할 수 있도록 미·일 SOFA의 수준으로 개정하여야 한다. 또한 불필요한 미군 피의자 및 피고인의 권리 조항을 폐지하여 공권력의 신뢰를 확보하여 내국인과의 역차별도 개선해야 할 점이다.

그 외에도 검사의 상소권 및 법관의 양형판단을 제한하는 문제, 공판절차의 정지와 관련한 문제, 증거법과 관련한 증거능력을 제한하는 문제 등이 있지만 본 교재에서 다루는 외사경찰과의 내용과 거리가 있어 깊이 있게 분석하지 않았다. 위 사례에서 검토해 보았듯이 주한미주둔군지위협정에서 나타난 경찰의 초동수사를 제약하는 조항들을 살펴보았다. 경찰의 초동수사를 저해하는 여러 쟁점사항인 협정조항들이 개정되면 공소제기 단계와 재판과정에서 야기되는 많은 문제들은 자연스럽게 해소될 수 있을 것이다.

---

64) NATO소파의 경우 배우자와 부양을 받고 있는 자로 한정되어 있고, 미일소파의 경우 가족의 범위에 처음부터 '기타 친척'은 제외되고 있다.

CHAPTER 04

외사보안활동과 대테러

제1절 외사보안활동의 개념과 유형

1. 외사보안활동의 정의

(1) 외사보안활동의 개념

외사보안활동이란 외국인, 외국기관·단체, 해외교포 등을 상대로 산업스파이 행위 등 반국가적 행위 여부를 파악하고 관찰하는 활동을 말하며, 국제테러단체와 그 조직원의 동향을 파악하고 대책을 수립하는 활동 등이 포함된다. 국제화·개방화에 따른 출·입국자의 증가와 범죄의 탈국경화 현상은 일반 외국인 형사범의 증가뿐만 아니라 외국인 산업스파이나 국제테러단체 조직원 등 외국인 불순분자의 국내 잠입활동 가능성을 초래하고 있다. 특히 자유무역을 근간으로 한 경제우선정책의 국제질서 속에서 국가의 첨단산업기술과 기업비밀을 빼내려는 산업스파이의 활동가능성이 고조되고 있어 외사보안활동의 중요성이 더욱 커지고 있다.

(2) 외사보안활동 유형

외사보안활동은 크게 외사관찰대상자를 대상으로 이들의 동향을 관찰하는 외사동향관찰업무, 외국인 신원조사, 외사관찰대상자 중 산업스파이 등 국가안전보장상 위해가능성이 있다고 의심되는 자에 대하여 집중적이고 세부적으로 동향을 관찰하고, 혐의가 드러나는 경우 이들을 검거하기 위한 외사방첩업무, 국제행사나 외국귀빈 등에 대한 위해를 방지하고 국제테러단체와 그 조직원의 활동으로부터 사회공공의 안녕과 질서를 유지하기 위한 외사보안업무(대테러업무) 등으로 나누어 볼 수 있다.

1) 외사 신원조사 업무

① **관련 근거**

○ 보안업무규정(대통령령 26140호) 33조(신원조사)

○ 보안업무규정 시행규칙(대통령 훈령 341호) 54조(신원조사)

○ 외사관계신원조사 업무처리규칙(경찰청 예규 제364호)

○ 신원조사 업무처리규칙(경찰청 예규 제428호)

② **대 상**

내국인	• 미군사 채용을 위해 요청하는 경우 • 주한 외국공관장이 업무상 요청하는 경우
재외교민	• 해외체류자가 여권발급을 신청한 경우(외교부 요청) • 범죄경력 증명서 발급 요청자
외국인	• 국적취득 심사대상자(법무부 요청) • 체한경력 외국인이 범죄경력증명서 발급 요청시 • 주한 외국공관장이 업무상 요청한 체한경력 외국인 • 중앙부처장이 채용을 위해 요청한 체한경력 외국인
기타	• 대통령 행사 참석 예정자(대통령 경호실 요청)

2. 외사동향관찰

(1) 외사동향관찰의 의의

외사동향관찰이라 함은 국가의 안전과 사회공공의 안녕·질서를 유지하기 위해 국내에 체류하는 외국인·외국기관·단체 또는 이들과 연계된 내국인 등이 국가기밀이나 첨단 산업 분야 기술 등을 불법으로 탐지하여 자국 또는 제3국에 유출하거나, 국내에 잠입하여 활동을 기도하는 간첩, 국제테러단체 조직원 등 각종 신원특이자의 국내 잠입과 활동을 차단하기 위해 이들의 입국·체류·출국시까지의 동향을 관찰하는 외사경찰의 활동을 말한다. 위해도에 따라 (가), (나), (다)급으로 분류한다.

(2) 근거

외사동향관찰활동은 '외사대상자 첩보수집 등에 관한 규칙'등 엄격한 근거에 의해 실시되어야 한다.

(3) 대상자

외사동향관찰대상자에는 국제테러조직원 및 테러용의자, 외국의 정보기관에 소속된 자 또는 이에 포섭된 자, 국가기밀 또는 첨단산업분야 기밀 등을 탐지·해외유출할 가능성 있는 내·외국인 및 정보활동 혐의 있는 외국인 등으로 분류된다.

(4) 외빈경호·국제행사 외사보안활동

1) 경호 대상 외빈의 신변안전 확보 및 국제행사의 원활한 개최를 위하여 위해자료수 집 및 행사장·숙소에 대한 외사보안활동 전개(경호규칙, 경찰청훈령 제393호) 등
2) 대테러관련 자료수집, 신원특이 외국인에 대한 동향파악 및 경호실경호안전대책위 원회 실무회의 참석
3) 행사기간 중 테러 등 경호위해자료가 입수되는 경우나, 외사동향관찰대상자 중 위 해도가 높은 외국인에 대하여 관찰한다.

제2절 대(對) 테러업무

1. 테러의 정의 및 유형

(1) 테러의 개념과 유래

테러는(Terror)라는 말은 라틴어의 '커다란 공포'나 '죽음의 심리상태'를 뜻하는 'terrere'에서 유래되었다. 미국 연방수사국(FBI)의 정의에 의하면 '테러란 정치적·사회적 목적을 가진 개인이나 집단이 추구하는 목적을 달성하거나 상징적인 효과를 얻고자 정부나 시민, 특정 단체들을 협박하거나 강요하는 계획된 불법행위로 규정하고 있으며, 우리나라의 "국가대테러활동지침(제337호)에서도 미국 연방수사국의 정의를 그대로 적용하고 있다.[1]

---

1) 1970~1980년대를 '테러의 시대(The Age of Terror)'라 불렀을 정도로 당시 테러문제는 국제적인 난제(難題)였으며 이러한 양상은 오늘날까지 이어지고 있다. 그러나 테러리즘이 무엇인가에 관한 개념정의는 명확하지 않다. 미국 연방수사국(FBI)은 테러리즘에 대해 "정치적, 종교적 또는 사회적인 목적을 달성하기 위하여 사람이나 물건에 대해 불법적인 방법으로 폭력을 행사함으로써 정부나 민간인 기타 관련자들로 하여금 목적달성에 필요한 행위를 하도록 협박하거나 강제하는 행위(The unlawful use of force or violence against persons or property to intimidate or coerce a government, civilian populations, or any segment thereof, in furtherance of political, religious or social goals)"로 정의하고 있다. 우리나라에서도 학계나 전문가 사이에

외사 대테러업무는 테러리즘으로부터 국가의 안전과 사회공공의 안녕·질서를 유지하기 위해 국제테러조직과 그들의 활동에 관한 정보를 수집하여 테러조직원의 국내잠입과 활동을 미연에 방지하며, 국제테러조직에 의한 테러사건 발생 시 정보를 지원하고, 인질협상 실무요원과 인질협상통역요원을 교육하여 외국인에 의한 인질사건 발생 시 협상을 지원하는 외사경찰의 활동이다. 국제화 추세 속에 국가관계가 밀접해 짐에 따라 국가와 단체 간의 이해대립, 이념상의 충돌, 추구하는 목적의 차이 등으로 인해 갈등이 빚어질 가능성이 증가하고 있으며, 개방화에 따른 인적·물적 교류의 증가는 테러단체의 활동영역을 한층 더 넓게 할 가능성이 높다. 테러분자들이 문제해결 또는 불만해소 수단으로 테러를 자행하는 이유는 최소비용으로 목적 달성률이 높을 뿐만 아니라, 그 위력에 있어 전쟁 못지않은 효과를 가져 오기 때문이다. 특히 냉전 이후 소수민족의 분리 독립운동, 종교·종파 간 테러와 국제범죄조직에 의한 테러가 더욱 기승을 부리고 있어 이에 대한 대책을 마련하는 것은 외사보안활동의 중요한 분야이다.

(2) 테러의 변천과 활동유형

테러조직은 역사적·정치적·이념적·사회적 환경에 따라 생성되었다가 상황변화에 따라 약화, 소멸, 진화, 새로운 테러조직의 출현 등 지속적으로 변화를 거듭하기 때문에 테러를 '시대의 거울'이라고 표현할 정도로 테러리즘은 정치적 산물인 동시에 시대적 상황을 반영하는 특성을 지니고 있다. 테러리즘은 18세기말 프랑스 혁명에서 시작한 이래 항공운송 분야에서 1931년 페루의 혁명가들이 미국 팬암 항공사의 우편물 수송 항공기를 공격하여 우편물을 낙하시킨 테러가 있었으며, 그 후 시대적 상황에 따라 테러리즘의 조직목적과 활동이 변화하였다.

그 변천과정을 보면,

첫째, 1960년대 월남전을 반대하는 운동이 확산되면서 극좌세력인 서독적군파, 이탈리아 붉은 여단, 일본 적군파 등과, 팔레스타인 해방기구 등 테러조직 활동이 유럽과 중남

테러리즘에 대한 합의된 정의가 없고, 대통령 훈령 제47호에서 '국제테러란 국가이익과 국민에 대하여 국제테러분자들이 각종 목적을 위하여 국내·외에서 불법적으로 자행하는 행위'라고 규정하고 있으나, 이는 국제테러분자들의 불법적 행위는 곧 국제테러인 것으로 되어 국제테러=국제테러분자의 행위라는 논리적 반복이다.

테러리즘에 대한 연구와 국가정책적인 대비를 위해서는 나름대로의 정의가 있어야 한다. FBI의 개념정의를 토대로 테러리즘의 개념요소를 들면 다음과 같다. 첫째, 정치적, 종교적 또는 사회적 목적달성을 위한 수단이다. 둘째, 사람이나 물건 등 테러의 대상에는 제한이 없다. 셋째, 정부나 민간인, 기타 관련자 등으로 하여금 목적달성에 필요한 행위를 하도록 위협하거나 강요한다. 넷째, 불법인 폭력을 사용한다. 다섯째, 조직적이고 계획적인 활동의 경향을 보인다.

미 지역으로 확산되었고, 소련을 중심으로 한 공산주의의 몰락과 함께 사라지다가 리비아를 중심으로 한 아랍권의 정치적·종교적 과격 테러조직의 활동과 더불어 서서히 증가하기 시작했다.

둘째, 1990년 8월 이라크가 쿠웨이트를 침공하여 걸프전이 발생함에 따라 PLO를 비롯한 반미성향의 테러조직들이 이라크를 지지하자 아랍권의 테러조직들은 사우디아라비아와 쿠웨이트 등 친미 산유국으로부터 테러자금유입이 중단되어 아랍권의 테러조직은 약화되었다. 그러나 공산주의 몰락과 동서 간 이념대립이 종식되고 세계경제질서가 재편된 후에는 미국의 정책에 반대하는 빈 라덴을 중심으로 한 이슬람 과격테러 연합조직인 알카에다 테러조직이 출현했다.

셋째, 2001년 9월 11일 반미 테러조직인 알카에다에 의해 미국 뉴욕과 워싱턴에서 발생한 9.11테러와 같은 새로운 형태의 테러행위가 발생했다. 9.11테러는 항공기를 테러무기로 사용하여 자살폭탄테러를 감행한 사건으로, 국가를 초월한 테러집단이 한 국가를 상대로 치밀한 계획아래 감행된 사건이었다.

최근 들어 과거 테러조직 알카에다의 분파로 시작한 극단주의 무장단체가 이슬람국가(IS)를 선포한 지 1년만에 전 세계를 위협하는 범대륙 테러 국가로 성장했다 그들의 성장 이면에는 SNS라는 강력한 네트워크도 큰 역할을 했다. 특히 2015년 11월 13일 파리연쇄자살테러는 그 존재감을 전 세계에 각인시켰고, IS는 이슬람 내 시아파 등과의 전면전을 내세우며 출범했지만 종파를 가리지 않고 세력 확장에 방해가 되면 무차별 공격하는 잔혹성을 드러내고 있다.

(3) 국제 테러조직 국내활동 동향 및 조치

1) 극단주의 테러단체 적색수배자 강제퇴거 및 국내 테러 동향

2017년 인도네시아 극단주의 테러단체 '이슬람수호전선' 한국지부 설립을 추진한 인도네시아인(10명)과, 테러 연계로 적색수배 된 우즈베키스탄인 등 16명을 강제 퇴거2)한 이후 유사한 혐의로 적발된 인원이 약 70명을 넘어섰다.

관련 사례를 보면, 2016년도에 '테러방지법'을 제정한 이후 2018년에 들어 처음으로 동 법을 위반한 시리아인 A씨(33)를 구속하였다. 그는 경기도 일대의 폐차장에서 일을 하

---

2) 2018 치안전망, 경찰대학 치안정책연구소.

　'15년 12월 (아산) 북한산에서 테러단체(알누스라 전선) 깃발을 흔든 인니人 검거(강제퇴거)

　'16년 6월 (용산) 아국인에게 ISIS 가입 선동 및 온라인으로 테러전투원을 소개해준 우즈벡人 2명(강제퇴거)

　'17년 6월 (김해) 테러단체(타비드바 지하드) 추종 우즈벡人 5명(강제퇴거)

면서 외국인 노동자들에게 수니파 극단주의 테러조직인 IS의 홍보영상을 보여주며 가입을 권유하였고, 페이스북을 통해서 가입을 선동한 혐의로 경찰에 체포되었다. 이와 같이 2018년 상반기에 외국인 테러혐의자 6명을 추방하는 등 테러 위험이 점차 높아지고 있다고 볼 수 있다.

또한 아시아 출신의 FTF(Foreign Terrorist Fighter)[3]가 노동자·관광객·난민 등으로 국내에 위장 잠입하거나, 국내 이슬람 커뮤니티 내 IS 추종세력에 의한 테러발생 개연성도 있다. 국내 이슬람권 외국인(20만 명)이 인접 일본(9만여 명)에 비해 2배나 많은데다, 최근 테러단체 연계 혐의로 적발되는 국내 외국인들이 증가하고 있기 때문이다.

국제 테러분자의 입국 금지 현황을 살펴보면, 2015년 13,525명에서 3년만에 38,223명으로 24,698명(183.0%)이 증가하였다. 이는 같은 기간 전체 입국 금지사범이 40.0% 증가한 것에 비하면 4배 이상이 증가한 것으로, 2018년 3월 우즈베키스탄에서 외국 항공사를 통해 국내로 입국하려던 IS가담 전투요원이 탑승 거부되는 등 테러리스트 등의 인터폴 수배자 14명의 국내 입국이 사전 차단된 바 있다.[4]

외국인 입국금지 현황(단위, 명)

구분	계	출입국사범	형사범	국제테러분자	마약사범	관세범	전염병환자	기타
2015	140,952	99,667	7,662	13,525	2,401	83	91	17,523
2016	146,791	89,496	8,433	19,603	1,790	89	95	26,285
2017	173,165	94,768	8,831	13,023	3,241	102	136	35,061
2018.7	196,699	105,115	9,000	38,223	3,543	107	162	39,549
합계(비율)	656,607(100%)	389,046(59.3%)	33,926(5.2%)	102,377(16.0%)	11,975(1.8%)	381(0.1%)	484(0.1%)	118,418(18.0%)

출처: 국회 법사위 이은재 의원 공개 자료.

2) 국제 테러분자 입국대비

경찰청은 국제 테러분자 입국에 대비하고자 경기북부경찰특공대를 2017년도에 신설한 이후 대테러활동 보강에 주력하고 있다. 그리하여 불법무기를 이용한 테러 및 강력범죄

[3] 외국인테러전투원으로, ISIS가 전 세계 젊은이를 테러리스트로 모집하는 데서 생겨난 개념으로, 2014년에 채택된 유엔안보리에서 'FTF'를 테러를 자행·계획·준비·참여할 목적으로 자신의 국적국 외에 다른 나라로 이동하는 개인으로 규정하였다.
[4] 2019 치안전망, 경찰대학 치안정책연구소.

CHAPTER 04 외사보안활동과 대테러 **383**

가 발생하지 않도록 불법무기 신고포상금을 상향하였고, 사이버테러 전담조직을 10개 지방
경찰청에 신설하였으며, 화생방테러 전담인력을 확보5)하는 등 전문성을 높여 테러취약시
설 지도와 점검을 연중 실시하고 관계기관과의 합동훈련을 통해 유사시 대응능력을 향상시
키고 있다.

3) 국제 테러위험인물 유입 및 온라인 테러리즘 확산 차단

경찰청은 인터폴 등과 공조하여 2017년 국외 테러위험인물 16,580명을 입국 금지했
고, 사이버 모니터링을 통해 테러 연관 게시물 6,389건을 삭제했다.6)

(4) 테러리즘의 유형

1) 이데올로기적 테러리즘

테러의 목적이 특정 이데올로기를 고수, 확산, 관철시키는데 있으며, 크게 좌익테러
리즘과 우익테러리즘으로 구분된다. 좌익테러리즘에는 혁명주의(Revolutionism), 막스주
의(Marxism), 신막스주의(Neo-Marxism), 트로츠키즘, 모택동주의(Maoism), 무정부주의
(Anarchism) 등이 있고, 우익테러리즘에는 인종주의(Racism)를 비롯해 파시스트주의
(Fascism), 신파시스트주의(Neo-Fascism), 신나치주의(Neo-Nazism) 등을 들 수 있다.

2) 민족주의적 테러리즘

민족주의적 테러리즘은 민족공동체를 기반으로 해서 특정 지역의 독립이나 자율을 목
적으로 한 테러리즘이다. 민족주의적 테러리즘의 발생경향은 두 가지로 구분된다.

첫째, 다민족이 특정 이념과 체제를 표방하는 단일국가에 포함되어 있는 경우 국가의
사회 통제력이 강할 때는 민족 간 갈등이 표면화되지 못하고 잠재적 갈등요인으로 존재하
다가 체제의 이완이 나타나면서 민족 간 갈등이 불거져 테러리즘 화하는 경우7)이고,

둘째, 동일한 민족이 서로 다른 두 개의 국가나 체제로 분리되어 있다가 새롭게 하나
의 국가체제로 통합하는 과정에서 그동안 분리되어 존재하던 민족 지도층들이 헤게모니를
장악하기 위한 방법의 하나로 테러리즘을 사용하는 경우8)이다.

---

5) 경찰청은 화생방분야 일반직 임기제 공무원 23명을 4월과 10월에 선발하였고, 경찰견 위생관리
   를 위해 추가로 인력을 선발하였다.
6) 테러위험인물 입국금지 : '16년 6,092명 ⇒ '17년 16,580명(170%↑),
   사이버모니터링 : '15년 296건 ⇒ '16년 1,231건(315%↑) ⇒ '17년 11월 6,389건(520%↑)
7) 대표적인 경우로 구소련해체 후 각 연방의 분리 독립과정에서 나타난 테러사건 등을 들 수 있다.
8) 아프가니스탄 독립 후 각 파벌들 간의 분쟁이 대표적인 경우이다.

3) 국가 테러리즘

국가 테러리즘이란 특정 국가의 영향력을 증대시키기 위해 개인이나 조직이 아니라 국가자체가 테러의 주체가 되는 경우를 말한다. 미 국무부로부터 테러지원국가로 지목받은 국가[9] 등이 여기에 속한다.

4) 간헐성(間歇性) 테러리즘

위의 세 가지 테러리즘 유형이 일정 기간 동안 계획적·조직적·지속적으로 테러행위를 반복하는 것이라고 한다면, 테러행위 중에는 비교적 단기간에 걸쳐 특정한 목적달성을 위해 일회성 또는 소수에 걸쳐 간헐적·비조직적으로 자행되는 테러행위도 있다.

(5) 항공기 테러

국제화가 가속화됨에 따라 빈번한 항공기 이용이 필수 불가결한 수단으로 등장하고, 수천 명이 이용하는 항공기에 대한 공격은 테러의 유형 중 가장 심각한 양상을 띠고 있다. 국제항공 노선의 경우 국적이 다른 수많은 이용객을 수송하고 있어 항공기 납치 및 억류 폭파 시 정치·경제적 파급효과가 극대화된다.

항공기에 대한 테러는 크게 항공기 납치(Aircraft Hijacking), 공중폭파(Sabotage Bombing of Airborne Aircraft), 공항시설과 항공기 이용객에 대한 공격(Attack against Airline facilities and Their Users) 등 세 가지의 형태로 자행되고 있다. 특히 공중납치의 경우 9.11테러사건과 같이 납치된 비행기를 이용한 제2, 제3의 테러가 이어질 수 있다는 심각한 문제점을 가지고 있으며 그에 대한 예방과 유사시 대처가 어렵다는 이중의 어려움이 있다.

1) 항공기 납치

항공기 테러가 본격적으로 국제화된 것은 1960년 중반 이후 점차 테러리스트 단체들이 항공기 납치를 그들의 정치적 목적을 달성하기 위한 수단으로 이용하면서 등장해 1968~1972년 사이 절정에 도달했으며, 1969년 한해만 해도 85건이 발생하여 매주 2번 이상 납치가 발생한 것으로 나타났다.

2) 항공기 공중폭파

항공기 납치는 국제사회의 항공기와 공항에 대한 보안시설의 강화와 대테러 정책의 추진으로 점차 감소하였으나 비행 중인 항공기에 대한 공중폭파의 증가로 이어지고 있다.

---

9) 2018년 현재 이란, 수단, 시리아, 북한 등 4개국이 테러지원국으로 분류되었고, 리비아, 이라크, 남예멘, 쿠바 등은 제외되었다.

그리고 항공기 공중폭파 사건은 항공기 납치사건과 비교해 볼 때 발생 빈도수가 낮지만, 항공기가 수천 미터 상공을 비행 중일 때 폭발물이 터지도록 장치됨으로써 일단 성공하면 막대한 인명피해를 초래, 어떤 형태의 테러보다 더욱 위협적이다.[10]

3) 항공시설과 승객에 대한 공격

민간항공 역사상 가장 심각한 항공시설 및 이용객에 대한 공격은 1972년 이스라엘의 로드 공항(Lod Airport)에서 발생한 에어프랑스(Air France) 항공기에 대한 공격 사건이다. 에어프랑스 항공기편으로 이스라엘에 도착하여 입국수속을 받기 위해 터미널을 빠져나오는 승객들을 향해 3명의 일본 적군파(Japanese Red Army-JRA) 소속 테러리스트들이 수류탄과 자동소총으로 무차별 공격을 가했다. 이 사건으로 성지순례 중이던 푸에르토리코인들을 포함한 28명이 사망하고 70여 명이 부상했다. 이 사건은 전형적인 대리 테러로, 이러한 형태의 공격은 테러리스트 단체들 간의 교류가 빈번해짐으로써 자주 발생하고 있다.

(6) 국제 테러조직

1) 아시아지역

① 일본 : 적군파(赤軍派, JRA: The Japanese Red Army)[11], 옴진리교(眞理敎)[12]

② 필리핀 : 아부사야프 그룹(ASG, 이슬람정치조직)

③ 파키스탄 : 하라카트 울 안사르(HUA, 파키스탄 이슬람 테러조직)

④ 스리랑카 : 타밀엘람 해방호랑이단(LTTE, 스리랑카 북동부 소수민족 해방 기구)

2) 중동지역

① 팔레스타인

　　○ 아부니달 기구(Abu Nidal Organiztion)

---

10) '87.11.29 바그다드에서 서울로 가던 대한항공 858편 보잉 707기가 미얀마 근해에서 북한공작원(김현희)에 의하여 공중폭파(컴포지션 C-4 사용) 사례가 국내 대표적 사례이다(컴포지션 C-4는 TNT의 1.34배나 되는 고성능 폭약으로 단지 350그램으로 거대한 항공기를 휴지조각처럼 만들 수 있고 또한 가소성으로 형태변경이 용이하고 비금속성으로 금속탐지기로 검색이 불가능하다).

11) 1960년대 후반 월남전을 반대하는 학생시위에 편승하여 미·일 안보조약에 반대하는 시위를 통해 결성되었으며, 주일 미 대사관 점거, JAL727機 납치 등 테러활동을 벌인 바 있다. 경찰의 끈질긴 와해작전에 의하여 거의 와해되었으나 그 중 일부가 국외로 탈출하여 계속 활동 중이며, 팔레스타인 게릴라 등과 연합하여 '세계혁명 통일전선'을 구축한다는 목적하에 이스라엘의 시온주의(Zionism)을 세계제국주의로 규정하고 이스라엘에 타격을 줌으로써 세계의 반혁명과 투쟁한다는 주장을 표방하고 있다.

12) 사교(邪敎)단체로 지난 1995년 동경지하철 내 '사린'독가스살포사건을 자행한 바 있다.

○ 팔레스타인민주해방전선(DFLP)

○ 하마스(Hamas: 회교저항운동)

○ 팔레스타인 해방전선(PLF)

○ 팔레스타인 인민해방전선(PFLP)

○ 팔레스타인 인민해방전선 총사령부(PFLP – GC)

○ 검은 9월단(Black September)

② 레바논 : 헤즈볼라(Hezbollah)

③ 이란 : 무자헤딘 에 칼크(MEK)

④ 이집트 : 감마 이슬라미야(Gama Islamia), 회교 지하드(Islamic Jihad)

⑤ 이스라엘 : 카흐(KACH), 카하네 차이(KAHANE CHAI)

⑥ 알제리 : 무장회교그룹(GIS)

⑦ 이라크 : 알 – 카에다(Al – Qaida)

3) 유럽지역

① 스페인 : 바스크 조국해방군(ETA)

② 터키 : 쿠르드 노동자당(PKK), 혁명인민해방당(DHKP)

③ 그리스 : 인민혁명투쟁(ELA)

④ 독일 : 바더 – 마인호프단(團)

⑤ 북아일랜드 : 아일랜드 공화군(IRA)

4) 미주지역

① 칠레 : 마누엘 로드리게즈 애국전선(FPMR)

② 콜롬비아 : 콜롬비아 무장혁명군(FARC), 콜롬비아 민족해방군(ELN)

③ 페루 : 빛나는 길(SL), 투팍아마루 혁명운동(MRTA)

④ 아르헨티나 : 아르헨티나 인민혁명군(ERP)

(7) 국제테러양상

2017년에는 총 58개국에서 1,978건의 테러가 발생하여 2016년도 1,533건 대비 30%가 증가하였고 사망자 수는 소폭 감소(8,356명 → 8,299명)하였다. 2017년 주요 국제테러 정세를 살펴보면,

첫째, 테러단체 ISIS의 쇠퇴이다. ISIS는 2014년 6월 국가 수립을 선포하고 시리아·이라크에서 파죽지세로 영토를 확장하여 한때 남한면적(100,210㎢)에 육박하는 약 9만㎢의

영토를 차지하는 등 석유판매·세금징수를 통해 안정적인 수입기반을 확보하였으나, 미국 주도 동맹국의 ISIS 격퇴 참여와 러시아의 시리아 내전 개입 등으로 세력이 약화되기 시작하여 2017년 10월 ISIS의 수도인 시리아 '락카'시가 최종 함락되기에 이르렀다. 하지만, 3~4만 명에 달하던 외국인 테러전투원(Foreign Terrorist Fighter: FTF)들이 본국으로 귀국하거나 제3국으로 이동하여 테러를 자행할 가능성이 있어 ISIS의 쇠퇴가 전 세계의 테러위협 감소로는 즉각적으로 이어지기는 힘들 것으로 보인다.

둘째, 테러 인명피해 발생국이 증가하였다. 테러가 중동·남아시아지역을 넘어 유럽·동남아 등지로 확산되는 등 세계 대부분 지역의 테러정세가 악화되었다. 특히 스페인·영국 등 테러가 장기간 발생하지 않던 서방국가에서 테러가 잇따라 발생하였는데 ISIS의 쇠락으로 조직에서 이탈한 대원들이 전 세계로 퍼져 나가고, ISIS 추종자들이 보복성 테러를 자행한 것이 테러발생국가 증가의 원인으로 분석된다. 2005년 지하철 연쇄 폭탄테러 이후 12년간 테러가 발생하지 않았던 영국에서 런던 국회의사당 인근 차량돌진테러, 맨체스터 공연장 폭탄테러, 런던 브릿지 차량돌진테러가 연쇄적으로 발생하였고, 지난 2004년 마드리드 기차테러 이후 장기간 테러가 발생하지 않던 스페인에서도 테러가 발생하였으며, 스웨덴·핀란드에서도 ISIS 추종자에 의한 테러가 발생하였다.

셋째, 테러양상의 변화가 두드러졌다. 제조와 설치가 어려운 폭발물의 사용이 줄어들고 차량·칼 등을 이용한 로테크(Low Tech) 테러와 일반시민을 대상으로 한 소프트타깃 테러가 증가하였다. 특히 차량을 이용해 행인을 향해 돌진하는 '차량돌진테러'가 빈발하였는데, 프랑스 니스 테러(2016년 7월, 사망 84명) 이후 독일(2016년, 사망 12명), 영국(2017년, 사망 5명), 스웨덴(2017년, 사망 4명), 스페인(2017년, 사망 13명) 등 유럽에서 연달아 발생한데 이어, 캐나다(2017년, 부상 5명), 미국(2017년, 사망 8명) 등 타 대륙에도 확산되었다. 이는 도구 반입·제조 과정이 없어 사전 발각될 우려가 적음에도 총기·폭발물 테러에 버금가는 다수의 인명피해를 야기할 수 있어 테러범들이 선호하고 있다.[13]

2. 대테러 협상요령

(1) 의의

국제 테러분자에 의한 인질테러사건의 경우 즉각적으로 특공대를 투입하여 사건을 해결하여야 할 경우도 있겠지만, 대부분의 경우 인질의 안전확보 등을 위해 테러범과의 협상

---

13) 경찰청, "경찰백서", 2018.

이 필요한 경우가 있다. 이 경우 국제 테러분자는 외국인일 경우가 많을 것이므로 외사요원이 협상에 임하거나 협상요원에 대한 정보제공, 통역제공 등의 역할을 수행하여야 한다.

(2) 인질협상의 기본원리

협상은 자신이 원하는 것을 상대방으로부터 얻어내기 위한 수단이며 인간은 무인도에서 혼자 살아가는 경우가 아닌 이상 누구나 일상생활에서 협상을 통해 살아간다. 협상은 일방적인 것이 아니라 상대적인 것으로서 자신이 가진 것과 상대방이 가진 것을 대화의 과정을 거쳐 만족할 만한 수준에서 서로 나눠 갖고자 하는 합의과정이다. 이와 같은 협상의 상대성은 인질테러사건의 경우에도 예외가 아니지만 인질테러사건에서의 협상은 '인질'이라는 특수한 대상을 놓고 지극히 감정적, 충동적, 범죄성을 지닌 '테러범'이라는 상대방과 벌이는 협상이라는 점에 특성이 있다. 일반적으로 인질테러사건의 초기과정에 테러범의 심리상태는 극히 비이성적이고 불안하여 극단적인 행동을 보이는 경우가 많다. 이러한 사실은 인질이 희생되는 대부분이 사건의 초기단계에서 발생한 것이라는 데서 알 수 있다. 그러므로 이와 같이 취약한 인질사건의 초기단계를 잘 넘기면 사건의 평화적 해결가능성은 커지게 되는데, 인질협상의 기본원리는 바로 이 '시간벌기'이며 나머지 협상과정은 시간벌기를 위한 수단에 불과하다.

(3) 인질협상의 등장

인질범죄에 관한 대응방법은 1972년 뮌헨 올림픽 인질사건을 계기로 크게 변화하였다. 그 이전까지의 인질사건 해결과정에서 협상은 부수적인 것이었고 대부분 특공대투입 등 무력을 사용하여 해결하는 것이 보통이었다. 그러나 1972년 뮌헨올림픽 기간 중 팔레스타인 테러범들이 선수촌을 습격하여 이스라엘 선수단 11명을 인질로 잡고 동료석방 등을 요구하였는데, 이에 대해 독일 경찰은 이들의 요구를 단호히 거부하고 특공대를 투입하여 결과적으로 1명의 경찰, 10명의 인질범 전원이 사망하였다. 뮌헨사건 이후로 각국의 경찰은 무력대응에 대신할 수 있는 새로운 협상기법을 모색하기 시작하였고 이러한 노력의 결과 나타난 것이 바로 인질협상기법(Hostage Negotiation Tactics)이다.

(4) 인질협상과정

통상 인질협상과정은 준비과정, 협상과정, 전술팀에 의한 무력진압 등으로 구분할 수 있으며, 이중 무력진압은 준비과정이나 협상과정 전후에 걸쳐 필요성 또는 급박성의 여부에 따라 언제든지 이루어질 수 있다.

1) 초동조치

① **격리와 고립**

인질사건의 초동조치로서 가장 중요한 것은 먼저 현장을 일반인, 보도진, 기타의 자들로부터 격리시키고 범인 및 인질을 일정한 장소에 고립시키는 것이다. 이 같은 격리와 고립을 통해 경찰은 다음 사항을 확보할 수 있다.

○ 범죄현장의 확산을 방지함으로써 피해를 최소화시킨다.

○ 범인의 도주를 방지한다.

○ 범죄현장주변 또는 기타 장소에 있을지도 모를 공범과 범인과의 연락을 차단한다.

○ 보도진 및 일반인의 현장접근을 차단함으로써 추가 인질발생을 방지하고 협상에 지장을 줄 수 있는 정보누출을 막는다.

○ 외부와 차단된 범인으로 하여금 심리적 압박감이 생기게 함으로써 협상을 유리하게 하는데 이용할 수 있다.

○ 지휘소, 통제소, 지원팀, 협상팀, 전술팀(특공대) 등 후속 관련팀의 편성과 배치를 용이하게 한다.

② **협상지휘소(協商指揮所, command post) 설치**

일단 현장이 고립, 차단되면 협상과 관련한 인적·물적 자원을 효율적으로 관리·통제하기 위해 지휘소를 설치하여야 한다. 지휘소 구성내용은 각 사건마다 다르지만 FBI 교안에 의하면 통상적으로 다음과 같은 구성이 필요하다.

○ 협상팀(negotiation unit): 팀장(negotiations team leader), 1차 협상요원(primary negotiator), 2차 협상요원(secondary negotiator), 정보지원요원(intelligence support), 전술지원요원(tactical team), 관련전문가(other experts) 등으로 협상팀을 구성한다.

○ 전술팀(tactical unit): 협상의 진행과정 전후에 걸쳐 필요에 따라 언제라도 전술적 공격을 시도할 수 있도록 특공대 등 전술팀을 배치, 관리한다.

○ 행정지원팀(administrative support): 인원, 장비의 지원을 담당한다.

○ 기타: 보도기관을 상대로 보도내용을 전달할 공보담당요원, 수사 및 증거수집 등을 담당할 수사팀, 정보수집 및 분석을 담당하는 정보팀 등의 배치와, 소방서, 전화국, 가스 및 전기회사, 행정관서 등의 지원팀도 필요에 따라 요청한다.

③ **정보분석**

협상을 진행하기 전에 범인 및 인질, 사건현장 등에 관하여 가능한 많은 정보를 입수·분석하여 협상에 충분히 이용할 수 있도록 하여야 한다.

2) 협상과정

① 협상개시 전 고려사항

○ 협상개시 시기와 시간: 초동조치 등이 완료된 상황하에서 가능한 빠른 시기를 선택하여 협상을 개시하며, 초조해진 인질범이 먼저 대화를 시작해 오기를 기다려서 협상을 개시하는 것이 바람직하다.

○ 통신(대화)수단: 대화수단에는 직접대화(face to face), 확성기사용, 메모, 전화 등이 있을 수 있으나 가장 바람직한 것은 인질협상을 위해 특별히 고안된 협상용 전화(hostage phone)를 사용하는 것이 좋다. 통신수단의 선정에는 협상자의 안전을 반드시 고려해야 한다.

○ 정보자료 확보 및 대화목록 준비: 대화개시 전 인질범과 인질, 현장 등에 관한 관련 자료를 충분히 확보하는 한편, 무엇에 관해 대화할 것인가에 관한 대화 포인트를 목록으로 만들어 대비한다.

○ 대화 장소의 선정: 대화가 용이하고 협상자의 안전이 보장되는 장소를 선택하여야 한다.

○ 요구사항 점검: 협상과정에서 인질범이 요구해 올 것으로 예상되는 사항을 미리 예측하고 수락가능한 요구사항을 선정함으로써 협상 시 당황하거나 불성실한 협상이라는 인식을 주지 않도록 하여야 한다. 통상 인질범이 요구해 올 것으로 예상할 수 있는 것으로는 음식(음료수), 의약품, 금품, 언론보도, 탈출을 위한 교통수단의 제공, 동료석방, 가족 등과의 면담 등이 있을 수 있다. 그러나 무기나 추가 인질, 술이나 마약류 등의 제공은 절대로 수락해서는 안 되는 요구사항이다.

② 협상자의 선정

가능한 숙련된 협상자를 선택하여야 하며 계급은 중간간부 정도로 하는 것이 바람직하다. 협상자가 최하위 계급일 경우 범인이 대화를 거부하거나 얕잡아 볼 우려가 있고, 고위간부인 경우 범인의 요구사항을 다른 핑계로 거부하기가 곤란할 우려가 있기 때문이다.

③ 협상개시

협상은 상대방과의 대화를 통해 공통분모를 찾아 문제를 해결하는 일련의 과정이며 이 과정에 관한 모범답안은 없다. 즉, 협상과정은 인질범의 특성, 협상자의 능력과 상황 등에 따라 천차만별이기 때문이다. 협상자는 때에 따라 상대방을 기만할 수도 있고 설득할 수도 있으며, 위협할 수도 있고 동정적이어야 할 수도 있다.

④ 대화요령

협상자는 침착하고 전문적인 태도로 협상을 개시한다. 협상과정은 긴장하고 흥분된 범인의 심리 및 사고 상태를 이성적으로 돌려 평화적으로 사태를 해결하려는 일련의 과정이라고 볼 때 전반적으로 다음과 같은 대화요령을 고려하여야 한다.

○ 초기단계에서 범인이 흥분해 있을 때는 감정적으로 대응하지 말고 욕설을 하거나 고함을 지르도록 내버려둠으로써 감정해소의 효과를 얻는다.

○ 범인의 감정변화에 유의하고 범인의 현재기분을 이해한다는 식으로 대화를 진행한다.

○ 범인과 가능한 말다툼(argument)하지 않는다.

○ 범인이 흥분해 있더라도 협상자는 차분한 어조로 대화한다.

○ "절대", "결코", "마지막" 등과 같은 극단적인 용어나 "인질", 테러범", "범인" 등과 같은 직설적인 표현을 자제한다.

○ 시간 벌기: 가능한 대화를 길게 이끌어 간다. 대화의 전 과정을 기록하여 나중에 범인이 이미 대화한 내용에 관해 기억이 없을 때 이를 상기시켜 줄 수 있도록 한다.

○ 신뢰구축: 범인의 대화내용을 경청하고 미묘한 범인의 감정변화도 이를 놓치지 말고 파악하여 대화에 이용한다. 범인의 요구사항은 빠뜨리지 말고 이에 대한 처리상황 및 결과를 알려준다. 성실하고 진지한 자세를 견지하여 신뢰를 구축한다.

⑤ **능동적 듣기요령**(active listening skills)[14]

협상의 진행과정은 결국 말하기와 듣기의 연속이다. 성공적인 협상을 위해 협상자의 말하는 요령이 중요하나, 인질협상과정에서는 통상 흥분한 범인이 인질의 안전을 담보로 대화의 주도권을 잡고 있는 경우가 많으므로 협상자의 듣기능력도 협상의 성공을 위해 더욱 중요하다. 그러므로 협상자는 단순히 듣기만 하는 것이 아니라 능동적 듣기 즉, 인질범으로 하여금 협상자가 그의 말을 듣고 있다는 것을 능동적으로 인식시켜줄 수 있도록 대화를 진행하여야 한다. 능동적 듣기에는 다음과 같은 요령이 있다.

○ 감정적시(emotion labeling): 범인의 현재감정을 적시해 줌으로써 협상자가 범행의 동기를 이해하고 있다는 인식을 갖게 한다.

○ 반복(paraphrasing): 범인이 방금 한 말을 조금 바꾸어서 다시 반복함으로써 경청하고 있음을 보여준다. 단순히 반복함에 그치지 않고 범인이 하는 말의 요점, 문제점, 모순점 등을 참고하여 그의 의도를 명확하게 물어보는 것을 포함한다.

○ 반사어구(mirroring/reflecting): 방금 범인이 한 말의 마지막 부분 또는 중요 부분만을 반복, 지적함으로써 대화의 중단을 막고 상대방의 다음 대화를 유도할 수 있다.

○ 효과적인 침묵(effective pause): 때로는 대화도중 잠시 대화를 중단하고 침묵을 지

---

14) Gary W. Noesner, 『Abnormal Psychology for Crisis Negotiations』' U.S. Department of Justice, FBI, 1994, p.3.

키는 것이 효과적일 수 있다. 즉, 방금 협상자가 중요한 말을 꺼냈을 때, 협상자가 중요한 사항에 관해 말하려고 할 때, 상대방이 협상자와 신경전을 벌이려 할 때 등의 경우 잠시 침묵을 지키는 것이 효과적이다. 대부분의 사람들은 대화중 상대방이 갑자기 침묵을 지키면 거북함을 느끼고 무슨 말이든지 해서 대화를 진행하려는 심리가 있기 때문이다.

○ 최소한의 격려표현(minimal encouragers): 대화도중 최소한의 격려표현, 예컨대 "언제이죠?(when?)", "그래서 어떻게 됐나요?(and what happened?)" 등의 표현이다.

○ 열린 질문(open-ended questions): "yes"나 "no"로 대답할 수 없는 질문을 열린 질문이라 하는데 흔히 의문사로 시작되는 질문을 말한다. 이와 같은 열린 질문을 통해 협상자는 범인의 대화를 길게 유도할 수 있고, 특정 사안에 관해 더 많은 배경지식을 알 수 있으며, 대화의 중단을 방지할 수 있다.

3) 협상 시 기타 고려사항

① 최종시한(最終時限, deadline)의 설정

인질범이 어떤 사항을 요구하면서 언제까지 이행하라는 시한을 제시하는 경우가 많다. 이 경우 요구사항을 들어줄 수 있는 사항이라면 문제가 되지 않겠으나 대부분 시한을 지켜 들어줄 수 없는 사항들이 많다. 이 경우 인질범을 자극하지 않고 시한을 넘기는 방안을 강구해야 하는데 다음의 요령으로 처리한다.

○ 시한이 임박했을 때 대화를 시작해서 인질범이 부지(不知)중에 시한을 넘겨 대화를 진행시킴으로써 시한을 넘기는 것이 대수롭지 않은 것임을 인식시킨다.

○ 대화도중 시한에 관한 언급을 회피함으로써 범인이 스스로 시간을 넘기도록 유도한다.

○ 필요한 경우 상황의 복잡성, 관료주의 등을 이유로 시한을 지키지 못함을 설득한다.

② 요구사항(demands)의 처리

범인으로부터의 요구사항에 대해서는 다음과 같이 처리한다.

○ 인질사건에서 요구사항은 흔히 있는 것이므로 요구사항에 대해 부담을 갖지 않는다.

○ 첫 번째 요구는 인질범이 하도록 한다.

○ 요구조건을 들으면 이를 반복하고 조건을 완화(soften)시키도록 노력한다.

○ 요구조건을 들어줄 때에는 반드시 상대방으로부터 호의적인 반대급부(예컨대 인질 석방 등)를 요구하고, 이것이 이행되도록 함으로써 양보 없이는 아무런 요구사항도 이끌어낼 수 없음을 인식시킨다.

○ 요구조건을 쉽게 수락할 경우 상대방의 기대수준을 높여줄 수 있으므로 쉽게 들어

주지 않는다.

- ○ 미리 상대방의 요구조건을 예상하고 그에 대한 반대급부로 무엇을 요구할 것인가에 대한 대비를 한다.
- ○ 요구조건이 있는가를 미리 물어보는 것은 바람직하지 않다.

③ 스톡홀름 증후군(Stockholm Syndrome)

스톡홀름 증후군이라 함은 인질사건에서 시간이 경과함에 따라 인질범과 인질 사이에 감정이입(感情移入, empathy)이 이루어져 친근감이 생기게 되는 현상을 말한다. 스톡홀름 증후군의 특징은 인질이 인질범에 대해 호의적인 감정을 가지는 반면 경찰에 대해서는 적대감을 가지게 되고, 인질범 또한 인질에 대해 호감을 갖게 된다는 것으로 대별된다. 이 같은 스톡홀름 증후군은 인질의 피해가능성을 감소시켜 협상에 유리하게 작용하는 것으로 인식되고 있다.

④ 무력진압에 있어 협상자의 역할

협상이든 무력진압이든 인질의 희생을 최소화하고 사건을 해결하자는 목표는 동일하다. 무력에 의한 해결은 협상이 난관에 봉착하거나 기타 급박한 사정 또는 필요에 의해 현장지휘자의 판단에 따라 개시할 수 있는데, 무력진압에 있어서 협상자의 역할은 다음과 같다.

- ○ 전술팀이 작전을 개시할 수 있는 시간을 확보해 준다.
- ○ 협상과정에서 얻은 각종 정보를 전술팀에 제공한다.
- ○ 공격 시기에 대해 조언한다.
- ○ 작전에 임박하여 테러범의 주의를 분산시키는 등 작전을 도와준다.

제3절 국제테러 보안활동

1. 의의

국제화·개방화와 함께 국내에서도 각종 국제경기대회, 국제회의, 국제학술회의 등 국제행사가 자주 열리고 있다. 국제행사의 안전하고 성공적인 개최는 우리나라의 국제적 위상을 높이는 계기가 될 뿐만 아니라 행사와 관련한 국내 산업의 발달, 행사참석을 위해 내한(來韓)하는 방문객의 증가 등 국가적으로 많은 이득을 가져다준다. 외사경찰은 이 같은 국제행사 개최와 관련하여 행사의 원활한 진행을 위해 인적·물적인 위해방지요소에 관한 정보수집과 행사기간 중 외사동향관찰자에 대한 동향파악, 안전사고 및 위해방지를 위한 신변경호, 통역지원 등의 활동을 제공하고 있는데 이러한 외사경찰의 활동을 국제행사보안활동이라 한다.

2. 내용

(1) 행사위해요소에 관한 정보활동

1) 행사관련 위해자료 수집
2) 행사참가자 중 신원특이자 동향파악
3) 행사관련 기타 자료 및 각계 반응수집

(2) 외사동향관찰자 동향관찰

행사기간 중 행사장 인근에 거주하거나, 행사와 관련된 자들 중 외사동향관찰자가 있을 경우 이들에 대한 동향파악을 강화함으로써 행사위해요인을 최소화 시킨다.

(3) 신변보호

행사기간 중 안전사고 방지를 위한 외사지원반을 편성·운영하며, VIP급 행사참가자의 경우에 경찰 자체판단 또는 관련 부서의 요청에 따라 VIP의 입·출국, 산업시찰·관광·쇼핑시 신변보호활동을 제공하며, 차량에 동승한 신변보호는 주최 측과의 사전협조가 있을 경우에 제공한다.

(4) 행사장 및 CP보안활동

행사장 및 참가자 숙소에 대해 안전사고 방지 및 위해요소 점검 및 제거를 위해 전담반을 편성·운영하며, 취약국가소속 참가자의 경우 주최 측과 협조하여 보안활동이 용이한 장소에 숙소를 배치하고, 보안활동을 위한 지휘소(CP)를 설치·운영하며, 호텔종사자에 대한 보안교육을 실시하여 각종 위해요인이나 특이사항 발견 시 신고토록 유도하는 등의 활동을 한다.

(5) 통역제공

필요한 경우 주최 측의 요청에 따라 행사에 필요한 통역요원을 제공한다.

3. 테러혐의자 및 인터폴수배

(1) 주요 내용

1) 성명·국적·생년월일 등 테러혐의자 개인 신상관련 자료
2) 대상자의 혐의사실(또는 범죄사실) 요약
3) 테러혐의자로 지정된 관련 근거
4) 테러혐의자 명단에서 해제되었을 경우, 해제 사유 등 작성하여 경찰청 송부

(2) 업무처리절차

경찰청 외사수사과 인터폴계에서 I - 24/7망(인터폴망)을 통해 입수한 테러혐의 인터폴수배자 명단을 국정원에 전달, 국정원 테러정보통합센터는 수배 명단과 타기관에서 입수한 자료를 종합하여 '국제테러혐의자 출입국 규제(및 해제) 사실'을 경찰청에 통보, 경찰청 외사정보과 국제보안계에서는 통보받은 자료 일체를 ISIS망 '테러혐의자' 코너에 개제, D/B 화 한다.

(3) 승객정보 사전확인시스템(APIS)

경찰청은 APIS 제도 운용기관인 법무부와 협의하여 효율적인 치안업무수행을 위해 경찰청 내 '승객정보 사전확인시스템'(APIS)을 구축하였다. 경찰의 APIS망은 법무부 APIS 정보 중에서 '경찰요청 형사사건 입국시통보자', '인터폴수배자' 등 승객 명부를 제공 받고 있다(운영주체: 인천공항경찰대 등 국제공항 외사분실 8개소).

> ❖ **승객정보 사전확인스템**(Advance Passenger Information System)
> 법무부에서 旣 운영중인 '승객정보 사전분석시스템'과 연계, 국제선 항공기의 국내 착륙 전에 탑승객 명단(이름·생년월일 등)을 제공받아 분석하는 시스템

(4) 업무처리 절차

'APIS' 정보접수 → 범죄경력·출입국조회 등을 통해 확인 → 현장진출 검거 등 조치 → 처리 결과 입력

(5) 입국 시 통보절차

지방청(공문송부) → 경찰청(요청) → 법무부(전산입력)

▷ 시스템 구성도

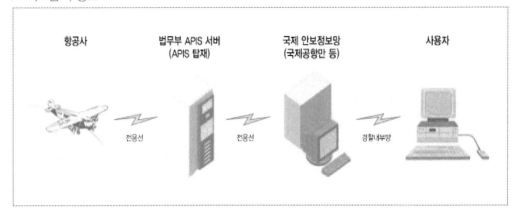

제4절 중국 신장 위구르지역 테러조직 분석

1. 중국 신장 위구르지역 테러조직의 발생배경

오늘날 중국 신장 위구르자치주는 13개의 소수민족이 모여 약 2,000만 명의 인구가 살고 있다. 인구비율로는 위구르족(45%)과 한족(41%)이 주류를 이루고, 카자흐족(7%), 회족(5%) 등이 그 뒤를 잇고 있는데, 1940년대는 주민의 80% 이상이 위구르인들이었고 한족의 비율은 불과 5%에 지나지 않았으나 1954년 중국 정부가 한족 중심으로 신장 생산건설병단을 구성해 서부 대개발에 나서면서 지속적으로 한족 이주를 장려하는 동시에 위구르족 감소정책을 병행하여 오늘날 한족과 위구르족의 비율을 거의 비슷한 수준으로 올려놓았다.

최근 발생하는 일련의 신장(新疆) 위구르자치구 무장테러범죄는 위구르족의 경제적 소외감이 사태 확산의 주요인이다. 중국 정부가 '신(新)실크로드 전략'이라 불리는 서부대개발 계획으로 2015년까지 3,000억 달러(324조 원)를 투입해 신장자치구를 중앙아시아의 국경무역과 교통 요충지로 육성하겠다는 목표를 세웠지만 한족의 유입증가로 인해 위구르족은 도시에서는 취업과 공공재를 둘러싼 경쟁과 차별을, 농촌에서는 토지와 수자원을 둘러싼 경쟁과 차별을 받아왔다. 특히 신장지역 내에서 조차 북신장과 남신장의 격차는 위구르족의 상대적 박탈감을 더욱 심화시켰다. 다시 말해 우루무치를 중심으로 북신장은 주로 개발의 중심지역이 되면서 이미 상당 정도 중국화가 진척되었으나 남신장 지역은 여전히 위구르족을 비롯한 소수민족이 압도적 다수를 차지하고 있지만 경제적으로 낙후되어 신장 내부 빈부격차로 인한 불만과 불안정이 고조되었다.

　　최근 신장 위구르족의 갈등과 충돌은 이러한 차별적 대우 그리고 이슬람 문화를 경시·훼손하는 데 대한 저항운동의 성격이 강하다. 이러한 틈을 이용해 ETIM(동투르키스탄 이슬람운동), ETLO(동투르키스탄 해방조직), ETIC(동투르키스탄정보센터), IMU(우즈베키스탄이슬람운동) 같은 단체들이 테러조직을 결성하여 분리주의 운동을 주도하고 있다. 1996년 이후 중국 정부는 신장에서 '사회주의 조국을 위협하는 분리주의 세력 색출작전'을 전개, 수만 명을 수감하였고, 이러한 억압에 대항하여 1998년부터 중국 정부에 저항하는 위구르족의 대규모 시위가 발생하기 시작하였다. 2009년 통계에 신장의 위구르인 830만 명 가운데 중국어로 의사소통이 가능한 비율은 42%이고 기술 교육은 커녕 기초교육조차 받지 못한 사람이 절반이 넘는다. 최근 들어 신장자치구 인구 가운데 한족 이주민의 비율은 이미 40%를 넘었고 이러한 중국 중앙정부와 한족 이주민에 의한 경제적 착취가 테러발단의 씨앗을 키웠다. 중국 소수민족 가운데 인구가 많은 편인 위구르족은 신장자치구에만 800만여 명이 살고 있고 많은 위구르인은 중국 정부의 민족차별 정책과 자치지역에 대한 강압적인 조치에 항의하며 '독립'과 '진정한 자치'를 요구하고 있으나 중국 정부는 이들을 일괄적으로 강력하게 진압하고 있다.

2. 신장지역 테러조직의 주요 활동

　　이란 인민저항운동(People's Resistance Movement of Iran: PRMI)이라 불리는 준달라 조직은 이란의 수니 무슬림들의 권리를 위해 싸운다고 주장하며 파키스탄에 기반을 둔 무장조직이다. 이 조직은 대략 2,000명 정도의 조직원을 보유하고 2003년 이래 이란 국민 154명을 죽이고 320명을 부상시켰다. 준달라는 알카에다와 연계되어 이란과 미국에 의해 테러조직으로 지정되었고, 다수의 테러, 납치 및 마약밀수에 연루되어 있다. 이와 같이 현재 중국 신장 위구르자치주에서도 이슬람계 테러조직이 범죄활동에 가담하고 있는데 이러한 테러조직으로 동투르키스탄 이슬람운동(ETIM), 동투르키스탄 해방조직(ETLO), 동투르키스탄 정보센터, 우즈베키스탄 이슬람운동(IMU) 등 여러 조직과 단체가 있다.

(1) 동(東)투르키스탄 이슬람운동(East Turkestan independence movement: ETIM)

　　동투르기스탄 이슬람운동은 하산 마슘(Hasan Mahsum 중국명, 艾山 买合苏木, 1964년 신장 카슈가르에서 출생, 아부 무하마드라고도 불림, 동 투르키스탄 이슬람 운동의 설립자이자 지도자)이 1994년에 결성한 조직이다. 그는 군 출신으로 20대 후반에 들어 성전을 전파하고 폭력 사용을 옹호했으며 Yecheng 카운티의 훈련 캠프에서 교관으로 활동하다 테러활동 혐의로

1993년 10월 중국 경찰에 체포되어 노동을 통한 재교육 3년을 선고받고 1997년 중국을 탈출해 아프가니스탄과 파키스탄을 넘나들며 생활하다가 텔레반 정부에서 여권을 발행해 주어 아프간에서 생활하게 되었다. 그 후 탈레반 정부에서 오사마 빈 라덴과의 접촉을 주선해 초기에는 거부하다가 미국에 요청한 동투르기스탄 독립운동 자금 30만 달러를 거부당하자 빈 라덴과 접촉하였다.

중국 정부가 1999년 2월과 1999년 12월 신장 호탄 지역에서 발생한 강도 및 살인, 폭탄테러 활동의 주요 인물로 그를 지목하고 비난해 오던 중 미국이 그의 조직을 알카에다와 관계를 가진 이슬람 테러조직으로 간주하고 2003년 10월 2일 알카에다 훈련 캠프 및 은신처를 급습하여 마숨(Mahsum) 등 8명의 테러리스트를 사살했고 중국은 그의 DNA를 확인해 주었다.

2대 지도자 압둘 하크(1971년 10월 1일 신장 출생, 2010년 2월 15일 파키스탄 북부 외지리스탄에서 사망, 당시 38세)는 일찍이 중국 정부에서 신장 위구르 테러조직의 지도자로 낙인찍힌 인물이었다. 그는 동투르키스탄 이슬람당(ETIP)을 전반적으로 이끌던 실질적인 리더로 1대 지도자 하산 마숨(Hasan Mahsum)의 뒤를 이어 2003년 조직을 장악한 뒤 2005년 알 카에다 본부 중앙위원에 임명되었다. 그는 6개의 별칭도 사용(위구르어, Memtimin Memet)하면서 중국 베이징 올림픽 개최 전에 폭탄 테러의 배후 인물로 지목되기도 했는데 이 시기부터 빈 라덴과 알카에다의 자금지원을 받아 활동하면서 별도의 조직운영자금을 위해 마약, 무기 및 탄약 밀매활동, 납치, 사기, 강탈 등 조직적 범죄활동에 직접 가담하였고, 동투르기스탄해방조직(ETLO)과 함께 빈 라덴으로부터 수백만 달러의 자금을 지원받아 폭발물 및 무기류 제조법을 배워 신장자치구로 다시 돌아와 조직적인 테러를 자행하였다. 조직결성 시기인 1994년부터 2010년 사망 시까지 200건 이상에 걸쳐 자행한 테러행위로 200명 이상이 사망하고 500명 이상이 부상을 당하는 등 과격한 무장테러를 일삼았다. 알카에다와 밀접한 관계를 갖고 조직운영자금은 국경지대와 인접한 아프가니스탄에서 마약재배로 벌어들이는 수익으로 운영하였으며 테러조직인 우즈베키스탄 이슬람 운동과 빈 라덴 네트워크 등과도 상호연계하였다.

3대 지도자에 오른 압둘 샤쿠르 달마(Shakoor Damla)는 동 투르키스탄 이슬람 당이 중국 신장 지방에서 독립을 추구하고 이슬람 국가가 될 수 있도록 지하드 조직을 이끈 지도자로, 2011년 8월 카스 공격과 허톈 공격을 자신이 한 것이라고 직접 언급하다가 2012년 8월 24일 드론 공격으로 사망하였다. 그 이후 이 조직에 대한 4대 지도자는 아직 윤곽이 파악되고 있지 않다.

이 조직은 현재 파키스탄 북부 외지리스탄(Waziristan) 지역을 주 거점으로 1,000여 명의 조직원이 활동하고 있으며 중앙아시아, 터키, 미국과 독일 등 4개 지부의 거점과 아프가니스탄과 파키스탄 국경지대 등 2개의 통로를 중심으로 폭넓게 조직원이 분포되어 있다. 이들이 조직의 활동자금으로 충당하기 위해 벌이는 마약재배 및 마약운송의 주 활동장소는 신장 카슈가르(喀什) 주변 우치아(烏恰) 지역으로, 이 지역에서 마약원료인 양귀비를 재배하여 그 원료를 국경 넘어 키르기즈스탄 사라티스(Sary-Tasch)로 운반하고 다시 그 곳에서 아편으로 정제하여 타지키스탄 무르기브(Muragb)에서 일부는 아프가니스탄을 지나 파키스탄과의 국경지대를 통과하여 카라치로, 일부는 타지키스탄의 무르곱(Murghob), 코루그(Khorugh), 칼라이쿰브, 카키르다쉬트(Cagirdasht), 타빌라다(Tavildara), 파이조보드(Faizobod) 그리고 수도인 두샨베를 지나 유럽으로 넘어간다. 이들 조직은 마약생산을 위해 주민들의 양귀비 재배를 보호하고 생산된 양귀비를 조직원을 동원해 운반하며 그 수익의 대부분을 조직운영비와 조직원들의 훈련지도 및 무기구입에 사용하며 구입된 무기를 중국 신장지역으로 직접 운송한다. 또한 테러활동으로 수배를 받아 오거나 피신온 테러조직원들을 숨겨주기에 이슬람계 다른 테러조직과도 끈끈한 관계를 형성하고 있다.

(2) 동투르키스탄해방조직(ETLO)

동투르키스탄해방조직(ETLO)은 중국 신장 위구르 지역의 분리 독립을 주장하며 중국 정부에 맞서 싸우기 위해 위구르인들이 주축이 되어 터키에서 결성된 조직으로 동투르기스탄 민족당이라고도 불린다. 1996년 신장 위구르자치주에 본부를 둔 이 조직은 중국, 카자흐스탄, 키르기스스탄 정부에 의해 테러조직으로 지정되었고 현 지도자는 메하메트 에민(Mehmet Emin, 중국명 买买提明 艾孜来提)이다.

이 조직은 1998년 우루무치에서 15건의 방화사건 혐의로 조직원들이 중국 공안에 체포된 바 있고, 1999년 터키의 수도 이스탄불에서 중국 한족을 공격하여 10여 명의 조직원이 체포되기도 했다. 2003년 12월 중국 공안부는 동투르키스탄 테러리스트와 관련된 테러조직의 목록을 발표하면서 동투르키스탄 해방조직(ETLO), 동투르키스탄 이슬람운동(ETIM), 세계위구르청년의회(WUYC), 동투르키스탄정보센터(ETIC) 등 4개 단체를 중국에 대한 위협적인 테러조직으로 분류하였는데, 이는 중국 공안에서 검거한 신장 위구르족 테러조직원들을 억류한 상태에서 고문과 학대를 통해 받아낸 자백이라는 점에서 테러조직의 사실 여부가 불투명했다. 그러다가 2002년에 들어 상하이 협력기구(SCO)회원국인 중국, 카자흐스탄, 키르기스스탄이 ETLO를 테러조직으로 규정하였고 2003년 12월 미국도 이들을 테러조직으로 분류하자 조직의 지도자인 Mehmet Emin은 ETLO는 테러조직이 결코 아니며 평화적으로 동투르기스탄의 독립을 주장한다고 항변하기도 했다.

이 조직은 키르키즈스탄과 국경을 접하고 있는 원수(溫宿) 지역을 기반으로 약 800여 명의 조직원이 중국 공안을 상대로 테러활동을 하면서 마약거래와 무기 밀거래를 통해 엄청난 수익을 벌어들인다. 이들은 1998년부터 빈 라덴으로부터 수백만 달러의 자금을 지원받아 급성장하면서 중국 신장과 아프가니스탄과의 국경을 통해 아프가니스탄산 마약을 독점해 제조한 것으로 유명하며, 아프가니스탄 서남부에 있는 술래이만산맥 주변에서 부패관료들의 보호아래 마약을 수송하고, 조직원 중 일부는 아프가니스탄의 벨루지스탄(Belujistan) 지방에 거점을 마련하여 정제된 아편을 잘랄라바드(Jalalabad), 칸다하르, 길멘드(Gilmend)를 거쳐 이란, 터키, 유럽으로 판매하고 무기를 밀반입하여 무기 밀거래에도 종사한다. 특히 신장지역 아커수(阿克蘇) 범죄조직과 연계되어 신장 내륙지방인 뤄창(若羌)을 지나 청하이(靑海)의 난싼커우(南山口)로 지나는 아편을 운송하기도 한다. 이 조직은 ETIM과 함께 신장 자치구 내 카자흐스탄계열과 무슬림 위구르족 계열에 깊숙이 파고든 테러조직으로, 국경근처에서 폭력과 공포를 수단으로 한족을 상대로 강도와 약탈을 일삼아 중국 공안과 자주 접전을 펼친다.

(3) 우즈베키스탄 이슬람운동(IMU)

우즈베키스탄 이슬람운동(Islamic Movement of Uzbekistan: IMU)은 1991년에 결성된 무장 이슬람 조직으로 우즈베키스탄의 페르가나 계곡에서 이슬람 근본주의자 타히르 율다세브(Yuldeshev), 쥬마 나마가니(Namangani) 등이 타지키스탄 북부 아프가니스탄 탈레반 통제 지역에 있는 기지에서 이슬람을 억압하는 우즈베키스탄 대통령 카리 모프를 전복하고 이슬람 국가 건설을 목적으로 조직을 결성하였다. 이들은 아프가니스탄에서 미국 등 연합군에 대항하여 탈레반 함께 공동전선을 형성해 싸우다가 2001년 지도자 중 한 명인 쥬마 나마가니(Namangani)가 사살되자 나머지 조직원들은 전투 중 분산되었으나 타히르 율다세브(Yuldeshev)는 탈레반 잔여 병사들과 함께 탈출하여 산악지대에 훈련캠프를 다시 열고 무장 테러활동에 참여하였다. 타히르 율다세브가 동투르키스탄 분리운동을 계속 이어가며 아프가니스탄과 파키스탄 국경을 오가며 활동하다 2009년 9월 미국의 미사일 공습으로 사망하자 2012년 8월 이후부터 현재까지 아부 우스만 아딜이 조직을 계속 이끌고 있다. 동(東)투르키스탄 이슬람운동(East Turkestan independence movement: ETIM)과 동투르키스탄 해방조직(ETLO)은 주로 신장 남부지방을 중심으로 활동하는데 반해 우즈베키스탄 이슬람운동(IMU)은 신장 북부지방인 커라마이(克拉瑪依)를 중심으로 최북단 국경지대인 뿌얼진(布爾津)과 서부 국경지대인 찡허(精河)지역을 기반으로 활동하고 있다. 이 조직의 전투조직원들은 단체생활을 하고 일부 정보원들만 분산되어 일반적인 생활을 하다가 상부의 지시가 내려오면 한데 모여 행동을 개시하며 일부 정보요원들은 조직운영의 어려움으로 운영비 마련을 위한 마약밀매에 가담한다. 또한 일부조직원들은 범죄조직원이 되어 10대 가출청소년들을 상대로 돈을 벌게 해 주겠다고 유혹해 절도 기술을 가르쳐 신장 자치주의 주도 우루무치 등 대도시 번화가 등지에서 행인을 상대로 금품을 훔치게 하고 장물을 불법유통시키기도 하며, 가출청소년들이 조직의 지시에 따르지 않으면 상습으로 구타하고 협박하는 등 범죄조직활동에 직접 참여하고 있다. 2001년 이후 우즈베키스탄 내에서 활동하던 조직원들은 테러활동과 마약운송 및 판매에 그다지 적극적이지 않았으나, 중국 신장지방에 거점을 둔 조직원들은 2007년 이후부터 중국과 카자흐스탄 국경지대를 오가며 카자흐스탄의 소도시 판팔로브(Panflow) 지방과 중소도시인 알마아타(Alma-ata)까지 스며들어 찰리크(Tschilk) 마약조직과 연계하여 마약운반과 판매에 직접 가담하고 있다.

(4) 세계 위구르협회(World Uyghur Congress)

세계 위구르대표대회(世界維吾爾代表大會, WUC)는 지난 2004년 4월 16일 독일에서 결성한 위구르민족 대표대회로 동투르기스탄 민족대회와 세계 위구르 청년대표대회를 통합하여 통일적인 민족지도구호를 내걸고 동투르기스탄 분리독립을 주장하며 조직한 기구로, 매년 미국 의회의 지원을 받아 그 기금으로 조직을 운영하고 있다. 1대 지도자인 리자베킨(Riza Bekin, 중국명 力薩 別金)은 명예지도자로, 2대 지도자 에르킨 알프테킨(Erkin Alptekin, 중국명 艾爾肯 阿布甫泰肯, 독일 국적, 2004년 4월~2006년 11월까지 지도자 역임, UNPO창설)은 총 고문으로 남아있으며, 현 지도자 레비야 카디르(Rabiye Qadir, 중국명 熱比娅 卡德尔, 미국 국적)가 2009년 5월부터 현재까지 조직을 이끌고 있다. 이 조직은 망명 위구르단체의 국제기구이자 위구르의 공동이익을 대표하는 기구로, 비폭력과 평화운동을 주장하며 종교적 편협과 테러를 거부하고 의회 민주주의로 국가를 운영하기를 갈망하는 회의체를 표방하며 세계 위구르 청소년의회(WUYC), 동투르키스탄 국회(ETNC) 등 다양한 망명 위구르단체와 통합하여 2004년 4월 독일 뮌헨에 본부를 두고 출발하였다. 현재 의장으로 재임하고 있는 레비야 카디르(Rebiya Kadeer)는 중국 정부로부터 '국가기밀누설죄'로 징역 6년을 선고받고 현재 미국에 망명중인데, 이는 2009년 7월 우루무치에서 발생한 폭동으로 중국 정부가 카디르(Kadeer)의 휴대 전화를 도청한 결과 미국 의회의 지원을 받아 해외 동투르키스탄 그룹과 티벳의 달라이 라마 등과 밀접한 관계를 유지하면서 분리 독립을 선동한 혐의를 잡고 그에게 국가기밀누설죄를 적용했기 때문이다. 중국 정부는 신장의 불안을 조장한다고 비난하면서 2003년 12월 테러조직 목록에 이 조직을 추가했다.

(5) 동투르키스탄 정보센터(ETIC)

동투르키스탄 정보센터(East Turkistan Information Center: ETIC)는 1996년 6월 독일 뮌헨에서 결성되었으나 현재에는 워싱턴 DC에 본부를 두고 있다. ETIC는 중국 거주 위구르인에 대한 인권유린 관련 보고서를 매년 발행하고 있어 2003년 12월 중국 공안부에 의해 테러단체로 지정되었다. 이 조직은 터키, 사우디아라비아 등 신장 위구르지역 교민과 해외 사업가로부터 자금을 후원받아 운영하고 있는데 조직을 이끌고 있는 압둘라 카라카시(阿布都節里里·卡熱卡石, 1960년 출생, 독일거주)는 조직원들의 폭력적인 테러수행을 위해 인터넷을 통해 폭발물과 독극물 제조방법을 전수하고 있어 인터폴을 통해 중국 공안의 적색수배자가 되었다.

(6) 세계 위구르 청년연맹(WUYC, 별칭 Dunya Uyghur Yashliri Qurultiyi: DUYQ)

세계 위구르 청년연맹(WUTC)은 지난 1996년 11월에 결성하여 2004년 4월까지 독일에 본부를 두고 활동한 단체로, 오마르 카나티(중국명 丹买尔 卡那提)가 조직을 이끌었다. 당시 이들은 중국에 대해 분리 독립을 위한 무장투쟁을 선언하고 위구르 청년들을 규합하여 활동하다 세계 위구르 대표대회의 하부조직으로 흡수되어 현재 정확한 행동요령과 활동반경에 대해 알려진 바가 없다. 그러나 강력한 지하조직을 만들어 중국 정부에 대항한다는 구호를 내걸고 최근 라틴계열의 조직도 새로 결성하여 활동하고 있어 중국 정부에서 이들 조직도 테러조직으로 분류하고 있으나 일반인에 대한 강탈 등 범죄수단에 대해서는 아직까지 구체적 범죄내용이 밝혀지지 않고 있다.

이외에도 여러 종류의 위구르 분리독립을 주장하는 위구르 해방조직(ULO), 동투르키스탄 혁명기구(URFET), 타지키스탄이슬람당(TIP) 등의 단체가 있다. 그 중에서 안와르 서프 투라니(Anwar Yusuf Turani, 1962년생)가 수반으로 있는 동투르키스탄 국립자유센터(East Turkistan National Freedom Center: ETNFC)의 경우 순수한 비폭력 분리 독립단체로 활동하고 있다. 투라니는 1983년 대학을 졸업(물리학 전공)한 후 경제적 어려움과 정치적 억압에 직면한 신장 위구르족의 독립을 위해 1988년 미국에서 정치적 망명자 생활을 시작한 이후 1995년 워싱턴 DC에 본부를 둔 비영리 인권 단체인 '동투르키스탄 국립자유센터(ETNFC)'를 설립했다. 그는 미국에서 동 투르키스탄의 독립운동을 시작한 최초의 위구르인으로 2004년 '망명 동 투르키스탄 정부(ETGIE)'를 만들어 총리로 선출되기도 했다. 이 단체는 동투르키스탄의 각종 시위를 알리고 시국회의와 민족문화행사를 개최하고 있으며 위구르족의 일자리를 위해 전 미국대통령 빌 클린턴, 티베트 지도자 달라이 라마, 전 대만 총통 천

수이벤 등 많은 국제 인사와 교류하였고, 지난 1996년 4월 동투르키스탄과 티베트와의 동
맹을 선언하고 달라이 라마14세를 만나 중국의 위구르족 인권탄압 내용을 유엔 본부에 공
개하기도 했다. 또한 2001년 7월 부시 전 미국대통령으로부터 '중국에서의 위구르인에 대
한 결사, 집회, 종교, 신념, 양심과 표현에 대한 자유의 기본적 권리가 있다'는 서신을 받아
미국 정부가 이들을 보호해 주겠다는 의지를 받아내기도 했다. 현재 그는 동투르키스탄인
들이 직면하고 있는 주요 문제를 해결하는 등 정기적으로 위구르인들을 대상으로 역사인식
상황과 위구르어 교육에 전념하고 월드 와이드 웹을 이용하여 동투르키스탄 상황에 대한
150개 이상의 동영상을 유튜브 채널을 통해 공개하고 있다.

3. 시사점

   중국 신장지역의 분리주의 테러리즘은 종교적 테러리즘과 민족주의적 테러리즘의 성
격을 동시에 공유한다고 볼 수 있다. 신장 위구르족의 경우 일부는 위에서 살펴본 바와 같
이 강력한 분리독립을 주장하나, 다른 일부는 자치구 내에서 최소한의 문화적 자치를 극대
화하여 위구르족 고유의 전통과 문화적 정체성을 유지할 수 있기를 희망하고 있으며, 중국
에 동화된 또 다른 일부 위구르족은 이에 한걸음 더 나아가 중국에 완전히 통합되기를 바
라기도 한다.

   중국 신장지역에서 활동하는 이슬람계 테러조직은 무기밀매와 마약밀매 그리고 강탈,
사기, 납치 등 범죄에 가담한 흔적이 발견되었고, 무장 테러조직이 범죄조직화 되어 조직의
운영자금을 위해 마약조직과 연계하거나 독단적으로 마약운반과 총기밀매 등에 가담한 경우
도 종종 드러나고 있다. 동(東)투르키스탄 이슬람운동(East Turkestanindependence movement:
ETIM)조직은 1,000여 명의 조직원을 이끌어 가기 위한 운영자금 마련을 위해 마약, 무기
및 탄약 밀매활동, 납치, 사기, 강탈 등 조직적으로 범죄활동에 직접 가담하고 있으며, 동
투르기스탄 민족당이라 불리는 동투르키스탄 해방조직(ETLO)도 무장한 테러조직원들이 밀
수, 마약, 무기밀매 등 방식으로 조직의 활동자금을 조달하면서 국경근처에서 폭력과 공포
를 수단으로 강도와 약탈을 일삼아 중국 공안과 자주 접전을 펼치고 있다. 그리고 우즈베
키스탄 이슬람운동(IMU)조직의 일부 정보요원은 조직운영자금 마련을 위해 마약 밀매에
직접 개입하고 일부는 범죄조직의 조직원이 되어 범죄활동에도 참여하고 있다는 사실을 알
수 있다. 그러나 동투르기스탄 국립자유센터(East Turkistan National Freedom Center: ETNFC)
처럼 동투르키스탄의 상황을 알리고 이들이 직면하고 있는 주요 문제를 평화적으로 해결하
는 조직도 있어 위구르 분리독립을 주장하는 조직이라 해서 다 폭력적인 테러조직은 아니

라고 할 수 있다. 앞서 언급한 바와 같이 90년대 중반 이슬람 테러조직은 이미 우리나라에 숨어들어 왔다.

2010년 2월 대구의 이슬람 사원에서 근무하던 파키스탄 출신 성직자 A는 알카에다와 연계된 중국 신장 위구르족 분리 독립을 주장하는 IMU(우즈베키스탄 이슬람운동)의 조직원으로 활동하다가 2001년 9월부터 2003년 6월까지 한국에 머물면서 탈레반 지도자 잘랄루딘 하카니로부터 주한미군 기지에 관한 정보를 수집하라는 지시를 받고 활동하던 중 경찰청 국제범죄수사대에 검거되기도 했다. 또한 2016년 6월 내국인을 상대로 ISIS 가입선동 및 온라인으로 테러전투원을 소개해 준 우즈베키스탄인 2명을 강제퇴거한 바도 있고, 2017년 6월에는 경남 김해에서 테러단체 타비드 바지하드 소속 우즈베키스탄인 5명을 강제퇴거하기도 했다.

이와 같이 국내의 상황을 볼 때, 출산율 하락과 고령화가 지속되고 이로 인해 노동력 부족이 점점 심화되는 과정에서 외국인 유입은 꾸준히 증가하였고 이주 무슬림의 숫자도 지속적으로 증가하였다. 현재 한국인 무슬림은 4만 명이며 외국인 무슬림은 164,500명으로 추산하고 있다. 이러한 과정에서 이주 무슬림의 유입과 이슬람 세력의 확장에 대한 반감을 극단적으로 드러내는 의견이 일부 대두함에 따라 향후 종교·문화적 대립이 사회 분열로 이어질 가능성 또한 예측된다. 우리나라도 더 이상 단일민족, 단일문화의 사회가 아닌 만큼 늘어나는 다문화 가정과 외국인 체류자 등에 대해 좀더 세심하게 다가가고 그들의 문화를 이해하는 맞춤형 경찰활동을 펼쳐야 한다.[15]

제5절 공·항만 보안검색

공·항만 보안검색은 공항(항공기) 및 항만(선박)의 부속시설과 국가중요시설을 보호하고, 탑승객의 신체 및 휴대물품, 화물검색을 통해 국민의 안전을 확보하기 위한 제반활동을 말한다. 공항의 경우 그 영역은 공항 경계지역 내의 지상과 공항의 항공교통관제탑이 관할하는 터미널관제공역으로 나누고 다시 지상은 항공기 이동지역(Air side)과 비행항공 이동지역(Land side)으로 구분한다.[16]

---

15) 신상철, "중국 신장 위구르지역 테러조직에 대한 연구", CHINA연구(15호), 2013.
16) 전용선, "공항보안검색에 대한 연구", 치안정책연구 제24권 제1호, 2010, pp.216~222.

1. 공·항만 보안활동의 법적근거

국제선 공항 및 전국 31개 무역항에 대해 출국 승객에 대한 보안검색 점검 및 불법행위 등에 대한 자료수집활동을 수행한다.

구 분	근 거	주요내용
공항 (국교부)	항공보안법	승객·수화물 및 화물 보안검색에 대한 필요조치 요구(§15조 2항)
	항공보안계획	항공기·시설 안전을 저해하는 불법행위에 대한 정보활동 수행
항만 (해수부)	항만보안법	승객·수화물 보안검색 지도·감독 또는 직접 실시(§30조의 2)
	항만보안계획	불법행위와 연계된 출입국자의 체류동향에 대한 정보활동

(1) 공항

1) 국제민간항공기구(ICAO) 부속서 17장 제4항

○ 체약국은 운반이나 휴대가 허용되지 않은 무기·폭발물 등의 항공기 반입을 금지해야 한다.

○ 보안검색지점을 통과 후 보안검색을 받지 않은 승객과 접촉금지 및 보안검색을 받지 않은 승객의 탑승금지

2) 항공보안법 제15조 제2항(승객 등의 검색)

○ 공항운영자는 항공기에 탑승하는 사람, 휴대물품 및 위탁수하물에 대한 보안검색을 하고 항공운송업자는 화물에 대한 보안검색을 하여야 한다. 다만, 국가경찰관서의 장은 범죄의 수사 및 공공의 위험예방을 위하여 필요한 경우 보안검색에 대하여 필요한 조치를 요구할 수 있고, 공항운영자나 공항운송사업자는 정당한 사유 없이 이를 거절할 수 없다.

○ 항공보안법 시행규칙 제11조(보안검색 실패 등에 대한보고): 법 제19조 제1항 제3호에 따라 공항운영자·항공운송사업자·화물터미널운영자는 다음 각 호의 어느 하나에 해당하는 경우 지방항공청장에게 보고하여야 하며, 제1호의 사항에 대하여는 관련 행정기관에 지체 없이 통보하여야 한다.[17]

---

17) 개정(2013.3.23), (2014.4.4), (2015.9.2), (2015.11.5).
　1. 법 제2조 제8호의 불법방해 행위가 발생한 경우
　항공보안법 시행령 제14조(관할 국가경찰관서의 장의 필요한 조치 요구) 법 제15조 제2항 단서에 따라 관할 국가경찰관서의 장은 범죄의 수사 및 공공의 위험예방을 위하여 필요한 경우 공항운영자 또는 항공운송 사업자에게 다음 각 호의 필요한 조치를 요구할 수 있다. 다만, 그 이행에 예산이 수반되거나 항공보안검색요원의 증원계획에 관한 사항은 서면으로 요구하여야 한다.

3) 청원경찰법 제3조(청원경찰의 직무)

○ 청원경찰은 제4조 제2항에 따라 청원경찰의 배치결정을 받은 자(이하 '청원주'라 한다)와 배치된 기관·시설 또는 사업장 등의 구역을 관할하는 경찰서장의 감독을 받아 그 경비구역만의 경비를 목적으로 필요한 범위에서 '경찰관 직무집행법'에 따른 경찰관의 직무를 수행한다.[18]

4) 경비업법 제14조(특수경비원의 직무 및 무기사용 등)

○ 특수경비업자는 특수경비원으로 하여금 배치된 경비구역 안에서 관할 경찰서장 및 공항경찰대장 등 국가중요시설의 경비책임자(이하 '관할 경찰관서장'이라 한다)와 국가중요시설의 시설주의 감독을 받아 시설을 경비하고 도난·화재 그 밖의 위험의 발생을 방지하는 업무를 수행하게 하여야 한다.

5) 경찰관직무집행법 2조(직무의 범위)[19] 등이다.

(2) 항만

1) 국제 항해선박 및 항만시설의 보안에 관한 법률 제22조(국제항해여객선의 보안검색)

① 여객선으로 사용되는 국제 항해선박(이하 '국제항해여객선'이라 한다)에 승선하는 자는 신체·휴대물품 및 위탁수하물에 대한 보안검색을 받아야 한다.

② 제1항에 따른 보안검색은 해당 국제여객터미널을 운영하는 항만시설소유자가 실시한다. 다만, 파업 등으로 항만시설소유자가 보안검색을 실시할 수 없는 경우에는 제4항에 따른 지도·감독 기관의 장이 소속직원으로 하여금 보안검색을 실시하게 하여야 한다.

---

① 보안검색대상자에 대한 불심검문, 신체 또는 물품의 수색 등에 대한 협력
② 제10조부터 제12조까지의 규정에 따른 보안검색방법 중 필요하다고 인정되는 방법에 의한 보안검색
③ 보안검색강화를 위한 항공보안검색요원의 증원배치
18) 개정(2014.5.20).
19) 법률 제12600호(2014.5.20), 일부개정.
  1. 국민의 생명·신체 및 재산의 보호
  2. 범죄의 예방·진압 및 수사
  3. 경비, 주요 인사(인사) 경호 및 대간첩·대테러 작전 수행
  4. 치안정보의 수집·작성 및 배포
  5. 교통 단속과 교통 위해(위해)의 방지
  6. 외국 정부기관 및 국제기구와의 국제협력
  7. 그 밖에 공공의 안녕과 질서 유지

③ 항만시설소유자가 제2항 본문에 따라 보안검색을 실시하는 때에는 '청원경찰법'에 따른 청원경찰을 고용하여 그 업무를 수행하게 하거나 '경비업법' 제2조 제1호 마목에 따른 특수경비업무의 허가를 받은 자에게 위탁할 수 있다.

④ 항만시설소유자가 제2항 본문에 따라 실시하는 보안검색 중 신체 및 휴대물품의 보안검색의 업무에 대하여는 관할 경찰서장이 지도·감독하고, 위탁수하물의 보안검색에 대하여는 관할 세관장이 지도·감독한다.

2) 선박 보안활동

① 선박의 입항 및 출항 등에 관한 법률 제4조(출입 신고)

② 제1항에도 불구하고 전시·사변이나 그에 준하는 국가비상사태 또는 국가안전보장에 필요한 경우에는 선장은 대통령령으로 정하는 바에 따라 해양수산부장관의 허가를 받아야 한다.

③ 법 시행령 제3조(출입 허가의 대상 선박)[20]

○ 법 시행령 제5조(출입 허가의 절차)

　㉠ 해양수산부장관이 법 제4조 제2항에 따른 출입 허가를 하려는 경우에는 관계 국가보안기관의 장 및 출입국관리사무소장과 미리 협의하여야 한다.

　㉡ 해양수산부장관은 제4조에 따라 출입허가를 신청한 선박의 출입허가 신청서 내용의 사실 여부를 확인하기 위하여 필요한 경우 관계 국가보안기관의 장과 협조하여 관계 공무원으로 하여금 해당 선박에 승선하여 항행관련 사항을 확인하게 할 수 있다. 다만, '남북교류협력에 관한 법률' 제20조 제1항에 따라 통일부장관의 승인을 받아 남한과 북한 사이를 항행하는 선박은 제외한다.

---

20) 법 제4조제2항에 따라 다음 각 호의 어느 하나에 해당하는 선박의 선장은 해양수산부장관의 출입허가를 받아야 한다.
　1. 외국 국적의 선박으로서 무역항을 출항한 후 바로 다음 기항 예정지가 북한인 선박
　2. 외국 국적의 선박으로서 북한에 기항한 후 180일 이내에 무역항에 최초로 입항하는 선박
　3. 전시·사변이나 이에 준하는 국가비상사태 또는 국가안전보장에 필요한 경우로서 관계 중앙행정기관의 장이나 '국제항해 선박 및 항만시설의 보안에 관한 법률' 제2조 제9호에 따른 국가보안기관의 장(이하 '국가보안기관의 장'이라 한다)이 무역항 출입에 특별한 관리가 필요하다고 인정하는 선박

2. 보안검색 지도 및 감독

(1) 보안검색

1) 보안검색 흐름도
① 승객 및 휴대 수하물

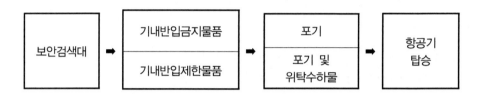

2) 위탁 수하물

(2) 안보위해물품의 종류

1) 휴대 및 탑재금지품목: 총기, 실탄, 도검 등
2) 휴대반입 금지품목: 장난감 총, 칼, 가위, 골프채 등
3) 휴대반입 제한품목: 액체류, 젤류, 에어로졸류 등

(3) 보안검색의 법적 근거

1) 국내항공보안 관련 법적 근거
○ 항공보안법(제15조 제2항)
○ 통합방위지침(대통령훈령 제28호)
○ 국가 대테러 활동지침
○ 국가보안목표 관리지침
○ 테러방지법

2) 국제협약 및 ICAO 부속서 관련 근거
○ 항공기 내에서 범한 범죄 및 기타행위에 관한 협약
○ 항공기의 불법납치 억제를 위한 협약

○ 민간 항공의 안전에 대한 불법적 행위의 억제를 위한 협약

○ 가소성 폭약의 탐지를 위한 식별조치에 관한 협약

○ 국제 민간 항공기구 발행『불법방해 행위로부터 민간항공 보호를 위한 ICAO보안 지침서』

(4) 보안검색의 주관 및 업무의 한계

구분	출 국		입 국
주관 부처	공항운영자(공항공사) 『탑승객, 휴대물품, 위탁수하물』	항공운송업자(항공사) 『항공화물』	세관(관세청)
근거	항공보안법 제15조 제2항		관세법 제246조

(5) 경찰의 보안검색 지도 감독 관련 법적근거

1) 항공보안법 제15조 제2항(승객 등의 검색)

②항, 공항운영자는 항공기에 탑승하는 자, 휴대물품 및 위탁수하물에 대한 보안검색을 실시하고 항공운송사업자는 화물에 대한 보안검색을 실시하여야 한다. 다만, 관할경찰관서의 장은 범죄의 수사 및 공공의 위험 예방을 위하여 필요한 경우 보안검색에 대해 필요한 경우 보안검색에 대해 필요한 조치21)를 요구할 수 있고, 공항운영자나 항공운송업자는 정당한 사유 없이 거절할 수 없다.

2) 경비업법 제14조 제1항(특수경비원의 직무)

①항, 특수경비업자는 특수경비원으로 하여금 배치된 경비구역 안에서 관할 경찰서장 및 공항경찰대장 등 국가중요시설의 경비책임자와 국가중요시설의 시설주의 감독을 받아 시설을 경비하고 도난, 화재 그 밖의 위험의 발생을 방지하는 업무를 수행하게 하여야 한다.

3) 경비업법 제15조 제1항(특수경비원의 의무)

①항, 특수경비원은 직무를 수행함에 있어 시설주, 관할 경찰서장 및 소속 상사의 직무상 명령에 복종하여야 한다.

---

21) 시행령 제14조
  1, 보안검색대상자에 대한 불심검문, 신체 또는 물품의 수색 등에 대한 협력
  2. 제10조 내지 제12조의 규정에 의한 보안검색 방법 중 필요하다고 인정되는 방법에 의한 보안검색
  3. 보안검색 강화를 위한 보안검색 요원의 증원배치

4) 경비업법 제24조(감독)

① 경찰청장 또는 지방경찰청장은 경비업무의 적정한 수행을 위하여 경비업자 및 경비지도사를 지도·감독하며 필요한 명령을 할 수 있다

② 지방경찰청장 또는 관할 경찰관서장은 소속 경찰공무원으로 하여금 관할구역 안에 있는 경비업자의 주사무소 및 출장소와 경비원 배치장소에 출입하여 근무상황 및 교육훈련 상황 등을 감독하며 필요한 명령을 하게 할 수 있다. 이 경우 출입하는 경찰공무원은 그 권한을 표시하는 증표를 관계인에게 내보여야 한다.

(6) 경찰의 직접 보안검색 관련 법적근거

1) 경찰관직무집행법 제3조 제1항, 제3항(불심검문)

①호, 경찰관은 수상한 거동 기타 주위의 사정을 합리적으로 판단하여 어떠한 죄를 범하였거나 범하려 하고 있다는 의심할 만한 상당한 이유가 있는 자 또는 이미 행하여진 범죄나 행하여지려고 하는 범죄행위에 관하여 그 사실을 안다고 인정되는 자를 정지시켜 질문할 수 있다

③호, 경찰관은 제1항의 규정된 자에 대하여 질문을 할 때에 흉기 소지 여부를 조사할 수 있다

3. 보안검색의 방법

(1) 수검색

휴대용 금속탐지기나 문형 금속탐지기로는 승객이 소지한 비금속류의 폭발물이나 칼 등을 탐지하는데 다소 한계가 있다. 이러한 단점들을 보완하기 위해 금속탐지기의 경보가 울리지 않은 승객에 대해서도 일정비율 무작위로 별도의 수검색을 실시하는 것이 바람직하다. 수검색에서 가장 문제되는 점은 개인의 프라이버시를 침해할 수 있다는 것인데, 이를 위해서는 동성에 의해 별도의 수색장소에서 실시하는 것이 바람직하다. 현재 많은 선진국가에서 승객 및 휴대 수하물에 대해 무작위 수검색 비율을 정하여 이에 따라 수검색을 실시하고 있다.

(2) X-ray를 이용한 검색

수하물이나 화물검색에 일반적으로 사용되는 장비로서, 그 내용물의 밀도에 따라 검색

원들이 쉽게 해독할 수 있도록 각기 다른 색깔을 1차원 영상화면으로 표시해 주고 있다. 화면상의 색상에 따라 아래와 같이 분류된다.

- 오렌지색 : 유기물 − 폭발물, 약물, 종이, 돈, 설탕
- 파란색 : 무기물 − 철(단검, 권총, 건전지), 천연소금, 보석
- 녹색 : 혼합물질 − 가스 캔, 음료수 캔
- 검정색 : 고밀도 물질 − 동전 꾸러미

(3) 전신검색장비를 이용한 검색

'전신검색장비'란 금속탐지장비에 의하여 탐지하기 어려운 무기 또는 폭발물 등 위험성이 있는 물건을 신체에 대한 접촉 없이 탐지하여 그 내용을 모니터에 영상으로 표시하는 검색장비를 말한다. 항공보안법 제15조 및 제27조에 근거하여 수행하며, 검색대상은 국내외 국가 및 보안기관 등으로부터 공항·항공기 또는 승객 등의 안전을 위협하는 요주의 승객(selectee)으로, 사전 통보받은 승객이나 탑승 당일 공항에서 구매한 티켓을 소지한 자, 해당 항공사가 검색을 요청하는 승객, 문형탐지기 및 휴대용 금속탐지기 탐지결과 의심되는 승객이다. 한편 임산부, 영유아, 환자, 장애인 및 승객이 원치 않는 경우는 검색 제외 대상이다.

4. 외교관 대상 보안검색

(1) 신체검색

1) 외교관은 '외교관계에관한비엔나협약'(이하 '비엔나협약)에 따라 신체불가침이 인정되나 테러예방 등 승객 및 항공기 안전을 확보하기 위해서는 '항공안전 및 보안에 관한 법률 제15조' 및 '동법 시행령 제10조'에 의거, 출국보안검색을 받아야 하는 대상에 포함한다.

2) 검색을 거절하는 경우 CIQ지역으로의 진입 제한 및 항공기 탑승거부 조치가 가능하다.[22]

검색 거절 시 또는 X−RAY 검색기 검사결과 등에 따라 추가 확인을 요하는 경우에는 대상자에게 정중하게 설득·요청하여 검색 실시

---

22) 항공보안법 제10조 2항.

(2) 휴대품검색

1) 외교관의 휴대물품은 반입물품에 관한 검색을 규정하고 하고 있는 비엔나협약의 준용 및 항공안전 및 보안에 관한 법률에 의거, 출국장에서 외교관 본인이나 대사관 직원 입회하에 검색이 가능하다.

> 비엔나 협약에는 '수출입이 금지된 물품을 휴대하고 있다고 추정할 만한 중대한 이유가 있는 경우 외교관이나 권한을 위임한 대리인의 입회하에 검색이 가능'하다고 규정

2) 검색을 거부하는 경우 강제로 검색할 수 없으며 항공기 탑승 시 대상물품의 휴대를 제지한다.[23]

5. 공항 보안검색의 종류 및 주체

(1) 출발(출국) 탑승객

탑승자는 문형 MD(Metal Detector, 금속 탐지기), 휴대물품은 X−Ray 판독기를 통과한 후, 탑승자의 경우 문형 MD가 반응을 하면 반응하는 금속물질을 확인하기 위하여 문형 MD 및 휴대용 MD로 재검색을 하고 휴대물품은 X−ray 판독기 통과 시 의심스러운 경우 개봉하여 검색을 하며 E·T·D(Explosive Trace Device, 폭발물탐지장비)를 활용한다.[24]

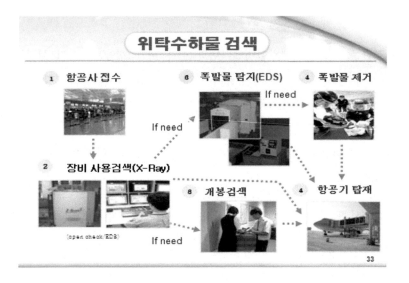

---

23) 항공보안법 제10조 2항.

출발(국)시 위탁수하물에 대한 보안검색은 발권카운터에서 발권과 동시에 접수하여 X−ray판독, C·T·X(Computer Tomography X−Ray, 컴퓨터 엑스레이 단층촬영)판독을 하고 ETD검사 후 여객기 화물칸에 적재하게 된다. 화물은 화물터미널에서 위탁수하물과 유사한 방법으로 보안검색이 이루어진다.[25]

(2) 보안검색의 주체

우리나라 출국(발)자 및 탑승객의 위탁수하물에 대한 보안검색의 주체는 '공항운영자'이고,[26] 화물에 대한 보안검색 주체는 '항공운송사업자'이다.[27] 또한 환승 승객 및 휴대물품의 보안검색 주체도 공항운영자이다[28] 보안검색의 주체가 이와 같이 공항운영자와 항공운송사업자로 되어 있으나 관련법의 단서 조항에 의거 '관할 국가경찰관서의 장'은 범죄의 수사 및 공공의 위험예방을 위하여 필요한 경우 보안검색에 대한 필요한 조치를 요구할 수 있도록 한 규정에 의거 국가경찰에서 보안검색에 관여하고 있다.[29]

승객 및 휴대물품 검색

① **탑승객 본인 확인 철저**
• 항공기 탑승권 및 신분증(여권 등) 확인

② **모든 승객**
• 문형, 휴대용 금속탐지기, 촉수검색

③ **모든 휴대물품**
• X-RAY, 폭발물 흔적탐지기, 개봉검색

④ **액체류 물품 보안통제 강화**

27

---

24) 항공보안법시행령 제14조.
25) 항공보안법시행령 제12조.
26) 항공보안법 제15조 제2항, 제 17조 제2항.
27) 항공보안법 제15조 제2항.
28) 항공보안법 제17조 제2항.
29) 최근 들어 국내선 공항의 경우 신분증대신 손으로도 탑승이 가능해졌다. 이용방법은 탑승권 발급의 경우 모바일탑승권 또는 자동발급기(Self Check in)를 이용하여 전용게이트를 통과하면 된다. 통과순서는 1단계로 탑승권바코드를 인식하고, 2단계로 손바닥 인식을 한 후 통과한다. 생체

위와 같이 보안검색의 주체가 직접 보안검색을 실시하거나 경비업법[30)]에 의해 지방경찰청장으로부터 허가를 받은 경비업체에 위탁을 하고 있는데, 실무적으로도 경비업체에 위탁하여 운영된다.

6. 입국자 외사보안활동

(1) 테러혐의자 입국규제

1) 입국 시 통보요청자
① 국제 테러첩보 관련자에 대하여 입국 시 통보요청(경찰청)
② 대상자 입국 시 공항 출입국관리사무소에서 공항경찰대에 통보
③ 공항경찰대에서는 대상자의 혐의 확인 후 국정원·출입국관리사무소 직원과 함께 합동조사
④ 대상자 혐의가 경미하여 입국을 허용하는 경우, 대상자 E/D카드, 합동조사서 등 입국관련 자료를 첨부, 국제보안계 보고 및 해당 지방청에 통보하여 대상자 국내 체류 동향파악을 할 수 있도록 조치한다.

2) 국제 공·해항에서 테러혐의자 발견 시
① 출입국관리사무소로부터 테러의심자 발견 사실을 통보받았을 경우 출입국관리국 재심에 참여, 신원확인 및 관련 사항을 국제보안계 즉시 보고한다.
② 환승장 CIQ 지역 등에서 검문검색 중 테러의심자를 발견했을 경우,
   ○ 입국 또는 환승 여부 확인(환승 시 해당편명, 시간, 목적지 확인)
   ○ 출입국 관리사무소·세관·공항공사에 테러의심자에 대한 입국심사·수하물검색·보안검색 강화를 요청, 필요시 직접검색 실시
   ○ 출입국관리사무소와 협조, '입국금지' 및 '인터폴수배 여부' 등 확인하고, 테러혐의자로 판명될 경우 국제보안계 즉보
   ○ 테러혐의자와 동일인 여부가 불분명할 경우, 지체하지 말고 국제보안계 즉보 및 신원확인 요청

정보등록절차는 출발장 인근에 위치한 셀프등록대 또는 유인등록대에서 신분증을 제시하여 등록한다. 이용대상은 만14세 이상 대한민국 국민(셀프등록대에서 등록한 경우 처음 이용시 보안요원에게 신분증 확인 필요)은 모두 이용가능하다.
30) 법률 제 9579호(2009.4.1)

(2) 테러지원 국가인 입국관리

1) 입국 시 처리지침

① 테러지원국가인 입국 시, 입국신고서 등 관련 자료 확보 후 국제보안계 및 체류지 관할 지방지방청장에게 보고·통보
② 테러지원국가인이 이미 외사대상자로 지정된 경우에는 해당 등급에 따라 정보수집 및 동향 파악
③ 체류지 관할지방경찰청장은 통보받은 자료와 대상자의 체류실태 등을 종합 심사하여 대상자지정 여부를 결정
④ 외사동향파악 대상자로 지정된 경우 등급에 따른 동향관찰 실시한다.

2) 입국규제 처리절차

① 외국 정보기관으로부터 테러혐의자로 통보를 받거나 테러의심자 정보입수 시,
　○ 국내 출입국 사실 확인(출입국관리사무소) 및 협조요청 공문발송
　○ 테러혐의자 명단 하달 및 외사보안활동에 활용
② 테러관련 정보입수 시 보관자료 즉각 확인 및 법무부·관세청 통보, 외국 정보기관에서 테러용의자를 경찰청에 통보할 경우 국정원에도 동시 통보하며, 국정원에서 입국규제 조치한다.
③ 테러혐의자 입국기도 시 경찰·국정원·법무부 등 합동심사 실시 후 조치한다.

3) 테러혐의 인터폴 적색수배자 입국 시 처리

① 사무총국으로부터 명단 접수 시 법무부 통보(경찰청 외사수사과에서 국정원으로 통보)
② 전산입력(법무부) 및 대상자 입국 시 출입국관리사무소 단말기에 표시
③ 출입국관리사무소 공무원, 경찰 및 관계기관에 통보하고 경찰에서는 국제범죄정보시스템에서 수배내용 확인
④ 테러혐의자로 수배된 경우 즉각 경찰·국정원·법무부 등 관계기관 합동심사 실시 (인터폴 적색수배자 중 테러로 수배된 자에 한함)
⑤ 합동심사 시 입국금지를 원칙으로 하되 사안 경미하여 입국허가 시 동향관찰 등으로 전환한다.

4) 테러지원국가 출신 외국인 등 입국 시

① 공항경찰대 등 해당 관서에서는 입국신고서를 신속히 입수할 수 있도록 법무부 출입국관리사무소와 긴밀한 협조관계 구축하며,

② 출입국관리사무소와 긴밀히 협조, 초청자 국내연락처, 체류 예정지 등이 정확히 기재된 입국신고서 등 관련 자료 신속 입수하고,

③ 체류지 지방청(경찰서)에서 소재 확인 시 차질이 없도록, 행선지·국내연고지 등 사실 확인 후 해당 지방청 통보한다.

④ 입국목적 불분명 및 위조여권·유사명의(이명) 도용 여부 등 입국심사 강화 요청 및 필요시 경찰의 신속한 현장 입회와 조사를 실시한다.[31]

7. 보호구역 내 불법행위 처리

(1) 보호구역의 의의

1) 보호구역 개념

① 공항시설 보안의 주체인 공항운영자가 공항시설 보안을 위해 특별한 보호가 필요하다고 인정되는 구역을 지정하여 출입이 허가된 자 이외의 자는 출입을 통제하는 지역을 의미한다.

② 보호구역의 출입을 위해서는 공항운영자로부터 출입증을 발급받아 출입해야 하며 공항운영자는 세관검사장, 관제시설, 활주로, 계류장 등에 대한 출입증 발급 시 관할 행정기관장과 사전 협의한다.

2) 법적성격

① 국제 공·해항 내 보호구역은 일반인의 출입이 제한된 지역일 뿐, 치외법권 지역에는 해당되지 않아 완전한 국내법이 적용되는 지역이다.

② 보호구역은 법무부의 입국심사가 완료되지 않은 지역으로 법무부에서는 업무편의상 동지역 내·외국인은 입국하지 않은 것으로 의제

3) 보호구역 내 불법행위 처리절차상 특성(피의자가 외국인인 경우)

① 법무부 입국심사 지연, 거절시 피의자 신병확보 곤란하다.

② 불구속 수사 시 강제퇴거, 자진출국 등의 사유로 수사절차 진행 및 형집행이 어려워 형사절차 진행의 실익이 없는 경우가 발생한다.

③ CIQ 지역 내 국내법 적용이 곤란함을 이유로 불법행위 자행 및 사과·피해보상 등 피해에 대한 보상거절 등의 사례가 빈발하기도 한다.

---

31) No Fly List 등을 통하여 테러혐의자 등 입국확인 시 경찰 등 관계 기관과 합동심사를 한다.

(2) 구체적 불법행위 유형 및 처리요령

1) 항공기 내 불법행위 관련 근거

① 1963년, 항공기 내에서 범한 범죄 및 기타행위에 관한 협약(동경 협약)

② 1970년, 항공기 불법납치 억제를 위한 협약(헤이그 협약)

③ 1971년, 민간항공기 안전에 대한 불법적 행위의 억제를 위한 협약(몬트리올 협약)

2) 관할권

① 항공기 내부의 절서교란행위(동경 협약)
- 기내난동 등 경미범죄는 기국주의를 적용, 항공기 등록국이 우선적 관할권을 보유하거나 국내 영토상에서 범죄가 발생한 경우에는 속지주의를 근거로 국내법 적용 가능
- 테러 등 중요 범죄는 동 협약의 적용 배제

② 테러 등 항공기 운항안전을 해하는 중요 범죄(헤이그, 몬트리올 협약)
- 항공기 납치뿐만 아니라 비탑승자의 범행 및 항공기 외에 항공시설에 대한 범행도 규율
- 피의자 처벌을 위한 관할권은 등록국, 착륙국, 범죄발생지국 등이 관할권행사 가능하다(등록국이 우선적 관할권을 가지는 것은 아님).

3) 불법행위 처리요령

① 항공기 기장 등으로부터 신병인수 시 승무원, 탑승자 등으로부터 참고인 조서를 작성, 증거자료 확보한다.

② 피의자 국적국 대사관에 관련 사실을 통보하고 관할권 조정 후 국내법을 적용하지 않을 경우 범죄인인도, 강제퇴거 등 필요한 조치를 한다.

③ 다만, 동경 조약에 의거하여 신병확보 시, 관련 범죄사실을 기소하기 위한 필요한 수사 후 해당국 대사관에 신병 및 수사자료 인계는 가능하다.

④ 국내법 적용 시, 일반형사범 처리 절차를 따르되 증거인멸, 도주 우려가 있을 경우 구속수사를 원칙으로 처리한다.

4) 보안검색이 완료된 구역 내 불법행위

① 신병확보를 위해 법무부에 신속히 입국수속을 요청하고 국내법이 적용되는 지역이므로 일반 형사범 처리절차에 의거 처리한다.

② 불법행위에 대한 목격자를 현장에서 확보하고, 참고인 진술조서 등을 통하여 증거

자료 확보에 주력한다.

③ 경미범죄는 처벌 실익이 없어 현장에서 훈방 조치하는 것이 타당하나, 피해자 처벌 의사 유무 등을 고려하여 필요시 입건조치 가능하다.

8. 외국의 보안검색

보안검색의 주체는 각 나라마다 처한 환경에 따라 다르다. 보안검색의 주체가 국가인 나라는 중국·러시아 등 사회주의 국가, 프랑스 등 대륙법계 국가, 일본·싱가포르 등 아시아 일부국가, 그리고 테러 우려가 상존하는 이스라엘이 있으며, 미국도 9·11테러 이후 국토안보부 산하 교통보안청(Transportation Security Administration: TSA)감독하에 보안검색이 실시되고 있다. 반면 우리나라는 출국 및 환승은 민간기업인 공항운영자와 항공운송사업자이고 입국(도착)은 국가기관인 관세청에서 담당하고 있다.

9. 보안검색 강화방안과 경찰의 역량

(1) 보호구역에서 경찰의 임무

공항 보안검색장은 보안검색의 실시주체인 공항공사 감독관과 보안검색을 직접 실시하는 특수경비원, 그리고 경찰 보안(외사)요원이 배치되어 있다. 이곳에 배치된 경찰의 가장 첫째 임무는 대테러 정보수집활동이고, 둘째 보안검색장과 공항 내 발생하는 각종 형사범의 처리 즉, 국가형벌권의 확보이며, 셋째 민간기업주도의 보안검색에 대한 보완에 있어 경찰은 보충적 임무를 담당하고 있다.

하지만 절대적 완벽을 요구하는 업무의 특성상 보안검색의 주체인 민간기업인 공항공사와 항공사로는 보안검색을 담당하는 특수경비원의 파업 등 보안검색의 원활한 운영에 분명한 한계가 존재한다. 그러하기에 항공보안법에 의거 경찰은 "범죄의 수사 및 공공의 위험예방을 위해 필요한 경우 다음 사항을 조치한다.

1) 보안검색대상자에 대한 불심검문, 신체 또는 물품의 수색 대한 협력

2) 보안검색방법 중 필요하다고 인정되는 방법에 의한 보안검색

3) 보안검색강화를 위한 보안검색요원의 증원배치를 요구

이와 같이 공항 보안에 대한 경찰의 임무에 대해 국제규정인 국제민간항공기구(International Cvilian Airline Organization: ICAO) 협약 및 부속서 제17장에도 관련 사항을 규정하고 있다

(2) 상주직원 등에 보안검색 강화

보안검색은 공무로 국외여행을 나가는 국가원수와 국제협약 등에 의하여 보안검색의 면제를 받도록 되어 있는 자에 대하여는 면제할 수 있다.[32] 그러나 그 외의 자는 상주직원 (동법 제 16조)을 포함하여 모든 사람은 보안검색을 받아야 한다. 상주직원은 이미 신원절차에 의해 공항 내 보호구역 등을 출입할 수 있는 사람들로, 이들 중에는 국가정보원, 안보지원사(구 기무사)·공항공사 직원 등 출입증이 발급된 공항 보안담당자들은 평소 공항이라는 한정된 공간에서 검색원과의 직·간접으로 안면이 있거나 감독의 위치에 있는 사람들이다. 하지만 지난 2004년과 2010년에 인천공항에서 경찰관에 의한 금괴 밀반입사건으로 인해 신뢰가 상실되어 공항에서의 업무와 역할에 대한 재정립이 요구된다고 보여 진다.

(3) 보안경찰의 인식전환 역량강화

공항 보안검색은 항공 보안의 핵심으로 각 공항에는 공항 보안대책협의회(이하 '협의회'라 한다)가 구성되어 있다.[33] 이 협의회 임무 중 하나는 '항공기 피랍 및 폭파예방·저지를 위한 탑승자와 수하물의 검사대책'에 대한 심의·조정으로, 이 협의회는 공항에 근무하는 법무부·국정원·관세청·국군안보지원사 등 관계 기관과, 공항 경비책임자 및 협의회의 의장이 지명하는 자가 위원으로 있는 명실상부한 공항에서의 대테러 협의체이다. 이를 통해 공식적인 대테러 대책 및 보안대책 논의는 물론, 구체적이고 실질적인 공감대 형성으로 협조체제가 유지되어야 한다.

경찰은 1970년대 초반부터 공·항만의 보안검색에 관여해 왔음에도 불구하고 구(舊) 항공안전보안에 관한 법률(2002년 개정)에 따른 역할축소와, 일부 공항요원의 일탈로 인해 위상저하는 물론, 공·항만에서의 대테러 정보수집 능력이 상당부분 침체되어 있는 것이 현실이다. 공·항만(보안) 경찰은 안보환경변화에 따른 공·항만 현장에서의 정보수집 능력배양과 반복·숙달 대응훈련으로, 테러와 안보 위해사범으로부터 국민의 생명과 재산을 보호할 수 있는 진정한 보안기관으로 거듭나야 할 것이다.

---

32) 항공보안법 제15조 제5항, 동법 시행령 제15조.
33) 국가대테러활동지침 제17조.

CHAPTER 05

국제교류와 경찰협력

제1절 다문화사회와 외국인공동체

1. 다문화 개념과 다문화범죄

(1) 다문화 개념

다문화는 "multi-cultural", "inter-cultural", "cross-cultural" 등 다양하게 표기되고 있을 만큼 아직은 그 개념의 이해와 논의가 명확하지 않다. 다문화가정에 대한 국내 법령상 정의들을 살펴보면, 2008년 제정된 「다문화가족지원법」 제2조에 "다문화가족이란 「재한외국인처우기본법」 제2조 제3호의 결혼이민자(대한민국 국민과 혼인한 적이 있거나 혼인관계에 있는 재한외국인)와 「국적법」 제2조부터 제4조까지의 규정에 따라 대한민국 국적을 취득한 자로 이루어진 가족, 「국적법」 제3조 및 제4조에 따라 대한민국 국적을 취득한 자와 같은 법 제2조부터 제4조까지의 규정에 따라 대한민국 국적을 취득한 자로 이루어진 가족"으로 정의되어 있다. 이에 따르면 다문화가정 형성의 주된 요건은 결혼이민자나 국제결혼 등에 의한 것으로, 구성원으로 출산되거나 양육중인 자녀도 포함된다. 하지만 「다문화가족지원법」상 다문화가족에 대한 정의는 외국인근로자, 북한이주민, 유학생, 이민자가족, 재외동포 등을 포괄하지 못하고 있어 결국 현재 한국 사회에서의 법률상 다문화가족은 결혼이민자에 초점을 두고 있는 매우 한정적인 개념으로 정의되고 있다.

(2) 외국인 노동자의 증가

한국의 다문화사회 변화과정은 외국인 입국자 및 체류자의 급격한 증가에서 그 원인을 찾을 수 있다. 즉, 한국 내 외국인 이주노동자들의 유입은 농촌인구의 도시이동과 사회

구성원들의 인식변화에 따른 출산인구의 감소, 고령화 등이 원인이 되어 제조업 분야의 노동력이 부족하게 됨에 따라 가속화 되었다. 외국인 체류자의 증가는 1992년 한·중 수교 이후 꾸준히 증가한 중국 동포의 유입과 우리나라의 국제적 지위 향상으로 유학생 및 전문인력의 증가, 저출산·고령화 사회 진입으로 인한 산업연수생 및 고용허가제 등으로 인한 외국인 근로자 입국의 증가에 기인한다.

(3) 외국인에 의한 범죄

우리나라의 경제성장과 노동력 부족현상 그리고 세계화에 따른 입국간소화 조치 등은 동남아시아 저소득 국가를 중심으로 외국인들의 대량 입국과 국제결혼을 증가시켰고, 이들은 한국 사회의 다문화 현상을 가중시켜 다문화 치안환경에도 영향을 주는 등 새로운 사회문제로 등장했다. 더구나 최근 들어 외국인이 급속히 증가함에 따라 범죄도 함께 증가하면서 외국인과 관련되어 부정적으로 비춰지는 사례도 자주 보도된다. 그 예를 보면, 지난 2011년 베트남·캄보디아 출신 여성이 남편에게 살해되는 사건으로 인해 사회적 분위기는 범죄피해를 당하는 외국인에 대한 온정적인 시각이 주류를 이루었지만, 2013년에 중국 출신 조선족 남성의 한국 여성 살해사건으로 인해 이러한 분위기는 반전되어 외국인의 범죄행위로 인한 외국인 혐오증(제노포비아)까지 확산되었다.

2. 다문화 현상에 대한 이해

(1) 한국의 결혼이민자 사회 차별현상

1) 다문화 사회를 보는 한국인의 시각

① 순혈주의를 강조하는 한국 사회

초등학교 6학년 도덕 교과서에 '우리는 본디 하나, 땅도 하나, 민족도 하나, 말도 하나'라는 대목이 있다. 그리고 초등학교 6학년 사회 교과서에 '우리는 생김새가 서로 같고, 같은 말과 글을 사용하는 단일민족'이라 되어 있으며, 중학교 2학년 도덕 교과서에도 '우리가 같은 핏줄을 이어받은 한민족'이라는 점, 고등학교 1학년 국사교과서에 '우리 민족은 세계사에서 보기 드문 단일민족 국가로서의 전통을 이어오고 있다'라는 대목이 기술되어 있다.

② UN 인종차별 철폐위원회(CERD)의 권고

한국의 순혈주의적 단일민족 개념에 대해 UN 인종차별 철폐위원회(CERD)는 이에 대해 우려를 표명하면서 서로 다른 집단들 사이의 이해와 관용을 위한 인권프로그램을 운영할 것과, 다른 민족의 삶에 대한 이해를 교과서에 담기를 권고한바 있다.

2) 다문화가정의 특성

① 국제결혼 가정

1990년대 농촌지역 남성들을 중심으로 저 출산 고령화 및 혼인 수급 불균형으로 인해 외국 여성과 결혼하는 국제결혼이 빠른 속도로 증가하고, 2000년대에 들어 국제결혼 중개업자들이 개입하면서 필리핀, 베트남, 태국, 몽골, 러시아, 우즈베키스탄 출신 여성 결혼이민자들이 큰 폭으로 증가하게 되었다. 1990년 당시 국내결혼 대비 국제결혼이 1.2%이던 것이 2012년에 들어 8.7%를 차지하여 외국 여성의 약 73%가 한국 남성과 국제결혼했고, 주 대상국은 중국(34.1%), 베트남(31.9%), 필리핀(10.7%) 순이었다.

② 다문화가정의 어려움

다문화가정의 대표적 어려움은 불편한 언어소통, 배우자의 문화에 대한 이해 부족, 양가 가족 사이의 불화, 자녀 양육관의 차이, 자녀의 정체성 혼란 등이 대표적 갈등요인으로 나타났다. 특히 한국인 남편이 외국인 아내의 본국이나 고향에 두고 온 가족을 무시하거나 문화적 습관을 폄하하는 발언 등은 외국인 신부를 심리적인 고립감에 빠지게 한다. 또한 한국의 사회제도와 문화에 대한 이해가 부족하여 자녀 양육에 어려움을 겪는 어려움도 있다. 농촌지역의 경우, 자녀양육에서 어머니의 역할이 큰 편이나 어머니의 한국어 실력부족, 한국 교육제도에 대한 이해 부족, 배우자 및 시부모와의 양육관 차이 등과 보육시설 및 사교육시설 부족이 자녀의 학력 저하나 학교 부적응을 유발하기 쉬운 것으로 나타났다. 더구나 국제결혼 가정 자녀들은 종종 부모가 외국인이라는 사실을 드러내기 꺼려한다. 특히 언어, 피부, 생활습관 등에서 나타나는 차이로 인해 또래집단으로부터 따돌림을 경험하면서 한국인으로서의 자기정체성에 대해 고민을 하며 스스로를 비주류 집단으로 인식하고 있다.

(2) 이주노동자의 가정

1) 이주노동자 가정의 구성

외국인 근로자의 고용 등에 관한 법률 제정으로 고용허가제가 실시되고 국내에서 일할 사람을 구하지 못한 기업이 일정 규모의 외국 인력을 고용할 수 있도록 함으로써 3D 업종을 중심으로 이주노동자가 증가하게 되었다. 2017년 현재 취업자격 체류 외국인은 약 60여 만 명(전문 인력 7만 명, 단순기능 53만 명 등)으로, 특히 노동이주의 목적으로 국내에 입국하는 중국 동포의 경우 혈통으로는 한민족이지만 국적은 중국 국적이다.

2) 이주노동자 가정의 어려움

① 노동문제

외국인 노동자는 비전문직 종사자가 대부분으로, 이들은 열악한 노동환경, 임금차별, 임금체불, 직장 내 차별과 폭력, 산업재해 등에 쉽게 노출되어 있다.

② 의료와 건강문제

단순 기능직에 종사하는 외국인 근로자들이 한국 생활에서 겪는 큰 문제 중 하나는 의료와 건강문제이다. 특히 의료보험 적용을 받지 못하는 외국인 노동자의 경우 비싼 병원비 때문에 적절한 치료를 받지 못하여 병을 악화시킨 경우가 많다.

③ 문화적 차이에 따른 차별

직장 내 문화 차이로 인한 오해와 한국어능력 부족으로 주변화 되는 현상이 뚜렷하게 나타난다. 더구나 이들을 더 힘들게 하는 것은 한국인의 문화적 편견과 차별적 태도로, 이는 다문화사회에서 사회적 통합을 어렵게 하는 주요 요인이 되기도 한다.

④ 자녀교육의 어려움

교육기본법은 '국민'에 대한 교육기회의 보장을 전제하고 있다. 따라서 '국민'으로 간주되는 국제결혼 가정이나 북한이탈주민 가정과 달리 미등록 이주노동자 가정의 자녀는 불안정한 신분으로 인해 학교에 다니지 못하는 경우가 많고, 피부색 등으로 또래집단으로부터 놀림과 따돌림을 받는다.

3. 다문화 친화적인 치안 서비스 활동

(1) 다문화 사회 안정화를 위한 치안 봉사자의 자세

다문화 사회 안정화를 위해 제도적 정비와 더불어 치안 종사자들의 친 다문화적 사고와 행동이 필요하다. 치안 종사자들은 이주민의 사고와 행동이 우리와 다르더라도 이를 보편적 인권의 관점에서 동등하게 다루어야 한다. 또한 개인의 능력, 취향, 성별, 종교, 한국어 능력, 한국 사회에 적응도 등을 고려하여 이주민과 바람직한 관계를 형성하고 필요한 도움을 주어야 한다.

(2) 다문화 구성원의 한국 사회 적응 단계

1) 1단계 : 불안과 고립의 단계

→ 정서적 결핍, 위축 및 언어적 한계 등으로 인한 사회적 고립

2) 2단계 : 혼돈과 갈등을 겪는 단계

→ 사회문화적 차이, 남편과 친척과의 갈등, 경제적 어려움

3) 3단계 : 주위와 긍정적 관계 형성 및 환경에 대한 수용력 확장 단계

→ 가족의 지지, 사회적 네트워크 형성, 한국의 사회문화적 제도 습득

4) 4단계 : 자기 주도적 생애 개발 단계(사회구성원으로 자리매김)

(3) 결혼이민여성의 가정폭력 처리시 유의사항

1) 기본자세

① 내국인보다 정신적으로 두려움이 심하며 도움을 청할 곳이 거의 없다는 사실을 인식한다.

② 가급적 처벌보다는 원만한 혼인관계가 유지되도록 도움을 준다.

2) 처리방법

① 처리과정에서 상대방에게 상처를 주지 않도록 언행을 조심하며 프라이버시가 보호되도록 한다.

② 폭력행위를 제지하고 필요한 경우 피해자를 상담소나 보호시설에 인도한다.

③ 통역전화(BBB 등) 및 경찰통역요원을 활용하여 조사한다.

최근 들어 가정폭력이 심각한 수준에 이르자 일부 경찰관서에서는 자체적인 매뉴얼도 제작했다. 예를 들어,

○ 해당 사건이 징역 3년 초과 범죄에 해당하는 경우

○ 가해자가 최근 3년 간 2회 이상 가정폭력 전력이 있는 경우

○ 위험한 물건을 이용한 경우

○ 전치 3주 이상 상해가 발생한 경우

○ 보복성 폭행이나 자녀가 있는 앞에서 범행하는 등 심각성이 있는 경우, 등 다섯 가지 조건 중 세 가지 이상에 해당하면 원칙적으로 형사 사건으로 처리한다. 다만, 주변인 조사 등을 통해 평소 아무런 문제가 없는 가정에서 우발적으로 발생한 사건 등은 위 조건에 해당하더라도 피해자 의사를 고려해 가정보호사건으로 적용할 수 있다.[1]

---

1) 울산 중부서, '가정폭력 사건 처리기준 참고 항목'(2018.11.21자).

3) 상담 신고

① 결혼이민여성을 위한 긴급전화(1577-1366)가 24시간 운영됨을 알려준다.

② 지역 내 다문화가족지원센터 등 이주여성 지원기관을 안내해 준다.

4) 다문화 가정 구성원과 의사소통 요령

① 우리 민원인을 대하듯 친절하게 대함으로써 상대방의 위축된 마음을 제거해 준다.

② 공적인 필요성을 넘어서는 사적인 질문이나 인권을 침해하는 발언을 삼가한다.

③ 가급적 쉬운 표현을 사용하여 천천히 말하며, 유사 의사소통(손짓, 머리 끄덕임, 표정 등)을 적극 활용한다.

④ 대화의 시작과 끝을 분명하게 알려준다.

⑤ 주요 일정 등 중요한 사항은 반드시 메모로 전해 준다.

4. 다문화 사회와 커뮤니티

(1) 다문화 사회에 대한 경찰 거버넌스

1) 다문화 현상에 효율적으로 대처하기 위해 경찰 내 컨트롤 타워를 구축한다.

2) 다문화 정책의 컨트롤 타워를 통해 대응체제 정비 및 부처 간 중복과 경쟁을 방지한다.

3) 외국인관련 치안수요의 증가에 효율적으로 대응한다.

4) 외국인과 내국인의 갈등이 범죄로 이어질 가능성에 대해 예방한다.

5) 경찰만의 노력으로는 한계가 있으므로 외국인이 많이 거주하는 지역사회의 외국인 봉사단체와 상호협력 체제를 구축하고 공동 커뮤니티를 활용한다.

(2) 다문화 치안활동

1) 외국인 도움센터(Assistance Center for Foreigners) 운영

체류 외국인이 지속적으로 증가하고 있는 가운데, 경찰청에서는 결혼이민여성 등 일부 체류 외국인들이 경찰서 방문에 거부감을 느낀다는 점을 감안하여 외국인들의 접근성이 높은 다문화가족지원센터(여가부 운영)·NGO단체 등을 '외국인 도움센터'로 지정하여 운영하고 있다. '외국인 도움센터'는 외국인 범죄신고 및 민원접수 창구로서 외사요원과 Hot-Line을 구축해 범죄 신고와 각종 민원을 상담·처리하고 관계 기관에 통보하는 역할을 하고 있다. '외국인 도움센터'는 2010년 5월 232개소를 시작으로, 2017년 전국 17개 지방청

에 342개소가 설치·운영되고 있으며, 외사경찰과 도움센터 간 유기적인 협조체제 구축과 적극적인 노력을 통해 외국인 범죄예방 및 실질적 사회정착을 지원하고 있다.

2017년 한해 외국인 도움센터를 통해 총 32,680건의 범죄피해 신고와 민원을 상담·처리하였고, 전체 상담·처리건수 중 범죄피해 상담이 9.1%(2,958건), 민원상담이 90.9%(29,722건)를 차지하였다.

2) 외국인 범죄예방교실 운영

외국인들이 범죄에 노출되는 것을 예방하기 위해 경찰청에서는 '외국인 범죄예방교실'을 운영하고 있다. 범죄예방교실은 교육대상자 유형에 따라 결혼이민여성은 '기초질서·안전·범죄피해 예방교육, 다문화가정 자녀는 '학교폭력 예방교육', 외국인 근로자는 '기초법질서 교육'을 중심으로 맞춤형 교육을 실시하고 있다. 특히 교통, 폭행 협박, 주거침입, 재물손괴, 흉기소지, 도박, 보이스피싱 등 외국인들이 국내 법 규정 등을 잘 몰라 저지르기 쉬운 범죄 유형이나, 가정폭력, 아동 실종·유괴 예방, 성범죄, 사기, 절도 등 일상생활에 노출되기 쉬운 범죄를 예방할 수 있는 방법과, '범죄신고 요령' 등 실생활에 밀접한 내용 위주로 교육을 실시하고 있다. 2017년에 들어 총 5,845회에 걸쳐 311,198명을 대상으로 범죄예방교육을 실시하여 외국인들의 범죄예방 및 대처능력을 제고하였다.

3) 다문화가족 및 취약계층 대상 운전면허 교실 운영

결혼이민여성, 외국인 근로자, 유학생 등이 국내 정착에 필수적인 운전면허 취득을 지원하기 위해 '운전면허 교실'을 운영하고 있으며, 운전면허 교실에서는 학과시험 교육과 함께 교통사고 예방을 위한 교통안전교육도 함께 실시하고 있다. 운전면허 교실은 2007년 5월 충남 아산경찰서에서 처음 개설한 이래, 2017년에는 197개 경찰서에서 총 12,672명을 대상으로 교육을 실시하였다. '운전면허 교실'은 단순한 교육이나 운전면허 취득 지원을 넘어 체류 외국인들이 경찰과 접촉하고 유대감을 형성할 수 있는 창구 역할을 수행하고 있다.

(3) 다문화 봉사활동 조직

1) 다문화가정 지원을 위한 운전면허 교실(Driving Class), 결혼이민여성 등 외국인의 운전면허 학과시험 무료강의로 안정적 사회 정착을 지원한다.
2) 외국인 치안봉사단(MOMMY - POL) 및 다문화가정 어린이 경찰대(POLICE - KID) 활동을 권유한다.

(4) 외국인 밀집지역 관리

1) 외국인 밀집지역[2] 구분
① 외국인 주택 밀집지역
② 외국인 상업 인프라 지역
③ 외국인 대상 시설이 모여 있는 지역

2) 유형별 외국인 밀집지역
공단배후 노동자 주거지, 대도시 불량 주거지, 외국관련 시설 주변지역, 전문 인력의 고급주거지

3) 외국인 밀집지역 구분
① 외국인 밀집지역 '가'급
등록외국인 7,000인 이상, 또는 관할 인구대비 4% 이상인 지역(전국에 53개 경찰서)
② 외국인 밀집지역 '나'급
등록외국인 3,500~7,000명 또는 외국인 비율 2%~4%지역(전국 72개서), '나'급 외국인 밀집지역은 수도권을 비롯하여 경남, 경북, 전남, 전북 등 전국적으로 확산되고 있다.

4) 외국인 밀집지역의 기능
① 순기능 : 자국인 정보교환을 통해 초기정착에 도움, 민족적·문화적 정체성 유지, 타국에서의 외로움과 향수를 달래주는 공간적 기능
② 역기능 : 주류사회와의 단절과 문화적 고착화 심화, 사회문화적 고립 및 슬럼화 촉진, 치안부담률 증가(절도 등 생계형 범죄와 개인적 불화, 채권채무 문제로 인한 폭력과 강력범죄 유발, 실업을 이유로 범죄를 자행)

---

2) 서울지역 외국인 밀집지역 : 서래 마을(서초구 반포4동), 일본인 마을(용산구 이촌1동), 필리핀 거리(종로구 혜화동), 이슬람 거리(용산구 이태원), 조선족 거리(구로구 가리봉동), 몽골 타워(동대문구 광희동), 리틀 차이나타운(서대문구 연희동), 네팔인 촌(숭인동·창신동), 독일인 마을(용산구 한남동), 러시아 중앙아시아 촌(을지로 및 광희동), 이태원 관광특구(용산구 이태원)
지방 외국인 밀집지역 : 인천 차이나타운(인천 북성동, 선린동), 안산 국경 없는 마을(경기 안산시 원곡동), 성남 태평역 주변(경기 성남), 마석 가구단지(경기 남양주 마석), 중국인 공동체(경기 부천), 대구 성서공단 주변(대구광역시 달서구), 부산 외국인 상가거리(부산 동구 초량동), 부산 차이나타운(부산 동구 초량동) 등

5. 다문화 사회에 맞는 경찰의 역할

(1) 1단계(외국인에 대한 이해도 제고 및 대응 역량 강화)

1) 다문화 사회의 이해를 바탕으로 외국인 사건에 대해 능동적 대응한다.
2) 외국인과 지역사회의 연계를 통해 한국의 다문화 사회가 안정적으로 정착되도록 유도하다.3)

(2) 2단계(시민과 외국인이 함께 안전한 지역사회 분위기 정착)

1) 외국인 범죄 및 피해 최소화를 위한 사회 안전망을 구축한다.4)
2) 다문화적 역량을 갖춘 외사경찰을 실현한다.

6. 다문화 사회 치안확보를 위한 맞춤형 경찰활동

지속적인 귀화·체류 외국인 증가로 다문화 사회에 진입함에 따라 새로운 치안수요에 대응하기 위한 맞춤형 다문화 치안활동을 전개한다.

(1) 추진 배경

다문화가정 등 체류 외국인 증가로 다문화시대 진입, 다문화시대 안전 확보를 위해 외국인 범죄예방 등 맞춤형 치안활동의 필요에 따라 추진하게 되었다.5)

---

3) 【사례】 다문화가정 자녀를 대상으로 경찰 체험학습 실시
  다문화가정 경찰서에 자녀(30여 명)를 초청, 기초질서 확립을 위한 범죄예방교육 및 경찰 현장체험학습 실시하면서 교통순찰차 시승, 경찰관과 무전교신, 112종합상황실·유치장·강력팀 사무실(영화 범죄도시 촬영지) 견학 및 경찰관 직업 소개했고, 학교폭력 근절 등 범죄예방교육 실시와 기초질서 의식을 제고했다. 이러한 다문화가정 자녀들의 경찰서 현장체험을 통해 사회참여 및 다양한 인간관계 형성의 기회를 제공, 안정적으로 한국 사회에 정착할 수 있도록 지원한 사례(서울 금천서).
4) 【사례】 '서울 서남권 민관협의체'로 다문화 치안거버넌스 구현한 사례
  경찰·지자체·출입국사무소·주민단체가 참여한 '서남권 민관협의체(서남권 민관협의체는 외국인이 밀집된 서울 서남권, 즉 구로, 금천, 영등포, 동작, 관악구 등 지역을 중심으로 정주여건 개선을 위해 '15년 설립된 민관협의체)'를 통해 외국인 밀집지역 치안환경 개선 및 협력단체 지원에 필요한 예산 확보로 외국인 밀집지역 CCTV 설치와 외국인 자율방범대 지원을 안건으로 제안하고 지원 필요성을 설득, CCTV 설치예산(6,000만 원)과 서남권 5개 외국인 자율방범대 지원예산(3,500만 원) 등 9,500만 원 확보.(서울청)
5) 체류 외국인 : '12년 144만여 명 → '17년 10월 213만여 명(↑48%),
  결혼이민자·혼인귀화자 : '12년 23만여 명 → '16년 27만여 명(↑17.3%)

(2) 추진 내용

체류 유형별 특성을 고려, 맞춤형 범죄예방활동을 실시한다.

분 류	대 상	맞춤형 다문화 치안활동
장기체류	외국인 유학생	▶ 대학 교과시간을 활용한 범죄예방교육 실시
	외국인 근로자	▶ 외국인 근로자 취업교육장 등 진출, 기초법질서 교육 실시 ▶ 외국인 자율방범대(2,235명) 등 치안협력자로 활용
귀 화	다문화 가정	▶ 다문화센터 등과 협력, 가정·학교폭력 예방교육 실시 ▶ 운전면허교실(189개서), 치안봉사단(2,325명) 등을 통해 정착지원

민간 통역요원 인력풀(35개 언어권, 3,077명) 구축 및 외국인 커뮤니티와 네트워크 결성, 외국인자율방범대 조직 등 추진(협력치안)

다문화가족지원센터 등 외국인 접근성이 높은 기관을 '외국인도움센터(337개소)'로 지정, 범죄피해 상담 창구로 활용(피해자 보호) 및 주말·심야시간 등 취약 요일과 시간대에 가시적 순찰 등 방범 활동을 전개한다.[6]

전년 대비 단기간 국적별 범죄 증가율(2015.9)

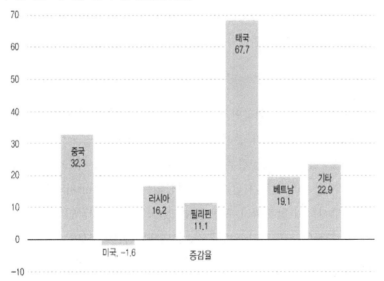

출처 : 치안정책연구소 치안전망(2018).

---

6) 【사례】 자율방범대 제보로 위조차량 번호판 부착·운행 피의자 검거
유학생 자율방범대원으로부터 단속을 피하기 위해 위조 번호판을 부착한 대포차량을 운행·판매하는 외국인이 있다는 내용을 입수하고 수사에 착수, 중국어 포털사이트(QQ)에 게재된 대포차량 판매 광고를 분석, 중국인 피의자 인적사항을 특정해 검거(제공자에게는 신고보상금 지급, 대전청 동부서).

7. 외국인 밀집지역 경찰활동

(1) 외국인 밀집지역 특성

2017년 10월 기준 국내 체류 외국인은 213만 명으로 2016년 대비 약 8만 5천 명이 증가하여, 전체 인구의 약 4%를 차지하고 있다. 2011년부터 2016년까지 체류 외국인이 연평균 8%씩 증가한 것을 고려하면 향후 5년 후인 2021년 국내 체류 외국인 수는 300만 명을 넘어설 것으로 전망하고 있다. 이처럼 지속적인 체류 외국인의 증가로 우리 사회는 다민족, 다인종 국가로 변화되었고, 이들에 의한 다양한 범죄는 그 수법이 더욱 지능적이고 교묘해지고 있다.

국내 체류 외국인에 의한 폭력범죄 증가원인은 다양하다. 최근 들어 공단 등에서 일을 하다가 본국 출신 선후배나 친구들끼리 외국인 밀집지역 등을 어울려 다니며 집단폭력을 행사하는 외국인 패거리폭력배에 의한 폭력범죄 및 외국인 지역사회 내의 식당·유흥가 등지에서의 고질적인 상습주취 폭력 등이 새로운 범죄증가 원인으로 자리잡고 있다. 이들 국내 체류 외국인 노동자 대부분은 내국인 기피 업종에 종사하며 주거비용이 저렴한 대도시 주변이나 공단배후 지역 등에 밀집지역을 형성하여 거주하고 있다. 이들 지역에 모여 사는 외국인 노동자들은 기초질서 준법 의식이 미흡할 뿐만 아니라, 폐쇄적이고 배타적인 성격이 강하기에 자국민 불법체류자나 범죄자를 숨겨주고 있는 것이 현실이다.

(2) 외국인 밀집지역 범죄해소 방안

외국인 밀집지역에 거주하는 외국인 노동자 대부분은 열악한 근로환경과 주거환경에서 생활하며 복지혜택도 제대로 받지 못하고 있다. 이로 인해 이들 지역은 자국문화 수준과 비슷하게 밀집 주거지역을 방치할 경우 쓰레기 투기, 고성방가, 사소한 폭력시비에서 강력범죄에 이르기까지 무질서와 범죄가 급속도로 확산되는 슬럼(slum)지역으로 변질될 가능성이 있고, 더구나 지역사회의 안전까지 위협할 수 있다. 따라서 외국인 밀집지역은 시간이 흐를수록 저소득층의 외국인 노동자나 밀입국자, 불법체류자들이 모여드는 가운데, 인종과 문화 갈등에 따른 폭력범죄를 비롯하여 다양한 범죄가 빈발하는 등 범죄를 증가시킬 수 있는 중요한 원인으로 꼽을 수 있으므로 슬럼화가 진행되지 않도록 경찰은 유관기관과의 긴밀한 협조가 필요하다.

이러한 체류 외국인의 범죄로 인한 불안감을 해소시키기 위해 정부와 경찰은 더욱 강력한 특별 치안을 전개하여 그들과 함께 생활할 수 있는 치안환경을 만들어야 한다. 특히, 전국 17개소 외국인 밀집지역 내 범죄 취약지역에 대한 사전 치안 점검, 외국인 범죄 발생

가능 지역의 CCTV 확대 설치, 체류 외국인에 의한 불법행위단속, 체류 외국인 자율방범대와의 합동 순찰, 외국인 범죄자에 대한 신병 확보 등을 통해 강력한 경찰치안 활동을 전개해야 한다. 또한 법무부가 보유하고 있는 외국인 지문정보는 실시간으로 경찰과 공유하여 외국인 피의자 등 신속한 신원확인이 가능하도록 관련 기관과의 협조 체계를 적극적으로 활용해서 외국인 범죄에 효율적으로 대응해야 한다.

제2절 외국인 이주노동자(선원노동자) 이탈과 범죄 분석

1. 국내 외국인 선원노동자 현황과 문제점

(1) 외국인 선원노동자 현황

2012년 말 외국인 선원제도에 의한 E − 10비자로 국내 입국한 외국인 선원노동자는 중국이 2,961명, 베트남이 1,505명, 인도네시아 1,446명 등 총 5,912명이다. 2007년 외국인선원제 시행 이후 5년 간 이들 3개국에서 13,224명이 입국하여 21.5%인 3,401명이 이탈하였는데 국가별 이탈률은 중국 15%, 인도네시아 23%, 베트남 44%에 달한다. 그 중 베트남 선원의 이탈률이 가장 높은 이유는 베트남 선원들과 관계되는 친·인척, 친구 등이 국내에 많이 거주하고 있어 이들과 서로 교류하거나 네트워크가 형성되어 있기 때문이며, 고용허가제 경우에도 고용노동부가 MOU 체결을 맺고 있는 15개 국가 중 베트남 근로자의 이탈율이 타국가에 비하여 현저히 높다. 이들 외국인 선원이 승선하는 어선은 중·대형기선저인망과 근해트롤어업, 근해안강망어업, 근해연승어업, 기선선망어업, 정치망어업 등 전 업종의 어선에 승선하고 있다.

(2) 외국인 선원노동자 단체협약의 문제점

우리나라 외국인 선원노동자들의 임금체결은 선박에서 숙식이 가능한지의 여부가 결정되는 20톤을 기준으로 고용허가제와 외국인선원제로 나뉜다. 즉 20톤 미만의 어선 선원에게는 '외국인 근로자의 고용 등에 관한 법률 및 근로기준법'인 고용허가제가 적용되어 최저임금을 보장받고, 20톤 이상 어선에 승선하는 외국인 선원에게는 수협중앙회가 작성한 외국인 선원을 위한 표준고용계약서에 따라 선박소유자 단체와 선원노동자 단체가 협약으로 정한 최저임금을 적용하도록 하였다. 따라서 20톤 이상의 어선에 승선하는 외국인 선원의 경우 해상에서 일하는 24시간 전부가 '사용자 지배시간'인 근로시간이 되어 초과근무 수당 등을 지급해야 하기에 선주인 사용자의 입장에서 임금지급 부담이 높아진다.

2. 외국인 선원근로자 승선지 이탈 원인

(1) 임금문제

　　외국인 선원노동자에 대한 임금지급 기준은 각 나라마다 다르다. 유럽연합의 공동선박 등록제도(EUROS)는 선원 거주국의 노동조합과 단체임금협약을 통해 개별 선원근로계약을 체결하여 선원 거주국의 임금수준과 사회보장 법률에 따르도록 하고, 일본은 마루십제도를 활용하여 능력 차이에 따라 자국민과 외국인의 임금을 달리한다. 우리나라의 경우 20톤을 기준으로 고용허가제도(20톤 미만/E-9비자)와 외국인선원제도(20톤 이상/E-10 비자)에 의해 임금이 결정되는데, 고용허가제도는 산업인력공단이 관장하기에 법으로 정한 최저임금이 보장되지만, 중국·베트남·인도네시아 3개국의 외국인선원이 송입되는 외국인선원제도는 수협중앙회가 전국해상산업노동조합연맹(이하 해상노련)과 임금교섭 후 결정된다. 2013년의 경우 고용허가제로 승선하는 20톤 미만의 외국인선원 최저임금은 육상근로자의 92%에 해당하는 976,320원으로, 1년 이상 승선한 경우 최저임금 이외에 근로의욕고취를 위한 근속수당(연간 5~10만 원 인상지급)을 지급하며 어획고에 따라 별도의 생산독려수당도 지급되었다. 그러나 근무강도는 높고 근로환경이 열악한 20톤 이상 어선의 외국인 선원들은 한국인 선원의 75~80% 수준의 임금을 받으며 한국인 선원이 받는 어획량에 따른 상여금인 보합금도 받지 못하는 조건에서 일하였다. 예를 들면 근해 안강망의 한국인 선원의 월 평균 임금은 300~400만 원을 현금으로 지급하였으나 외국인 선원은 월 95만 원의 급료와 연차별 20만 원을 인상하였고, 근해통발의 한국인 선원은 월 200만 원과 보합을 받을 때 외국인 선원은 월 80만 원과 1년 이상 근무자에게 20만 원 정도의 근속수당을 지급하였다. 하지만 우리나라의 선원수급은 고용자인 선주와 피고용자인 선원의 입장에 차이가 있고 노사 간에 입장도 다르며 관련 기관 간의 의견도 달라 통일된 해결책을 찾기가 용이하지 않다.

　　이와 같이 연근해 어선에서 일하는 외국인 선원들이 승선지를 이탈하여 불법체류자로 전락하는 원인은 임금문제에서 시작된다. 외국인 선원들은 육지에서 일하는 친구들이 자신들보다 더 나은 근로조건에서 더 많은 임금을 받고 일한다는 것을 알고 있다. 하지만 고기가 많이 잡힐 때는 며칠 동안 잠도 자지 못한 채 24시간 일을 하는 경우도 많고 어선원의 특징상 일몰과 동시에 조업을 시작하여 일출시까지 밤새 어로작업을 할 때는 야간 근로시간이 10시간을 초과하는 경우도 많으나 현행 선원법이 적용되지 않아 '시간외 근로'에 관한 규정이 없어 더 나은 직장을 찾아 배를 이탈한다.

(2) 근로환경

연근해 어선에 승선하는 외국인 선원들의 근무여건은 열악하다. 먼저, 선원 거주공간인 선원 침실의 경우 기관실 후부 상갑판상 또는 상갑판하에 위치해 개인침대 없이 좁은 공간에서 마주보며 취침하고, 엔진룸의 소음과 진동, 각종 항해기기와 통신기기에서 발생된 소음으로 충분한 휴식이 어렵고, 식당은 상갑판하부와 기관실후부에 있어 공간이 비좁아 적당한 곳에 웅크리고 앉아 식사를 한다. 그리고 어로작업을 위한 안전화, 안전모, 방한복 등이 잘 보급되지 않아 항상 안전사고에 노출되어 있고, 일이 끝난 후에 외국인 선원들만 남아 잡일을 처리하며, 인도네시아 같이 이슬람 전통에서 생활한 선원들은 한국의 음식이 입맛에 맞지 않아 빵이나 라면으로 대체하고 있다.

(3) 중개수수료와 보증금문제

외국인 선원 송출국가별 송출비용 한도는 중국 3,000달러, 인도네시아 및 베트남 2,700달러로 상한선을 정하였고, 이탈 보증금을 3,000달러로 제한하였지만 외국인 선원노동자들은 현지 송출업체에 중개 수수료로 명목으로 1천만 원 이상씩 지불하고 입국하고 있으며 인도네시아 선원노동자의 경우 입국 후 승선하여 후불로 내기도 한다. 수협으로부터 권한을 위임받은 국내 송입업체와 현지 송출업체는 수수료, 여권비자발급, 건강검진비, 교육비, 출국수속비, 에이전트비, 사무실운영비, 보험료, 이탈보증금 등 명목으로 지정금액을 상회하는 웃돈을 추가로 요구하고 있다. 뉴질랜드 해역에서 조업한 오양 75호 인도네시아 선원들은 한국 송입업체가 현지 송출업체에 대해 보증을 요구하였다고 주장한 바 있다.

최근 들어 중국은 상무부에서 '선원송출 관리규정'을 제정하여 무단이탈로 인해 손해가 발생할 경우 선원 송출회사에 책임을 묻도록 명확히 규정하여 책임을 지지 못할 경우 미리 납입한 준비금에서 지급하고, 인도네시아는 본인 또는 가족 소유의 부동산이나 동산(오토바이 등)을 공증받기도 하고 급여의 일부($1,500 정도)를 유치(일시적 또는 단계적)하기도 하며, 보증금($3,000 정도)을 받아두는 방안을 활용하고 있다. 그리고 베트남은 3,000달러를 이탈보증금으로 책정하고 만기를 채우지 못할 경우 법적조치를 위한 제반 비용 공제 후 베트남 노동부에 귀속된다.

(4) 수협과 관리업체(송입업체)의 비리사슬

2013년의 경우 전국에 17개 송입업체[7]가 운영 중이었다. 중국인 송입업체 12곳, 인도

---

7) 위해연교(중국 165, 베트남 321), 용림개발(중국 146, 베트남 194), 신달(중국 208), 성달인터내

네시아 5곳, 베트남 7곳 등에서 외국인 선원노동자 5,383명을 관리하고 있어 업체당 평균 338명에 달했다. 송입업체 본사가 위치한 곳이 부산 9개, 서울 6개, 고양과 부천이 각각 1개 업체로 본사가 부산과 서울에 집중되어 있고, 경남, 경북, 강원, 전라, 제주 등 전국에 흩어진 수천 명의 외국인 선원들을 송입업체의 1~2명 담당직원이 관리하고 있는 실정이다.

하지만 수협이 지정한 송입업체는 자신의 관리업체에서 외국인 선원 이탈률이 15%가 넘으면 수협과의 계약이 파기돼 퇴출되는 데도 이탈률이 기준보다 높은 일부 송입업체는 파기유예를 받고 계속 영업하고 있어 송입업체와 수협과의 비리 고리가 나타난다. 수협중앙회는 '외국인선원관리지침' 및 '어선외국인선원운용요령'에 의해 외국인 선원 송입업체를 선정하는데, 수협중앙회의 신규 외국인 선원관리업체 선정 심사평가항목은 부도 등 사태에 대비 일정규모 이상의 자본금이 있는 업체에게 높은 점수를 부여하고 있어 자본금 2억 원 이상은 5점, 1억 원 이상 2억 원 미만은 4점, 1억 원 미만은 3점으로 배점하고, 업체별 자본금 규모 평가는 자본금 규모 입증서류와 직전년도 재무제표 및 법인등기부등본을 제출받아 확인한다. 하지만 신설 또는 휴업 등 사유로 전년도 재무제표를 제출하지 않았는 데도 별도의 확인절차 없이 수협에서 일부업체에게 최고점수인 5점을 부여해 수협과 송입업체와의 비리 고리가 나타난다. 다시 말해 수협중앙회는 회사의 납입자본금 규모로만 평가함으로써 실제 자본총계가 자본잠식상태였음에도 이를 확인하지 않거나 정확하게 평가하지 않는다. 해당 외국 송출회사 송출인력 규모를 평가하기 위해 '최근 3년 간 국내 외국인력 송출실적 입증자료'제출을 요구하여 심사해 보니 공모자격기준에 따른 송출회사의 자격도 없고 국내 송출실적에 대한 허위서류를 제출하였는 데도 이를 제대로 확인하지 않고 송입업체로 선정해 주었다.[8] 수협중앙회가 선정한 송입업체가 현지 송출업체에서 별도의 리베이트를 받은 경우도 있다. 외국인선원관리업체(송입업체, 갑)와 해외송출업체(을) 간 고용계약서에 '을'은 입국하는 선원 1인당 인민폐 2만 위안(한화 약 350만 원 상당)을 '갑'의 관리비로 송금토록 하였다. 국내 송입업체가 현지 송출업체로부터 외국인선원 입국명목으로 1인당 352만 원의 돈을 받고 있어 국내 송입업체가 현지의 송출업체로부터 리베이트를 받고 이를 다시 수협으로 상납하는 비리 고리가 이어지고 있다.[9]

셔널(중국 350), 송원국제공사(중국 204), 미진파워(중국 94) 이상 서울 소재 업체, 임스코(중국 278, 베트남 241), 재화(인도네시아 770, 베트남 105), 삼우선박(중국 155), 팬월드앤드서울(중국 242, 인도네시아 21), 코리아교역(중국 447), 마리나교역(인도네시아 461), 지스코선박(인도네시아 29), 동요교역(베트남 2), 코베트통상(베트남24) 이상 부산 소재 업체, 씨씨트레이딩(중국 385, 베트남 292) 경기도 고양 소재, 우진에이치엠(중국 249) 부천 소재 등이다.

8) 국회의원 김우남 의원(제주) 보도자료, 2012.12.19자(이러한 사실은 외국인 선원 관리업체 공모에서 탈락한 A사 등 6개 업체가 11차례에 걸쳐 외국 송출회사 송출실적 진위 여부 등에 대한 민원을 제기함으로서 밝혀졌다).

(5) 일본의 외국인 어선 선원 고용제도와의 비교

일본 어선에 승선하는 외국인 선원의 경우 해외기지방식, 마루십제도, 어선어업외국인 기능실습제도 등 세 가지 방식이 있다. 해외기지방식과 마루십제도는 원양어선에 적용되고 외국인기능실습제도는 연근해어선에 적용된다. 외국인기능실습제도 도입 유형에는 도입 기업이 외국에 있는 현지법인 자회사의 직원을 직접 연수생으로서 받아들이는 '기업단독형'과, 해외기업과는 무관한 협동조합이나 상공회의소가 민간 인력회사에 의뢰하여 채용이 결정된 자를 배분하는 '단체 감리형'의 두 가지 유형이 있으나 어선의 경우 단체감리형이 압도적 다수를 차지하며 주로 인도네시아의 송출기관에서 모집되어 어업협동조합을 통해 일본에 입국하여 일정 기간 좌학 강습을 받은 후 어선에서 연수 겸 실제 취업을 한다. 일본은 외국인 노동자 도입 정책에서 외국인 근로자의 일본어교육 능력 향상을 최우선 사항으로 하고 있다. 다시 말해 외국인 근로자는 입국 후 일본어 습득은 물론 일본에서의 생활전반에 관한 지식을 포함해 입국관리법, 노동기준법 등 노동자의 법적보호에 필요한 정보내지 일본 내에서의 원활한 생활을 위한 지식을 습득한다. 이와 같이 한·일 두 나라의 연근해어선 외국인선원 고용제도에서 일본의 외국인 선원 이탈률이 우리나라에 비해 현저히 낮은 이유는 근무지를 이탈하는 외국인 근로자를 함부로 고용할 수 없는 일본의 사회적 구조와, 양질의 체류자격을 획득하기 위해 기능평가시험에 합격해야 하는 등 일본어 습득을 포함한 인적 관리에 철저를 기하기 때문이다.[10]

3. 외국인 선원노동자(중국, 베트남, 인도네시아) 무단이탈과 범죄

(1) 연근해 어선 외국인 선원 승선 근무지 이탈 현황

2012년 8월 당시 고용허가제로 입국한 국내 체류자 수는 234,295명으로, 업종별 미등

---

9) 국회 농림수산식품위원회 소속 민주통합당 김영록 의원이 확보한 외국인선원관리업체(갑)와 해외 송출업체(을) 간 보증계약서 자료.
10) 우리나라의 고용허가제 불법체류률이 20.5%이고, 어업부문 불법체류률이 29.6%이나 일본의 무단이탈률은 우리나라의 10분의 1 이하이며, 특히 일본의 어선어업 분야에서의 외국인실습기능생의 경우의 이탈자는 극히 드물어 통계조차도 없는 상황이다. 이러한 이유는 일본에서 불법체류하거나 불법체류를 도운 자는 300만 엔의 무거운 벌금형에 처해지며, 신원을 알 수 없는 자를 함부로 고용하지 않는 사회적 분위기가 강한 탓도 크다고 볼 수 있다. 그리고 선원을 공급하기 위해 현지에서 신원 보증이 확실한 수산계 고교 졸업생을 선발하고 있고, 입국 이후에도 2년의 체류자격을 획득하기 위해 기능평가시험에 합격해야 하므로 일본어 습득 등의 인적관리를 철저히 하기 때문으로 풀이된다.

록체류율은 제조업이 13,4%로 가장 낮고, 건설업 16.1%, 농업 15.6%이나 외국인 선원노동자는 29.9%로 가장 높다. 이는 선원노동자의 근로조건이 타업종에 비해 아주 열악하다는 것을 간접적으로 보여주는 것으로, 외국인선원제로 입국하여 연근해 어선에 승선한 외국인 선원의 사업장 이탈률은 전국 평균 28%이며 제주도 서귀포지역은 평균을 훨씬 상회한 37%, 강원지역은 42%에 이른다. 2011년 9월 당시 해양수산부가 집계한 외국인 선원 사업장 이탈률은 8.5%인 633명이었으나 같은 기간 수협중앙회에서 조사한 사업장 이탈률은 28.2%인 1,980명이었다. 이처럼 두 기관 간의 외국인 선원 이탈률에 큰 차이를 보이는 것은 두 기관 간의 외국인 선원관리에 따른 정보교환이 정확히 이루어지지 않는 것에 기인한다. 다시 말해 외국인 선원이 승선지를 무단이탈하면 선주 측은 곧바로 송입업체에 통보하고 송입업체는 법무부 출입국관리사무소나 수협중앙회 단위조합에 통보한다. 그러나 수협은 주무부서인 국토해양부로 외국인 선원의 무단이탈 사실을 제때에 보고하지도 않거나 국토해양부 또한 업무를 챙기지 않아 두 기관 간 정확한 통계를 맞출 수 없고 업무협조 또한 제 때에 이루어지지 않는다. 외국인 선원 이탈률은 각 지역별로도 많은 차이가 나타나 제주지역 이탈률은 26.4%이나 서귀포지역은 37.3%에 이르러 같은 도내의 근무지라고 해도 급료와 업종별 등에서 이탈률이 다르게 나타났다. 2013년 12월 말 현재 중국, 베트남, 인도네시아 출신 외국인 선원 입국자 수와 승선지 이탈자 현황은 다음과 같다.

국적, 연도별 외국인 선원노동자 입국 및 이탈 현황

구 분	중 국		인도네시아		베트남		계	
	입국	이탈	입국	이탈	입국	이탈	입국	이탈
2009	3,496	683	1,791	422	873	206	6,160	1,311
2010	5,279	874	2,215	583	1,432	442	8,926	1,899
2011	7,206	2,099	2,800	698	2,073	781	12,079	3,573
2012	7,931	3,125	3,586	821	2,770	1,017	14,287	4,963
'13.11월	8,952	3,162	4,407	883	4,010	1,106	17,369	5,151

출처: 수협중앙회(2013년 11월, 단위, 명).

다음 도표에서와 같이 업종별 선원 이주노동자 이탈현황은, 2011년 12월 말 연승과 채낚기가 각각 33.8%, 33.7%의 이탈률을 보이고, 자망이 32.1%, 트롤 32%, 선망 31.6% 순이며 기선권현망, 정치망 등은 비교적 낮다.

업종별 외국인 선원노동자 이탈인원과 이탈률

업종	입국인원	이탈인원	이탈률
기선권현망	1,301	258	19.8%
선망	705	223	31.6%
안강망	1,671	497	29.7%
연승	1,056	357	33.8%
자망	1,899	609	32.1%
저인망	2,201	620	28.2%
정치망	210	47	22.4%
채낚기	1,805	609	33.7%
통발	977	272	27.8%
트롤	253	81	32.0%
계	12,079	3,573	29.6%

출처: 수협중앙회(2011년 12월 말 기준 누적 입국인원 대비 누적 이탈률).

　　2012년 8월 연근해 어선에 승선하는 중국, 베트남, 인도네시아 등 3국의 외국인 선원 노동자 수는 5,912명이었으나 이들 선원노동자의 평균 미등록체류율[11]은 30.6%를 상회하였다. 외국인 선원 대부분은 본국에서 결혼하여 가정을 이룬 기혼자들이 많아 이들은 일정 기간 돈을 벌면 본국으로 돌아가기를 희망하는 자들이다. 그럼에도 고용허가제(E-9)나 외국인선원제(E-10)비자로 입국하여 승선지를 이탈한 외국인 선원들이 타업종을 선택하거나 불법체류하면서 범죄에 가담하는 이유는 저임금과 열악한 근무조건 등으로 고립된 노동환경, 만연한 인권침해, 관리감독의 공백 등이 이들로 하여금 승선지를 이탈하게 만드는 중요한 요인으로 나타났다.

　　외국인 선원노동자의 이탈률이 제조업이나 건설업 등 타업종에 비해 두드러지게 높은 이유는 저임금과 열악한 근무조건 등이 주요인이지만 어선의 업종별, 지역별로도 차이가 있어 도심근처의 항구일수록 이탈률이 높아 업종과 지역 모두에서 승선지 이탈의 영향을 많이 받고 있다. 무단이탈이 만연한 이면에는 개인의 과다 송출비용을 단기간에 만회하기 위해 임금이 높은 육상의 제조업으로 불법 브로커들이 조직적으로 이들을 유인해서 알선해 주고 있지만 무엇보다도 불법 근로에 대한 단속과 처벌이 심하지 않다는 점도 있는 것으로 나타났다. 중국인의 경우 선원노동자로 입국한 사람은 27,432명이나 승선지를 이탈한 선원

---

11) 미등록체류율이란 자진출국, 강제출국을 통해 출국한 수를 제외하고 불법체류 등 현재 국내 체류 중인 이탈자를 가리킨다.

이 6,722명으로, 이들 중 승선지를 이탈하여 불법체류하거나 타업종으로 변경해 불법 고용된 사람도 있으나 많은 선원노동자 출신 중국인들이 불법체류 후 범죄에 연루되어 있다.

(2) 외국인 선원노동자의 범죄발생 추이

연근해 어선에 승선하다 선박을 이탈한 외국인 선원들이 불법체류하면서 일으키는 범죄는 일상생활형 범죄로 분류된다. 다시 말해 입국 당시부터 한국에서 특정 범죄를 행할 목적으로 입국하는 경우와 구별되기 때문이다. 국내 어선에 승선하던 외국인 선원들이 근무지를 이탈해 불법체류라는 불안정한 지위로 말미암아 저지르는 '불법체류범죄'를 비롯하여 새로 고용된 업주로부터 임금체불 등에 따른 보복범죄와 생계형 재산범죄 등도 여기에 해당한다. 강원도의 경우 외국인 선원 미등록체류율이 43%로 가장 높다. 이는 동해항과 묵호항 등 연근해 어선이 1천여 척에 달하고 외국인 선원을 포함한 전체 선원수가 1만 5천여 명이나 되어 러시아 대게가 수입되는 동해항을 중심으로 외국인선원들에 의한 폭력범죄 등 강력 범죄가 빈번하게 발생하고 있다. 이는 동해항과 묵호항의 어선에 승선하고 있는 외국인 선원이 늘어나고 더구나 러시아 선원들의 출입까지 늘어나 외국인 전용 술집이 번성해 외국인 범죄 발생에 한 몫하고 있다. 연근해 어선의 외국인 선원노동자로 일하다 근무지를 이탈하여 술을 마신 베트남 선원이 수업을 마치고 집으로 귀가 중이던 여고생 가슴을 만지고 강제 추행하는 등, 국내 해양·수산업에 종사하는 외국인 선원들의 범죄가 최근 3년 간 3배 가까이 증가하는 등 외국인 선원에 의한 범죄의 유형과 발생 수가 갈수록 심각해지고 있다. 최근 3년 간 해양·수산업 종사한 외국인 선원 범죄자는 2009년 168명에서 2011년 401명으로 3배 가까이 증가했고 2013년 8월 현재 254명이 검거됐으며, 그 중 폭력범이 58명으로 가장 많고, 절도범이 37명, 사기 등 지능범 30명, 강도나 성폭력 등 강력범 25명 순이다. 이 중 살인·강간 등의 강력범죄가 2009년 3명에서 2011년 25명으로 8배 이상 증가하였고, 국가별로 중국 257명, 베트남 27명, 러시아 24명 순이며, 특히 중국인 범죄자 수는 2010년 147명에서 2013년 257명으로 74%나 증가했다. 또한 외국인 무단이탈 선원수도 2009년 1,311명에서 2011년 3,573명으로 3배 가까이 증가하여 전체 외국인 선원의 30%를 차지했고,[12] 살인·마약 등의 강력범과 해킹 등 지능범도 2009년 9명에서 2012년 30명으로 3배 이상 증가했다.[13] 2013년 8월 현재 118건의 외국인 선원 범죄 중 환경 19건, 외환 31건으로 특별법범의 범죄가 크게 증가하였는데 이러한 증가추세는 국내 외국인 선원 근로자의 상당수가 소규모 사업장의 열악한 근로환경에 기인한 것으로 풀이된다.[14]

---

12) 이미경 의원 국감자료집, 2012.
13) 이노근 의원 국감자료집, 2012.
14) 이완구 의원 국감자료집, 2013.

4. 외국인 선원노동자의 국적별 범죄활동 동향

(1) 중국 선원노동자의 범죄활동

중국의 선원에 의해 결성되거나 활동한 범죄조직은 1930년대 홍콩의 안락(安樂)증기선 선원들의 계 조직에서 만들어진 '화안락(일명 水房이라 불림)' 범죄조직이다. 이들은 수산물을 독점하고 주점이나 나이트클럽은 물론 마약, 도박, 윤락 등 여러 업종에 관여하면서 범죄조직에 선원들이 적극적으로 가담하였다. 2000년대 이후로 접어들어 도·농 간 빈부격차로 말미암아 중국 각 성에서 넘어온 농민공 출신 하급선원들은 중국 동남지방 해안가 도시에 몰려들어 어선에 승선하다가 일부는 한국의 선원으로 입국하였는데, 선원 중 일부는 내륙지방에서 전과자로 수배를 받고 숨어 지내다 선원이 되기도 했다. 특히 중국인 밀항 알선조직은 세계적인 연락망을 구축하여 다양한 방법과 루트를 활용하고 있어 위조여권이나 위조비자가 같이 사용되기에 중국인 선원출신 범죄조직이 깊이 연루되어 있다. 미국 등 선진국 차이나타운에서 발생하는 살인·폭력·절도사건의 상당부분은 중국에서 밀입국을 전문적으로 알선하는 조직인 '사두회'(蛇头会)라 부르는 흑사회 범죄조직의 범행으로, 사두회조직은 밀항을 알선하거나 안내하면서 여권위조·운송수단 확보·비자위조 등에서 탁월한 위조수법을 발휘할 뿐 아니라 밀입국을 희망하는 자들을 모집한 후 밤을 틈타 어선을 이용해 공해상으로 넘겨주기도 했다.[15]

국내에 입국한 중국 선원노동자들은 사두회를 비롯한 국내 여러 범죄조직에서 활동하며 특히 중국인 밀집지역인 서울 가리봉동을 중심으로 구로·영등포와 가양동 등 서울 지역, 안산·수원·광주·용인 등 수도권 지역, 창원·울산·부산 등지의 중국인 밀집지역에서 기존의 불법체류자와 중국인 출신 선원노동자들이 뒤엉켜 활동하고 있다. 또한 연근해 선원에서 무단이탈한 중국인 선원들은 기존 불법체류자와 연결고리를 맺어 정착한 후 2~3개월 정도 승선생활을 거친 선원들을 꼬드겨 승선지를 이탈하게 한 후 수도권의 공장으로 불법취업시키거나 범죄에 가담하게 한 사례도 있는데, 군산지역 근해 안강망에 중국인 선원들이 다수 승선하여 그 중 53명이 집단으로 무단이탈한 뒤 군산지역에서 각종 범죄를 일으켜 사회문제가 되기도 했고, 울산 야음동 중국인 살인사건의 경우 연근해 어선에 승선한

---

15) 이 조직은 1998년 4월 우리나라의 부산시 기장군의 대변항에 선적을 둔 어선에 중국 한족 밀입국자 48명을 태우고 불법 입국하여 기장읍내 여관에 머물던 중 주민의 신고로 전원 검거하였다. 이들은 중국 푸젠성에 본부를 둔 밀입국 전문조직인 사두회 범죄조직의 전형적인 밀입국수법과 일치했다. 이들 조직은 서해 공해상에서 한국 어선을 접선하여 밀항자들을 넘겨주고 어선으로 위장해 한국 영해로 들어온 후 변두리 어촌에 이들을 풀어놓는데 이는 오래 전부터 사두회 범죄조직이 쓰는 수법이다.

중국인 선원출신 불법체류자에 의한 것이었다.

(2) 베트남 선원노동자의 범죄활동

2009년 이후 급격히 증가한 베트남 선원노동자의 승선지 이탈은 범죄활동으로 직결되어 곳곳에서 범죄행위로 나타난다. 현재 국내에서 활동 중인 베트남 범죄조직은 크게 수도권에 거점을 둔 구 월맹출신의 '북방파(하노이파)'와 구 월남지역의 '남방파(호치민파)' 그리고 부산, 경남에 거점을 둔 '하이세우파'가 있다.

선원노동자들 중 베트남의 중·북부지역인 응애안 출신 선원들이 다수 가담하고 있는 베트남 하노이파는 북부 하노이 출신을 주축으로 구성된 폭력조직이다. 범죄조직의 활동을 목적으로 입국한 현지 하노이파 조직원들은 공단의 근로자나 승선지 이탈한 선원노동자들을 규합하여 조직을 확장시켰으며 전국에 9개 지부와 200여 개 점조직을 갖추고 700~800명의 조직원을 거느리며 총책(두목), 중간 간부, 행동대원, 유인책(베트남 여성)으로 구성되어 있다. 이들의 범행수법은 자국 노동자들을 상대로 도박판을 벌이고, 노동자의 급료를 송금하기 위해 환치기 수법으로 거액을 벌어들이며, 최근에는 무역업에 뛰어들어 국내 중고차를 구입해 베트남으로 수출하는 등 사업가로 변신해 활동한다. 또한 군용 칼과 잭나이프, 쇠파이프, 결박용 타이 등 각종 범행도구들을 소지하여 공단의 자국 노동자들에게 도박사채를 빌려주고 고리대금으로 돈을 뜯어내는 방법으로 범행을 자행하며 살상이 아닌 고문을 위한 칼을 별도로 소지하여 인도 암살단이 사용하는 사제 목 조르게 철사 끈까지 사용한다.

하노이파 조직원의 다수를 차지하는 베트남 응애안(Nghệ An, 義安)지역은 중북부 해안가에 위치한 곳으로, 베트남 전쟁 당시 호치민의 고향이자 북부 공산당 추종세력이 많아 미군의 공습으로 지역이 초토화되기도 해 주민들의 응집력이 대단히 강하다. 이러한 생활환경이 열악한 탓에 사람들도 거칠고 인색하여 이해관계를 따지는 등 계산적이어서 조금만 손해를 봐도 단체로 몰려가 행패를 부려 다른 지역 사람들과 불화를 일으키기도 해 베트남 내에서조차 응애안 지역 사람들과는 사귀기를 꺼린다. 현재 국내에서 활동하는 베트남 범죄조직원 중 상당수가 응애안 출신들이고 근무지를 이탈한 베트남 선원들도 응애안의 해안가 지역 출신이 많다. 2011년 4월 경기지방경찰청 국제범죄수사대에 검거된 베트남 범죄조직의 경우 베트남 중북부 '응애안(Nghệ An)' 출신 노동자 16명이 조직을 결성하여 베트남 중남부 '후에(Hue)'지역 출신 노동자들을 상습적으로 폭행하였고, 자국 출신 노동자들에게 마약의 일종인 '툭락(에스타시)'을 판매하며 한국 남성과 국제 결혼한 베트남 여성을 꾀어내어 성매매도 했다. 2009년 7월 부산경찰청 국제범죄수사대에 검거된 베트남 '하이세우파'의 경우 김해에서 도박장을 개설하여 고리대금으로 돈을 빌려 준 뒤 갚지 않는 자국민들을 대상으로 납치, 감금, 폭행해 금품을 뜯어냈고 이들 조직원 중 상당수가 선원노동자 출신이었다.

선원으로 입국하여 범죄에 가담한 사례들을 보면, 선원으로 입국하여 승선지를 무단이탈한 뒤 자국민들을 상대로 금품갈취 및 인질강도를 자행한 응웬티엔과, 국내에서 베트남인 폭력조직을 만들어 같은 자국민들을 상대로 폭력을 휘두르고 돈을 뜯은 혐의(강도상해)로 응웬 트롱 쿠는 베트남에서도 알려진 조직폭력배로 이들은 모두 선원으로 입국하여 승선지를 무단이탈한 뒤 불법체류하다 범죄조직에 가담한 전형적인 범죄조직원이다. 특히 응웬 트롱 쿠는 베트남인 10명과 함께 '하노이파'를 결성한 뒤 동포들의 송금사업권을 확보하기 위해 흉기로 상대조직원의 왼쪽 손가락을 자르는 등 베트남인들을 상대로 수차례에 걸쳐 4천만여 원을 뜯어내었다. 국내 입국한 선원노동자 출신을 포함한 베트남인에 의한 범죄는 2008년 365명에서 2009년 674명으로 1년 간 84.7% 급증하였다.

(3) 인도네시아 선원노동자의 범죄활동

이슬람 문화가 뿌리박힌 인도네시아 선원들의 경우 종교적 교화와 이슬람 공동체를 유지·계승 발전시키기 위한 전통적 교육을 받은 선원들이 많아 베트남이나 중국 선원들에 비해 다소 승선지 이탈률이 적게 나타나고 있다. 그러한 이유에서 일본에서도 인도네시아 선원들을 선호하고 있다. 인도네시아 선원들의 조직적인 범죄는 아직까지 국내에서 발생된 사례는 없지만 승선지를 무단이탈하거나 개별범죄를 저지르는 경우는 종종 발생하고 있다. 러시아 선박에서 무단이탈한 뒤 불법체류한 인도네시아 선원 3명은 승선지를 무단이탈한 뒤 가구공장에서 일하면 선원 급료의 3~4배를 더 받을 수 있다는 말을 듣고 경남 김해의 가구공장에서 일하다 검거되었고, 울진 죽변 선적 채낚기 어선에 승선한 인도네시아 선원은 부산 기장군 대변항 어선부두에 계류 중이던 선박의 조타실의 문을 열고 들어가 현금 30만 원과 여권 등을 훔쳐 달아난 뒤 충남 아산시 소재 자동차 부품회사에 불법취업해 있다가 검거되었으며, 부산 영도구 남항대교 남방 2마일 해상에 정박 중이던 중국선적 원양어선(1,153t)에 승선한 인도네시아 선원 2명이 해상으로 뛰어내려 밀입국하여 검거되는 등, 승선지를 이탈해 불법체류하거나 개별적으로 일으키는 범죄도 종종 나타난다.

5. 이주노동자 외국인 선원 이탈원인과 범죄활동추이 분석

(1) 외국인 선원(중국, 베트남, 인도네시아) 이탈원인 분석

이상에서 검토한 바와 같이 외국인 선원의 이탈원인은 임금문제, 근로환경, 중개수수료 및 보증금 제도 그리고 송·출입비리 등 여러 가지가 있다. 먼저 그 중 외국인선원제로 입국한 연근해 선원일 경우 외국인 선원을 위한 표준고용계약서에 따라 최저임금을 적용하고 있으나 해상에서 일하는 24시간이 '사용자 지배시간'이 되어 초과근무 수당 등을 지급해야 하나 선주의 임금지급 부담이 높다. 외국인 선원들은 기존 입국해 일하고 있는 자국 지인들의 급료에 대해 잘 알고 있고 자신들보다 더 나은 근로조건에서 더 많은 임금을 받고 일한다는 것을 알고 있지만 조업시간에는 잠도 제대로 자지 못한 채 24시간 일을 해도 '시간외 근로'에 관한 규정이 없어 임금을 받지 못해 더 나은 직장을 찾아 배를 이탈한다.

근로환경에서 선원 침실의 경우 개인침대 없이 좁은 공간에서 소음과 진동에 시달려 충분한 휴식이 어렵고, 식사도 비좁은 곳에 웅크리고 앉아 식사를 하며, 어로작업을 위한 안전화, 안전모, 방한복 등이 잘 보급되지 않아 항상 안전사고에 노출되어 있다. 또한 국제노동기구(ILO)가 채택한 선원법이 개정되었으나 내국인 선원은 적용받고 외국인 선원은 제외 되고 있으며, 국가인권위원회의 이주인권가이드라인에도 외국인 선원 노동자에 대한 언급이 없어 외국인 선원들의 근로여건 문제는 사회문제는 물론 외교문제로도 비화될 수도 있다.

중개수수료와 보증금문제도 심각한 이탈원인이다. 수협중앙회는 법무부 등 관계 기관과 협의를 거쳐 외국인 선원 송출국가별 송출비용 한도를 정하였지만 외국인 선원들은 현지 송출업체에 중개 수수료로 명목으로 많은 비용을 지불하고 있으며, 더구나 수협으로부터 권한을 위임받은 국내 송입업체와 현지 송출업체는 각종 명목으로 지정금액을 상회하는 웃돈을 추가로 요구한다. 그리고 수협과 관리업체(송입업체)의 비리사슬은 국내 외국인 선원관리에 허점을 만들기도 한다. 전국에 걸쳐 17개 송입업체가 운영 중이나 본사가 부산과 서울에 집중되어 있고, 업체당 한두 명의 담당직원이 전국에 흩어진 수천 명의 외국인 선원들을 관리하다 보니 외국인 선원의 애로사항이나 건의사항을 청취할 수 없고 더구나 선주의 폭력이나 인권침해 및 임금문제에 대해 곧바로 대응할 수 없는 구조가 더욱 승선지 이탈을 부추긴다.

(2) 범죄활동추이 분석

외국인 선원노동자들은 한국으로 입국 전 어떤 배를 타고 어떤 일을 할지 모르는 상태에서 입국하였으나 국내에서의 저임금과 임금체불, 열악한 근로조건과 생활환경, 산재 및 질병, 폭언·폭행·감금 등의 가혹행위 그리고 한국인 선원들과의 차별 등을 견디다 못해 최후의 방법으로 업체를 변경하거나 승선지를 이탈하였다. 국내 연근해 어선 승선자 중 1/4에 해당하는 숫자가 업체변경 경험이 있는 외국인 선원으로 조사되었고, 업체변경 이유는 낮은 급료와 임금체불 그리고 장시간의 노동 및 선장이나 갑판장 등 현장 근로감독자의 욕설과 무시, 폭행 등 인격적인 모욕 등으로 나타났다. 다시 말해 외국인 선원노동자가 우리나라에 들어오는 목적은 돈을 벌기 위한 것이며 입국 후 배정받은 어선에서 평균 19개월을 승선한 것으로 볼 때 우리나라에서 돈을 벌기 위해 입국한 것이지 범죄를 하기 위한 기획입국은 아닌 것으로 보인다.

하지만 급속히 증가하는 국내 외국인 범죄만을 볼 때 합법체류이던 불법체류이던 국내 체류 외국인의 급속한 증가와 국내 각 사업장의 임금문제와 인권침해 등 열악한 근로환경은 외국인 근로자의 근무지 이탈을 부추기는 원인이 된다. 다시 말해 외국인 불법체류 문제는 노동현장에서 부당한 대우와 인권침해를 경험하게 되어 결국 범죄화로 들어서는 요인으로 작용해 임금체불에 항의하거나 납치·인질 등 사건으로 확대되며, 더구나 불법체류자 신분은 불안한 심리와 공포감으로 인해 언제든지 사법기관에 검거될 수 있다는 위험성을 가지고 있어 공단 주변 자국 노동자 밀집지역에서 감정적인 문제도 이성적으로 해결하지 못하고 폭력성을 나타내 강력 범죄로 나아가거나 조직화된 체계를 결성하게 된다.

연근해 어선에 승선하다 선박을 이탈한 외국인선원들이 불법체류하면서 일으키는 범죄는 일상생활형 범죄로 분류된다. 다시 말해 입국 당시부터 한국에서 특정 범죄를 행할 목적으로 입국하는 경우와 구별되기 때문이다. 국내 어선에 승선하던 외국인 선원들이 근무지를 이탈해 불법체류라는 불안정한 지위로 말미암아 저지르는 '불법체류범죄'를 비롯하여 새로 고용된 업주로부터 임금체불 등에 따른 보복범죄와 생계형 재산범죄 등도 여기에 해당한다. 강원도의 경우 외국인 선원 미등록체류율이 43%로 가장 높다. 이는 동해항과 묵호항 등 연근해 어선이 1천여 척에 달하고 외국인 선원을 포함한 전체선원수가 1만 5천 여 명이나 되어 러시아 대게가 수입되는 동해항을 중심으로 외국인 선원들에 의한 폭력범죄 등 강력 범죄가 빈번하게 발생하고 있다. 이는 동해항과 묵호항의 어선에 승선하고 있는 외국인 선원이 늘어나고 더구나 러시아 선원들의 출입까지 늘어나 외국인 전용 술집이 번성해 외국인 범죄발생에 한 몫하고 있다.[16] 연근해 어선의 외국인 선원노동자로 일하다 근무지를 이탈하여 술을 마신 베트남 선원이 수업을 마치고 집으로 귀가 중이던 여고생 가슴을 만지고 강제 추행하는 등[17] 국내 해양·수산업에 종사하는 외국인 선원들의 범죄가 최근 3년 간 3배 가까이 증가하는 등 외국인 선원에 의한 범죄의 유형과 발생 수가 갈수록 심각해지고 있다. 최근 3년 간 해양·수산업 종사한 외국인 선원 범죄자는 2009년 168명에서 2011년 401명으로 3배 가까이 증가했고 2013년 8월 현재 254명이 검거됐으며, 그 중

---

16) 강원도민일보, 2004.3.12자.
17) 뉴스 1, 2013.8.28자

폭력범이 58명으로 가장 많고, 절도범이 37명, 사기 등 지능범 30명, 강도나 성폭력 등 강력범 25명 순이다. 이 중 살인·강간 등의 강력범죄가 2009년 3명에서 2011년 25명으로 8배 이상 증가하였고, 국가별로 중국 257명, 베트남 27명, 러시아 24명 순이며, 특히 중국인 범죄자 수는 2010년 147명에서 2013년 257명으로 74%나 증가했다. 또한 외국인 무단이탈 선원수도 2009년 1,311명에서 2011년 3,573명으로 3배 가까이 증가하여 전체외국인 선원의 30%를 차지했고[18], 살인·마약 등의 강력범과 해킹 등 지능범도 2009년 9명에서 2012년 30명으로 3배 이상 증가했다.[19]

6. 외국인 선원노동자의 범죄예방 대책

외국인선원제에 의한 임금과 업종별 고용규모, 고용기준 등은 노사가 합의하여 정하도록 규정(외국인선원관리지침 제3조 제1항)되어 있어 향후 외국인 선원노동자의 수요에 대해 선주와 선원노동자 간 여러 문제를 탄력적이고 통합적으로 관리할 수 있는 전담 부서의 신설이 요구된다. 또한 송입업체의 이탈률을 언론에 공개하여 여론을 모아 제재방안을 강화하며, 무단이탈률이 높은 송입업체에 대한 행정처벌의 수위를 높여 외국인 선원 사후관리에 만전을 기해야 하며 이탈률이 높은 국가 선원의 승선을 줄이고 이탈률이 낮은 국가의 선원을 늘려 나가며, 외국인 선원노동자들의 국내 선상생활 적응을 위한 교육 등의 개선과 외국인 선원노동자 도입과정에서 발생되는 송출비용을 줄여 도입과정의 투명성을 확보하고 송출비리를 근절해야 한다.

현행 선원법 변경을 통해 외국인 선원에 대해 내국인 선원과의 차별금지 규정을 명문화하고 외국인 선원의 최저임금을 별도로 고시하며, 산업재해 시 통·번역 및 법률 지원과 경제적 지원을 통해 실질적 보상이 되도록 정부나 지방자치단체에서 공동의 해결과제로 선정하고, 건강보험도 형식적이 아닌 실질적 의무사항이 될 수 있도록 제도화하여야 한다. 그리고 20톤 이상 선박에 고용된 외국인 선원에 대해 사업주가 50%, 외국인 선원이 50% 부담하는 국민연금을 개선하여 만기 출국으로 인한 해지 요청 시 국민연금을 환급받을 수 있도록 이에 대한 관련법 개정도 요구된다.

그리고 수협중앙회는 외국인 선원 이탈률 감소를 위한 전문 교육기관 설립을 통해 외국인 선원노동자가 국내생활에 빨리 적응할 수 있도록 지속적인 교육을 실시하고, 외국인 선원노동자의 인권개선을 위한 선주와 내국인 선원 및 송입업체 등이 한데 모여 외국인 선

---

18) 이미경 국회의원 국감자료집(2012년).
19) 중부일보, 2012.10.15자. 국토해양위원회 새누리당 이노근 의원(서울 노원갑)국감 자료집.

원에 대한 인권교육을 제도화해야 한다. 또한 외국인 선원노동자 도입규모 등 고용기준을 전국해상산업노동조합연맹, 한국선주협회, 한국해운조합, 수산업협동조합중앙회에서 합의로 결정할 것이 아니라 업종별 단위조합에서 업종별 노조와 합의하여 외국인 선원을 도입할 수 있는 방안을 강구할 필요가 있다. 예를 들면 대형트롤의 경우 전국대형트롤선원노동조합과 합의를 결정함으로써 대형트롤 출어 및 성어기에 맞추어 외국인 선원노동자의 적기 수급이 가능할 뿐 아니라 어업인에 대한 선택의 폭을 확대하면 양질의 전문인력 확보가 가능할 것으로 보여진다. 그리고 송입국가 추가 선정도 고려하여야 한다. 즉, 20톤 미만에 승선하는 고용허가제의 경우 외국인 선원 송입국가가 15개국인데 반해, 20톤 이상 외국인선원제도의 송입국가는 중국, 베트남, 인도네시아 등 3개국에 한정되고 있어 어업인이 요구하는 양질의 외국인 선원 수급에 지장을 초래한다. 중국은 최근 경제 성장에 따른 위안화 상승으로 중국인 근로자의 급여조건이 배트남이나 인도네시아에 비해 상대적으로 절하되어 근무지 이탈 현상이 높아 필리핀이나 스리랑카 등 해양 국가들을 추가로 선정해 어업인의 선택 폭을 확대할 필요성이 제기된다.[20]

제3절 치안협력 MOU 체결

1. 경찰 국제교류협력

(1) 국제교류협력 활동의 개념

과거의 국제교류는 지금보다는 훨씬 제한적이고 편향된 측면을 많이 가지고 있었다. 그러나 현대의 국제교류는 통신과 교통수단 등 물질문명의 발달로 인하여 세계의 여러 나라 기관이 상호이해를 도모하고 존중하는 차원에서 훨씬 대등한 관계로 발전하고 있으며 국제교류의 의미도 국제통상이나 외교관계를 넘어서 다원화되고 있는 추세이다.

이러한 변화를 정리해 보면 현재의 국제교류는 급변하는 환경변화 등으로 인하여 그 양상이 날로 다양해지고 있다. 과거에는 국제교류를 정치와 경제영역에서 독점하다시피 했지만 이제는 그 영역이 사회의 모든 분야에 걸쳐 확대되는 경향이 강하다. 또한 정부기관 뿐만 아니라 민간기구나 사회들도 국제교류를 활성화하는 등 국제화는 일반화되어 가고 있다.

20) 신상철, "외국인(중국, 베트남, 인도네시아) 선원노동자 근로환경과 범죄에 대한 연구", 아시아연구 17(1), 2014.

이런 점을 종합하여 국제교류의 정의를 내려 보면 인종·종교·언어·체제·이념 등의 차이를 초월하여 개인, 집단, 기관, 국가 등 다양한 주체들이 우호, 협력, 이해증진 및 공동이익 도모 등을 목적으로 공식·비공식적으로 추진하는 대등한 협력관계를 말한다고 정리해 볼 수 있다. 그리고 이러한 국제교류의 전제는 상호 간 문화적 전통 및 가치관을 존중하는 대등한 관계에서 출발하는 것이며, 일방적으로 어느 한 주체가 자국의 가치관이나 우월성 등을 고집할 수 없고 타국의 입장을 간섭하거나 강제할 수 없다는 점이다.

전통적인 의미의 국제교류는 외교라고 할 수 있다. 외교가 국가와 국가 간의 교섭활동이라면 현대적 의미의 국제교류는 앞서 지적한 대로 다양한 주체 간의 다양한 형태의 협력행위라고 할 수 있다. 따라서 현대적 의미의 국제교류는 외교적 차원의 한정된 교류보다는 훨씬 폭넓고 다양한 개념으로 발전하고 있다. 예를 들면 과거의 국가 간의 조약, 안보협력 등과 같은 차원뿐만 아니라 현대적 의미의 국제교류는 국제기구, 비정부 간 기구 등 다양한 주체들이 각각의 인적자산·물자·제도·정보·지식 등의 교환을 통해 상호이해를 도모하는 일체의 과정을 포함하는 광의의 개념이다.

(2) 경찰 국제교류협력의 필요성

이동수단의 발달로 국가 간에 인적·물적 교류가 활발히 이루어지고 있으며 이로 인해 전 세계는 시간·공간상으로 더욱 가까워지며 협소해지고 있다. 외교부에 따르면 2017년도 재외동포는 7,175,654명으로 국내 거주 국민의 13.6%를 차지하며, 여행·사업·유학 등을 목적으로 외국을 방문하는 한국인도 26,496,447명에 이르는 것으로 확인되고 있어, 테러 및 재해, 납치살인·강도 등 각종 사건·사고로부터 해외에 체류 중인 우리 국민을 보호하기 위해 각국 경찰기관과의 협력관계 구축이 중요하게 되었다.

이러한 변화는 우리 국민이 국제성 범죄, 테러 등 인류 공동의 이익을 위협하는 각종 범죄와 재해로부터 자유로울 수 없으며, 이는 해외에서도 재외국민을 위한 치안서비스의 제공이 절실하게 필요하다는 것을 반증해 주는 것이다.

이를 위해 경찰은 외국경찰기관 및 유관기관과 국제교류협력을 통해 국가의 이미지제고와 더불어 재외국민 보호체계와 국제공조수사체계 구축을 위해 노력을 해야 한다.

해외 경찰주재관이 상주하고 있는 지역은 물론이고 해외주재관이 상주치 않는 국가나 지역에서 우리 국민의 안전을 위하여 해당 국가경찰과의 교류협력을 활성화시켜 나가는 일이야 말로 시급한 국가적 과제가 되고 있다. 해외라고 하여 우리 국민의 생명과 재산을 보호해야 하는 경찰의 의무와 책임이 경감되는 것이 아니다.

이러한 임무를 수행하기 위해서는 결국 현지 경찰의 도움을 받아야 하는데 현지 경찰의 도움을 받기 위해서는 평소에 이들과의 우호·협력을 강화해야 한다. 세계화시대에 우리 국민을 보호할 수 있는 국제적인 환경을 조성하는 일이야 말로 경찰 국제교류협력의 핵심 과제라고 할 수 있다.

(3) 경찰 국제교류협력의 유형과 대상

국제교류를 '외국과의 인사, 문화, 제도 등이 서로 오가는 것'으로 정의한다면 그 범위 는 상당히 광범위해진다. 단순히 초청과 방문에 그치는 것이 아니라 시설견학·참관, 국제 회의 참석·개최, 외국경찰교육연수 주최·참석, 상호합동훈련 등도 국제교류의 대상에 포 함이 될 수 있다.

지금까지 경찰의 국제교류 유형은 지휘부 상호방문이 주를 이루었다. 즉 초청과 방문 이 국제교류의 대표적인 유형이라고 할 수 있고 그 대상지역도 중국·일본 등 동아시아에 한정되어 있었다. 그러나 국제화의 급진전에 따라 유럽·미주지역 등 세계 각국으로 우리 국민과 기업의 진출이 확대되고 있어 경찰의 국제교류도 다변화시킬 필요성이 대두되었다. 지휘부 초청방문 일변도에서 벗어나 실무자 교류, 학술세미나의 개최 등 실질적이고 업무 처리 위주의 교류를 추진함과 동시에 우리 국민의 해외진출 확대에 따라 대상지역도 미 주·구주 등으로 확대할 필요가 있다고 하겠다.

경찰 국제교류협력의 필요성이 증가되고 있음에 따라 한정된 재원을 가지고 효율적인 교류협력을 추진하기 위해서는 한국국제협력단(KOICA)과 연계한 국가차원에서의 유관 부 처·단체 간 협력이 절실하게 요청되고 있다. 또한 국제교류협력 횟수의 증가와 그 유형의 다양화가 국제교류협력의 실효성과 내실화를 담보하는 것이 아니기 때문에 이에 대한 구체 적이고 명확한 기준을 설정하여 경찰 국제교류협력의 다원화와 실효성을 확보할 필요가 있다.

2. 치안협력약정(MOU) 체결절차 및 특징

약정은 국가 또는 정부 간에 체결되는 조약이나 협정에 비해 하위 개념으로 해당 기 관 간에 체결되며 이러한 기관 간 약정은 두 가지의 유형이 있다. 첫째, 국가 또는 정부 간 에 체결된 모(母) 조약을 구체적으로 이행하는 시행사업을 규정하기 위한 자(子) 조약으로 서의 기관 간 약정이 있다. 둘째, 모 조약 없이 관계부처의 소관업무 범위 내에서 기술적 협력사항을 규율하는 기관 간 약정이 있다. 현재 경찰기관이 주로 체결하는 협력약정은 후 자에 속한다고 볼 수 있다.[21]

---

21) 치안협력 MOU체결 근거 : 외국 정부기관과의 기관 간 약정체결 및 관리에 관한 규정(국무총리

(1) 치안협력약정(MOU) 타당성 검토

기관 간 약정을 체결하고자 하는 부서는 먼저 약정체결의 필요성과 타당성을 검토해서 경찰청장에게 보고하고 추진하여야 한다.

(2) 교섭

약정체결의 방침이 서면 상대국 대상기관과 교섭을 진행한다. 교섭은 우선 양측이 약정의 초안(draft)을 교환하고 협의를 통해 단일의 약정문안을 만들어 낸다. 해당 경찰기관장은 약정체결 협의단계에서 외교부장관(경찰청 국제협력과 경유)에 약정서 문안의 검토를 요청할 수 있다.

(3) 약정체결

단일 약정문안이 완성되면 양국 관계기관의 장이 만나 약정서에 서명함으로써 약정체결 절차는 종료된다. 양국 체결 담당부서는 체결장소 및 시기 등을 조율하며, 방문체결이 불가한 경우 서면체결이나 별도 서명권자를 지정하여 체결을 진행할 수 있다.

3. 대상기관 선정

교류협력대상 외국기관은 지속적인 교류가 가능하고, 다수의 교민이 거주하는 지역을 관할하는 기관 또는 국제공조수사 필요성 등 아국의 실익이 기대되는 국가의 대등한 지위의 기관을 선정하여 추진하는 것이 바람직하다.

(1) 교류협력약정 제의

경찰기관이 외국기관으로부터 교류 제의를 받거나 교류를 제의하고자 할 경우에는 교류협력약정체결 및 교류의 타당성을 충분히 검토한 후 이를 지방경찰청장 등 상급기관을 경유하여 경찰청장에게 보고하며 사전 조정을 받은 후 추진한다.

령), 외국경찰 등과 교류협력 약정체결 규칙(경찰청훈령)
- ○ 경찰청 MOU체결 현황 : 경찰청은 1996년 중국 공안부와 최초 치안협력 MOU를 체결한 이래 2018년 현재까지 총 28개 외국 중앙경찰기관과 MOU를 체결했다.
- ○ 지방청 및 부속기관 MOU체결 현황을 보면, 현재 지방청은 23개 외국 지방경찰 간, 부속기관은 24개 외국 경찰교육기관과 치안협력 MOU를 체결했다.

(2) 사전 교류

양 기관의 상호 이해를 촉진시킬 수 있도록 치안정세 및 지역의 특수성 등을 소개하는 각종 책자 등 자료교환을 확대하고 서신교환을 통해 바람직한 교류방향을 모색하는 것이 필요하다. 그리고 교류협력약정체결을 위한 예비교섭이 필요한 때에는 경찰청장의 승인을 받아 국제교류 실무인사를 상호 교류할 수 있다.

(3) 교류협력약정 승인

외국기관과의 교류협력약정은 경찰청장의 승인을 받아 체결하여야 한다. 체결을 희망하는 기관장은 승인신청서를 교류협력약정체결 2개월 전에 경찰청(경찰청 국제협력과)에 제출해야 한다.[22]

(4) 약정서 작성 시 유의사항

경찰기관의 약정은 경찰업무와 관련된 범위 내에서만 체결할 수 있다. 그리고 이는 국가 간 법적 권리·의무를 발생시키는 내용과 국가차원에서의 재정적 부담을 발생시키는 사항은 국가 간의 조약에 해당되는 내용으로 기관 간 약정에는 이러한 사항을 포함시킬 수 없다. 다음으로 국내법령과 저촉되는 내용을 포함해서는 안되며 다른 부처의 소관업무를 포함하는 내용을 규정할 수도 없다.[23]

약정은 전체적으로 전문, 본문 그리고 최종조항으로 구성된다. 전문에는 체결주체를 명시하고 약정체결의 필요성과 의의를 간략하게 언급한다. 본문은 조문형식을 취하되 Article 대신 Paragraph를 사용하거나 그냥 숫자를 조문 앞에 사용하면서 약정의 구체적인 내용을 열거한다. 최종조항은 "Signed at _____ on the _____ day of (month,

---

22) 신청을 위한 구비서류
    1. 상대기관의 개황, 약정체결 추진경위, 교류협력 기본계획
    2. 약정체결의 기대효과, 약정체결 예정일자, 장소 및 체결방법
    3. 경찰청장이 특별히 지정하는 검토자료
23) 경찰기관 간 약정을 국가 간에 법적 구속력이 없는(또는 국가차원의 재정적 부담 사항을 배제하는) 문서로 만들기 위해 약정서 작성 시 다음과 같은 문안을 삽입하는 것이 바람직하다.
    ◉ 이 약정은 국제법상의 어떠한 법적 의무도 창설하지 아니한다.(This Arrangement is not intended to create any legal obligations under international law)
    ◉ 이 약정에 따른 모든 활동은 이용가능한 재정수준과 가용인력 그리고 각국의 법령에 따른다.(All the activities under this Arrangement shall be subject to the availability of appropriate funds and personnel and to the laws and regulations of the respective countries)

year), in two originals, each in the Korean and English languages, both (all) texts being equally authentic."으로 한다. 이때 제2외국어권인 경우에는 국문, 영문, 해당 기관의 자국어로 각 언어별 2본씩 총 6개의 정본으로 약정서를 만든다.

(5) 약정서 서명 시 유의사항

협력약정서명을 위한 좌석배치 및 국기배열은 다음과 같다. 우리나라의 경우 서명식장에서는 우리 측 서명자가 내빈을 향하여 왼쪽에, 상대방 서명자가 오른쪽에 위치하여 양측 관계 직원이 각각 서명자의 옆에서 서명을 보좌한다. 서명식장에는 국기와 명패 등을 사진과 같이 바르게 배치하여야 하며, 국·관·과장 등이 배석하도록 하고 또한 홍보에 필요한 조치를 사전에 취하도록 한다. 그러나 서명하는 장소가 외국인 경우에는 해당 국가의 관례에 따른다.

서명식장 배치도

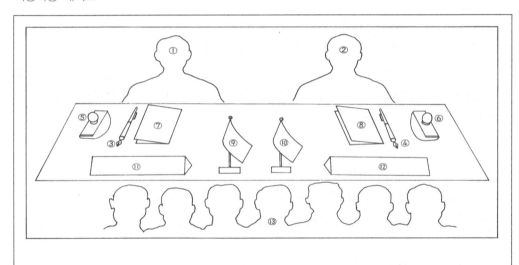

① 상대국 서명권자(한국이 체결지인 경우) ② 한국의 서명권자 ③④ 만년필 ⑤⑥ 압지 ⑦⑧ 약정서 ⑨ 상대국 국기 ⑩ 한국 국기 ⑪ 상대국 국명(기관명) 명패 ⑫ 한국 국명(기관명) 명패 ⑬ 신문·TV 등 언론 관계자

서명식 순서
○ 서명식장 준비, 각 서명권자 위치의 탁자위에 자국 보관용 약정서 비치
○ 양측 서명권자 입장, 이때 서명보좌관은 각각 서명권자의 약간 뒤편 바깥쪽에 위치
○ 양국 서명권자는 각각 자국 보관용 약정문 정본상의 서명란(왼쪽)에 서명

○ 서명보좌관은 서명된 양측의 약정문을 교환

○ 서명권자는 상대국 보관용 약정문(서명란 오른쪽)에 서명

○ 서명이 끝난 후 양측 서명권자는 약정문을 교환

○ 약정문 교환이 끝난 후 악수와 아울러 사진촬영을 하거나 경우에 따라서는 서명 후 축배를 들기도 함

4. 국제 외교문서

(1) 외교문서의 종류

법적 구속력을 가지며 국제법의 규율을 받는 국제적 합의를 일반적으로 조약(Treaty)이라고 부르나, 이러한 국제적 합의는 조약 이외에도 헌장(charter, constitution), 협정(agreement, pact), 협약(convention), 의정서(protocol, act), 규약(covenant), 선언(declaration), 약정(arrangement), 교환각서(exchange of notes), 잠정협정(modus vivendi), 양해각서(memorandum of understanding) 등으로 불려지고 있으며, 때로는 공동성명(communique), 또는 합의서(agreed statement)라고도 한다. 국제적 합의에 부여되는 명칭은 관행상 위와 같이 다양하나 그 명칭 자체가 특별한 법적 의미를 가지고 있는 것은 아니다. 즉 실무적으로는 명칭별로 특징을 기술할 수 있지만 법적으로는 이와 같은 구분에 특별한 의의를 부여할 수 없으며 효력은 명칭과 관계없이 그 내용에 의해 결정된다. 또한 실무 면에서 명칭의 구분조차 실제 관행과 반드시 일치하지 않는 경우도 많다.

1) 조약(Treaty)

가장 격식을 따지는 정식의 문서로서 주로 당사국 간의 정치적·외교적 기본 관계나 지위에 관한 포괄적인 합의를 기록하는 데 사용된다. 조약이라는 명칭을 사용하는 합의는 대부분 '국가'가 당사자로 되어 있다.

2) 헌장(charter, constitution), 규정(statute) 또는 규약(covenant)

주로 국제기구를 구성하거나 특정 제도를 규율하는 조약의 명칭으로 헌장, 규정 또는 규약이라는 용어가 많이 사용되고 있다.

3) 협정(agreement, pact)

협정이라는 명칭은 주로 정치적인 요소가 포함되지 않은 전문적, 구체적인 주제를 다룸으로써 조정하기가 그다지 어렵지 아니한 특정 문제를 상호 호혜적으로 취급하는 조약에 많이 사용되고 있다.

4) 협약(convention)

협약은 특정 분야 또는 기술적인 사항에 관한 입법적 성격의 조약에 많이 사용된다. 예컨대 '조세협약'과 같이 어느 특정 분야를 정의하고 상술하는 데 사용되는 경우이다. 또한 국제기구의 주관하에 개최된 국제회의에서 체결되는 조약의 경우, 협약이라는 용어가 흔히 사용된다.

5) 의정서(protocol)

의정서라는 명칭은 기본적인 문서에 대한 개정이나 보완적인 성격을 띠는 조약에 많이 사용되며, 이러한 경우 그 의정서는 기본문서에 불가분의 일부로서 간주된다. 그러나 특정 분야만을 단독으로 취급한 경우도 없지 않다.

6) 약정(arrangement)

약정이라는 명칭은 주로 협정에 비하여 상대적으로 실무적인 사항을 규정하는데 사용된다. 현재 경찰기관이 외국경찰기관과 체결하는 것도 경찰협력약정에 속한다.

7) 교환각서(exchange of notes)

전통적인 조약은 동일 서면에 체결국의 대표가 서명함으로써 체결하는 데 비하여 교환각서는 일국의 대표가 그 국가의 의사를 표시한 각서를 타방국가의 대표에 전달하면, 타방국가의 대표는 그 회답각서에 전달받은 각서의 전부 또는 중요한 부분을 확인하고 그에 대한 동의를 표시하여 합의를 성립시키는 것이다.

8) 양해각서(memorandum of understanding)

합의각서 및 양해각서는 이미 합의된 내용 또는 조약 본문에 사용된 용어의 개념들을 명확히 하기 위하여 당사자 간 외교교섭의 결과 상호 양해된 사항을 확인, 기록하는데 주로 사용된다.

(2) 정부기관 간의 국제문서

국제교류가 확대되면서 교류당사자 간의 국제문서의 작성교환과 외국어 문서의 이용 사례가 큰 폭으로 증가하고 있다. 국제문서는 국제적 당사자 간의 의사전달 및 합의의 결과를 명확히 하고 보존하기 위하여 작성되는 기록물이다. 따라서 일정한 형식을 준수하여 작성하고 정확한 번역을 하여야 하며 적절히 보존관리하는 것이 중요하다.

다자간의 합의내용은 주로 영어를 공식언어로 사용하지만 양자 간의 문서는 양국어로 작성하는 경우가 많다. 따라서 문서의 작성에 양국의 관례가 반영되는 경우가 많으므로 국제문서의 정형화된 형식이 뚜렷하게 존재하고 있다고 말할 수 없으며 양측에서 합의된 형식과 내용을 갖추면 그로서 충분하다고 할 수 있다.

1) 합의문서

경찰기관 간의 국제교류과정에서 일정한 사안에 대하여 서로 동의한 사항을 명확히 하고자 할 때에는 상호 합의한 내용을 각 당사자의 공용어 또는 영어로 번역한 후 문서로 작성하여 각 측의 대표자가 서명하게 된다. 이러한 문서를 합의문서라고 하며 그 내용에 따라 여러 종류가 있다. 국가 간의 공식문서에서도 마찬가지이지만 문서의 명칭만으로 그 문서의 내용을 규정하지는 않는다.[24]

이외에도 자매결연조인서, 우호교류협정서, 의향서(letter of intent), 분야별 교류협정서, 실무합의서, 비망록(memorandum), 합의각서, 합의의사록(agreed minutes) 등의 명칭을 기관 간 약정에 사용하고 있다.

2) 서한문 작성요령

국가 간에 서면으로 의견을 교환할 때는 서한문의 형식을 빌어 사용하게 된다. 서한문을 작성할 경우 항상 받는 사람의 입장을 고려하여 문안을 선택하고 현안을 논리 있게 전개하여 설득력을 갖추도록 하는 것이 중요하다. 국제문서로서의 서한문은 다음과 같은 기본 요건을 갖추고 있어야 한다.

① 상대방에 대한 예의와 적절한 격식을 갖춘다.
② 간결하게 쓴다.
③ 요지를 명료하게 밝힌다.
④ 조리 있고 일관성 있게 쓴다.
⑤ 사실과 정보를 구체적으로 밝힌다.
⑥ 의문의 여지를 남기지 않도록 한다.
⑦ 자신의 주장은 분명하고 단호하게 밝힌다.
⑧ 오류가 없도록 정확하게 쓴다.

---

24) ◦ 대한민국 경찰청과 중화인민공화국 공안부 간의 교류협력에 관한 합의서('96.11)
　◦ 대한민국 경찰청과 일본국 경찰청 간의 경찰업무 협력에 관한 협의문('01.3)
　◦ 대한민국 경찰청과 인도네시아 경찰청 간의 교류협력에 관한 약정서('04.8)
　◦ 대한민국 경찰청과 베트남사회주의공화국 공안부 간의 상호협력에 관한 약정서('05.5)
　◦ 대한민국경찰청과 싱가포르경찰청 간 국제범죄척결 및 경찰협력증진에 관한 협력약정('07.5)
　◦ 대한민국 경찰청과 멕시코 공공안전부 간 국제성 범죄척결 및 경찰협력증진에 관한 협력약정('10.3)

3) 서한문 구조

① (Letterhead) 발송기관에서 사용하는 공식 편지지의 제일 윗부분에 인쇄된 내용으로 기관명, 주소, 연락처, 공식문양 등이 기재된다.

② (Date) 편지를 작성한 일시. (ex) 13 July 2005

③ (Inside Address) 편지 수신인의 성명, 직책, 소속, 주소 등을 기재한다. (ex) Sir Ian Blair / Commissioner Metropolitan Police / United Kingdom of Great Britain and Northern Ireland

④ (Salutation) 첫인사. Dear로 시작하여 직책과 이름을 기재하고, 콜론(:)이나 쉼표(,)로 마무리 한다. (ex) Dear Commissioner Blair :

⑤ (Body of the Letter) 편지의 주 내용.

⑥ (Complimentary Closing) 끝인사. 첫 단어만 대문자로 시작하고 쉼표(,)로 마무리 한다. (ex) Respectfully yours,

⑦ (Signature Line) 서명이 들어가는 공간 밑에 발신인의 성명과 직책을 기재한다. (ex) Min, Gab Ryong, Commissioner General, National Police Agency, Republic of Korea

⑧ (기타사항 기재) 동봉, 참조 등 (ex) Enc.: 3 brochures

(3) 의전

의전의 바탕은 상대 문화 및 상대방에 대한 존중(Respect)과 배려에 있다. 의전의 출발점은 서로가 다르다는 점이며, 의전의 종결점은 다름을 어떻게 효과적으로 조율하느냐 이다. 지구상에는 190여 개 국이 넘는 나라가 다양한 문화, 다양한 생활방식으로 살아가고 있다. 공통적으로 적용되는 의전 관행도 있지만, 문화권별로 독특한 것도 있다. 우리의 경우 실내에 들어갈 때 신발을 벗는다. 의전적인 관점에서 보면 그런 문화에 익숙하지 않은 외빈들을 배려하는 자세, 외빈의 입장에서는 지역 문화를 존중하는 자세를 지니는 것이 중요하다.

의전(특히 국가 간 의전)은 또한 상호주의(Reciprocity)를 원칙으로 한다. 상호주의는 상호 배려의 다른 측면이기도 하다. 내가 배려한 만큼 상대방으로부터 배려를 기대하는 것이다. 우리가 상대국 방문 시 성대하게 대접을 받았다면, 우리나라를 방문할 때 우리 측도 이와 유사한 의전상 예우를 최대한 제공하게 된다.

의전격식과 관행은 특정시대, 특정지역의 문화를 반영(Reflecting Culture)하므로 시대적, 공간적 제약성을 갖는다. 따라서 현재의 의전형식이 영구한 것으로 생각할 필요는 없다. 태평양 시대의 도래와 함께 멀지 않은 장래에 젓가락에 기초한 의전 형식이 세계적인 의전 형식이 될 날도 멀지 않은 것이다. 현재 우리에게 익숙한 의전은 대부분 서양에서 도입된 것으로 의전이 서구의 전유물이라고 생각하기 쉬우나, 실상 의전의 역사는 서양보다 동양이 더 뿌리가 깊다. 중국에서는 이미 기원전 11세기에 백성을 다스리는 군주의 덕목으로 '禮'를 꼽았는데, 이것이 다름 아닌 동양 의전의 시발점이라고 볼 수 있다.

의전 기준 및 절차를 한마디로 표현하자면 서열(Rank)이다. 의전 행사에 있어 가장 기본이 되는 것은 참석자들 간에 서열을 지키는 것이다. 서열을 무시하는 것은 해당 인사뿐만 아니라 그 인사가 대표하는 국가나 조직에 대한 모욕이 될 수 있다.

의전의 기본은 오른쪽(Right)이 상석이라는 것이다. 문화적으로, 종교적으로 왼쪽을 불경 또는 불결하게 여겨온 전통의 소산이 오른쪽 상석의 원칙으로 발전하게 된 것 같다. 행사를 host하는 주빈의 경우 손님에게 상석인 오른쪽을 양보한다. 정상회담 시 방문국 정상에게 상석인 오른쪽을 양보하며, 같은 원리로 다자 정상회의 시 정상회담을 자기 숙소에서 host하는 측은 상대 정상에게 상석을 양보하게 된다.[25]

(4) 국기

1) 국기의 의미

국기는 한 나라의 상징이자 국민들의 국가에 대한 일체감 및 결속력을 다지는 도구이기도 하다. 정상회담이나 국가 간 주요 의장 행사시에 국기가 사용되며, 대부분의 국가에서 자국기를 정면에서 바라볼 때, 왼쪽에 위치하도록 함으로써 국기에 대한 존중과 예의를 표하기도 한다. 좌석배치 시 경우에 따라서 상석(호스트의 오른쪽)을 양보하기도 하지만 국기는 정면에서 바라볼 때 왼쪽에 그대로 배치하여 우선순위를 양보하지 않는 것도 오래된 국가 간 관행이다.

일본처럼 단순하게 태양을 상징하는 붉은 원을 그리는 국가나, 미국처럼 건국 초기 13개 주 및 현재 주의 수인 50개의 별을 표기하는 나라도 있으나, 우리나라의 국기만큼 음과 양, 건곤이감 등 깊은 동양의 철학적 의미를 내포하고 있는 국가는 드물다. 따라서, 그만큼 국기 그리기가 쉽지가 않으며 외국인의 눈에는 우리 국기를 제대로 그리거나 달기가 쉽지

---

25) 의전구성의 5요소
  1. 의전은 상대에 대한 존중(Respect)과 배려(consideration)다.
  2. 의전은 문화의 반영(Reflecting Culture)이다. 로마에 가서는 로마인처럼 행동하라.
  3. 의전은 상호주의(Reciprocity)를 원칙으로 한다.
  4. 의전은 서열(Rank)이다.
  5. 오른쪽(Right)이 상석이다.

않은 것도 사실이다.

　인도네시아 국기를 거꾸로 하면 폴란드 국기가 되는 등 타국 국기의 경우에도 혼돈되는 경우가 적지 않으나, 국기는 그 나라의 상징인 만큼 국기를 잘못 게양하는 것은 큰 국가적 결례가 됨으로 유념할 필요가 있다.

2) 대한민국 국기에 관한 규정(법률 제8272호, 2007.1.23. 제정)

　제17조(국기의 게양위치) 국기는 정면에서 보아 중앙 또는 왼쪽에 위치하도록 설치하고, 다른 기와 같이 게양할 때, 기의 수가 홀수인 경우, 국기는 가장 윗자리인 중앙에 게양 짝수인 경우, 왼쪽 첫 번째에 게양하여야 한다.

　제18조(국기와 외국기의 게양) 국기와 외국기를 게양할 때 가장 윗자리에 국기를 게양하고, 외국기의 게양 순위는 외국국가 명칭의 알파벳순서를 따르되, 기의 수가 홀수인 경우, 국기를 마주보아 국기를 중심으로 가까운 왼쪽, 오른쪽 순으로 게양 짝수인 경우, 왼쪽에서 오른쪽으로 순서에 따라 게양하여야 한다.

　제19조(국기와 국제연합기의 게양방법) 왼쪽에 국제연합기를, 오른쪽에 국기를 게양하고, 외국기를 함께 게양할 경우, 국제연합, 국기, 외국기 순으로 게양한다.

3) 국기제작 및 게양 시 주의사항

　태극기와 금술을 달지 아니하는 외국 기를 함께 게양하거나 사용하는 경우에는 상대 국가의 관례를 존중하여 금술 없는 태극기 사용하기도 하며 태극기는 무궁화 봉우리 모양의 깃봉을 사용하지만 외국기의 경우 통상 창촉 모양의 깃봉을 사용한다.

　깃 면의 가로와 세로 정비율은 3:2이나 외국기와 함께 게양할 경우 외국기의 비율에 맞추어 조절 깃 면을 늘여서 달고자 할 때에는 이괘가 왼쪽위로 오도록 하고 깃 면의 횡 부분을 필요한 만큼 늘여서 게양하여야 한다.[26]

제4절　치안한류와 국제협력

1. 치안한류의 이론적 근거와 개념

(1) 치안한류의 이론적 근거

　정책 확산(Policy Diffusion)이란 정책의 채택이 다양한 사회적 체제 사이의 특정 통로

---

26) 경찰청, '국제교류협력 매뉴얼', 국제협력과, 2018.

를 통해 소통되는 과정으로, 한 나라의 정책이 다른 나라에 영향을 미친다는 사실에 초점을 둔 이론이다. 즉 잘 발달된 정책을 이루어낸 국가의 정책을 인접국가나 다른 후발 국가들이 모방하여 도입한다는 주장으로, 한 국가의 제도적 혁신이 인접국가로 확산되는 동시에 기술 이전 과정이기도 하다. 이에 의하면, 치안한류는 '한류'의 범위가 치안행정 분야로까지 확대되면서 '치안행정 역량이 낮은 국가들을 대상으로 한국의 치안행정, 제도, 콘텐츠 등을 옮겨 적용하고, 확산시키는 것'으로 정의할 수 있다.[27]

(2) 치안한류의 대외적 위상

치안한류(K-Police Wave)는 대한민국 경찰의 우수한 인력과 선진 치안시스템을 활용하여 세계 각국에 '한국형 치안시스템'을 전수하는 사업으로, '한국형 치안시스템'은 현장에 강한 첨단 IT경찰을 표방하며 급속한 사회 발전과정에서 전문성을 바탕으로 다양한 치안현장의 문제를 해결하고, 112시스템 등 치안의 과학화를 지속 추진하며 과학수사와 사이버 분야 등에서 최고 수준의 역량을 보유하는 것을 의미한다. 국제사회에서는 한국 경찰의 치안경쟁력을 높이 평가하여 중동과 중남미 개발도상국 국가 중심으로 교관 파견 요청 등 '한국형 치안시스템'에 대한 전수 요청이 지속 증가하고 있다. 이에 한국 경찰은 치안 기법 전수를 위해 단기 교관 파견시스템과 병행하여 중장기적이고 종합적인 전수 체제를 구축할 것을 결정하고, 한국국제협력단(KOICA)과 업무협약(MOU)을 체결 및 ODA 사업을 통해 치안한류를 확산시키기 위한 중요한 전기를 마련하였다. 따라서 치안한류 사업을 통해 구축한 글로벌 치안협력 네트워크를 활용하여 해외로 도피한 주요 도피사범을 현지 경찰과 함께 직접 검거하고 송환함으로써 도피사범은 반드시 검거된다는 인식을 확산시키고, 교민 보호를 위해 필리핀 '코리안데스크'와 베트남 '코리안데스크'를 개설하는 등 해외 교민보호에도 전기를 마련하였다.

(3) 치안한류의 법적 근거와 형성요인

2000년대 이후 'K-Pop', 'K-Drama'와 같은 한국의 대중문화인 '한류(韓流)'가 2016년 8월 4일 '공공외교법'으로 정식 발효되면서 새로운 국면으로 접어들었다. 공공외교법 제정은 그동안 한류가 축적한 우수한 자산들을 공공외교 방식으로 전환할 수 있는 법적·제도적 기반을 마련하였다는 점에서 매우 적절한 조치였다. 한국 문화에 있어 치안은 시대적 연속성을 지닌 점진적 발전보다는 '일제강점기'와 분단국의 '이념 갈등', 80~90년대 '민주

---

27) 엄준혁, "치안정책 시스템의 정책 확산에 관한 연구, -치안한류의 글로벌화를 중심으로-", 연세대학교 행정대학원 석사논문, 2017.

화의 격동기'와 2017년 '평화적 촛불집회' 정착기에 이르기까지 분절된 단편화를 통해 발전되어 온 독특한 경험을 가지고 있다. 반세기 넘는 역사와 함께 산업화, 도시화 등 기존의 사회 구조를 재편성 혹은 재조직화(再組織化) 해야 하는 혼란과 성장의 중심에서 끊임없이 진화해 왔다. 더구나 세계 어디에서도 그 유례를 찾아보기 힘들 정도로 이질적이며 복합적인 그리고 진보적 사회구조로 전이된 한국의 치안문화는 치안과 사회관계의 1차적 목표인 '범인 검거율'을 높여 사회안전에 기여함은 물론 2차적 치안—사회관계인 시민과의 소통·공감을 지속 시행하여 한국만이 가능하고 활용할 수 있는 치안자산을 축적해 왔다.[28]

2. 치안한류의 시작

(1) 외국 경찰관 초청 연수

2005년부터 2014년까지 인도네시아, 니제르 등 69개국 외국 경찰관 964명을 국내에 초청하여 경찰대학 등 각 경찰교육기관에서 과학수사와 범죄예방 등 다양한 분야의 교육을 실시하였다. 연수과정을 통해 대한민국 경찰의 축적된 경험과 기술을 개도국에 공유, 전파함으로써 그들의 치안역량 발전에 기여하는 한편, 현지 경찰과 인적네트워크 형성 등 협력관계를 강화해 교민보호 및 국제성 범죄에 대응하는 등 실질적인 성과를 거두는데 주력하였다.

(2) 치안 분야 국제개발 협력사업

2014년부터 KOICA와 공공협력 방식으로 온두라스, 엘살바도르, 과테말라의 중미 3개국을 대상으로 치안사업을 본격 실시하고 있다. 온두라스(2015년~2016년)에는 우범지역 내 CCTV 시스템을 설치하고, 전문가 파견을 추진하였으며, 엘살바도르(2015년~2016년)에는 차량 번호 인식용 CCTV를 구축하였다.

(3) 선진 치안시스템 전수 사업(단기전수 사업)

경찰청에서는 2012년부터 외국 경찰청에서 희망하는 분야의 전문가를 해외 현지에 단기 파견(2주~4주)하여 우리 치안기법을 전수하는 사업을 추진하고 있다. 2012년~2014년까지 UAE와 멕시코 등 8개국을 대상으로 대테러, 112신고 시스템, 사이버수사 및 집회관리시위 등 다양한 분야의 치안전문가 총 60명을 파견하여 외국 현지 경찰관 총 879명을

---

28) 신경수, "한국치안의 공공외교로의 패러다임 전환, —치안한류를 중심으로—", 한국경찰학회보 19권 2호, 2017.

교육하였다. 앞으로도 경찰청은 치안시스템 전수 분야와 그 대상국을 점점 넓혀나가고 있다.

3. 선진 치안시스템 전수를 위한 치안전문가 파견 사례

중동 2개국(아랍에미리트·오만)에 치안전문가를 파견, 평화적 집회시위관리기법 등 선진 치안시스템을 전수함으로써 치안협력 네트워크를 구축하고 있다.

(1) 파견현황

중동 국가들이 경찰 선진화를 위해 우리나라 경찰관 파견을 요청, 총 10명의 교관을 파견하여 현지 경찰관에게 치안시스템을 전수하고 있다.

구 분	아랍에미리트(UAE)	오만
파견기관	아부다비경찰청	오만왕립경찰청
전수종목	집회시위관리	집회시위관리
파견인원	3명	8명
파견기간	'15. 6. 3. ~ '18. 6. 20.	'15. 6. 18. ~ '18. 6. 9.

(2) 주요 성과

1) UAE 아부다비 기동본부에서 기동중대(2개 중대, 120명)와 경찰 교육생 총 1,168명을 대상으로 방패술·집회시위 교육 및 지휘검열을 2회 실시하였고,
2) 오만 내 13개 기동훈련센터를 순회하며 신임경찰관과정·간부양성과정 등 15개 교육과정(8,893명)에서 평화적 집회시위관리기법을 교육하고 있다. 오만 경찰은 전 신임경찰관을 대상으로 한국식 집회시위관리 훈련과정을 필수적으로 이수시키기 위해 우리 치안전문가 6명을 추가로 파견해 줄 것을 요청한바 있다.

4. 치안한류 운영현황 및 성과

치안한류의 운영현황과 성과로는 우선, 한국의 치안시스템을 몸소 체험하고 습득한 치안전문가 그룹(현직＋퇴직경찰관으로 구성)을 선발·교육하여 중동·중남미·아시아 등 '한국형 치안시스템'을 전수받고자 요청한 나라에 파견을 보낸 '치안시스템 전수사업'을 들 수 있다. 4개국에서 요청이 들어오던 2012년 이후, 해마다 증가하여 2013년 8개국, 2014년 13개국, 2015년 22개국 그리고 2016년에는 29개국에 이르렀다. 이에 전수사업은 2015년

까지 총 11개 국가를 선정하여 67명의 치안전문가를 파견하여 현지 경찰관 970명을 대상
으로 한국의 치안기술 및 노하우 등 교육사업 활동을 수행하였다. 2016년에는 치안시스템
전수사업을 위한 별도예산(3억 3천만 원)을 편성하여 전수를 희망한 29개국 중 14개국을 선
정하여 총 58명의 치안전문가를 파견하였고, 해당국 경찰관 700여 명을 대상으로 교육을
진행하였다. 특히 치안한류 사업 중 '치안인프라 구축사업'은 KOICA와의 공공협력사업과
경찰청 독자적 ODA 사업으로 구분하여 추진하였다. 경찰청-KOICA 협업사업은 중미 3
국(과테말라·온두라스·엘살바도르)을 대상으로 치안전문가 파견, 초청연수 사업과는 별도로
한국 경찰의 선진 수사기법을 전수하기 위해 '15~'17년 간 총 1,350만 달러를 투입해 치안
역량 발전을 지원해 주고 있다. 이러한 치안한류 사업은 외국으로부터 한국 경찰장비에 대
한 관심으로까지 이어져 2016년에는 총 8,850만 달러의 수출 효과를 누렸다. 2012년까지
만 해도 중동이나 동남아시아 국가를 대상으로 살수차와 플라스틱 방패 등 집회·시위 장
비를 중심으로 한 경비 분야의 수출사업이 주력이었으나, 2013년 이후부터 스마트순찰차,
디지털포렌식, 경찰통신기기, 교통상황 종합관제시스템, CCTV 등 ICT장비 등으로 확대되
고 있다.

경찰청 치안협력 약정(MOU) 체결 현황

구분	계	아시아	중동	유럽	미주	태평양
체결국	27	中, 日, 몽골, 인니, 베트남, 태국, 필리핀, 싱가포르, 캄보디아, 홍콩	요르단, 카타르, UAE, 사우디	러시아, 이탈리아, 터키, 우즈벡	멕시코, 과테말라, 미국, 콜롬비아, 온두라스, 코스타리카	호주, 뉴질랜드, 파푸아뉴기니
		10	4	4	6	3

5. 치안한류사업 분류

(1) 치안한류 전수 주요 성과

1) 세계 69개국, 2,893명의 경찰관에게 한국형 치안시스템을 전수
2) 치안전문가 122명을 30개국에 파견
3) 총액 300억 원 규모의 치안분야 ODA 사업 진행
4) 퇴직경찰관 14명을 외국경찰 자문단으로 파견(KOICA 예산 부담)
5) 총액 4억 달러(약 5천억 원) 규모 치안장비 수출을 지원

이를 통해 재외국민 보호, 도피사범 송환, 해외 현지 합동수사 등 다양한 글로벌 치안

협력 성과를 올렸다.

(2) 치안한류 사업 유형과 현황

1) 사업 유형

치안한류는, ① 치안시스템 전수사업, ② 초청연수 사업, ③ 치안인프라 구축사업 등
세 가지를 기본으로 다양한 특수 사업으로 구성되어 있다.[29]

치안한류 기본사업 유형

구 분	내 용
① 치안시스템 전수사업	한국 경찰 전문가를 해외 현지에 파견해 외국 경찰을 교육 ⇨ 단기(2주) / 장기(1년 이상) 파견으로 구분
② 초청연수 사업	외국 경찰관을 우리 경찰 교육기관에 초청해 교육 ⇨ 경찰 독자사업 / KOICA 협력 사업으로 구분
③ 치안인프라 구축사업	외국 경찰발전 돕기 위해, 시설·장비·교육을 종합 지원 ⇨ 경찰 독자 ODA 사업 / KOICA 협력 사업으로 구분

2) 사업 현황

세 가지 치안한류 기본사업 이외 ① 치안한류 모델국가 사업, ② 퇴직경찰 해외 파견
사업, ③ UN·인터폴 등 국제기구 협력 사업, ④ UAE 경찰후보생 경찰대학 위탁교육 사업
등을 추진 중이다.

2017년 치안한류 사업 현황

구 분	내 용
① 치안시스템 전수사업	▶ 단기파견 : 21개국에 총 25회 66명의 경찰전문가 파견 ▶ 장기파견 : 2개국 11명(고용휴직 11)
② 초청연수 사업	▶ 15개 과정 개설, 17개국 239명의 외국경찰 교육

---

29) 사업유형에는 1) 초청연수 2) 치안전문가 파견 3) 치안인프라 구축사업으로 구분할 수 있으며,
이러한 사업을 KOICA 예산 및 경찰청 자체 ODA 예산을 통해 시행하고 있다. 특히 '16년 국
가 ODA 예산은 2조 5천억 원으로 이 중 약 7천억 원은 각 부처에서 독자사업 발굴 예산 신청
하여 사업을 추진('17년 34개 부처 사업 실시 → 경찰청은 66억 원 최초 확보)했다. 경찰청의
경우 '16년도 27개국 212명 외국경찰 초청연수 실시했고, 14개국 58명의 치안전문가를 파견하
였으며, 6개국 대상 300억 원 규모 치안인프라 구축사업을 진행했다.

③ 치안인프라 구축사업	▶ 중미 3국사업 : '15~'18년간 / 총액 1,350만 달러 ▶ 필리핀 수사역량강화사업 : '16~'18년 660만 달러 ▶ 베트남 과학수사역량 강화사업 : '17~'19년, 580만 달러 ▶ 우간다 경찰 초청연수사업 : '17~'19년, 50만 달러
④ 치안한류 모델국가 사업	▶ 카타르·UAE는 우리 경찰이 숱 분야에 걸쳐 전문가를 파견, 자국 경찰을 교육해 달라고 요청 ⇨ 매년 교육일정 협의
⑤ 퇴직경찰관 해외파견 사업	▶ 총 8개국 11명 파견
⑥ UN 등 국제기구 협력사업	▶ 인터폴(IGCI) 협력, '2018 인터폴 경찰교육 심포지움' 유치 ▶ UN DPKO 등과 연계사업 추진 검토(실무검토 중)
⑦ 경찰대학 위탁교육 사업	▶ UAE 정부에서 자국 고교졸업생을 한 경찰대학 위탁교육 후 자국 경찰간부 임용 희망 ⇨ 실무협의 진행 중

'치안한류'는 그 자체가 '목적'이 아니라 '수단'인 사업으로, 사업을 통해 치안협력 네트워크를 구축하고, ① 재외국민 보호, ② 국격 제고, ③ 치안분야 수출 활성화 지원 등 다양한 성과를 거두고 있다. 또한 '글로벌 치안협력의 중심국가 도약'을 목표로 치안한류 사업 추진 중이다.

3) 국제기구 협력

개발도상국 중심 사업에서 탈피, 선진국 및 국제기구 협력 사업을 통해 우리 경찰역량의 발전 및 글로벌 치안협력 네트워크 구축을 목표로 한다.[30)

○ ODA 사업발굴 및 KOICA 협력을 위해 경찰청 자체 ODA 사업을 적극 발굴하고, KOICA와도 치안 분야 ODA 사업 확대를 적극 추진하고 있다.

○ 치안한류 모델국가 육성을 위해 희망국을 대상으로 '한국형 치안시스템'의 포괄적 전수를 위해 사업을 추진하고 있으며, '치안한류 모델국가' 육성을 목표로 한다.[31)

○ 치안 분야 수출 활성화지원 사업으로 치안산업 분야에서 우수 기술을 보유한 기업체에 대해 '인증제도' 도입 등 민−경 협력을 통해 수출을 확대하는 등 경제 활성화 정책에 뒷받침한다. 우리나라는 '글로벌 치안협력' 분야에서 후발주자이나, '치안한류' 사업을 적극 전개해 대한민국 경찰이 '글로벌 치안협력'의 중심 국가로 도

---

30) 인터폴 IGCI와 협력, 인터폴 주관 최대 규모 행사인 '2018년 인터폴 경찰교육 심포지엄'을 한국 경찰교육타운(경찰대학·경찰교육원)에서 개최,
'17년 5월 인터폴 IGCI 대표단이 방한해 현지 실사, 6.30 인터폴 역량개발국장 명의 공식 서한문을 통해 2018년 심포지엄의 한국 개최 희망의사 표명
유엔 사무국과 협력, UN과 공동으로 경찰 교육프로그램 운용 및 치안분야 국제 세미나 등 국제기구 연계 치안협력사업 추진했다.
31) UAE는 '17년부터 경찰 전 분야에 걸친 한국 경찰전문가 파견을 요청, '18년도 파견 분야에 대해 협의 후 '2018년 한−UAE 경찰 교육협력 계획'을 확정, 연중 파견 진행하고 있다.

약하고 있다.

(3) 경찰청 예산사업

경찰청 자체예산(2억 7천만여 원)을 활용, 대한민국 치안시스템 전수를 요청하는 나라를 대상으로 우리 경찰전문가를 단기 파견 또는 외국경찰을 국내에 초청해 치안시스템을 전수한다.

(4) 발전방향

UN·인터폴 등 국제기구와의 협력강화로 한국형 치안시스템을 포괄적으로 전수하고, 치안한류 사업의 사후활용 강화방안을 추진하며, 특히 한국 경찰의 역량을 국제적으로 인정받고 '글로벌 스텐다드'로 자리매김하는 리더십 발휘를 위해 국제기구 협력강화가 요구된다.

6. 치안 ODA사업 진행

(1) 경찰청 ODA

1) 베트남 프로젝트
2017~2019년 간 60억 원 투입하여 베트남 형사과학원 내 과학수사센터 리모델링, 증거분석실, DNA 감식동 기자재 지원, 전문가 파견 및 초청연수 등 교육제공

2) 우간다 초청연수
2017~2019년 간 5억 원 투입, 매년 20명의 우간다 경찰초청, 교통관리·112시스템·CCTV활용 범죄예방 등 치안역량 강화 교육 실시

(2) KOICA협력 ODA

1) 필리핀 프로젝트
2017~2019년 간 660만 달러 투입, 순찰차량 130대, 오토바이 42대, 과학수사키트(120식) 등 지원, 전문가 파견 및 초청연수 등 교육제공

2) 중미 3국 프로젝트
2014~2018년 간 1,350만 달러 투입, 중미 3국 치안인프라 구축
○ 온두라스(550만 달러): CCTV설치·관제센터 구축, 교육제공

○ 엘살바도르(420만 달러): 차량번호인식 CCTV 설치 · 센터 구축, 교육제공

○ 과테말라(380만 불): 경찰교육시설 건축, 교육제공

(3) 초청연수(초청연수 · 전문가 파견 · 치안인프라 구축) 사업 추진

2018년 현재 경찰청 '치안한류 사업'은 초청연수 · 전문가파견 · 치안인프라 구축 사업으로 구성되어 2017년 총 27개국에 치안한류를 전파하고 있으며, 총액 300억 원 규모의 치안인프라 구축사업을 추진 중이다.

1) 유형별 분류

○ 초청연수: 외국 경찰관들을 국내 경찰 교육기관에 초청해 교육(KOICA 협력)

○ 전문가 파견: 외국에 우리 경찰 전문가를 파견, 현지 경찰관 교육(경찰청 독자사업)

○ 치안인프라 구축 : 시설 · 장비 · 전문가 파견 및 초청연수 등 종합지원(KOICA 협력)

2) 현황

○ 2017년 15개국에 66명의 경찰전문가 파견, 17개국 239명의 외국경찰 초청연수 실시, 총 6개국 대상 300억 원 규모의 치안인프라 사업 추진

항 목			사업내용
전문가 파견			'17년도 15개국 대상 총 25회 66명의 경찰전문가 파견, 현지경찰 교육
초청연수			'17년도 15개 과정 진행, 17개국 239명의 외국경찰 대상 초청연수 실시
인프라 구축	KOICA 협업	중미 3국 치안사업 (1,350만 달러, '14~'18년)	과테말라 · 온두라스 · 엘살바도르에 총 1,350만 달러 지원, 치안역량 강화를 위한 경찰전문가 130명 파견 및 120명 초청연수 ※ 과테말라 : 경찰교육시설 건축 / 온두라스 · 엘살바도르 : CCTV 300여기 설치
		필리핀수사역량 강화사업 (660만 달러, '16~'18년)	순찰차량(130대) · 오토바이(142대) · 과학수사키트(120식) 등 400만 달러 상당 지원 / 경찰전문가 6회 17명 파견, 50명 초청연수
	독자 ODA	베트남과학수사 역량 강화사업 (60억 원, '17~'19년)	현장증거분석실(감식장비) 등을 포함한 과학수사센터 설립 경찰전문가 6회 18명 파견, 60명 초청연수
		우간다 초청연수 (5억 원, '17~'19년)	'17~'19년(3년 간) 매년 20명의 우간다 경찰 초청, 교통관리 · 112 시스템 · CCTV 활용 범죄예방 등 치안역량 강화 교육 실시

KOICA협력 사업은 외국경찰관을 국내 초청해 경찰대학, 경찰교육원, 수사연수원 등 경찰교육기관에서 치안시스템을 전수, 교육하고 있다.

(4) 국제기구 협력사업(인터폴 경찰교육 심포지움)

인터폴 주관 2018 경찰교육 심포지움을 아산경찰교육 타운에서 개최, 5개국 법 집행 기관 관리자급 참석(2018.6.26~6.28)

(5) 치안한류의 운영성과

한국 경찰의 대외적 위상에 변화가 오고 있다. 먼저 대한민국 경찰의 우수성을 입증한 것으로는 사이버 치안강국, 세계적 수준의 과학 수사역량, 평화적 집회 시위 관리 노하우, 테러로부터 완벽한 대비 태세 유지, 생활안전 선진 치안시스템 구축을 들 수 있다. 이러한 위상변화에 따라 국제 경찰청장 협력회의를 개최하여 코리안데스크 확대와 국제협력관계 를 구축하였고, 외국 경찰기관과 교류 협력 확대 및 인터폴과 연계한 국제공조 활동으로 국외도피사범 송환에 일대 전기를 마련할 정도로 위상이 높아졌다.

'12~'16년 단기전수 사업 현황(단위, 명)

	계	UAE	오만	베트남	온두라스	멕시코	과테말라	바레인	도미니카	세르비아	캄보디아	인도네시아	카타르	케냐	몽골	동티모르	콜롬비아	아르헨티나	필리핀	페루	탄자니아	코스타리카
'16년	14국 62명	12				3	5					2	6	4	6	3	3	2	5	3	4	4
'15년	5국 18명	9				2				3	2	2										
'14년	3국 14명	8					4		2													
'13년	4국 26명	10	8			2		6														
'12년	5국 20명	3	9	4	2	2																

7. 치안한류 향후 방향모색

한국의 공공외교는 중국·일본·미국 등 이미 적극적으로 공공외교를 시행하고 있는 외국과 비교하여 상대적으로 짧은 역사를 가지고 있지만, 한류라는 방식을 통해 단기간에 세계로 우리 치안의 우수성을 전파하기 위한 노력의 성과는 대단히 크다고 볼 수 있다. '치안공공외교'의 개념을 도입하여 앞으로도 우리 경찰이 개도국을 비롯한 여러 나라에 치안정책, 치안시스템, 치안인프라 등의 사업을 지속한다면, 한국의 위상과 대외적 평판은 더욱 높아질 것으로 보인다.[32] 이를 지속적으로 추진해 나가기 위해서는 먼저 치안한류 근무자들이 지역 전문가로서 치안협력 업무의 전문성을 축적해 갈 수 있도록 치안한류센터 조직을 지역별 대응체제로 개선할 필요가 있다. 실제 외교부나 KOICA는 지역별 담당 조직을 운영하고 있어 이러한 기관과의 업무협조 면에서도 치안한류센터의 조직 구조는 지역별 담당자 체제로 변경하는 것이 바람직하다.[33] 그리고 한국의 우수한 치안문화를 전파하는 전략으로 사용되고 있는 '치안한류'의 개념은 자칫 반(反)한류와 같이 일방적으로 우리 문화를 주입한다는 오해와 불신을 일으킬 수 있는 한계가 발생할 수 있다. 따라서 치안한류라는 문화콘텐츠 방식을 활용하는 것보다는 치안공공외교적 사고와 정보를 이용하여 한국 치안문화의 수용이 논리적이고 정당하다는 인식을 심어주는 개념으로 전환하여야 한다. 이를 위해 현지 담당자 및 주민들과의 네트워크를 확립하는 것이 중요하다. 치안공공외교의 핵심 사항은 인적네트워크에 있고 이는 사람들의 감화를 얻는 가장 기본적인 사항이다. 다시 말해 국가별 맞춤형 사업전략으로 명확한 목표설정 수립이 요구된다. 이를 위해 상대국 국민이 가지는 한국의 치안문화 또는 시스템의 인식이 어느 정도인지에 대한 분석이 필요하며 치안공공외교의 목적과 성과를 명확하게 설정하는 등 정책의 통일성과 일관성을 확보하여 예산과 인력의 투자가 효율적으로 운영되어야 한다.

제5절   유엔경찰활동

1. 국제평화경찰

(1) 국제평화경찰의 개념과 법적 근거

1) 개념 및 임무

유엔경찰(United Nations Police 또는 UN CIVPOL)은 유엔 산하 각 회원 국가들이 지원한 인적자원들로 구성된 다국적 경찰로, 유엔의 평화유지활동을 수행하기 위해 파견되는

---

32) 신경수, "한국치안의 공공외교로의 패러다임 전환, -치안한류를 중심으로-", 한국경찰학회보 19권 2호, 2017.
33) 엄준혁, "치안정책 시스템의 정책 확산에 관한 연구, -치안한류의 글로벌화를 중심으로-", 연세대학교 행정대학원 석사논문, 2017.

경찰이다. 경찰의 임무가 군과 중첩되는 경우도 있어 일반적으로는 평화유지활동 5단계 중 평화유지 또는 평화구축 단계에서 주로 참여하게 되며 갈등지역 국가재건 또는 독립지원 등의 단계에 개입하는 행정적 미션의 한 축을 담당한다. 또한 정치적 색채를 띠지 않고 기본적인 치안확보 및 해당 파견국의 정부수립에 관련된 필요한 조치를 지원하며, 무장 갈등 이후에 나타나는 사회적 대립과 이질감 해소 등 사회통합 임무에도 적극 참여한다.

2) 최근 동향

탈냉전 이후 PKO활동은 지속가능한 평화구축을 위해 기존 군(軍) 위주 정전감시에서 민(民), 경(警) 중심의 국가재건으로 방향을 선회하고 있다. 소위 평화유지(peacekeeping) 활동에서 평화구축(peacebuilding) 활동으로 진화하고 있다. UN경찰은 특히 내전 이후 국가재건의 핵심이 국내치안 회복으로, UN경찰을 통한 현지경찰 법집행 활동지원 및 역량강화가 대폭 증가하고 있으며, 참가규모를 보면 현재 전 세계 18개 임무단에 각국 경(警), 군(軍), 민(民) 118,792여 명이 파견활동 중으로, '06년 이래 UN경찰은 48.5% 증가(8,675→12,885명)했다. 이는 전체 UN PKO 인력 118,792명 가운데 10.8%를 차지('16.8.31 기준)하는 인원으로, 매년 증가 추세에 있다.[34]

(2) 유엔경찰활동의 법적근거 및 역할

1) 법적근거

유엔경찰(United Nations Police 또는 UN CIVPOL)활동의 법적근거는 국제연합헌장(Charter of the United Nations) 제7장 평화에 대한 위협, 평화의 파괴 및 침략행위에 관한 조치에 그 근거가 있다. 내용을 보면,

제43조 1. 국제평화와 안전의 유지에 공헌하기 위하여 모든 국제연합회원국은 안전보장이사회의 요청에 의하여 … 국제평화와 안전의 유지목적상 필요한 병력, 원조, 물자 … 를 안전보장이사회에 이용하게 할 것을 약속한다.[35]

---

34) 동일 기간 UN PKO 전체 인력은 16.9% 증가(101,642 → 118,792명), 군(軍)의 경우 22% 증가 (71,419 → 87,134명)하여 경찰의 성장추세 뚜렷하다.
35) Chapter Ⅶ ACTION WITH RESPECT TO THREATS TO THE PEACE, BREACHES OF THE PEACE, AND ACTS OF AGGRESSION
Article 43 1. All Members of the United Nations, in order to contribute to the maintenance of international peace and security, undertake to make available to the Security Council, … armed forces, assistance, and facilities, … , necessary for the purpose of maintaining international peace and security.

2) 유엔경찰의 목적

유엔경찰활동의 주요 목적은 해당파견국에 안전한 환경을 조성하여 공동체 내에서 범죄발생을 예방하고 억제하는 데에 있다. 전통적으로 유엔경찰의 임무는 감시(monitoring), 관찰(observing)과 보고(reporting)에 국한되어 있었다. 그러나 1990년대 초 유엔 PKO에서 경찰활동 강화 필요성이 제기되면서 기존활동 이외 자문(advisory), 멘토링(mentoring), 훈련(training) 기능을 추가로 보강하여 유엔평화활동(Peace Operation: PO)에 있어 중요한 역할을 수행해 나가게 되었다. 또한 유엔경찰은 법집행기관으로서 그 동안 다양한 임무수행 경험과 평화 및 안보에 대한 책임의식을 바탕으로 공동체 내에서 법이 준수되도록 하는데 활동의 초점이 맞춰지고 있다.

3) 유엔경찰의 역할

유엔경찰의 역할은 지난 10년 간 급속하게 성장·확대되었으며 유엔 경찰본부(UN Police Division)는 유엔 PKO의 유엔경찰관 업무를 기획하고 지원하는 업무를 맡고 있다. 유엔경찰부의 설립목적은

① 유엔 PKO 중 경찰의 업무를 지원
② 유엔활동 중 경찰업무의 기획력 강화
③ 해당 파견지역 형법체계(경찰과 교정기관 포함)의 집행력과 효과성, 효율성 강화 지원
④ 경찰력을 신속하게 배치하는 기동능력 강화
⑤ 현장에서 대표성의 질적 개선 등이다.

이를 세분하여 보면,
① 평화유지의 기본목적, 인권과 기본적인 자유, 법과 질서유지를 확보하기 위한 로컬 경찰업무 감독
② 난민, 유민들의 귀향길을 안전하고 질서정연하게 인도하며 전범과 사체의 교환을 감찰하고 '국제 인도주의법'의 준수 여부 감시
③ 관할구역의 행정을 보살피고, 지역공동체와 우호적인 관계를 유지하며, 조정과 협상을 통하여 공동체 간의 긴장완화
④ 선거과정에 있어 발생가능한 위협이나 간섭이 발생하지 않도록 하며, 자유로운 선거가 치러지게끔 정치적 중립성을 보장하는 환경을 조성
⑤ 보편적인 경찰의 기준(가이드라인)에 맞추어 지역경찰인력에게 교육과 훈련을 제공
⑥ 유엔난민고등판무관실(UNHCR)이나 국제적십자(Red Cross) 등 인도주의적 구호단

체들의 노력을 지원,

⑦ 변화하는 환경에 따른 지속가능한 평화유지업무 수행 등을 들 수 있다.[36]

2. UN 평화유지활동(PKO) 참여 현황

UN 평화유지활동(PKO)[37] 참여 및 UN 평화유지활동국(DPKO) 파견을 통해 제3국 치안재건에 기여함으로써 우리 경찰의 국제적 위상을 제고하기 위함이다.

(1) 파견현황

UN 요청으로 소말리아 등에 9회에 걸쳐 경찰관 35명(여경 5명)을 파견하였다.

기 간	'94.4~10	'99.6~9	'06.12~'12.12	'14.4~'16.4	'16.5~'18.3
미션	소말리아 정전감시단	동티모르 선거감시단	동티모르 통합미션(1~5차)	라이베리아 국가재건미션 1차	라이베리아 국가재건미션 2차
파견인원	2명	5명	18명(女 1명)	3명(女 1명)	7명(女 3명)

○ '17년 12월 현재 라이베리아 평화유지활동(PKO)에 6명 파견 중으로, 라이베리아 치안재건을 위하여 현지 경찰관 교육 및 치안시스템 전수(치안개혁프로그램 기획, 범죄통계시스템 구축, 인사관리 기법 전수 등)중이다.

(2) 인력풀 구성

1) 유능한 경찰관을 사전에 확보하여 UN 파견요청에 효율적으로 대응하고, 교육을 통해 전문성을 강화하기 위하여 PKO 인력풀을 구성하고 있다.
2) 모집 분야별 인력풀을 별도로 구성하여 UN에서 파견요청 시 해당 인력풀에 포함된 경찰관을 대상으로 심의절차를 진행하여 최종 적격자를 선발하여 파견한다.

(3) 향후 계획

PKO 파견을 지속 확대하기 위해 인력풀을 대상으로 전문교육(경찰대학 국제경찰 교육훈련연구센터, 국방대학 PKO센터 활용)을 진행하여 직무역량을 강화하고, 매년 인력풀 갱신을

---

36) 최현철·김태진 "UN경찰 활동경향과 한국경찰의 참여방안 연구", 치안정책연구소 연구보고서, 2016.
37) 평화유지활동(Peace Keeping Operations: PKO) : UN이 분쟁지역에 평화유지군이나 감시단 등을 파견해 휴전·정전 감시 및 치안유지 등 임무를 수행하는 활동.

통해 유능한 신규인력을 확보한다.

3. 한국 경찰의 유엔경찰활동 성과

(1) 한국의 PKO 참여현황

대한민국은 1991년 유엔에 가입한 이후 회원국으로서의 의무를 충실히 수행해 나가고 있으며 평화유지활동에도 상당한 기여를 하고 있다. 1993년 소말리아 유엔PKO(UN Operation in Somalia: UNOSOM-II)에 250명의 건설공병대대를 파견한 것을 시작으로, 앙골라, 동티모르, 사이프러스, 서부사하라, 부룬디 등 6개 지역에서 PKO 관련 평화정착, 치안유지, 지역재건, 의료지원 등의 임무를 수행하였다. 2016년 8월말 현재, 그루지아, 인도/파키스탄, 레바논, 라이베리아, 수단, 아프간, 네팔, 동티모르 등 8개 지역에서 DPKO의 주관으로 이루어지고 있는 '유엔임무'(UN Mission) 118에 총 394명의 군병력(358명), 군 옵서버(30명) 및 경찰(6명)이 파견중이다. 이렇듯 지난 20년 동안 한국의 PKO 파견규모는 6개 지역의 종료된 유엔임무의 기(旣)참여인원 4,971명과 현재 참여하고 있는 8개 지역의 연(延)인원 584명을 합하여 총 5,555명으로 세계 28위에 해당한다.

(2) 한국의 UN PKO 참여 명분과 실익

1) 명분으로는,
① 국제사회 공동안보 책임수행(대한민국은 1945년 UN 창설 최초의 PKO 공동안보 수혜국, 한국전쟁)
② 한반도 안보문제 국제사회 지지확보
③ 분쟁지역 인권보호
④ 평화국가 이미지 제고
⑤ 국제무대 외교역량 강화를 들 수 있고,

2) 실익으로는,
① 치안분야 국제표준 선점
② 국제기구 고위직 진출
③ 분쟁지역 발생, 테러·마약 등 국제범죄 대응수단 마련
④ 다국적 치안유지 작전 및 평화재건 활동 경험축적
⑤ 분쟁 이후 재건활동 시장진출 교두보 확보를 들 수 있다.

3) 한국경찰 기여

① '94년 소말리아 최초 파견 이후 동티모르, 라이베리아 등 현지 임무단에 총 12회 44명 파견, 유엔본부는 총 3명 파견(현재 본부 1명, 라이베리아 6명 근무 중으로, 파견 인력 규모면에서 67위)

② UN경찰 다수 파견국은 대부분 아프리카, 남아시아 지역 개발도상국으로, 인력규모 외에 전문성 및 물적 기여 등[38]

③ 교육·연구 분야 기여를 보면, 주요국들은 UN경찰 관련 교육·연구 활동에 집중하고 있다. 이는 유엔 정책형성에 영향력을 행사하고 나아가 자국인력 진출 기반으로 활용 중이다. UN인증 보유 경찰교육기관(15개국 17개)은 대부분 주요국 소재하고 있다.

(3) 한국의 PKO 분담금

한국의 PKO 분담금은 2000년 518만 달러에서 2006년 6,911만 달러로 13배 이상 증가하였다. 당시 한국 정부는 급증한 유엔 등 국제기구분담금 체납분 1억 3,000만 달러를 2008년까지 납부하기로 결정한 데 이어, 2015년 말까지 체납액 없이 분담금 1억 6천만 달러를 완납하였다. 이는 재정적 분담과 인적파병 등을 통해 유엔 PKO 및 여타 유엔활동에 대한 한국의 기여가 확대되고 있는 것을 의미한다. 우리나라는 선진중견국가(Advanced Middle Power)로서 세계 10위권 경제력과 유엔 PKO 분담금 기여도가 12위에 해당하나, 이에 대한 인력지원은 120개 회원국 중 37위에 불과, 기여금 공헌도에 대한 인지도가 낮은 것으로 평가되고 있어 앞으로 PKO 활동에 대한 참여도 향상이 필요하다.

(4) ODA 사업과 연계

1) 한국 경찰 차별화

경제적 이유로 대규모 인력을 파견 중인 개발도상국과 차별화하고, ODA 공여국으로서 한국 경찰의 역할을 중점 부각한다.

2) UN경찰 초청연수 개설

PKO 파견예정 개도국 경찰관(관리자급)을 ODA 예산을 활용하여 경찰대학에 초청, UN측 표준교안을 연수 실시하는 '삼각협력' 방안을 KOICA측과 협의 및 과정을 개설한다.

---

38) 주요국 경찰 기여도를 보면, 개발원조 프로젝트와 연계한 전문직 위주로 파견 중이며, 중국·캐나다·터키·프랑스·스웨덴 등은 30~170명 수준을 파견하고 있어 우리는 아직 미약한 편이다. 이러한 기여를 토대로 UN경찰지휘부 등에 진출한다.(독일, 중국, 스웨덴)

○ 국제기구 협력을 추진 중인 KOICA와 회원국 예산지원을 희망하는 UN측 이해관계가 부합하기에 가교 역할을 하는 경찰대학의 위상이 제고된다.

○ 국방대 PKO센터는 국군 대상 과정으로 UN인증 획득('13년 12월), 현재 베트남, 캄보디아 군 초청 교육과정을 추진 중이다.

3) 초청연수 과정 UN강사 초빙

UN 평화유지활동과 연관성 있는 KOICA 초청연수과정에 UN 교육인증 담당자를 강사로 초빙하여 관계를 구축한다.(ODA 예산 활용).

(5) 한국 경찰의 성과

1) 소말리아(UNOSOM Ⅱ)

경찰청은 1994년 4월 소말리아 미션에 파견하면서 한국 경찰 역사상 최초로 유엔 국제평화활동에 참여하게 되었다. 당시 UNOSOM Ⅱ로부터 평화유지활동 참여 요청이 왔을 때 경찰청 지휘부는 7명 파견 요청을 받았으나 안전에 대한 우려로 2명을 선발 파견하였다. 이들은 소말리아 수도 모가디슈에서 약 한 달, 이후 북부 하르게이사에서 다섯 달을 근무하면서 현지 경찰관들에게 경찰관의 올바른 자세, 다중범죄 진압, 형법 등을 교육하였고, 기본근무와는 별개로 현지 경찰관들과 어린이들을 대상으로 태권도 및 한국 동요 교실을 열어 지역사회로부터 많은 호응을 받았다. 특히 태권도 교육이 현지 경찰관들에게 인기가 많아 수료식 때는 장관 등 유력인사들이 모두 참석하였다. 또한 하르게이사에서는 일과 후 지역 청소년들을 모아 축구단을 만들어 함께 운동하며 한국 경찰 특유의 성실함과 부지런함으로 봉사정신을 실천하였다. 한국 최초 UN 소말리아 파견단은 6개월이라는 짧은 기간 동안 활동하였고, 현지 경찰관과 지역사회 그리고 UN으로부터 업무성과를 인정받아 임무 연장 요청을 받았으나 현지 정세 악화로 임무를 종료하고 귀국하였다.

2) 동티모르(UNTEAT)

1999년 6월부터 9월까지 3개월 동안 5명을 동티모르 선거 감시단(United Nations Transitional Administration in East Timor)으로 파견하였다. 이들은 동티모르의 수도 딜리와 서티모르 지역의 오쿠시에서 선거감독 업무에 투입되었으나 투표결과에 반발하는 독립반대 민병대들의 난동으로 숙소까지 위협을 받고 수녀원과 경찰서로 피신하기도 하였으며, 철수 당시 오쿠시 지역의 고립으로 경찰청에서는 외교부를 통해 긴급 비상철수 대책을 UN에 요청하게 되었다. 이후 UN의 철수 결정이 내려지고서야 호주공군의 헬기를 이용하여 야간에 호주의 다윈으로 긴급철수하였다. 한국 경찰로서는 목숨의 위협을 느끼면서 UN 경찰업무를 수행한 최초의 사례라 볼 수 있다.

3) 동티모르(United Nations Integrated Mission in East Timor: UNMIT)

2006년 반기문 당시 유엔사무총장이 취임하면서 UN에 대한 관심이 높아지게 되고 경찰청의 주도로 유엔 미션 파견을 다시 추진하게 되었다. 이에 2006년 12월 5명의 동티모르(United Nations Integrated Mission in East Timor: UNMIT)에 파견하는 것을 시작으로 2012년 12월까지 5차에 걸쳐 총 18명의 경찰관을 파견하였다. UNMIT 파견 경찰관들은 최소 1년 동안 미션생활을 하며 경찰관서 지휘관, 국가수사국 수사관 등 주요 요직에 임명되어 업무성과를 이루었다. 이들은 대통령 경호, 불법무기 회수, 대통령 암살기도 사건 수사, 체포술 훈련 등 어려운 임무를 성공적으로 수행하여 유엔 본부로부터 최고수준이라는 평가를 받았으며, 한국 경찰의 업무수행 능력, 성실성, 청렴성 등 우수성을 널리 알려 국제적 위상을 제고하였다. 또한 UNMIT에는 한국 경찰 최초로 여경이 파견되었던 역사적 미션이었고 현재에도 아프리카 라이베리아 미션에 참가하고 있다.

4) 라이베리아(United Nations Mission in Liberia: UNMIL)

2012년 12월 UNMIT의 종료로 한국경찰의 평화유지활동 참여는 중단되었다가 2014년 UNMIL의 한국 경찰 파견 요청으로 제1차 파견단을 구성하여 2014년 4월 한국 경찰 역사상 3번째 미션에 참가하였다. 이들은 팀마로이(현지어로 천사)라는 이름으로 라이베리아 수도 먼로비아에서 2016년 4월까지 근무하였고, 이들 또한 적극적인 업무추진과 성실성을 인정받아 유엔경찰의 홍보물에 게재되기도 했다.[39]

4. 경찰 PKO의 활성화 방안

최근 들어 유엔경찰은 다양한 평화유지활동 임무를 수행해 오면서 그 역할과 임무기능이 점차적으로 확대되고 있다. 공공안전 및 치안확보와 법의 지배 즉 법치를 확립하려는 노력으로 유엔경찰활동은 더욱 다차원화 되고 있다. 유엔경찰은 분쟁 이후 아동, 여성 성폭력, 민간인 보호 등 민생확보에 주력하고 있으며 파견국가 경찰을 훈련하고 지원하는 역할을 해오고 있다. 또한 파견국가의 초국가적 범죄를 해결하는 시스템을 강화하는 데에도 도움을 줄 뿐 아니라 국제경찰기구(International Police Organization: INTERPOL)와도 긴밀하게 협력하면서 유엔의 많은 회원국, 유엔 개발계획(UNDP), 유엔 마약범죄국(국제 연합 마약범죄 사무소), 아프리카연합(AU)과 유럽연합(EU) 등과도 밀접하게 연대하여 임무를 수행한

---

39) 황규진·홍정민·김대한·김세령, "국제평화경찰론", 경찰대학 유엔경찰센터, 2017.

다. 이러한 경찰의 업무영역 확대 경향이야말로 향후 한국 경찰이 유엔경찰로서 참여를 확대하고 역할을 강화하는 계기로 볼 수 있다.

(1) 유엔경찰 참여 확대 방안

1) 경찰역량 강화를 위한 인력확충

경찰역량 강화를 위한 인력확충 등 기반구축으로 유엔경찰활동 강화 및 역할 확장을 위해 인력확충과 전문가 양성 등 중장기적인 차원의 경찰업무기반 구축이 요구된다.[40] 이를 위해 경찰학 분야에 대한 심도 있는 연구자 양성과 그 인력풀을 기반으로 미국, 영국과 같은 선진국의 경찰제도에 대한 연구도 필요하지만 소위 취약국가인 제3세계의 경찰제도 연구가 필요하다.

2) 퇴직경찰관 및 여경의 참여확대와 인력풀 제도 확립

아프리카나 중남미 경우 불어권이나 스페인어 사용 국가가 많기 때문에 향후 PKO 미션에 여경(女警)의 참여확대가 요구된다. PKO는 여경 비율 20%를 목표로 하고 있으며 최근에는 영어권 미션 감소로 인해 프랑스어 및 아랍어 가능자 파견을 요구하고 있으며, 우리나라에서는 통합훈련처(ITS)와 협조하여 '아동보호 교관 양성과정'을 준비함과 아울러 UN의 관심사항인 민간인 보호, 특히 여성과 아동 보호를 위해 PKO 파견자들의 동 분야에 대한 역량 강화가 요구된다.

또한 유엔경찰활동과 관련하여 퇴직경찰관을 포함해 언제라도 파견 가능한 UN경찰 인력풀을 구성해야 한다. UN에서 제시하는 자격요건의 경우 연령 25세~55세, 5년 이상의 경찰 근무기간이 필요하고, 유엔 공용어인 영어 또는 프랑스어를 유창하게 구사해야 하며, 운전면허를 소지하고 무기를 능숙하게 사용할 수 있어야 한다고 규정하고 있으나 현재의 우리나라 경찰 수준이나 역량으로 볼 때 언어적인 문제만 해결한다면 크게 문제가 되지는 않는다고 할 수 있다. 캐나다 경찰의 경우, 500여 명의 인력풀을 상시 보유하면서 해외에 160명이 상시 파견되어 있다는 점을 감안한다면 우리나라 경찰도 유사한 인력풀 시스템을 만들어야 한다.

---

40) 경찰청은 2017년 12월 UN-DPKO를 방문, 고위급 면담을 통해 「UN경찰 교육인증」 획득을 위한 우리 측 준비상황 설명 및 협조방안을 논의한 바 있다. 이번 방문에서 통합훈련처(ITS)와 연계해 「UN 교육인증」 획득 완료방안을 함께 논의했는데, PKO 파견인원(현재 UN본부 1명, 라이베리아 6명 근무 중이며, 파견인력 규모는 67위 수준)은 적으나, 파견 인력풀을 구축하고, 파견 전 핵심훈련과목 교육을 실시하는 등 PKO 기여 확대를 위한 노력을 설명한 바 있다. 또한 UN 통합훈련처(ITS) 순회교육팀 방한 초청 교육(UN 측 비용 부담으로 UN 교관이 경찰대학을 직접 방문해 한국 교관요원들을 대상으로 교관 양성과정 교육을 제공하기로 했다.

참고 문헌

【경찰백서 및 통계연보】

2019 치안전망, 경찰대학 치안정책연구소.
2018 치안전망, 경찰대학 치안정책연구소.
2018 경찰청 경찰백서.
2018 출입국 외국인정책 통계월보 9월호(한국계 포함).
2018 법무부 출입국외국인정책 통계연보.
2017 출입국·외국인정책 통계연보.

【국내 단행본】

권기헌, 『정책학 강의』, 박영사, 2017.
김기준, 『국제형사법』, 박영사, 2017.
김동희, 『행정법 Ⅰ』, 박영사, 2017.
김동희, 『행정법 Ⅱ』, 박영사, 2017.
김종길·하상군·조성택, 『경찰학개론』, 대영문화사, 2013.
김종옥, 『미연방수사국 범죄수사원칙』, 도서출판 태봉, 2006.
김연태·서정범·이기춘, 『경찰법연구』, 세창출판사, 2009.
김하열, 『헌법강의』, 박영사, 2017.
김형중, 『경찰학총론』, 청목출판사, 2009.
류병운, 『국제법(제3판)』, 형설출판사, 2016.
박상기·손동권·이순래, 『형사정책』, 한국형사정책연구원, 2015.
박중훈 외 10명, 『비교정치행정』, 박영사, 2017.
손재영, 『경찰법』, 박영사, 2017.
오영근, 『형법각론』, 박영사, 2017.
오영근, 『형법총론』, 박영사, 2017.
오홍엽, 『중국 신장: 위구르족과 한족의 갈등』, 친디루스, 2009.
이상안, 『사회질서론』, 대명출판사, 2002.
이영남, 『경찰행정학』, 대영문화사, 2014.
이철우·이희정 외 8인, 『이민법』, 박영사, 2017.
이종화, 『경찰외사론』, 경찰대학, 2012.

이석우, 『한미행정협정연구』, 서울: 민, 1995.

이상우, 『전쟁과 국제질서』, 국제정치학강의, 박영사, 2005.

이장희, 『한-미 주둔군 지위협정(SOFA) 범죄에 대한 경찰 초동수사 개선방안』, 아시아사회과학연
　　구원, 2007.

임도빈, 『개발협력시대의 비교행정학』, 박영사, 2017.

임준태, 『범죄예방론』, 대영문화사, 2009.

임준태, 『범죄예방론』, 도서출판 좋은세상, 2001.

정인섭, 『조약법강의』, 박영사, 2016.

정인섭, 『한국법원에서의 국제법 판례』, 박영사, 2017.

정인섭, 『신국제법강의』, 박영사, 2018.

정승환, 『형사소송법』, 박영사, 2017.

조규철, 『외사경찰론』, 진영사, 2015.

전대양·박동균·김종오, 『5G시대와 범죄』, 박영사, 2017.

조철옥, 『현대범죄학』, 대영문화사, 2008.

조철옥, 『범죄수사학 총론』, 21세기사, 2009.

허경미, 『현대사회와 범죄』, 박영사, 2017.

홍정선, 『신경찰행정법 입문』, 박영사, 2017.

한국해양수산연수원, 「외국인 선원 고용실태보고서」, 국토해양부, 2012.

한양대학교 글로벌다문화연구센터, 「어업 이주노동자 인권상황 실태조사」.

【외국 단행본】

Gary W. Noesner, 『Abnormal Psychology for Crisis Negotiations』, U.S. Department of Justice,
　　FBI, 1994.

Cherif, Bassiouni, M., 『Reforming International Extradion: Lessons Of The Past For a Radical
　　New Approach』, 25 Loy.L.A. Int'l & Comp. L. Rev, 2003.

Evans, Alona E., 『Acquisition of custody over the International Fugitive Offender-Alternative to
　　Extradition: A Survey of United States Practice』, 40 Brit. Y. B. Int'l L. 77. 1964.

Leacock, Charles Clifton, 『Internationalization of Crime』, 34 New York University Journal of
　　International Law and Politics, 2001.

Schmitt, Michael, N. and O'Donnell, Brian, T., 『Computer Network Attack and International
　　Law』, International Law Studies, Vol.76. 2002.

Cloward R. & L Ohlin, 『Delinquency and Opportunity』, NY: Free Press, 1960.

Hirschi T., 『Causes of delinquency』, New Brunswick. N.J.: Transaction Publishers, 2002.

Shaw Clifford R. & Henry D McKay, 『Juvenile Delinquency in Urban Areas. Chicago』,
　　University of Chicago Press, 1942.

Smith. J. Paul, 『Human Smuggling: Chinese Migrant Trafficking and the Challenge to America's Immigration Tradition』, Center for Strategic and International Studies, 1997.

Stringer Christina. Simmons Glenn. Coulston Daren and Hugh Whittaker, 『Not in New Zealand waters, surely? Labour and human rights abuses aboard foreign fishing vessels』, Department of Management and International Business The University of Auckland, New Zealand Tamatea Tairawhiti Limited, 2011.

Williams, Paul L., 『The Al Queda Connection. Amherst』, NY.: Prometheus Books, 2005.

Bloemraad, Irene, 『Becoming a Citizen: Incorporating Immigrants and Refugees in the United States and Canada』, University of California Press, 2006.

Donatella Lorch, 『Face of Organized Crime』, William Morrow & Co., 1990.

English, T. J., 『Born to Kill: America's Most Notorious Vietnamese Gang, and the Changing Face of Organized Crime』, William Morrow & Co., 1995.

Kefauver & Estes, 『Special Committee to Investigate Organized Crime in Interstate Commerce』, Third Interim Report, Washington D.C., U.S.Government Printing Office, 1951.

Schneider, Stephen, 『Ch. 11: It's Raining Corpses in Chinatown. Iced: The Story of Organized Crime in Canada』, John Wiley & Sons, 2009.

Sutherland & Cressey, 『Principles of Criminology』, J. B. Lippincott Company, Philadelphia, 1996.

賈宏宇, 『中國大陸黑社會組織犯罪與對策』, 中國共産黨 党校出版社, 2006.

陈曦主编, 『帝国噩梦--"9.11"美国惊世恐怖事件纪实』, 中国社会科学出版社, 2001.

中共中央宣传部宣传教育局编, 『法轮功 就是邪教』, 人民出版社, 1999.

高铭暄·馬克唱, 『刑法学(新编本)』, 北京大学出版社, 2006.

高铭暄·王秀梅, 『中国惩治恐怖主义犯罪的刑事政策与刑事立法』, 载赵秉志主编, 『惩治恐怖主义犯罪理论与立法』, 中国人民公安大学出版社, 2005.

【학위논문】

김동권, "동북아 '신안보' 위협으로서의 초국가적 범죄와 역내 국가 간 경찰협력", 고려대학교 정책대학원 석사학위논문, 2008.

백충현. "국제법상의 범죄인인도제도", 서울대학교 박사학위 논문, 1975.

신상철, "중국 흑사회성질범죄조직 연구", 부산대학교 박사학위 논문, 2011.

엄준혁, "치안정책 시스템의 정책 확산에 관한 연구, -치안한류의 글로벌화를 중심으로-", 연세대학교 행정대학원 석사논문, 2017.

윤명희, "제주지역 외국인 선원의 이주와 적응", 제주대학교 대학원 석사논문, 2012.

정현우, "경찰 해외파견 제도의 효율적 운용 방안", 연세대학교 행정대학원 석사논문, 2016.

하춘호, "불법 대체송금시스템(환치기)에 대한 국민의 인식도 분석 및 대응방안 연구", 고려대학교

행정대학원 석사학위논문, 2005.

황귀연, "베트남-라오스 국경지역 마약류 밀거래에 관한 연구: 양국 수사체계 및 개선방안을 중심으로", 부산외국어대학교 대학원 석사학위논문, 2014.

【연구논문】

강영순, "인도네시아 전통 이슬람 교육기관에 관한 연구: 뽄독 쁘산뜨렌을 중심으로", 아시아연구, 13(1), 2010.

김경근, "중국의 형사사법공조, 범죄인인도, 수형자이송에 관한 사례 연구", 국외훈련검사 연구논문집(제26집), 2011.

김지영·최훈석. "결혼이주여성의 인권침해실태 및 대책에 관한 연구", 한국형사정책연구원 연구총서(11-01), 2011.

김순석, "다문화사회의 지역사회경찰활동 전략", 한국경찰학회보, 12(2), 2010.

김영운·박문갑, "연근해어선 승선 외국인어선원의 무단 이탈율저감방안에 관한 연구".『수산해양교육연구』, 24(2), 2012.

김영운, "한·일 외국인선원고용제도비교연구", 수산해양교육연구, 24(4), 2012.

김윤영·이상원, "국내체류 외국인밀집지역 치안역량 강화방안", 「한국경찰학회보」, 14(5), 2012.

김순석, "다문화사회의 지역사회경찰활동 전략", 한국경찰학회보 12권 2호, 2010.

김주덕, "국제범죄수사의 효율성 제고방안", 경희법학 42권 2호, 2007.

김찬규, "국제형사사법공조제도의 운영현황과 개선방안" 경희법학 제42권 1호, 2008.

노영순, "바다의 디아스포라, 보트피플", 디아스포라 연구, 7(2), 2013.

도중진, "국가 간 인적 교류에 따른 국경초월범죄에 대한 효율적 대응방안", 원광법학 제32(1), 2016.

문장일, "유럽경찰의 조직과 권한", 공법학연구, 6(3), 2005.

박기륜, "동북아지역 국제 경찰공조의 발전방안에 관한 연구", 한국경찰학회보 11권 4호, 2009.

박성수, "한중수교 이후 주중 재외국민의 범죄 피해 실태 분석", 한국경찰학회보 14권 3호, 2012.

박성민, '한미주둔군지위협정(SOFA) 제22조 형사재판권의 형사법적 문제와 개선방안' 형사정책연구 제22권 제4호, 2011.

박외병, "국외도피사범 송환대책 및 교정복지적 방안", 교정복지연구 제30호, 2013.

손철승, "공동체의 성원권과 외국인의 노동자지위".『한국윤리학회지』, 제29집, 2012.

송주영·장준오, "동남아시아 지역의 한국인 범죄피해 두려움 평가척도의 교차타당성 검증 -베트남과 말레이시아 간 다집단 분석", 「한국범죄학」, 8(3), 2014.

송봉규·최응렬, "범죄조직의 국내체류 외국인 대상 인신매매의 특성과 실태", 경찰학논총, 8(1), 2013.

신경수, "한국치안의 공공외교로의 패러다임 전환, -치안한류를 중심으로-", 한국경찰학회보 19권 2호, 2017.

신의기, 조직범죄집단의 국제적 연계실태와 차단방안, 한국형사정책연구원, 2004.

신의기, "국제조직범죄방지협약의 국내 이행방안 연구", 한국형사정책연구원, 2005.

신상철, "중국어선 불법조업에 대한 대응방안 연구", 海事法研究 25(3), 2013.

신상철, "중국 흑사회성질범죄조직에 대한 고찰(개념과 해석을 중심으로)" 경찰학연구, 제10권제1호, 2010.

신상철·임영호, '국외도피사범 국내송환 문제에 관한 연구', 한국경찰학회, 2016.

신상철, "대만 보이스피싱 조직 국내활동 분석", 아시아연구 21(3), 2018.

신상철, "국내 베트남범죄조직의 범죄유형분석", 한국경찰학회보 17(5), 2015.

신상철, "재일 한국인 야쿠자 활동과 대응방안 연구", 한국동북아논총 19(2호), 2014.

신상철, "러시아 극동 마피야의 부산지역 수산물 유통관련 범죄활동에 관한 연구", 한국공안행정학회보 23(2호), 2014.

신상철, "중국 신장 위구르지역 테러조직에 대한 연구", CHINA연구(15호), 2013.

신상철, "외국인(중국, 베트남, 인도네시아) 선원노동자 근로환경과 범죄에 대한 연구", 아시아연구 17(1), 2014.

안형도·윤덕룡, "국제금융거래를 통한 자금세탁의 사례분석과 대응방안", 한국조세연구원 정책연구, 2003.

유형창, "한국의 다문화 사회화에 따른 자생적 테러발생 가능성과 대응방안", 한국경찰학회보 16권 3호, 2014.

윤민우·김은영, "전쟁 양식의 진화로서의 21세기 국제테러리즘과 초국가범죄조직에 대한 이론적 접근", 한국테러학회보 5(1), 2012.

이준형·김상호, "외국인 범죄의 실태분석과 미래예측", 한국치안행정논집, 10(1), 2014.

이상훈, "경찰과 민간경비의 치안공조 기대이익과 성공요소", 한국경찰학회보 17권 5호, 2015.

이영란, "한국의 국제범죄의 실태와 대책," 형사정책, 제12권 제2호, 2000.

이하섭, "한국민간조사업의 실태와 입법방향", 한국경찰학회보 14권 4호, 2012.

임종헌, "유로폴과 동북아시아 국제경찰협력의 과제", 한독사회과학논총 24(1), 2014.

장준오·이완수·이호림·홍석준, "동남아시아 지역의 한국인 범죄피해 실태와 보호방안(베트남과 말레이시아를 중심으로)", 한국형사정책연구원 연구총서(13-AA-09), 2014.

장준오·추경석·최경식, "성적 착취를 위한 국제인신매매", 형사정책연구원 연구총서, 2009.

장태영, "인터폴을 활용한 범죄인 송환상의 문제점", 경찰학연구 제6권 제1호, 2006.

전영우, "외국인 선원의 근로조건에 관한 고찰", 『海事法研究』, 25(2), 2013.

전용선, "공항보안검색에 대한 연구", 치안정책연구 제24권 제1호, 2010.

전지연·이진국, "동남아시아 국가의 형사법 연구, 베트남 형법", 한국형사정책연구원 연구총서(11-20-03), 2011.

조광훈, "국외출국 자유형 미 집행자에 대한 형의 집행에 관한 연구, 경희법학 제42권 1호, 2007.

조병인·박광민·최응렬·김종오, "국내거주 외국인의 조직범죄 실태와 대책 연구", 한국형사정책연구원 연구총서(10-03), 2010.

조선호, "범죄수사의 국제협력에 관한 연구(국외도피 범죄자 조사 및 송환을 중심으로)", 경찰학논 총, 2010.

조상균, "선원 이주노동자의 법적 지위와 과제". 전남대학교 『법학논총』, 33(1), 2013.

조성권, "초국가적 범죄의 확산과 새로운 안보론" 형사정책연구, 1996.

조성권, "21세기 조직범죄의 국가권력에 대한 도전의 원인(멕시코 마약카르텔의 사례를 중심)" 국 가정보원, 2012.

조성권, "21세기 초국가적 조직범죄와 통합안보", 한성대학교출판부, 2011.

조성권, "초국가적 위협: 테러, 마약, 범죄조직의 상호연계와 새로운 대응시각," 세계지역연구논총 제28집 1호. 2010.

조호대, "글로벌화에 따른 외사경찰 기능 강화 -외사경찰의 조직 및 인력을 중심으로-", 한국경찰학 회보 14권 1호. 2012.

채형복, "국제이주노동자권리협약에 대한 고찰", 경북대학교 법논고 제29집, 2008.

최선우, "다문화사회의 범죄문제와 경찰의 대응", 한국경찰학회보 12(3), 2010.

최응렬·송봉규, "범죄조직의 대체송금시스템(환치기)에 관한 연구", 韓國公安行政學會報 第37號. 2009.

최영신·강석진, "외국인 밀집지역의 범죄와 치안실태 연구", 한국형사정책연구원 연구총서(12-AA- 09), 2012.

최현철·김태진, "UN경찰 활동경향과 한국경찰의 참여방안 연구", 치안정책연구소 연구보고서, 2016.

한종수, "EU의 내적 안전과 유로폴". 유럽연구, 26(3), 2008.

황규진·홍정민·김대한·김세령, "국제평화경찰론", 경찰대학 유엔경찰센터, 2017.

황문규, "초국가적 범죄의 개념과 우리나라 경찰의 대응 방향", 경찰학연구 11(4), 2011.

황진회, "우리나라 선원수급 현황과 정책과제". 해양수산 통권278호, 2007.

沈威·徐晋雄·陈宇, "网络时代跨境电信诈骗犯罪的新变化与防治对策研究(以两岸司法互助协议之 实践为切入点)", 实证研究, 第2期, 2017.

【경찰청 매뉴얼】

경찰업무편람, 경찰청, 2018.

경찰청, 관광경찰 업무 매뉴얼, 2017.

오종규, "외사경찰 정보보고서 작성(현장 매뉴얼)", 경찰교육원, 2018.

범죄수사규칙 2018.

외교통상부 북미3과, "알기 쉬운 SOFA 해설", 2002.

경찰청, '국제교류협력 매뉴얼', 국제협력과, 2018.

경찰청, CCTV수사매뉴얼, 2014.

경찰청 사이버안전국, 글로벌 인터넷기업을 활용한 국제공조수사 매뉴얼, 2014.

【단행법규】

출입국관리법.

경찰청과 그 소속기관 직제 일부개정(2017.11.28).

외사요원 관리규칙(경찰청훈령 제638호, 2011.9.28.).

해외주재관 운영에 관한 규칙.

재한외국인 처우 기본법(2017. 10. 31제정).

UN해양법 협약(군함의 요건), (1982년 4월 30일).

국제형사사법 공조법(시행 2014.11.19, 법률 제12844호, 2014.11.19., 타법개정).

범죄인인도법.

인터폴 헌장(UN General Assembly Resolution N0.45-116, 1990.12.14.).

인터폴 적색수배 요청 기준 관련 경찰청 지침(2017.4.12.개정).

여권법.

코리안데스크 담당관 운영에 관한 규칙(2017.5.31.제정).

경찰법(시행 2017.7.26., 법률 제14839호).

경찰청과 그 소속기관 직제 일부개정(대통령령 제28448호, 시행 2017.11.28).

영사관계에 관한 비엔나협약.

외국인의 서명날인에 관한 법률(1958년 7월 12일 법률 제488호로 공포).

국가인권위원회법.

결혼중개업의 관리에 관한 법률('08.6).

외교관계에 관한 비엔나협약.

미ㆍ일협정.

주한미주둔군지위협정.

항공안전 및 보안에 관한 법률.

항공보안법시행령.

항공보안법.

국가대테러활동지침.

대한민국경찰청과 중화인민공화국 공안부간의 교류협력에 관한 합의서(96.11).

대한민국 경찰청과 일본국 경찰청간의 경찰업무 협력에 관한 협의문(01.3).

대한민국 경찰청과 인도네시아 경찰청간의 교류협력에 관한 약정서(04.8).

대한민국 경찰청과 베트남사회주의공화국 공안부간의 상호협력에 관한 약정서(05.5).

대한민국경찰청과 싱가포르경찰청간 국제범죄척결 및 경찰협력증진에 관한 협력약정(07.5).

대한민국 경찰청과 멕시코 공공안전부간 국제성 범죄척결 및 경찰협력증진에 관한 협력약정(10.3).

Chapter Ⅶ ACTION WITH RESPECT TO THREATS TO THE PEACE, BREACHES OF THE PEACE, AND ACTS OF AGGRESSION.

【국정감사 및 보도자료】

2014 경찰청 국감자료.
2014 법무부 국정감사 제출 자료집.
경찰청 외사국 외사수사과 인터폴계 보도자료(2014.7.10).
경찰청 외사국 경찰청 해외주재관 파견현황(2015.11).
김우남 의원 보도자료(2012.12.19).
홍익표 의원 국감자료(2018).
이미경 의원 국감자료집(2012).
이노근 의원 국감자료집(2012).
이완구 의원 국감자료집(2013).
이미경 의원 국감자료집(2012).
이노근 의원 국감자료집(2012).
김진태 의원 국정감사 자료(2015).
노철래 의원 국정감사 자료(2014).
박남춘 의원 국정감사 자료(2013).
이상민 의원 국정감사 자료(2014).
이상민 의원 국정감사 자료(2015).
이한성 의원 국감감사 자료(2015).
심재권 의원 국정감사 자료(2015).
주광덕 의원 국정감사 자료(2008).
김우남 의원 보도자료(2012.12.19).
정인화 의원 국감자료(2018. 국내 범죄자 해외 도피 현황).
금태섭 의원 보도자료(2017.10.15, 강제퇴거자 등 출입국사범 대폭 증가, 작년 15만 명 넘어).
서울경찰청 국제범죄수사대 보도자료(2017).
서울경찰청 위장결혼 수사 보도자료(2014).
서울지방경찰청 국제범죄수사대 '외국인 위장결혼 수사' 보도자료(2013).
서울경찰청 위장결혼 수사 보도자료(2014).
서울지방경찰청 국제범죄수사대 '외국인 위장결혼 수사' 보도자료(2013).
경기지방경찰청 수사 보도자료(2013.11.12).
경기남부지방청 보도자료(2017.12.8자).
경기 시흥경찰서 보도자료(2005.3.20).
부산지방경찰청 외사과 국제범죄수사대 수사 보도자료(2014.7.11).
부산경찰청 보도자료(가족위장 베트남인 100명 허위초청 조직 적발, 2011.7.1).
부산 해운대경찰서 보도자료(2013).
인천경찰청 마약수사대 보도자료(2009.6.3자).

충북경찰청 국제범죄수사대 보도자료(2013.10.16).

경북경찰청 국제범죄수사대 보도자료(2010.11.4).

경북경찰청 보도자료(700억 원대 환치기 베트남인조직 검거, 2011.7.7).

경남경찰청 국제범죄수사대 보도자료(베트남산 마약 판매조직 적발, 2011.4.11).

대구경찰청 국제범죄수사대 보도자료(2014.11.10).

경주경찰서 보도자료(한국초청 미끼 베트남 위조 사기조직 적발, 2011.6.14).

서울본부세관 보도자료(2009.4.1).

수협중앙회(2011년 12월 말 기준 누적 입국인원 대비 누적 이탈율).

수협중앙회, 외국인국적·연도별 선원노동자 입국 및 이탈현황(2013).

국토해양부고시 제2012-517호, 외국인선원 관리지침(시행 2012.8.10).

1980년 국제형사법협회 제10차 회의 내용.

미국 재무부 해외자산통제국(OFAC)보도자료(2018.8.17).

세계 마약인구(2017년 UNODC 통계).

Bovingdon, Gardner. "The Uyghurs: Strangers in Their Own Land". New York: Columbia University Press. 2010.

臺灣警政统计通报(数据来源于台湾地区内务主管部门警政全球资讯网的每年(2016.5.15).

【(대)법원 판례】

대법원 2017.7.11. 선고 2016두56080 판결.

대법원 2005.1.28. 선고 2004도7401 판결.

대법원 2015.6.25. 선고 2007두4995 전원합의체 판결.

대법원 1962.5.2. 4294형상127.

대법원 2008.02.14. 선고 2005도4202 판결.

대법원 2006.5.11 선고, 2005도798.

서울고법 1973.5.22. 선고 73노364.

서울고법 2013.1.3자 2012토1 결정 인도심사청구 확정.

서울중앙지방법원 2008.3.11. 2008고단113.

【언론기관】

연합뉴스 '17. 2. 3일자('미 군무원 4중 추돌사고 내고 음주측정거부, 5명 경상).

동아일보, 1983.5.16자.

강원도민일보, 2004.3.12자.

검찰방송(SPBS), 2011.9.26자.

뉴스 1, 2013.8.28자.

국제신문, 2012.7.4자.

뉴시스, 2008.9.10자.

연합뉴스, 2014.4.8자.

일요신문, 제1130호 2014.1.7자.

주간동아 552호, 2006.9.12자.

KBS1, 'KBS 스페셜' 2013.3.18자.

BBC, Japan frees Yamaguchi-gumi crime boss Kenichi Shinoda, 2011.4.9자.

The Newsweek, Yakuza to the Rescue, 2011.3.20자.

U.S. News & World Report, 1999.2.8자.

The Times, 2006.10.11자.

The New York Times, Life Sentence for Scourge of Chinatown, 1992.10.24자.

The Sun Herald, Vietnamese Gangs on the Rise in Biloxi, 1998.6.30자.

The Knight Ridder Tribune. Vietnamese Gangs Now Profit from Gun Sales, California Police Say, 2008.5.19자.

The New York Times, 33 Suspected Chinatown Gang Members Are Indicted, 1994.11.22자.

The New York Times, Hong Kong Boy:A College Student, and a Ghost Shadow, 1991.1.6자.

Sydney Morning Herald, 2008.3.14자.

Weekly Hong Kong, 2012.7.1자.

Mackerras, Colin. Ethnicity in China, "The Case of Xinjiang. Harvard Asia Quarterly", 2006.12.15자.

BBC News, Chinese militant "shot dead", 2003.12.23방송.

Jamestown Foundation, "Uyghurs Convicted in East Turkestan Islamic Movement Plot in Dubai", Terrorism Monitor, 2010.6.22자.

Radio Free Asia, "Separatist Leader Vows to Target Chinese Government", 2003.1.29자 방송.

Alisher Sidikov, Pakistan Blames IMU Militants For Afghan Border Unrest, Radio Free Europe/Radio Liberty 2003.7.2 방송.

DEA Congressional Testimony, "Narco-Terrorism: International Drug Trafficking and Terrorism a Dangerous Mix"Tajikistan: Influential Islamic Politician Remembered, (http://www.rferl.org/content/article/1070492.html 2013.4.29 검색).

Boston Herald, "9 convicted for link to Uzbek terror group". 2013.1.8자.

China Digital Times, Chinese Dissident Here Describes Attacks by Beijing's Secret Agents. 2009.4.3자.

South China Morning Post, "US groups accused of backing separatists", 2009.7.9자.

Gladney, Dru C. In Starr, S. Frederick, "Xinjiang: China's Muslim Borderland". Peterson, Kristian, "Usurping the Nation: Cyber -leadership in the Uighur Nationalist Youtube- Uyghurbala 0819, 2011.12.31 제작.

South China Morning Post, 2015.11.11자.

蘋果日報, 杜特蒂, 菲毒品來自竹聯幫, ABS-CBN News(Duterte: 14K, Bamboo triads behind drug proliferation in PH), 2017.9.28.자.

挑戰新聞, 民視新聞台, 2013.1.8자.

中国青年报, 2016.5.15자.

新华社, 2016.5.12자.

南方都市報, 2016.4.18자.

联合报, 2016.4.14자.

臺灣 聯合報, 2018.6.15자.

警政署刑事警察局- 新聞快訊(2009.1.7).

三立新聞, 統促黨成員9成來自竹聯幫,警大動作掃酒店斷金流, 2017.9.26자.

中国网, 自批认定的"东突"恐怖组织′ 恐怖分子基本情况(2012.8.16.검색).

読売新聞, 多重債務, 救済策ある, 2008.3.19자.

日本経済新聞, 2012.11.2자.

毎日新聞, 札幌市厚別区の 「マルキタ水産」 に対する特定商取引法違反での摘発, 2010.9.28자.

産経新聞, 2008.6.3자.

文藝春秋, 1984년 11월호.

RIA, Novosti, 2004.1.16자.

찾아보기

저자약력

신상철(申尙澈)

경찰대학 경찰학과 교수

학력 및 경력
부산대학교 국제학박사
부산 해운대경찰서, 동래경찰서 외사담당
부산지방경찰청 외사과, 공항분실, 해항분실 정보수사담당
부산대학교 중국연구소 전임연구원(국제범죄)
부산대학교 사회과학연구원 객원연구원(국제범죄)
부산대학교 강사(학부, 대학원)
한국아시아학회 편집위원
한국동북아학회 이사
한국경찰학회 이사

저서 및 논문
외사경찰론, 경찰대학, 2018
국제범죄론, 경찰대학, 2018

【논문】
중국 흑사회성질범죄조직(黑社会性质犯罪组织)에 대한 고찰(경찰학연구), 2010
중국 흑사회성질범죄조직의 특징에 대한 고찰(아시아연구), 2010
중국 범죄조직의 기원과 발전과정(중국학), 2010
중국 신장 위구르지역 테러조직에 대한 연구(CHINA연구), 2013
한국 폭력조직의 일본 야쿠자 문화추종 연구(아시아연구), 2014
중국어선 불법조업에 대한 대응방안 연구(해사법연구), 2014
외국인(중국, 베트남, 인도네시아) 선원노동자 근로환경과 범죄에 대한 연구(아시아연구), 2014
재일 한국인 야쿠자 활동과 대응방안 연구(한국동북아논총), 2015
러시아 극동 마피야의 부산지역 수산물 유통관련 범죄활동에 관한 연구(한국공안행정학회보), 2015
일본 야쿠자 폭력범죄 유형 분석과 국내유입 대응방안 고찰(일본공간), 2015
러시아 극동지역 중국 삼합회 활동 연구(중국과 중국학), 2015
국내 베트남범죄조직의 범죄유형분석(한국경찰학회보), 2015
국외도피사범 실태 및 국내송환 해결방안 연구(한국경찰학회보), 2016
경찰의 초동조치와 한미SOFA협정문 쟁점사항 연구(경찰학연구), 2018
대만 보이스피싱 조직 국내활동 분석(아시아연구), 2018

【서평】 시진핑 평전(習近平 評傳), 중국연구소, 2011
【연구동향】 韓·中·日 3國의 범죄조직 개념에 대한 비교 연구, 중국연구소, 2013

외사경찰론

초판 발행	2019년 2월 28일
중판 발행	2022년 8월 31일
지은이	신상철
펴낸이	안종만
편 집	우석진
기획/마케팅	오치웅
표지디자인	조아라
제 작	우인도·고철민
펴낸곳	(주) **박영사**
	서울특별시 종로구 새문안로3길 36, 1601
	등록 1959. 3. 11. 제300-1959-1호(倫)
전 화	02)733-6771
f a x	02)736-4818
e-mail	pys@pybook.co.kr
homepage	www.pybook.co.kr
ISBN	979-11-303-0724-4 93350

copyright©신상철, 2019, Printed in Korea

정 가   30,000원